U0588084

大清一統志

第三册

盛京

盛京

目録

盛京全圖

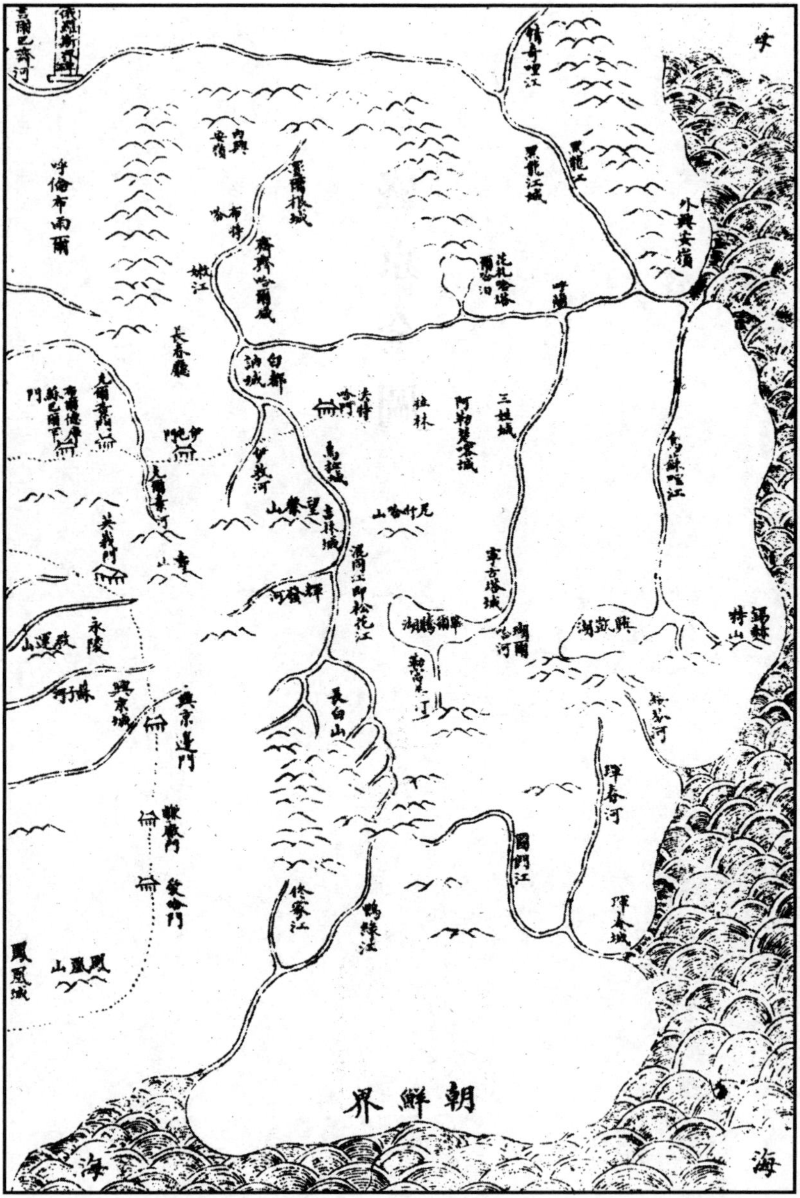
精奇哩江
黑龍江
黑龍江城
外興安嶺
墨爾根城
齊齊哈爾城
嫩江
伯都訥城
長春廳
拉林
阿勒楚喀城
三姓城
烏拉城
吉林城
寧古塔城
混同江即松花江
烏蘇哩江
興凱湖
輝發河
伊通河
永陵
興京城
長白山
圖們江
琿春河
琿春城
綏芬河
佟家江
鴨綠江
鳳凰山
鳳凰城
朝鮮界
海
海

俄羅斯界
蒙古土默特界
直隸永平府臨榆縣界
昌圖廳
開原
鐵嶺
義
醫巫閭山
廣寧
寧遠
新民廳
遼陽
海城
蓋平
復
寧海
旅順口
海
岫巖廳
牛莊城
千山
熊岳城
太子河
東京城
大凌河
小凌河
南沙河
東沙河
三汊河
湯河
中後所城
六州河
山海關
清河
遼河
明水堂門

盛京統部表

	盛京	興京
秦	遼東、遼西二郡地。	
漢	幽州地。後漢本爲公孫度所據，自立爲平州牧。	玄菟郡地。
三國	魏初爲平州，後還合爲幽州。	玄菟郡地。
晉	咸寧二年，仍置平州。太興二年，爲慕容廆所據。太和五年，屬苻堅。太元中屬後燕。後没於高句驪。	玄菟郡地。
南北朝	魏、齊、周，遼河以東屬高句驪，遼河以西爲營州東界，又東北爲靺鞨地。	高句驪地。
隋	高句驪及靺鞨地。	高句驪地。
唐	總章初平高麗，置安東都護府。後渤海大氏置五京十五府六十二州於黑水之南及高麗舊境。	初屬安東都護，後爲渤海大氏所據，故隸定理府。
遼	東京道及上京、中京地。其東北爲女直諸部地。	屬瀋州。
金	東京路及上京、北京、咸平諸路地。	屬瀋州。
元	至元二十四年，改置遼陽等處行中書省。	
明	洪武四年，置定遼都衛。八年，改遼東都指使司，領衛二十五。	建州衛

續表

奉天府	錦州府	吉林	黑龍江
遼東郡地。	遼東、遼西二郡地。		
東南遼東、樂浪、玄菟三郡及朝鮮地。東北屬挹婁，北爲夫餘，南近海爲沃沮。	遼東、遼西二郡地。後漢兼隸遼東屬國。	挹婁國地。	挹婁國地。
魏初爲平州，後合爲幽州。		挹婁國地。	挹婁國地。
平州	永嘉後屬慕容氏。	挹婁國地。	挹婁國地。
	魏營州東境，與高麗接界。	勿吉國地。	後魏勿吉國黑水部。
	營州地。	靺鞨國地。	黑水靺鞨。
瀋州 渤海大氏置屬定理府。	營州地。	先天中，封粟末靺鞨大氏爲渤海郡王。渤海置上京龍泉府，其東北境即黑水靺鞨地。	開元中，以其地爲黑水州，尋置黑水府。後屬渤海。
瀋州昭德軍 初置興遼軍，後更名，屬東京道。	錦州臨海軍 屬中京道。	屬東京道。	
瀋州 屬東京路。	錦州臨海軍 屬北京路。	屬上京路。	扶餘路及肇州北境。
瀋陽路 初爲安撫高麗軍民總管府。元貞二年，置路，屬遼陽等處行中書省。	錦州 省軍名，屬大寧路。	屬開元路。	開元路地。
瀋陽中衛 洪武中置，屬遼東都指揮使司。	洪武中置廣寧等衛，屬遼東都指揮使司。	初設都司，領衛一百八十四、所二十。後皆屬本朝。	

盛京

盛京形勢崇高，水土深厚，長白峙其東，醫閭拱其西，滄溟、鴨緑繞其前，混同、黑水縈其後，山川環衛，原隰沃饒，洵所謂天地之奥區也。天作地藏，自開闢以來，以待聖人。我太祖高皇帝誕膺天命，肇造鴻圖，始自興京，撫有葉赫、輝發諸地，遂城界藩、薩爾滸，而築東京於遼陽。天命十年，以瀋陽爲形勝之地，王氣所鍾，遂定都焉。太宗文皇帝底定全遼，築城垣，建壇廟，營宫闕，號曰盛京。世祖章皇帝統一寰宇，定鼎京師，尊盛京爲留都，監往代兩都之制，設官分職，管轄八旗駐防禁旅，規模宏遠。又邠岐之地，橋山在焉。聖祖仁皇帝六十一年之間，大駕三巡，躬修展謁，盡誠盡敬，孝思以申，禮成肆覲，會同有繹，以燕以賚，中外禔福。闢地自黑龍江以北諸部，及大興安嶺之外。世宗憲皇帝善繼善述，添設州縣，增易駐防，聖謨洋洋，經畫盡善。高宗純皇帝祇遹紹聞，丕繩祖武，御極六十年，四謁丹陵，用展孝敬。賜酺賜復，恩澤便蕃，本覲光揚烈之忱，溯基命造邦之統。賦有陪都之製，舞成世德之辭，奎藻宸章，益光前烈。仁宗睿皇帝御宇二十五年，兩謁珠邱，用申孝慕。蓋自重熙累洽以來，聲教之隆，文明之盛，固已踰絶域而被殊方，而盛京四境幅員萬里，民物阜康，風俗淳厚。瞻陵寢之巍峩，仰宫廷之肅穆，龍蟠鳳翥，佳氣鬱葱，國家億萬年景祚鴻庥，皆基於此云。

大清一統志卷五十七

盛京統部

東西距五千九十餘里，南北距五千八百三十餘里。東至海四千三百餘里，西至山海關、直隸永平府界七百九十里，南至海七百三十餘里，北踰蒙古科爾沁地至黑龍江外興安嶺、俄羅斯界五千一百餘里。東南至錫赫特山、朝鮮界二千九百餘里，西南至海八百餘里，東北至海四千餘里，西北至蒙古土默特界六百九十餘里。自盛京至京師一千四百六十餘里。

分野

天文尾、箕分野，析木之次。爾雅：「析木謂之津，箕斗之間，漢津也。」漢書地理志：「燕地尾、箕分野。遼西、遼東皆燕分也。樂浪、玄菟亦宜屬焉。」又：「自危四度至斗六度，謂之析木之次，燕之分也。」晉書天文志：「遼東西入尾十度，樂浪入箕三度，玄菟入箕六度。」唐書天文志：「箕與南斗相近，爲遼水之陽，盡朝鮮三韓之地。」

建置沿革

古冀、青二州之域。奉天屬青，錦州屬冀。通典：「禹貢曰：『海岱惟青州。』孔安國以爲東北據海，西南距岱。此則青州之地東跨海矣。其界蓋從岱山東歷密州，東北經海曲萊州，越海分遼東、樂浪、三韓之地，西抵遼水也。」舜分冀州東北爲幽州，尚書集傳：「舜分冀東北醫無閭之地爲幽州。」青州東北爲營州。通典：「鄭康成云舜以青州越海，分置營州。其遼東之地，宜禹貢青之域也。」夏省幽、營，并爲冀州之域。商爲幽州、營州。周初爲幽州，時肅慎國在其東北，朝鮮國在其東南，實兼冀、營二州地，同爲幽州境。戰國時遼河左右屬燕。

秦置遼東、遼西二郡。漢初因之，屬幽州。武帝元封四年，拓朝鮮地，增置真番、臨屯、玄菟、樂浪四郡。昭帝始元五年，省真番、臨屯入玄菟、樂浪郡。其東爲高句驪，後漢書：「高句驪在遼東之東千里，南與朝鮮、濊貊，東與沃沮，北與夫餘接。武帝滅朝鮮，以高句驪爲縣，使屬玄菟。」北爲夫餘、挹婁諸國地。後漢書：「夫餘在玄菟北千里，南與高句驪、東與挹婁、西與鮮卑接。挹婁，古肅慎之國也，在夫餘東北千餘里，東濱大海，南與北沃沮接。」後漢建武十三年，以遼東屬青州。二十四年，還屬幽州。安帝時，增置遼東屬國都尉。漢末，爲公孫度所據。魏志：度分遼東郡爲遼西、中遼郡，置太守。自立爲平州牧。度死，子康嗣。康子淵自立爲燕王。景初二年，司馬懿擊滅之。度以中平六年據遼東，至淵三世，凡五十年。魏克之，置東夷校尉，治襄平，而分遼東、玄菟、樂浪、昌黎、帶方五郡爲平州，後還合爲幽州。

晉咸寧二年，改遼東爲國，昌黎、玄菟、帶方、樂浪仍爲郡，均隸平州。太興二年，爲慕容廆所據。按燕録，慕容廆於晉太興二年始逐平州刺史崔毖，據有遼東，以其子仁鎮之。四年，拜廆平州牧。自是平州之治移於棘城，前此猶治遼東也。太和五年，屬於苻堅。太元中屬後燕，後没於高句驪。按晉書，太元十年，高句驪寇遼東，慕容佐遣司馬郝景救之，爲高句驪所敗，遼東、玄菟遂没。十一年，慕容農進伐高句驪，復遼東、玄菟二郡。又慕容熙光始五年伐高句驪，攻遼東不能下，乃引歸。蓋自慕容農復遼東，至慕容寶後尋復爲高句驪所有，但不知在於何年耳。

後魏及隋，遼河以東屬高句驪，按北史高句驪傳，後魏時其國東至新羅，西度遼二千里。通典云：安東都護府，後魏時高句驪都其地。蓋後魏時遼東、玄菟故地已屬高句驪。地形志有遼東郡，治固都城，乃僑置營州界者，非漢故郡也。遼河以西爲營州東界，又東北爲靺鞨國。後魏時名勿吉，隋、唐稱靺鞨，在高句驪北，有七部，即古肅慎氏地。

唐貞觀十九年，征高麗，置蓋、遼、巖三州。總章初，平高麗，置都督府九，又置安東都護以統之。唐書地理志：總章元年，李勣平高麗國，得城百七十六，分其地爲都督府九、州四十二、縣一百，置安東都護府於平壤城以統之，用其酋渠爲都督、刺史、縣令。上元三年，徙遼東郡故城。儀鳳二年，又徙新城。聖曆元年，更名安東都督府。神龍元年，復故名。開元二年，徙於平州。天寶二年，又徙遼西故郡城。至德後廢。先天中，封大氏爲渤海郡王。後置五京、十五府、六十二州於黑水靺鞨之南及高麗舊境。唐書渤海傳：「以肅慎故地爲上京，曰龍泉府，領龍、湖、渤三州。其南爲中京，曰顯德府，領盧、顯、鐵、湯、榮、興六州。濊貊故地爲東京，曰龍原府，亦曰柵城府，領慶、鹽、穆、賀四州。沃沮故地爲南京，曰南海府，領沃、睛、椒三州〔一〕。高麗故地爲西京，曰鴨緑府，領神、桓、豐、正四州；曰長嶺府，領瑕、河二州。夫餘故地爲扶餘府，常屯勁兵扞契丹，領扶、仙二州；鄚頡府，領鄚、高二州。挹婁故地爲定理府，領定、瀋二州〔二〕；安邊府，領安、瓊二州。率賓故地爲率賓府，領華、益、建三州〔三〕。佛寧舊地爲東平府，領伊、蒙、沱、黑、比五州。鐵利故地爲鐵利府，領廣、汾、蒲、海、義、歸六州。越喜故地爲懷遠府，領達、越、懷、紀、富、美、福、邪、芝九州；安遠府，領寧、郿、慕、常四州。又郢、銅、涑三州爲獨奏州。涑州以其近涑沫江，蓋所謂粟末水也。龍原東南瀕海，日本道也。南海，新羅道也。鴨緑，朝鮮道也〔四〕。長嶺，營州道也。扶餘，契丹道也。」按渤海所置五京、十五府、六十二州，多在今吉林烏拉、寧古塔及朝鮮界。其安東府所治遼東故地雖入渤海，建置無聞。地理志賈耽所記可考。遼時東京州縣多襲其名號，非復故地。遼史謂皆渤海之舊，其實未盡然也。「佛寧」舊作「佛涅」，今改正。

遼神册初，於遼陽故城建東平郡。天顯三年，升爲南京。十三年，改爲東京。遼東京道領遼陽等州、府、軍、城八十七。其瀋、集等州在今奉天府界；西踰遼河爲顯、乾等州，在今錦州府界；東抵混同江爲黃龍府及寧江、賓、祥、威諸州，在今開原以東吉林白都訥界；其混同江以東爲女直部，在今寧古塔界。又於東京之西北置上、中二京。遼上京臨潢府領軍、府、州、城二十五，在今錦州府廣寧縣西北邊外。中京大定府領州十，在今錦州府西直隸喜峯口外，元之大寧路也。中京興中府之興中、營丘等縣亦在今錦州府邊外。惟興中府之錦、宜、來、隰等州及大定府之神水、金源等縣在今錦州府界。

金仍建東京，金東京路領遼陽府，澄、瀋、貴德、蓋、復、來遠等六州，又有博索府路。其廣寧府則屬北京路。「博索」舊作「婆速」，今改正。而以混同江以東爲上京，金上京路即海古勒之地，金之舊土也。天眷元年，號上京，領會寧府，肇、隆、信三州，在今開原以南及吉林白都訥界。又有扶餘、海蘭、率賓、呼爾哈等路，今在寧古塔、黑龍江界。「扶餘」舊作「蒲與」，「海蘭」舊作「合懶」，「率賓」舊作「恤品」，又作「速頻」，「呼爾哈」舊作「胡里改」，今並改正。江以西爲咸平路，初爲咸州，天德二年升爲府，屬咸平路，領韓州，在今開原縣以南界。改遼中京爲北京，領大定、興中、臨潢、廣寧四府。

元至元六年，置東京總管府。二十四年，改遼陽等處行中書省，統路七。遼河以東曰遼陽路、至元二十五年，改東京爲遼陽路，領蓋、懿二州。東寧路、本高句驪平壤城。至元十三年，置東寧路。其地在今朝鮮界。瀋陽路、即今盛京也。遼、金爲瀋州昭德軍。元初置安撫高麗軍民總管府，元貞二年改爲路。開元路，元史地理志：開元路，古肅慎之地。元初癸巳歲，師至開元、率賓，東土悉平。乙未歲，立開元、南京二萬户府，治黃龍府。至元四年，更遼東路總管府。二十三年，改爲開元路，領咸平府，後割咸平爲散府，俱隸遼東道宣慰司。開元以東爲海蘭府碩達勒達等路，元史地理志：

海蘭府碩達勒達等路，元初設軍民萬户府五，分領混同江南北之地。「海蘭」改見前。「碩達勒達」舊作「水達達」，今改正。遼河以西曰廣寧路，金廣寧府。至元十五年分爲路。大寧路。初爲北京路，至元七年改名。

明洪武四年，置定遼都衛。八年，改爲遼東都指揮使司，革所屬州縣，置衛二十五、所十一。永樂七年，復置安樂、自在二州，外衛一百八十四、所二十。以山海關内隸之燕京，而全遼之地郡縣皆廢。疆圉既分，幅員漸隘。

我朝發祥長白，王氣攸鍾，肇祖原皇帝締造興京，肇基王迹。太祖高皇帝創建鴻業，奄有哈達、輝發、烏拉、葉赫、寧古塔諸地。天命四年，城界藩。五年，遷薩爾滸。六年，取瀋陽、遼陽。七年，建東京於遼陽。十年，自東京遷瀋陽，定都於此。太宗文皇帝底定全遼。天聰八年，尊爲盛京，宫闕始備。聲教所訖，蒙古、朝鮮以及使犬、使鹿諸部罔不徠臣。

世祖章皇帝統御六合，定鼎京師，以盛京爲留都。順治元年，悉裁諸衛，設内大臣、副都統及每旗駐防。三年，改駐防内大臣爲昂邦章京，給鎮守總管官印。十年，以遼陽爲府，置遼陽、海城二縣，又於寧古塔設昂邦章京、副都統鎮守之。十四年，省遼陽府爲縣，於盛京設奉天府，置府尹。

康熙元年，改奉天昂邦章京爲鎮守遼東等處將軍，寧古塔昂邦章京爲鎮守寧古塔等處將軍。三年，於舊廣寧衛地設府，領廣寧縣、錦縣、寧遠州。是年，奉天府又增置承德、蓋平、開原、鐵嶺四縣，改遼陽縣爲州。四年，改鎮守遼東等處將軍爲鎮守奉天等處將軍，改廣寧府爲錦州府，移治錦縣，仍屬奉天府尹。十年，以寧古塔副都統移吉林烏拉。十五年，以寧古塔將軍駐吉林烏拉，復移副都統鎮守寧古塔。是年，吉林添設副都統。二十三年，於黑龍江設將軍及副都統二員。二十九年，移黑龍江將軍及副都統一員駐墨爾根。三十一年，移吉林副都統於白都訥。三十七年，移墨爾根副都統駐齊齊哈爾。三十八年，黑龍江將軍自墨爾根城移駐齊齊哈爾。四十九年，於墨爾根城設副都統。雍正三年，設吉林副都統，於阿勒楚喀設協領。五年，於吉林烏拉設永吉州，寧古塔設泰寧縣，白都訥設長寧縣，俱隸奉天府。是年，設熊岳、錦州二副都統。七年，罷泰寧縣，又於三姓設副都統。十二年，於故復州衛地置復州，故金州衛地置寧海縣，又於錦州府增設義州。乾隆二年，罷長寧縣。九年，設拉林副都統。十二年，罷永吉州。二十一年，設阿勒楚喀副都統。二十二年，以寧古塔將軍爲吉林將軍。三十四年，裁拉林副都統。三十七年，設岫巖理事通判。四十一年，以岫巖通判兼轄鳳凰城。嘉慶五年，設長春廳。十二年，設昌圖廳。十八年，設新民廳。西抵山海關，東抵海濱，南至圖們江接朝鮮界，北至外興安嶺、俄羅斯界，皆屬奉天、吉林、黑龍江將軍所統，而副都統復分鎮於將軍所轄之地。其餘各城、各邊門，又有城守尉、防守尉等員爲之分駐。至編户之民，則隸於州縣，而以府統之。其錦州一府，仍屬於奉天府尹。

府二：奉天府、錦州府。屬奉天府。

將軍統轄之地三：奉天、吉林、黑龍江。

形勢

東窮大海，在盛京城東四千三百餘里，又東北至混同江入海處亦四千餘里。西接外藩，土默特、奈曼、扎嚕特等諸蒙古皆與錦州府接界，又東開原邊外爲科爾沁界。南臨朝鮮、渤海，奉天、錦州二府南面皆臨渤海，南通山東登、萊二郡。鳳凰城以東、鴨緑江南爲朝鮮國界。北抵大興安山。在黑龍江上流。其北與俄羅斯分界。其名山則有長白山，在吉林城東南，横亘千里，高二百里。山巔有潭，爲混同、鴨緑諸江之源。我朝發祥於此。醫巫閭。即北鎮，在廣寧縣西。其大川則有混同江，在吉林城東南，即松花江。自長白山北流，會嫩江，折而東，合黑龍江，又東會烏蘇哩江入海。黑龍江，上源曰鄂倫河，自西北流來，凡六千餘里，與混同江會。鴨緑江，在鳳凰城東南。朝鮮以江爲界。遼河，在盛京城西百里，即古大遼水。漢置遼東、遼西二郡，由此水而分。今爲奉天、錦州二府分界。渾河。在盛京城南，即古小遼水。其重險則有山海關，在寧遠州西二百里，直隸永平府撫寧縣東百里。鳳凰城，在奉天府東南。城西南有鳳凰城邊門，有連山關，爲朝鮮貢道。威遠堡。在開原縣東北，爲吉林烏拉等處出入要道。

城池

盛京城。周九里三百三十二步。門八：南之左曰德盛，南之右曰天佑，北之東曰福勝，北之西曰地載，東之南曰撫近，東之北曰内治，西之南曰懷遠，西之北曰外攘。門樓八，角樓四。城壕周十里二百四步，廣十四丈五尺。外繚牆周三十二里四十八步。本明瀋陽衛舊址。我太祖高皇帝天命十年，東京遷都於此。太宗文皇帝天聰五年，因舊城增拓之。八年，始名曰盛京。康熙十九年，增築繚牆。二十一年，修葺諸城門樓。三十二年，重修城垣。五十四年，復修城樓及内外城垣。乾隆八年、十八年、三十七年、三十八年、四十一年、四十三年、四十四年、四十五年、四十七年、四十八年、五十年、五十六年，嘉慶五年、九年、十二年、二十二年、二十四年、二十五年，疊次修補，規制益爲宏備。

宫殿

大政殿。在大内宫闕之東。崇德二年建。國初視朝之大殿也。殿制八隅，左右列署十，爲諸王大臣議政之所。順治元年，定都京師，奉天文武各官朝禮如制。乾隆八年、十九年、四十三年、四十八年，嘉慶十年、二十三年，俱有御製大政殿詩。又殿内有乾隆二十二年御書額曰「泰交景運」，並有御書楹帖。

大内宫闕。在大政殿之西。南北袤八十五丈三尺，東西廣二十二丈二尺。正門曰大清門，太祖高皇帝於門砌旁設諫木二，以達民隱。乾隆四十三年，命大清門外東階上設諫木一，重設東西掖門二，奏樂亭二；坊二，左曰「文德」，右曰「武功」；朝房東西楹各五。四十八年，換大清門下馬木牌爲石碑，刻清、漢、蒙古、西番、回子五體字。正殿曰崇政殿，原名篤恭殿，左右二翊門。殿前左曰飛龍閣，右曰翔鳳閣。殿北爲鳳凰樓，供奉六代聖容。樓北曰清寧宫，國初祀神之所。宫之東曰衍慶宫、關雎宫，西曰永福宫、麟趾宫，崇德二年建，康熙十一年修。乾隆八年，高宗純皇帝謁祖陵，駐蹕盛京，因舊規模，益加增建。躬親相度，重修崇政殿及飛龍、翔鳳二閣，增建日華樓、師善齋、霞綺樓、協中齋，東建頤和殿、介祉宫、敬典閣，西建迪光殿、保極宫、繼思齋、崇謨閣。十一年，奉旨恭送五朝聖訓、實録於盛京尊藏，原貯鳳凰樓。四十三年六月，命盛京將軍弘晌擇吉恭移於崇謨閣尊藏。敬典閣於乾隆十五年恭貯玉牒，二十五年、三十三年、四十三年、五十三年，嘉慶三年、十二年、二十三年、二十五年，續貯八次。又乾隆十一年，尊藏御寶十於盛京：一大清受命之寶，二皇帝之寶，三皇帝之寶，四皇帝之寶，五奉天之寶，六天子之寶，七奉天法祖親賢愛民，八丹符出驗四方，九敕命之寶，十廣運之寶。有御製盛京尊藏寶譜序。又崇政殿、鳳凰樓、清寧宮、頤和殿、介祉宮、迪光殿、保極宮、繼思齋，均有御書楹帖。崇政殿有御書額曰「正大光明」，鳳凰樓有御書額曰「紫氣東來」，清寧宮有御書額曰「萬福之原」，迪光殿有御書額曰「繼序其皇」，均於乾隆年間奉頒。又康熙二十一年，有御製盛京舊宮詩。世宗憲皇帝雍邸集有瞻仰盛京宮闕念祖宗創業艱難恭賦二十韻詩。乾隆八年，有御製御崇政殿、登鳳凰樓、再登鳳凰樓、清寧宮詩。十九年，有御製至盛京故宮日作、御崇政殿、登鳳凰樓、清寧宮疊舊作韻、頤和殿、大清門詩。四十三年，有御製盛京舊宮恭依皇祖元韻、御崇政殿、登鳳凰樓用李白鳳凰臺韻、登鳳凰樓疊甲戌韻、清寧宮口號、清寧宮再疊舊作韻、瞻仰頤和殿感成長句、題迪光殿六韻、保極宮、繼思齋題壁、敬題崇謨閣、大清門、駐盛京故宮有懷、故宮即事、於故宮用唐太宗幸武功慶善宮韻即效其體詩。四十八年，有御製盛京舊宮再依皇祖元韻、御崇政殿受賀、登鳳凰樓再用李白鳳凰臺韻、登鳳凰樓再疊甲戌韻、清寧宮感舊留句、清寧宮三疊舊作韻、敬瞻頤和殿感而題句、題迪光殿、保極宮、繼思齋題壁二首、敬題崇謨閣、大清門、駐盛京故宮有懷疊戊戌舊作韻、故宮即事、故宮再用唐太宗幸武功慶善宮韻詩。嘉慶十年、二十三年，有御製恭依皇考至盛京舊宮再依皇祖元韻元韻、御崇政殿恭依皇考元韻、登鳳凰樓恭依皇考元韻、清寧宮有感、敬題崇謨閣、迪光殿敬紀、保極宮敬志、繼思齋敬述、大清門詩。又嘉慶十年，有御製舊宮再述詩。

文溯閣。在宮殿之西，乾隆四十七年建。貯四庫全書三萬六千册、圖書集成五百七十六函。御書額曰「聖海沿洄」，並有御書楹帖。碑亭內恭鐫御製文溯閣記、宋孝宗論。閣之前曰嘉蔭堂，後曰仰熙齋，均有御書楹帖。四十八年，添設管理文溯閣事催長。又乾隆四十八年，嘉慶十年、二十三年，均有御製文溯閣、嘉蔭堂、仰熙齋詩。

壇廟

天壇。在德盛門外南五里，國初祀天之所。四周一百十三丈。南面三門，東、西、北三面各一門。乾隆四十三年，奉旨修葺。四十八年，有御製重修壇廟恭紀詩。

地壇。在内治門外東三里，國初建。四周一百三十三丈八尺。北一門，南、東、西各一門。乾隆四十三年修葺。

社稷壇。在天祐門外西南隅，雍正十一年建。乾隆六年增修。

先農壇。在德盛門外瀋水之南，雍正五年建。乾隆六年增修。

風雲雷雨山川壇。在社稷壇之前，雍正十一年建。

太廟。初在撫近門外。乾隆四十三年，移建於大清門左。國初祀列祖之所。門南向，東西廣三十五丈，南北袤四十丈。大門三楹，東西角門二。前殿三楹，正殿五楹，後寢六楹。乾隆四十三年，奉旨將景佑宫移建撫近門外，改建太廟於景祐宫舊址。南北袤十一丈一尺五寸，東西廣十丈三尺五寸。正殿五楹，東西配廡各三楹，東西耳房各三楹。正門三楹，東西門各一。四十八年，奉旨謹將太廟原藏册寶十六分恭送盛京太廟尊藏。嘉慶五年，恭送高宗純皇帝、孝賢純皇后、孝儀純皇后册寶三分於盛京太廟尊藏。按：景佑宫初在大清門東。

堂子。在撫近門外，國初敕建。乾隆四十三年，奉旨修葺。

文廟。在城内東南隅，國初建。康熙五年增修，並建啓聖祠。二十八年，頒御書「萬世師表」扁額於大成殿。康熙三十二年增建明倫堂，並設守衛步兵。雍正元年，加封先師孔子五代王爵，改名崇聖祠。四年，頒御書「生民未有」扁額於大成殿。今奉天府儒學在焉。乾隆三年，奉頒御書「與天地參」扁額。八年，駕詣盛京，頒御書「先覺斯民」扁額。又乾隆八年、四十三年、四十八年，嘉慶十年、二十三年，俱有御製文廟詩。

山陵

太祖高皇帝福陵。在盛京城東北二十里天柱山，孝慈高皇后合葬。寶城周五十九丈四尺，前爲方城明樓。樓前爲饗殿，曰隆恩殿。殿制三楹，左右配殿各五楹。門爲隆恩門。神道南爲碑亭，外爲紅門。繚牆周六百一十八丈四尺。順治八年，封福陵山爲天柱山，從祀地壇。康熙二十一年，有御製告祭福陵恭述十韻詩。世宗憲皇帝雍邸集有謁福陵恭頌詩。雍正九年，奉旨以福陵紅門前大路與寶城甚近，車馬俱由山根左畔行走，有關風水。嗣後渾河東南、西南無關風水之處設立船隻以渡行人，紅門前大路及山根左畔嚴行禁止行走；再渾河以北凡係風水之地，所有草木不許擅動。至遷移房屋，禁止耕種，俱著賞給房價，補還地畝。乾隆八年、十九年、四十三年、四十八年，有御製恭謁福陵詩。四十三年，謁福陵後，命大臣敬謹閱視，添安柵木，移展紅樁。於附近地方查出墳冢數處，俱令遷葬，官給葬費；並請仿照兩陵，於紅樁外酌增白樁、青樁一層，青樁外方許樵採畊牧及行走葬厝。規制益昭嚴肅。

壽康太妃園寢。在福陵之西。饗殿三楹，左右配房各三楹。

太宗文皇帝昭陵。在盛京城西北十里隆業山，孝端文皇后合葬。寶城周六十一丈，前爲方城明樓。樓前爲饗殿，曰隆恩殿。殿制三楹，左右配殿各三楹，門爲隆恩門。神道南爲碑亭，外爲紅門，繚牆周四百九十五丈九尺。順治八年，封昭陵山爲隆業山，從祀地壇。十三年，題定福陵、昭陵四周立界，界内禁止樵採。康熙二年，改造建二陵地宮，奉安寶座於饗殿。三十一年，重建昭陵大殿。又陵前立仗石馬，曰「大白」、「小白」，乃太宗文皇帝當日所乘以略陣破堅者。康熙二十一年，有御製告祭昭陵恭述十二韻詩。世宗憲皇帝雍邸集有謁昭陵恭頌詩。乾隆八年、十九年、四十三年、四十八年，均有御製恭謁昭陵詩。又御製昭陵石馬歌。二陵各設總管及掌關防官、八旗章京等員。四季祀典，各隨其時，以宗室公三人爲主祭官，移駐奉天，歲時承祭。乾隆八年，有御製示盛京奉祀諸宗室詩。四十三年，有御製盛京奉祀諸宗室來接詩以誌事。四十八年，有御製盛京奉祀諸宗室來接詩以示之詩。

懿靖大貴妃園寢。在昭陵之西。饗殿三楹，左右配房各三楹。

苑囿

御花園。在城西北五里，國初建。順治十三年，改爲長寧寺。

内務府所司諸園。遼河東果園及山場共九十處，盛京内務府司之。遼河西果園七十五處，舊屬京師内務府，雍正十一年亦歸盛京内務府，歲時取以進御。

禮部所司園池。遼陽州果園二，羊拉峪果園一，三塊石果園一，邢鎮撫屯果園一，安平栗園一，石橋子花紅園一，繁盛堡花紅園一，千山花紅園一，火連寨果園一，城南養魚池一，墩子泊養魚池一，城西蓮花泊一，城東養豬圈一，城東黑牛圈一。以上園池牧地，皆盛京禮部司之，以供祀典。

官署

奉天將軍署。在德盛門内。天聰六年建，爲吏部公署。順治元年遷都，奉裁。康熙十三年修，爲鎮守奉天等處將軍公署。乾隆八年，奉頒御書「屏翰邠豐」扁額。

户部。在德盛門内，天聰六年建。順治十六年，始設侍郎、郎中、員外郎、主事等官管理。乾隆四十三年，命盛京將軍兼管户部銀庫事務。乾隆八年，奉頒御書「宗邦會要」扁額。

禮部。在德盛門内，天聰六年建。順治十五年，始設侍郎以下等官管理。乾隆八年，奉頒御書「典重明禋」扁額。

兵部。在懷遠門内，天聰六年建。順治元年裁。康熙三十年，復設侍郎以下等官管理。乾隆八年，奉頒御書「陪京樞要」扁額。

刑部。在懷遠門内，天聰六年建。康熙元年，始設侍郎以下等官管理。乾隆八年，奉頒御書「弼教留都」扁額。

工部。舊在懷遠門内，天聰六年建。後改德盛門内。順治十六年，始設侍郎以下等官管理。乾隆八年，奉頒御書「飭林山海」扁額。

内務府。在大清門之東，崇德三年建。順治三年，初設鑲黄旗、正黄旗佐領各一員。後添設正白旗佐領及驍騎校、筆帖式等員，總理營建儲偫之事。

府尹署。在德盛門内，順治十四年建。

府丞署。在天佑門内，康熙三年建。

治中署。在撫近門外，乾隆四十三年增建。

通判署。在天佑門内，康熙三年建。

試院。在府丞署東。雍正十二年，府丞吕文櫻修。

稅課司。在外攘門内。屬盛京户部。

朝鮮使館。在德盛門内。屬盛京禮部。

教場。在外攘門外。

文職官

奉天

户部侍郎一員，郎中二員，員外郎六員，堂主事二員，主事四員，筆帖式二十三員，滿洲二十一，漢軍二。外郎九員，金銀庫正關防一員，副關防一員，司庫二員，庫使八員，中江稅務監督一員，管官莊六品官二員，内倉正監督一員，副監督一員，倉官十員，遼陽、牛莊、熊岳、蓋平、寧海、開原、錦州、寧遠、廣寧、義州。倉外郎十員。遼陽、牛莊、復州、開原、岫巖、鳳凰城、錦州、寧遠、廣寧、義州。

禮部侍郎一員，郎中二員，員外郎四員，堂主事一員，筆帖式十員，外郎二員，讀祝官八員，贊禮郎十六員，助教官四員，庫使八員，六品官一員，七品官一員，醫官二員，僧録司一員，道録司一員。

兵部侍郎一員，郎中二員，員外郎四員，堂主事二員，主事二員，筆帖式十二員，漢軍外郎二員，驛站正監督一員，副監督一員，外郎二員，驛丞二十九員。分管興京、奉天、錦州二十九站。

刑部侍郎一員，郎中四員，員外郎六員，堂主事二員，滿洲一，漢軍一。主事六員，滿洲四，蒙古二。筆帖式三十員，滿洲二十三，蒙古二，漢軍五。漢軍外郎二員，司獄二員，滿一，漢一。司庫一員，庫使二員。

工部侍郎一員，郎中二員，員外郎四員，堂主事二員，主事二員，筆帖式十七員，滿洲十六，漢軍一。外郎九員。

大政殿六品官一員，司庫二員，庫使八員，四品官一員，五品官一員，六品官一員。

總管內務府大臣一員。將軍兼管。協理總管內務府大臣事務一員，侍郎兼管。嘉慶二十三年增設。堂主事一員，委署主事一員，筆帖式十五員，司庫二員，庫使十六員。

兼管奉天府府尹事務一員，侍郎兼管。奉天府府尹一員，府丞一員，舊無三年更換之例。嘉慶六年，御史永祚奏以府丞專司考試，在任年久，易滋流弊。奉旨著將此缺三年一換，即以各省年滿學政與在京對品京堂對調。治中一員，同知一員，新民廳。嘉慶十八年，裁直隸宣化府通判改設。通判四員，舊設奉天一員。乾隆二十八年，裁錦州通判，改設興京一員。三十七年，裁熊岳通判，改設岫巖廳一員。嘉慶十二年，增設昌圖廳一員。府學教授一員，兼轄承德縣學。經歷一員，司獄一員，巡檢四員。新民廳屬一。岫巖廳屬二：一駐岫巖，乾隆三十七年裁錦縣教諭改設；一駐鳳凰城，乾隆四十一年裁巨流河巡檢改設，以岫巖通判兼轄。昌圖廳屬一，嘉慶十二年設。知州二員，遼陽、復。舊有永吉州，乾隆十二年裁，改設吉林理事同知，隸吉林將軍統轄。按遼陽，順治十年設府，十四年裁府存縣，康熙三年升爲州。復，雍正五年設通判，十二年改置州。州學學正二員，舊有永吉州學正。乾隆十二年，改設寧古塔學正。吏目二員。舊有永吉州吏目。乾隆十二年，改設巡檢，屬吉林理事同知管轄。京縣知縣一員，承德。知縣五員，海城、蓋平、寧海、開原、鐵嶺。舊有泰寧縣，雍正七年裁。又長寧縣，乾隆二年改設州同，十二年裁。縣學教諭一員，寧海。訓導四員，海城、蓋平、開原、鐵嶺。巡檢一員，海城縣屬牛莊。舊有承德縣巨流河巡檢，乾隆四十一年移設鳳凰城。又金州巡檢，雍正十二年升爲寧海縣。典史六員。舊有長寧縣典史，乾隆十二年裁。

錦州府知府一員，舊有同知駐義州，雍正十二年改置府。又有通判，雍正二年移駐義州，乾隆二十八年移設興京。府學教授一員，兼轄錦縣學。經歷一員。知州二員，寧遠、義。舊有寧遠州中後所州判，乾隆四十一年改設巡檢。州學學正二員，吏目二員，巡檢一員。寧遠州屬中後所。知縣二員，錦、廣寧。廣寧於康熙三年設府，四年裁府存縣。縣學訓導一員，廣寧。舊有錦縣教諭，乾隆三十七年裁。巡檢一員，錦縣屬天橋廠。雍正二年，移義州巡檢設此。典史二員。

奉天將軍衙門主事一員，筆帖式十一員，外郎六員，各城駐防筆帖式十八員。興京一，遼陽一，牛莊一，開原一，熊岳二，蓋平一，復州一，寧海一，旅順水師營一，岫巖一，鳳凰城一，錦州二，寧遠州一，中後所一，廣寧一，義州一。舊有興京等十六邊門筆帖式各一員，乾隆三十六年裁。

永陵總管衙門筆帖式四員。

福陵總管衙門筆帖式四員。

昭陵總管衙門筆帖式四員。

吉林將軍衙門主事一員，舊有刑司主事一員，乾隆十三年裁。助教官二員，理刑九品筆帖式一員，舊設二員，乾隆十三年裁一員。筆帖式十一員，滿洲六，繙譯四，蒙古繙譯一。驛站監督六品官二員，舊設一員，康熙二十五年增設一員。驛站關防筆帖式二員，驛站筆帖式三十六員，倉官一員，倉筆帖式二員，獄官一員，醫官一員，邊門筆帖式四員。伊屯、克爾素、布爾德庫蘇巴爾罕、法特哈。

吉林理事同知一員，乾隆十二年，裁永吉州改設。舊有理事通判，乾隆二十八年裁。學正一員，舊爲永吉州學正，乾隆十二年改爲寧古塔學正。巡檢一員。乾隆十二年，裁永吉州吏目改設。

長春廳理事通判一員，嘉慶五年設。巡檢一員，嘉慶五年設。伊屯巡檢一員。嘉慶十九年設。

寧古塔筆帖式四員，倉官一員，倉筆帖式二員，醫官一員，教習官二員。

白都訥筆帖式四員，乾隆四年，於四員内改設繙譯二員。二十五年，於繙譯二員内改設蒙古繙譯一員。倉官一員，倉筆帖式二員，教習官二員。

白都訥廳理事同知一員，舊爲長寧縣，設知縣、典史。乾隆二年，裁縣，改設州同。十二年，裁州同並典史，改設巡檢一員。二十六年，裁巡檢，改設辦理蒙古事務委署主事一員。嘉慶十五年，裁委署主事，改設理事同知。巡檢二員。嘉慶十五年設，一駐白都訥，一駐孤榆樹屯。

三姓筆帖式四員，舊設二員，雍正十年增設二員。倉官一員，倉筆帖式二員，教習官二員。舊設一員，雍正十年增設一員。

阿勒楚喀筆帖式六員，舊設二員。乾隆九年，移設拉林。二十七年，由拉林移還二員。三十四年，復由拉林移設二員。嘉慶二十五年，增設繙譯二員。倉官一員，倉筆帖式二員，教習官一員。

打牲烏拉筆帖式二員，教習官一員。

琿春筆帖式二員，教習官一員。

拉林倉官一員，倉筆帖式二員，舊有筆帖式四員。乾隆二十五年，添設筆帖式二員。二十七年，三十四年，移往阿勒楚喀四員。教習官一員。

雙城堡筆帖式八員。嘉慶二十五年設。

黑龍江

黑龍江將軍衙門主事一員，刑司主事一員，筆帖式十員，滿文六、蒙古繙譯二、漢文繙譯二。銀庫主事一員，銀庫九品筆帖式二員，管屯七品官一員，水師營筆帖式二員，倉官一員，倉筆帖式二員，教習筆帖式一員，管理驛站事務二員，舊係六品。乾隆三十六年奏准，由有品級筆帖式補放者爲七品，由無品級筆帖式補放者爲八品。驛站關防筆帖式二員，驛站筆帖式二十員。

墨爾根筆帖式四員，管屯七品官一員，倉官一員，倉筆帖式二員，教習筆帖式一員。

黑龍江筆帖式四員，管屯七品官一員，倉官一員，倉筆帖式二員，教習筆帖式一員。

呼倫布雨爾隨闕防筆帖式九員。副都統衙總管衙門四員：索倫、巴勒瑚、新巴勒瑚、兀魯特。各總管衙門共五員。

呼蘭筆帖式二員，管屯七品官一員，倉官一員，倉筆帖式二員。

布特哈隨闕防筆帖式八員。舊設二員。乾隆二十五年，增設二員。四十九年，增設四員。

武職官

奉天

奉天將軍一員，副都統一員，舊設二員。雍正五年，移駐錦州一員。協領十一員，舊設滿洲八員，康熙二十二年，增設漢軍二員。雍正二年，增設蒙古一員。佐領六十六員，舊設陳滿洲十六員。康熙三年，增設漢軍八員。十三年，增設漢軍八員。十八年，增設新滿洲十八員。二十二年，增設新滿洲三員、蒙古八員、漢軍八員。二十七年，增設新滿洲二員。二十九年，移駐錦州陳滿洲八員。三十一年，增設巴勒瑚三員。防禦十員，舊設滿洲八員。康熙十五年，增設滿洲十六員。二十二年，增設漢軍八員。二十九年，移駐鐵嶺漢軍四員、撫順漢軍四員。乾隆五年，移駐牛莊滿洲五員，蓋平滿洲五員，梨樹溝、明水堂、白土廠邊門滿洲三員。二十九年，移駐塔爾巴哈臺滿洲一員。驍騎校六十六員。乾隆二十九年，移駐塔爾巴哈臺滿洲二員。四十三年，補設。其餘各員增設、移駐與佐領同。內務府佐領三員，鑲黃旗一，正黃旗一，正白旗一。驍騎校三員，內管領一員，催長十員，領催三員，乾隆五十一年增設。長領達一員，倉達三員，牧長三員，館達六員。

永陵總管一員，副總管二員，國戚章京三員，八旗防禦品級章京十六員，公缺十員，世職六員。掌關防官一員，副關防官兼總領二員，内管領一員，副員三員，尚膳七名，司香二名，拜唐阿十二名。

福陵總管一員，副總管二員，八旗防禦品級章京十六員，公缺六員，世職十員。國戚章京品級六十五員，掌關防官一員，副關防官二員，總領二員，内管領一員，副員三員，尚膳八名，尚茶五名，司香四名，拜唐阿十五名，四品官一員，無餉外郎二員。

壽康太妃園寢守護首領二員。

昭陵總管一員，副總管二員，八旗防禦品級章京十六員，國戚章京品級二十員，掌關防官一員，副關防官二員，總領二員，内管領一員，副員三員，尚膳九名，尚茶四名，司香八名，拜唐阿三十四名，四品官一員，無餉外郎二員。

懿靖大貴妃園寢守護首領二員。

興京城守尉一員，滿洲。防禦四員，舊設滿洲三員。康熙二十六年，增設一員。驍騎校四員。滿洲。

遼陽城守尉一員，滿洲。佐領一員，巴勒瑚。防禦七員，舊設滿洲八員。乾隆二十九年，移駐塔爾巴哈臺一員。驍騎校八員。舊設滿洲八員。康熙三十一年，增設巴勒瑚一員。乾隆二十九年，移駐塔爾巴哈臺滿洲二員。四十三年，補設滿洲一員。

牛莊四品協領一員，滿洲。防禦三員，舊設滿洲二員、漢軍一員。乾隆五年，由盛京移駐滿洲五員。十三年，裁滿洲四員，改設驍騎校四員。二十九年，移駐塔爾巴哈臺一員。驍騎校四員。乾隆十三年裁防禦改設。

開原城守尉一員，滿洲。佐領二員，舊設新滿洲一員。康熙三十一年，增設巴勒瑚一員。防禦六員，舊設滿洲三員。康熙二十六年，增設四員。乾隆二十九年，移駐塔爾巴哈臺一員。驍騎校九員。舊設滿洲一員。康熙二十六年，增設七員。三十一年，增設巴勒瑚一員。

鐵嶺防禦四員。

撫順防禦四員。以上鐵嶺、撫順駐防，均於康熙二十九年由盛京移駐漢軍防禦各四員。三十九年，各改設滿洲一員。

以上興京等六駐防，均隸奉天副都統管轄，將軍統轄。

熊岳副都統一員，協領一員，舊設滿洲城守尉。乾隆五年，改爲協領。佐領一員，巴勒瑚。防禦七員，舊設滿洲八員。乾隆二十九年，移駐塔爾巴哈臺一員。驍騎校八員。舊設滿洲八員。康熙三十一年，增設巴勒瑚一員。嘉慶二十三年，移駐雙城堡滿洲一員。

蓋平四品協領一員，滿洲。防禦三員，舊設滿洲二員、漢軍一員。乾隆五年，由盛京移駐滿洲五員。十三年，裁滿洲三員、漢軍一員，改設驍騎校。乾隆二十九年，移駐塔爾巴哈臺一員。驍騎校四員。乾隆十三年，裁防禦改設。

復州城守尉一員，滿洲。佐領一員，巴勒瑚。防禦七員，舊設滿洲八員。乾隆二十九年，移駐塔爾巴哈臺一員。驍騎校八員。舊設滿洲八員。康熙三十一年，增設巴勒瑚一員。乾隆二十九年，移駐塔爾巴哈臺滿洲一員。四十三年，補設。嘉慶二十三年，移駐雙城堡一員。

寧海城守尉一員，舊設滿洲協領一員。康熙二十六年，改設城守尉。佐領四員，舊設漢軍二員。康熙二十六年，改設滿洲防禦。三十一年，增設巴勒瑚一員。五十年，增設漢軍三員。防禦七員，舊設滿洲一員。康熙二十六年，裁滿洲協領一員、漢軍佐領二員，改設滿洲防禦三員，是年又增設四員。乾隆二十九年，移駐塔爾巴哈臺一員。驍騎校十二員。舊設滿洲八員。康熙三十一年，增設巴勒瑚一員。五十年，增設漢軍三員。

旅順水師營協領一員，漢軍。佐領品級章京二員，漢軍。防禦四員，驍騎校八員。

岫巖城守尉一員，滿洲。佐領一員，巴勒瑚。防禦八員，滿洲。驍騎校八員。舊設滿洲八員。康熙三十一年，增設巴勒瑚一員。乾隆二十九年，移駐塔爾巴哈臺滿洲二員。四十三年，補設一員。

鳳凰城守尉一員，滿洲。佐領一員，巴勒瑚。防禦七員，舊設滿洲二員。康熙二十六年，增設六員。乾隆二十九年，移駐塔爾巴哈臺一員。驍騎校九員。舊設滿洲七員、蒙古一員。康熙三十一年，增設巴勒瑚一員。

以上蓋平等六駐防，均隸熊岳副都統管轄，奉天將軍統轄。

錦州副都統一員，駐劄錦縣。雍正五年，由盛京移駐。協領一員，舊設滿洲城守尉。乾隆五年，改設協領。佐領十二員，舊設漢軍八員。康熙十八年，增設新滿洲五員。二十九年，移駐小淩河、寧遠州、中前所、中後所四處駐防漢軍八員。是年，由盛京移駐錦州陳滿洲八員。乾隆四十三年，裁新滿洲一員。驍騎校十二員。各員增裁移駐與佐領同。

小淩河佐領二員，驍騎校二員。

寧遠州佐領二員，驍騎校二員。

中前所佐領二員，驍騎校二員。

中後所佐領二員，驍騎校二員。以上小淩河、寧遠州、中前所、中後所四駐防，均於康熙二十九年由錦州移駐漢軍佐領、驍騎校各二員。三十九年，每處佐領各改設滿洲一員。

以上小淩河等四駐防，均隸錦州副都統管轄，奉天將軍統轄。

廣寧四品協領一員，滿洲。佐領三員，滿洲。防禦三員，舊設滿洲一員、蒙古一員。康熙十三年，增設漢軍一員。驍騎校六員。舊設滿洲三員。乾隆元年，增設三員。二十九年，移駐塔爾巴哈臺一員。四十三年，補設一員。

廣寧駐防，隸錦州副都統管轄，奉天將軍統轄。

巨流河佐領二員，驍騎校二員。

白旗堡佐領二員，驍騎校二員。

小黑山佐領二員，驍騎校二員。

閭陽驛佐領二員，驍騎校二員。以上巨流河、白旗堡、小黑山、閭陽驛四駐防，均於康熙二十九年設漢軍佐領、驍騎校各二員。三十九年，每處佐領各改設滿洲一員。

以上巨流河等四駐防，均隸廣寧協領兼轄，錦州副都統管轄，奉天將軍統轄。

義州城守尉一員，舊設無品級達。康熙十九年，改設包衣城守尉。佐領十五員，舊設新滿洲七員。康熙三十一年，增設包衣七員。三十二年，增設陳滿洲二員、包衣三員。乾隆四十三年，裁包衣二員。嘉慶二十三年，移駐雙城堡滿洲一員、包衣一員。驍騎校十五員。舊設新滿洲七員。康熙三十一年，增設包衣七員。三十二年，增設陳滿洲二員、包衣三員。乾隆二十九年，移駐塔爾巴哈臺滿洲二員。四十三年，裁包衣二員。

義州駐防，隸錦州副都統管轄，奉天將軍統轄。

興京等處邊門防禦十六員。興京、鹻廠、英莪、威遠堡、鳳凰城、愛哈各一員，均隸盛京兵部所轄；發庫、彰武臺、白土廠、清河、九官臺、松嶺子、新臺、梨樹溝、白石嘴、明水堂各一員，均隸奉天將軍所轄。

大淩河牧羣總管一員，錦州副都統兼轄。翼領二員，牧長二十七員，舊設十七員。嘉慶八年，增設十員。副牧長三十四員。舊設十七員。嘉慶二年，增設十七員。

養息牧河牧廠總管一員，嘉慶二十年設，由錦州、廣寧、義州佐領内選撥。界官二員。嘉慶二十年設，由盛京八旗防禦内選撥。

陳蘇魯克翼長三員，牛羊羣二，黑牛羣一。新蘇魯克牧長一員。

吉林

吉林將軍一員，舊設大章京，駐寧古塔。康熙元年，改爲將軍。十五年，由寧古塔移駐吉林。副都統一員，康熙十年，以寧古塔副都統駐吉林。十五年，復移駐寧古塔。是年，增設吉林副都統。三十一年，移駐白都訥。雍正三年，復設吉林副都統。協領九員，舊設滿洲八員。雍正十年，增設一員。乾隆五年，移駐打牲烏拉一員。三十年，裁打牲烏拉一員，改設蒙古一員。烏槍營參領一員，佐領五十六員，康熙十年，由寧古塔移駐十一員，復增設滿洲十二員。十六年，增設滿洲二十六員。二十九年，移駐黑龍江二十一員，增設滿洲五員、錫伯、漢軍二員。三十一年，增設滿洲六員、錫伯十六員、巴勒瑚八員。三十八年，增設滿洲一員，裁錫伯十六員。雍正四年，裁巴勒瑚一員，增設陳漢軍一員。六年，移駐伊屯二員。十年，增設滿洲十員。乾隆元年，增設烏槍營八員。五年，移駐打牲烏拉滿洲十員。防禦二十二員，舊設滿洲八員。康熙十三年，增設十五員。二十年，分駐伊屯等四邊門四員。二十九年，移駐黑龍江十三員，增設滿洲、錫伯十四員。雍正十年，增設滿洲八員。乾隆五年，移駐打牲烏拉八員。嘉慶二十三年，裁二員，改爲佐領，移駐雙城堡。驍騎校五十六員，康熙十六年，增設管戰船、運糧船二員。二十三年，移駐黑龍江。其餘各員增裁移駐與佐領同。水師營四品官二員，五品官二員，六品官二員，以上水師營舊設管戰船、運糧船四品官、五品官各二員。康熙二十三年，移駐黑龍江。二十五年，增設四品官、五品官、六品官各二員。委官六十八員。舊設六十二員。嘉慶二十四年，增設六員。

寧古塔副都統一員，康熙十年，移駐吉林。十五年，復移駐寧古塔。協領二員，佐領十二員，舊設八員。順治十八年，增設十員。康熙三年，增設一員。十年，移駐吉林十一員。十七年，增設三員。二十九年，移駐黑龍江四員。五十二年，增設三員。乾隆二十五年，由打牲烏拉移駐二員。防禦十二員，舊設四員。順治十八年，增設二員。康熙二十九年，移駐黑龍江一員。五十二年，增設三員。乾隆三十年，由打牲烏拉移駐四員。驍騎校十二員，各員增設移駐，與佐領同。委官三十員。

白都訥副都統一員，康熙三十一年，由吉林移駐。協領二員，舊設二員。康熙三十四年，增設六員。四十年，裁六員。佐領十二員，舊設四十員。康熙三十八年裁。四十年，增設蒙古二員。五十二年，增設滿洲、卦勒察十員。防禦八員，驍騎校十二員，各員增裁與佐領同。委官十二員。

三姓副都統一員，協領二員，舊設一員。雍正十年，增設一員。舊有副協領一員，是年裁。佐領十五員，舊設四員。雍正十年，增設十六員。乾隆二十一年，移駐拉林五員。防禦八員，舊設四員。雍正十年，增設四員。十一年，增設八員。乾隆二十一年，移駐拉林八員。驍騎校十四員，乾隆二十一年以前，各員增設移駐與佐領同。嘉慶二十三年，移駐雙城堡一員。委官十五員。

阿勒楚喀副都統一員，協領一員，舊有副協領一員，乾隆元年裁。佐領七員，防禦八員，舊設五員。乾隆三十四年，由拉林移駐四員。三十九年，移駐拉林一員。驍騎校六員，委官六員。舊設四員。嘉慶二十五年，增設二員。

打牲烏拉協領一員，舊由吉林移駐二員。乾隆三十年，裁一員。佐領八員，舊由吉林移駐十員。乾隆二十五年，移駐寧古塔二員。防禦四員，舊由吉林移駐八員。乾隆三十年，移駐寧古塔四員。驍騎校七員，舊由吉林移駐十員。乾隆二十五年，移駐寧古塔二員。嘉慶二十三年，移駐雙城堡一員。委官四員。

伊屯佐領二員，雍正六年，由吉林移駐。防禦二員，驍騎校四員，雍正六年由吉林移駐二員，復增設二員。委官六員。

鄂摩和索羅佐領一員，防禦一員，驍騎校一員，委官四員。

以上打牲烏拉等三駐防，均隸吉林副都統管轄，將軍統轄。

琿春協領一員，舊有副協領一員，乾隆元年裁。佐領三員，防禦三員，驍騎校三員，委官九員。

琿春駐防，隸寧古塔副都統管轄，吉林將軍統轄。

拉林協領一員，舊有副都統一員，與阿勒楚喀分爲二城。乾隆三十四年，裁拉林駐防，隸阿勒楚喀副都統管轄。佐領六員，防禦二員，舊設五員。乾隆三十四年，移駐阿勒楚喀四員。三十九年，由阿勒楚喀移駐一員。驍騎校七員，委官四員。

雙城堡協領一員，舊設委協領。嘉慶二十三年，改爲實缺。佐領六員，舊設委佐領二員。嘉慶二十三年，改爲實缺。是年，由盛京所屬義州佐領移駐二員，由吉林防禦裁二員改爲佐領移駐二員。驍騎校六員，舊設委驍騎校二員。嘉慶二十三年，改爲實缺。是年，由盛京所屬熊岳、復州驍騎校各移駐一員，由打牲烏拉、三姓各移駐一員。委官八員。

以上拉林等二駐防，均隸阿勒楚喀副都統管轄，吉林將軍統轄。

伊屯等處邊門防禦四員。伊屯、克爾素、布爾德庫蘇巴爾罕、法特哈各一員，均隸吉林將軍管轄。

黑龍江

黑龍江將軍一員，舊駐黑龍江城。康熙二十九年，移駐墨爾根城。三十八年，移駐齊哈爾城。副都統一員，康熙三十七年，由墨爾根城移駐。協領八員，舊設三員。康熙三十一年，增設一員。三十四年，增設四員。佐領四十員，舊設滿洲十六員。康熙二十八年，增設漢軍二員。三十年，增設索倫、達呼爾十六員。三十一年，增設漢軍二員。三十三年，增設巴勒瑚四員。防禦八員，滿洲。驍騎校四十員，增設與佐領同。火器營參領一員，水師營總管一員，四品官二員，六品官二員，管轄造船木料四品官一員，五品官一員，六品官一員，以上三員均駐吉林。委官三十一員。

墨爾根副都統一員，康熙二十九年，由黑龍江城移駐。三十七年，移駐齊哈爾城。四十九年復設。協領四員，舊設一員。康熙四十年，增設三員。佐領十七員，舊設索倫、達呼爾八員。康熙二十九年，增設七員。雍正五年，增設漢軍二員。舊有水師營四品官一員，雍正五年，由黑龍江移駐。乾隆三十六年裁。防禦八員，滿洲。驍騎校十七員，增設與佐領同。委官十三員。

黑龍江副都統一員，舊設二員。康熙二十九年，移駐墨爾根城一員。協領四員，佐領二十六員。舊設滿洲十六員，索倫、達呼爾八員。康熙三十一年，增設漢軍二員。防禦八員，滿洲。驍騎校二十六員，增設與佐領同。水師營四品官一員，五品官二員，六品官二員，以上水師營，康熙二十三年裁吉林管戰船、運糧船四品官、五品官、驍騎校各二員改設。雍正五年，移駐墨爾根城四品官一員。委官二十員。

呼倫布雨爾副都統銜總管一員，索倫巴勒瑚總管二員，新巴勒瑚總管二員，兀魯特總管一員，防守尉八員，索倫巴勒瑚四，新巴勒瑚四。佐領五十員，索倫巴勒瑚二十四，新巴勒瑚二十四，兀魯特二。驍騎校五十二員，乾隆五十五年，增設兀魯特二員，其餘各員與佐領同。護軍校二員。兀魯特。

呼蘭城守尉一員，防守尉二員，佐領八員，驍騎校八員，委官六員。

布特哈滿洲總管一員，索倫達呼爾總管二員，防守尉十六員，滿洲八、索倫達呼爾八。索倫達呼爾馬步鄂倫春佐領九十七員，舊設三十八員。康熙、雍正、乾隆年間，陸續增設至九十八員。乾隆十五年裁一員。驍騎校九十六員。內有一佐領下人數較少，未經設驍騎校，其餘各員與佐領同。

户口

康熙五十二年，原額人丁一十七萬九千五十一。乾隆三十七年停編丁。今滋生男婦大小共二百四十九萬一千四百三十八名口。

田賦

奉天、錦州、吉林等處現在民田五百一十萬四千八百二十五畝有奇，額徵地丁米折銀十八萬六千六百八十五兩八錢九分零、米四萬三千八百七石零、豆四萬九千三百七石七斗八升零。盛京户部額徵餘地、伍田、升科、加賦、試墾各項地畝共二百六十一萬七千六百七十六畝有奇，租銀十三萬三千二十三兩二錢七分零。盛京十五倉額徵地一千四百四十八萬八千七十六畝有奇，米四萬九千七百五十二石二斗一升零、豆一萬四百一十一石五斗一升零、草四十四萬五千九百餘束。盛京户部官莊歲徵糧二萬八千九百九十二石，應徵草豆米地二十六萬五千一百二十四畝有奇，折交銀四百二十五兩零，棉花莊歲徵棉花三千五百斤，鹽莊歲徵鹽四萬八千斤。盛京内務府官莊歲徵糧二萬八百四十九石，應徵草豆米地六十九萬九千一百六十八畝有奇，折交銀一千八百三十一兩零，棉花莊歲徵棉花二萬五千九百斤，鹽莊歲徵鹽三萬二千八百餘斤，靛莊歲徵靛二萬三千九十餘斤，鹻莊歲徵鹻一千八百斤。吉林各城官莊共九十處，歲徵糧二萬三千一百九十七石四斗五升。黑龍江各城官屯一百三十六處，歲徵糧四萬七千六百三十石。

税課

奉天府額徵牲税銀四千兩，鳳凰城、中江額徵正税、火耗等銀共三千二百九十四兩。官莊莊頭三名，額交鹽四萬八千斤。又官莊所屬丁夫五百名，額交鹽二萬斤。如有餘鹽，每百斤準交折價銀三錢二分。

名宦

漢

荀彘。楊僕。宜陽人。先是，燕王盧綰以反滅，燕人衛滿亡命渡浿水〔五〕，降朝鮮，朝鮮王準令守西邊。滿誘亡黨稍多，詐言漢兵十道至，求入宿衛，遂還攻準，走之，據朝鮮稱王。傳子至孫右渠，殺遼東都尉涉何。元封二年，以僕爲樓船將軍，與左將軍彘討之，遂定其地爲樂浪、臨屯、玄菟、真番四郡。

耿季遇。扶風茂陵人，耿恭之孫也。順帝時爲烏桓校尉，破敵有功，鮮卑震怖，數萬人赴遼東降。及敵寇遼東屬國，季遇移屯無慮城以拒之，威振北方，遷度遼將軍。

趙苞。甘陵東武城人。舉孝廉，爲遼西太守。抗厲威嚴，名振邊俗。遣使迎母及妻子，道經柳城，值鮮卑入塞，劫苞母以擊郡。苞督兵禦之，賊出母示苞，苞號謂母曰：「爲子無狀，本欲以微禄養，不圖爲母作禍。今不能顧私恩，毁忠節。」母遥謂曰：「人各有命，何得相顧以虧忠義！」即進戰，賊悉摧破，母、妻皆爲所害。事平，封苞爲鄃侯。苞歸葬訖，謂鄉人曰：「食禄而避難，非忠也；殺母以全義，非孝也。如是，復何面目立於天下？」遂嘔血死。

魏

牽招。安平觀津人。曹操將擊袁譚，而柳城烏丸欲出騎助譚。操以招嘗領烏丸〔六〕，遣詣柳城説峭王罷其兵。後從討烏丸至柳城，拜護烏丸校尉。文帝立，拜招使持節、護鮮卑校尉。廣布恩信，招懷降附至十餘萬落。

田丘儉。河東聞喜人。青龍中，加度遼將軍，使持節，護烏丸校尉。率幽州軍至襄平，屯遼隧。遼西烏丸護留等隨袁尚奔遼東者，並相率降。從討公孫淵，定遼東，以功封安邑侯。正始中，高句驪數叛，儉督步騎萬人出玄菟，與高句驪王宫大戰沸流水，連破之，遂登丸都，破滅其城，宫攜妻子遠竄。初句驪沛者名得來，數諫宫，不從，嘆曰：「立見此地將生蓬蒿。」遂不食死，舉國賢之。儉令諸軍不壞其墓，不伐其樹，並釋其妻子。正始七年，復討高麗及濊貊，破之，韓那奚等數十國皆降。

王頎。東萊人，玄菟太守。正始中，田丘儉復征高句驪，其王宫遂奔買溝。時儉遣頎追宫，過沃沮千有餘里，至肅慎氏南界，刻石紀功，刊丸都山，銘不耐城。穿山灌溉，民賴其利。

晉

賈沈。太康時，爲遼東都護。先是，慕容廆破扶餘，其王依慮自殺，其子依羅求請援於東夷校尉何龕。龕使沈救之，廆遣其將孫丁率騎邀之於路，沈戰斬丁，遂復扶餘國。

慕容廆。昌黎棘城人。雄傑有大度。建興中，拜昌黎、遼東二國公。時中原多故，邊圉淪陷，廆刑政修明，士庶歸之。

慕容翰。廆庶長子。作鎮遼東，高句驪不敢爲寇。善撫卹，愛儒學，自士大夫至於卒伍，莫不樂從之。

慕容恪。皝第四子。皝使恪鎮遼東，甚有威惠。高句驪憚之，不敢爲寇。

裴嶷。河東聞喜人。清才有幹略，累官滎陽太守。以兄武守玄菟〔七〕，求爲昌黎太守。武卒，嶷被徵，道梗不得達，乃與武子開投廆。廆以嶷爲長史。用其策，遂破悉獨官。嶷嘗獻捷於晉，帝試留之，以觀其意，嶷辭曰：「慕容將軍越在海表，乃心王室，故遣臣萬里歸誠。今若留臣，必謂國家遺其僻陋，孤其丹心。是以微臣區區貪還反命耳。」帝乃遣還。廆嘗謂羣僚曰：「裴長史名重中朝，而屈於此，殆天所以授孤也。」後出爲遼東相，轉樂浪太守。

韓恒。灌津人。永嘉之亂，避地遼東，依校尉崔毖。毖敗，爲慕容廆所得，拜參軍。咸和中，廆僚屬宋該等建議表請廆爲大將軍、燕王之號。恒曰：「晉室喪亂，無復綱紀。明公忠武篤敬，憂勤社稷，抗節孤危之中，建功萬里之外，終古勤王之義，未之有也。夫立功者患信義不著，不患名位不高。今宜繕完兵甲以清四海，若要君以求寵爵者，非爲臣之義。」廆不悦。出爲新昌令，遷營丘太守，政化大行。

皇甫真。安定朝那人。弱冠高才，廆拜爲遼東國侍郎。皝即位，遷平州別駕。時百姓勞瘁，真欲寬賦減税，休息户役，時不能從。後以敗麻秋功，拜奉車都尉，守遼東、營丘二郡，皆有善政。

北齊

高寶安。代人。武平末，爲營州刺史，鎮黄龍，夷夏重其威信。周師將至鄴，寶安率驍騎并契丹、靺鞨萬餘騎將赴救，至北平，聞鄴都不守，便歸營州。周遣使招慰，寶安卻其敕書，還據黄龍，竟不臣周。

隋

韋沖。京兆杜陵人。文帝時封義豐侯，遷營州總管。沖寬厚得衆，撫靺鞨、契丹，皆能致其死力，奚、霫朝貢相續。高麗主元率靺鞨萬餘騎寇遼西，沖擊走之。

唐

張儉。京兆新豐人。以功累遷營州都督，兼護東夷校尉。營州部與契丹、靺鞨、奚、霫諸部切畛，高麗引衆入寇，儉擊破之。太宗征遼，儉率兵渡遼水，趨建安城，破高麗兵，封皖城郡公。後改東夷校尉官爲都護府，即以儉爲都護。

李道宗。太祖曾孫。貞觀中，高麗莫支離阻兵不服，太宗征之，以道宗爲遼東道副大總管。道宗請將百騎先覘形勢，帝問往返幾日，對曰往返兼旬，周覽十日。遂秣馬束兵，旁南山直入遼東城南，相險易，度營陣便處。將還，高麗兵斷其後，更走間道，如期謁見。詔與李勣爲前鋒，拔蓋牟城。會救至，道宗等所將才四千，虜十倍，軍中議保險以須。道宗曰：「吾屬爲前軍，當清道迎乘輿，尚何待？」遂選壯騎數十，突進賊營，左右出入，勣合擊，大破之。

李勣。離狐人。貞觀十六年，以勣爲遼東道行軍大總管，率十六總管兵以伐高麗。十九年，勣趨遼東，自通定濟遼水，拔蓋牟、遼東、白崖等城，從戰駐蹕山，功最多。二十一年，復與牛進達伐高麗，勣克南蘇、木底，進達克石城。乾封初，仍充遼東道行臺大總管，擊高麗，下十七城。總章元年，拔扶餘、南蘇、木底、蒼巖城，進圍平壤，執高藏、男建等，裂其地州縣之。

薛仁貴。絳州龍門人，名禮，以字行。太宗征遼東，仁貴應募，以白衣立奇功。高宗時，與李勣平高麗，以仁貴爲安東都護鎮之。撫孤存老，檢制盜賊，隨材任職，褒崇節義，高麗士衆皆欣然忘亡。

契苾何力。鐵勒人。太宗征高麗，烏骨城爲白巖聲援，何力挺身陷陣，槊中腰，尚輦奉御薛萬徹單騎往救，出何力於萬衆之中，帝親傅瘡藥。何力益憤，束瘡再戰。城既拔，得刺何力者高突勃，騶使自殺之，辭曰：「彼爲主冒白刃以刺臣，義士也。」捨之。龍朔初，拜遼東道行軍總管，擊高麗，進兵鴨緑江，餘衆多降。乾封初，詔以何力爲遼東道行軍大總管、安撫大使，副李勣同趨高麗。何力大破高麗於南蘇，進拔扶餘，先引兵趨平壤，勣軍繼之，高麗平。

程名振。洺州平恩人。破劉黑闥有功，拜營州長史，封東平郡王。從征高麗，拜平壤道行軍總管，攻沙卑城，破獨山陣，皆以少擊衆。永徽六年，以營州都督兼東夷都護，擊高麗於貴端水，焚其新城。顯慶三年，與仁貴攻拔赤烽鎮，破高麗大將豆方婁。龍朔三年，與蘇定方等復攻高麗，敗之。

龐同善。乾封初，以遼東道行軍總管援泉男生，及高麗戰，敗之，男生率師來會。詔拜同善特進、遼東大都督，封玄菟郡公。

蘇定方。名烈，以字行，冀州武邑人。永徽六年，爲遼東道行軍大總管，伐高麗，敗之於貴端水。龍朔元年，復破之於浿江。

劉仁軌。尉氏人。麟德初，爲帶方州刺史，破百濟，立唐社稷，頒正朔及廟諱，然後修屯田，儲糗糧，訓士卒，以圖高麗。總章元年，爲遼東道副大總管兼安撫大使，與李勣討高麗，平之。

泉男生。高麗蓋蘇文子。爲弟男建、男産等所逼，遂率衆與契丹、靺鞨兵内附。明年入朝，遷大都督、遼東郡公。詔還軍，與李勣攻平壤，擒高藏，進卞國公。奉詔安撫遼東，並置州縣，招流亡，平斂賦，罷力役，民悦其寬。卒謚曰襄，勒碑著功。

遼

耶律伊濟。六院部人。太祖平渤海，立長子爲東丹王，以伊濟爲中臺省右次相。太宗即位，上表言渤海遺種寖以蕃息，令居遠境，恐爲後患。梁水之地乃其故鄉，地衍土沃，有木鐵魚鹽之利。乘其微弱，徙還其民，萬世長策也。帝嘉納之，遂詔徙東丹國民於梁水。伊濟鎮撫國人，一切如故。以功加太傅，遷中臺省左相。「耶律伊濟」舊作「耶律羽之」，今改正。

韓制心。幽州安次人。開泰中，拜上京留守。太平中，歷中京留守，以不曲法、不虐民、不愛官自箴。歲若不登，奏免租賦。民若被兵，奏發廪賑。寵居貴戚而不驕，屢徙王位而不矜。卒之日，部民哀之，若喪父母。

蕭阿拉。清寧中，與蕭格同掌國政。格諂諛不法，阿拉爭之不得，告歸，除東京留守。阿拉性忠果，曉世務，有經濟才。會行色克色哩禮，入朝陳時政得失，蕭格以事中傷，見殺。「蕭阿拉」舊作「蕭阿剌」，「蕭格」舊作「蕭革」，「色克色哩」舊作「瑟瑟」，今並改正。

金

劉煥。中山人。宋末兵起乏食，煥尚幼，煮糠供母，而自飲其清者。稍長就學，寒擁糞火，讀書不怠。登天德進士，調中都市令。以廉遷北京警巡使，捕二惡少，杖之庭中，戒之曰：「孝弟謹慎則爲君子，暴戾隱賊則爲小人。自今以後，毋狃故習。國有明罰，吾不得私也。」由是衆皆畏服，無敢犯者。召爲監察御史，父老數百人或卧車下，或挽靴鐙，曰：「我欲留使君期年，不可得也。」大定中，同知北京留守事。時世宗幸上京，所過州郡大發民夫，治橋梁馳道，以期恩賞。煥所部惟平治端好而已，上嘉其意。遷遼東路轉運使，卒。

諾延温都烏達。阿卜薩水人。通書史，工文章。世宗時，授會寧尹、北邊行軍都統。時斡罕初定，人心未安，烏達爲治寬，多備禦，謹斥堠，邊境以安。改北京留守，以廉察舉，所至有能名。「諾延温都烏達」舊作「耨盌温敦兀帶」，今改正。

納塔謀嘉。上京路人。初習策論進士。世宗時，補上京提刑書史，以廉能著稱。承安五年，賜同進士出身，調東京教授、湯池主簿，皆著治績。貞祐初，遷翰林待制，充元帥府經歷。興定初，諫伐宋，降潁州刺史，有守禦功。「納塔」舊作「納坦」，今改正。

完顔阿里巴斯。海蘭路特克新必喇明安人。明昌中登第。貞祐初，官御史中丞、遼東路行尚書省事。興定元年，參知政事，行尚書省、元帥府於博索路。寬厚愛人，敏於吏事，能治劇要。時伯特呼圖有異志，戕殺阿里巴斯。識者惜其用之未盡。詔贈平章政事，封芮國公。「完顔阿里巴斯」舊作「完顔阿里不孫」，「特克新必喇」舊作「泰申必喇」，「伯特」改見前，「呼圖」舊作「胡土」，今改正。

達魯。楊昭努。金末時，蒙古兵略地高州，拔惠和、金源、和衆、龍山、利建、富庶等十五城，降其北京留守音達琿，進攻北京傍近諸寨。樓子崖等二十餘寨皆降，惟西乾河達魯、五指山楊昭努獨守不下。大小百餘戰，昭努死之。達魯敗走，復聚衆攻龍山，以槊刺烏葉爾中胸，復爲史天祥所敗，達魯力戰死之。「達魯」、「楊昭努」舊作「答魯」、「楊趙奴」，今並改正。

元

薩奇蘇。回鶻人。世祖時授北京宣撫，鋤奸抑强，遼東以安。會高麗有異志，帝遣使究治，則委罪於其臣洪察忽，械送京師，道遼東，薩奇蘇訪知洪察忽以直諫迕意，即奏疏爲直其事，帝命釋之。「薩奇蘇」舊作「撒吉思」，今改正。

廉希憲。世祖至元十一年，爲北京行省平章。遼東多親王，使者傳令旨擾民，官不能抗。希憲至，即爲革正。有西域人，自稱駙馬，營於城外，縶富人，謬言索債，希憲捕問曰：「法無私繫，汝何敢擅繫民？」其人哀求，國王亦爲之請，乃得釋。長公主入朝，縱獵郊原，希憲欲入奏，公主請以鈔償民，乃止。自是貴人遇者皆莫敢縱。

王忱。趙州人。性明敏，有才識，授山北遼東道提刑按察司副使。駙馬博和哩數獵民田，忱以法繩之。憲吏耿熙言徵北京宣慰司逋負，計可得鈔二十萬錠。帝遣使覈實，熙懼事露，擅增制語，有「并打算大小一切諸衙門等事」十二字，追繫官吏至數百人。忱驗知其詐，熙乃服罪。「博和哩」舊作「伯忽里」，今改正。

多爾濟巴勒。穆呼哩七世孫。順帝至正中，爲遼陽行省平章政事。詢民疾苦，知鄉民負販入城，貴室公府皆强買之，僅酬半值。又其俗編柳爲斗，大小不一，市儈得高下其手，民咸痛之。即飭有司厲防禁，齊稱量，於是諸物畢集，而價自平。恤孤老，平錢法，汰胥吏，慎勾稽，興廢墜，明賞罰，百司聞風悚懼。「多爾濟巴勒」舊作「朵爾直班」，今改正。

伊蘇。蒙古人。至正初，以討賊功累遷金紫光禄大夫、知樞密院事。既而雷特穆爾布哈、程思忠等陷永平，伊蘇復灤州及遷安、昌黎等縣，擒雷特穆爾布哈，程思忠棄城遁去，詔拜遼陽行省左丞相，開省永平。時金、復、海、蓋賊並起，伊蘇分兵防守，斬賊渠魁，賊衆潰走。於是分命官屬，勞來安輯，使民什伍相保，以事耕種，民爲立石頌之。「伊蘇」舊作「也速」，「雷特穆爾布哈」舊作「雷帖木兒不花」，今並改正。

姚樞。本柳城人，後遷居洛陽。至元二十年，爲遼東按察使，時人比之包孝肅云。

明

葉旺。馬雲。旺，六安人。雲，合肥人。洪武四年，以都指揮並鎮遼東。八年，納克楚寇遼東，見城有備，不敢攻，越蓋州至金州，爲指揮韋富等所敗，還至蓋城南十里，沿柞河遁歸。旺先以兵扼柞河，自連雲島至窟駝寨十餘里，沿河壘冰爲牆，旁設坑穽，伏兵以伺，雲及指揮吴立、周鶚等建大旗於城中，嚴兵不動，寂若無人。敵至，伏四起，納克楚倉皇北走，趨連雲島，遇冰城，馬不能前，悉陷於穽，遂大潰。旺等乘勝追擊，至豬兒峪，納克楚僅以身免。第功，進旺及雲爲都督僉事。久之，召雲還京，旺留鎮如故。在遼凡十七年，翦榛棘，修城隍，建立官府，撫輯軍民，墾田萬餘頃，遂爲永利。

孟善。海豐人。永樂元年，以保定侯鎮遼東。在鎮七年，遠人款附。

劉江〔八〕。宿遷人。永樂中以左都督鎮守遼東。時倭以三千人突寇金州，江發兵殲其衆。初，江閲地形，得望海堝勢高峻，扼海咽喉，特爲增築。及偵倭至，伏兵山下，别遣奇兵焚舟，斷其歸路，倭中伏，擒斬且盡，自是遼東倭寇遂絶。以功封廣寧伯〔九〕。

巫凱。句容人。宣德初，以都督僉事充總兵官，鎮守遼東。敵掠西山，凱擊敗之，盡得所掠者，降敕褒勉。時帝勤遠略，造舟松花江，招諸部，地絶遠，轉輸大困，凱力請罷之。已而造舟役復興，中官阮堯民、都指揮劉清等董之，所爲多不法，凱劾堯民等下之吏。凱性剛毅，饒智略，馭衆嚴而有恩，在遼東三十餘年，威惠並行，邊務修飭，前後守邊者皆莫及。正統三年，卒於官。

曹義。儀真人。正統初，代巫凱爲總兵官。凱名將，義承其後，廉介有守，遼人皆安之。

王翺。鹽山人。正統七年，以右僉都御史提督遼東軍務。時遼東將屢失機，翺以軍令久弛，因諸將庭謁責以失律罪，命左右曳出斬之，皆惶恐叩頭，願效死贖。翺乃躬行邊，自山海關抵開原，繕城垣，濬溝塹，五里爲堡，十里爲屯，使烽燧相接。練將士，恤鰥寡，軍民大悦。又以邊塞孤遠，軍餉匱乏，緣俗立法，令有罪得收贖，人皆便之。

劉孜。萬安人。正統十年，以御史出按遼東。劾鎮守中官伊實哈收養義子家人，有反狀。景泰初，以邊務方殷，孜能懾服將吏，期滿復留。

程信。休寧人。正統中，以山東右參政督餉遼東。巡撫寇深奏盜糧一石以上者死，又置新斛視舊加大，屬信鉤考。信立碎之，曰：「奈何納人於死？」深由是不悦。尋以憂去。天順初，擢左僉都御史，巡撫遼東。造戰車，創義倉，貯芻粟，稽侵漁，察奸細，號令一新。僉事胡鼎發都指揮使夏霖四十罪，信以聞，下霖錦衣獄。門達言信不當代奏，帝責令陳狀，信疏辯，而寇深方掌都察院，修前隙，乃劾信不輸罪，徵下詔獄，謫降南京太僕少卿。

李秉。曹縣人。成化二年，以左都御史提督遼東軍務。至即劾鎮守中官及總兵失律罪，出都指揮裴顯於獄，又舉指揮崔勝、傅海等，軍令肅清。

彭誼。東莞人。成化四年，以右副都御史巡撫遼東。時鎮守中官横徵諸屬衛，誼下令：凡文牒不經巡撫審定者，所司毋輒行，虐燄爲息。户部檄所司開黑山金場，力奏罷之。誼平居謙厚簡默，臨事毅然有斷，鎮遼八年，軍令振肅。後四疏告歸。

歐信。世職金吾衛。成化七年，充總兵官，鎮守遼東。累破福餘三衛，被獎。言者謂信雖廉，已老，請詔還。巡撫彭誼奏：「官軍耆老皆言信忠謹有謀勇，累立戰功，威振邊陲，年雖六十，騎射勝壯士。」乃留鎮。

馬文升。鈞州人。成化十二年，以兵部右侍郎提督遼東軍務。巡撫陳鉞貪而狡，將士小過，輒罰馬，馬價騰踊。文升上邊計十五事，因請禁之，鉞於是與文升有隙。文升還部，鉞以掩殺冒功激變，帝命文升往，馳至鎮，宣璽書慰撫，無不聽撫者，事方定。而鉞諂事中官汪直，日夜譖文升，直因誣奏文升，遂下詔獄，謫戍重慶衛。直敗，復起爲左副都御史，巡撫遼東。凡三渡遼，軍民聞其來，皆鼓舞。禁抑中官總兵，使不得朘削，衆咸德之。

强珍。滄州人〔一〇〕。成化間以御史巡按遼東。初，遼東巡撫陳鉞起釁召敵，敵至，務爲欺蔽。巡按王崇之劾鉞，鉞謀之汪直，誣逮崇之下詔獄。及直、鉞用兵，方論功而敵大入，匿不以聞，鉞遂入爲户部尚書。珍往巡按，請正鉞罪，帝弗從。未幾，指揮王全等誘殺諸延衛人〔一一〕，珍發其狀，直方自矜有大功，聞珍疏，怒，誣珍所核皆妄，坐謫戍遼東。居三年，直敗，復官。

李善。隴州人。成化間，巡按遼東。時總兵官羅雄武備廢弛，太監韋朗侵漁兵餉，縱其下奪人妻孥，聞善至，遂屏息。論劾都督王鍇、孫貴罷去，豪右斂迹。

張鼒。歷城人。弘治十五年，以右僉都御史巡撫遼東。時軍政久弛，又許餘丁納貲助驛遞，給冠帶復其身，邊人競援例避役。鼒言不可，因條上核屯糧、清隱占、稽客户、减軍裨數事，悉允行。尋劾分守中官劉恭等貪虐罪，築邊牆自山海關迄開原、靉陽，凡千餘里。遼撫自徐貫後，歷張玉、陳瑤、韓重四人，多得罪去，至鼒稱能。正德中，移撫宣府。

帖服。

馬中錫。故城人。正德初，以右副都御史巡撫遼東，還屯田於軍，劾鎮守太監朱秀置官店、擅馬市諸罪，馭吏安民，上下

李承勛。嘉魚人。正德中，以右副都御史巡撫遼東。時邊備久弛，開原尤甚，士馬纔十二，城堡墩臺傾圮殆盡，將士依城塹自守。承勛疏請修築，會世宗立，發帑銀四十餘萬。承勛命步將四人，各一軍守要害，身負畚鍤，先士卒，凡爲城塹各九萬一千四百餘丈，墩堡百八十有二。招逋逃三千二百人，開屯田千五百頃。又城中固、鐵嶺、蒲河、撫順，邊防甚固。又數陳軍民利病，咸報可。

曾銑。江都人。嘉靖十四年，以御史巡按遼東。巡撫吕經巡邊，至自開原，如遼陽，行政過激，士卒執經據城叛。時銑按部至復州，聞變，亟旋入城，開諭禍福，以安輯之，人心始定。經得釋，還廣寧，未幾，復爲廣寧軍所執。時撫順兵亦變。銑各出檄，陽示撫安，陰圖渠魁，上狀請以計滅，潛使人廉得三城首亂之人，會行射禮，文武畢至，忽出袖中姓名，分令官卒授以意，逾時縛八人至。明日撫順擒七人，廣寧擒十二人，皆伏誅。不假兵革，三城肅清，遼人建祠祀之。

周斯盛。寧州人。嘉靖中，巡按遼東。會夏霪雨數月，禾盡淹没，所在城堡傾倒，軍民饑甚。斯盛亟開倉賑給，復索庫中得贖金并可貸者萬餘兩，分命官屬，訪素有積貯者，量其所蓄予之金，俾出穀平糶與民。又上疏求賑，言甚切至，遣御史運米發帑，軍民全活甚衆。

馬永。遷安人。嘉靖十四年，爲遼東總兵官。遼東自軍變後，首惡雖誅，漏網者衆，悍卒無所憚，動懷不逞，廣寧兵佟伏、張鑑等，乘旱饑倡衆爲亂。諸營憚永，無敢應者，伏等登譙樓鳴鼓大噪，永率家衆仰攻，盡殲之。永善用兵，且廉潔。卒於官，遼人爲罷市立祠。

王之誥。石首人。嘉靖間，以右僉都御史巡撫遼東。大興屯田，每營墾田百五十頃，役軍四百人，列上便宜八事，行之。

李浹。容城人。嘉靖中，爲遼陽副總兵。居官公廉，無瀸衣甘食，禁所部毋苛斂，一軍德之。

殷尚質。天津衛人。嘉靖中，爲遼陽副總兵，就進充總兵官。三十五年，達喇蘇以十餘萬騎入廣寧，尚質禦之塔兒山，殊死戰，力屈而死。贈少保、左都督，謚忠敏。

張學顔。肥鄉人。隆慶五年，擢右僉都御史，巡撫遼東。破土蠻卓山，進右副都御史。萬曆元年，移築險山六堡於寬甸。工役始興，王杲來侵邊，學顔撫定王烏塔諸部，工乃無撓，三年而畢。以討杲功加兵部左侍郎〔一二〕。

李化龍。長垣人。萬曆二十二年，擢右僉都御史，巡撫遼東。受事甫兩月，巴圖爾與巴雅爾等寇鎮武，又約土蠻子布延台吉犯右屯。化龍與總兵董一元定計，先擊巴圖爾，敗之，各解去。一元又出塞搗巢有功，邊塞讋服〔一三〕。

董一元。宣府前衛人。萬曆中，充遼東總兵官。二十二年，巴圖爾等入寇，一元與巡撫李化龍用計，遣副將馳右屯禦西部，親將大軍匿鎮武門外，爲空營待之。寇騎深入，笑以爲怯。官軍忽從中起，奮呼陷陣，寇大奔，逐北七十餘里，至白沙堝，斬獲無算。巴雅爾中矢死，諸部奪氣。捷聞，進左都督。後又提健卒踏冰渡河，抵其巢，多斬獲。巴圖爾死，餘賊散亂，諸部悉遠遁。以功進世蔭二秩。

熊廷弼。江夏人。萬曆三十六年，巡按遼東。杜饋遺，核軍實。時巡撫趙楫等棄寬甸新疆〔一四〕，徙邊民六萬家於内地〔一五〕。廷弼勘得棄地驅民狀劾之。歲大旱，廷弼行部金州禱城隍神，約七日不雨，毁其廟。踰三日，大書白牌，封劒使往斬之。未至，風雷大作，雨如注，遼人以爲至誠感神。天啓時，去任，遼民莫不垂泣。後以廣寧失守論誅。本朝乾隆四十八年，特奉恩旨録其裔孫泗先，授教諭。

賀世賢。榆林衛人。萬曆中，爲瀋陽遊擊，遷義州參將。四十六年，清河被圍，副將鄒儲賢、參將張旆俱戰死，世賢駐靉陽，聞變疾馳出塞，得首功，歷進總兵官。天啓元年，大兵薄瀋陽，世賢出城，倏精騎四合，世賢身中十四矢，城中叛，斷城外弔橋。

或勸之走遼陽，世賢曰：「吾爲大將，不能存城，何面目見經略？」已而圍急，世賢揮鐵鞭格鬭，殺數人，中矢墜馬死。本朝乾隆四十一年，賜謚忠烈。

尤世功。榆林人。爲副總兵，守瀋陽，引兵援世賢，力戰死。本朝乾隆四十一年，賜謚烈愍。

童仲揆。南京人。爲援遼副總兵，聞世賢、世功戰没，與同官陳策，副將戚金，參將張世名，遊擊周敦吉，都司秦邦屏、袁見龍、鄧起龍，副將朱萬良，俱力戰死。自遼左用兵，將士率望風奔潰，獨仲揆等以萬餘人當數萬衆，雖力屈而覆，時咸壯之。事聞，贈卹有差。又援遼總兵楊宗業父子戰死，梁仲善亦戰死。本朝乾隆四十一年，賜童仲揆等俱謚烈愍，楊宗業謚忠烈，梁仲善謚烈愍。

張神武。新建人。天啓初，以經略薦從征，率親丁二百四十餘人疾馳至廣寧，遼陽已失，巡撫薛國用留之，不可，曰：「奉命援遼陽，非守廣寧也。」曰：「遼陽没矣，若之何？」曰：「將以死難。」曰：「二百人能死難乎？」曰：「不能則死之！」遂獨率所部過河，抵首山，去遼陽十七里而軍。將士不食已一日，遇大兵，奮呼擊殺，孤軍無援，所部俱戰死。本朝乾隆四十一年，賜謚烈愍。

羅一貫。甘州衛人。爲遼東參將，守西平堡。遼陽覆没，西平當衝地，一貫曉夜捍禦。天啓元年，加副總兵。大兵至，憑城固守。一貫目中矢，矢石火藥俱盡，北向拜曰：「臣力竭矣。」遂自剄。都司陳尚仁、王崇信亦死焉。本朝乾隆四十一年，賜羅一貫謚忠烈，陳尚仁、王崇信俱謚節愍。

張銓。沁水人。熹宗即位，以御史出按遼東。瀋陽破，銓請令遼東巡撫薛國用帥河西兵駐海州，薊遼總督文球帥山海兵駐廣寧，以壯聲援。疏甫上，遼陽圍急，軍大潰。銓與經略袁應泰分城守，應泰令銓退保河西，以圖再舉。不從，守三日，城破，被執不屈，遂自縊。本朝乾隆四十一年，賜謚烈愍。

本朝

安珠瑚。滿洲正白旗人。骨鯁簡重，得大臣體。康熙十七年，任奉天將軍。繕城郭，興屯田，招徠遠人，興利除弊，皆有成效。至今旗民追念其德，感佩不已焉。

烏庫哩。滿洲鑲白旗人。康熙年間任奉天將軍。時初設將軍，辦理旗民事宜俱有條理，居官尤清慎，旗民稱之。

沃內。滿洲正黄旗人。康熙年間任奉天將軍。撫兵恤民，繕治城郭，在任數年，訓練士卒，固守邊界，境内晏然。

王國安。蓋平人。康熙二十八年，任奉天府尹。廉静不擾。三十七年，再任。卒，入祀名宦祠。

緐譯語解附

赫圖阿拉。國語。横甸也。

蘇克素護。國語。魚鷹也。

嘉哈。國語。秋後落葉也。

呼蘭哈達。國語。竈突也；峯也。

薩爾滸。國語。木橱也。

舍利。國語。泉也。

哈爾薩。國語。密鼠也。

哈穆嘉。國語。黄芩也；又蒿也。

嘉拉庫。國語。屋内夾間也。

雅爾哈。國語。豹也。

代岷。國語。雕也。
扎喀。國語。邊也。
烏林。國語。財帛也。
阿爾丹。蒙古語。有花紋也。
安巴尼雅勒瑪。國語。大人之謂。
阿濟格。國語。小也。
音和羅。國語。音，獸徑；和羅，谷也。
哈勒罕。國語。犁也。
阿拉。國語。岡也。
圖克善。國語。牛犢也。
梅沃赫。國語。坡也。
沃赫。蒙古語。石也。
哈達。國語。峯也。
托和倫。國語。錫也。
瑪呼。國語。鬼臉也。
費延勒庫。國語。無餘也。

希卜蘇。國語。蜂蜜也。
呼勒。國語。斛也。
勒富。國語。熊也。
托克托。國語。定也。
和倫。國語。威也。
烏勒間。國語。豬也。
布爾哈圖。蒙古語。有叢柳處也。
瑪哈丹。蒙古語。有肉也。
錦密森。國語。錦，靛花也；密森，大甕也。
哈當阿。國語。有山峯之謂。
索勒和。國語。高麗也。
費葉棱烏。國語。樹雞也。
穆喜。國語。牛樣子也。
噶布拉。國語。饞也。

校勘記

〔一〕領沃睛椒三州　「睛」，乾隆志卷三七盛京統部建置沿革（下同卷簡稱乾隆志）同，新唐書卷二一九北狄傳渤海作「晴」。按，遼史卷三八地理志嬪州條謂「本渤海晴州」，乾隆欽定盛京通志卷一〇〇古蹟從之。蓋晴、睛點畫之異，流傳有別。

〔二〕領定瀋二州　「瀋」，乾隆志及新唐書卷二一九北狄傳渤海皆作「潘」。按，元史卷五九地理志瀋陽路條云：「本挹婁故地，渤海大氏建定理府，都督瀋、定二州，此爲瀋州地。」此蓋本志所據改。

〔三〕領華益建三州　「益」，原作「蓋」，乾隆志同，據新唐書卷二一九北狄傳及欽定滿洲源流考卷一〇改。按，本志卷五五〇朝鮮引新唐書亦作「益」。

〔四〕朝鮮道也　「鮮」，乾隆志同，新唐書卷二一九北狄傳作「貢」。按，欽定滿洲源流考卷一〇鴨緑府引新唐書「鴨緑，朝鮮故道也」，注云：「『朝鮮』舊訛『朝貢』，今據通考改。」

〔五〕燕人衛滿亡命渡浿水　「浿水」，原作「溴水」，據史記卷一一五朝鮮列傳及漢書卷九五朝鮮傳改。

〔六〕操以招嘗領烏丸　「嘗」，原作「管」，據乾隆志及三國志卷二六魏書牽招傳改。

〔七〕以兄武守玄菟　「兄」，原作「凡」，據乾隆志及晉書卷一〇八慕容廆載記附裴嶷傳改。

〔八〕劉江　乾隆志同。按，明史卷一五五有傳，名作「榮」，云「初冒父名江」，以抗倭功封廣寧伯，予世券，始更名榮。此當依明史例，以「劉榮」立條。

〔九〕以功封廣寧伯　「寧」，原作「信」，據乾隆志及明史卷一五五劉榮傳改。按，本志避清宣宗諱改字。

〔一〇〕滄州人　「州」，原作「洲」，據乾隆志及明史卷一八〇强珍傳改。

〔一一〕指揮王全等誘殺諾延衛人　「諾延衛」，乾隆志及明史强珍傳作「朵顔衛」，本志改譯，據例當於本條末注明，蓋疏漏。

〔一二〕以討杲功加兵部左侍郎　此句下乾隆志有「王烏堵原作王兀堂今改」一行。按，據例當有，本志疏缺。

〔一三〕邊塞讋服　此句末乾隆志有「巴爾圖原作巴都兒，巴雅爾原作伯言兒，布延台原作卜言台，今俱改正」數語。按，據例當有，本志疏缺。

〔一四〕時巡撫趙楫等棄寬甸新疆　「趙楫」，原作「趙佴」，據明史卷二五九熊廷弼傳及欽定盛京通志卷五六名宦改。

〔一五〕徙邊民六萬家於內地　「邊民」，明史卷二五九熊廷弼傳作「編民」。

興京圖

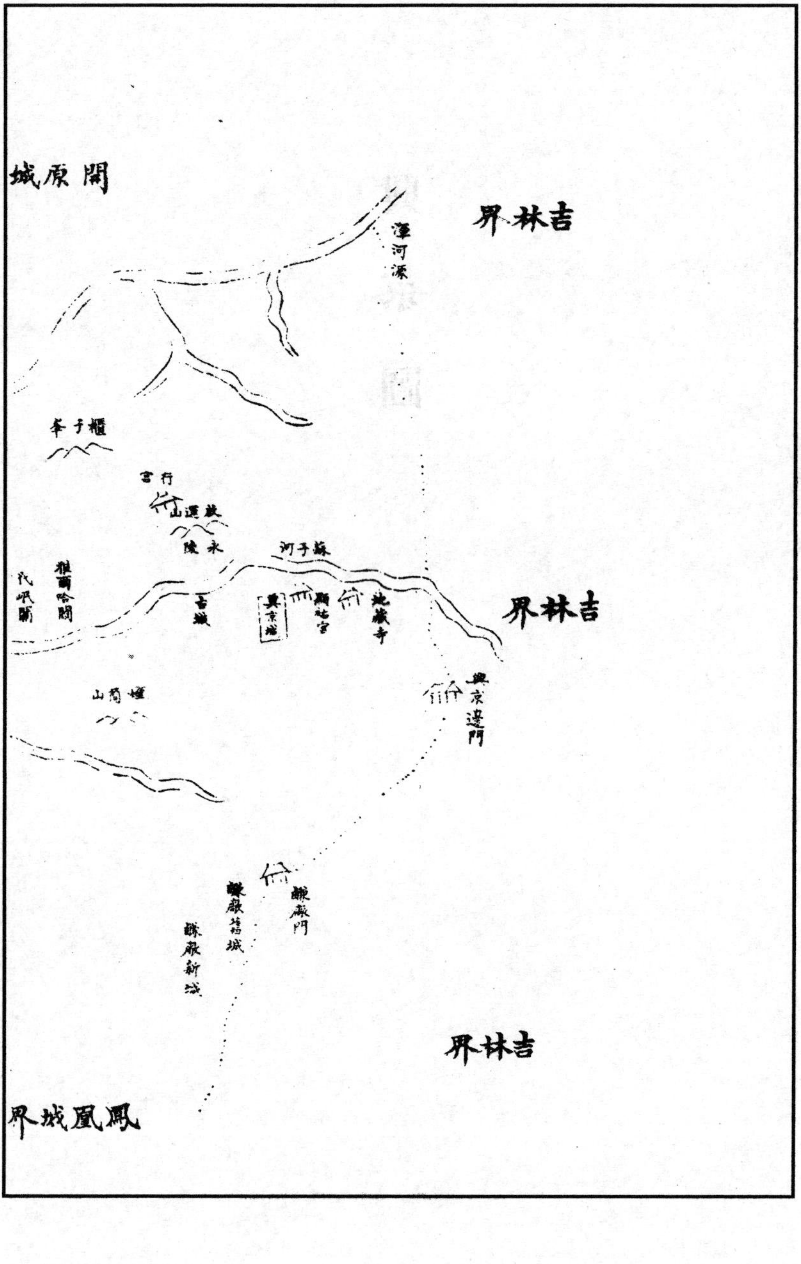
開原城
吉林界
渾河源
櫃子峯
行宮
啟運山
永陵
蘇子河
雅爾哈關
古城
興京城
顯祐宮
地藏寺
吉林界
煙筒山
興京邊門
鹻廠門
鹻廠舊城
鹻廠新城
吉林界
鳳凰城界

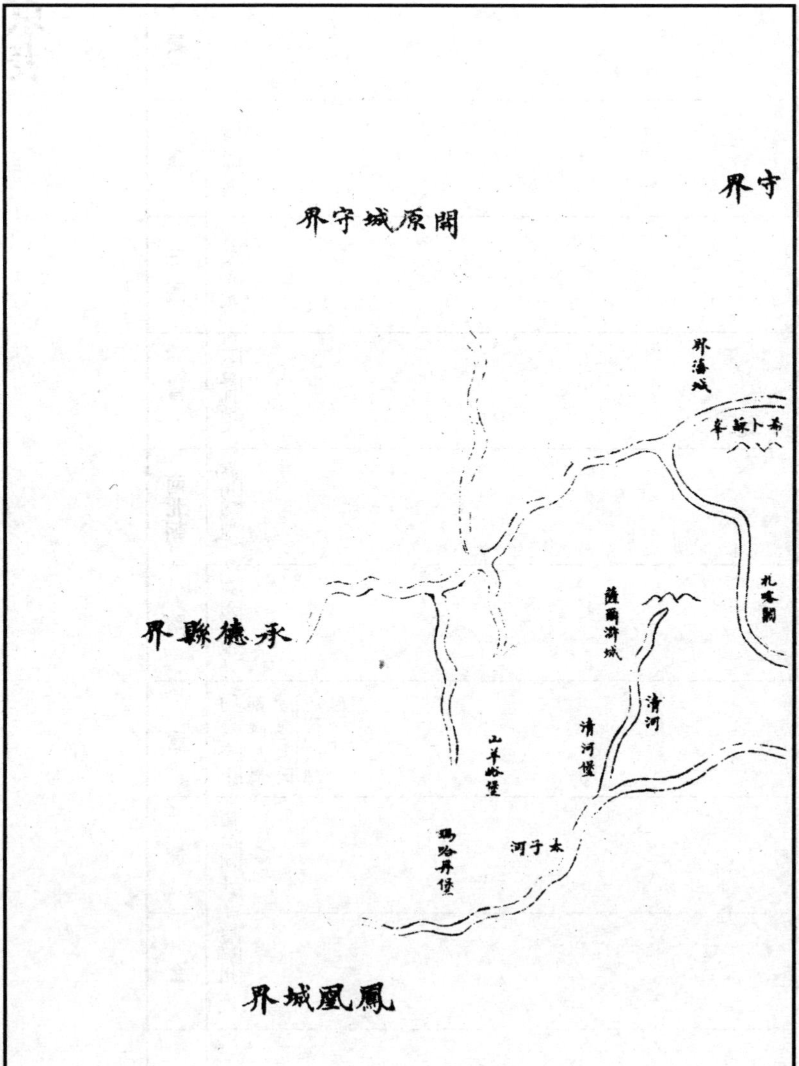
守界
開原城守界
界藩城
希卜赫峯
扎喀關
薩爾滸城
承德縣界
清河
清河堡
山羊峪堡
太子河
瑪哈丹堡
鳳凰城界

興京表

秦	
漢	玄菟郡地。
三國	玄菟郡地。
晉	玄菟郡地。
南北朝	高句驪地。
隋	高句驪地。
唐	初屬安東都護，後爲渤海大氏所據，改隸定理府。
遼	屬瀋州。
金	屬瀋州。
元	
明	建州衛

大清一統志卷五十八

興京

在盛京東微南二百六十里。東西距二百二十五里，南北距二百九十里。東至吉林界三十五里，西至承德縣界一百九十里，南至鳳凰城界一百八十里，北至開原城守界二百十里。東南至吉林界十五里，西南至鳳凰城界一百六十餘里，東北至吉林界二百五十里，西北至開原城守界一百三十里。自興京至京師一千七百二十里。

分野

天文尾、箕分野，析木之次。

建置沿革

古肅慎氏地。漢始置玄菟郡，後漢及晉因之。南北朝至隋入於高句驪。唐置燕州，屬安東都護。後爲渤海大氏所據，改隸定理府。遼、金時地屬瀋州。明初置建州衛。

國初，皇始祖肇祖原皇帝始居於赫圖阿拉，在興京之南、鄂多理城西，蘇克素護河、嘉哈河之間。「鄂多理」舊作「俄朵里」，今改正。三傳至興祖直皇帝，及景祖翼皇帝、顯祖宣皇帝，皆居於此。至太祖高皇帝削平諸部，丁亥，遷居呼蘭哈達南岡新城。癸卯，仍於赫圖阿拉舊址築城居之。天命元年，衆貝勒大臣上尊號曰覆育列國英明皇帝，以興京爲都城。太宗文皇帝天聰八年，改稱興京。世祖章皇帝順治五年，奉太祖高皇帝配天南郊，推本孝思，追尊四祖。以赫圖阿拉爲興業之地，設城守尉等官守之。乾隆二十八年，以錦州理事通判移駐興京，與熊岳通判所轄之哨子河分界管轄。

康熙三十七年，聖祖仁皇帝東巡，有御製興京詩。乾隆八年，高宗純皇帝謁祖陵，有御製興京詩。十九年，有御製乘馬過興京再詠詩。四十三年，有御製興京疊癸亥舊作五言十韻、赫圖阿拉詩、再題赫圖阿拉詩。四十八年，有御製興京再疊癸亥五言十韻、赫圖阿拉詩。嘉慶十年、二十三年，仁宗睿皇帝東巡，有御製興京恭紀、赫圖阿拉詩。仰見列聖勤思光烈，祇遹前謨，永念邠岐之舊，推本締造之艱，大文炳耀，誠足以昭示萬年，與典謨並煥云。

形勢

東傍邊牆，西接奉天，南界鳳凰城，北抵開原。層巒疊拱，衆水環縈，扼諸城之要區，據三關之險固，發祥勝地，鴻業攸基。舊志。

城池

興京城。周四里，南一門，東二門，北一門。外城周九里，南三門，北三門，東二門，西一門。我太祖高皇帝癸卯年創建此城，乙巳年增築外城。

山陵

永陵。在城西北十里啓運山。肇祖原皇帝、興祖直皇帝、景祖翼皇帝、顯祖宣皇帝共一山。寶城周九十一丈七尺五寸。前爲享殿，曰啓運殿，奉安四祖寶座，殿三楹，配殿各三楹。門曰啓運門，門外功德碑亭四座。左右廡各三楹，省牲亭五楹。凡規模制度、守護官員及四時祀典，俱同福陵、昭陵之制。初，肇祖原皇帝、興祖直皇帝共葬，稱興京陵；景祖翼皇帝、顯祖宣皇帝陵在盛京城東南一百二十里，稱東京陵。順治八年，封興京陵山爲啓運山、東京陵山爲積慶山，俱從祀地壇。十三年，於陵山周圍立界址。十五年，奉移東京陵改祔興京陵安葬。十六年，尊稱興京陵曰永陵。康熙二十一年，有御製三月十一日雪中詣永陵告祭詩。世宗憲皇帝雍邸集有侍從興京謁陵詩。乾隆八年、十九年、四十三年、四十八年，俱有御製恭謁永陵詩。又永陵寶頂前瑞榆一株，輪囷盤鬱，圓覆城隅。有御製神樹賦，於四十三年御書，勒石西配殿。

行宫

福綏堂。在永陵相近之夏園。乾隆四十八年，御題「福綏堂」額，並有御製詩。嘉慶二十三年，有御製題福綏堂詩。

户口

原額八旗人丁四千一百九十四名口，今滋生八千一百五十一名口。

田賦

三則餘地六千七十二畝有奇，租銀二百九千五兩一錢七分一釐。升科紅地三千四百四十畝有奇，租銀一百三兩二錢一分七釐。升科餘地一千三百畝有奇，租銀三十九兩二錢六分一釐。興京倉額徵草、豆地四十萬四千一百一十八畝有奇，應徵豆一千一百九十二石一斗四升九合三勺、草六萬七千三百五十三束。額徵米地五萬七千二百四十三畝有奇，應徵米二百五十三石八斗六升三合一勺。

山川

啓運山。在城西北十里，即永陵所在。自長白山西麓一幹延亘層折至此，重巒環拱，衆水朝宗，萬世鴻基實肇於此。乾隆十九年，有御製瞻啓運山作歌。

煙筒山。在城西南五里。

哈爾薩山。在城西南二十一里。哈爾薩河發源於此。

石煙筒山。在城西南七十一里。

車山。在城西南八十里。扎庫穆河、布爾哈圖河發源於此。

高麗城山。在城西南一百二十五里。又青龍洞山，在城西南一百三十里。

鳩鳴臺山。在城西南，與鳳凰城接界。

哈穆嘉山。在城西南，與鳳凰城接界。

薩爾滸山。在城西一百二十里。天命四年，太祖高皇帝大破明師於此山之下。乾隆四十八年，敬鐫御製薩爾滸書事，勒石山上。

東舍利山。在城西一百五十五里。又西四里有西舍利山。舍利河發源於此。

嘉拉庫山。在城西北三十里。嘉拉庫河發源於此。又西北爲雅爾哈、岱岷、扎喀三山。

烏林山。在城西北七十五里。相近有阿爾丹山。

大黑山。在城西北八十里。

尖頂山。在城西北九十里。

灘舟山。在城西北九十五里。

八王溝山。在城西北一百里。

蓮花山。在城西北一百里。相近一峯名來鹿山。

安巴尼雅勒瑪山。在城西北一百里。其西有阿濟格尼雅勒瑪山。又西北十里有安巴尼雅勒瑪西山。

幽葫蘆山。在城西北一百五里。其東有幽葫蘆東山。

虎頭山。在城西北一百二十里。

鐵背山。在城西北一百二十里。其西爲界藩山，上有界藩二城；迤南爲吉林崖。我太祖高皇帝以五百人破明四路兵數十萬衆，殲杜松於鐵背山，即此。

音和羅山。在城西北一百二十里。其東有音和羅東山。

舒勤山。在城西北界。原作碩欽山。

托和倫嶺。在城西南五十六里。托和倫河、索勒和河發源於此。

望藍嶺。在城西南一百十五里。西襄河發源於此。

兩嶺。在城西南一百三十里。

瑪呼嶺。在城西南，與鳳凰城接界。

八盤嶺。在城西南，與鳳凰城接界。赫圖河發源於此。

哈勒罕嶺。在城西一百十三里。

賴華嶺。在城西北六十里。其東有飛牛嶺。

十八道嶺。在城西北一百三十里。峯巒起伏，延亘相連，有十八層，故名。

挫草嶺。在城北二十五里。

理嘉峯。在城南十四里，即理嘉哈達。

費延勒庫峯。在城西南，與鳳凰城接界。

櫃子峯。在城西北五十里。其南曰太蘭岡。

瑪庫峯。在城西北七十里。

希卜蘇峯。在城西北九十里。其西北又有呼勒峯。

勒富峯。在城西北一百十里。

望城岡。在城西南，與鳳凰城接界。

堂子岡。在城西一百十七里，即堂子阿拉。

曹子峪。在城西南，與鳳凰城接界。曹子峪河發源於此。又相近有板長峪。

托克托谷。在城西北八十里，即托克托和倫。又三里有烏勒間谷。「烏勒間」舊作「烏爾吉延」，今改正。

圖克善坡。在城西一百十里，即圖克善梅沃赫。

松樹礶子。在城西南三十六里。

德勒石。在城西一百五十里，即德勒沃赫。

錦密森河。在城東南十五里。又理嘉河，在城東南三里；嘉哈河，在城南十六里。俱西北流入蘇子河。

索勒和河。在城西南三里。源出托和倫嶺，北流入蘇子河。又哈爾薩河，在城西南十一里，源出哈爾薩山，東北流入索勒和河。

托和倫河。在城西南五十八里。源出托和倫嶺，南流入太子河。又西襄河，在城西南八十六里，源出望藍嶺，南流入托和倫河。

費葉稜烏河。在城西南一百里。源出邊外三股泉山，又小峽河，在城西南一百二十里，源出分水嶺；鰜廠河，在城西南一百五十里，亦出分水嶺。俱西北流入太子河。「費葉稜烏河」舊作「費雅朗阿」〔一〕，今改正。

青龍洞河。又名水洞，在城西南一百四十里。源出青龍洞山，西南流入太子河。

清河。在城西南一百四十五里。源出瑪呼嶺，西南流入太子河。

布爾哈圖河。在城西一百二十里。源出車山，西北流入渾河。

赫圖河。在城西一百五十里。源出八盤嶺，西北流入渾河。又扎庫穆河，在城西一百十三里，源出車山；曹子峪河，在城西一百七十里，源出曹子峪；舍利河，亦在城西一百七十里，源出舍利山。俱西北流，會赫圖河。

瑪哈丹河。在城西二百八十里。源出瑪呼嶺，西北流入渾河。又金口峪河，在城西南一百八十二里，源出金口峪，西北流入瑪哈丹河。

蘇子河。 在城北半里。源出邊外呼倫嶺，西流會尼瑪蘭、章京、瑪嘉、哈當阿、拉發諸河，遶至啓運山之南，西注受哈爾薩、理嘉、索勒和等河，又北折經黑門、穆奇、水手堡，又北經界藩西南入渾河。 按漢志高句驪縣有南蘇水，西北經塞外，疑即此也。

嘉拉庫河。 在城北五里。源出嘉拉庫山，南流至城西五里入蘇子河。 又拉發河，在城西北十里，源出嘉拉庫山、挫草嶺，南流遶至啓運山之東，入蘇子河。

哈當阿河。 在城東北二十五里。又瑪嘉河，在城東北三十里；章京河，在城東北三十二里；尼瑪蘭河，在城東北三十五里。俱發源納嚕窩集，西流經興京邊入蘇子河。

渾河。 在城東北八十五里，國語稱瑚努呼河。源出邊外納嚕窩集，爲納嚕河，入興京邊，西北流至安巴尼雅勒瑪山，即爲渾河。詳見奉天府。

小張七溝。 在城西北九十里。

岡臺溝。 在城北一里。

古蹟

高句驪故城。 在城北。漢武帝元封四年，開朝鮮地置玄菟郡，又置高句驪縣爲郡治。應劭曰：「故句驪國。」魏志：漢武初以沃沮城爲玄菟郡，後爲夷貊所侵，徙郡句驪西北。後漢公孫度時，皆治高句驪縣。吳書玄菟郡在遼東北，相去二百里是也。後廢。 按漢志，縣爲小遼水所發源。今興京北近渾河之源，蓋即漢高句驪縣地。高句驪國本在縣東，去遼東千里。漢置縣，取其名耳。玄菟郡雖初治沃沮，尋徙句驪，漢志可考。方輿紀要謂公孫度始改置於遼東之北，治高句驪縣，非是。又吴書謂郡去遼東二百里，而郡國志遼東郡下云雒陽東北三千六百里，玄菟郡則云四千里。其實相去四百里也。

新城。在興京北。晉咸康五年，慕容皝擊高句驪，兵及新城，高句驪乞盟，乃還。隋大業九年，復伐高麗，遣王仁恭出扶餘道，仁恭進至新城，攻之不拔。唐乾封二年，李世勣伐高麗，度遼，謂諸將曰：「新城，高麗西邊要害，不先得之，餘城未易取也。」遂壁西南山，臨城下，進擊一十六城，皆拔之。胡三省通鑑注：新城西南傍山，東北接南蘇、木底等城。

南蘇城。在興京西。高句驪置。晉永和元年，燕王皝使慕容恪攻高句驪，拔南蘇，置戍而還。隆安二年，慕容盛襲高句驪，拔新城、南蘇二城，開境七百餘里。隋大業七年，伐高麗，分遣段文振出南蘇道。唐乾封二年，薛仁貴破高麗，拔其南蘇、木底、蒼巖諸城。顯慶中，置南蘇州於此。後廢。按遼史以蘇州安復軍爲高麗南蘇州，蘇州即今金州也。今考漢志，高句驪縣有南蘇水，高麗置城，蓋因此水爲名。晉載記慕容皝自南陜以伐高句驪。通鑑注謂南陜在遼東之東，南蘇、木底諸城又在南陜之東，唐薛仁貴自新城進拔南蘇、木底。賈耽謂新城在遼東東北，則南蘇、木底當在新城東南，今興京界，不在金州可知矣。舊志但據遼史載南蘇、木底二城入金州「古蹟」，誤。

木底城。在興京西。晉咸康八年，慕容皝擊高句驪。高句驪有二道，其北道平闊，南道險狹。慕容翰曰：「虜以常情料之，必謂大軍從北道，當重北而輕南。今以鋭兵從南道擊之，出其不意，丸都不足取也。別遣偏師從北道，縱有蹉跌，其腹心已潰，四支無能爲矣。」皝從之，遂克高句驪。蓋從北豐而進者爲北道，從南陜入木底城而進者即南道也。義熙初，後燕慕容熙攻高麗木底城，不克。唐乾封二年，薛仁貴攻拔之，尋置木底州於此。後廢。

城堡

老城。在城南八里。周十一里六十步，門四。城内西有小城，周二里一百二十步，門二。城外有郭，自城北至城西南共九里有奇，亦有四門。我太祖高皇帝丁亥年築此城，癸卯年自此遷都興京。

鰜廠舊城。在城南一百四十六里。周二里有奇。又有鰜廠新城，在城南一百四十八里，天聰七年築。又有高麗城，在城南一百二十里，周三里有奇。

古城。在城西四里。周一里一百二十步，南一門，建置無考。 謹按興祖直皇帝六子，長居覺爾察地，次居阿哈和洛地，次居和洛噶善地，次景祖翼皇帝居赫圖阿拉地，次居尼瑪蘭地，次居章嘉地，各築城分居。其城距赫圖阿拉近者五里，遠者二十里。疑古城即其一也。

薩爾滸城。在城西二百二十里。周三里，南與東各一門，西南、西北共二門。外城周七里，四面各一門。 謹按實録：天命五年十月，自界藩遷於此城，建軍民廬舍。先是，歲己未天命四年三月，明集兵四路來攻，杜松等出撫順關。時太宗文皇帝爲四貝勒，議曰：「界藩山上，我築城夫役在焉。山雖險，儻明兵奮力攻陷之，奈何？宜急進軍以安夫役之心。」日午，至太蘭岡，與明兵對陣。初，衆貝勒未至時，我防衛築城夫役之兵四百人伏薩爾滸谷内，伺明兵過，尾擊之，追至界藩渡口，與築城夫役合，據吉林崖。杜松結營薩爾滸，分兵圍吉林崖。我兵四百率衆夫役下擊之，一戰斬百人。適衆貝勒至，見明兵攻吉林崖者約二萬人，又見一軍列薩爾滸山巔，遂以千人助四百兵於吉林崖，而合六旗兵進攻薩爾滸山，奮力衝擊，破其營壘，其助吉林崖之兵自山馳下衝擊，右翼二旗兵渡河直前，夾擊明兵之在界藩山麓者，短刃相接，無不一以當百，遂大破其衆，殲杜松等於陣。又敗馬林兵於尚間崖、潘宗顔軍於斐芬山，乃收全軍，駐固勒班地。翼日，還軍至界藩，行祭纛禮。康熙二十一年，有御製薩爾滸詩并序。乾隆八年、十九年，俱有御製薩爾滸詩；四十一年，有御製薩爾滸書事長篇；四十三年，有御製題薩爾滸十二韻、薩爾滸再題詩；四十八年，有御製薩爾滸題句詩。嘉慶十年、二十三年，有御製薩爾滸詠事、迴蹕過薩爾滸再詠詩。

界藩城。在城西北一百二十里鐵背山上。天命三年，太祖高皇帝取撫順，自興京至此，依山築城。周一里，東一門；又一小城，周一百十八步，西一門。 謹按實録：太祖高皇帝甲申年六月率兵攻瑪爾墩寨，寨主納申奔界藩。乙酉年二月，太祖高皇帝率披甲之士二十五、卒五十，署界藩寨，寨内人覺之，遂還。界藩四城之主合兵追襲至太蘭岡之野，太祖高皇帝單騎回擊，斬納申，射巴穆尼斃之，引兵徐還，不遺一騎。四月，太祖高皇帝征哲陳部，界藩等五城聞之，集兵八百，整陳以待。太祖高皇帝敗其衆，又追至界藩險隘吉林崖，立其巔，見敵兵十五人趨岡，太祖高皇帝射前至一人，貫其脊而殪，餘悉墜崖死，乃收軍還。天命三年五月，太祖高皇帝諭諸貝勒大臣曰：「我仍居國内之地，行師道遠，馬力困乏，宜築城界藩居之。」四年二月，命夫役一萬五千赴界藩築城，騎兵四百衛之。三月，既敗明四路兵於薩爾滸、阿布達哩岡等處，殲杜松、劉綎等。四月，太祖高皇帝諭諸臣，宜於近邊之地屯田，築城界藩，設兵守禦，以衛農人。於是太祖高皇帝西行示築城基址。六月破開原，班師。太祖高皇帝諭貝勒諸臣曰：「吾等勿回都城，築城界藩，治屋廬以居。牧馬邊境，勿渡渾河。」貝勒諸臣曰：「不如還都，近水草，息馬濃陰之下，浴之飼之，馬乃速壯。且士卒歸家，修治兵仗便。」太祖高皇帝曰：「此非爾所知也。今六月盛夏，行兵已二十日，若還都，又二三日乃至，其各路屯寨，距都城又須三四日，炎蒸之時，復爾遠涉，馬何日壯耶？居界藩牧馬，俾速壯。至八月，又可興師矣。」遂駐蹕。是月所建宫室皆成。

章嘉城。在城東北三十餘里。

清河堡。在城西南一百六十里。周四里一百八十步，門四。謹按實録：太祖高皇帝戊子年於清河關口互市。天命三年秋七月，太祖高皇帝統大軍進鴉鶻關，圍清河城，拔之。明副將鄒儲賢死焉。

山羊峪堡。在城西南界。周一里一百四十步，南一門。

瑪哈丹堡。在城西南界。周二里一百三十四步，東南二門。其南有郭，周一里一百四十步，東、西二門。

關隘

古關。一在城南一百里，一在城南二百里，俱廢。莫考。

頭道關。在城西四十里，即雅爾哈關。又二道關，在城西四十一里，即代岷關。三道關，在城西六十三里，即扎喀關。皆因山爲關。天命四年正月，太祖高皇帝征葉赫，命大貝勒等率兵五千往守扎喀關，防禦明兵。乾隆十九年，有御製三關詩；四十三年，有御製過三關因成長句紀事詩、迴鑾過三關再詠詩；四十八年，有御製過三關得句詩。嘉慶十年，有御製過三關得句詩；二十三年，有御製過三關紀勝詩。

興京邊門。在城東南。南至鹻廠門一百十里，北至開原縣英莪邊界一百里。

鹻廠邊門。在城南一百四十里。南至岫巖廳所轄鳳凰城邊界三十里。

穆喜站。在城西北四十里。又西八十里至薩爾滸站，又七十里至噶布拉村站，又七十里至盛京城。以上三站，皆盛京兵部所轄。按盛京兵部所轄興京、奉天、錦州共二十九站，有正副監督官掌之，每站皆有驛丞。

津梁

石隄木橋。在啓運山西，雍正九年設。

陵墓

武功郡王禮敦墓。在永陵左。

恪恭貝勒塔察芬古墓。在永陵右。俱每歲清明除夕附祭。

寺觀

地藏寺。在顯祐宫東。國初建。康熙二十一年，聖駕臨幸，有碑記。乾隆十二年，内大佛殿奉頒御書額曰「妙證三摩」，又地藏殿御書額曰「人天法炬」。

顯祐宫。在城東北，即玉皇廟。國初建。順治十五年，賜名「顯祐」，立碑。乾隆八年，有御製謁顯祐宫詩，十九年，有御製顯祐宫疊舊作韻詩；四十三年、四十八年，嘉慶十年、二十三年，俱有御製謁顯祐宫詩。乾隆十二年，殿内奉頒御書額曰「碧落保珍」，又内三官殿御書額曰「太微元範」。

列女

本朝

莫輝洛妻徐氏。興京鑲黄旗人，夫殁守節。又正黄旗巴拜妻王氏、釋迦保妻納喇氏，均康熙年間旌。

永烏諾妻李氏。興京正白旗人，夫殁守節。又同旗麻勒妻王氏、陸什妻富氏，均雍正年間旌。

七十妻魁氏。興京鑲黄旗人，夫殁守節。又同旗兵常雲妻王氏、達藍太妻郎氏、正黄旗閑散關有妻張氏、八格妻蔡氏、兵白福妻高氏、閑散岱木妻王氏、哈什太妻柴佳氏、兵束金妻寧古塔氏、閑散多爾太妻烏扎拉氏、正白旗兵格巴庫妻褚氏、閑散姚住妻伊爾根覺羅氏、兵常海妻瓜爾佳氏、閑散得禄妻王氏、兵阿金太妻烏扎拉氏、鑲白旗兵秦太妻孫氏、閑散六十七妻李氏、正紅旗兵開達哩妻關氏、德保妻錢氏、閑散王順澤妻華氏、兵馬桑阿妻蔡氏、閑散陶齊妻張氏、福藍妻李佳氏、正藍旗閑散尼瑪善妻商氏、拜翰妻卜氏、拜喜妻佟氏、兵烏爾太妻他塔拉氏、閑散三格妻宋氏、希昌阿妻吴扎拉氏、鑲藍旗兵和善妻張氏、多隆武妻李氏、閑散色勒妻耿氏，均乾隆年間旌。

聶勒庫妻那氏。興京鑲黄旗人，夫殁守節。又正黄旗兵四保妻白氏、閑散七十五妻趙氏、車世禮妻隗氏、正白旗兵保住妻郭氏、閑散付明阿妻瓜爾佳氏、十各妻王氏、八十二妻張氏、鑲白旗委官扎力那妻何氏、正紅旗閑散共保妻暴氏、鑲紅旗閑散何朝明妻趙氏、正藍旗閑散額勒昏妻何氏、鑲藍旗閑散雙亮妻劉氏、伯大妻關氏、張璠妻王氏、板底妻劉氏、領催依力住妻孟氏、閑散五令阿妻楊氏、兵德盛阿妻劉氏、興京邊門正白旗領催王登仕妻郭氏，均嘉慶年間旌。

校勘記

〔一〕費葉稜烏河舊作費雅朗阿　按，「河」字當删，或「阿」下再添「河」字。

奉天府圖

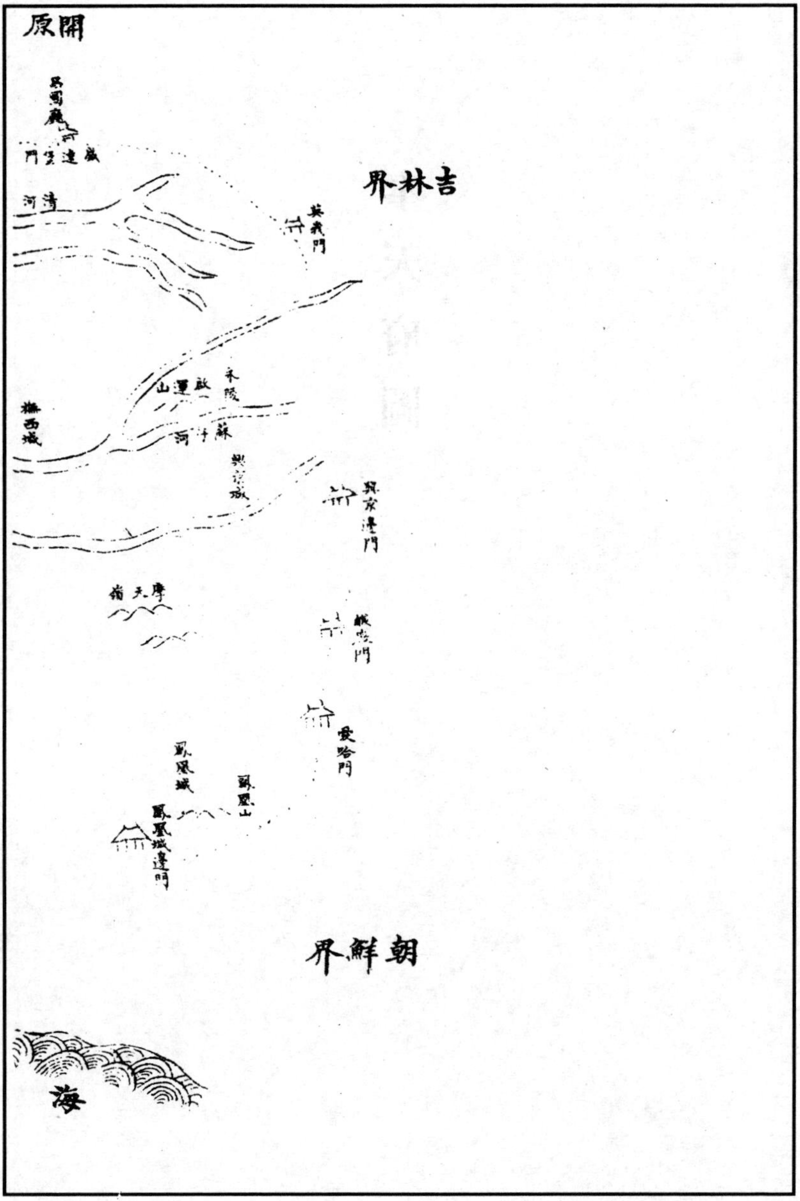
開原
吉林界
清河
英莪門
啟運山
永陵
蘇子河
摩天嶺
愛哈門
鳳凰城
鳳凰山
鳳凰城邊門
朝鮮界
海

邊界
錦州府廣寧縣邊界
開原縣
鐵嶺縣
范河
養息牧河
福陵
天柱山
昭陵
隆業山
奉天府
承德縣
渾河
新民廳
遼河
首山
太子河
東京城
錦州府廣寧縣界
遼陽州
千山
三汊河
牛莊城
海城縣
東分水嶺
南分水嶺
蓋平縣
熊岳城
岫巖廳
復州
旅順口
寧海縣
海

奉天府表

	奉天府	承德縣
秦	遼東郡地。	
漢	東南遼東、樂浪、玄菟三郡及朝鮮地，東北屬挹婁，北爲夫餘，南近海爲沃沮。	挹婁國地。
三國	魏初爲平州，後合爲幽州。	挹婁國地。
晉	平州	挹婁國地。
南北朝		挹婁國地。
隋		挹婁國地。
唐	瀋州渤海大氏置，屬定理府。	瀋州隸定理府。 奉集縣渤海置爲懷家軍治。
遼	瀋州昭德軍初置興遼軍，後更名，屬東京道。	樂郊縣初置三河縣，後改名，爲州治。 奉集縣 昌義縣置爲廣州治。
金	瀋州	樂郊縣州治。 奉集縣屬貴德州。 章義縣皇統三年改名，屬瀋州。
元	瀋陽路初爲安撫高麗軍民總管府。元貞二年置路，屬遼陽等處行中書省。	瀋州路治。 廢。 廢。
明	瀋陽中衛洪武中置，屬遼(陽)〔東〕都指揮使司。	瀋陽中衛領蒲河、撫順二千户所。

	遼陽州
	遼東郡
	遼東郡　遼陽縣屬遼東郡。後漢改屬玄菟郡。　襄平縣郡治。
	遼東郡　遼陽縣　襄平縣魏兼置，東夷校尉治此。
	遼東國　廢。　襄平縣國治。
	屬高句驪。
	屬高句驪。
	安東都護府上元三年移置，後徙廢。
遼濱縣置爲始平軍治。　崇州隆安軍治崇信縣。	東京遼陽府神冊四年建東平郡。天顯三年升爲南京。十三年改名東京，置府。　遼陽縣復置，府治。
遼濱縣屬瀋州。　廢。	東京遼陽府　遼陽縣
廢。	遼陽路初置東京總管府。至元二十五年改路，並爲遼陽等處行中書省治。　遼陽縣路治。
	定遼中左右前後衛洪武中置，並爲遼東都司治。又有東寧衛、自在州皆治焉。

海城縣	
朝鮮地。	
玄菟郡地。後改屬樂浪都尉。東漢罷都尉，以封沃沮。	居就縣 屬遼東郡。後漢省。 沓氏縣 屬遼東郡。
魏屬平州。	沓氏縣
屬高句驪。	居就縣 復置，屬遼東國。 省。
屬高句驪。	
屬高句驪。	
南海府 平高麗置蓋州。入渤海，爲南京南海府。	雞山縣 渤海置。 湯州 渤海置。
海州南海軍 屬東京道。	鶴野縣 改名，屬遼陽府。 宜豐縣 屬遼陽府。 巖州 太宗置，後廢。 興遼縣 屬遼陽府。 湯州
澄州南海軍 天德三年改名。	鶴野縣 宜豐縣 巖州 復置，治白巖縣，屬瀋州。 石城縣 屬遼陽府。 廢。 廢。
省入遼陽路。	省。 廢。 省。 省。
海州衛 洪武九年置，屬遼東都司。	

續表

蓋平縣	
玄菟郡地。	新昌縣屬遼東郡。 遼隊縣屬遼東郡。
魏屬平州。	新昌縣 遼隊縣
屬高句驪。	新昌縣咸和九年徙廢。 省。
屬高句驪。	
屬高句驪。	
蓋州本高麗蓋平城地，太宗取其地置蓋州。入渤海，仍置蓋州，後改辰州。	
辰州奉國軍改軍，屬東京道。	臨溟縣州治。 析木縣初屬遼陽府，尋隸銅州廣利軍，屬東京道。 耀州領巖淵縣，隸海州。 嬪州柔遠軍隸海州。
蓋州奉國軍明昌六年改名。	臨溟縣 析木縣屬澄州。 廢。 廢。
蓋州初爲蓋州路，後屬遼陽路。	省。 省。
蓋州衛洪武中置，屬遼東都司。	

寧海縣	
朝鮮地。	
玄菟郡地。	平郭縣屬遼東郡。 安市縣屬遼東郡。
	平郭縣 安市縣
屬高句驪。	省。 安市縣後入高句驪，爲安市城。
屬高句驪。	
屬高句驪。	
金州平高麗初置金州。後入渤海，屬杉盧郡。	
蘇州安復軍領來蘇、懷化二縣，屬東京道。	建安縣州治。 熊岳縣置爲盧州治。 歸州初置後廢。統和二十九年復置，治歸勝縣，屬東京道。 湯池縣置爲鐵州治。
金州皇統三年降爲化成縣，屬復州。貞祐四年復升州，屬東京路。	建安縣 熊岳縣屬蓋州，廢州，降縣爲歸勝鎮，屬復州。 湯池縣屬蓋州。
初屬蓋州路，後併入遼陽路。	至元八年併入州。 至元六年併入建安縣，八年併入州。 至元六年併入建安縣，八年併入州。
金州衛洪武十四年置，屬遼東都司。	

續表

開原縣			
夫餘國地。			
扶餘府 初置黑水州都督府，後渤海大氏取扶餘地，改扶餘府，又爲上京龍泉府。			
黃龍府地。	信州 彰聖軍 屬東京道。		
會寧府地。	隆安府 天眷初改遼黃龍府爲濟州利涉軍。大定二十九年改爲隆州。貞祐初升府，屬上京路。	咸平府 初爲咸州路，天德二年升府。	信州 彰信軍 屬上京路。
開元路 初設開元萬户府，至元中改路。	咸平府	廢。	
三萬衛 洪武二十三年置，屬遼東都司。永樂七年又置安樂、自在二州。	改屬鐵嶺衛。		

續表

	鐵嶺縣
	挹婁國地。
	越喜國地。
	富州渤海大氏取越喜地置，屬懷遠府。
同州鎮安軍治東平縣，兼領永昌縣，屬東京道。 祺州佑聖軍初置檀州，並置密雲縣。後改名，又改所治縣曰慶雲，屬遼州。 肅州信陵軍治清安縣，屬東京道。	銀州富國軍改名，領延津、新興、永平三縣，屬東京道。
銅山縣屬咸平府。大定二十九年改名。 慶雲縣屬咸平府。 清安縣屬咸平府。	新興縣皇統初廢州，省延津、永平二縣入新興，移治延津，屬咸平府。
廢。 廢。 廢。	廢。
	鐵嶺衛洪武中改置，屬遼東都司。

續表

	復州
	朝鮮地。
	玄菟郡地。
	魏屬平州。
	屬高句驪。
	屬高句驪。
	屬高句驪。
貴德州寧遠軍 領貴德、奉德二縣，屬東京道。 貴德縣 州治。 興州中興軍 治常安縣，屬東京道。 雙州保安軍 治雙城縣，屬東京道。	復州懷德軍 興宗置，屬東京道。 永寧縣 州治。
貴德州 廢軍。 貴德縣 挹婁縣 大定二十九年改縣名，屬瀋州。 雙城縣 皇統初屬瀋州，章宗時廢。	復州 明昌四年廢軍。 永康縣 大定七年改名。
廢。 廢。 廢。	初屬蓋州，後屬遼陽路。 廢。
訛爲懿路城，置左、中二千户所。	復州衛 洪武十四年置，屬遼東都司。

新民廳	岫巖廳	昌圖廳
	玄菟郡地。	
	屬平州。	
	高麗蓋平地。	
	渤海大氏龍原府地。	
	屬東京道。開州鎮國軍，初爲開封府開遠軍，尋改名，屬東京道。	
	秀巖縣明昌初置。	
	屬遼陽路。	
	鳳凰城地。	科爾沁所轄突額勒克地。

大清一統志卷五十九

奉天府一

東西距八百七十里，南北距九百九十里。東至撫順城與興京接界八十里，西至山海關、直隸永平府臨榆縣界七百九十里，南至海七百三十里，北至開原縣邊界二百六十里。東南至鴨緑江朝鮮界五百四十里，西南至山海關界七百九十里，東北至吉林界二百一十里，西北至義州邊界四百五十里。自府治至京師一千四百七十里。

分野

天文尾、箕分野，析木之次。

建置沿革

禹貢青州之域。虞舜時爲營州。周爲幽州北境。秦爲遼東郡地。漢時所置遼東、樂浪、玄菟三郡，多屬今府治之東南及朝鮮界内地。東北屬挹婁，北爲夫餘，南近海爲沃沮。魏初爲平州，後還合爲幽州。晉咸寧中，改遼東爲國，隸平州。

唐封渤海，其後僭置五京、十五府、六十二州，建瀋、定二州，屬定理府，即今府治。遼太宗時，置瀋州興遼軍，後改名瀋州昭德軍，與遼陽府及開、辰、盧、鐵等州並屬東京道。按遼史地理志，東京道遼陽府及開州、辰州、盧州、鐵州、興州、崇州、海州、耀州、嬪州、貴德州、集州、廣州、銀州、同州、咸州、歸州、蘇州、復州並在今府境内。金仍爲瀋州，與遼陽府及澄、蓋、貴德等州並屬東京路。按金史地理志，東京路遼陽府及澄州、貴德州、蓋州、復州並在今府境内。

元省州縣，置瀋陽路。元史地理志：元初平遼東，高麗國麟州神騎都領洪福源引衆來歸，授高麗軍民萬户，徙降民散居遼陽瀋州，初創城郭，置司存，僑治遼陽故城。中統二年，改爲安撫高麗軍民總管府。及高麗舉國内附，四年，又以質子綧爲安撫高麗軍民總管〔一〕，分領二千餘户，理瀋州。元貞二年，併兩司爲瀋州等路總管府，仍治遼陽故城，與遼陽路並隸遼陽等處行中書省。

明洪武中，置瀋陽中衛，與定遼中、左、右、前、後等十三衛俱屬遼東都指揮使司。都司治遼陽，所領定遼中、左、右、前、後、東寧、海州、蓋州、復州、金州、鐵嶺、三萬、遼海十三衛，及安樂、自在二州，俱在今府境内。

本朝天命十年，太祖高皇帝自遼陽遷都於此。太宗文皇帝天聰八年，升爲盛京。順治十四年，設奉天府，置府尹。今領州二、縣六、廳三，錦州府州縣皆隸焉。

承德縣。附郭。東西距一百二十里，南北距一百六十里。東至撫順城，與興京接界八十里，西至新民廳界六十里，南至遼陽州界九十里，北至鐵嶺縣界七十里。東南至遼陽州界一百三十里，西南至遼陽州界一百五十里，東北至鐵嶺縣界八十里，西北至鐵嶺縣界九十里。秦以前肅慎氏地。漢、晉迄唐，屬挹婁國。睿宗時屬渤海大氏，置瀋州，轄於定理府。遼置興遼軍，後改昭德軍，更置三河縣，又改樂郊爲瀋州治。金因之。元初於瀋州地置安撫高麗軍民總管，尋改瀋陽路。明洪武二十年，置瀋陽中衛，隸遼東都指揮使司。本朝建都，尊爲盛京。順治十四年，設奉天府。康熙三年，設承德縣爲首邑。按唐書渤海傳以挹婁故地爲定理府，遼史云瀋州本挹婁國地，渤海建瀋州。二説正合。通志古蹟載承德有古奥婁河，注云奥婁即挹婁。今之承德，實遼瀋州，其爲古挹婁無疑。

遼陽州。在府南一百二十里。東西距四百六十三里，南北距一百二十里。東至興京界三百三十里，西至錦州府廣寧縣界一百三十三里，南至海城縣界六十里，北至承德縣界六十里。東南至岫巖廳所轄鳳凰城界一百八十里，西南至海城縣界七十八里，東北至興京界一百四十里，西北至承德縣界七十七里。秦置遼東郡。漢置襄平縣，爲遼東郡治。後漢因之。魏置東夷校尉，治襄平縣。晉爲遼東國治。大興初，爲慕容廆所據。後燕時，地入高句驪。後魏至隋，俱屬高句驪，爲遼東城。唐貞觀十九年征高麗，克遼東城，以其地爲遼州。上元三年，移置安東都護府於此。後徙廢。遼神册四年，建東平郡。天顯三年，升爲南京。十三年，改曰東京。置遼陽府，復置遼陽縣爲府治。金因之。元初置東京總管府。至元二十四年，立遼陽等處行中書省。二十五年，改東京爲遼陽路，以遼陽縣爲路治。明洪武四年，置定遼都衛。八年，改遼東都指揮使司，領衛二十五、州二。都司所治，爲定遼左、右、前、後四衛，東寧衛，自在州，中、左二千户所，左、右、前、後四千户所。本朝順治十年，設遼陽府，領遼陽、海城二縣。十四年，罷府爲遼陽縣。康熙三年，改爲遼陽州，隸奉天府。

海城縣。在府南二百七十里。東西距一百四十里，南北距一百二十里。東至岫巖廳界六十里，西至錦州府廣寧縣界八十里，南至蓋平縣界六十里，北至遼陽州界六十里。東南至岫巖廳界八十里，西南至蓋平縣界八十里，東北至遼陽州界八十里，西北至遼陽州、廣寧縣兩界八十里。周、秦屬朝鮮。漢屬玄菟，後改屬樂浪都尉。東漢罷都尉以封沃沮。魏屬平州。晉及隋屬高句驪。唐平高麗，置蓋州。入渤海爲南京南海府，統沃、晴、椒三州六縣。遼置海州南海軍，尋置臨溟縣爲州治。金改澄州。元省州縣屬遼陽路。明洪武九年，於故海州臨溟地置海州衛，隸遼東都指揮使司。本朝順治十年，改海城縣，隸遼陽府。十四年，改隸奉天。按遼志云海州本沃沮國地。後漢書云東沃沮在高句驪蓋馬大山之東。通志云蓋平，古蓋牟城。漢書高句驪有蓋馬大山，即漢之西蓋馬。考今海城西南隅至蓋平八十里，蓋平爲古蓋馬，海城爲古沃沮，則知海城果爲蓋平東北境也。且通志云海城縣有沙卑城，高麗置，故沃沮地也。又云渤海南京疊石爲城，幅員九里，渤海大氏所建，在今海城縣界。據唐書渤海傳，以沃沮故地爲南京南海府，尤可驗也。

蓋平縣。在府南三百八十餘里。東西距一百四十里，南北距一百四十五里。東至岫巖廳界一百二十里，西至海二十里，南至復州界九十里，北至海城縣界五十五里。東南至岫巖廳界一百二十里，西南至復州界九十里，東北至海城縣界九十里，西北至海城縣界六十里。周屬朝鮮。秦時爲燕人衛滿所據。漢屬玄菟。魏屬平州。晉及隋屬高句驪，爲蓋牟城。唐太宗征高麗，取其地置蓋州。後入渤海，仍置蓋州，又改辰州。遼以通辰韓，改辰州爲奉國軍。金章宗時，改爲辰州遼海軍。明昌六年，改爲蓋州奉國軍。元初爲蓋州路。至元六年，併爲東京支郡，後屬遼陽路。明洪武九年，改置蓋州衛，隸遼東都指揮使司。本朝康熙三年，置蓋平縣，隸奉天府。按新唐書引賈耽言：蓋牟城在安東都護府東北，府即今遼陽州。據此，則今蓋平似非古蓋牟也。考唐書，太宗征高麗，取蓋牟城，置蓋州。由是渤海改蓋州爲辰州，改唐之蓋州也。遼升辰州爲奉國軍，升渤海之辰州也。辰州既爲今蓋平，則蓋平必爲古蓋牟矣。若如賈耽所言，遼陽乃漢遼東郡地，據通志，蓋平於漢屬玄菟，而古蹟所載王莽玄菟亭，正在蓋平境內，則其不爲唐之安東都護府也，亦信而有徵矣。

寧海縣。在府南七百二十里。東西距一百八十三里，南北距一百二十里。東至岫巖廳界一百八十里，西至海三里，南至海二十里，北至復州界一百里。東南至海四十五里，西南至海九十里，東北至岫巖、復州分界一百八十里，西北至海六十里。周、秦朝鮮地。漢屬玄菟郡。晉至隋屬高句驪。唐平高麗，初置金州。後入渤海，屬杉盧郡。遼爲蘇州安復軍，興宗置，領來蘇、懷化二縣，隸東京道。金皇統三年，降爲化成縣，屬復州。貞祐四年，升爲金州。興定二年，升爲防禦，屬東京路。元初屬蓋州路，後併入遼陽路。明洪武四年，置金州衛，隸遼東都指揮使司。本朝初隸海城。康熙三年，改隸蓋平。二十年，設城守章京。雍正五年，設金州巡檢，屬復州通判。十二年，置寧海縣，隸奉天府。按通志，今寧海有唐金州城。明統志云唐所置也。可知唐金州，即今寧海縣無疑矣。考唐安東府於漢屬遼東，金州於漢屬玄菟，此又漢玄菟地也。

開原縣。在府東北二百里。東西距二百七十里，南北距六十里。東至吉林界七十里，西至新民廳界二百里，南至鐵嶺縣界五十里，北至昌圖廳邊界十里。東南至鐵嶺縣界六十五里，西南至鐵嶺縣界六十里，東北至威遠堡門吉林界三十里，西北至昌圖廳邊界六十里。唐、虞息慎氏地。商、周及秦肅慎氏地。漢屬夫餘界，至隋因之。唐置黑水州都督府。後渤海取扶餘地爲扶餘府，又爲上京龍泉府。遼屬黄龍府。金會寧府地。元初設開元萬户府，至元中，改開元路。明洪武間，改「元」爲「原」。二十三年，置三萬衛。永樂中，於城内置安樂、自在二州，隸遼東都指揮使司。本朝康熙三年，設開原縣，隸奉天府。按故三萬衛，在今開原城内，明初所置也。明統志云古開元城在三萬衛西門外，金末，元擒其將布希萬努於此，置萬户府。由今開原以知明三萬衛，由三萬衛以知古開元城，可知改「元」爲「原」，非二地明矣。後漢書：挹婁在扶餘東。今鐵嶺西北正界開原，開原爲古扶餘，鐵嶺爲古挹婁也。

「布希萬努」舊作「蒲鮮萬奴」，今改正。

鐵嶺縣。在府北一百三十里。東西距三百三十里，南北距八十里。東至興京界一百五十里，西至新民廳界一百八十里，南至承德縣界六十里，北至開原縣界二十里。東南至撫順城守界七十里，西南至承德縣界八十里，東北至開原縣界六十里，西北至開原縣界七十里。唐、虞息慎氏地。周、秦肅慎氏地。漢、晉屬挹婁。隋屬越喜。唐渤海取越喜地，置富州，屬懷遠府。遼改銀州富國軍，領延津、新興、永平三縣，隸東京道。金改新興縣，屬咸平府。元省縣，仍隸咸平。明洪武中，改鐵嶺衛。初二十一年，衛治在古鐵嶺城；二十六年，徙置於此。實銀州故地，仍名鐵嶺衛，隸遼東都指揮使司。本朝康熙三年，改鐵嶺縣，隸奉天府。按遼志，銀州本渤海富州，新興縣本故越喜地。今鐵嶺即遼之新興，古越喜國也。通志云渤海取越喜，改富州。遼改銀州富國軍，富國軍實因渤海富州得名矣。承德、鐵嶺在晉以前同屬挹婁，及隋唐初，今鐵嶺地又屬越喜耳。考挹婁故城在今鐵嶺南六十里，若明志徙鐵嶺衛置故嚚州地，又「銀」之訛也。

復州。在府南五百六十餘里。東西距二百二十里，南北距一百八十里。東至岫巖廳界一百八十里，西至海四十里，南至寧海縣界九十里，北至蓋平縣界九十里。東南至寧海縣界一百四十里，西南至海九十里，東北至熊岳城守界二百五十里，西北至海四十里。周、秦爲朝鮮地。漢屬玄菟郡。魏屬平州。晉至隋屬高句驪。遼興宗置復州懷德軍，領永寧、德勝二縣，隸東京道。金明昌四年廢軍，領永康、化成二縣。元屬蓋州，後入遼陽路。明洪武十四年，置復州衛，隸遼東都指揮使司。本朝初裁衛，改隸蓋平。雍正五年，設復州通判，轄復、金二州境。十二年，改置州，隸奉天府。按復州，魏屬平州，元屬蓋州，其地尚在今蓋平南。蓋平於漢屬玄菟郡，則知復州必玄菟地也。

新民廳。在府西二百二十里。東西距三百一十里，南北距三百二十里。東至承德縣界六十里，西至錦州府廣寧縣界一百五十里，南至海城縣界二百四十里，北至邊界八十里。東南至承德縣界一百六十里，西南至錦州府廣寧縣界二百里，東北至鐵嶺縣界九十里，西北至錦州府廣寧縣界一百八十里。本承德、廣寧二縣地址。本朝嘉慶十八年，撥地分防，設撫民同知並巡檢司。

岫巖廳。在府南四百二十里。東西距一百五十里，南北距三百里。東至鳳凰城界六十里，西至蓋平縣界九十里，南至海界一百五十里，北至牛莊城守界一百五十里。東南至鳳凰城界二百三十里，西南至熊岳城界三百五十里，東北至東分水嶺、鳳凰城、遼陽州界一百八十里，西北至蓋平縣界九十里。周本朝鮮地。至秦屬濊。漢屬玄菟。晉屬平州。隋屬高麗蓋牟地。唐平高麗，屬安東都護。後渤海大氏據之，爲東京龍原府地。遼屬東京道。金明昌初，置秀巖縣，屬東京。元屬遼陽路。明鳳凰城界内地。本朝初屬蓋平縣。康熙二十六年，設城守尉駐防。乾隆三十七年，移熊岳理事通判駐此，並設巡檢。四十一年，以岫巖通判兼轄鳳凰城。

昌圖廳。在府東北三百里。東西距九十五里，南北距六十里。東至吉林邊柵二十五里，西至遼河七十里，南至威遠堡門邊壕二十里，北至白塔河四十里。東南至吉林並開原縣二界邊壕二十五里，東北至白塔水口三十里，西南至開原縣界八十里，西北至土城子三十里。本科爾沁所轄突額勒克地。本朝嘉慶十一年，設理事通判並巡檢司。

形勢

遼東根本之地，依山負海，其險足恃。金史。地實要衝，東北一都會。元史。滄海朝宗，白山拱峙，渾河、遼水遮帶西南，黑水、混同襟環東北。

風俗

遼東地廣，箕子教其民以禮義，田蠶織作，民不相盜，無門户之閉，婦人貞信。漢書地理志。性悍果，善騎射。元志。性樸實，氣剛健。習禮樂，尚詩書。通志。本朝乾隆四十三年，御製盛京土風雜詠十二首：一威呼，二呼蘭，三法喇，四斐闌，五賽斐，六額林，七施函，八拉哈，九霞綳，十豁山，十一羅丹，十二周斐。

城池

奉天府城。即盛京城，詳見前。本朝康熙三十七年，有御製駐蹕奉天府詩。乾隆八年，有御製謁陵禮畢車駕入盛京得七言排律十四韻詩。十九年、四十三年、四十八年，俱有御製疊癸亥七言排律十四韻詩。嘉慶十年，有御製恭依皇考癸卯七言長律十四韻元韻詩。二十三年，有御製再依皇考癸卯七言長律十四韻元韻詩。承德縣附郭。

遼陽州城。即故都司城。明洪武五年築。周十六里有奇，門六。十六年，展築東城，其北又附築土城。永樂十四年，改築北城，南北一里，東西四里，門三。合於南城，共周二十四里三百八十五步，門九。本朝康熙、雍正年間屢修。乾隆四十三年重修，有御製命查覈盛京所屬應修城垣發帑繕治詩以誌事詩。四十八年，有御製所屬城垣修葺已成詩以誌事疊戊戌詩韻詩。嘉慶二十一年，題估修補。

海城縣城。舊土城，周六里有奇，門四，濠廣三丈五尺，明洪武九年甃築，後毀。本朝天命八年，即舊城東南隅建新城，周二里一百七十六步，門五，縣治仍設於舊城内。康熙、雍正年間屢修，乾隆四十三年重修，嘉慶二十一年題估修補。

蓋平縣城。周七里有奇，門三，濠廣一丈八尺，明洪武中因舊修築。本朝乾隆四十三年修，嘉慶二十一年重修。

寧海縣城。即故金州衛城，明洪武初修築。周五里二百十六步，門四，濠廣六丈五尺。本朝康熙、雍正年間屢修，乾隆四十三年、嘉慶二十一年重修。

開原縣城。周十三里二十步，門四，濠廣四丈，明洪武中因舊址修築。本朝康熙、雍正年間屢修，乾隆四十三年、嘉慶二十一年重修。

鐵嶺縣城。周四里有奇，門四，濠廣三丈，本遼、金時銀州故城。明洪武二十一年，置衛於今縣東南五百里古鐵嶺城，接高麗界。二十六年，徙治於此。本朝康熙、雍正年間屢修，乾隆四十三年、嘉慶二十一年重修。

復州城。周四里有奇，東、南、北門三，明洪武中因舊修築。本朝康熙、雍正年間屢修，乾隆四十三年、嘉慶二十一年重修。

岫巖廳城。周四里有奇，東、南二門，本朝乾隆四十三年因舊址重築。嘉慶二十一年修。

昌圖廳城。周一里有奇，南一門，古名榆樹城。

學校

奉天府學。在府治東南，本朝天聰三年建。康熙三十二年增修。入學額數六名，又滿字號入學額數十一名，合字號入學額數八名。又左翼學在城内東南隅，右翼學在金銀庫西，均康熙二十年建。又宗室學、覺羅學，俱在天佑門外，乾隆二年建。

承德縣學。未建，附府學内。入學額數七名。

遼陽州學。在州治東南。本廢都司學舊基，明洪武中建，後廢。本朝康熙十二年重建。入學額數五名。

海城縣學。在新城内厝石山陽。舊在縣治西南隅，本朝順治十一年建。雍正五年，改建於此。入學額數五名。

蓋平縣學。在縣城内東南隅。舊在城西北隅，本朝康熙十一年建。五十四年，改建於此。入學額數三名。

寧海縣學。在縣城南，本朝乾隆十八年建。入學額數四名。

開原縣學。在縣城内東南隅。舊在縣治北，有元大德間加封大成文宣王廟碑。明設三萬衛學，本朝康熙四年移建。入學額數二名。

鐵嶺縣學。在縣城内東南隅，本朝康熙三十七年建。入學額數二名。

復州學。在州城内東南隅，本朝雍正十二年建。乾隆十二年增建學署。入學額數五名。

瀋陽書院。在府城德盛門内，本朝乾隆七年建。

海州書院。在海城縣南門外，本朝乾隆三年知縣戴惟檈建。

南金書院。在寧海縣，本朝乾隆三十八年知縣雅爾善建。

銀岡書院。在鐵嶺縣治南，御史郝浴建。按舊志載萃升書院，在府尹署東，任奕鑾建；遼陽縣有遼左書院、遼右書院，明弘治時建；習武書院，明嘉靖中建。今俱廢，謹附記。

户口

原額人丁二萬三千四百四十四名口，今滋生男婦大小一百三十一萬四千九百七十一名口，計十二萬九千六百五十三户。

田賦

民田二百一十二萬八千三百九十四畝有奇，額徵地丁銀七萬二千六十二兩一錢七分、米三萬一百九十四石四升六合三勺。

山川

天柱山。在承德縣東北二十里，福陵在焉。近則渾河環於前，輝山興隆嶺峙於後；遠則發源長白，俯臨滄海，洵王氣所鍾也。順治十六年，封山曰天柱，從祀方澤。

隆業山。在承德縣西北十里，昭陵在焉。自城東北疊巘層巒，至此而寬平宏敞，有包羅萬象、統御八荒之勢，遼水右迴，渾河左繞，輪菌葱鬱，永固丕基。順治十六年，封山曰隆業，與啓運山、天柱山同從祀方澤。

鶯落山。在承德縣東界。相近有銅喇叭臺山、鐃鈸山〔二〕。

嘉班山。在承德縣東界。相近有札克丹山、德庫山。「嘉班」舊作「甲邦」，今改正。

四臺山。在承德縣東界。相近有斡爾達山、前山城山。

團山。在承德縣東南十五里。其南有雙臺子、東山口、紅寶石、煙籠諸山。

麥子山。在承德縣東南二十五里。又東南五里餘有黃山，相近有孤頭山。

古塔山。在承德縣東南四十里。山上有城，周二里半，門一、塔一。又架板山，在縣東南四十六里。又縣東南六十里有岡大山。相近有歪頭山，山上有城，周一百九十五步，一門。

小尖山。在承德縣東南五十里。又東南有煙籠、高素屯、香爐、簸箕、馬兒、三塊石、蠟子寺、望女兒、前山臺、饗山、金牛兒、老虎臺、駱駝、大安臺、康平臺、大瓜寨、閻王、山城寨諸山。

長山。在承德縣西一百里。又十方寺山，在縣西北九十里。

輝山。在承德縣東北四十里。層巒疊嶂，爲諸山之冠。山出白土，可以代灰，俗亦名灰山。又水田山，在縣東北五十里。

華表山。在遼陽州東六十里。因丁令威化鶴得名，俗呼一擔山，又名横山。又官馬山，在州東七十里。

本溪湖山。在遼陽州東一百二十里。峯巒迴抱，多産煤、鐵。

晾甲山。在遼陽州東南五十里。相傳唐太宗征高麗時，駐師於此。

浪子山。在遼陽州東南六十里。相近有高峯寺、香山、峪嵴寺、報恩寺諸山，又有達喇河山、麻蝎山。

石門山。在遼陽州南四十里。舊有石門砦，明萬曆中李如柏救朝鮮，道出於此。相近有向陽寺、響山、平安寺、鳳凰、關門諸山。

千山。在遼陽州南六十里。世傳唐征高麗，駐蹕於此。奇峯疊聳，峭壁嵯峨，上有祖越、龍泉、香巖、中會、大安五寺，蓮花、月芽、獅子、彌勒、浄瓶、缽盂、海螺、漱瓊、松苔、上夾、下夾、筆架等峯，臥象、獻寶、鵓鴿三臺，太極、煉魔、鸚哥三石，石佛、片石、花巖三巖，振衣岡、松石屏、羅漢洞、石洞、玉皇閣、萬佛閣、濯纓泉、松門、雙井、西湖井、歇涼臺、仙人臺、仙人弈棋石枰諸勝蹟，沙河發源於此。本朝康熙二十一年，有御製千山詩。乾隆八年，有御製望千山詩。十九年，有御製欲遊千山復不果詩。四十三年，有御製寄題千山詩。

通明山。在遼陽州南界。山多洞穴，俗名窟籠山。

八谷寨山。在遼陽州南界。

首山。在遼陽州西南十五里，連海城縣界。一名手山，又名駐蹕山。魏志：景初二年，司馬懿征公孫淵，軍至遼東。八月丙寅夜，大流星長數十丈，從首山東北墜襄平城東南。遼史地理志：遼陽府有駐蹕山，唐太宗征高麗，駐蹕其嶺數日，勒石紀功焉。俗稱手山，山巔平石之上有掌指之狀，泉出其中，取之不竭。按舊唐書：貞觀十九年，太宗親征高麗，破遼東城，降白崖，進攻安市城。高麗傉薩高延壽、高惠真率衆十五萬來援。太宗自山而下，引軍臨之，賊大潰，延壽、惠真皆降，因名所幸山爲駐蹕山，命中書侍郎許敬宗爲文，勒石以紀其功。是駐蹕山在安市，不當近傍遼城，遼史所言與唐書不合。方輿紀要謂蓋州衛東分水嶺諸山即唐太宗駐蹕處也。

麥山。在遼陽州西南二十五里。又有小陵、嵊山、遼郊、圖們諸山。

石城山。在遼陽州東北五十七里。上有古石城，即高麗白崖城，唐置巖州於此。又州東北有巖鑪、石嘴寺、韓家磯、黑鷹臺、石灰窑、摩旗、半磯、雞冠諸山。

厝石山。在海城縣新城内。山西有潭，相傳龍潛其下，雖風雨晦冥，水中常有月形。

南雙山。在海城縣東四里。又北雙山，在縣東北五里。

東水泉山。在海城縣東十里。又石羊山，在縣東二十三里。東又有穆祭、雁窩諸山。

馬方屯山。在海城縣東三十三里。其東有小米寨山。

攔河山。在海城縣東南八里，一名狼虎山，又名爛柯山。

繡嶺山。在海城縣東南十一里。上有三泉，色白，味甚甘。又南有嬴城山〔三〕。

白山。在海城縣東南二十里，俗呼勒馬峪。

三角山。在海城縣東南三十里。又金塔山，在縣東南四十里，上有金塔寺。

蓋山。在海城縣東南五十里。上有小堡。相近有鷹首山。

山城山。在海城縣東南五十里。又南二里有雲泉山。

聖泉山〔四〕。在海城縣東南五十二里。上有聖泉寺。

鵓鴿山。在海城縣東南五十二里。上有城，内有古井。

斜文寨山。在海城縣東南五十五里。

蟒溝山。在海城縣東南六十五里，即高麗館山。又東南七十五里有海留般山。

松嶋山。在海城縣東南八十一里。

黑山。在海城縣東南界。

唐帽山。在海城縣東南界。相近有弟兄山。

白沙山。在海城縣東南界。相近有砥柱、磨菰、香鑪諸山。又東南有嶺峒山、赤崖山。

南水泉山。在海城縣南三十五里〔五〕。有水西流爲八里河。

瓔珞山。在海城縣南四十里。相近有佛溝、石柱諸山。

魚山。在海城縣西南五里，一名迎駕山，俗訛爲甯家山。

平頂山。在海城縣西南十里。上有積水不涸，俗名浴盆山。唐太宗曾駐蹕於此，一名車駕山，又曰唐望山。又西南有靈暉、塔山、妙山、降龍、雪梨諸山。

闕山。在海城縣西南六十五里，俗呼觀馬山，又曰闕門山。

聖水山。在海城縣西南七十里。有水西南流，爲淤泥河。

迷真山。在海城縣西南七十里。

大孤山。在海城縣西南八十里〔六〕。又西南有小孤山，入蓋平縣界。

蓮花山。在海城縣西南界。上有天門石室，羣峯疊翠，秀若芙蓉，俗呼芙蓉山。

麻崖山。在海城縣北二十里。相近有柳河山。又駱駝山，在縣北三十七里；鐵石山，在縣北三十八里。

鞍山。在海城縣北六十里。上有洞，深邃莫測。

大團山。在海城縣東北四十里。相近有駙馬營山。

白谷山。在蓋平縣東十里。相近有張郎寨、王寶諸山。

方家山。在蓋平縣東二十三里。

大黄寨山。在蓋平縣東五十里。

哈達山。在蓋平縣東一百里。清河發源於此。

竈突山。在蓋平縣東南二十里。羣山環繞，中有孤峯特起，若竈突然，故名。

雁窩山。在蓋平縣東南三十里。上有高麗城。

赤山。在蓋平縣東南一百里。日入山有赤光，故名。相近有閻家閘、黎兒諸山〔七〕。

布霧山。在蓋平縣東南界。其山最高，常有雲霧在其上，畢哩河發源於此。俗呼步步山。

雞冠山。在蓋平縣東南界。沙河發源於此。

清涼山。在蓋平縣南二十六里。又饅頭山，在縣南五十里。

石棚山。在蓋平縣南八十里。上有石棚，可容數人，故名。又鐵場山，在縣南九十里。

伴仙山。在蓋平縣西南十五里。通志：明天順中有道士號黄花老人，居此修煉數年，乘鶴而去，故名。

望海山。在蓋平縣西南三十五里。其山傍海，遼史熊岳山即此。山之西又有望海臺山。

聖井山。在蓋平縣西南四十里。上有石穴濶深尺許，其水常滿，汲之不竭。

火石山。在蓋平縣西南五十里。冷水河發源於此。

白狼山。在蓋平縣西十里。又清風山，在縣西十五里。

平山。在蓋平縣西北四十三里。明置三萬衛鹽場百户所於此。

野狐山。在蓋平縣北二里。又北五里有觀家山。

博羅山。在蓋平縣北三十里。又北十里有碭石山。

官帽山。在蓋平縣東北三里。

石城山。在蓋平縣東北十三里。唐征高麗，土人於此避兵。相傳内有龍潭，朔夜見月。

花兒山。在蓋平縣東北三十里。相傳上有樹一株高丈餘，遠近望之大小如一，不知何名，開小白花，其葉淩冬不彫，犯者輒病，土人神之。

盤山。在蓋平縣東北八十里。

蕭家山。在寧海縣東四里。泉水河發源於此。

大黑山。在寧海縣東十里。上有古城，相傳唐太宗駐蹕處。小沙河發源於此。又鳳凰山，亦在縣東十里。

豹山。在寧海縣東八十里，亦名豹子島。又城子山，在縣東九十里。

鞍子山。在寧海縣西南四十五里。夏家河發源於此。

圍屏山。在寧海縣西南六十八里。沙河口河發源於此。

金龍山。在寧海縣西南七十里。泥河發源於此。

棗羊山。在寧海縣西南界。又相近有鹽場口、新旅順、扇子石諸山。
黄金山。在寧海縣西南界。唐書作金山。營州都督高侃被圍，薛仁貴救之，戰於金山，即此。
鐵山。在寧海縣西南界，亦曰鐵山島，爲濱海要地。又有鐵山，在鳳凰城西南二百三十五里。
平山。在寧海縣北十里。又龍鳳口山，在縣北四十里。
小黑山。在寧海縣北六十里。駱馬、澄沙二河俱發源於此。
狼虎山。在寧海縣北界。相近有五湖觜山。
石門口山。在寧海縣東北十里。
鸛山。在寧海縣東北一百二十里。沙河發源於此。相近有雙山，龍鳳口河發源於此。
大北山。在寧海縣東北一百二十里。望簪、清水二河俱發源於此。
獨山。在寧海縣東北一百五十里。
伊拉塔山。在寧海縣東北一百八十里。歸服堡河發源於此。
臺暉山。在寧海縣東北界。又東有官架、對面、萬木諸山。
塔山。在開原縣東二十五里。
閻王鼻山。在開原縣東南十五里。斷崖陡絶，清流下瀨，中有紆徑，可通車馬。
蓮花泊山。在開原縣東南四十里。山下有泊，夏日蓮花最盛。
喜鵲溝山。在開原縣東南五十里。相近又有聶家溝、范家、照壁、黄頂諸山。

黑背山。在開原縣東南界。相近有東關門、西關門山。

大黄山。在開原縣東南界。又相近有小黄山。

拐磨子山。在開原縣東南界。碩賓河發源於此。

英莪口山。在開原縣東南界。

臺子山。在開原縣南十五里。東起史家堡，西至清水溝，南及遼水。

威遠堡山。在開原縣東北三十里。

龍首山。在鐵嶺縣東二里。舊有龍王廟。

小棗山。在鐵嶺縣東十里。其南有東塔山。

白翎山。在鐵嶺縣東二十里。又有髟髻、陝西臺諸山，在縣東三十里；馬兒、鵝脖諸山，在縣東三十五里。

雙山。在鐵嶺縣東五十里。相近有光山、仙人洞山。

雙頂山。在鐵嶺縣東九十七里。相近有黑山、黑背、關門、黑礶子、後石礶子、虎頭、松頂諸山。

老古洞山。在鐵嶺縣東一百二十里。山石黄赤巉巖，中有洞，洞口有廟。

小波羅紅山。在鐵嶺縣東一百五十里。相近有大波羅紅山，又有灣嶺背、石猴兒諸山。

駐蹕山。在鐵嶺縣東南二里。本朝康熙十年，車駕駐蹕於此，故名。

帽峯山。在鐵嶺縣東南十五里，亦名帽兒山。

大青山。在鐵嶺縣東南四十里。相近有水口、朝陽洞山。

大寶山。在鐵嶺縣東南五十三里。遼志貴德州有大寶山，即此。其北又有小寶山。

老鸛臺山。在鐵嶺縣東南六十里。相近有龍潭口、冰窪裏、猷溝子〔八〕、香鑪諸山。

松猷陽山。在鐵嶺縣東南六十三里。

龍灣頂山。在鐵嶺縣東南七十里。相近有當鋪、梆子街〔九〕、葉兒星、孫家寨、富爾哈、牤牛背諸山。

嘉穆瑚山。在鐵嶺縣東南界。范河發源於此。

盤道山。在鐵嶺縣東南界。

香山。在鐵嶺縣南二十里。

王家林山。在鐵嶺縣南五十六里。懿路河發源於此。相近有小平、趙指揮、煙臺諸山。

范河東山。在鐵嶺縣西南三十里。上有古塔，下有仙洞。

小豬兒山。在鐵嶺縣西南五十五里，一名黃山。又大豬兒山，在縣南五十里。

刁蹕山。在鐵嶺縣西七十里，俗呼貂皮山。明統志：在三萬衛西南一百五十里，遼河西岸。

蛇山。在鐵嶺縣西一百五里。其北又有察罕齊老山。

碩倫山。在鐵嶺縣西北十里。又科昂阿山，在縣西北二十里。

保山。在鐵嶺縣西北三十里，遼河西岸。

東屏山。在復州東十里。按明統志有明山在復州衛東十里，元志有明王山在遼陽東三十里，高句驪王之子曰東明，葬其上。以地考之，疑即此山。今復州東諸山無明山之名，且遼陽東三十里非復州之地，縣志又疑今東屏山即明山，遂列東明王墓於陵墓内，皆非也。遼志云遼陽府有明王山，蓋必與遼陽相近。古今異名，不可考矣。

鈀犁山。在復州東五十里。欒古河發源於此。

太白山。在復州東一百里。又十里有雞冠山，沙河發源於此。

剌榆山。在復州東一百三十里。

欒古山。在復州南六十里。

北汛口山。在復州西南三十里。又南汛口山，在州西南六十里。

西屏山。在復州西北二十里。

駱駝山。在復州西北界。窑河發源於此。

碧山。在復州北五里，又名黑山。

五十寨山。在復州北七十里。

花山。在復州北八十里。

鉛鑛山。在復州北九十里。

大龍口山。在復州東北五十里。又小龍口山，在州東北九十里。

德哩山。在復州東北八十里。上有德哩英城。又安博羅山，在州東北百二十里，復州河發源於此。「德哩英」舊作「得利贏」，今改正。

綫兒山。在新民廳南二百四十里，接海城縣界。

梯子山。在岫巖廳東六十里。

闢門山。在岫巖廳東界。

一面山。在岫巖廳東南七十里。又團山，在廳東南一百二十里。

小孤山。在岫巖廳東南一百三十里。又大孤山，在廳東南一百四十里，有水自山西流出，曰赫圖河。

墨山。在岫巖廳南一百里。

全龍山。在岫巖廳南一百里。又靴帽山，在廳南一百三十里。

磨盤山。在岫巖廳南一百三十五里。又木耳山，在廳南界。

蓉華山。在岫巖廳西南九十里。其北曰雪梅山。

雞冠山。在岫巖廳西南一百五十里。又西一面山，在廳西南一百六十里。又荷花山，在廳西南一百七十里。又老黑山，在廳西南一百八十里。

闢家山。在岫巖廳西南一百九十里。又拉子山，在廳西南一百九十里。

明陽山。在岫巖廳西南二百二十里。

尖山。在岫巖廳西南二百六十里。

送子山。在岫巖廳西三十里。又駱駝山，在廳西六十里；木魚山，在廳西九十里。

弟兄山。在岫巖廳西北九十里，南接青山口。

牛心山。在岫巖廳西北界。

窟窿山。在岫巖廳東北八十里。

鳳凰山。在岫巖廳所轄鳳凰城東南五里。明統志：在都司城東三百六十里。上有疊石古城，可容十萬衆。唐太宗征高麗，嘗駐蹕於此。按唐書，太宗自安市班師，未嘗至此。又鵰鶚山，在鳳凰城南八十里。又南有長山。又南有額林山，龍頭河發源於此。又帽盔山，在鳳凰城西南五十里，六道河發源於此。又西南有鶻立、松子、砥塔諸山。又小横山，在鳳凰城西八里。又西四十二里有大横山。又西四十里有青良山。又龍鳳臺山，在鳳凰城西北八十里。明統志作龍鳳山，謂大蟲江發源於此。又西北有連山。又西北有小黑山，細河發源於此。又西北有大黑山，拉們河發源於此。又薩瑪吉山，在鳳凰城北八十五里，一名三鳴山。又青雲山，在鳳凰城北界，一名平頂山。明統志：平頂山在都司城東一百里。山周三十里，其頂平敞可耕稼。有泉湧出，以石甃之，其中有魚。

小孩兒嶺。在承德縣東南八十里。拉古峪河發源於此。相近有盤頭、龍鬚諸嶺。又八角嶺，在縣東八十里。

漢兒嶺。在承德縣東南九十里。又王千户嶺，在縣東南九十二里，沙河發源於此。又有偏嶺，在縣東南一百三十里。

大高臺嶺。在承德縣東南，與遼陽接界。伊爾登河發源於此。又東南有花嶺，林莊河發源於此。

寒坡嶺。在承德縣北六十里。

興隆嶺。在承德縣東北二十一里，天柱山之後。

石灰嶺。在遼陽州東南三十里。通志名灰嶺。

大石門嶺。在遼陽州東南三十五里。下有漱石泉。又東南五里有小石門嶺。

曹千户嶺。在遼陽州東北八十里。柳河發源於此。又廟兒嶺，在州東北六十里，十里河發源於此。

分水嶺。有四。一在海城縣東界。明統志云在蓋州衛東一百四十里，延亘數百里。山下有泉，東西分流，故名。今在海城縣界内，名東分水嶺，延亘斷續，東南入蓋平境。一在海城縣東南。今名南分水嶺，有水西流爲楊柳河。五重河亦發源於此。又一在鐵嶺縣東南。開原縣碩賓河及鐵嶺縣柴河俱發源於此。一在鳳凰城西北一百三十餘里。響水河、通遠堡河俱發源於此。又朝陽嶺，在海城縣東三十八里。

缸窯嶺。在海城縣東南三十五里。出紅白土，可陶琉璃瓦。

寒蒲嶺。在海城縣西南五十里。峽河發源於此。

豬窩嶺。在海城縣東北五十四里。又雙塔嶺，在縣東北七十里，鞍山河發源於此。

鐵塔嶺。在蓋平縣東五里。相傳有鐵塔飛去，今以石爲之。

石門嶺。在蓋平縣東五十五里。明設關於此。

七盤嶺。在蓋平縣東七十五里。

貓兒嶺。在蓋平縣東一百五里。石佛溝河、畢哩河俱發源於此。

陽關嶺。在蓋平縣東南三十里。上有高麗城。

滚馬嶺。在蓋平縣東南五十五里。南沙河發源於此。

鳴珂嶺。在蓋平縣南三十里。通志：一名沙根臺。又萬家嶺，在縣南界，浮渡河發源於此。

青石嶺。在蓋平縣北七里。舊設關，今廢。

哈什瑪嶺。在鐵嶺縣東南界。老古洞河發源於此。

復嶺。在復州北三里。

沙嶺。在新民廳西南二百里，接廣寧縣界。

雙塔嶺。在岫巖廳南一百二十里。

貓兒嶺。在岫巖廳西南九十里。

藍姑嶺。在岫巖廳西九十里。

摩天嶺。在岫巖廳所轄鳳凰城西北界。又西北有狗兒嶺，上有湯泉，俗呼狗兒湯，浴此能除疾。又柰磨嶺，在鳳凰城北一百六十九里，三汊子河發源於此。

天馬峯。在海城縣南十七里。

松山堡峯。在開原縣南四十五里，即松山堡。哈達沙河發源於此。又東有鄂爾多峯，濃堅屯在其南。

薩哈連峯。在鐵嶺縣東南六十五里。

湯岡。在海城縣北四十五里。東麓有温泉。

黄泥岡。在開原縣東南四十里。

黄龍岡。在開原縣北三里。山勢延亙，委蛇起伏，東連巨嶺，西抵邊河，儼如卧龍之狀。今岡插柳爲邊，以限内外，謂之「新邊」。通志：即古黄龍塞。唐書契丹傳：逃潢水之南、黄龍之北。遼史：上京北帶潢水，南控黄龍。並其處。唐時置黄龍戍。今謂之黄龍岡。

片石崖。在蓋平縣東南一十里。有石獨立。

老堂峪。在承德縣東南五十八里。北塔鋪河發源於此。又東南有蘭家峪。

郝家峪。在承德縣東南一百二十七里。小峽河發源於此。

梨花峪。在遼陽州南三十七里。又鼓手峪，在州南五十五里。

莫峪。在遼陽州南界。相近有黑峪。

羊剌峪。在海城縣東南六十里。

冰峪。在海城縣西南八十里。

連雲峪。在蓋平縣東四十三里。

蘇子峪。在蓋平縣南八十五里。熊岳河發源於此。

窩集峪。在鐵嶺縣東南七十里。

老虎峪。在復州東北一百二十里。

桑皮峪。在岫巖廳西北六十里。

奪獐峪。在岫巖廳北一百五十里。

桃樹峪。在岫巖廳所轄鳳凰城西北界。城北草河發源於此。

羅陀洞。在遼陽州東二十五里。遼志：昔有高羅陀者修行於此，因名。上有懸崖。

望海堝。在寧海縣東北六十里。地高，可駐兵千餘。明洪武初都督耿忠築堡其上，以備倭。寇至必先經此，濱海咽喉地也。永樂十七年，總兵劉江復增築之。後倭寇至，江設伏於此，盡殲其衆。

兔兒島。有二。一在蓋平縣西南七十五里，一在寧海縣西北五十五里。

連雲島。在蓋平縣西十五里。明設關於此。

蓮花島。在寧海縣東三十里。明統志：金州共有七十二島，環列於海濱。其東北一百五十里名蕭家島，有兵戍守。

金綫島。在寧海縣東七十里。又骷髏島、馬鞍島，俱在縣東一百十里。

廣鹿島。在寧海縣東一百二十里。又葛藤島，在縣東一百三十里。

海仙島。在寧海縣東一百五十里。

大長山島。在寧海縣東一百五十里。又東南十里有小長山島。

舍哩島。在寧海縣東一百六十里。

八叉島。在寧海縣東一百七十里。

石城島。在寧海縣東一百八十里。又相近有王家島、烏滿島、獐子島、海洋島。

塔連島。在寧海縣東界。

大秏子島。在寧海縣東界。又相近有小秏子島。

小海青島。在寧海縣東南二十里。又大海青島，在縣東南界。

三山島。在寧海縣南。又相近有小三山島。

南關島。在寧海縣西南二十里，即南關嶺。

和尚島。在寧海縣西南二十里。又羅家島，在縣西南二十三里；燕島，在縣西南三十五里。

沙河島。在寧海縣西南六十七里。

棒槌島。在寧海縣西南六十七里。

零水島。在寧海縣西南七十里。今名菱角灣。

過島。在寧海縣西南八十里。又小平島，在縣西南八十五里。又有雙島，在縣西南界，明袁崇焕殺毛文龍於雙島，即此。

杏園島。在寧海縣西。又相近有瑪延島。又相近有海貓島。

鹿島。在寧海縣西北三十里。又相近有蕎麥島。又西北有花椒島。

長生島。在寧海縣西北五十里，一名長興島。上有塔。

博羅島。在寧海縣北八十五里。

青山島。在寧海縣東北一百里。通志：即青山臺。

姑嫂石。在海城縣東南五十三里。上有城。相傳有二女登石仙去，故名。

將軍石。在岫巖廳所轄鳳凰城西南界。

謊糧堆。在蓋平縣西北二十里。相傳唐征高麗之糧，夜築土堆，覆米其上以示敵。

海。在府南七百三十里。東自鳳凰城南鴨緑江口，迤西繞寧海縣東、南、西三面，又迤東北歷復州、熊岳、蓋平、海城之西，接錦州界，迴曲二千餘里，路通山東登、萊二郡及直隸天津府，亦曰渤海。唐書地理志：安東都護府，西南至都里海口六百里。遼史地理志：遼陽府東至北烏魯呼克四百里，南至海邊鐵山八百六十里，西至望平海口三百六十里，東、西、南三面抱海。舊志：海在蓋州衛西十里。又西十里爲歸洲。又西南一百十里曰葦子套，波濤險惡，不利行舟。又復州衛西四十五里有白沙洲，最爲險要。南爲南信口，北爲北信口。全遼志海道考：金州旅順關口，南達登州新河水關岸，徑行五百五十里。蓋自旅順口起，抵海中洋嶼，黄城二島，約三百里；自黄城南抵欽島、鼉磯島，約三十里；欽、鼉二島抵井島約七十里；井島抵沙門島一百三十里；沙門島抵新河水關僅二十里。各島相接如驛遞，而島之住户順屬納水利銀兩於金州。方輿紀要：舊制，運道由登州新河海口至金州鐵山旅順口，通計五百五十里。自旅順口至海州梁房口、三岔河，亦五百五十里。海中島嶼相望，皆可灣船避風，運道由此而達，可直抵遼陽瀋水，以迄開原城西之老米灣，河東十四衛，俱可無不給之虞。自正德以後，舊制浸廢。嘉靖中嘗舉行，復罷。按明時海運，皆自登州抵金州旅順口。本朝康熙三十三年，聖祖仁皇帝親幸天津，訪海道自大沽口達三汊較便於登州，遂用商船三晝夜即抵三汊。自後盛京海運，多由直沽。有御製創興盛京海運記。又寧海東一百三十里地名皮島，即東江，西接無明島，延亘海面八十里。謹按實録：自遼陽屬我朝後，明總兵毛文龍招集遼人居此，聯絡朝鮮，牽制我師，屢以兵來犯我耀州、海州、鞍山驛、薩爾滸等城。天聰二年，文龍欲與我國通好，私遣使致書，太宗文皇帝遣使齎書答之，往來數次，文龍慮事泄，執我使臣科廓等送燕京。時袁崇焕爲寧遠巡撫，惡文龍專擅，殺之，分其兵爲兩協，以副將陳繼盛領東協，參將劉興治領西協。未幾，興治殺繼盛作亂，參將沈世魁襲殺興治，明以黄龍爲總兵。登州參將孔有德、遊擊耿仲明舊爲毛文龍部校，至是殘破登州，來降我朝，導我師取旅順口城，黄龍自剄死。沈世魁代鎮皮島，副將尚可喜亦來降。崇德二年春，太宗文皇帝征服朝鮮，命英親王阿濟格、貝子碩託同孔有德、耿仲明、尚可喜各率兵乘朝鮮船攻皮島。明兵約二萬人，分路拒戰，傷我兵四十餘人。巴圖魯鼇拜、準塔連舟渡海，先衆登島，破敵陣，衆軍齊進，盡殪敵兵，斬總兵沈世魁、副將金日觀等，俘獲無算。自是旁近島衆相率來降，明亦不復遣兵駐島。

遼河。在府西二百里。國語曰老哈，即古句驪河也。一作枸柳河，今名巨流河。有東西二源，自邊外合流而南，經開原、鐵嶺二縣西，又南經承德、遼陽、海城之西，又南入海。漢書地理志：望平縣大遼水出塞外，南至安市入海，行一千二百五十里。水經：大遼水出塞外衛白平山，東南入塞，過遼東襄平縣西，又東南過房縣西，又東過安市縣西南入於海。注：遼水亦言出砥石山，自塞外東流，直遼東之望平縣西，屈而西南流，逕襄平縣故城西，又南逕遼隊縣故城西，又南，小遼水注之。又右會白狼水，至安市入海。通典：大遼水源出靺鞨國西南山，南流至安市。遼史地理志：遼河出東北山口爲范河，西南流爲大口，入於海。明統志：遼河源出塞外，自三萬衛西北入境，南流經鐵嶺、瀋陽、都司之西境，廣寧之東境，又南至海州衛西南入海。方輿紀要有艾河，在三萬衛東北二百五十里，源出塞外，流經衛東北境黑觜山，與土河會。土河在衛北二百五十里，亦自塞外流入，至黑觜山合於艾河。二河合流，謂之遼海，即遼河之上源。又有塗河在衛西北二百五十里，自塞外流入境，南合遼河，經衛西八十里，又南經鐵嶺衛西八里、瀋陽衛西一百十里、都司城西一百六十里，又南經海州衛西南五十五里，又南注於海，謂之三岔河，當東西往來之衝。通志：遼河即古句驪河，今名巨流河。源出邊外，有二，其一自西北來者，遠不可考。其一自東來者，亦出長白山西北諸窩集中爲克爾素等河，合而北流出邊，西北繞鄧子村，又西南折，與自西北來之一河合而爲一，遂西南流，自開原縣明安貝勒屯東十里入邊，流經鐵嶺縣北，清河自東來會。入雙峽口，西南分爲二，曰內遼河、外遼河，遶縣之西南合而爲一，至開原城爲巨流河。又分流復南匯，經海城縣之西，與太子河會，謂之三汊河，入海。此河左右即遼東、遼西所由分。魏公孫淵拒司馬懿，使將屯遼隊自固。懿張軍其南，潛渡其北，即此。唐太宗征高麗，泥淖二百餘里，布土作橋乃濟。至今此地百餘里內遇雨泥淖，猶不可行。本朝康熙五十八年、雍正六年，相繼修築，漸成坦途。按今克爾素河出自吉林西南庫勒訥窩集，北流出邊即折而西南。其西一源，即什喇穆楞河也，源出古北口北五百餘里蒙古克什克騰界內之伯爾克和爾果，東流經口外諸蒙古駐牧地，北受喀喇穆楞河，南合羅哈河，又東南至開原西北邊外，會克爾素河入邊爲遼河。漢志、水經注所言遼源，皆指今西北一支。其東來之一源，則始於通典、通考云。貞觀二十一年，李勣破高麗於南蘇，班師至頗利城，渡白狼、黃巖二水，皆由膝以下，勣怪二水狹淺，問契丹遼源所在。云此二水更行數里合而南流，即稱遼水。據此，則唐時遼水已合東西二源言之。今口外羅哈河下流與什喇穆楞河合，羅哈河即古白狼水，什喇穆楞即黃巖，古潢水也。謹按實録崇德三年五月十一日，太宗文皇帝命自盛京至遼河修治大路，兩旁濬濠，寬十丈，高三尺。康熙二十一年，有御製渡句驪河詩。三十七年，有御製渡遼河詩。世宗憲皇帝雍邸集有渡句驪河詩。乾隆八年，有御製渡句驪河、渡遼水詩。十九年，有御製過句驪河詩。四十三年、四十八年，有御製渡句驪河詩。嘉慶十年、二十三年，有御製過句驪河詩。又乾隆四十三年，奉旨：遼河雙源遥引，襟帶神皋，恬波涵潤，實爲陪都境内大川，在瀕河高阜處所專建河神廟，以昭妥侑。四十七年落成。

馬官橋河。在承德縣東十五里。源出水田山，南流入渾河。

高素屯河。在承德縣東南四十里，源出高素屯山；又拉古峪河，在縣東南四十五里，源出小孩兒嶺；俱北流入渾河。

伊爾登河。在承德縣東南七十里，源出高臺嶺。又大寧臺河，在縣東南八十里，源出大寧臺山；小峽河，在縣東南一百二十里，源出郝家峪；林莊河，在縣東南一百二十五里，源出花嶺，入小峽河。俱北流入渾河。

渾河。在承德縣南十里，國語曰瑚努呼。源出邊外，自興京界内流入。至遼陽州西北，會太子河，即古小遼水也。漢書地理志：高句驪遼山，遼水所出，西南至遼隊入大遼水。水經注：小遼水出遼山，西南流逕遼陽縣，與大梁水會。又云小遼水西南逕襄平縣爲淡淵，晉永嘉三年涸。遼史地理志：渾河在東梁、范河之間。金史地理志：樂郊、奉集二縣有渾河。明統志：渾河源出塞外，西南流至瀋陽衛，合沙河。又西南流至都司城西北，入太子河。通志：按今渾河源出長白山納嚕窩集，曰納嚕河。西流入英莪邊門，會噶桑阿河爲渾河。又西南經興京界内，有碩賓河自開原縣界西南流注之。又有蘇子河自興京界西北流注之。又西南遶盛京城南至遼陽州西北王大人屯，太子河自東南來會。又西合遼河爲三汊河，行六百五十五里。謹按實録天命六年三月，征明瀋陽，梯盾營柵之具悉載以舟，順渾河而下，水陸並進，拔瀋陽。忽諜知渾河以南有兵自遼陽來，太祖高皇帝率兵迎之。時明總兵陳策統四川步兵二萬營黄山，聞我軍進攻瀋陽，遂渡渾河來援，離城七里分立二營，皆執長槍、大刀、利劒，鎧胄之外冒以棉帽、棉被。太祖高皇帝見之，遣右翼四旗兵取棉甲楯車，徐進擊之。其右翼四旗紅甲護軍不待棉甲楯車，奮勇先登，兩軍鏖戰，久之不退。太祖高皇帝見之，令後軍往助，衝突而入，明兵大敗，追至渾河，盡溺於水，陣斬總兵陳策及參將張名世。我軍既殲二營，復見渾河南五里外步兵萬餘，布置楯車、槍礮，浚濠安營，用黍秸爲障，以泥塗之。我軍將往戰，會奉集堡武靖營援兵又至，擊破之，追奔四十里乃還。時將暮，太祖高皇帝復擊渾河以南步兵，布楯車衝入，破其營，斬副將董仲貴、參將張大斗等。乾隆四十三年，奉旨：渾河發源遥遠，會遼入海，縈護三陵，滋演萬年靈脈，兼衛陪都。於盛京城之東度地興建河神廟，以昭妥侑。四十七年落成。四十八年，有御製渾河詩。嘉慶十五年，以舊址被水沖刷，移建承德縣大木廠村之西。

白塔鋪河。在承德縣南二十里。源出老堂峪，西流入渾河。

沙河。府境有五。一在承德縣南四十里，源出王千户嶺，至楊家灣合十里河入渾河。一在遼陽州南三十里，源出千山，西北流至船城南入太子河。一在蓋平縣東南，源出雞冠山，流至小松島東入海。一在開原縣南三十里，源出松山堡峯，入遼河。一在寧海縣東北九十里，源出鸛山，流至紅嘴堡西入海。

蒲河。在承德縣西北四十里。源出香鑪山，西流入蓮花泊。

湯河。在遼陽州東南五十二里。源出分水嶺，北流入太子河。又達喇河，在州東南八十里，源出海城縣黑山，東北流入湯河。按漢志居就縣室僞山，室僞水所出，北流至襄平入梁水。分水嶺疑即室僞山，湯河疑即室僞水也。

太子河。在遼陽州北十五里，國語曰塔思哈河，一名東梁河。源出吉林薩穆禪山，西南流至州西北合渾河。又西至海城縣西北入遼河。漢書地理志：遼陽縣大梁水，西南至遼陽入遼。遼史地理志：東梁河自東山西流，與渾河合爲小口，會遼河入於海，又名太子河，亦曰大梁水。金史地理志：東梁河，國名烏勒呼必喇。明統志：太子河源出斡羅山，西流五百里，至都司城東北五里許，折而西南流，至渾河合爲小口，會遼河入海。方輿紀要：太子河即故衍水。燕太子丹匿於衍水，後人因名爲太子河。「烏勒呼必喇」舊作「兀魯忽必刺」，今改正。謹按實録天命六年，取遼陽，進師虎皮驛。遼陽城守者放太子河水於濠，閉西閘。太祖高皇帝諭統兵貝勒諸臣，率左四旗兵掘城西閘口，以洩城濠之水，以右四旗兵塞城東水口。諭畢，親率右四旗兵布楯車堵列城邊以衛衆軍，俾得囊土運石，壅遏水口。時明兵三萬出營東門外，會水口將涸，右四旗前隊棉甲軍遂布列楯車進擊之，明兵連發槍礮，我軍出楯車外渡濠大呼而進，又有紅旗紅甲、白旗白甲兵一時夾攻，明騎兵、步兵皆敗。初左四旗諸將以閘口難掘，使人來請奪橋，太祖高皇帝然之，左四旗兵遂奪武靖門橋，分擊守濠之兵，奮勇衝突，樹梯登城，奪西城一面，據其兩隅，城内大擾，日將夕，使人馳告。時右四旗兵方攻城北面，太祖高皇帝遂撤攻城兵，以益左翼登城之衆。是夜城内列炬而戰，達旦破之，遂取遼陽。又案舊志，以燕太子丹逃匿於此，因名太子河。乾隆四十八年，鑾蹕所經，考名正典，指示太子河爲國語塔思哈河。塔思哈，虎也，因字音相近，訛爲「太子」。後人不察，遂附會太子丹之事耳。謹遵御製運河詩註意，志仍舊名，而加案辨正於此。

十里河。在遼陽州東北六十里。源出廟兒嶺，西流合沙河入渾河，舊名稠柳河，河北爲承德縣界。又柳河，在州東北六十里，源出曹千户嶺。

楊柳河。在海城縣南一里。源出南分水嶺，西北流入三汊河，俗呼沙河。又八里河，在縣南八里，源出南水泉山。又穆察河，在縣東三十里，源出穆察山，南流入楊柳河。

英納河。在海城縣西南六十里。源出冰峪，南流至鳳凰城界鐵山東入海。

淤泥河。在海城縣西南六十五里。源出聖水山，西流至迷真山西散漫。河之南爲蓋平縣界。按遼志，遼陽府有泥河，又曰蓒芋濼。水多蓒芋之草，縣志以爲即淤泥河。但遼志謂即浿水，誤。

三汊河。在海城縣西六十里，遼河、渾河、太子河合流入海處。

土河。在海城縣北十五里。源有二，一出分水嶺，一出豬窩嶺，西北流至土河鋪合流，經牛莊西北入三汊河。

五重河。在海城縣北。方輿紀要：在蓋州衛東北一百五十里。源出分水嶺，流經城東北，有杓子河流合焉。下流匯清河、泥河之水爲臨江，注於海。臨江在衛東南三百里。通志：河在今縣北十五里。源出縣南分水嶺，東南流經岫巖城，合鳳凰城之杓子河，入羊河。俗呼五道河。

鞍山河。在海城縣北六十里。源出雙塔嶺，西北流入三汊河。其下流又曰新開河。

畢哩河。在蓋平縣東南九十里。明統志：源出蓋州衛東南山谷間，流經復州衛入海。通志：源有二，一出布霧山，一出貓兒嶺，南流至金州界内歸服堡東入海。按唐書乾封初伐高麗，詔劉仁願由畢列道。金史哈準傳云：哈斯罕必勒哈水人。金初嘗置哈斯罕路於蓋州。所謂畢列、必勒哈皆即畢哩河也。「哈斯罕」舊作「曷速館」，又作「曷蘇館」，「必勒哈」舊作「苾里海」，今並改正。

清河。在蓋平縣南二里。明統志：源出蓋州衛分水嶺，西南流逕城南，名州南河，又西流合淤泥河入於海。通志：源出哈達山，西流至連雲島入海。

南沙河。在蓋平縣南三十五里。通志：即嵑頭河，源出滾馬嶺，流至望海山南入海。

冷水河。在蓋平縣南四十里。源出火石山北荒甸泉，西流入海。其水六月長寒。

熊岳河。在蓋平縣南六十一里。源出蘇子峪，西流至兔兒島入海。

浮渡河。在蓋平縣南九十里，又名鐵場河。源出萬家嶺老虎峪，西流至鉛鑛山北入海。南五里有新安河，源出新安鋪南，西北流入浮渡河。

駱馬河。在寧海縣東南四十里。源出小黑山，東南流入海。

夏家河。在寧海縣西南五十里。源出鞍子山，東流入海。又沙河口河，在縣西南六十里，源出圍屏山，南流入海。又泥河，在縣西南界，源出金龍山北，西流入海。

小沙河。在寧海縣北半里。源出大黑山，西流入海。又龍鳳口河，在縣北四十里，源出雙山，西流入海。

澄沙河。在寧海縣東北七十里。源出小黑山，東南流入海。又歸服堡河，在縣東北界，源出伊拉塔山。

大清河。在開原縣東三十里。明統志：源出三萬衛東北分水嶺，南流經城東南十五里，合小清河。通志：源有二，一出吉林城西南香嶺，一出吉林城西南安巴和托峯，俱北流，至興克山合爲一河，名瞻河。又西南會葉赫河，入威遠堡邊，至開原縣界，爲大清河，亦曰扣河。又南流至縣東南，小清河自東南來會，合流入遼河。

小清河。在開原縣南二里。源出吉林達揚阿嶺，曰哈達河，西流會覺羅、呼濟、阿嚕、十八里等河，爲小清河，至縣東南與大清河合流，總名清河。又西入遼河。覺羅河、呼濟河俱出吉林城西南分水嶺，阿嚕河、十八里河俱出安巴和托峯。又華家溝河，在縣東四十里，源出邊外嘉石山，下流皆入清河。

馬鬉河。在開原縣西二十里。源出吉林界雅秦峯，西南流入縣境，至史家堡入遼河。又亮子河，在縣西四十五里，源出邊外，由慶雲堡西入境，至史家堡入馬鬉河。明統志：亮子河，源出三萬衛東北槍杆嶺，南流入遼河。

金綫河。在開原縣城東北隅。西流出西水關，南流入清河。夾隄多柳，故名。

范河。在鐵嶺縣南三十里。遼史地理志：東京遼陽府，北至挹婁縣范河二百七十里。金史地理志：新興、挹婁二縣有范河。方輿紀要：源出衛東三十里松山之東，會諸山之水，西南流，經黄山塔北流入於遼河。通志：一名汎河，源出嘉穆瑚山，西流至馬峯溝入遼河。

懿路河。在鐵嶺縣南六十里。源出王家林山，西流至大猪兒山西散漫。舊名小清河。全遼志：小清河在鐵嶺衛南六十里，源出廢貴德州南山中，西流經懿路城，南流入遼河。金志：挹婁縣有清河，國名扣必剌，即此。謹按實録天命五年秋八月，太祖高皇帝統師征明，由懿路、蒲河二路進，收軍駐營。偵卒馳告曰：明瀋陽兵出城來，越我偵探地。太祖高皇帝方坐，起曰：「急擊之。俾奔回塡擁於門，可乘勝克也。」遂上馬引兵迎擊。時明總兵賀世賢、副將鮑承先、總兵李秉誠、副將趙率教各率兵出瀋陽城，駐二十里外，見我兵至，俱退。太祖高皇帝諭貝子莽古爾泰曰：「汝追之。」莽古爾泰率護軍百人追擊李秉誠、趙率教兵，過瀋陽城東，抵渾河。又令左翼一旗兵追擊賀世賢、鮑承先兵，抵瀋陽北門，斬百餘級。時太宗文皇帝爲四貝勒，欲追擊，大貝勒代善及達爾漢、侍衛扈爾漢勸止之。於是以所俘獲按功分給軍士，乃還。

柴河。在鐵嶺縣北二里。金史地理志：銅山縣南、新興縣北有柴河。方輿紀要：源出鐵嶺衛東松山之西，會諸水入遼河。通志：源出縣東南分水嶺，西北流至背陰汀山北折而西，至席家莊入遼河。又有老古洞河，在縣東一百二十五里，源出哈什瑪嶺，西北流入柴河。

復州河。在復州東十五里，舊名沙河。方輿紀要：沙河在復州衛南八里，源出衛東德哩英城山〔一〇〕，下流經此。衛南三十里，有麻河流合焉，西注於海。又窑河，在衛西一里駱駝山，東流注沙河。通志：今河源出安博羅山，西南流至北汛口入海，即沙河也。又麻河，在州南七十里，源出鈀犁山，俗呼欒古河；窑河，在州西一里。

望簪河。在復州東南一百三十里。源出大北山，東南流入海。

養息牧河。在新民廳東北九十里。上通邊外扣肯河，下通巨流河。

鴉兒河。在岫巖廳南四里。

頭道河。在岫巖廳北四十里。又二道河，在廳北三十五里；三道河，在廳北三十里；四道河，在廳北二十五里；五道河，在廳北十五里。

龍頭河。在岫巖廳所轄鳳凰城南一百四十里。源出額林山，西南流入海。又羊河，在鳳凰城西南界，係杓子河、五重河合流處，流至將軍石入海。又杓子河，在鳳凰城西界，源出海城縣東分水嶺，會五重河，流入羊河。

細河。在岫巖廳所轄鳳凰城西北界。源出小黑山，北流入太子河。又西北拉們河，源出大黑山，北流入太子河。又鳳凰城西北三十里有響水河，源出分水嶺，西北流入細河。

靉河。在岫巖廳所轄鳳凰城北二十里。源出邊外分水嶺，西南流，自高麗靉陽城西北五里入邊，至城東南二十里，又折流出邊，入鴨緑江。又鳳凰城北三十里有薩瑪吉河，源出黃波羅峪。又北八十里有三汊子河，源出奈磨嶺。俱東流入靉河。

草河。在岫巖廳所轄鳳凰城北三十里。源出桃樹峪，東南流入靉河。又鳳凰城西北三十里有通遠堡河，源出分水嶺。又鳳凰城西南四里，有六道河，源出帽盔山。俱流入草河。

馬椿河。在昌圖廳境内。又有亮子河、渾屯河，均發源吉林界内。

瀋水。在承德縣南四里，俗名五里河。自東關觀音閣東泉眼發源，流入渾河，舊名小瀋河。遼、金瀋州，元瀋陽路，明瀋陽中衛，並以此水爲名。

清水溝。在寧海縣東北一百里。源出大北山，流至紅觜堡西入海。

淩湖。在鐵嶺縣北二十里。又月湖，在縣西八里；鴛鴦湖，在縣西三十里。

八角泊。在承德縣西南二里。又菱角泊，在縣西北二十五里。

蓮花泊。在海城縣西南六十里。相傳自生蓮藕，故名。

宋家泊。在鐵嶺縣西十里。

龍潭。在遼陽州城外東北隅，水深不可測。

温泉。有二：一在遼陽州南五十里千山，一在遼陽州東北六十里柳河。

龍泉。在遼陽州千山。泉自半山崖石竇出。下有龍泉寺。

捌戟泉。在海城縣西南二十五里。相傳唐薛仁貴捌戟於此，泉水湧出。

鴻臚井。在寧海縣南旅順口。上有石，題云唐開元時靺鞨使鴻臚卿崔忻所鑿。按舊唐書渤海傳先天二年，遣郎將崔忻册拜祚榮爲渤海郡王。與此所記略異。

校勘記

〔一〕又以質子綧爲安撫高麗軍民總管　「綧」，原作「淳」，據乾隆志卷三八奉天府建置沿革（下同卷簡稱乾隆志）及元史卷一六六王綧傳改。按，元史地理志亦誤作「淳」，中華書局點校本校改作「綧」，是。

〔二〕相近有銅喇叭臺山鐃鈸山　乾隆志句末尚有「八角山」三字，此疑脱。

〔三〕又南有嬴城山　「嬴」，乾隆盛京通志卷二五山川同，乾隆志作「瀛」。

〔四〕聖泉山　乾隆盛京通志卷二五山川同，乾隆志作「皇泉山」。

〔五〕在海城縣南三十五里　「三十五里」，乾隆盛京通志卷二五山川同，乾隆志作「二十五里」。

〔六〕在海城縣西南八十里　「八十里」，乾隆志同，乾隆盛京通志卷二五山川作「七十里」。

〔七〕相近有閭家閘黎兒諸山　「閭家閘」，乾隆志同，乾隆盛京通志卷二五山川作「閭家石」。

〔八〕獃溝子　乾隆志同，乾隆盛京通志卷二五山川作「帶鉤子」。

〔九〕梆子街　「梆」，原作「柳」，據乾隆志及乾隆盛京通志卷二五山川改。

〔一〇〕源出衛東德哩英城山　「德哩英城山」，乾隆志及乾隆盛京通志卷二五山川作「得利嬴城山」，本志改譯，據例當於條末注明。

大清一統志卷六十

奉天府二

古蹟

瀋州故城。今奉天府治。遼太祖神册六年，詔徙檀、順民於東平、瀋州。瀋州之名始此。金收國二年，斡魯與遼軍遇於瀋州，進拔其城。又承德縣治東北隅，即古樂郊縣。遼初俘薊州三河縣民，置三河縣於此，後改曰樂郊，爲瀋州治。金因之，後廢。元初統名瀋州，後屬遼陽路。明洪武二十一年，修築故城，周十里有奇。南有南關，城周不及一里，游兵居焉。本朝天聰五年，因舊城而增拓之。謹按實録天命六年三月，太祖高皇帝率貝勒諸臣，統大軍征明，取瀋陽。癸丑，軍夜行，有青白二氣自西而東，繞月暈之北，至南而止。明之偵卒知我師夜至，聲礮，舉烽火，漏二鼓，馳告瀋陽。總兵賀世賢、尤世功分兵乘城。甲寅辰刻，我軍至，營於城東七里，設立木城。乙卯辰刻，進攻。城上四面列兵，登陴堅守。我軍衝入，明兵七萬俱潰。我軍繞城縱擊，伏尸纍積，陣斬總兵賀世賢、尤世功等，遂拔城，盡殲其衆。又破總兵陳策步兵二萬，破總兵李秉誠、朱萬良、姜弼騎兵三萬，復殲副將董仲貴、參將張大斗之衆，會暮乃收軍，率諸貝勒引護軍營瀋陽東門外，命諸將率大軍屯城内，駐兵五日，論功行賞。天命十年三月己酉朔，太祖高皇帝欲自東京遷都瀋陽，與貝勒諸臣議，貝勒諸臣諫曰：「邇者築城東京，宫室既建，而民之廬舍尚未完繕。今復遷移，歲荒食匱，又興大役，恐致煩苦。」太祖高皇帝不許，曰：「瀋陽形勝之地，西征明，由都爾鼻渡遼河，路直且近；北征蒙古，二三日可至；南征朝鮮，可由清河路以進。且於渾河、蘇克素護河之上流伐木順流而下，以之治宫室、爲薪，不可勝用也。時而出獵，山近獸多，河中水族，亦可捕取。朕籌此熟矣。汝等何不從耶？」庚午，自東京啓行，夜駐虎皮驛。辛未，至瀋陽。又按遼史云瀋州本挹婁國地。通志：承德縣，唐睿宗時屬渤海大氏，置瀋州，轄於定理府。遼初廢州，置三河縣，後改樂郊，爲瀋州治。則知承德實古挹婁，而瀋州之名自渤海始，樂郊之名自遼始也。又考承德縣北至鐵嶺界七十里，挹婁故城在鐵嶺縣南六十里。通志以爲承德、鐵嶺、漢、晉間同爲挹婁國地，此明徵矣。或據後漢書挹婁在夫餘東北千餘里，云其去遼東尚遠，誤也。

奉集故城。在承德縣東南。渤海置奉集縣，又置集州。遼因之，懷衆軍治焉。金廢州，以縣屬貴德州。元廢縣。明爲奉集堡，置鐵場百户所，屬鐵嶺衛。明統志：在撫順千户所之南八十里。通志：在今縣東南四十五里，東去鐵嶺衛二百十里。今有土城周四里，名奉集堡，即其遺址。謹按實録天命六年二月癸丑，太祖高皇帝率貝勒諸臣統大軍，分八路略明奉集堡。明總兵李秉誠聞之，引三千騎出城六里駐營，遣兵二百來偵，遇我左四旗兵，兩路追擊至山巔，山下有明兵結爲方陣，見我軍至，遂拔營奔，我軍尾擊之，明兵兩路敗遁，我軍追擊奮射之，抵濠岸而還。太祖高皇帝統大軍離城北三里駐蹕高岡，適右翼兵亦至，日午師將還，有厮養卒來告，明兵可二百人去此不遠。太祖高皇帝令右翼貝勒大臣率兵追擊，至明兵屯聚之所，凡二千兵皆驚遁。又按遼志：集州古陴離郡地，漢屬險瀆縣，高麗爲霜巖縣，渤海置州。考險瀆縣前漢屬遼東郡，後漢設遼東屬國都尉。險瀆，蓋遼東之西境也。通志云：承德東南至遼陽八十里。又云奉集堡城在承德東南四十五里，周圍四里，正南一門，外有奉集堡橋，遼時奉集縣故址。今承德東南，果在遼陽西境矣。

章義故城。在承德縣西南。遼置昌義縣，爲廣州治。遼史地理志：廣州，漢屬襄平縣，高麗爲當山縣，渤海爲鐵利郡。太祖遷渤海人居之，建鐵利州。統和八年省。開泰七年以漢户置，治昌義縣。金皇統三年州廢，改縣曰章義，屬瀋州。元廢。明爲章義站。明統志：在於瀋陽衛西南六十里。通志：今縣西南七十里有章義站城，周二里。又西南七十八里有舊章義站城，周四里。故址並存。

遼濱故城。在承德縣西北。遼置縣，又置遼州，始平軍治此。金皇統三年，廢州，以縣屬瀋州。元並廢縣。通志：在縣西北一百八十里遼河西岸。今有遼濱塔，爲承德、廣寧交界地。按遼志，州本佛寧國地。渤海爲東平府。唐太宗征高麗，拔遼城。高宗詔程名振、蘇定方討高麗，至新城，皆此地也。太祖伐渤海，先破東平府，遷民實之，改爲州，軍曰東平。太宗更爲始平軍。今考唐書，粟末靺鞨居最南，稍東北曰汨咄部，益東曰佛寧部，其地距今承德、廣寧甚遠。遼志以遼州有東平軍之名，遂謂即渤海東平府，又因州名爲遼，遂謂即唐時遼城新城，皆誤。唐之遼城即遼東城新城，又在其東北。遼史混合爲一，亦非也。「佛寧部」改見前〔二〕。

遼陽故城。今遼陽州治。遼史地理志：神册四年，葺遼陽故城，以渤海户建東平郡。天顯三年，遷東丹國民居之，升爲南京，城名天福，幅員三十里，八門。宫城在東北隅，南爲三門，壯以樓觀，四隅有角樓，相去各二里。外城謂之「漢城」。天顯十三年，改爲東京府，曰遼陽，治遼陽縣。舊志：金、元皆因舊城。明洪武五年，改建定遼城，即今州城也。謹按實録天命六年三月庚申，太祖高皇帝集貝勒諸臣議曰：「瀋陽已拔，宜乘勢長驅以取遼陽。」議定，即進兵。時城中守禦甚嚴。辛酉日午，我兵至遼陽城東南，渡河未竟，偵卒馳告西門外有兵至，太祖高皇帝統左翼兵先往。明總兵李懷信等率兵五萬出城五里結陣，太祖高皇帝命左翼四旗兵擊其左。時太宗文皇帝爲四貝勒，引精鋭至，請進戰。太祖高皇帝止之曰：「吾已令左翼兵往擊。汝勿前進，可率右翼兵往城旁覘之。」太宗文皇帝請曰：「令後至二紅旗兵留城旁覘視可也。」言畢遂進。太祖高皇帝遣扈從二黄旗護軍助之。太宗文皇帝引軍衝入明營，遂擊敗其衆。左四旗兵亦至，兩軍夾攻，明兵大亂奔潰，乘勝追擊六十里，至鞍山乃還。當接戰時，有明兵從遼陽西關出援，適城旁二紅旗兵見而擊之，驅令奔回。其兵争入城，人馬自相蹂踐，死者相枕藉。會暮，距城南七里駐營。壬戌，太祖高皇帝率右四旗兵破明步騎三萬於東門外，命左四旗奪橋先登西城。是夜城中兵舉火列炬，拒戰達旦，道員牛維曜等乘亂先遁。翼旦，明兵列楯大戰，又敗，右四旗兵亦登城。八旗同集一處，沿城追殺，明經略袁應泰等死之，總兵朱萬良等皆戰歿。闔城結彩焚香，以黄紙書萬歲牌，備乘輿，迎入。日正午，大張鼓吹，導引入城。百姓夾道俯伏，皆呼萬歲，乃駐蹕遼陽城。遼陽既下，河東大小七十餘城皆降。太祖高皇帝集貝勒諸臣議曰：「天既眷我，授以遼陽，今將移居此城耶，抑仍還我國耶？」貝勒諸臣俱以還國對。太祖高皇帝曰：「國之所重，在土地人民。今還師，則遼陽一城，敵且復至，據而固守，周遭百姓必將逃匿山谷，不復爲我有矣。舍已得之疆土而還，後必復煩征討，非計之得也。且此地乃明及朝鮮、蒙古接壤要害之區，天既與我，即宜居之。」貝勒諸臣皆曰善。遂定議遷都。丙寅，移遼陽官民居北城闕廂，其南大城則太祖高皇帝與貝勒諸臣及將士居之。康熙二十一年，有御製巡幸遼陽、駐蹕遼陽夜深對月用唐太宗遼城望月詩原韻詩。乾隆八年，有御製遼陽懷古詩。又按遼陽本漢縣名，屬遼東郡。後漢安帝初，改屬玄菟郡。晉廢。其舊址久堙。以漢志及水經注考之，其地當在今州西北界，承德、遼陽之間，梁水、渾河交會之處。今州乃遼、金之遼陽也。遼志云本渤海金德縣地，漢浿水縣，高麗改爲句麗縣，渤海爲常樂縣。浿水在漢樂浪郡，今朝鮮界內。金德、常樂乃渤海中京顯德府縣名，皆不在此。又按新唐書渤海所建府州無遼陽之名，而遼志謂之遼陽故城，金志直云渤海遼陽故城，疑唐中葉安東府廢後，渤海置城於此，謂之遼陽，事或有之。然考遼紀，太祖三年幸遼東，神册三年幸遼陽故城，四年建東平郡。天顯元年，始攻拔渤海扶餘城，進圍輝罕城，降大諲譔，置東丹國。太宗三年，遷東丹國民於東平郡。是渤海未平之先，遼陽之地早入契丹，初名遼東，復名遼陽，或即遼時命名，非由渤海也。遼志不考地理，遂謂東京即平壤城，亦即輝罕州，又即中京顯德府。以相去各千餘里之地合而爲一，誤甚。「輝罕」舊作「忽汗」，今改正。

西安平故城。在遼陽州城東。漢置縣，屬遼東郡。後漢因之。吳志：孫權遣謝宏、陳恂拜句麗王宫爲單于[二]。恂等到安平口，即安平縣海口也。晉咸康七年，石虎將王華帥舟師自海道襲燕安平，破之，亦即此。後入高麗爲泊汋城。唐書地理志：安東府南至鴨緑江北泊汋城七百里，故安平縣也。

居就故城。在遼陽州西南。漢置縣，屬遼東郡。後漢省。晉復置，屬遼東國。咸和九年，慕容皝擊其弟仁於遼東，克襄平，居就及新昌皆降於皝。

襄平故城。在遼陽州北。漢置縣，爲遼東郡治。高帝八年，封紀通爲侯國。後漢爲郡治。晉爲遼東國治。永嘉後，屬慕容氏，亦謂之遼東城，慕容廆使其子翰鎮遼東，即是城也。後入高句驪。隋大業八年，度遼水圍遼東城。貞觀十九年，親征高麗，拔遼東城，以其城爲遼州。儀鳳初，移安東都護府於遼東故城，後復移新城。賈耽曰：自營州東百八十里至燕郡城，又經汝羅守捉，渡遼水至安東都護府五百里。府故漢襄平地。方輿紀要：在都司城北七十里。通志：相傳今遼陽城西北隅，故定遼左、右、後三衛治，即其地。

巖州故城。在遼陽州東北。本高麗白崖城，唐太宗拔之，以其地爲巖州，後廢。遼復置巖州，治白巖縣，屬瀋州。金省。通志：巖州城，在遼陽州東北五十七里石城山上，周四里，一門。

沓氏故城。在遼陽州界。漢置縣，屬遼東郡。後漢因之。晉省。按吴志，嘉禾初，孫權欲征公孫淵，陸瑁諫曰：「沓渚去淵道里尚遠。」通志云沓渚在遼陽。漢書遼東郡有沓氏也。時公孫淵居襄平，吴師航海遼東，登自沓渚。考襄平實鐵嶺故地。遼陽西北至承德，承德西北至鐵嶺，道里數百，故云遠耳。

海州故城。今海城縣治。本沃沮國地。高麗爲沙卑城，亦曰卑沙城，或訛爲「卑奢城」。自登萊海道趨高麗之平壤，必先出此。隋大業十年，來護兒出海道至卑奢城，敗高麗將，趨平壤，高麗懼而請降。唐貞觀十九年，伐高麗，張亮、程名振帥舟師自東萊渡海襲沙卑城。其城四面懸絶，惟西門可上。唐兵攻拔之，耀兵鴨緑江上。渤海號南京南海府，疊石爲城，幅員九里，都督沃、晴、椒三州。遼置海州南海軍，屬東京道，又置臨溟縣爲州治。金天德三年，改澄州。元省州縣，屬遼陽路。明置海州衛於此。按遼志，州本沃沮國地。高麗爲沙卑城。通志云海城有沙卑城，高麗置，故沃沮地也。考後漢書，東沃沮在高句驪蓋馬大山之東。漢之蓋馬，即唐蓋牟，今蓋平縣也。今海城西南至蓋平界八十里，是海城正在蓋平東北矣。自此説明，則知在漢爲沃沮，在高麗爲沙卑，在渤海爲南海府，在遼爲海州，更無疑也。

新昌故城。在海城縣東。漢置縣，屬遼東郡。後漢因之。永寧二年，高句驪與鮮卑寇遼東，太守蔡諷追擊之於新昌，戰殁。晉亦爲新昌縣。咸和九年，慕容仁自平郭趨新昌，都護王寓擊走之，遂徙新昌入襄平。時仁與慕容皝相攻也。金史地理志臨溟縣有鎮曰新昌，疑即漢時舊縣也。

析木故城。在海城縣東南四十里。遼置縣，屬遼陽府，尋隸銅州廣利軍，屬東京道。金皇統三年，廢州，以縣屬澄州。元省。今有土堡，周二里有奇，土人猶稱析木城，即其遺址。按遼志以析木本漢望平縣地，而諸志從之。今考水經注大遼水自塞外東流，直遼東之望平縣西，屈而西南流，逕襄平縣故城西。是漢之望平居襄平之北，其地當在今遼陽以北，近遼河之上流。析木在海城東南，相去轉遠。遼志之言非是。且遼志既以顯州之山東縣爲漢望平縣，而又以此爲望平縣，亦自相矛盾矣。

耀州故城。在海城縣西南六十里。遼置州，領巖淵縣，隸海州。金廢。今有耀州城，周二里餘，即其故址。按遼志耀州本渤海椒州，故縣五：椒山、貂嶺、澌泉、尖山、巖淵。皆廢。東北至海州二百里。巖淵縣東界新羅，故平壤城在縣西南。東北至海州一百二十里。通志：考海城唐初置蓋州，入渤海爲南京南海府，統沃、晴、椒三州六縣。遼時耀州，即南海所統之椒州也。又漢書高句驪蓋馬大山在平壤。今海城西南實蓋平界也。

遼隊故城。在海城縣西。漢置縣，屬遼東郡。顔師古曰：「隊音遂。」後漢省。公孫度復置。魏景初元年，幽州刺史毌丘儉擊公孫淵，屯遼東南界，淵逆儉於遼隊。會天雨十餘日，遼水大漲，儉戰不利，引軍還。明年，司馬懿征淵，淵遣將軍卑衍、楊祚等屯遼隊，圍塹二十餘里。懿佯出其南，而潛軍濟水出其北，徑指襄平。晉廢。水經注：大遼水東逕遼隊縣故城西。遼史地理志：仙鄉縣本漢遼隊縣。渤海爲永豐縣。遼改名，屬遼陽府。金廢。明統志：遼隊廢縣，在海州衛西六十里。

蓋州故城。今蓋平縣治。遼史地理志：本高麗蓋牟城。渤海改蓋州，又改辰州，以辰韓得名。井邑駢列，最爲衝會。遼徙其民於祖州。初曰長平軍，尋改辰州奉國軍，屬東京道，統建安一縣。金史地理志：明昌四年，罷哈斯罕，建辰州遼海軍。六年，以與「陳」同音，仍名蓋州。元史地理志：初爲蓋州路。至元六年，并爲東京支郡。八年，省建安縣入州，屬遼陽路。明初改置衛。按遼志，辰州本高麗蓋牟城。唐太宗會李世勣攻破蓋牟城，即此。渤海改爲蓋州，又改辰州，可知蓋平之爲唐時蓋牟，決然無疑。若據朝鮮古志，云辰韓反在朝鮮之東，以爲甚遠，不知海城周、秦時實屬朝鮮。通志海城東南至蓋平界六十里，則蓋平自在朝鮮之東也。「哈斯罕」，改見前。

平郭故城。在蓋平縣南。漢置縣，屬遼東郡。後漢因之。晉省縣而城存。大興四年，慕容廆以其子翰鎮遼東，仁鎮平郭。咸和八年，仁據平郭以叛。慕容皝咸康二年親襲仁於平郭，自昌黎東踐冰而進，凡三百餘里至歷林口，捨輜重，輕兵趨平郭，遂克之。七年，皝又使其子恪鎮平郭。後魏太延二年，北燕主馮弘奔高麗，高麗處之於平郭，尋徙北豐。後高麗改置建安城。唐貞觀十九年，征高麗，張儉進渡遼水，趨建安城。又李世勣言建安在南，安市在北，安市先下，然後向建安。二城蓋相近也。儀鳳初，徙熊津都督府於建安故城。賈耽曰：自安東都護府西南至建安城三百里。故平郭縣也。

熊岳故城。在蓋平縣西南六十里。遼史地理志：東京盧州玄德軍，本渤海杉盧郡，故縣五：山陽、杉盧、漢陽、白巖、霜巖。皆廢。在京東一百三十里，治熊岳縣。西至海一十五里，傍海有熊岳山。金廢州，以縣屬蓋州。元至元六年，併入建安縣。八年，又併建安縣入蓋州。今爲熊岳城。

歸州故城。在蓋平縣西南九十里。遼初置州，後廢。統和二十九年復置，治歸勝縣，屬東京道。金廢州，降縣爲鎮，隸復州。今有土堡曰歸州城，周一里有奇，即其故址。

安市故城。在蓋平縣東北。漢置縣，屬遼東郡。後漢及晉初因之。後入高句驪，爲安市城。唐貞觀十九年，征高麗，攻安市不克，引還。咸亨三年，高麗餘衆復叛，遣將高侃擊之，敗之於安市城。渤海置鐵州。遼史地理志：鐵州建武軍，本漢安市縣，高麗爲安市城。渤海置州，故縣四：位城、河端、蒼山、龍珍。皆廢。治湯池縣，在東京西南六十里。金廢州，以縣屬蓋州。元至元六年，併入建安縣。八年，又併建安縣入蓋州。明統志：安市廢縣，在蓋州衛東北七十里。通志：今有湯池堡，在縣東北六十里，即故湯池縣也。按遼志，鐵州本渤海置也。在漢爲安市，未有城。高麗乃置城。唐薛仁貴征高麗，白衣登城，即此。金時蓋州所統有湯池縣，即遼鐵州、高麗安市城、漢故縣也。考今湯池堡，去安市廢縣僅十里耳，良是。

化成故城。今寧海縣治。遼興宗置蘇州安復軍，兼置來蘇縣爲州治。金廢州，改置化成縣，隸復州。貞祐四年，復升爲金州。元廢。明置金州衛於此。又有懷化廢縣，在縣東，遼置，屬蘇州。金省。　按遼志謂蘇州本高麗南蘇地。漢志高句驪縣有南蘇水，城名因此。

開元故城。今開原縣治。元初設開元府，後改開元路。明洪武中改「元」爲「原」，以其地爲三萬衛。　謹按實録天命四年夏六月，太祖高皇帝統師四萬征明，行三日，大雨，河漲，諭貝勒諸臣曰：「將回兵耶，抑進兵耶？道濘，渡口水溢，軍行非便。若留一二日，待水涸土燥，恐逃者洩語，俾明知我取開原也。宜進兵瀋陽以疑之。」遂發兵百人向瀋陽，殺三十餘人，擒二十人而還。使人偵視開原無雨，道不濘，河水可濟，太祖高皇帝乃率大軍進薄開原城。明總兵馬林等嬰城守，城上少列兵，餘皆陳四門外。我軍設楯梯進攻，而以偏師掩擊東門外所陳兵，敗之，明兵争入城，填擁於門，我兵奪門搏戰，而攻城之兵雲梯未布，即踰城入，城上兵四面皆潰，城外三門兵見城破驚竄，我兵據門堵禦，濠不得渡，盡殲之，權道事推官鄭之範先遁得脱，馬林等皆陣殁。太祖高皇帝登開原城，坐南樓，偵者以鐵嶺衛有兵三千來援馳告。諸貝勒率兵迎戰，明兵望見即奔，我兵二十人追及之，斬四十人。太祖高皇帝駐營開原三日，籍所俘獲，舉之不盡，論功行賞，乃班師。秋七月，太祖高皇帝師圍鐵嶺城。城外各堡兵奔入城，其不得入者悉奔竄。我軍樹梯楯攻城之北，明遊擊喻成名等督兵拒守，槍礮矢石齊下。我軍即登梯毁陴，摧鋒突入，城上兵驚潰，陣斬喻成名等，盡殲其衆。太祖高皇帝遂入城駐蹕。　又按明統志云古開元城在三萬衛西門外。又元史地理志云，金末，其將布希萬努據遼東，元出師伐之，擒萬努至開元，東土悉平。開元之名始此。元時於此置萬户府，明因之，設三萬衛。又考通志古蹟所載扶餘府、黄龍府、黄龍寨，並在今開原縣境，此可據矣。「布希萬努」，改見前。

黄龍故城。在開原縣境。本渤海扶餘府。遼太祖平渤海，還至此，有黄龍見城上，長亘一里，光耀奪目，更名黄龍府。晉出帝降遼，嘗置於此。保寧七年，府廢。開泰九年，復置，統州五、縣三。金收國元年，太祖親攻黄龍府，次混同江，無舟，乘馬徑涉，遂克黄龍。天眷三年，改濟州利涉軍，以太祖涉濟故也。天德二年，置上京路轉運司。四年，改爲濟州路轉運司。大定二十九年，改隆州利涉軍。貞祐初，升爲隆安府，屬上京路。元初屬開元路。　按今吉林城西北二百餘里博屯山上有金羅索墓碑，末云歸葬濟州之東南隩。濟州即黄龍府，據此則似濟州在今吉林地矣。不知山在西北二百餘里，未必即是吉林地。且碑云濟州東南隩，又不知其在濟州幾百里也。於吉林云在西北，於濟州云在東南，則是博屯正在二地犬牙相入之界。將謂此山古屬濟州，今屬吉林，或未可定。然即此知吉林、濟州之相去數百里而不得合一明矣。考今開原正在吉林西北，而古開元城實在縣境，便知此是黄龍故地也。「羅索」舊作「婁室」，今改正。

咸平故城。在開原縣南界、鐵嶺縣東北界。遼史地理志：咸州安東軍，本高麗銅山縣地。渤海置銅山郡，在龍泉府南。地多山險，寇盜以爲淵藪，乃招平、營等州客户數百，建城居之，初號浩里太保城。開泰八年置州，治咸平縣。金初爲咸州路。天德二年，升爲咸平府，新興諸縣隸焉。元仍置咸平府。明改屬鐵嶺衛。按明統志云：開原路，渤海爲上京龍泉府。今遼史云咸州在渤海龍泉府南，則知咸州非即開元明矣。大金國志、許亢宗行程録云自銀州四十里至咸州，則知咸平在今開原之南、鐵嶺之東北也。惟全遼志古蹟所載獨云咸平縣在開原縣城東北隅。考開原自是古扶餘地，通志所謂渤海大氏取扶餘地改扶餘府〔三〕，又爲龍泉府是也。今遼史既謂咸州本高麗銅山地，渤海置銅山郡，地在龍泉府南。夫云渤海銅山已不得厠入扶餘，況云龍泉府南，而全遼志乃云開原城北，可乎？即如松漠紀聞云咸州南至瀋州二百十里，御寨行程録云瀋州樂郊館北至咸州咸平館二百二十里。今自盛京北至開原實二百餘里，明言從盛京北行抵開原南界，其里得二百餘也。若謂咸平必越過開原而在其隅之東北，當又不知其相去幾里，乃僅云二百耶？且於文亦不得云北至開原而止也。據遼史銅山之説，咸平於古當在扶餘、越喜二國之交，今開原縣南界、鐵嶺縣東北界爲似。「浩里」舊作「郝里」，今改正。

信州故城。在開原縣南界、鐵嶺縣東北界。遼史地理志云本越喜故地。渤海置懷遠府，治懷福縣。聖宗開泰初，以地鄰高麗，置信州彰聖軍〔四〕，又改置武昌縣爲州治，屬東京道。金爲信州彰信軍，屬上京路。元時州縣俱廢。按信州自是古越喜地，在今開原縣南。全遼志云開原東北，非是。

銀州故城。今鐵嶺縣治。唐渤海大氏取越喜地，置富州。遼改銀州富國軍，領延津、新興、永平三縣，屬東京道。金皇統三年廢州，省延津、永平二縣入新興，徙新興治故富州，隸咸平府。元廢縣，仍隸咸平。明洪武二十一年，在今縣東南五百里故鐵嶺城置衛。二十六年，徙治於此。　按瀋州、銀州，秦漢時同爲挹婁國地，六朝及隋，銀州屬越喜耳。下文挹婁故城注云在鐵嶺縣南六十里。通志云承德縣有古奧婁河。奧婁即挹婁也。考今鐵嶺南至承德六十里，此可驗矣。又唐書渤海傳云以越喜故地爲懷遠府。通志亦云改富州，屬懷遠府。遼之銀州富國軍，實因渤海富州而改名也。瀋州今爲承德，銀州今爲鐵嶺。挹婁、越喜，又何疑乎？又有新興故城，在鐵嶺治東，遼之新興也。

貴德故城。在鐵嶺縣東南。遼置貴德州寧遠軍，又置貴德縣爲州治，屬東京道。金廢軍，存州治縣。元廢。方輿紀要：在瀋陽衛東八十里。又奉德廢縣，在貴德州東，遼置，屬貴德州。金廢。

挹婁故城。在鐵嶺縣南六十里。遼置興州中興軍，治常安縣，屬東京道。金大定二十九年，改爲挹婁縣，屬瀋州。元廢。明時訛爲「懿路城」。周三里有奇，永樂五年修築，置左、中二千户所於此。今爲懿路站。　按遼志，興州本漢海宜縣地。渤海置州，領盛吉、蒜山、鐵山三縣，皆廢。在東京西南三百里。金志：挹婁縣，遼舊興州常安縣，遼嘗置定理府於此，本挹婁故地。遼、金二志互異，當從金志。

永康故城。今復州治。遼興宗置復州懷德軍，統永寧、德勝二縣，屬東京道。金大定七年，更名永康縣。元廢。明置衛於此。明統志：復州衛在都司城南四百二十里。通志：永寧監城，在復州城北五十里。明初隸苑馬寺。嘉靖十四年，苑馬寺卿楊最以石甃之。今按其城周圍二里二百五十三步，有門三，東曰寅賓，南曰日永，西曰聚泉，刻曰萬曆五年建，蓋重修也。

秀巖故城。在岫巖廳城東，本名大寧鎮。金明昌四年，升爲秀巖縣。泰和四年，廢爲鎮。貞祐四年，復爲縣。元廢。明設撫民通判駐此。今爲岫巖。明統志：在都司城東南三百里。通志：蓋平縣東二百四十里有新秀巖城，其東十里有舊秀巖城。舊志：新秀巖城在縣東一百六十八里，舊秀巖城在新城東四里。皆非今岫巖城地。

開州故城。即今岫巖廳所轄鳳凰城。遼史地理志：開州鎮國軍，本濊貊地。高麗爲慶州。渤海爲東京龍原府，都督慶、鹽、穆、賀四州事，故縣六，曰龍原、永安、烏山、壁谷、熊山、白楊，皆廢。疊石爲城，周圍二十里。唐薛仁貴征高麗，與其大將温沙門戰熊山，擒善射者於石城，即此。太祖平渤海，徙其民於大部落，城遂廢。聖宗伐新羅還，周覽城基，復加完葺。開泰三年，遷雙、韓二州千餘户實之，號開封府開遠軍節度；尋更名鎮國軍，治開遠縣，兼領鹽、穆、賀三州，屬東京道。金廢。全遼志：開州城在遼陽城東三百六十里，即今鳳凰山堡。四面石崖峭壁，東、北二門，城隨山鋪砌，可容十萬衆。唐太宗駐蹕於此。城今廢。按後漢書，濊貊與高句驪、沃沮，南與辰韓接，東窮大海，西至樂浪。唐書：渤海以濊貊故地爲東京，曰龍原府，亦曰柵城府，領慶、鹽、穆、賀四州。又云龍原東南瀕海，日本道也。其地在今朝鮮東界。考明成化中，朝鮮使還，遇掠鳳凰山下，奏乞更開貢道於舊路南，因築此城。則鳳凰城實在朝鮮之東，遼爲開州，渤海爲龍原矣。又按鳳凰城在府東南五百一十餘里，遼陽城在府東南二百七里，知開州城去遼陽城果三百餘里也。全遼志説亦通。

崇信廢縣。在承德縣東。遼史地理志：崇州隆安軍，本漢長岑縣地。渤海置州，故縣三：崇山、潙水、緑城，皆廢。在京東北一百五十里，治崇信縣。金廢。按長岑縣漢屬樂浪郡，在今朝鮮界内，遼崇州即其地也。通志：按渤海州名，有榮州無「崇州」，榮爲中京所屬，與湯、興二州相次。今遼史以崇州次於湯、興後，而東京所屬別有榮州，又不載其沿革，疑「崇」字即「榮」字之訛，而榮州又複出也。

紫蒙廢縣。在遼陽州東。遼置，屬遼陽府。金廢。按遼志，紫蒙縣本漢鏤芳縣地。後佛寧置東平府，領蒙州紫蒙縣。後徙遼城，并入黄嶺縣。渤海復爲紫蒙縣。其地皆不在今州境。

石城廢縣。在遼陽州東。金置，屬遼陽府。興定三年，以縣之靈巖寺爲巖州，名其倚郭縣曰東安，置行省。元省。通志：金初分巖州地爲石城縣。今其地在遼陽州城東石城山下。

興遼廢縣。在遼陽州西南。遼史地理志：本漢平郭縣地。渤海改爲長寧縣。遼曰興遼縣，屬遼陽府。金廢。

宜豐廢縣。在遼陽州西南。遼置衍州安廣軍，又置縣爲州治，屬遼陽府。金皇統三年，廢州，以縣屬於遼陽府。元初縣廢。明統志：宜豐廢縣，在都司城西南一百里。通志：按金史近東梁河，應在州城太子河傍。

鶴野廢縣。在遼陽州西。遼史地理志：本漢居就縣地。渤海爲雞山縣。遼改鶴野縣，屬遼陽府。金因之，仍屬遼陽。元至元六年，省入遼陽縣。明統志：鶴野廢縣，在都司城西八十里。

銅山廢縣。在開原縣南。遼史地理志：同州鎮安軍，本漢襄平縣地。渤海爲東平寨。太祖置州，軍曰鎮東，後更名，治東平縣，兼領永昌縣，屬東京道。金州廢，縣屬咸平府。大定二十九年，改曰銅山。元廢。全遼志：銅山縣，在開原城南三十里，俗傳銅館驛即古縣址。

慶雲廢縣。在開原縣西南。本渤海蒙州地。遼太祖俘檀州民置檀州，俘密雲民置密雲縣於此。後改州爲祺州祐聖軍，縣曰慶雲縣，屬遼州。金州廢，縣屬咸平府。元廢縣爲慶雲驛。元志：至元三十年，置遼陽路，自慶雲北至海蘭、率賓，凡三十八驛。全遼志：慶雲縣在開原城西八十里，有塔存焉。方輿紀要：在鐵嶺衛西北五十里。通志：今開原城西南四十里慶雲屯是也。

「海蘭」、「率賓」改見前。

清安廢縣。在開原縣東北。遼置肅州信陵軍，治清安縣，屬東京道。金皇統三年，廢州，以縣屬咸平府。元廢。全遼志：清安縣在開原城東北三十里。又有榮安廢縣，在縣西遼河西岸，亦金置，屬咸平府。元廢。

雙城廢縣。在鐵嶺縣西。遼史地理志：雙州保安軍，本挹婁故地。渤海置安定軍，久廢。烏魯斯王從太宗南征，以俘鎮、定二州之民建城置州，治雙城縣，屬東京道。金皇統三年廢州，縣屬瀋州。章宗時廢。按全遼志云雙城縣在鐵嶺城西六十里。考通志，鐵嶺實爲挹婁國地。今挹婁城在其南境，雙州在鐵嶺城西，知亦挹婁故地也。「烏魯斯」舊作「漚里僧」，今改正。

廢湯州。在遼陽州西北。遼史地理志：本漢襄平縣地。渤海置州，故縣五：靈峯、常豐、白石、均谷、嘉利。皆廢。在東京西北一百里。金廢。

廢嬪州。在海城縣西北。遼史地理志：嬪州柔遠軍，本渤海晴州，故縣五：天晴、神陽、蓮池、狼山、仙巖，皆廢。隸海州，東南至州一百二十里。金廢。

廢自在州。在開原縣城内。明永樂七年於三萬衛城内置，後移於都司城。今廢。

廢安樂州。在開原縣城内。明永樂七年於三萬衛城内置。今廢。

北豐城。在承德縣西北。後漢末，公孫度據遼東，置城於此，謂之豐城。司馬懿伐遼東，豐人南徙青、齊，其留者曰北豐。宋元嘉十五年，北燕主馮弘奔高麗，高麗處之平郭，既而徙之北豐，尋殺之。胡三省曰：慕容翰議以偏師從北道攻高麗，即北豐道云。

平州城。在遼陽州東四十五里。有土堡，俗呼平州，相傳晉時平州遺址。

安平屯城。在遼陽州東六十里。有屯名安平，相傳晉時安平縣舊址。

船城。在遼陽州西六十里，周一里有奇。俗傳元時養鷹處。

大黑山城。在寧海縣東大黑山上。全遼志：在金州城東十五里。山頂有古城，在鳳凰山之左，方約二里，内有二井，四面懸絶，惟西一門可上，不知何代壘砌。唐張亮帥舟師渡海攻沙卑城，獲男女八千口，意即此。按志所引沙卑城，與遼志在海州者不同，此爲近是。但唐時沙卑爲高麗重鎮，不當狹小如此，蓋亦昔人避兵處耳。

扶餘城。在開原縣界，本扶餘王城。唐書：乾封初，薛仁貴從李勣攻高麗，拔扶餘城。高麗兵鼓而進，仁貴横擊，大破之。

德哩英城。在復州東北八十里德哩山之上，元季土人所築。明初置遼東衛治此，後徙入都司城中，曰定遼後衛。「德哩英」，改見前。

來遠城。在岫巖廳所轄鳳凰城界。遼史地理志：統和中伐高麗，建城防戍，屬東京。金大定二十二年，升爲軍，後又爲州。元廢。

九連城。在岫巖廳所轄鳳凰城東，近朝鮮界。金史：斡魯於海蘭甸之地築九城，與高麗對，出戰入守。今鳳凰城邊外有九連城遺址。

故安撫高麗軍民總管府。在盛京城内東南隅，元置。全遼志：即瀋陽衛治。

故金州萬户府。在寧海縣城東北隅，元置。明爲衛治。

故博索府。在岫巖廳所轄鳳凰城東。金置博索路統軍司。天德二年，置總管府。貞元元年，置府尹。元初爲博索府路。至元十七年，改隸東京總管府。後遂廢爲巡檢司。明統志：博索府在都司城東四百七十里。按唐時高麗泊汋城，在鴨緑江北，即金、元博索府地。「博索」音與「泊汋」相近，疑亦沿唐舊名而字稍異耳。「博索」，改見前。

故瀋陽中衛。在盛京城内。明洪武二十年置，領蒲河、撫順二千户所。

故定遼中衛。在遼陽州城内。明洪武十七年置。全遼志：在城東南隅，即高麗城，俗呼高麗營。

故定遼左右前三衛。俱在遼陽州城内。明洪武四年置爲千户所，十年升爲定遼左、右、前三衛。舊志：定遼前衛治，在遼陽城東北隅，即渤海城，相傳渤海大氏所建。

故定遼後衛。在遼陽州城内。明洪武四年置，初名遼東衛，治德哩英城，尋徙治於此。八年改爲定遼後衛。按渤海城即遼宫城，天顯三年建，末年廢。

故海州衛。在海城縣城内。明洪武九年置。

故三萬衛。在開原縣城内。明洪武二十三年置。按明統志云：衛本古肅慎氏地，後曰挹婁，元魏時號曰勿吉，隋曰黑水靺鞨。唐貞觀三年，始以其地爲燕州。開元中，置黑水府，以其部長爲都督刺史，而置長史以監之。元和以後，服屬渤海，爲上京龍泉府。契丹攻渤海，黑水乘間復其地。後滅遼，遂建都，國號曰金。後遷都於燕，改此爲會寧府，號上京。元改爲開元路。洪武二十一年，置烏哲野人奇哩木女直軍民府。二十三年，罷府置衛。又按三萬衛在渤海曰扶餘府，在遼曰黄龍府，在金曰會寧府，在元曰開元路，其實一也。通志云：古開元城在三萬衛西門外。金末，其將布希萬努據遼東，元出師伐之，禽萬努，至開元，東土悉平。開元之名始此。元於其地置萬户府，則知明之三萬衛即元之萬户府也。又云：金初，建都置會寧州。太宗時升會寧府，號上京。元初，設開元、南京二萬户府，則知元之萬户府即金之會寧府也。又云：遼龍州隸東京。金太祖建都，置會寧州。遼史太祖置黄龍府，尋廢。開泰九年，復置龍州。則知金之會寧府，即遼之黄龍府也。通志又云：黄龍府本渤海扶餘府，遼祖平渤海，道至此，有黄龍見城上，長亘一里，光耀奪目，因名黄龍府。則知遼之黄龍府，即渤海之扶餘府也。考通志古蹟所載，扶餘城本扶餘王城，在今開原縣境，尤可明驗。或據全遼志咸平在開原東北隅，遂謂明三萬衛乃金之咸平府。咸平爲古銅山地，自在開原縣南，其説誤矣。「奇哩木」舊作「乞例迷」，今改正。「布希萬努」，改見前。

故遼海衛。在開原縣城内故三萬衛治東北。明洪武二十一年置，初治牛家莊，二十六年徙治於此。

舊東寧衛。在遼陽州城内。明洪武十三年置，轄六千户所。

廢都司。在遼陽州城内。明洪武四年，置定遼都衛。八年，改遼東都指揮使司。

廢行太僕寺。在遼陽州城内舊都司治西南。明洪武十三年建。

廢苑馬寺。在遼陽州城内舊都司治西。明永樂五年建。

永寧監。在復州北五十里。明永樂五年，設遼東苑馬寺。七年，建城置監於此，周三里有奇，門三。全遼志：明初遼東設監六，曰昇平、新昌、遼河、長平、安市、永寧；苑二十四，曰甘泉、安山、河陰、古城、夾河、龍臺、耀州、駝山、黄山、沙河、馬鞍、石城、平川、新安、廣安、平山、南豐、高平、長川、名山、復州、龍潭、清河、深河。後俱廢，惟存永寧一監，清河、深河、復州、名山四苑。

遼宫殿。全遼志：遼宫在遼陽城都司治東北，高三丈，三門，壯以樓觀，四隅有角樓，相去各二里。宫北有讓帝御容殿。

又漢城，遼以宮城之南外城爲漢城。又按東丹王宮，在遼陽城東北。有大東丹國新建南京碑。

金宮殿。在遼陽州城北。金皇統四年，立寢殿曰保寧，宴殿曰嘉惠，前後正門曰天華、曰乾貞。又建宗廟，有孝寧宮。七年，建御容殿。

華表柱。在遼陽州城內。相傳丁令威化鶴所集。明統志：在於都司城內鼓樓東，舊有石柱湮没，有道觀久廢爲倉。

遼海亭。在遼陽州城內。金高士談詩：「殘雪樓臺山向背，夕陽城郭水西東〔五〕。」張解詩：「晴光摇碧海，遠色帶滄洲。」今故址無考。

管公屯。在海城縣西北五十五里。相傳漢管幼安依公孫度時寓居之所。

蝎臺。在遼陽州城內。明統志：在故東京城之東北隅。金大定中修城，役夫毁臺取土，及半，得石函，啓之，中有塊石，圓滑天成，摇撼作聲，破之，二大蝎尾稍相鉤，見風即死。

釣魚臺。在遼陽州南三十里。相傳爲渤海遊觀之處。

僊人臺。在遼陽州千山香巖寺。相傳爲僊人對弈之所。登者俯瞰滄海如在几席之下。

煉丹臺。在海城縣西二十里。相傳仙人白仲理煉丹處。遼置仙鄉縣，因此。

花露臺。有二，一在開原縣南四十里，一三十里。相傳邑中有姻家以華麗相尚，築一臺自矜，建置之年無考。按漢時遼東有華麗縣，所謂花露臺，疑即華麗縣遺址，音誤而後人加附會耳。

景遷堂。明統志：在都司城內。元權遼陽府事洪革所建。革有志於學，慕慈母三遷之教，故名。山東周正爲記。

唐紀功石。在遼陽州駐蹕山。唐太宗破高麗，圖破陣狀，勒石紀功。

南北市。遼史志云：於都城分南北市，中爲看樓。朝集南市，夕集北市。街西有金德寺、大悲寺、駙馬寺，鐵幡竿皆在焉。

雪菴舍利塔。元僧塔也，在香巖寺。如二臼相合，注水四時不竭。

洗馬澗。在海城縣南八里河。相傳尉遲敬德洗馬於此。又捌戟泉，詳見山川注下。

哈斯罕關。在寧海縣境。金時關也。元至元中，屯田其地。

旅順古井。在寧海縣南，近海。井中有鐵索懸樹上，不詳所始。

城堡

撫西城。即撫順城，在承德縣東八十里，與興京接界。城周三里，門三。明洪武二十一年，置千户所於此。本朝康熙二十九年，設章京駐防。乾隆四十三年修。四十八年，有御製撫順城詩。嘉慶十年、二十三年，有御製撫順城詩。謹按實録太祖高皇帝戊子年，於撫順、清河、靉陽、寬甸四關口互市以通商賈，自此國富民殷云。天命三年四月壬寅，太祖高皇帝率步騎兵二萬征明，臨行以「七大恨」告天。癸卯，分兵兩路進，令左四旗兵取東州、瑪哈丹，親與諸貝勒率右四旗兵及八旗精鋭取撫順。是夜駐營，微雨，陰晴不定。太祖高皇帝欲回兵，大貝勒曰：「天降此雨，以懈明邊將之心，使吾進兵出其不意耳。」太祖高皇帝善其言，至亥時乃行。是時雲開月霽，大軍分隊星馳，趨撫順邊，隊伍延亘百里，旌旗蔽空。甲辰昧爽，圍撫順城，執一人，遺書遊擊李永芳。永芳得書，冠帶立城南門上言納款事，又令軍士備守具。我兵見之，樹雲梯，不移時登其城，永芳遂出城降。固山額真阿敦引永芳下馬謁見，太祖高皇帝於馬上以禮答之。於是下撫順、東州、瑪哈丹三城及臺堡寨共五百餘，乃收兵各營於所至之地。太祖高皇帝駐蹕撫順城。乙巳，留兵四千毀撫順城，率大軍還。又有蒲河城，在縣北四十里。明置蒲河中左千户所於此，乃遼東十八城之一。其始建之年無考。城周三里有奇。今廢。

東京城。在遼陽州東北八里、太子河東。周六里十步，東西廣二百八十丈，南北袤二百六十二丈五尺。門八，與盛京城同。東向者左曰迎陽，右曰韶陽；南向者左曰龍源，右曰大順；西向者左曰大遼，右曰顯德；北向者左曰懷遠，右曰安遠。我太祖高皇帝天命七年建，名曰東京。十年遷都瀋陽，於東京設城守章京。康熙二十年，城守移駐金州。城内宫殿與城同時建。今管理驛站官守護。

牛莊城。在海城縣西四十里。城周二里九十三步，門三。本朝天命八年建，乾隆四十三年修。東至遼陽城守界九十里，西至廣寧城守界九十里，南至蓋平城守界六十里，北至廣寧城守界七十里，東南至岫巖城守界一百里，西南至海一百里，東北至遼陽城守界八十里，西北至廣寧城守界七十里。明置驛於此。本朝初設章京駐防。康熙二十一年，設巡檢司。乾隆十三年，增設四品協領。

熊岳城。在蓋平縣西南六十里。城周三里有奇，南北二門。本朝乾隆四十三年修。東至岫巖城守界一百二十里，西至海二十里，南至復州城守界六十里，北至蓋平城守界三十里，東南至寧海城守界一百餘里，西南至海五十餘里，東北至蓋平城守界四十餘里，西北至海三十餘里。遼、金時熊岳縣故址。本朝康熙二十六年，設城守尉防禦駐防。二十八年，增設驍騎校。三十一年，增設佐領。雍正五年，設副都統鎮守，兼轄復州、寧海、岫巖、鳳凰城等處。乾隆五年，改城守尉爲協領。十五年，蓋平城守亦歸熊岳副都統管轄。又熊岳舊設通判，乾隆二十七年，移設岫巖城。

范河城。在鐵嶺縣西南三十里，舊名汛河所，明正統間建。周三里有奇，門四。

鳳凰城。在岫巖廳東二百七十餘里。城周三里八十步，南一門。其地相近有鳳凰山。明成化十七年，朝鮮使臣還國，道經山下遇掠，奏乞於舊路别開一路，因築此城。本朝康熙、雍正年間屢修，乾隆四十三年重修。東至鴨緑江朝鮮界一百二十里，西至海城縣界二百一十三里，南至海一百六十里，北至分水嶺遼陽城守界一百八十里，東南至鴨緑江朝鮮界一百二十里，南至岫巖城守界九十五里，東北至興京界一百九十五里，西北至分水嶺遼陽城守界一百三十一里。遼開州故址。金爲石城縣地。元屬東寧路。明爲鳳凰城，設兵鎮守。本朝天聰八年，設官兵於通遠堡。崇德二年，移此鎮守。初設防禦駐防，康熙二十六年，增設城守尉等官。三十一年，增設佐領等官。乾隆四十一年，增設巡檢司，隸岫巖通判管轄。

跑馬城。距昌圖廳城八里。又茨榆城，距城二十里；土城子，距城三十里；四面城，距城四十里。建置無考。

東州堡。在承德縣東南一百十里。周四里有奇。又剌榆圪堡，在縣西南一百二十里；沙嶺堡，在縣西四十里，即明之沙嶺墩；浄煙堡，即明之静遠堡，在縣西六十里。

十方寺堡。在承德縣西北九十里。相近有遼濱塔堡。

川盛堡。在承德縣北三十里。又平洛堡，在縣北四十里；惠遠堡，在縣東北界。又有無名古堡五：一在城東南二十里；一在城東南八十五里，周四里，俗名大堡，爲承德、遼陽分界處；一在城西北五十里；一在城西北九十里；一在城北四十五里。

八里莊堡。在遼陽州西南八里。又首山堡，在州西南十五里，以近首山而名；沙河堡，在州西南三十里，周一里餘；長店鋪堡，在州西南五十里；唐馬寨堡，在州西南界；黄泥窪堡，在州西五十五里，周二里；爛泥鋪堡，在州北三十五里。

太平堡。在海城縣西南七十里。通志：俗呼青城子，城圮。又夜深堡，在縣西五十里；三河堡，在縣西六十里；俱周一里有奇。又大官堡，在縣西南界。又新開河堡，在縣西北四十里；鐵石堡，在縣西北七十里。城俱圮。

土河堡。在海城縣北十五里。又甘泉堡，在縣北三十里。

鞍山驛堡。在海城縣北六十里。明初設驛於此，萬曆中建城。

頂山堡。在蓋平縣南五十里。又鐵嶺屯堡，在縣北五十餘里；白家寨堡，在縣東北五十五里；湯池堡，在縣東北六十里。

石河堡。在寧海縣北六十里。又木場堡，在縣西界；紅嘴堡，在縣東北一百二十里，周二里有奇；歸服堡，在縣東北一百六十里，周三里，堡東即鳳凰城界。

尚陽堡。在開原縣東四十里。周三里，南北二門，舊名靖安堡。有蓮花渚，近堡曰黃泥岡。

呼濟堡。在開原城守所轄東南界。又松山堡，在開原縣南四十里；柴河堡，在縣西南界；樣鋪堡，在縣西十八里；八寶屯堡，在縣西三十里。

慶雲堡。在開原縣西四十里。城周一里，門一。

威遠堡。在開原縣東北三十里。城周三里，南北二門。

唐王營堡。在鐵嶺縣東南三十餘里。又撫安堡，在縣東南四十里；安巴堡，在縣東南界；丁字泊堡，在縣西南五十五里；曾十堡，在縣西二十五里；史家堡，在縣西北十五里；正西堡，在縣西北二十里。

歸化堡。在復州東界，今圮。相近有土城子。又鹽場堡，在州南八十里；博羅堡，在州南九十里。

楊官堡。在復州西南三十里。又五十寨堡，在州北七十里，周一里有奇。

黃旗堡。在岫巖廳東六十里，周圍一百八十步。又黃姑堡，在廳南一百七十里；曹家堡，在廳北三十里。

鎮江堡。在岫巖廳所轄鳳凰城東南一百二十里，爲鳳凰城與朝鮮分界之處。謹按實録天命六年秋七月，鎮江城中軍陳良策潛通於明將毛文龍，令別堡之民詐稱兵至，大呼噪。城中驚擾，遂與湯站、險山二堡民皆叛投文龍。太祖高皇帝命二貝勒阿敏同太宗文皇帝率總兵、副參等官，引兵三千人，遷鎮江沿海居民於內地；大貝勒代善、三貝勒莽古爾泰率兵二千人，遷金州民於復州。冬十一月，太祖高皇帝聞毛文龍屯兵朝鮮境，命二貝勒阿敏統兵五千勦之，渡鎮江乘夜入朝鮮境，殺其兵一千五百，文龍僅以身免。九年夏五月，毛文龍令遊擊三員引兵犯我國所屬之輝發地，沿鴨綠江越長白山而至。我守將素勒東阿擊敗之，追擊三日，盡殲其衆。秋八月，毛文龍遣兵渡朝鮮義州城西鴨緑江，入島中屯田。太祖高皇帝命大臣楞額哩、武善引兵一千襲之，途中獲間諜，訊知明兵晝則渡江，入島收穫，夜則收兵復渡江，宿義州江岸。楞額哩乘夜進兵，潛伏山僻處。平旦，度明兵已渡江，率兵疾馳，明偵者未及聲礮、舉烽燧，楞額哩已渡鎮江支流，突至其島。明將士大驚，悉棄戈奔潰，楞額哩等於陸地追逐，斬五百餘級，餘皆争舟墮水溺死，楞額哩等盡焚其島中積聚而還。又黃骨島堡，在鳳凰城西南界。

通遠堡。在岫巖廳所轄鳳凰城西北一百里，周一里。國初置防守尉官兵於此，後移置鳳凰城。今設站，爲朝鮮貢道所經。其左二里、右二里又有兩城。又西北二十里有草河堡。又石城堡，在鳳凰城北六十九里，周二里有奇。又北十六里有薩瑪吉堡。又北四十三里有靉陽堡，周三里有奇。又北有孤山堡，周二里餘。又北有一堵牆堡，周三里有奇。

白塔鋪。在承德縣南二十里。謹按實録天命六年三月，明奉集堡總兵李秉誠，武靖營總兵朱萬良、姜弼領騎兵三萬來援瀋陽，營於白塔鋪，遣兵一千前行。我國雅遜亦率精鋭往偵。明兵前進，雅遜遂走，明兵遥躡其後。太祖高皇帝聞之大怒，統軍前往，過太宗文皇帝營告之，太宗文皇帝即起行，馳赴太祖高皇帝前，願引兵往，遂疾馳迎戰。明兵四潰奔北，掩擊至白塔鋪，又見三總兵統衆布陣，太宗文皇帝不待後軍至，即率百騎進擊，李秉誠、朱萬良、姜弼不能敵，大驚而遁。正追擊時，岳託台吉至，大貝勒亦至，同追四十里，沿途斬首三千餘級。

煙狼寨。在遼陽州西三十七里。

王官寨。在寧海縣東南三十里。

威寧營〔六〕。在承德縣東南一百里。有城周四里。

武靖營。在承德縣西南五十里。又得勝營，亦在城西南五十里。謹按實録天命六年二月，太宗文皇帝追明副將朱萬良至武靖營而還。

鹽鐵場。舊志：瀋陽衛東九十里安平山有鐵場百户所。海州梁房口有鹽場百户所。又蓋州衛西四十里有鹽場百户所，北九十九里有鐵場百户所。又金州衛西北百七十里有鹽場百户所，東百三十里有鐵場百户所。皆明置。

莽牛哨。在岫巖廳所轄鳳凰城邊外，距朝鮮分界一二里。本朝乾隆十一年，奉天將軍請於此設汛，使彼此不致滋擾。尋以與朝鮮不便停止。

豐裕社。在昌圖廳署後。共八社，曰豐裕、惠民、懷遠、平安、和輯、長安、遵化、承恩。

關隘

梁房口關。在海城縣西南七十里，與蓋平縣接界。明時海運之舟由此入遼河。又三岔關〔七〕，明以三岔河北與三衛駐牧，即於三岔界内設關以限。

連雲島關。在蓋平縣西十五里。明時置關以控海濱之險。又石門關，在縣東七十里，舊亦有官軍戍守。

青石嶺關。在蓋平縣北十二里。鑿山通路，形勝險隘，縣出入必由。關上有萬曆年號。

旅順口關。在寧海縣南。明時海運舟達金州衛者至此登岸。有南、北二城，俱明初建，設中左千户所，久廢，有水師營一處。本朝康熙五十三年，設協領以下各員駐防，又設戰船十隻。乾隆十九年裁汰四隻，嘉慶四年復原額。謹按實録天聰七年夏六月己卯，太宗文皇帝命貝勒岳託、德格類，大臣楞額哩、葉臣、伊勒登、昂阿喇率左右翼兵，總兵官石廷柱率舊漢兵，都元帥孔有德、總兵官耿仲明率新附兵，合步騎萬餘征明旅順口。先是，有德、仲明由登州泛海來降，明總兵黄龍於旅順口以水師阻截，復合朝鮮兵躡追至鎮江。我貝勒濟爾哈朗、阿濟格、杜度時方督修岫巖、蘭磐、通遠堡三城，奉命迎有德等，率兵駐鎮江岸，明兵及朝鮮兵不敢近而退，有德等乃登岸來歸。至是遂以爲嚮導，破其城，黄龍敗死，俘獲五千餘。岳託、德格類班師，留葉臣、伊勒登等率官兵駐守。

蕭家島關。在寧海縣東北一百五十里。舊有兵戍守。

山頭關。在鐵嶺縣北二十里。按明時有三頭關，在三萬衛南六十里，久廢無考。本朝順治十五年，於鐵嶺縣北山頭鋪設關門。康熙十年移置開原。今裁。

欒古關。在復州南六十五里。明設關於此。今存土堡。

連山關。在岫巖廳所轄鳳凰城西北。其地有連山，因名。明置關，爲朝鮮入貢之道。今設站於此。又大片嶺關，通志：「明通志在海州衛東一百一十里。今在鳳凰城界内。久廢。」

盛京邊牆。南起岫巖廳所轄鳳凰城，北至開原，折而西至山海關接邊。城周一千九百五十餘里，名爲老邊。又自開原威遠堡而東，歷吉林北界至法特哈，長六百九十餘里，插柳結繩，以定内外，謂之柳條邊。吉林開原以西邊外爲蒙古科爾沁等諸部駐牧地，興京鳳凰城邊外爲圍場。邊門凡二十，由山海關外自西而東，曰明水堂、白石觜、梨樹溝、新臺、松嶺子、九官臺、清河、白土廠、彰武臺、發庫、威遠堡；折而南曰英峩、興京、鹻廠、愛哈、鳳凰城；又自開原威遠堡而東，曰布爾德庫蘇巴爾罕、克爾素、伊屯、法特哈。分設防禦官兵管轄，稽察出入。本朝康熙二十一年〔八〕，有御製柳條邊望月詩。乾隆十九年，有御製柳條邊詩；四十三年，有御製老邊詩；四十八年，有御製進柳條邊老邊詩。嘉慶十年，有御製老邊恭依皇考元韻詩。

英峩邊門。在開原縣東南。有英峩口城，南至興京邊界十五里，又南至興京邊門一百十里。邊外爲圍場。本朝乾隆八年，有御製入英峩門詩；十九年，有御製進英峩門詩。

發庫邊門。在開原縣西北。西至彰武臺邊門一百二十里。邊外爲蒙古科爾沁界。

威遠堡邊門。在開原縣東北三十里。堡周三里，南北二門，爲吉林、烏拉等處往來孔道。南至英莪邊界七十里，又南至英莪邊門一百五十里，西至發庫邊界八十里，又西至發庫邊門二十一里。

鳳凰城邊門。在岫巖廳所轄鳳凰城西南十里。西南至海口九十里，爲朝鮮入貢之道。舊屬城守兼轄。本朝雍正元年，增置章京。

愛哈邊門。亦作靉河，在岫巖廳所轄鳳凰城東北一百二十里。北至興京邊界七十里，又北至興京鹻廠邊門三十里。

第一站。在奉天府城内。又西六十里至老邊站，亦名舊邊寨；又西四十里至巨流河站，達錦州府廣寧縣界。又奉天南至朝鮮站道，南六十里至十里河站，與遼陽州接界，即明之虎皮驛，舊有土堡，周一里有奇。謹按實録天命六年三月，太祖高皇帝乘勝取遼陽，進至虎皮驛駐營。即此。又南七十里至迎水寺站，在遼陽州東北二十里；又東南七十里至浪子山站，在遼陽州東南六十里；又東南五十里至甜水站，在岫巖廳所轄鳳凰城西北一百八十里，有城，周二里餘；又東南四十里至連山關站；又東南五十里至通遠堡站；又東南六十里至雪裹站，有城，周二里餘；又東南四十里至鳳凰城站，達朝鮮界。又奉天東北至吉林站道，七十里至懿路站，即挹婁城；又七十里至高麗屯站，在鐵嶺縣北十里；又七十五里至開原站，過此爲吉林界。又奉天北至蒙古站道，七十里至嚴千户屯站，開原縣界；又六十里至發庫站，過此爲蒙古界。以上各站，皆盛京兵部所轄。見興京關隘門。

津梁

渾河橋。在承德縣南十里。又白塔鋪橋，在縣南二十里；蒲河木橋，在縣北二十五里。

永安橋。在承德縣西三十里，蒲河經其下，俗名大石橋。本朝崇德六年敕建。初，太祖高皇帝命修疊道百二十里，太宗文皇帝復建永安橋以便行旅，至今賴之。康熙二十一年，有御製永安橋口占詩。乾隆八年，有御製雪中過永安橋詩二首；十九年，有御製永安橋詩；四十三年，有御製疊道題永安橋詩；四十八年，有御製疊道疊戊戌詩韻詩。嘉慶十年、二十三年，有御製疊道詩。

巨流河浮橋。在承德縣西一百里。

昇仙橋。在遼陽州東門外。又安定橋，在州南門外；鎮遠橋、昇平橋，俱在州西門外。

梁水橋。在遼陽州東北三里。

三岔河橋〔九〕。在海城縣西六十里。又沙河橋，在縣西十里；土河橋，在縣北十五里。

張果老橋。在蓋平縣南四十里。石有驢跡，通志作仙水橋，即此。又聖旭橋，在縣東門外；惠風橋，在縣南門外；新安河橋，在縣南六十里；淤泥河橋，在縣北五十五里。

熊岳河橋。在蓋平縣南六十里。

卦符橋。在寧海縣北三十里。

八里橋。在開原縣南八里頭臺子東。又三山橋，在縣南三十里。

馬鬉河橋。在開原縣西三十里。又亮子河橋，在縣西五十里。

范河橋。在鐵嶺縣西南范河南一里。

柴河橋。在鐵嶺縣北三里。

真武橋。在復州東門外。又北清渡橋，在州西南六十里。

遼河渡。在承德縣西二百里。又縣南十里有渾河渡。又承德、鐵嶺交界處有十方寺渡，遼陽有太子河渡、三岔河渡，開原有扣河渡、清河渡，鐵嶺有麒麟渡、范河渡，皆額設水師船隻。

陵墓

本朝

克勤郡王岳託墓。在盛京城南五里白塔之西。乾隆八年、四十三年、四十八年，嘉慶十年、二十三年，俱有御製酹克勤郡王園寢詩。

額亦都墓。在承德縣東十五里。康熙三十七年，聖祖仁皇帝東巡，親臨揚古利、費英東、額亦都墓賜奠。乾隆八年，有御製酹功臣額亦都墓詩；四十三年，有御製賜奠額亦都墓詩；四十八年，有御製賜奠功臣額亦都墓詩。嘉慶十年、二十三年，有御製賜奠額亦都墓詩。

圖爾格墓。在承德縣東十五里。

達海墓。在承德縣東南五里。

何和里墓。在承德縣南六十里。

費英東墓。在承德縣北五里。乾隆八年，有御製開國佐運勳臣武勳王揚古利直義公費英東宏毅公額亦都墓在二陵之間松楸相望猶見當日君臣相得之概感而賦此詩；十九年，有御製過功臣費英東揚古利等墓題句誌感詩；四十三年，有御製賜奠費英東墓詩；四十八年，有御製賜奠功臣費英東墓詩。嘉慶十年、二十三年，有御製賜奠費英東墓詩。

揚古利墓。在承德縣北十一里。乾隆四十三年、四十八年，俱有御製賜奠功臣揚古利墓詩。嘉慶十年、二十三年，有御製賜奠揚古利墓詩。

孔有德墓。在遼陽州東南十里。

追封和碩親王舒爾哈齊墓。在遼陽州東京城東北五里。

穎親王薩哈璘墓。在遼陽州太子河南平頂山下。

貝勒穆爾哈齊墓。在遼陽州東京城東北。

安平貝勒杜度墓。在遼陽州東北百二十里響山。

達爾察墓。在遼陽州東京城北。

尚可喜墓。在海城縣東南十里。

耿仲明墓。在蓋平縣連陰峪。

祠廟

賢王祠。在盛京外攘門外街北。本朝乾隆十九年，特奉諭旨，以通達郡王、武功郡王、慧哲郡王、宣獻郡王、禮烈親王、饒餘親王、鄭獻親王、穎毅親王、怡賢親王一併祀祠，春秋致祭。祠内碑亭謹鐫勒恩旨於上。四十三年又奉旨，睿忠親王、豫通親王、肅親王、克勤郡王倶祀祠中。仰見聖主酬庸懋績，元祀宗功，煌煌鉅典，實足以昭示萬世。

忠義孝弟祠。本朝雍正九年建於盛京學宫，遼陽等州縣同時並建。

節孝祠。在盛京懷遠門外。本朝雍正九年建，遼陽等州縣同時並建。

鄧將軍祠。在遼陽州城南。明弘治間，爲都指揮使鄧佐建。

忠節遺愛祠。在遼陽州。明嘉靖間建，祀分巡僉事許逵。

嘉惠祠。在遼陽州城西。明嘉靖間爲巡按御史曾銑建。

都城隍廟。在盛京城内鼓樓東，舊瀋陽衛城隍廟也。國初建都，升爲都城隍廟。

關帝廟。在地載門外教場。本朝崇德八年敕建，賜額曰「義高千古」。乾隆十九年賜「靈護神京」扁額。

龍神廟。在撫近門内。本朝雍正元年敕建。

渾河神廟。在承德縣東十里木廠渾河北。本朝乾隆四十三年敕建，御書額曰「靈脈精禋」，有御書碑記。

遼河神廟。在承德縣西一百二十里巨流河岸。本朝乾隆四十三年敕建，御書額曰「惠澤鍾祥」，有御書碑記。

寺觀

實勝寺。在盛京外攘門外。我太宗文皇帝破明兵十三萬於松山，敕建此寺。寺内供邁達裏佛，並恭藏太祖高皇帝、太宗文皇帝甲胄弓矢。乾隆八年，御書額曰「海月常輝」，有御製實勝寺詩、恭瞻太祖高皇帝所貽甲胄詩、恭瞻太宗文皇帝所御弧矢詩；十九年、四十三年、四十八年，俱有御製恭瞻太祖高皇帝甲胄作歌、恭瞻太宗文皇帝所御弓矢詩、實勝寺詩。嘉慶十年、二十三年，俱有御製實勝寺詩、恭瞻太祖高皇帝甲胄、恭瞻太宗文皇帝所御弓矢詩。中有嗎哈噶喇樓。天聰九年，元裔察哈爾林丹汗之母以白駝載瑪哈噶喇佛金像，並金字喇嘛經、傳國璽至此，駝臥不起，遂建此樓。雍正四年，奉旨重修。

萬壽寺。在外攘門外。本朝康熙五十二年敕建。藏經樓有御書額曰「遼海慈雲」。

大法寺。在盛京福勝門外，一名八王寺。

法輪寺。在地載門外。本朝乾隆八年，御書額曰「金鏡周圓」；四十三年，有御製題法輪寺詩；四十八年，有御製法輪寺詩。嘉慶十年，有御製寄題法輪寺詩；二十三年，有御製法輪寺恭依皇考元韻詩。又廣慈寺，在德盛門外，御書額曰「心空彼岸」；延壽寺，在外攘門外，御書額曰「金粟祥光」；永光寺，在撫近門外，御書額曰「慈育羣靈」；均於乾隆八年奉頒。四寺用喇嘛相地術，每寺建白塔一座，云當一統，相傳爲異。並國初敕建，有大學士剛林碑。

太平寺。在地載門外。本朝乾隆十九年，御書額曰「福田無量」；又後閣有御書額曰「甘露香林」。嘉慶二十三年，有御製太平寺詩。

崇壽寺。在地載門外。唐建，本朝康熙三年修。內有塔一座，明萬曆中重修，碑記稱此墖創於唐。

舍利寺。在盛京城西，一名回龍寺。本朝崇德六年敕建。有塔名舍利塔。

長寧寺。在盛京西北五里。本朝初爲御花園。順治十三年，敕賜爲寺。乾隆八年，有御製長寧寺詩；十九年御書額曰「一心爲宗」，有御製長寧寺恭瞻太宗文皇帝所貽冠服詩；四十三年、四十八年，有御製長寧寺詩、長寧寺恭瞻太宗文皇帝所御冠服詩。嘉慶十年、二十三年，俱有御製長寧寺恭瞻太宗文皇帝所御冠服恭依皇考元韻詩。

東會寺。在遼陽州東門外，今廢。又西會寺，在州西門外；南會寺，在州南五里，今改爲山川壇；中會寺，在千山上祖越寺南十里。

棲雲寺。在遼陽州東三十里。明永樂、成化年間疊次修葺。本朝崇德六年敕修，雍正四年重修。

蓮花寺。在遼陽州南三里。本朝天聰四年敕建，順治十五年修。乾隆二十一年、四十三年重修。

龍泉寺。在遼陽州南六十五里千山上。山顛有泉，多奇秀可觀。方丈前有大石如屏，松迸生石罅中，偃覆其上，名松石屏。本朝崇德五年，令僧人住持，給衣糧。又大安寺，在龍泉寺南九里；祖越寺，在龍泉寺東；香巖寺，在龍泉寺南，有仙人臺。康熙二十一年，有御製龍泉寺、祖越寺詩。

廣祐寺。在遼陽州西門外。有白塔，俗呼白塔寺。本朝天聰九年敕修。康熙二十一年四月，駕幸寺，賜袈裟，有御製廣祐寺詩。寺周可二三里，門對千山，亦州之勝也。

慈航寺。在遼陽州太子河北。本朝天聰十年征高麗，駐蹕於此。

石塔寺。在開原縣城西南隅。內有塔高二百餘丈，十二層。相傳金宣徽弘理大師葬此。又觀音堂，在縣東南隅，有御題「清濟慈航」扁額。

圓通寺。在鐵嶺縣城西北隅。明天順、萬曆間碑二。本朝崇德八年，敕賜銀五十兩。寺有浮圖高十三級，相傳有老鸛棲止其上，則有科甲之應。

景祐宮。舊在盛京城內大清門東，今移撫近門外。本朝崇德六年，敕選道士住持。七年，給人役園地，道士給衣糧。順治九年修。十四年，增道士，置鐘磬，立碑。康熙十年，駕幸廟中，賜銀千兩〔一〇〕。二十一年，重幸，御書「昭格」二字懸之大殿，賜名景祐宮。乾隆八年，有御製謁景祐宮詩；四十三年，有御製景祐宮瞻拜六韻詩；四十八年，有御製題景祐宮、景祐宮瞻禮疊戊戌舊作韻詩。嘉慶十年、二十三年，有御製景祐宮瞻禮詩。正殿有乾隆四十三年御書「玉虛真宰」扁額。

校勘記

〔一〕佛寧部改見前　「改」，原脱。「佛寧」舊作「拂涅」，本志改譯，前文已注明，故曰「改見前」也，「改」字不可省，蓋脱漏，故補。

〔二〕孫權遣謝宏陳恂拜句麗王宫爲單于　「陳恂」，原作「陸恂」，乾隆志卷三九奉天府古蹟（下同卷簡稱乾隆志）同，據三國志卷四七吴書吴主傳改。

〔三〕通志所謂渤海大氏取扶餘地改扶餘府　「大」，原脱，乾隆志同，據乾隆盛京通志卷二三奉天府歷代建置沿革考補。

〔四〕置信州彰聖軍　「彰聖軍」，原作「彰信軍」，據乾隆志及遼史卷三八地理志改。

〔五〕夕陽城郭水西東　「西東」，原作「東西」，乾隆志同。按，此高士談晚登遼海亭詩句，詩押「東」韻。元好問編中州集甲集收此詩，正作「西東」，據以乙正。

〔六〕威寧營　「寧」，原避清宣宗諱改作「安」，據乾隆志改回。

〔七〕又三岔關　「岔」，原作「坌」，乾隆志同，據乾隆盛京通志卷二三關郵改。按，三岔關以在三岔河而得名。下文「三岔界」之「岔」原亦誤作「坌」，同據改。

〔八〕本朝康熙二十一年　「康熙」，原作「乾隆」，據乾隆盛京通志卷五聖製聖祖仁皇帝御製詩文改。

〔九〕三岔河橋　「岔」，原作「坌」，據乾隆盛京通志卷三四津梁改。本志卷五九奉天府山川、乾隆志作「三汊河」，汊、岔義同。

〔一〇〕賜銀千兩　「千」，原作「十」，據乾隆志及乾隆盛京通志卷九七祠祀改。

大清一統志卷六十一

奉天府三

名宦

漢

祭肜。潁陽人。建武十七年，拜遼東太守。時匈奴、鮮卑及赤山烏桓連和强盛，數入塞殺畧吏民。肜勵兵馬，廣斥堠，寇至，數破走之。二十一年秋，鮮卑萬餘騎寇遼東，肜率數千人迎擊之，自被甲陷陣，斬首三千餘級，獲馬數千匹。鮮卑震怖，不敢復窺塞。肜乃離其黨與，撫以恩信，威聲暢於北方，西自武威，東盡玄菟及樂浪，皆來内附，野無風塵。在遼東幾三十年，顯宗徵爲太僕。及卒，烏桓、鮮卑每朝賀京師，常過冢拜謁號泣乃去。遼東吏人爲立祠，四時奉祭焉。

耿夔。扶風茂陵人。拜遼東太守。元興元年，貊人寇郡界，夔追斬其渠帥。建光中，拜度遼將軍。

陳禪。巴郡安漢人。安帝時爲遼東太守。邊人憚其威强，退還數百里，禪不加兵，但使吏卒往曉慰之。單于隨使還郡，禪於學行禮，爲説道義，以感化之，懷服而去。

龐參。緱氏人。河南尹龐奮舉爲孝廉。歷官遼東太守，恩信大著。後遷度遼將軍。

蔡諷。拜遼東太守。元初五年，高句驪王宫與濊貊寇玄菟，諷乃與玄菟太守姚光等將兵出塞擊之，捕斬濊貊渠帥。後貊人復以八千人攻遼地，殺掠吏人，諷等追擊於新昌，戰殁，功曹耿耗、兵曹掾龍端、兵馬掾公孫酺以身捍諷，俱殁。

馮緄。巴郡宕渠人。順帝末，鮮卑寇邊，以緄爲遼東太守，曉諭降集，寇皆弭散。

段熲。武威姑臧人。桓帝時爲遼東屬國都尉。鮮卑犯塞，熲即率所領馳赴，恐賊驚去，乃使驛騎詐齎璽書詔熲，熲於道僞退，潛於還路設伏。敵以爲信然，乃入追熲，熲因大縱兵，悉斬獲之。

种暠。河南洛陽人。桓帝時爲遼東太守，烏桓望風率服，迎拜界上。

公沙穆。北海膠東人。永壽中，遷遼東屬國都尉。善得吏人歡心。

度尚。山陽湖陸人。桓帝時，爲遼東太守。數月，鮮卑率兵來攻，尚與戰破之，邊人憚畏。

公孫域。永康初，爲玄菟太守。扶餘王寇玄菟，域擊破之。

耿臨。靈帝時，爲玄菟太守。貊王伯固犯遼東，臨討之，斬首數百級，伯固降服，乞屬玄菟。

公孫瓚。遼東令支人。靈帝時爲遼東屬國長史。寇憚其勇，遠竄塞外。

遼

耶律隆先。義宗子。封平王，留守東京。薄賦税，省刑獄，恤鰥寡，數薦賢能之士。後與統軍耶律舒嚕同討高麗有功。

蕭孝穆。欽皇后族。爲南京留守，改東京留守。爲政寬簡，撫納流徙，其民安之。尋復爲南京留守。

耶律博諾。太祖弟蘇之四世孫。太平中，爲東京統軍使。莅政嚴肅，諸部慴服。「耶律博諾」舊作「耶律蒲古」，今改正。

王棠。涿州新城人。重熙進士，遷東京户部使。大康二年，遼東饑，民多死，請賑恤，從之。

大公鼎。渤海人。咸雍中，爲瀋州觀察判官。時遼東雨水傷稼，北樞密院大發瀕河丁壯以完隄防，有司承令峻急。公鼎獨曰：「邊障甫安，大興役事，非利國便民之道。」乃疏奏其事，朝廷從之。役罷，水亦不爲災，瀕河千里，人莫不悦。天祚時，爲東京户部使。時盜殺留守蕭保先，始利其財，因而創亂，民亦互生猜忌，家自爲鬭。公鼎單騎行郡，陳以禍福，衆皆投兵而拜曰：「是不我欺，敢不聽命。」安輯如故。

金

高昌福。宛平人。天會十年進士，同知東京留守。以治最遷山東西路轉運使、工部尚書。

完顔齊。穆宗曾孫。大定初，授同知復州軍事。先是，復州哈斯罕闗地方七百里因圍獵禁民樵捕，齊言其肥衍，令富民開種，則公私有益。上然之，爲弛禁。即募民以居，田收甚利，因名其地曰哈斯罕明安。「哈斯罕」改見前，「明安」舊作「猛安」，今並改正。

承暉。本名福興。章宗初，置九路提刑司，承暉爲東京咸平等路提刑副使，豪猾屏息。

伊喇富森。東北路烏爾呼河明安人。充遼東宣撫副使。歲大饑，富森出沿海倉粟，先賑其民而後奏之，優詔奬諭。「伊喇富森」舊作「移剌福僧」，「烏爾呼河」舊作「烏連苦河」，今並改正。「明安」，改見前。

梁持勝。絳州人。累官咸平路宣撫司經歷官。興定初，宣撫使布希萬努有異志，欲棄咸平，徙海蘭路，持勝力止之，萬努怒，杖之八十。持勝走上京，告行省太平。是時太平已與萬努通謀，口稱持勝忠而心實不然，署持勝左右司員外郎。既而太平受萬努命，焚毁上京宗廟，執元帥承充奪其軍。持勝與提控咸平治中費摩薩布、萬户韓公恕約殺太平，復推承充行省事，共伐萬努。事泄，俱被害。「費摩薩布」舊作「裴滿賽不」，今改正。

李晏。澤州高平人。任遼陽推官，有政績。

伊喇子敬。遼五院人。除同知遼州事。舊本廳自有占地，歲入數百貫。子敬曰：「已有公田，何爲更取民田？」竟不取。「伊喇」，改見前。

元

達春。蒙古札拉爾氏。初授東京等路總管府達嚕噶齊，以廉勤進開元等路宣慰使、東京行中書右丞、遼東道宣慰使。納延叛，力戰却之，軍懿州，州人羅拜道傍，泣曰：「非公，吾屬無遺種矣。」至遼西，討擒餘黨，禁止俘掠。復領軍討哈坦。帝嘉其功，賜珍珠上服，拜遼陽等處行中書省平章政事。「達春」舊作「塔出」，「札拉爾」舊作「扎剌兒」，「哈坦」舊作「哈丹」，今並改正。

唐仁祖。輝和爾人。至元中，授翰林學士承旨。遼陽饑，奉旨偕左丞實都往賑。實都欲如户籍口數大小給之，仁祖不可，曰：「昔籍之小口，今已大矣。」皆以大口給之，民賴活者無數。「輝和爾」舊作「畏兀」，「實都」舊作「忻都」，今並改正。

王結。易州定興人。性敏悟，從董朴受經，深於性命之學。憲使王仁見之，曰：「公輔器也。」泰定帝元年，拜遼陽行省參知政事。遼東大水，穀價翔踴，結請於朝，發粟數萬石賑之。結平生非聖賢之書不讀，非仁義之言不談。晚邃於易，著易書一卷。及卒，公卿唁于朝，士大夫弔于家，曰：「正人亡矣。」卒贈資政大夫，追封太原郡公，謚文忠。有詩文十五卷行於世。

趙洙。至正間爲遼陽儒學提舉。紅巾賊陷遼陽，洙與妻許氏避資善寺，賊至不屈，厲聲叱之，遂見殺，許氏駡不絶口，亦遇害。寺僧收其屍葬之。

明

吴立。鳳陽宿州人。洪武初，以大都督府斷事官招撫遼東，遷蓋州衛指揮僉事。再破納克楚，屢有軍功。守蓋二十餘年，治城郭，練兵甲，課農興學，勤勞夙夜，由是兵食饒足，政事修舉，人多頌之。「納克楚」舊作「納哈出」，今改正。

房暠。仕元爲遼陽行省左丞。洪武初，力贊平章劉益奉表歸款。及益被王保保所害，暠與右丞張良佐勒兵悉捕其黨馬彦翬等斬之，迎吴立鎮撫軍民，攝遼東衛事。太祖以立與良佐、暠俱爲指揮簽事，共守蓋州。後調東寧衛，皆有勞績。未幾納克楚至，見城有備，越蓋州至金州，敗還。暠等乘勝追擊，斬獲甚衆。

張良佐。元遼陽行省右丞。洪武四年，屯兵金州，壘土爲城，與左丞房暠力贊劉益歸附。詔以良佐爲蓋州衛指揮僉事，攝遼東衛事。納克楚至，良佐擊敗之，獲鼐爾布哈於火焰山。調復州衛僉事，改金州衛。上嘉其功，賜蟒衣四襲、侍卒三人。大學士解縉爲撰耆德記。年九十五卒。「鼐爾布哈」舊作「乃兒不花」，今改正。

韋富。黄岡人。洪武八年，爲金州衛指揮。其冬納克楚率衆圍金州，時城池未完，富與指揮王勝督士卒樹柵補城，分守諸門。敵蟻附欲登，富令城中男女以瓶盛沸惡於城上擲之，著人無不糜爛。敵驍將鼐喇呼率精騎數百挑戰城下，中伏弩仆，獲之。富縱兵追擊，遂敗走。乃完城郭，繕甲兵，創衛治，置屯戍，宣佈恩信，撫綏勞來，功績甚著。「鼐喇呼」舊作「乃剌吾」，今改正。

闞忠。河南獲嘉人。洪武中以功升瀋陽中衛指揮僉事。創治之初，能以撫恤爲事，政理民安，家給人足。

莊鑑。遼東人。成化初，襲定遼右衛指揮使。驍勇有膽決，遇敵輒奮，數有功，官至都督同知。

鄧佐。遼東人。定遼前衛指揮使。儀表魁梧，天資剛勇，善騎射，有膽力。提督軍務王翺薦之，擢署都指揮僉事。成化三年春，隨總兵施英按奉集堡，遇敵二千餘，佐率五百騎爲前鋒，奮擊敗之，追至蘇珠埒，峻山四壁，復殺數人，鼓戰而前。敵併力鏖戰，久之，有一校策馬西走，衆遂潰，惟餘五十騎。佐悉令下馬，扼其歸路，督戰益急，右手拇指剔弦見骨，餘卒死傷畧盡。佐知不可爲，遂引佩刀自刎，五十人無一生還者。報未至，遼人遥見佐乘馬挾弓，鼓吹前導，自東而回，僚屬皆出迎，竟不至。佐家亦聞鼓吹聲入門，老少驚惶逆之，竟不見。事聞，詔有司立祠致祭。「蘇珠埒」舊作「樹遮里」，今改正。

許進。河南人。成化初爲山東副使，分巡遼東。威名震懾，中官屏息，辨疑折獄，人稱神明。

許逵。固始人。正德間，分巡遼海東寧道。禮賢愛民，聽獄詳明。

潘宗顏。保安衛人。萬曆中，以户部郎中督餉遼東，擢開原兵備僉事。四十六年，總兵官馬林將出師，宗顏上書經畧楊鎬曰：「林庸懦不足當一面，乞易他將，以林爲後繼。不然必敗。」鎬不從，命宗顏監林軍出三岔口，營稗子峪。夜聞杜松敗，林軍遂譁。及旦，大兵大至，林恐甚，一戰而敗，策馬先奔。宗顏殿後，奮呼衝擊，膽氣彌厲，自辰至午，力不支，與遊擊竇永澄、守備江萬春、贊理通判董爾礪等皆死焉。事聞，贈大理卿，謚節愍，立祠奉祀。本朝乾隆四十一年，與竇永澄等俱賜謚節愍。

何廷魁。威遠衛人。天啓初，以副使分巡遼陽。袁應泰納降，廷魁爭不聽。及瀋陽破，同事者遣孥歸，廷魁曰：「吾不敢爲民望。」大兵渡濠，廷魁請乘半濟急擊。俄薄城，圍未合，又請盡鋭出擊。應泰並不從。遼陽破，廷魁懷印，率其妾高氏、金氏投井死，婢僕從死者六人。都司徐國全亦自經公署。事聞，贈大理卿，謚忠節。本朝乾隆四十一年，與徐國全俱賜謚節愍。

崔儒秀。陜州人。天啓初，爲開原兵備僉事。時開原已失，儒秀募壯士，攜家辭墓而行。經畧袁應泰以兵馬甲仗不足恃爲憂，儒秀曰：「恃人有必死之心耳。」遼陽被圍，分守東城，矢集如雨，不少却。會兵潰，儒秀痛哭，戎服北向拜，自經。事聞，贈大理卿，賜祠曰愍忠。本朝乾隆四十一年，賜謚節愍。

陳輔堯。揚州人。萬曆末，爲永平同知，以轉餉出關，駐瀋陽。天啓元年，瀋陽破，輔堯方奉命印烙，左右以無守土責勸之去。輔堯曰：「孰非封疆臣，何爲去？」望闕拜，拔刀自刭。贈按察使僉事。本朝乾隆四十一年，賜謚烈愍。

段展。涇陽人。爲自在州知州，駐瀋陽。天啓元年，日暈異常，展牒袁應泰，言天象示警，宜豫防。踰月而瀋陽破，展死之。本朝乾隆四十一年，賜謚節愍。

本朝

張尚賢。遼東人。順治十一年，知遼陽府。郡方新設，地廣人稀，尚賢善拊循，居一二年，人民遂衆。後升府尹，新設州縣，皆遵教令，户口日增。及去，遼陽人建祠祀之。

范時崇。漢軍鑲黄旗人，忠貞公承謨子。康熙二十三年，知遼陽州。時議撥屯田，時崇以本州屯種有餘，請不他徙，遼陽民得安生業。

徐廷璽。漢軍正白旗人。康熙三十四年，爲奉天府丞，尋遷府尹。抑奸暴，扶善良，振興禮讓，旗民皆服。

人物

漢

李久。遼東人。安帝時，海賊張伯路寇東萊，爲青州刺史法雄所破，逃至遼東，久率鄉勇等共斬之，遼地以安。

李敏。襄平人。初爲河内太守，去官還鄉里。公孫度欲强用之，敏乘舟浮海，莫知所終。

李信。敏子。敏去後，信追求積年，浮海出塞，竟無所見。欲行喪制服，則疑父尚存，情若舉喪，而不聘娶。燕國徐邈以不孝莫大於無後勸使娶妻。既生子，遂絶房室，恒如居喪禮，不堪其憂，數年而卒。

晋

李宣伯。信子。既幼孤，母又改行，有識之後，降食哀戚，亦以喪禮自居。又以祖不知存亡，設木主以事之。由是以孝聞。知度沈邃，言必有則。舉孝廉，遷吏部郎，銓綜廉平。累遷御史中丞，恭恪直繩，百官憚之。歷河南尹，封廣陸伯。泰始初，進爵爲侯，遷吏部尚書僕射，尋轉太子少傅。詔以宣伯忠允高亮〔二〕，有匪躬之節，使領司隸校尉，拜侍中，加特進，遷尚書令。雖歷職内外，而家至貧儉，兒病無以市藥。帝聞之，賜錢十萬。後爲司徒。太康三年卒，謚曰成。

公孫永。襄平人。少而好學恬虚，隱於平郭南山，不娶妻妾，非身所墾植，則不衣食之，吟咏巖間，欣然自得，年九十餘，操尚不虧。慕容暐徵至鄴，及見暐不拜，王公已下造之，皆不與言，雖經隆冬盛暑，端然自若。一歲餘，詐狂，暐送歸平郭。苻堅又將備禮徵之，難其年耆路遠，遣使致問，未至而卒。堅深悼之，謚曰崇虚先生。

南北朝　魏

安同。遼東人。其先祖曰世高，漢時以安息王侍子入洛，歷魏至晉，避亂遼東，遂家焉。同性端嚴明惠，道武時，以功賜爵北新侯。明元即位，詔持節巡察并、定二州，郡國肅然。太武監國，以同爲佐輔。及即位，進爵高陽公。

安難。同子。有巧思。初從杜超南伐，以功爲清河太守。世祖時，諸將頻征和龍，皆以難爲長史，鑿山堙谷，省力兼功。遷給事中。復以軍功，賜爵清河子。

亦有將畧。

安原。同次子。雅性矜嚴，沈勇多智。明元時，鎮雲中，寬和愛下，甚得衆心。蠕蠕犯塞，輒摧破之，賜爵武原侯。子頡，

高道悦。遼東新昌人。孝文時，爲諫議大夫，正色當官，不憚强禦，詔嘉其謇諤，以爲主爵下大夫。車駕將幸鄴，又兼御史中尉，留守洛京。時宫殿初基，廟庫未構，車駕將水路幸鄴，已詔回營構之材以造舟楫。道悦表諫，遂從陸路。轉太子中庶子，宫官上下咸畏憚之。卒，贈散騎常侍，謚曰貞侯。

竇瑗。遼西遼陽人。系出扶風平陵，漢大將軍武曾孫崇爲遼西太守，遂家焉。瑗仕魏，爲太常博士。從爾朱榮東平葛榮，封容城伯，乞以封讓兄叔珍。宣武時，爲廷尉卿。及釋奠開講，與温子昇、魏季景、李業興並爲摘句。天平中，除廣宗太守，有清白稱。轉中山太守，爲吏民所懷。累遷至大中正，兼廷尉卿。貧窘如布衣。齊獻武王頒書州郡，嘗稱瑗政績以爲勸厲。卒謚曰明。

晁清。遼東人。祖暉，魏濟州刺史、潁川公。清襲爵，例降爲伯。爲梁城戍將。梁師攻圍，糧盡城陷，清抗節不屈，被殺。宣武褒贈樂陵太守，謚曰忠。

高崇。遼東人。少聰敏，以端謹稱。爲尚書郎，家資富厚，而崇志尚儉素。景明中，遷洛陽令，爲政清斷，吏民畏其威風，縣内肅然。卒贈滄州刺史，謚曰成。

高謙之。崇子。少事後母以孝聞。及長，專意經史，該涉羣書。襲父爵。孝昌中，行河陰縣令。先是，有人囊盛瓦礫指作錢物，詐市人馬，因逃去。謙之僞枷一囚於馬市，宣言是前詐市馬賊，密遣腹心察市中私議者。有二人相見，欣然曰：「無復憂矣。」執問具伏，悉獲其黨。舊制，畿縣令得面陳得失，時佞幸惡其有所發聞，遂奏罷。謙之上疏諫，爲寵要所疾。除國子博士。修涼書十卷。後爲李神軌所譏，賜死，朝士莫不冤之。著文章百餘篇行於世。永安中，贈營州刺史，謚曰康。

高恭之。謙之弟。學涉經史，所交皆名流儁士。幼孤，事兄如父母。御史中尉元匡引爲御史，糾摘不避權豪。正光中，出

使相州。前刺史李世哲，尚書令崇之子，貴盛一時，多有非法。恭之發其贓貨，具以表聞。孝莊時，除黄門侍郎，遷御史中尉，仍兼黄門。恭之出秉直繩，内參機密，凡是益國利民之事，必以奏聞，諫諍盡言，無所顧憚，選用御史，皆當世名輩。後爲爾朱世隆所害。太昌中，贈雍州刺史。

隋

李衍。襄平人。父弼，爲周太師。衍少專武藝，慷慨有志畧。仕隋，以行軍總管討叛蠻，平之。進位柱國，拜安州刺史，有惠政。

唐

李謹行。靺鞨人。父突地稽，初事隋，及唐武德初，奉朝貢，授總管，以戰功封耆國公。貞觀初，進右衛將軍，賜姓李。謹行偉容貌，勇冠軍中，累遷營州都督。高宗時，破高麗于發盧河之西。妻劉氏，亦以伐匈奴功，封燕國夫人。上元元年，發兵討新羅，以謹行爲安東鎮撫大使，三戰皆捷，新羅乃入貢謝罪。三年，破吐蕃于青海，封燕國公。卒贈幽州都督。

侯希逸。營州人。天寶末，爲州裨將。安禄山叛，以其親將爲平盧節度使。希逸率兵與安東都護王元志斬之，數擊賊有功。以孤軍無援，浮海保青州。寶應初，平史朝義，加檢校工部尚書，圖形淩煙閣。

李澄。遼東襄平人，隋蒲山公寬之裔。德宗時，爲滑州刺史。李希烈陷汴，滑州亦降。興元初，澄自永平遣盧融間道奉表謁行在，德宗嘉之，署帛詔納蠟丸，授澄刑部尚書、汴滑節度使。澄密勒訓士馬，以計誅希烈養子之戍白馬者。及希烈悉衆圍陳州，澄遂引兵歸國。貞元初，遷檢校尚書左僕射、義成軍節度使，封隴西王。卒贈司空。

遼

高模翰。一名松，渤海人。有膂力，善騎射，好談兵。太祖平渤海，模翰避地高麗，後亡歸，下獄。太祖知其才，貰之。唐師五十萬攻太原，石敬瑭求救，太宗遣模翰與唐師戰，敗之，太原圍解。上諭曰：「朕自起兵百餘戰，卿功第一。」授上將軍。及晉叛盟，出師南伐，模翰爲前驅，殺獲甚衆，降杜重威，車駕入汴，加特進。應曆初，召爲中臺省右相，至東京，父老歡迎曰：「公起自戎行，致身富貴，爲鄉里榮。相如、買臣輩不足過也。」遷左相，卒。

耶律休格。少有公輔器。乾亨初，將兵救南京，與宋戰于高粱河及瓦橋關，皆有功。聖宗即位，太后稱制，令休格總南面軍務。休格均戍兵，立更休法，勸農桑，修武備，省賦役，恤孤寡，戒戍兵無犯宋境，雖馬牛逸于北者悉還之，遠近向化，邊鄙以安。休格智畧宏遠，料敵如神，每戰勝，讓功諸將，故士卒樂爲之用，身更百戰，未嘗殺一無辜。及卒，詔立祠南京。「休格」舊作「休哥」，今改正。

大康乂。渤海人。開泰間，累官南府宰相。出知黄龍府，政善撫綏，東郡懷服。

夏行美。渤海人。太平間，總渤海軍于保州。大延琳使人説與俱叛，行美執之，復殺其黨。延琳謀沮，嬰城自守，數月而破。超遷行美平章事、忠順軍節度使。累遷至副部署，致仕。卒，賜祭于家。

張琳。瀋州人。幼有志節。壽隆末，爲祕書中允。天祚即位，歷遷至南府宰相。及中京陷，天祚幸雲中，留琳與李處温佐魏王耶律淳守南京。處温父子欲立淳爲帝，琳阻之曰：「王雖帝胄，初無上命，攝政則可，即真則不可。」處温卒立淳，琳不與政，鬱悒而卒。

綽爾齊。遼陽人。爲桂州觀察使。高永昌據東京，率衆力戰，不勝死之。「綽爾齊」舊作「雛訛只」，今改正。

金

王伯龍。瀋州雙城人。天輔初，授世襲明安。太祖攻臨潢，伯龍以兵護餉，擊敗遼兵，從攻下中京，爲静江軍節度使。從宗望伐宋，破汴州，拔北平，取保州及下青州，功第一。還攻莫州，降之。積功至延安尹、寧昌軍節度使。天德中，封廣平郡王。卒，贈特進。

王政。辰州熊岳人。當遼季亂，浮沈州里。高永昌據遼東，知政材畧，欲用之，政度其無成，辭不就。永昌敗，渤海人争縛以爲功，政獨逡巡引退。吴王棟摩聞而異之，言於太祖，授盧州渤海軍穆昆。及伐宋，滑州降，留政爲安撫使。前此數州既降，復殺守將，及是人以爲政憂。政從數騎入州，釋繫囚，發倉廩，民皆悦，不復叛。改權侍衛親軍都指揮使，兼掌軍資。是時筦庫綱紀未立，政獨明會計，金帛山積，而出納無錙銖之失。歷保静軍節度使，卒。「棟摩」舊作「闍母」，「穆昆」舊作「謀克」，今並改正。

高彪。辰州渤海人。斡魯攻東京，父禄格率其鄉人迎降，以爲榆河州千户。彪代領其衆，屢從戰有功。天會五年，授静江軍節度使、壽州刺史。攻城克敵，數被重賞。彪勇健絶人，能日行三百里，臨敵身先士卒，大小數十戰，以少擊衆，無不勝捷。正隆時，歷官樞密副使，封舒國公。卒謚桓壯。性機巧，通音律，人無貴賤，皆温顔接之。「禄格」舊作「六哥」，今改正。

托卜嘉。遼陽人。天會中，從宗望破汴京有功，爲河間路都統。已克河間，棟摩縱軍大掠，托卜嘉諫止之。後爲揚州都統，經畧淮海、高郵之間。皇統中，拜右副元帥。海陵時，進尚書右丞相。後請老，爲東京留守，拜太傅，累封漢國王。卒贈太師、晋國王。「托卜嘉」舊作「撻不野」，今改正。

趙隇。遼陽人。仕遼爲太子左衛率。歸金後，以功累遷檢校尚書右僕射，歷宿州防禦使。隇重義，喜接儒士。以事至汴，有故人子負官錢百萬，以橐金贈之，其子悉爲私費，復代輸之。後坐事罷，海陵時，起爲太子詹事，鎮沁南，卒。

高松。澄州析木人。年十九從軍，有力善戰，宗弼聞其名，召置左右。世宗即位，充管押東京路渤海萬户。兵部尚書克實謀反，前同知延安尹李老僧欲與松共謀，説松曰：「君有功舊人，至今不得大官，何也？」松曰：「吾一縣令也。每念聖恩，累世不能報，尚敢他望乎？」老僧遂不敢言。從征斡罕，以功遷咸平少尹。官至崇義軍節度使，卒。「克實」舊作「可喜」，「斡罕」舊作「窩斡」，今並改正。

高楨。遼陽渤海人。少好學，嘗業進士。斡魯破高永昌，以楨同知東京留守事。海陵時，歷遷御史大夫，策拜司空，封冀國公。楨久在臺，彈劾無所避，每進對，必以區别流品、進善退惡爲言。及疾革，書空獨語曰：「某事未決，某事未奏，死有餘恨。」卒年六十九。楨性方嚴，家居無聲伎之奉，雖盛暑，未嘗解衣緩帶，對妻孥危坐終日不一談笑，其簡默如此。

盧克忠。貴德州奉集人。斡魯克東京，高永昌走長松島，克忠追獲之。後定燕，伐宋，皆有功。歷登州、澶州刺史及同知保大軍節度使〔二〕，能察冤獄。大定二年，除北京副留守。會民艱食，令民有蓄積者計留一歲，悉平其價糶之，由是無捐瘠之患。後以靖難軍節度使致仕〔三〕。

張浩。遼陽渤海人。天輔中，以策干太祖，太祖以浩爲承應御前文字。天會八年，進士及第。歷遷禮部尚書行六部事。簿書叢委，決遣無留，人服其才。改平陽尹，郡中大治。累拜太傅、尚書令。世宗即位，拜太師，封南陽郡王，致仕。初，近侍有欲罷科舉者，浩入見，上曰：「自古帝王有不用文學者乎？」浩對曰：「秦始皇。」上顧左右曰：「豈可使我爲秦始皇乎？」事遂寢。卒謚文康。明昌中，配享世宗廟庭。五子：汝爲、汝霖、汝能、汝方、汝猷，皆貴顯。而汝霖尤聰慧好學，浩嘗稱爲「千里駒」。貞元中進士。大定九年，授太子諭德，進禮部尚書。後拜平章政事。明昌元年卒，謚文襄。

張元素。與浩同曾祖，以廕得官。天眷初，知涿州，察廉最。累遷興平軍節度使。正隆末，天下盜起，元素發民夫增築城郭，同僚諫止之，不聽。未幾，寇掠，鄰郡皆無備，而興平獨安。遷户部尚書，出鎮武定，致仕。元素厚重剛毅，人畏憚之。

高德基。遼陽渤海人。皇統二年進士，爲尚書省令史。海陵爲相，專愎自用，人莫敢拂其意，德基每與之詳辨。大定九年，遷刑部尚書。有犯罪當死者，宰相欲從末減，德基曰：「法無二門，失出猶失入也。」不從。上召諸尚書諭曰：「自朕即位以來，以政事與宰相争是非者，德基一人而已。」改户部尚書，上書乞免軍需房税等錢，減農税及鹽酒等課，未報。後降蘭州刺史。

大懷貞。遼陽人。皇統五年，除閤門祗候。累遷彰國、安武軍節度使。縣尉獲盜，得一旗，上圖亢宿。詰之，有謀叛狀，株連萬人。懷貞請誅首亂者十八人，餘皆釋之。嘗以私忌飯僧數人，一僧異常，懷貞問曰：「汝何許人也？」對曰：「山西人。」復問：「曾爲盜殺人否？」曰：「無之。」後三日詰盜，果引此僧，人皆服爲明察。改彰德軍節度使，卒。

李石。遼陽人。世宗母貞懿皇后弟。敦厚寡言，器識過人。天眷中，累官景州刺史。海陵時，托疾還鄉里。大定元年，以定策功爲户部尚書，拜參知政事，尋爲御史大夫。圖克坦子温，平章政事喀齊喀之姪也，贓濫不法，石劾奏之，聞者悚然。九年，領尚書事，拜太保，進封廣平郡王，致仕。卒謚襄簡。石以勳戚久處腹心之寄，内廷獻替，多有足稱。明昌五年，配享世宗廟庭。「圖克坦」舊作「徒單」，「喀齊喀」舊作「合喜」，今並改正。

納喇綽奇。咸平路雅哈河明安人。契丹瓜里使人招之（四），綽奇不從。瓜里兵且至，綽奇遂團結旁近村寨爲兵，出家馬百餘匹給之，教以戰陣擊刺之法，相與拒瓜里於改渡口（五），由是賊衆月餘不得進。既而瓜里兵四萬人大至，綽奇拒戰，賊兵十倍，遂見執，臠而殺之。超贈官兩階，二子皆得廕用。「納喇綽奇」舊作「納蘭綽赤」，「雅哈」舊作「伊改」，「瓜里」舊作「括里」，今並改正。「明安」，改見前。

鈕祜禄額特埒。蓋州明安人。大定七年，授吏部主事，歷右補闕，修起居注，累遷刑部尚書、參知政事。世宗嘗曰：「擇材最難，如額特埒所舉者，頗稱朕意。」委提控代州阜通監，進尚書右丞，兼樞密副使，爲上京留守。還朝，拜平章政事，封芮國公。卒，謚成肅。性温厚藴藉，在相位十餘年，甚見寵遇。「鈕祜禄額特埒」舊作「粘割斡特剌」，今改正。

伊喇道。本名趙三，其先伊蘇部人，徙咸平。爲人寬厚，有大志，以篤孝著名。通女直、契丹、漢字。爲户部郎，安撫山東，招諭盜賊。事平，還京師，遷翰林直學士。世宗曰：「道清廉有幹濟，宜翰林文雅之職。」改同知中都路都轉運事，歷西北路招討使。諸部獻駝馬，皆却之。進尚書右丞，除南京留守。入拜平章政事。二十三年，罷爲咸平尹，封莘國公。上曰：「咸平卿故鄉，地涼事少，老者所宜。」明年卒。是歲上幸上京，道過咸平，遣使致祭，詔圖像藏祕省。「伊喇」、「伊蘇」，俱改見前。

高衎。遼陽渤海人。敏而好學，自少有能賦聲，同舍生欲試其才，使一日賦十題，未暮，十賦皆就。登進士，調補溼陰丞。世宗時，爲吏部尚書，銓事修理，選人便之。

沃呼忠。蓋州人。習女直、契丹字。歷兵部、樞密院、尚書省令史，轉大理寺知法，遷右三部司正。練達邊事，嘗奉使北歸，致馬四千餘匹，詔褒之。章宗時，累官武寧軍節度使。性敦慤，通法律，以直自守，不交權貴，時譽歸之。「沃呼」舊作「斡勒」，今改正。

王庭筠。蓋州熊岳人。父遵古，官至翰林直學士。庭筠生未期，視書識十七字，七歲學詩。登大定十六年進士。調恩州軍事判官，臨政即有聲。明昌元年，詔試館職，中選。坐論事罷，卜居彰德，讀書黃華山寺，因以自號。三年，召爲應奉翰林文字，遷修撰。泰和元年，扈從秋山，應制賦詩三十餘首，上甚嘉之。明年，卒。詔求其平生詩文藏之祕閣。庭筠儀觀秀偉，外若簡貴，人初不敢接。既見，和氣溢於顏面，少有可取，極口稱道。從遊及所薦引者，皆一時名士，世以知人許之。爲文能道所欲言，暮年詩律深嚴，七言長篇尤工險韻。善書法及山水墨竹。子曼慶，亦能詩并書，仕至行省右司郎中，自號澹游云。

孟奎。遼陽人。大定進士。調黎陽主簿，累遷同知中都路都轉運使。值旱，詔審録冤獄，多所平反。大安初，除博州防禦使，凡屬縣事應赴州者，不得泊於逆旅，以防吏姦，人便之。官至北京、臨潢府等路按察轉運使。謚莊肅。

瓜爾佳衡。咸平人，原名阿爾布色。大定十三年設女直進士，衡舉第四人，補東平府教授。明昌二年，拜參知政事。四年，詔諭之曰：「卿忠實公方，審其是則執而不回，見其非則去而能果。度其事勢，有若權衡。可賜名『衡』。」胥持國言區種法，衡曰：「若苟有利，古已行之，且用功多而所種少，恐復荒廢土田，無益勞民也。」承安二年，轉上京留守，以修完封界，詔褒之。四年，拜平章政事，封英國公。卒，謚貞獻。「瓜爾佳」舊作「夾谷」，「阿爾布色」舊作「阿里不山」，今並改正。

瓜爾佳守中。咸平人，本名阿多古。大定二十二年進士。歷官通遠軍節度使。後移彰德軍，未行，夏兵數萬入鞏州。守中乘城備守，兵少不能支，城陷不屈。夏人壯之，載至平涼，要以招降府人，守中佯許，至城下大呼曰：「夏兵矢盡且遁矣，慎勿降。」夏人交刃殺之。詔贈東京留守。「瓜爾佳」，改見前。「阿多古」舊作「阿土古」，今改正。

富察哲魯。東京路斡爾達畢喇明安人。大定二十二年進士。累遷北京臨潢按察副使，改順義軍節度使。西京人李安兄弟爭財，府縣不能決，哲魯不問。會釋奠孔子廟，乃引安兄弟與諸生列坐會酒，陳説古之友悌數事，安兄弟感悟，誓不復爭。禁游食，簡兵衛，盜息獄空。大安二年〔六〕，知慶陽，夏人犯邊，哲魯擊走之。至寧元年，知平涼府。夏人復來攻，哲魯招潰卒爲禦守計，乃退。貞祐二年，改東京留守，致仕。及卒，取奏稿盡焚之。「富察哲魯」舊作「蒲察鄭留」，「斡爾達畢喇」舊作「斡底必喇」，今並改正。

費摩亨。其先世居遼東。天輔間，徙居臨潢。大定間，亨充奉職，世宗謂曰：「聞爾業進士，其勿忘爲學也。」二十八年，擢第，世宗嘉之，升爲奉御。亨性謹密，出入宫禁數年，讜論忠言多所裨益，未嘗顯示於人。一日上問以上古爲治之道，亨奏：「陛下欲興唐虞之治，要在進賢退不肖，信賞罰，薄徵歛而已。」章宗即位，擢監察御史。内侍梁道喇驕横〔七〕，亨劾奏之。先是，大名府豪猾縱肆，亨同知府事，宣明約束，境内肅然。承安中，遷中都、西京等路按察使。時世襲家豪奪民田，亨檢其實，悉還正之。泰和五年，改安武軍節度使。歲大雪，民多凍餒，捐俸賑恤，又勸僚屬大姓共濟之。轉河東南北路按察使〔八〕，卒於官。「費摩亨」舊作「裴滿亨」，今改正。

高守約。遼陽人。大定進士。累官觀州刺史。貞祐元年，元兵徇河朔，郭邦獻已歸順，從至城下，呼守約「當計全家室」，守約不顧，至再三，守約厲聲曰：「吾不汝識也。」城破，被執不屈，遂死。詔贈崇義軍節度使，謚忠敬。

高仲振。遼東人。其兄領開封鎮兵，仲振依之以居。既而以家業付其兄，挈妻子入嵩山。博極羣書，尤深易、皇極經世學。安貧自樂，不入城市，山野小人亦知敬之。

完顏閭山。蓋州明安人。明昌二年進士。累官沁南軍節度使，入爲工部尚書，尋改知鳳翔，復移平涼。屢敗宋兵，召爲吏部尚書。廷議選户部官，多舉聚斂苛刻以應詔，閭山曰：「民勞至矣。復用此輩，將何以堪？」識者稱之。

温特赫達。蓋州按春明安人。性敦厚，寡言笑。初舉進士，廷試搜閱官易達藐小，謂之曰：「汝欲求作官耶？」達曰：「取人以才學，不以年貌。」衆皆異之。明昌五年中第。遷監察御史，轉太常少卿，攝侍御史。上疏言遼東興王之地，當專守以繫一方之心；又言宰相繫天下輕重，不宜權攝。宰相高琪、高汝礪惡其言，俄充陝州行樞密院參議官。仕終集慶軍節度使。「温特赫」舊作「温迪罕」，今改正。

李英。遼陽人。明昌五年進士。調通遠令，遷監察御史。右副元帥高琪辟爲經歷官，乃上書高琪曰：「中都之有居庸，猶秦之崤函，蜀之劍閣也。邇者撤居庸兵，我勢遂去。今土豪守之，朝廷當遣官節制。」琪奏其書，即除工部員外郎，充宣差都提控，居庸等關隘悉隸焉。召還，遷翰林待制。因獻十策，頗施行之。爲御史中丞，督糧運救中都，與元兵戰敗，死之。

烏庫哩仲温。本名呼喇，蓋州按春明安人。大定進士。貞祐初，爲鎮西軍節度使。中都被圍，以鄉兵馳救，不能進，還鎮。元兵大至，城破，不屈而死。贈資德大夫、博索路兵馬都總管，謚忠毅。「烏庫哩」舊作「烏古論」，「呼喇」舊作「胡剌」，今並改正。「博索」，改見前。

高錫。德基子，以廕補官。貞祐初，累遷河北東路按察轉運使。城破，自投城下而死。

蒙古綱。本名呼爾根，咸平府明安人。承安五年進士。興定初，知東平府。二年，拜右副元帥，權行省參知政事，遣將平賊於曹、濟。詔以綱忠貞保完城邑，進官二階，賜金帶重幣。時益都張林據險爲亂，綱遣右監軍王庭玉討擒之。後改兼靖難軍節度使〔九〕，行省邳州。綱御下嚴，賞罰必信，卒爲經略使禄格所害。「呼爾根」舊作「胡里綱」，今改正。「禄格」，改見前。

完顔弼。蓋州明安人。充護軍，從丞相襄戍邊，功最，除同知德州防禦使。入爲武衛軍副都指揮使，尋遷右副都點檢。是年東京不守，弼爲元帥左監軍，捍禦遼東，請自募二萬人爲一軍，以應京師。衛紹王怒，謫爲雲内州防禦使。貞祐初，召赴中都。歷知東平府事、山東西路宣撫副使。招降劉二祖餘黨孫邦佐、張汝楫等。已而汝楫復謀作亂，弼伏甲殺之。手詔褒諭，封密國公。元光末，累官知東平府事、山東西路兵馬都總管。元兵圍東平，弼百計應戰，久之乃解圍去。尋病疽卒。弼生平好讀書，延儒士。治東平，愛民省費，井邑之間軍民無相訟，有古良將之風焉。

龐鑄。遼東人。少擢第，仕有聲。南渡後，爲翰林待制，遷户部侍郎。卒官京兆路轉運使。鑄博學工詩文，造語奇健不凡，世多傳之。

伊喇阿里哈。遼人。興定間，累遷霍州刺史。四年，移霍州治好義堡。元兵至，阿里哈力戰不能敵，兵敗被執。誘使降，阿里哈曰：「吾有死無二。」叱使跪，但向闕而立，於是叢矢射殺之。贈龍虎衛上將軍。「伊喇」，改見前。「阿里哈」舊作「阿里合」〔一〇〕，今改正。

舒穆嚕元毅。本名舒蘇，咸平路人。以廕補吏部令史，累官彰德府治中，前後著績。尋以邊警授撫州刺史，會邊將失守，元毅率吏卒三十餘人出州經畫軍餉，猝與敵遇，州倅暨從吏堅請還，元毅曰：「我輩責任邊守，遇賊而奔，如百姓何？縱使自安，復何面目見朝廷？」衆感其忠，争爲效死。鏖戰久之，衆寡不敵，遂遇害。贈信武將軍。元毅性沉厚，武勇過人，每讀書見古人忠義事，未嘗不嗟歎賞慕，故臨難能死所事云。「舒穆嚕」舊作「石抹」，今改正。

鈕祜禄資禄。本姓張氏，咸平府人。從軍有功。興定五年，歷金安軍節度使。將兵救鄜州，城破被執，不肯降，遂死。贈中京留守。「鈕祜禄」，改見前。

高憲。遼東人。爲博州防禦判官。後遼陽破，死於難。

圖們色埒默。咸平路明安人。知彰德府事。貞祐四年，元兵取彰德，色埒默死焉。「圖們色埒默」舊作「陀滿斜烈」，今改正。

元

舒穆嚕額森。遼人。祖格哷勒，誓不食金禄。父推勒博奇爾，亦不仕。額森年十歲，問其父宗國之所以亡，即大憤。及長，勇力過人，多智畧。聞太祖起朔方，匹馬來歸，首言東京可取。太祖悦，命從穆呼哩取東京。額森爲先鋒，諜知金人新易留守將至，獨與數騎邀而殺之，懷其所受誥命至東京，入據府中，夜下令，易置其將佐部伍。三日，穆呼哩至。不費一矢，得地數千里，定城邑三十二。移師圍破北京，將屠之，額森以上聞，得赦。進上將軍，以御史大夫提控諸路元帥府事。從穆呼哩攻蠡州，先登，中石死。「舒穆嚕」，改見前。「額森」舊作「也先」，「格哷勒」舊作「庫烈兒」，「推勒博奇爾」舊作「脱羅畢察兒」，今並改正。

高宣。遼陽人。太宗元年，詔宣爲元帥，從睿宗攻大名。宣進曰：「奉命出師，伐罪弔民。願勿嗜殺人，以稱上意。」睿宗召元帥綽諾諭之，下令軍中如宣言。及城破，兵不血刃，民心悦服。四年，從破金兵三峯山，降宣者三千餘户，籍以獻，以宣爲鷹坊都總管，賜金符，仍令子孫世其職。卒，封謍國公，謚簡僖。「綽諾」舊作「朮乃」，今改正。

高天錫。宣子。事世祖潛邸，甚見親幸。中統二年，授父官，爲鷹坊都總管。尋改燕京諸路總管、按察副使。天錫語丞相博囉、左丞張文謙曰：「農桑者，衣食之本。不務本則衣食不足，教化不興。古之王政，莫先於此。願留意焉。」丞相以聞，帝悦，命立司農司，以天錫爲中都山北道巡行勸農使。尋遷司農少卿，進兵部尚書。卒，謚莊懿，封謍國公。子諒，官至兵部尚書，亦封謍國公，謚宣靖。「博囉」舊作「索羅」，今改正。

耶律有尚。遼東丹王十世孫。祖父官東平，因家焉。有尚篤志好學，受業許衡，遂于性理，而尤以誠爲主。至元十年，衡還鄉里，朝廷乃以有尚爲助教，嗣領其學事。久之，出知薊州，以寬簡得民。召爲詹事院長史〔一一〕，復除國子監司業。時學館未建，師弟子皆寓居民屋，有尚屢以爲言。二十四年，朝廷乃大起學舍，始立國子監及監官，而增廣弟子員。于是有尚升國子祭酒，儒風爲之丕振。歷昭文館大學士。前後五居國學，其立教以義理爲本，而省察必真；以恭敬爲先，而踐履必端。身爲師表，數十年海内宗之，猶昔之宗衡也。以年致仕。卒年八十六，謚文正。

塔斯布哈。高天錫孫，諒子。成宗命世其祖、父官，以居喪辭。累遷至大司農。英宗居東宫，塔斯布哈撰集前代嘉言善行，名曰承華事畧，并畫豳風圖以進。帝覽之，獎諭曰：「汝能輔太子以正，朕甚嘉之。」命置圖書東宫，俾太子時時觀省。後退居於家，卒。「塔斯布哈」舊作「塔失不花」，今改正。

李希賢。遼東人。延祐間，爲臨武令，愛民禮士，獄訟清明。常語人曰：「君子學道則愛人，自然生明能斷。」去任後，邑人立石頌德，題其額曰「學愛」。

郭全。遼陽人。幼喪母，哀戚如成人。及壯，父庭玉又卒，居廬三年，啜粥面墨，事繼母唐古氏甚孝。唐古氏生四子皆幼，全躬耕以奉養。既長娶婦，各求分財異居，全不能止，凡田廬器物悉自取朽敝者，奉唐古氏以居，甘旨無乏。唐古氏卒，全年六十餘，哀痛毀瘠，廬其墓終喪。狀聞，褒表之。

明

吴成。遼陽人。從成祖起兵有功，遷都指揮僉事。永樂初，授都指揮使，三從出塞。洪熙元年，以功進左都督。宣德初，以成嘗宿衛東宫，録舊勞，封清平伯。三年，帝北征，從敗賊於寬河，進侯。卒贈渠國公，謚壯勇。

張升。定遼中衛人。幼聰悟，善屬文，嘗謁巡撫王翺，試諭寇檄，援筆立就，辭氣沛然，翺大驚異。舉正統十二年鄉薦，授都司學訓導。坐詿誤，謫置隆慶州。用薦復爲萬全都司學訓導。學舍有井，向苦味鹽，升濬之，遂甘冽，士人呼爲張先生井。

陳鑑。蓋州衛人。正統十三年進士及第，遷翰林學士。使朝鮮還，撰皇華集，爲人所稱。歷官祭酒、禮部侍郎。

顧能。定遼前衛人。天順元年進士，授户部主事。有清操，不妄受人一錢。嘗監收通州糧，盡革諸弊；再往淮安收錢，計一歲所入，九倍於昔。尋遷本部員外郎，至京卒。成化初，天下清官四員，能居都御史楊繼宗之次，憲宗刻其名於便殿柱上。惜不及大用云。

耿賢。定遼前衛人。由指揮升都指揮僉事，掌都司印。備禦金、復、鐵嶺，尋守備寧遠，轉右參將，分守開原。善撫士卒，不妄交際，致仕歸。所屬憫其清苦，各饋金幣，賢悉分之軍士。後卒，葬城東杏林山，與其師顧能墓相近。詩人弔之，以爲「師弟雙清」云。

胡深。定遼後衛人。早孤，育於伯父。登天順八年進士，授監察御史。剛正嫉邪，不避權倖。成化初，與同官鄭已等争慈懿太后山陵事，彗星見。復與同官言大本未建，異端太盛，進退賞罰未公，財用工役未省，賑濟無策，備禦無方，凡八事。帝優詔答之。又上疏請斥奸邪，痛詆大臣。不納。深嘗巡按陝西，諸大臣既被劾，惡之，坐以按陝時杖殺人，謫黔陽縣丞。稍遷鬱林知州，卒於官。

劉旺。三萬衛人。爲都指揮使。成化間，敵入邊，與其子塔斯於古城堡設伏伺之。敵至，出戰，援絶矢竭，突圍不得出，父子俱殁於陣。「塔斯」舊作「荅厮」，今改正。

藺英。蓋州軍。成化初，調廣寧守備，役於總兵歐信。九年春，隨信追敵於小黑山，敵因風縱火，軍潰，信馬中箭死，英以已馬授信得出，英遇害。巡撫李貢刻辭於墓以表之。

劉鼎。東寧衛人。成化中，爲鴻臚序班。母姚殁，鼎負土爲墳，廬墓三年。又有定遼左衛人劉定，成化中亦以廬墓旌表。

孫磐。定遼右衛人。少有氣節，登弘治九年進士。初觀政，即上疏言近日諫官以言爲諱，請定建言者爲四等：最上不避禍患，抗彈權貴者；其次揚清激濁，能補闕拾遺；又其次建白時政，有裨軍國。皆分別擢敘，而粉飾文具、循默不言者，則罷黜之。庶言官知警，不至曠瘝。時不見用。尋擢吏部主事。正德元年，宦官漸用事，磐復上疏，言今日弊政，莫甚於内臣典兵，乞盡撤各鎮中官還京，專以兵務責將帥。不從。及劉瑾得志，斥磐爲奸黨，勒之歸。瑾誅，起河南按察使僉事。坐累罷。

張經。瀋陽中衛人。正德六年進士，授新樂縣知縣，擢監察御史。按宣府，劾鎮守太監丁喜貪肆罪，爲喜所訐，逮繫詔獄。都御史彭澤及兩京監官論辨其誣，謫河南河内縣典史，憂憤卒於途，妻子扶柩歸葬。嘉靖改元，贈光禄少卿。

范鏓。其先江西樂平人，遷瀋陽。舉正德十二年進士，授工部主事，遷員外郎。嘉靖三年，伏闕争大禮，下獄廷杖。遷河南知府。歲大饑，巡撫潘塤駁諸請賑文牒，候勘實乃發。鏓不待報，輒開倉賑之，全活十餘萬。歷遷右副都御史，巡撫寧夏。鏓爲人持重有方畧，既莅鎮，不上首功，一意練步騎，廣儲蓄，繕治關隘亭障，寇爲遠徙。居數年，引疾歸。起故官，撫河南。尋召爲兵部右侍郎，奉詔總理邊關阨隘。奏上經畧潮河川、居庸關諸處事宜。帝才鏓甚，即命爲兵部尚書，鏓以老辭，帝怒，削其籍。時嚴嵩當國，而鏓本由徐階薦，天下推爲長者，惜其去不以罪。久之乃卒。隆慶元年復官。

閻懋官。定遼右衛人。嘉靖中，爲中路遊擊。三十五年，達喇蘇以十餘萬騎入廣寧，總兵殷尚質急率懋官禦之塔兒山。敵先突懋官營，不爲動，乃馳攻尚質，懋官馳救，遂戰死。初懋官父振先爲參將陣亡，懋官繼之，世濟忠義。事聞，贈都督同知，廕子立祠。「達喇蘇」舊作「打來孫」，今改正。

應時盛。遼陽人。起自小校，立功至山西副總兵，爲巡撫蔡懋德所信任。賊李自成來攻城，城破，懋德欲自刎，爲其下所救，時盛呼曰：「出西門。」懋德不行，時盛曰：「公不負國家，時盛安敢負公？」懋德遂就縊，時盛俟其既絶，再拜訖，抽弓絃自絞死。本朝乾隆四十一年，賜謚忠烈。

趙允植。遼陽人。仕盧龍教諭。品行端方，勤於訓士。崇禎庚午，大兵破盧龍，允植與妻欽氏並殉難，其女亦殉難死。

高應詔。遼東人。以指揮同知分防水冶鎮。流賊東下，應詔率兵連戰，破之。賊大舉入寇，復拒之於倪村，孤軍援絶，遂戰死，水治卒全。賊退，民求得其屍，瘞鎮之東源。本朝乾隆四十一年，賜謚烈愍。

王世泰。遼東人。崇禎時，知内丘縣。流寇掠西山，與其弟禦之，戰死。本朝乾隆四十一年，賜謚烈愍。

吴良能。蓋州人。崇禎時，知滕縣。十五年，城破，良能拜辭其母，單騎犯陣死。本朝乾隆四十一年，賜謚忠烈。

何可綱。遼東人。天啓中，爲守備，典袁崇煥寧遠道中軍。廉勇，善撫士卒，以功累遷署寧遠副將事。崇禎初，崇煥再出鎮，仍以可綱爲中軍，加都督僉事，進右都督。三年，永平、灤州失守，可綱連戰有斬獲，尋復永平，加太子太保。已而錦州被圍，督諸將赴救，立功郵馬山，復進秩。與祖大壽監護築城大淩河，工甫竣，大兵十萬攻之。可綱堅守不下，糧絶援盡，諸將皆欲降，不從。大壽令二人掖出城外殺之，可綱顔色不變，亦不出一言，含笑而死。本朝乾隆四十一年，賜謚忠節。

黄龍。遼東人。初以小校從復錦州，累官至參將。崇禎初，從復灤州，功第一，遷副總兵。登萊巡撫請龍鎮東江，充總兵官，從之。龍抵皮島，部將反，陷登州。龍急遣將撫定諸島，誅叛黨，焚賊舟，擊走賊高成友，移駐旅順，大治兵。賊拘龍母及妻子以脅之，龍不顧，勒兵攻賊，斬賊魁十六人，奪還婦女無算。明年，大兵攻之，龍被圍力盡，自刎死。贈左都督，賜祠曰顯忠。本朝乾隆四十一年，賜謚忠烈。

李輔明。遼東人。累官副總兵。崇禎八年，從祖寬南伐，屢敗賊衆。明年，追破之於滁州，加都督僉事，擢山西總兵官。被劾罷，復官。十六年，大兵攻寧遠，輔明力戰，歿於陣。贈右都督，賜祭葬，列壇前屯祀之。本朝乾隆四十一年，賜謚烈愍。

祖寬。遼東人。少從軍有功，累官寧遠參將。勇敢善戰，部卒多塞外降人，所向克捷。崇禎五年，叛將李九成圍萊州，詔發關外兵討之。寬爲前鋒，率五百騎，遇賊兵於沙河。寬殊死戰，賊退走，解萊州圍，進都督僉事。八年，爲總兵官，討流賊，挫張獻忠於焦村。復遇汝州賊，擊敗之，伏屍二十餘里。李自成圍滁州，寬率軍至，大敗之。十二年，被逮棄市。寬敢戰有功，稱良將，性剛使氣，不爲文吏所喜，卒致大辟，莫爲論救，人頗謂失刑云。

劉肇基。遼東人。崇禎末，加都督同知，提督南京大教場。及史可法督師淮揚，屢加左都督、太子太保。及大兵南下，自白洋河入援，抵揚州，分守北門。城破，率所部巷戰，死之。本朝乾隆四十一年，賜謚忠烈。

莊子固。遼東人。官副總兵，屯徐州、歸德間。聞揚州被圍，率衆馳救，城破，死之。本朝乾隆四十一年，賜謚烈愍。

曲從直。遼東人。官揚州府同知。大兵圍揚州，分守東門，城破，不屈被殺。本朝乾隆四十一年，賜謚烈愍。

黃得功。開原衛籍，其先合肥人。少負奇氣，膽畧過人。時邊事起，得功持刀雜行伍中，隸經畧爲親軍，累功至遊擊。崇禎九年，遷副總兵，分管京衛營。十一年，以禁軍從總督熊文燦擊賊於舞陽，又從擊賊馬光玉於淅川之吳村、王家寨，大破之，詔加太子太師，署總兵銜。十四年，以總兵護鳳陽、泗州陵，駐定遠。張獻忠攻桐城，得功與劉良佐合兵擊之，賊敗遁，追斬賊將馬武、王興國。得功箭傷面，愈自奮，轉戰十餘日，所殺傷獨多。十七年，封靖南伯。福王立江南，進封侯。命移家鎮太平，一意辦賊，論功加柱國。時大兵已渡江，福王潛入其營，得功泣曰：「願效死。」得功戰荻港，傷臂幾墮，以帛絡臂〔一二〕，督麾下八總兵前迎戰。忽飛矢中其喉偏左，得功知不可爲，擲刀拾所拔箭刺喉死。其妻聞之，亦自經。得功忠義出天性，聞以國事相規誡者，輒屈己改不旋踵。其軍行紀律嚴，下無敢犯，所至人感其德。本朝乾隆四十一年，賜謚忠桓。

本朝

武功郡王禮敦。景祖翼皇帝長子。興祖直皇帝創業，禮敦所向克敵。時有二强族，曰額色納，曰嘉瑚，皆輕悍不服，禮敦同寧古塔諸貝勒討之，破滅二族，盡收五嶺迤東、蘇克素護河迤西二百里内諸部。尋卒。崇德間，追封爲王，配享太廟。

慧哲郡王額爾袞。景祖翼皇帝第二子。順治十年，追封爲王。十一年，配享太廟。

宣獻郡王齋堪。景祖翼皇帝第三子。順治十年，追封爲王。十一年，配享太廟。

誠毅貝勒穆爾哈齊。顯祖宣皇帝第三子也。驍勇無前，以功賜號誠毅。常隨征哲陳部，畧地深入，敵兵猝至，太祖高皇帝率穆爾哈齊、延布祿、烏凌阿直前衝擊，敵衆敗走。追至吉林岡，立其巔，潰卒十餘人忽趨上，太祖高皇帝射一人，貫其脊顛，穆爾哈齊又射一人殪之，餘驚，悉墜崖死。順治十年，追封多羅貝勒，謚勇壯。

通達郡王雅爾哈齊。顯祖宣皇帝第四子，太祖高皇帝同母弟也。順治十年，追封爲王。十一年，配享太廟。乾隆十九年，與武功、慧哲、宣獻三郡王並入祀賢王祠。四十三年，並命國史館立四王專傳。

廣畧貝勒褚英。太祖高皇帝第一子也。初同巴雅喇台吉等征安楚拉庫路有功，賜號洪巴圖魯，尋封貝勒。瓦爾喀斐悠城人民苦烏拉國布占泰之虐，願聚族來歸。丁未春，褚英等率兵收其屯寨五百户，布占泰以萬人要諸路，褚英與弟代善策馬前擊破之，布占泰棄甲而逃，以功賜號廣畧。戊申春，復征烏拉，圍宜罕山城，俘其衆以歸。乙卯年薨。

禮親王代善。太祖高皇帝第二子也。忠果英勇。從征哈達、輝發、葉赫等國，論功授貝勒。瓦爾喀斐悠城人苦烏拉國布占泰之虐，乞移家歸附。丁未歲，太祖高皇帝命與貝勒舒爾哈齊、褚英等率兵往徙之，乘夜陰晦行，見大纛之上有光，衆以爲異，取視無有，復樹之，光如初。舒爾哈齊疑之，欲回兵，代善曰：「或吉或凶，兆已定，吾等何所見而遽還耶？」遂決意進兵，盡收環城屯寨五百户，令侍衛扈爾漢護之先行。布占泰邀諸路，不得進。次日，諸貝勒至，代善及褚英各率兵五百分路夾擊，大敗之。代善從馬上攫貝勒博克多胄而斬之，並斬其子，生擒貝勒瑚哩布及常住父子。太祖高皇帝嘉其功，賜名古英巴圖魯。癸丑年正月，太祖高皇帝征布占泰，代善從。時烏拉三萬人越富勒哈城而軍，諸貝勒大臣皆願戰，太祖高皇帝猶未欲加兵，將遣使申諭。代善進曰：「我士飽馬騰，利在速戰，所慮者布占泰不出耳。今彼兵既出，平原曠野，可一鼓擒也。舍此不戰，厲兵秣馬，將何爲耶？」太祖高皇帝曰：「我用兵以來，無不身先搏戰。但恐貝勒諸大臣或致有一二被傷，實深惜之耳。衆志既孚，即可決戰。」因命進兵。代善隨太祖高皇帝親突陣，大敗其兵，遂克其城，布占泰遁走。天命元年，太祖高皇帝即帝位，授大貝勒四人，以代善爲首。三年四月，從太祖高皇帝伐明。會天雨，代善固請進兵，太祖高皇帝善其言，遂下撫順等城及堡寨五百餘處。大軍已出關，明廣寧總兵張承廕等來追，時太宗文皇帝爲四貝勒，與代善率兵迎擊之，盡殲其衆。四年正月，命往守扎喀關。二月，明大發兵，四路來侵。太祖高皇帝率師親征，代善先行，遂過扎喀關，集兵以待。太宗文皇帝以祀事後至，謂界藩山築城夫役宜急防衞，代善遂同督兵赴界藩山，斬敵衆百人，復敗明總兵杜松等於薩爾滸山。又明總兵馬林營尚間崖，潘宗顔營斐芬山，互爲犄角。太祖高皇帝命步兵接戰，方傳諭，敵兵自西突至，代善呼曰：「兵已進矣。」即怒馬迎戰，直入其陣，遂敗敵兵。明總兵劉綎由寬甸路來犯，太宗文皇帝督兵登岡，從上衝擊，代善率左翼兵自西夾攻之，敵衆披靡，劉綎歿於陣。六年三月，大軍取明瀋陽，明總兵李秉誠以兵來援，太宗文皇帝擊敗之，代善及貝勒岳託共逐四十里，斬馘甚衆。十一年八月，太祖高皇帝上賓，代善在諸子最長，而我太宗文皇帝功德隆茂，衆望允屬。代善遂與子岳託、薩哈璘等作議書，言紹承大統必得聖君，始能戡亂致治，以成一統。自顧德薄，願共推戴四貝勒嗣位。入朝遍示諸貝勒大臣等，衆皆喜。太宗文皇帝辭讓再三，代善言益懇切，衆議亦堅，太宗文皇帝乃從之。崇德元年四月，封功臣，晉代善爲和碩兄禮親王。十二月，從太宗文皇帝征朝鮮，受其降以歸。三年，太宗文皇帝征喀爾喀，同鄭親王濟爾哈朗等留守，並監築遼陽都爾弼城。八年八月，太宗文皇帝上賓，世祖章皇帝嗣位，郡王阿達禮及貝子碩託謀立睿親王多爾衮，代善發其謀，俱伏誅。碩託爲代善第二子，阿達禮則其孫也。順治元年，朝元旦，世祖章皇帝命上殿毋拜，以優異之。五年十月薨。子滿達海襲。是年新定諸王葬費，親王例給銀五千。世祖章皇帝以代善功德懋著，特賜萬兩，立碑紀功。康熙十年五月，追謚曰烈，復立碑以表於墓。乾隆四十三年，特奉諭旨，以禮親王誠心推戴，勤勞王室，懋著壯猷，克昭駿烈，其後改封爲康親王，親賢世胄，竟改初封嘉號，何以垂詒奕禩，示酬庸追本之義？著仍復原稱封號，並配享太廟。

鎮國公阿拜。太祖高皇帝第三子也。天命十年，與弟塔拜、巴布泰統兵征呼爾哈部，俘其衆以還，以功授備禦，升三等副將。崇德間，任吏部承政。尋封鎮國將軍，復率兵往錦州南乳峯山駐防。順治四年，晉二等鎮國將軍。五年卒，追封鎮國公，謚勤敏。塔拜以征呼爾哈功授遊擊世職，累封三等輔國將軍，卒。順治間追封輔國公，謚慤厚。

饒餘親王阿巴泰。太祖高皇帝第七子也。初以戰功封台吉。天命四年六月，隨伐明，克撫順。八年四月，太祖高皇帝命與諸台吉往征喀爾喀札嚕特部昂安，以其執我使送葉赫故。昂安傷我前鋒統領岱穆布，阿巴泰大怒，斬昂安父子並從者，俘其孥以還，以功晉封貝勒。天聰元年五月，太宗文皇帝伐明，阿巴泰與貝勒杜度居守。二年五月，命與岳託等率兵墮錦州城。三年十月，太宗文皇帝親統師伐明，命與貝勒阿濟格率兵攻龍井關，克之。又擊斬明三屯營哨卒，抵漢兒莊，會大貝勒莽古爾泰等，降明守將李豐等。十二月，與濟爾哈朗等率兵畧通州，焚其船，攻張家灣，克之。復與大貝勒代善率護軍往畧薊州，破山海關援兵五千餘人。五年，初設六部，命理工部事。七年六月，詔問貝勒大臣，用兵宜先伐何國。阿巴泰言宜選精兵襲明邊牆，則關門可得。大軍屯於邊外，擇諸貝勒將兵分路馳入，若獲可用之人，送至大寨，遣入内地，則消息愈通，錦州無足過慮。我兵既入，是天時已至，令祖大壽入山海關，便可與我兵相會合也。八月，同薩哈璘、豪格等畧明山海關，俘獲無算。崇德元年四月，敘功封爲饒餘貝勒。六月，伐明，至安州，凡克十二城，凱旋。太宗文皇帝親往迎之。十二月，太宗文皇帝親征朝鮮，命駐防噶海城。三年二月，太宗文皇帝親征喀爾喀，令留守盛京，併監築遼陽等城。五月，修治盛京至遼河大路，與多爾袞董其役。四年九月，畧明錦州、寧遠。五年六月，與多爾袞等於義州築城屯田。七月，刈錦州城西禾，敗錦州兵。與杜度截明運糧兵，獲其米千石、牲畜百餘而還。十二月，同多爾袞、豪格、杜度率兵往代濟爾哈朗等圍錦州。六年六月，擊敗關内援兵于松山。七年三月，同濟爾哈朗等攻杏山，以礮擊墮其城，降之。十月，特授奉命大將軍，率師伐明。直抵兖州府，下樂陵等處，自濟以東州縣望風降附。八年六月，班師，賜銀萬兩。是月，又令與諸貝勒分道伐明，會師延慶州。順治元年四月，世祖章皇帝念開國宗勛，晉封多羅饒餘郡王。二年正月，命爲總統，率官兵代豪格剿土賊於山東。二月，遣準塔等擊賊於徐州，賊衆奔潰，赴河死者無算。三年三月，薨。賜謚曰敏。尋以子岳樂晉封親王，贈如其爵。

睿親王多爾袞。太祖高皇帝第十四子也。生而聰慧，多智畧。天聰二年三月，從太宗文皇帝征察哈爾，大捷，特賜號墨爾根岱青貝勒。三年九月，從伐明，逼燕京。五年八月，從太宗文皇帝攻克大凌河。是年初設六部，命掌吏部事。八年五月，從太宗文皇帝伐明，分道入邊，畧朔州，至五臺山而還。崇德元年四月，以功封和碩睿親王。六年八月，大兵圍錦州，明經畧洪承疇以兵十三萬來援，軍容甚盛。太宗文皇帝聞之，親統大軍渡遼河，疾馳六日至七家堡。多爾袞請進軍駐松山、杏山之間，太宗文皇帝從之。明松山諸將見黄幄羽葆軍逼山而營，大懼，謀夜遁，多爾袞率兵趨塔山大路横擊之，潰兵沿山至海，死者相枕藉，明總兵吴三桂等單騎奔入杏山，乃率兵還。七年三月，復同濟爾哈朗圍錦州，明總兵祖大壽力竭以城降。四月，又破塔山、杏山，關門以東，盡入版圖。八年，世祖章皇帝即位，代善等集諸貝勒大臣議以多爾袞與濟爾哈朗同輔政。順治元年，將大舉南征，世祖章皇帝御篤恭殿，賜多爾袞大將軍敕印。時流賊李自成已破燕京，山海關總兵吴三桂遣其將郭雲龍等致書請兵，多爾袞以書報之，吴三桂復請速進兵。多爾袞得書，率兵夜馳，踰寧遠，次沙河，距山海關十里。三桂報賊已出邊立寨柵，多爾袞隨令諸王等率精兵迎擊之，敗賊將唐通於一片石。師至山海關，三桂開關親出迎，多爾袞謂三桂曰：「爾歸營，令爾兵繫白布爲識，恐與賊混，致誤殺也。」使之先驅，遂入關。時李自成所率賊二十餘萬皆久歷戰陣，殊剽悍，恃其衆，陣於關内，自北山亘海。我兵少，對賊布陣，不能横及海岸。多爾袞集諸王貝勒大臣謂曰：「流賊横行久，獷且衆，不可輕擊也。吾觀其陣大，相去遠，首尾不能顧。可鱗次集我兵，對賊陣尾，伺其氣衰突擊之，必勝。努力破此，則大業成矣。勿越伍躁進違節制。」陣既列，令三桂居右翼之末，先悉其衆搏戰，賊力鬬，圍開復合，戰良久，我兵從三桂陣右突出，衝賊中堅，萬馬騰躍，飛矢雨墮，天大風，沙石飛走，擊賊如雹。自成方登高岡觀戰，知爲我兵，膽盡落，急策馬下岡走。我兵無不一當百，追奔四十里，賊衆大潰，自相踐踏，僵尸遍野，溝水盡赤，自成奔還。五月，整兵入京師，遣武英郡王阿濟格等分道追自成，連破之，自成走西安。燕京附近各城俱納款，畿輔肅清，乃定議迎世祖章皇帝都燕京。時明南京諸臣擁立福王朱由崧，稱帝號，其大學士史可法督師揚州，多爾袞致書招之，可法遣人報書，多爾袞得書，知不能屈，遂定議下江南。九月，世祖章皇帝車駕至京師，加封多爾袞爲叔父攝政王。七年十二月，薨於喀喇城。世祖章皇帝率王貝勒大臣等迎其喪於東直門外。八年二月，蘇克薩哈等首告多爾袞薨時，其侍女烏爾庫尼將殉，呼近侍羅什、博爾惠等，告以多爾袞曾製八團龍補黄袍等衣，屬令潛置棺内，羅什等如其言以殮。又多爾袞欲於永平圈房率衆移駐，與和洛會、羅什等密議已定，特以出獵稽遲未行。事聞，經王大臣等定議，追削王爵，並黜宗室。乾隆四十三年，特奉諭旨：「以睿親王首先統衆入關，定國開基，厥功最著，顧以誣告謀逆，經諸王定罪除封。其時我世祖章皇帝尚在沖齡，未嘗親政也。朕每覽實録，見王之立心行事，實能篤忠藎，感厚恩，深明君臣大義，爲史册所罕觀。乃令王之身後久抱不白之冤於泉壤，心甚憫焉。假令當時王之逆迹稍有左驗，削除之罪果出我世祖聖裁，朕亦寧敢復翻成案？乃實由宵小奸謀，搆成冤獄，而王之政績載在實録，皆有大功而無叛迹，又豈可不爲之昭雪？著加恩復還睿親王封號，追謚曰忠，補入玉牒，補繼襲封，照親王園寢制度修其塋墓，仍令太常寺春秋致祭，並配享太廟，用昭彰闡宗勛至意。」

豫親王多鐸。太祖高皇帝第十五子也。初授貝勒。天聰二年三月，從太宗文皇帝往征察哈爾多羅特部，大捷，賜號額爾克楚呼爾。五年九月，太宗文皇帝親率軍擊錦州，多鐸從，以二百人敗錦州兵七千於城下。七年六月，詔問羣臣伐明與朝鮮、察哈爾宜何先，多鐸言宜伐明，直入長城，圖久長之計。八年五月，太宗文皇帝親伐明，多鐸從，率兵入龍門口，敗明兵，克保安州。九年，征山西，太宗文皇帝以明必調寧遠、錦州兵援山西，命多鐸率精兵入廣寧以遲其救援，敗祖大壽等兵。太宗文皇帝以多鐸初專閫外，能出奇取勝，嘉奬之。崇德元年四月，晉封和碩豫親王。六月，命掌禮部事。十二月，從太宗文皇帝征朝鮮，戰皆有功。三年，緣事降貝勒。四年八月，命掌兵部事。五年三月，奉命爲左翼總統，與濟爾哈朗往修義州城，駐師屯田。六年三月，代多爾衮圍錦州、松山，繞錦州城立壕，爲久駐計。城中惶懼，守門蒙古、諾木齊、武巴什縋書約降。祖大壽知有異志，欲以計擒之。諾木齊等即執兵拒外城，蒙古亦執兵助，既接戰，聲聞關外。多鐸與濟爾哈朗至城下援之，關内蒙古縋援兵入，與明兵戰於城上，明兵敗，大軍遂入關，徙其民義州。捷奏至，太宗文皇帝大悦。八月，明經畧洪承疇以八總兵十三萬衆來援錦州。太宗文皇帝親統大軍征之，簡精兵付多鐸令設伏，遂夾擊總兵吴三桂等兵，敗之。尋又奉命圍松山，城内夜出兵來犯，擊敗之，斬首千餘級。十二月，承疇自松山率兵夜出來犯，多鐸令沿濠射之，悉敗去，城中益困。七年二月，松山副將夏承德密遣約降爲内應，以其子舒出質。夜半，諸將士舉梯登城，城遂克，生擒承疇及巡撫丘民仰等。七月，敘功晉封多羅豫郡王。順治元年四月，從多爾衮入關，破流賊，定燕京。十月，晉封和碩豫親王。時明福王朱由崧自立於南京，遣兵扼淮、徐，爲割據計，而李自成尚據陝右。多鐸奉命爲定國大將軍，率師南征，由河南進趨潼關，大敗自成之衆。自成精鋭畧盡，遁至西安。二年正月，多鐸度潼關，師破西安。自成奔商州，南走湖廣。二月，捷聞，世祖章皇帝以流賊既竄，西安平定，關中綏撫事宜付英親王阿濟格等，命多鐸率大軍由河南趨淮、揚，討江南。四月，渡淮趨揚州，招諭守揚閣部史可法等降，不從，攻克其城，獲可法等斬之。五月，南京平，擒福王於蕪湖。捷聞，世祖章皇帝嘉悅，遣侍臣赴軍中勞之。七月，詔以貝勒勒克德渾爲平南大將軍，代多鐸還。十月，凱旋，晉封和碩德豫親王。三年五月，蘇尼特部騰機思等叛奔喀爾喀，詔以多鐸爲揚威大將軍往征。七月，多鐸等至，營阿爾察克山，聞騰機思在衮噶嚕台，星夜疾進，三日追及於諤特克山，獲其妻子及牲畜。喀爾喀土謝圖汗以兵二萬、碩雷汗以兵三萬先後邀大軍於扎濟布喇克之地，多鐸俱擊敗之，各追逐數十里。十月，凱旋，世祖章皇帝出安定門迎勞。四年七月，晉封輔政叔德豫親王，賜金千兩、銀萬兩、鞍馬二，册文稱「定鼎中原以來，所建功勳卓越等倫」云。六年三月，薨。命立碑紀功。九年三月，鄭親王濟爾哈朗等會議：多鐸係多爾衮同母弟，追降郡王。康熙十年五月，追謚曰通。乾隆四十三年，特奉諭旨：「以豫親王從睿親王入關，肅清京輦，即率師西平流寇，南定江浙，實爲開國諸王戰功之最，乃以睿親王誣獄株連，降其親王之爵，後又改封信郡王。以王之勛績，超邁等倫，自應世胙原封，以彰殊眷。著仍追復親王，還號爲豫，並配享太廟。」

鄭親王濟爾哈朗。舒爾哈齊第六子也。幼育於太祖高皇帝宮中，號和碩貝勒。天命十一年四月，從禮親王征蒙古五部有功。天聰元年正月，同貝勒岳託等伐朝鮮及明皮島帥毛文龍，大軍薄義州，克之，遂進拔安州、定州，搗毛文龍所居鐵山，直逼朝鮮平壤城。朝鮮遣使來請和，議未決。岳託與濟爾哈朗議，濟爾哈朗曰：「兵不可深入。聞去此三十里有平山城者，可駐兵以待和議之成。」遂引軍駐平山。朝鮮王李倧遣使至，議歲貢，許之，遂定盟，振旅歸。五月，從太宗文皇帝伐明，至寧遠城，與明總兵滿桂兵遇，力戰被創，氣彌奮，大敗其衆。三年九月，同岳託等率兵往略明錦州、寧遠，焚其積聚而還。十月，太宗文皇帝親統大軍伐明，命同岳託攻大安口，毁其水門，乘夜進兵。明馬蘭營參將率兵來援，我前鋒軍擊走之。比明，見明援兵立營山上，濟爾哈朗先縱兵往敗其衆，追至馬蘭營，既而岳託復敗遵化州援兵，自辰迄巳，五戰皆捷。十二月，同貝勒阿巴泰等率兵往焚明通州船，遂攻張家灣，克之。五年七月，初設六部，命理刑部事。七年五月，與杜度等往迎明降將孔有德、耿仲明於江上，獲明及朝鮮降人以歸。八年五月，太宗文皇帝征察哈爾，留守盛京。十年四月，改元崇德，晉封和碩鄭親王。十二月，太宗文皇帝征朝鮮，復留守。四年五月，往略明錦州、松山，與明兵遇，九戰九敗之，俘獲甚衆。五年九月，同阿濟格等率兵伐明，代睿親王圍錦州、松山。師至錦州，敵伏兵皆驚遁。六年三月，復同阿濟格、多鐸等克錦州。捷聞，太宗文皇帝大悦，令八門擊鼓，召衆於篤恭殿宣捷。五月，又敗明經略洪承疇兵六萬於松山。八月，洪承疇等率兵十三萬來援錦州，太宗文皇帝親統大軍征之，命留守。九月，復從圍錦州。十二月，承疇以兵六千夜犯正紅、正黄兩旗營，濟爾哈朗令軍各依汛地，沿壕射之，敵敗去，會松山城門閉，不得入，盡降其衆。七年四月，同多爾袞等率兵攻塔山，克之。進攻杏山，城中懼，開門降。七月，賜鞍馬一、蟒緞百。八年八月，世祖章皇帝嗣位，以濟爾哈朗與多爾袞輔理國政。順治元年十月，晉封信義輔政叔王，賜金千兩、銀萬兩、緞千疋。五年三月，貝子屯齊等訐告兩旗大臣謀立豪格，濟爾哈朗知而不舉，議罪降多羅郡王。閏四月，復爵。九月，命爲定遠大將軍，討湖廣流賊李錦等。收復府州縣六十餘城，擒斬僞王以下文武官以百計，湖南、貴州悉平。七年正月，振旅還。四月，賜金二百兩、銀二萬兩。嗣以與多爾袞不合，罷輔政。九年二月，晉封叔和碩鄭親王。十二年二月，上疏言政事，大畧言無蔽言路，無弛武備，恤滿洲官兵疾苦，立史官起居注官。世祖章皇帝嘉其言。五月，病劇，車駕臨問，問有遺言乎，泣對曰：「臣受三朝深恩，未能仰答，不勝感痛。惟願以取雲、貴，滅吴三桂，統一四海爲念。且滿洲甚少，而能破流寇取京都者，應加撫卹。」世祖章皇帝垂涕曰：「天何故不令朕叔長年耶？」言已大慟，詔畫工往圖其像留宫中。及薨，輟朝七日，賜祭葬，所給銀兩視定例倍之。十四年，立碑紀功，稱忠冠當時，功昭後世云。康熙十年六月，追謚曰獻。乾隆四十三年，特奉諭旨：「以鄭親王後改封簡親王，親藩世胄改易原封，不足以昭彰闡宗勛、襃慶承家至意，著仍復原封稱號，並配享太廟。」

貝勒芬古。舒爾哈齊第八子，鄭親王弟也。天聰初，任都統，從征大淩河，芬古圍城之西南，斷其出入。太宗文皇帝幸松山營，城中兵突出，芬古等夾擊敗之。又令軍士僞爲援兵自錦州至者以誘城内兵，而伏兵於山腹以待。祖大壽望見，果統衆出，芬古偕諸將又擊敗之，敵不敢復出。八年，與貝勒德格類入明獨石口，取長安嶺，攻赤城，克其郛。九年，從多鐸駐師寧、錦，制明援兵。崇德元年，從武英郡王阿濟格入長城，破敵。又同征朝鮮，入其城。以功封固山貝子，緣事革爵，尋復封輔國公。六年，從圍明松山，明兵遁，追擊大破之。七年，從貝勒阿巴泰征明，至薊州克其城。八年，卒。順治十年，追封貝勒，謚靖定。

肅親王豪格。太宗文皇帝第一子也。英毅多智畧。從征蒙古諸部，功最著，授貝勒。天命十一年四月，隨大貝勒代善征蒙古五部有功。天聰元年五月，太宗文皇帝伐明，豪格同諸貝勒往衛塔山糧運，前軍猝與明兵遇，時明兵二萬，我兵以八十人擊敗之。三年十月，從太宗文皇帝伐明，大兵進逼北京。大貝勒莽古爾泰率諸貝勒迎接明援兵於廣渠門外，敵以重兵設伏於右，莽古爾泰令諸貝勒擊其右，豪格如命衝敵右，敗其伏，敵遂潰。四年正月，與岳託還守瀋陽。六年五月，太宗文皇帝征察哈爾，遂伐明。豪格從，畧歸化城等處，有功。六月，晉封和碩貝勒。七年八月，與阿巴泰等畧明山海關有功。八年七月，伐明。太宗文皇帝親統兵由宣府趨朔州，豪格同揚古利毀邊墻入，大兵遂由尚方堡分道進，旋同貝勒多爾衮畧朔州，及五臺山而還。復從攻大同，擊敗明援兵。九年二月，命與多爾衮、岳託、薩哈璘統兵往收察哈爾林丹汗子額哲，師至錫喇珠爾格，遇察哈爾汗妃及台吉索諾穆等以千五百户降，遂抵託哩圖。託哩圖者，額哲所駐地也。會天大霧，乘其無備，遣葉赫貝勒錦台什之孫南楚等先往見額哲母蘇泰福晉，諭以奉命招撫意。額哲母命額哲率衆迎諸貝勒入，遂定盟。次日，率所部降，額哲以古玉璽獻，文曰「制誥之寶」，元順帝奔應昌時所失，後林丹汗得之者也。崇德元年四月，晉封和碩肅親王，兼攝户部。五年六月，同多爾衮等屯田義州。尋以多爾衮輕違諭旨，豪格亦坐罪降郡王。六年六月，同多爾衮等圍錦州，敗洪承疇兵。九月，還守盛京。十一月，復命圍松山。七年二月，松山副將夏承德密遣人請降，太宗文皇帝許之，用爲內應。時豪格同貝勒等率兩翼兵梯城南先登，遂克松山，擒承疇等。四月，同濟爾哈朗攻塔山，克之。七月，敘功復原封。順治元年，以語侵多爾衮爲人訐告，坐言詞悖妄削爵。世祖章皇帝定鼎燕京，大封諸王，念豪格從定中原有功，仍復原封。是冬山東土寇竊發，奉命往征，土寇悉平。三年正月，命爲靖遠大將軍西征，盡復所陷州縣，陝西平。十一月，整兵入蜀，至南部，偵知賊首張獻忠據西充縣，隨統大軍進抵西充，獻忠來拒，麾兵奮擊，斬獻忠於陣，復分兵搜勦餘賊，破賊營一百三十餘處。四年八月，奏分定諸郡縣，蜀寇悉平。五年二月，凱旋，世祖章皇帝御太和殿宴勞之。三月，多爾衮以豪格有徇隱等事，議罪下獄，卒。七年，世祖章皇帝親政，念其枉，復封和碩肅親王，立碑表之。十三年，追謚曰武。乾隆四十三年，特奉諭旨，以肅親王後改封顯親王，著仍復原封稱號，並配享太廟。

安平貝勒杜度。貝勒褚英之子也。初授台吉，以功封貝勒。天聰元年，從征朝鮮，李倧乞和，大貝勒阿敏欲弗許，杜度不從，卒定盟還。三年，從征明。至北京，略通州，克張家灣，還至薊州，遇明援兵，杜度陷陣殲之。尋奉命駐師遵化，明兵來犯，擊敗之。七年，明叛帥孔有德、耿仲明來降，杜度逆之於鎮江岸，追兵不敢近。崇德元年，封安平貝勒，防守海州。復從征朝鮮。二年，偕多爾衮取江華島，敗朝鮮水師，克其城。三年，從岳託伐明，由墻子嶺入明境。岳託薨于軍，遂代將，西抵山西，南抵濟南，降城克敵。四年秋，同貝勒濟爾哈朗等畧明錦州。五年，屯田義州，屢敗明兵。六年，敗明兵於松山。七年六月薨，予祭葬。雍正二年，立碑紀其功。

克勤郡王岳託。太祖高皇帝孫，禮親王代善第一子也。有謀勇，授台吉。天命六年二月，大軍畧明奉集堡，將旋，有廝養卒指言明兵所在，岳託同諸台吉追擊之，摩其壘而還。三月，攻明瀋陽城，我師追敗明總兵李秉誠等援兵於白塔鋪，岳託會兵同逐北四十里。十一年八月，太祖高皇帝上賓，岳託與弟薩哈璘以太宗文皇帝有聖德，密議推戴，告其父代善曰：「國不可一日無君，邦家大事，宜早定策。四貝勒才德冠世，深契先帝聖心，衆皆悦服，當速繼大位。」代善曰：「此吾夙心也。」遂夜作議書。翼日，以書徧示諸貝勒大臣於朝，遂定議，奉太宗文皇帝嗣位。十月，同弟薩哈璘、貝勒豪格隨父代善征蒙古五部有功。是歲封貝勒。天聰元年五月，從太宗文皇帝伐明有功。二年五月，率兵畧明邊，墮錦州、杏山、高橋三城，毁十三站以東墩臺二十一處，乃引還。三年九月，同諸貝勒畧明錦州境，焚其積聚。十月，太宗文皇帝伐明，師次喀喇沁之青城，代善、莽古爾泰見上請班師退，太宗文皇帝意不懌。岳託同諸貝勒見，告之故，因力贊進兵，至午夜議定，遂同濟爾哈朗攻大安口，毁水門入，乘夜敗馬蘭營援兵於城下。比明，遵化援兵來營於山之林木間，顧謂濟爾哈朗曰：「吾當獨往取之。」遂馳擊，大破之，五戰皆捷，馬蘭營、馬蘭口、大安營三城皆相繼降。四年正月，與豪格還守瀋陽。五年七月，攻明大淩河，太宗文皇帝親統大軍自白土場趨廣寧，岳託率兵二萬別由義州進。八月，會大軍於大淩河，圍其城，祖大壽遂以其城降。翼日，命同諸貝勒統兵四千僞作漢裝，偕大壽作潰奔狀，夜襲錦州，會大霧止。是夜錦州聞礮聲，謂大淩河守兵潰圍出，分路來迎，遇我師，敗之。是年初設六部，命攝兵部事。崇德元年正月，晉封和碩成親王。旋以徇庇莽古爾泰、碩託，且有離間濟爾哈朗及豪格於上之心，論死。太宗文皇帝特寬之，降多羅貝勒，罷兵部任。十一月，復命領部事如故。三年十一月，命爲揚威大將軍，貝勒杜度副之，統右翼兵，與左翼奉命大將軍睿親王多爾衮分道伐明。岳託兵至墻子嶺，毁邊墻入。明密雲總督以兵六千入保墻子嶺，堡外立三寨爲掎角，我師攻其寨，拔之，復連敗明兵。獲敵卒，知堡堅，且有重兵，不易拔，嶺東西高處有間道可越。於是分兵兩路攻其前，以牽敵師，潛以兩路從間道踰嶺入，克臺十有一處，所向皆捷。尋以疾薨于軍。四年三月，多爾衮捷奏至，太宗文皇帝覽奏無岳託名，驚問，知病卒，慟哭久之，令且勿使禮親王知，爲輟飲食者三日。四月，喪還。駕至沙嶺，設幄遥奠，還御崇政殿，命王以下及諸大臣往奠，封爲多羅克勤郡王，賜馬五、駝二、銀二萬兩。是年九月，子羅洛渾襲封貝勒。康熙二十七年，聖祖仁皇帝爲立碑以紀其功。乾隆八年、十九年、四十三年，高宗純皇帝巡幸盛京，俱親酹其墓。又四十三年正月，特奉諭旨，以克勤郡王後改封平郡王，著仍復原稱封號，並配享太廟。嘉慶十年、二十三年，仁宗睿皇帝巡幸盛京，亦親酹其墓。

穎親王薩哈璘。太祖高皇帝孫，禮親王代善第三子也。天姿聰敏，通滿、漢、蒙古文義。屢從征伐，所向有功。天命十一年，封貝勒。八月，太祖高皇帝上賓，薩哈璘與兄岳託以太宗文皇帝聖德神武，深得人心，密議擁戴，告其父大貝勒代善，代善曰：「此我夙心也。」遂與諸貝勒定議，奉太宗文皇帝即位。十月，隨父代善北征喀爾喀扎嚕特部，斬獲甚衆。天聰元年五月，太宗文皇帝親伐明，薩哈璘與兄岳託、貝勒豪格率精騎爲先鋒，至寧遠城，敗明總兵滿桂兵，追至城下，諸貝勒繼至，分兵勦殺敵衆。是役也，薩哈璘被創，戰彌厲。三年十月，大軍次喀喇沁之青城，代善、莽古爾泰詣御幄密議班師，太宗文皇帝不懌。薩哈璘與兄岳託及諸貝勒進見，勸決計進取。十一月，從太宗文皇帝伐明，逼北京，同諸貝勒擊敗明袁崇焕、祖大壽援兵，又南略通州，焚其船，克張家灣，還攻克香河縣，敗明三河縣山後之蒙古兵，進克永平府。五年七月，初設六部，命理禮部事。是月，太宗文皇帝親率大軍伐明，薩哈璘與貝勒杜度、豪格留守都城。七年六月，詔問用兵何先。薩哈璘言當寬朝鮮拒察哈爾而專征明，并陳方略。是年八月，同貝勒阿巴泰等往略明山海關。八年二月，同貝勒多爾袞往迎明降將尚可喜，攻廣鹿、長山二島，俘獲不可勝計。九年二月，同貝勒多爾袞、岳託、豪格等統兵往收察哈爾，途遇察哈爾汗妃及台吉等率其屬來降，遂盡收額哲全部還師。又同略山西邊地諸州縣，縱兵出入，無敢當者。凱旋，太宗文皇帝親率諸貝勒大臣往迎之。先是，諸貝勒大臣以遠人歸附，國勢日隆，合詞請太宗文皇帝進稱尊號，太宗文皇帝卻之，至是復請，太宗文皇帝仍不允。薩哈璘乃令內院大臣希福等奏曰：「臣等屢次陳請，未蒙皇上俞允，夙夜悚惶，罔知所措。伏思皇上不受尊號，其咎實在諸貝勒，諸貝勒不能殫竭忠誠，爲久大之圖，徒勸上早正大號，是以皇上不肯輕受。今諸貝勒誓圖改行，竭忠輔國，皇上宜受尊號。」太宗文皇帝善之，曰：「貝勒薩哈璘爲朕深謀，欲善承皇考開創之基，開陳及此，實獲我心。爾身任禮部，當主之。諸貝勒果誓圖改行，尊號之受與不受，朕當再思。」翼日，薩哈璘集諸貝勒於朝，各書誓詞以奏。太宗文皇帝以內外諸貝勒勸進之誠難以固讓，而朝鮮通好之國應與共議，因命使往朝鮮。薩哈璘乃與諸貝勒遣人偕使臣同往，告以內外勸進之誠，并陳示各國來附、兵力强盛之實。崇德元年正月，有疾，太宗文皇帝親視再三。四月，議薩哈璘功擬加封多羅郡王。五月，薨。詔追封和碩穎親王。六月，太宗文皇帝在翔鳳閣夢人請曰：「穎親王乞賜牛一。」如是者再。寤，以問內院大臣希福等，皆未知所謂。後閱會典，凡親王薨，初祭例賜一牛，始大異之，以聞。太宗文皇帝即命禮部致祭，賜以太牢。康熙十年五月，追謚曰毅。

校勘記

〔一〕詔以宣伯忠允高亮　「忠」，原作「宗」，據乾隆志卷四〇奉天府人物（下同卷簡稱乾隆志）及晉書卷四四李胤傳改。按，李胤字宣伯，本志因避清世宗諱，故稱字不稱名。

〔二〕歷登州澶州刺史及同知保大軍節度使　「澶州」，原作「澧州」，乾隆志同，據金史卷一二八盧克忠傳改。澧州屬南宋荆湖北路，不在金境，盧克忠無緣任其刺史。

〔三〕後以靖難軍節度使致仕　「靖難軍」，乾隆志同，金史盧克忠傳作「静難軍」。按，考宋史、金史傳志，「靖難」、「静難」混作，蓋因音義相近之故。

〔四〕契丹瓜里使人招之　「瓜里」，原作「科里」，據下文改。按，本條末明言舊作「括里」，改譯「瓜里」。乾隆志改譯作「科里」，本志此處誤沿未改。

〔五〕相與拒瓜里於改渡口　「改渡口」，乾隆志同。金史卷一二一納蘭綽赤傳中華書局點校本於「改」上補「伊」字，是。本志據清譯名改「伊改」爲「雅哈」，則此「改渡口」當依例作「雅哈渡口」。

〔六〕大安二年　「大安」，原作「大定」，乾隆志同，據金史卷一二八蒲察鄭留傳改。

〔七〕内侍梁道喇驕横　「梁道喇」，乾隆志及金史卷九七裴滿亨傳作「梁道兒」。

〔八〕轉河東南北路按察使　「南」，原脱，乾隆志同，據金史卷九七裴滿亨傳補。

〔九〕後改兼靖難軍節度使　「靖難軍」，乾隆志及金史卷一〇二蒙古綱傳皆作「静難軍」。參本卷校勘記〔三〕。

〔一〇〕阿里哈舊作阿里合　「阿里哈」，原脱「里」字，據上文補。

〔一一〕召爲詹事院長史　「院」，原脱，乾隆志同，據元史卷一七四耶律有尚傳補。

〔一二〕以帛絡臂　「臂」，原作「背」，乾隆志同，據明史卷二六八黄得功傳改。

大清一統志卷六十二

奉天府四

人物

本朝

費英東。滿洲鑲黃旗人，姓瓜爾佳。國初從其父索果率所部來歸，授一等大臣。其姊壻兑沁巴顏常懷逆志，費英東擒誅之。從征瓦爾喀，取噶家路，殺其部長阿球。又與褚英等取安楚拉庫路屯寨二十餘處，悉降其村落。歲丁未，偕貝勒舒爾哈齊收斐悠城户口。烏拉國布占泰勒兵萬人，扼我前軍於路，費英東率兵繼至，大敗之。是年及辛亥年，兩討東海窩集部，克其五路。癸丑，從征烏拉，拔其城。天命三年，從征明，取撫順。明兵來援，費英東馬驚礮，逸，諸軍欲退，乃策馬大呼，麾衆直入，大破之。太祖高皇帝曰：「此萬人敵也。」四年，以本旗兵破明兵於薩爾滸山巔。八月，攻葉赫城，守陴者飛石投火，太祖高皇帝命之退，對曰：「勢垂克，不可退也。」遂拔其城。費英東爲人忠直，敢强諫，奬善黜惡，畢智殫力，佐成大業，以功封三等子，世襲。及卒，太祖高皇帝親臨其喪。崇德元年，追封直議公，配享太廟。順治十六年，晉世爵三等公。康熙三十七年，聖祖仁皇帝東巡，親酹其墓。雍正九年，加封號曰信勇。乾隆八年、十九年、四十三年、四十八年，高宗純皇帝巡幸盛京，俱親酹其墓，有御製賜奠詩。又四十三年，特奉諭旨，以信勇公費英東爲開國功臣之冠，所襲尚係三等公，不足以昭酬庸茂典，著加恩晉封一等公。嘉慶十年、二十三年，仁宗睿皇帝巡幸盛京，俱親酹其墓，有御製賜奠詩。

額亦都。滿洲鑲黄旗人，姓鈕祜禄，世居長白山。父母爲仇家所害，年十三，手刃其讎，避依其姑家。太祖高皇帝過其地，額亦都識爲真主，辭姑從行。初令討尼堪外蘭於圖倫城，先登。又攻寨克濟城，取之。還，督兵攻取舒爾格布瞻城。丁亥年，取巴勒達城，會渾河漲，以繩聯軍士而度，乘夜登城。城上飛矢貫股，著於雉垣，被五十餘創，不退，卒拔之，賜號巴圖魯。薩克齊入寇，率數人敗之，夜更襲取其城，進攻尼瑪蘭城，破之。復克章嘉諸城寨。貝琿巴顔謀叛附哈達，命往討之，盡誅其父子。葉赫九國合兵來侵，額亦都以百騎挑戰，奮擊敗之，九國盡潰。訥殷者，九國之一也。既敗歸，復聚七寨據佛多和山，額亦都攻下之。丁未年，從征東海窩集部，有功。庚戌年，招撫那木都魯等四路，乘勝取雅蘭路，俘獲萬餘。辛亥年，偕額駙何和里征呼爾哈路，圍扎庫塔城，克之。天命四年，進師界藩，大破明兵於吉林崖薩爾滸山，又破明總兵馬林、劉綎兵，俱爲前鋒，首先陷陣。額亦都自弱冠從征，歷數十年，攻城戰野，未嘗挫衄。前後所得賞賚無算，悉分與有功士卒，不以自私。太祖高皇帝初妻以宗女，後以和碩公主降焉。積功封一等子。卒，太祖高皇帝親臨其喪。崇德元年，追封宏毅公，配享太廟。子敖德遏必隆，並爲名臣。順治十二年，晉世爵二等公。康熙三十七年，聖祖仁皇帝東巡，親酹其墓。雍正十年，加封號曰果毅。乾隆八年、十九年、四十三年、四十八年，高宗純皇帝巡幸盛京，俱親酹其墓，有御製賜奠詩。嘉慶十年、二十三年，仁宗睿皇帝巡幸盛京，俱親酹其墓，有御製賜奠詩。

安費揚古。滿洲鑲藍旗人，姓覺爾察。父完布禄，有忠節。安費揚古克繼父志，自弱冠從征，竭誠效力。討兆嘉城，攻瑪爾墩寨，皆爲軍鋒。征哲陳部，拔其城，攻洞城及章嘉、尼瑪蘭、赫徹穆等城，取香潭寨，皆著功績。從畧哈達富勒嘉齊寨，師還，太祖高皇帝親殿，迎射追兵，後騎乘間來犯，安費揚古盡斬之。從討訥殷，克佛多和山寨。從攻哈達城，先登。從征東海窩集部，破其二路。再征烏拉，擊達拉穆台吉兵，摧其陣，奮勇登城，樹大纛於上，大兵繼至，遂滅烏拉。天命元年，偕扈爾漢征薩哈連部，至烏勒間河，水陸並進，取河南北諸寨，並取薩哈連部内十一寨〔一〕。三年，從攻明，取撫順，先擊破其左營援兵。安費揚古性貞亮，有勇畧，與額亦都等俱爲開國功臣之首。太祖高皇帝嘉其功績，賜號碩翁科囉巴圖魯，列五大臣。順治十六年，追謚敏壯。子阿爾岱，以忠節著。次子達爾岱、孫都爾德遜塔，並著有功勳，爲名臣。

扈爾漢。滿洲正白旗人，姓佟佳。國初從其父扈喇虎來歸，賜姓覺羅。丁未年，奉命遷斐悠城之衆，以兵三百護之先行，烏拉遣萬人邀諸路，扈爾漢結寨山嶺，分百人衛之，身率二百人拒敵，敵不能犯，次日諸將皆至，大破其衆。從征東海窩集部有功。己酉年，率兵一千再征之，降瑚葉路，收二千户以歸，賜號「達爾漢」。辛亥年，征呼爾哈路，圍扎庫塔城，克之。天命元年，偕安費揚古征東海薩哈連部，進師黑龍江岸，招降甚多。四年，從擊明劉綎兵，大破之。扈爾漢每戰輒爲先鋒，奮不顧身，積功封三等子，卒。其第三弟薩木什喀、第七弟雅賚並著戰功，歷加世職。

何和里。滿洲正紅旗人。其先居棟鄂爲部長，因以地爲氏。何和里幼而凝重，志量寬和。年二十六，即長其部。太祖高皇帝納妃哈達，身率甲士護行，遂率所部來歸。尚固倫公主，授一等大臣。從征烏拉，及呼爾哈路，圍扎庫塔城，皆有功。癸五年，再征烏拉，布占泰拒戰，何和里與費英東等力請進兵，遂滅烏拉。天命六年，從取遼陽。何和里自來歸後，特蒙眷注，與費英東、額亦都、扈爾漢、安費揚古爲五大臣，推誠宣力，勤勞王室，封世職三等子，卒。順治十二年，追謚温順。雍正中，進封勇勤公。

揚古利。滿洲正黄旗人，姓舒穆嚕。父郎柱，爲庫爾喀部長，命揚古利入侍。郎柱爲部人所害，揚古利之母攜幼子屬鞬佩刀突圍來歸。庫爾喀部衆尋亦内附，揚古利逆其仇家殺之，時年甫十四。太祖高皇帝異之，以女妻焉。從征輝發，取訥殷部，及珠舍哩路、安楚拉庫路，皆有功。從討哈達蒙格布禄，先登拔其城，擒其酋以歸。收斐悠城户口，烏拉以萬人邀諸路，揚古利戰甚力。從取烏拉金州城，城中迎射外兵，揚古利冒矢攻克之。再征烏拉，敵勢鋭甚，太祖高皇帝欲少退，揚古利獨麾衆薄城疾攻，拔之。擊明兵於界藩，先馳敵被傷，裹創奮擊，大破之。天命六年，取瀋陽，乘勢進取遼陽，皆先登，以功授一等子世職，命位次八貝勒下。十年，明毛文龍夜入耀州，揚古利擊之，殲其衆。天聰三年，從征明，敗明總兵滿桂於都城北。明兵援薊州，我偏師少却，揚古利直前奮擊，敗之。八年，晉超品一等公。復從攻宣府、大同〔二〕，拔靈丘。崇德元年，與武英郡王阿濟格入邊城，克昌平等十二城，俘獲十餘萬。二年，從征朝鮮。有敗卒竄伏崖間竊發鳥鎗，揚古利傷重而卒。揚古利自弱冠從軍，衝鋒挫鋭，大小百餘戰，被創滿身，戰功最著，而持身敬慎，歷事兩朝，恩遇殊絶。歿之日，太宗文皇帝親臨喪次，追封武勳王，以子塔瞻襲超品公。順治中，配享太廟。康熙三十七年，聖祖仁皇帝東巡，親酹其墓。三十九年，有御製碑文表其墓。雍正九年，加封號曰英誠。乾隆八年、十九年、四十三年、四十八年，高宗純皇帝巡幸盛京，俱親酹其墓，有御製賜奠詩。嘉慶十年、二十三年，仁宗睿皇帝巡幸盛京，俱親酹其墓，有御製賜奠詩。

西喇布。滿洲鑲紅旗人。世居完顔，以地爲姓。國初率所部來歸，列理事十大臣。太祖高皇帝富勒佳齊之役，西喇布翼衛大營，哈達錫特庫連發兩矢，西喇布以身當飛鏑，中傷而殁，贈二等輕車都尉世職。順治十二年，追謚順壯。子瑪拉希，從入關破賊，又從征江南、四川、湖廣、廣東，屢著戰功，累晉至二等男。卒，賜祭葬，謚忠僖。

赫臣。滿洲正黄旗人，姓伊爾根覺羅。天命初，征烏拉有功。奉使葉赫，抗節不屈，被害。子克宜福，以勇著。天聰初，從攻永平，崇德時，從圍錦州，皆有功。

楊書。滿洲正藍旗人，姓郭絡羅。國初率其族自沾河來歸，尚公主爲額駙。從征皆有功。卒時，太祖高皇帝親臨奠之。

阿蘭珠。滿洲鑲紅旗人，姓棟鄂。國初從其父阿格巴顔率所部來歸，初授佐領，尋擢理事大臣。從征烏拉，被創，奮勇衝入，遂殁於陣，贈三等輕車都尉世職。順治十二年，追謚順毅。其從弟永順喀爾瑚齊、姪和託，皆屢從征討，著有戰功，歷加世職。

巴篤禮。滿洲正白旗人。世居佟佳，以地爲姓。天命初，來歸，有才能，列十大臣。屢立戰功，授三等輕車都尉世職。十年，攻明旅順口，克之。十一年，敗明毛文龍兵於薩爾滸城。天聰初，從攻遵化，先登。八年，攻王家莊，被創不退，中矢死，贈三等男。順治十二年，追謚敏壯。弟蒙阿圖，亦以軍功顯。

博爾晉。滿洲鑲紅旗人。世居完顔，以地爲姓。國初率户口來歸，授佐領，尋授侍衛。天命八年，從征扎嚕特昂安貝勒，斬昂安及其子，降其部衆。十年，授副都統，率兵征東海呼爾哈部，降五百户。尋列理事十大臣。天聰初，擢都統，從征朝鮮，又從征錦州，以功累封至一等男。尋卒。康熙三年，其子特錦具陳父績，追謚忠直。特錦初授騎都尉世職，從入關破賊，征叛鎮姜瓖，勦平山西，又征雲南、貴州，皆有功，晉二等男，官至都統。卒，謚襄壯。孫瑪沁，亦著有軍功。

哈哈納。滿洲鑲紅旗人，姓那木都魯。國初從其父明安圖巴顔來歸。以佐領從征烏拉，身被數創，猶力戰。天命四年，從破明四路兵，取開原、鐵嶺，皆有功。六年，從征遼陽，敗敵援兵。天聰初，列十六大臣。八年，略錦州，敗明兵於城下，復進擊明兵，所乘馬仆於陣，步戰益力。尋援耀州，敗明兵於渾河。崇德元年，入長城，攻克昌平、涿州二城。尋以創發致仕。

覺羅拜山。鑲黄旗人。景祖翼皇帝第五弟寶朗阿之曾孫。天命六年，從攻明瀋陽，斬其驍將號禿尾狼者。明兵自城南來迎戰，拜山當之，又斬一副將，遂克遼東。授三等輕車都尉世職。天聰初，復從征錦州，有功。後歿於陣，贈三等男。

納爾察。滿洲鑲黄旗人，姓鈕祜禄。國初來歸，授騎都尉世職。戊申年，從征烏拉，攻伊罕阿林城先登，擢副都統，列十六大臣。尋攻沙嶺，以不待集師，奮勇獨進，歿於陣。順治十二年，追謚端壯。子瑚沙，亦著有戰功。

古爾布什。滿洲鑲黄旗人，姓博爾濟吉特。天命六年來歸，授三等子，尚公主爲額駙。天聰五年，圍大淩河；崇德初，從征朝鮮，攻皮島，皆有功。六年，圍錦州；七年，再圍錦州，屢敗明兵。順治元年，入關，擊敗流賊李自成。九年，晉一等子。卒，賜祭葬，謚敏襄。

法譚。滿洲正紅旗人，姓他塔喇。初以護軍校從滅葉赫，取遼陽，擢佐領。天聰、崇德間，取旅順口，下山東，克郯城，征呼爾哈，克雅克薩城，圍錦州，克前屯衛、中後所，皆有功。順治元年，從入關，討流賊。二年，追敗賊黨於荆州宜昌，連戰皆捷，以功累晉世職至一等輕車都尉兼一雲騎尉。康熙三年卒，賜祭葬。

佟養性。漢軍正藍旗人。世居撫順，爲商販。養性有識量，天命初密輸款於我，爲明所獲，從獄中逃出來歸。妻以宗女，授三等男。尋從克遼陽，晉二等子。時漢人歸附者日衆，以養性統轄之。天聰五年，從攻大淩河，克之。復敗明援兵，以礮克魚子章臺，降之。復克馬家湖臺，盡毀諸烽堠。六年，大閱，養性軍容整肅，賜賚有加。卒。順治十三年，追謚勤惠。

雅希禪。滿洲鑲黄旗人，姓馬佳。父尼媽禪，任佐領。雅希禪自其父時屢從征有功。天命初，列理事十大臣。從征界藩，超伍先進，破明總兵馬林於尚間崖。六年，從征遼陽，以功晉三等男。八年，從征扎嚕特昂安貝勒，同達音布先陣破敵。尋卒。順治十二年，追謚敏果。次子訥爾特，屢著戰功，從征明，戰三河，攻山東，克武定城。後歿於陣，贈三等輕車都尉世職。

布顔岱。滿洲鑲紅旗人，姓博爾濟吉特，尚公主爲額駙。天命十一年，取覺華島，殲其衆。天聰元年，從征朝鮮。三年，入龍井關，克大安口，取遵化，四戰皆捷。五年，從圍大淩河，身被創，戰益厲。六年，略宣府、大同，降察哈爾部衆。順治元年，入關擊流賊，再蹙之潼關。二年，從征江南，遇敵於黄河岸，所乘馬蹶，身中數創，猶殪敵不退。尋以創發卒於軍。

圖們。滿洲鑲藍旗人，姓西林覺羅。父屯台，初自旺沁率族來歸，太祖高皇帝以覺羅瓦爾哈女弟妻之。初設佐領，即以屯台統其族屬。及圖們襲父職，屢從五大臣征，有功。天聰五年，從征明大淩河，首摧敵鋒。明監軍道張春率衆數萬來援，圖們復身先迎敵，礮中股，筋絶而未殊，猶奮勇不退。大軍繼進，遂破明兵。太宗文皇帝親臨撫問，奏言：「臣創雖深，然觀敵勢剽輕易滅也。」尋復命鄭親王視問，謂王曰：「吾不能殺敵，丐王奏請截吾股，以油炙之，猶堪爲國司閽。」是夕竟卒。特賜騎都尉世職，俾其子圖延圖襲焉，仍帶參領本秩。圖延圖於順治元年從睿親王入關擊流賊有功，遷户部郎中。五月，追賊至慶都縣，斬獲甚衆。尋病卒，以長子圖拜襲。雍正三年，建昭忠祠祀死節諸臣，圖們與焉。

吉斯哈。滿洲鑲白旗人，姓烏蘇，與弟吉巴克達來歸。天命四年，從征明有功。六年，從圍遼陽，先登。天聰八年，偕武巴海征東海呼爾哈部。九年，偕巴奇蘭等征黑龍江，皆有功。崇德元年，從征朝鮮，有明兵潛入鹻場，擊走之。復敗朝鮮平壤兵。再征瓦爾喀，大捷，以功累晉世職至一等輕車都尉。弟吉巴克達，天命六年從攻奉集堡，遇明總兵李秉誠來援，敗之，追至城濠，中礮歿。贈二等輕車都尉。

穆克坦。滿洲鑲藍旗人，姓戴佳，世居哈達部之杭淵。國初率屬來歸。每從征，必前驅。扎海瑚色叛歸哈達，穆克坦從其父及兄追之，父、兄俱歿於陣，從子額爾訥亦叛，穆克坦隻身追擊殺之。天命元年，我師征瓦爾喀，舒賽、阿爾琥達進戰不利，蒙庫、噶哈二人先走。穆克坦怒，同延布理等八人直入賊陣，賊皆披靡，舒賽、阿爾琥達得免。師還，以蒙庫、噶哈所獲賜穆克坦。六年，從征明耀州，先登，克其城，遂駐防焉。時有蒙古人叛去，我兵追及之，戰不利，穆克坦策馬大呼，殺首逃者海色，餘皆潰，敘功授二等男世職。天聰初，擢列十六大臣。從征朝鮮，兩以先登獲賞。五年，從圍錦州，穆克坦徑抵城濠，舍騎步戰，敵兵矢礮齊發，穆克坦鏖戰死，贈一等男世職。順治十二年，追謚忠勇。

康古禮。滿洲正白旗人，姓那木都魯。歲庚戌，以綏芬屯長率其民人來歸，得壯丁千餘，太祖高皇帝妻以弟穆爾哈齊之子，授三等子世職。天命三年，從取撫順。六年，從攻遼東、瀋陽，先登。天聰初，列十六大臣，授護軍統領。後緣事免。五年，卒。康古禮弟喀克篤哩，亦授三等子。天聰元年，從征朝鮮。三年，從攻明遵化。五年，征明南海島及圍大淩河城，皆有功。八年，卒。康古禮第四子賴塔，崇德時屢立戰功。順治初，從平江南、福建、湖廣、南粵，晉三等男。康熙十三年，爲平南將軍，歷著懋功。卒，賜祭葬，謚襄毅。雍正五年，追封一等公。八年，入祀賢良祠。九年，加封號曰褒績。

綽和諾。滿洲鑲紅旗人，姓那木都魯。父明安圖巴顏，國初來歸。綽和諾從征呼爾哈部，克扎庫塔城，復以克瀋陽、遼陽功，授三等輕車都尉世職，列十六大臣，任副都統。天聰五年，從征大淩河，力戰，歿於陣，贈一等輕車都尉世職。雍正七年，入祀昭忠祠。

楞額哩。滿洲正黃旗人，揚古利次弟。屢從征有功，授騎都尉世職，任副都統。天命九年，從破明將毛文龍島中兵，焚其糧。復偕阿山入喀爾喀巴林地，俘獲甚多。天聰元年，從征朝鮮，克義州。三年，海島漢人踞朝鮮鐵山，率精兵勦之。五年，征南島，復從征大淩河，皆有功，累晉至一等子。八年，卒。順治十二年，追謚武襄。

納穆泰。滿洲正黃旗人，揚古利第三弟。天聰初，擢授都統，從征明，攻遵化城，克之。駐防灤州〔三〕，移守遵化，擢兵部承政，授三等輕車都尉世職。復署錦州、松山。八年，署朔州，抵上方堡，攻王家莊，先登。九年，統右翼兵自應州趨平衛，破明兵，敘功晉三等男。是年十月卒。

多積禮。滿洲正紅旗人，何和里次子。從征烏拉及明，俱著戰功，授三等輕車都尉世職。崇德元年，征瓦爾喀部，俘獲甚多。凱旋，命禮官迎宴，擢副都統。四年，緣事革世職，仍任副都統。六年，圍錦州，戰松山，皆殲敵有功。尋以年老罷。其第五弟都類，天聰時任都統，屢從征討，所向有功。順治元年，入關追破流賊，尋從征四川，克平川北州郡，以功累晉至二等伯。十三年，卒。

和碩圖。滿洲正紅旗人，何和里第四子。襲父三等子世職。通漢文。太祖高皇帝愛之，以禮親王女妻焉，封和碩額駙。天聰元年，任都統，從征朝鮮及明錦州等處，著有勞績。二年，署錦州，克杏山、松山，征察哈爾，敗其兵，晉三等公。三年，征明，攻大安口，屢敗援兵。進取遵化，戰盧溝橋，敗明四總兵於永定門外。軍還，取永平。四年，駐防灤州，敵兵掠我臺站，擊走之。七年，卒，贈恤有加。順治十二年，追謚端恪。雍正九年，加封號曰勇勤。

舒賽。滿洲鑲藍旗人，姓薩克達。生而勇敢。天命初，從征哈達，又征瓦爾喀，皆有功，授二等輕車都尉世職。天聰初，列十六大臣，從征朝鮮，駐防義州。八年，從鄭親王濟爾哈朗留守盛京。舒賽每攻城，衣棉甲，奮身直前，先後攻克十六城，晉三等男。卒。順治十二年，追謚壯敏。子西蘭，從入關，追討流賊李自成，克潼關，三戰皆捷。又從征江南、福建，皆有功。孫席特庫，從征明前屯衛及討流賊李自成於延安，追勦至安陸，並著戰功。

達珠瑚。滿洲正藍旗人，姓兆佳。初授佐領，從征葉赫、烏拉諸部落，俘獲甚多，敘功晉三等男。天聰間，擢列十六大臣。又從征東海瓦爾喀部落，斬獲甚衆。軍還，爲俘卒所害。順治十二年，追謚襄敏。子翁阿岱，亦屢以軍功顯。崇德六年，戰歿松山，贈卹甚厚，晉一等男。

甯完我。漢軍正紅旗人。天命初來歸。兼通蒙古、漢文，任事文館。天聰四年，偕達海招諭永平，從征大凌河，招撫察哈爾部，以功授騎都尉世職。六年，疏陳伐明策。後緣事罷革世職。順治元年，起爲學士。二年，擢弘文院大學士。六年，修太宗文皇帝實録，充總裁官，授二等輕車都尉世職。八年，晉議政大臣。十三年，加少傅，兼太子太保。十五年，致仕。康熙元年，擢其子爲學士。四年，卒。賜祭葬，立碑，謚文毅。雍正二年，入祀賢良祠。

達爾漢。滿洲正藍旗人，揚舒子。亦尚公主爲額駙，兼管佐領。從征葉赫錦台什，以功授一等男。天聰初，擢都統，列八大臣。征扎嚕特，單騎擒一台吉。復征棟奎，破其衆，擒固穆楚庫爾等父子。又從征朝鮮及明永平、大淩河，皆有功。九年，征明山西，奉命分兵列營，牽制明師，道遇敵，擊敗之。崇德元年，攻克順義，以功累晉至一等子。後緣事削世職。

偉齊。滿洲鑲黄旗人，費英東第九弟。征呼爾哈部，收獲五百户，有功，並以其父索果歸附功，授騎都尉。天聰三年，從征明，畧遵化，屢敗敵兵，晉三等輕車都尉。嘗令留守盛京，提督八門。尋卒。順治十三年，追謚端勤。子卓布泰、巴哈、穆里瑪，皆著戰功。

武訥格。蒙古正白旗人，姓博爾濟吉特。先居葉赫，國初來歸。有勇畧，通蒙古文及漢文，賜號巴克什。從征烏拉有功，授三等男。天命十一年，別將兵擊明覺華島，破之。天聰三年春，從征察哈爾，降二千户。是年冬從征明，入龍井關，克遵化。袁崇焕等援師至，左翼蒙古兵先進，卻，武訥格率右翼進戰，敗之。賜俘獲物以半犒其軍。五年，復從征明，圍明兵於大淩河，明兵欲突圍出，敗之。八年，敘功晉三等公。復從征明，率蒙古左右翼兵與諸貝勒俱進獨石口，攻撫悉稱旨。尋自得勝堡收蒙古之逃入陽和者四百七十人。九年，卒。

喀三。滿洲鑲藍旗人，姓納喇。世居葉赫蘇完。天命初來歸，授佐領。六年，從取瀋陽、遼陽，授三等輕車都尉世職。九年，明島帥毛文龍部將來犯康古禮額駙莊，喀三往援，盡殲其衆。天聰六年，從征察哈爾，偕吴拜等屢敗敵。以目疾辭職，以功累晉至二等子。順治十二年，卒，謚敏壯。

武巴海。滿洲鑲藍旗人，姓瓜爾佳。天命初，從征明，有功，授佐領。天聰元年，從征朝鮮，以登城功受賞。從征錦州，敵兵來犯，武巴海殿，力戰敗之。五年，偕蒙阿圖征瓦爾喀，有功，賜號巴圖魯。六年，征烏扎拉，俘獲甚多。七年，征呼爾哈部，又征瓦爾喀，皆以凱旋。九年，從岳託駐歸化城，偵知土默特部長博碩克圖子茂罕陰通於明，武巴海擒斬茂罕及明使人。崇德二年，敘功晉三等子，賜衣服僕馬莊田。尋卒。

巴奇蘭。滿洲鑲紅旗人，姓納喇。早從征伐，嘗以所部兵攻覺華島，破之。天聰初，列十六大臣。三年，從征明。七年，從征旅順口，巴奇蘭與薩穆什喀並舟先入，中數創，號於軍曰：「孰能超躍先登者？」於是永順、珠瑪喇躍而登，巴奇蘭率兵繼之。時我兵少動，復號於軍曰：「敵敗矣。」整兵復入，遂克之。八年，將兵征呼爾哈諸部，俘獲甚多，所俘盡以賜之。以前征旅順口被創至是潰，卒。贈三等子。

武善。滿洲鑲黄旗人，姓伊爾根覺羅。父噶蓋，國初來歸，授理事大臣。後以牽連坐罪誅。武善初任佐領。天命九年，明毛文龍渡鴨緑江，入島屯田。武善與楞額哩襲之，破其島，擊斬及墜水死者無數，焚其糧而還。天聰初，列十六大臣。崇德元年，瑪福塔使朝鮮，偵知明兵潛入鰱場，奏聞，命武善偕吉斯哈等率兵助瑪福塔於鰱場，大破之。三年，緣事革職。尋授工部參政。順治元年，卒。弟布善，亦以戰功授騎都尉世職。

庫爾禪。滿洲鑲紅旗人，姓鈕祜禄。父索塔拉，尚公主，生子四，庫爾禪其次也。好學問，天命初召直文館。四年，結喀爾喀五部盟誓。九年，結好科爾沁部，授佐領。天聰元年，從征朝鮮。其王遁居海島，遣庫爾禪往議約誓，定歲幣，朝鮮讋服。三年，命同在庭儒臣編輯國史。四年，從征明灤州，摧鋒陷陣。五年，命往責諭朝鮮入貢愆期。六年，因遣諭明邊臣罷兵息民，逾期始至，又以力保逃將劉興祚罪，論死。庫爾禪通習漢文，與達海齊名。順治元年，擢其子瑪拉爲户部郎中。弟庫拜，屢以戰功授二等輕車都尉。

圖魯什。滿洲鑲黄旗人，姓伊爾根覺羅。天命九年，任佐領。天聰三年，從征明，攻大安口，先至城下力戰，克其城。大兵營京城西南隅，復偕副都統阿山覘明帥滿桂等以四萬衆列營永定門南，還報。圖魯什請乘其不虞擊之，先馳入明營，遂斬滿桂等。

五年，從征大淩河，又從攻錦州，大敗之。與明援兵監軍道張春決戰凡三晝夜，聞敵渡河，圖魯什領兵衝擊，敗之。是夕再戰，圖魯什先進，大破明兵。八年五月，擢前鋒統領，加三等男。六月，從征察哈爾。七月，至歸化城，收其降人一千二百户。是月毀明邊墻，入至宣化，攻懷遠，圖魯什設伏於左衛城，擊敗明總兵曹文詔兵。又遇明總兵祖大弼兵，圖魯什以單騎衝入，矢中腹，力戰，我兵繼至，敵敗去。圖魯什以創重卒於軍，賜號碩翁科囉巴圖魯，贈三等子世爵。順治中，追謚忠宣。

滿達爾罕。滿洲正黄旗人，姓納喇。父雅琥有功，官佐領，列理事十大臣。滿達爾罕屢從征討，招降呼爾哈部。天聰五年，使朝鮮。八年，從征大同，以功授騎都尉世職，擢禮部承政。崇德二年，從攻皮島有功，賜裘馬銀幣。在禮部任職六年，恪恭匪懈，累晉世職至二等輕車都尉。卒謚敬敏。弟瑪福塔，初任佐領，後擢户部承政，與兄滿達爾罕分掌户、禮二部，人以爲榮。

景固勒岱。滿洲正白旗人，世居扎庫塔，以地爲姓。國初來歸，授佐領，屢從征有功。天聰八年，奉命再征東海瓦爾喀部，收獲丁莊馬牛甚多，以功晉至三等男，卒。順治十二年，追謚忠直。

齊爾格申。滿洲鑲白旗人，姓寧古塔。初任佐領，明人攻耀州，率所部往援，敗之淤泥河。明錦州兵來犯，引軍迎敵，面被創，戰益力。天聰六年，鎮守蓋州，多俘獲。崇德元年，從征大同，再敗明兵，以功累晉至三等男。卒，賜祭葬。弟多尼喀，以勇稱，亦著有戰功。

勞薩。滿洲鑲紅旗人，姓瓜爾佳。屢從征，敗明兵於德勝門外。天聰八年，奉命率兵沿彰武臺河駐劄，保守外藩蒙古，並扼敵兵，數年敵不敢犯，賜號碩翁科囉巴圖魯。九年，從入邊，毀邊城，入略代州、忻州。崇德元年，從征朝鮮，率兵三百僞爲商人先至朝鮮國王所都王京，圍之，敗其兵。勞薩驍勇，師行輒爲前鋒，哨敵捉生，斬獲甚多，以功累晉至三等男。明師嘗圍我將覺善，執我佐領，勞薩皆援出之。六年，與明洪承疇兵戰，歿於陣，贈三等子。順治十二年，追謚忠毅。

揚善。滿洲鑲白旗人，費英東第四弟音達户齊之子。初隸鑲黄旗，後改鑲白旗。天聰初，列十六大臣，任護軍統領。三年，從征明有功。五年，戰大淩河，衝鋒破敵，被二創，加三等輕車都尉世職。六年，從征察哈爾，取沙河堡。崇德元年，從征大同，旋授議政大臣。順治元年，以和洛輝誣獄論死。八年，世祖章皇帝察其枉，出獄復職。其第八弟曰納都瑚，從入關，破流賊，進定西安，尋下江南，及討叛鎮金聲桓，屢著戰績，以功累晉至一等男，卒。

伊遜。滿洲鑲白旗人，音達户齊次子。初隸鑲黄旗，後改鑲白旗。早從征伐，屢立戰功。天聰初，列十六大臣。三年，從征遵化，先登，礮傷臂。擢兵部承政。崇德四年，副左翼帥薩穆什喀征索倫，克烏庫爾城，戰於鐸陳，設伏敗敵。八年，卒。順治十二年，追謚襄壯。

武賴。滿洲鑲黄旗人，費英東第五弟烏爾罕之子。天聰初，從征大淩河及朝鮮，皆有功。崇德三年，從貝勒岳託攻山東，連戰皆捷，授騎都尉世職。八年，從征明，至渾河，敗其衆。師旋至密雲，遇明兵列火礮以待，奮勇衝突，破之。順治元年，從入關，擊敗流賊，以功累晉至二等男。尋卒，謚康毅。子固德，知名。

伊勒慎。滿洲鑲黄旗人，姓費莫。世居薩齊庫，率衆來歸。其族悉爲烏拉所害，太祖高皇帝憐之，授騎都尉世職。從征明有功。天聰五年，守海州，屢敗明兵，襲奪敵船。七年，從征旅順口有功。先後守海州十餘年，捕獲甚多，明兵不敢犯，以功累晉至三等男。後緣事削職，旋復鎮守海州。順治二年，卒。

喀勒塔拉。滿洲鑲白旗人，姓章佳。襲父圖爾坤煌詹佐領。崇德三年，擢護軍參領，從入明邊，屢敗敵兵。順治元年，從入關，擊破流賊，復從定山西、河南。五年，從征江西，屢著戰績。九年，擢護軍統領，以功累晉世職至一等輕車都尉。十年，從征湖南，至衡州，奮勇擊賊，殁於陣。贈三等男，謚忠壯。

徹爾格。滿洲鑲黄旗人，額亦都第三子。幼從征討，屢建功績，授騎都尉世職，晉三等輕車都尉。征東海瓦爾喀部，大捷，凱旋，晉三等子。天聰元年，設八大臣理政事，徹爾格與焉。是年從征朝鮮，其王李倧慴服納貢。五年，任兵部承政。崇德二年，以攻皮島違軍令，更緣事罷任，革世職。三年，起授工部左參政。五年，擢户部承政。八年，授騎都尉世職。順治二年，卒。長子辰泰、五子拉哈達，俱知名。

圖爾格。滿洲鑲黄旗人，額亦都第八子。幼從征，積功授一等輕車都尉世職。天聰初，列十六大臣，從攻遵化、錦州、大同、山西、昌平、雄縣，皆有功。崇德五年，攻錦州，身著二十餘創，猶殿後力戰，授内大臣。六年，從圍松山，明兵犯御營甚急，軍中侍衛、守營大臣俱未至，圖爾格奮呼發矢殺二人，敵乃遁。七年，征明，敗敵三十九次，至山東陷陣下城，降獲無算。以功累晉至三等公。圖爾格才氣過人，有父風，効力行間，勳伐尤異。順治二年，卒。九年，追謚忠義，配享太廟。雍正九年，追加封號曰果毅。

伊爾登。滿洲鑲黄旗人，額亦都第十子。幼侍宫中，長以侍衛從征。天命初，築城界藩及薩爾滸有功，晉三等男，賜蟒衣，列十六大臣。天聰三年，率兵勦獐子島，及攻明薄燕京，克永平、灤州等城，皆有功，晉一等男。又攻明旅順口及山西、保安等州，皆俘獲無算。崇德元年，緣事削世職。三年，復爲護軍統領。四年，爲内大臣，從征，敗明祖大壽軍。六年，攻錦州，洪承疇以師赴援，諸將失利，伊爾登突入陷陣，身被十餘矢，轉戰若無所見，四戰皆捷，復加三等男世職。累晉至二等伯。順治十三年，以老致仕，命乘騎入朝，並圖其像。康熙二年卒，謚忠直。三十七年，遣官祭墓。

超哈爾。滿洲鑲黄旗人，額亦都第十三子。屢以戰功授騎都尉世職。崇德元年，從征明，轉戰至盧溝橋，擒斬無算。二年，擢議政大臣。三年，征山東，攻城克敵，屢建奇功。時任禮部參政。五年，轉兵部。六年，從攻錦州，力戰陣亡，贈二等輕車都尉世職。順治十二年，追謚果壯。

范文程。瀋陽人，隸鑲黄旗漢軍。天命初，以明生員來歸，參贊帷幄。天聰三年，解大安圍，敗明兵，授三等輕車都尉世職。五年，招降大凌河城西山一臺。六年，陳進取計。是時初設八旗都統，廷議首推文程，太宗文皇帝曰〔四〕：「此職一軍耳。朕方資爲心膂，其别議之。」尋授祕書院大學士。每入對，必漏下數十刻始出。凡詔敕宣諭，皆出其手。順治元年，流賊李自成陷明都，明將吴三桂乞師。文程勸進兵，大兵遂發，入關草檄，人心帖然。至京，疏請撫遺黎，起廢斥，定册籍，減賦額，詔皆舉行。五年，賜巴克什號。六年，修太宗文皇帝實録，充總裁官。累晉至一等子，任議政大臣。疏請興軍屯，嚴保甲，皆舉行。加少保，兼太子太保。以病乞休，特晉太傅，兼太子太師，俟病起召用。康熙五年卒，賜祭立碑，謚文肅。五十二年，御書「元輔高風」額其祠。

阿濟格尼堪。滿洲正白旗人，姓他塔喇。父達音布，累積戰功，授三等輕車都尉世職。天命八年，從征扎嚕特部，歿於陣。阿濟格尼堪襲父職，年少奮勇陷陣，所至有功。崇德六年，從圍錦州，大破明兵於松山、杏山。八年，取中前所等城。順治元年，從入關，進擊流寇，復破賊西安，從平江南、浙、閩。六年，以參贊大臣從征湖廣，督兵轉戰，下寶慶，破邵陽，拔湘潭，以功累晉至三等伯，授議政大臣。卒，謚勇敏。

石廷柱。漢軍正白旗人。先世爲遼東武弁。父翰，始家焉。天命七年來歸，授三等輕車都尉世職。十一年，從征囊努克。天聰三年，率兵勦明故將毛文龍所屬諸島，有俘獲。六年，從征察哈爾。七年，從克旅順口。崇德四年，戰松山，屢破敵兵。六年，奏取錦州策。再圍松山，乘夜破敵。順治元年，從入關，從平山西、河南。十四年，乞休，加少保，兼太子太保，以功累晉至三等伯，致仕。尋卒，贈少傅，謚忠勇。

葉赫珠瑪喇。滿洲鑲白旗人，姓碧魯。自葉赫來歸，初任佐領。天聰三年，從征明，入邊，屢攻遵化、張家灣、永平、昌黎，下之，以功授騎都尉世職。五年，圍大淩河，敗援兵。六年，征察爾哈部，獲布顔圖台吉。七年，攻旅順口，裹創先登，拔其城。九年，圍錦州。崇德元年，征朝鮮，擊開平，斬獲無算。三年，復圍錦州，招降大淩河北山寨。七年，征呼爾哈部，屢戰有功。順治元年，從入關，破流賊。二年，駐防杭州，敗方國安水軍，征福建，屢敗賊將。五年，征江西叛鎮金聲桓，大破之。八年，擢吏部尚書。十一年，授靖南將軍，征廣東，破李定國軍，戰三水，保新會，擊興業，俱大勝。再敗賊於横州，追躡定國，三戰三捷，高、雷、廉州郡邑悉平，以功累晉至三等子。十五年，致仕。康熙元年，卒，謚襄敏。

蘇嚕邁。滿洲正藍旗人，姓嵩佳。天命六年，授佐領，從攻遼陽、瀋陽，先登搏戰，取之。天聰元年，征朝鮮。三年，征明，克紅山口，授騎都尉世職。四年，圍永平，力戰被創，卒克之，賜號巴圖魯。崇德元年，攻鵰鶚堡，飛礮傷其口，獨戰未嘗反顧，竟破之。以殘廢辭職，以功累晉至三等男。康熙元年卒，謚勤勇。

達海。滿洲正藍旗人，姓覺爾察。祖博囉，國初來歸。父愛密禪，任散秩大臣。達海九歲即通滿、漢文義。召直文館，每草詔令稱旨。旋承命譯明會典、素書、三略諸書。天聰四年，從征明，克永平，令達海立城上，執黃纛諭降其民。是年譯書成，授三等輕車都尉世職。五年，賜號巴克什，征大淩河，使招總兵祖大壽，反覆善諭，大壽遂降。六年，病篤，太宗文皇帝遣侍臣諭慰，賜以蟒綺。卒，謚文成。康熙八年，追立碑石。

希福。滿洲正黃旗人，姓赫舍里。天命初，偕從兄碩色自哈達來歸。以通蒙古、滿、漢文，召直文館，賜號巴克什。天聰初，太宗文皇帝征察哈爾，使希福徵科爾沁部兵助戰，冒險達命。從征大淩河有功，累晉世職至三等輕車都尉。崇德元年，改文館爲內三院，授弘文院大學士，修遼、金、元史，充總裁官。三年，疏請更定官制，從之。順治元年，三史成，賜賚有加。七年，睿親王多爾袞惡之，奪官没產。八年，世祖章皇帝察其枉，再授弘文院大學士，復世職，並還所籍。九年，修太宗文皇帝實録，充總裁官，以功累晉至三等子，授議政大臣。卒，贈太保，謚文簡。康熙初，以希福子帥顏保爲內院學士，仕至漕運總督、禮部尚書。從子索尼，亦著有勳名，卒謚文忠。

哈什屯。滿洲鑲黃旗人，姓富察。天聰時官侍衛，擢禮部參政。崇德二年，征瓦爾喀，多俘獲。三年，降明石城島。六年，圍松山，明總兵曹變蛟乘夜突犯御營，哈什屯先衆捍禦，中創不少卻。順治初，擢內大臣，以功累晉至一等男，加太子太保。康熙三年卒，賜祭葬，謚恪僖。乾隆元年，入祀賢良祠。十三年，追封一等公。

李國翰。漢軍鑲藍旗人，副將繼學子。襲父三等男世職，任侍衛，賜號墨爾根。天聰三年，攻永平，有斬獲。五年，克大淩河。九年，以善撫降者晉二等男。崇德三年，任刑部理事官。入邊敗明兵，轉戰至山東，克濟南，還破獲鹿。四年，授副都統。五年，圍錦州。七年，戰松山、塔山，皆有功，擢都統。八年，克前屯衛、中後所。順治元年，入關，擊敗流賊，進征山西，拔太原。山西既平，征湖廣，敗賊於武昌。二年，征四川，破叛鎮賀珍之衆。三年，敗流寇於延安，滅流賊張獻忠，駐防漢中。六年，率兵征階州，克蒲城，勦宜川、清澗餘寇，復勦叛鎮姜瓖，拔府谷。九年，進征四川，斬賊帥王復臣等，以功累晉至三等侯。十五年，進攻遵義，克開州，招四川土司酋長，咸遵約法。尋卒於軍，贈太子太保，謚敏壯。雍正十年，入祀賢良祠。乾隆十五年，加封號曰懋烈。

鄂齊爾桑。滿洲鑲黃旗人，姓博爾濟吉特。初任佐領，從征棟奎有功。天聰三年，從征薊州，大捷。五年，圍大淩河，敗錦州援兵。八年，敘功授三等輕車都尉世職。攻大同，擊明總兵曹文詔軍，大破之。文詔素驍勇，爲明名將，及敗，明人氣益懾。順治初，晉三等男。

辰泰。滿洲鑲黃旗人，徹爾格長子。初爲護軍參領，屢從攻明，征朝鮮，入關追賊，以功晉一等輕車都尉。順治四年，授禮部侍郎，從征湖廣，敗流賊一隻虎於荆州。尋奉命爲靖南將軍，同棟阿賴征福建。五年，平之。七年，授刑部尚書。八年〔五〕，遷吏部，晉國史院大學士，尋罷。九年，復授禮部尚書。十年，命爲大將軍，征湖廣，抵常德，僞南安王劉文秀遣其將盧明臣、馮雙禮等帥兵六萬、戰艦千艘，蔽流而下，分攻常德、岳州。辰泰以精兵横擊其衆，大破之，又屢出奇計設伏誘賊，轉戰千里，尸骸相枕藉，且戰且逐，窮之龍陽，明臣赴水死，雙禮被創遍體亡去，文秀竄黔中，獲僞敕印，降僞官四十餘人、兵三千餘。以功累晉至一等子兼一雲騎尉。尋卒於軍。十三年正月，班師。世祖章皇帝諭從征諸臣曰：「大將軍辰泰南征效力，卒於戎行，朕甚傷悼。」復諭學士麻勒吉等持觴奠靈次，賜祭葬，謚忠襄。子尼滿襲，卒，無嗣，以弟喇哈達子白啓襲職，累任散秩大臣。

索海。滿洲鑲黃旗人，費英東第六子。天聰中，官刑部承政。崇德四年，征索倫部有功。五年，從圍錦州，敗明兵。又從攻松山，克之。順治二年，從征四川，卒於軍。子多頗囉，以忠節著。

圖賚。滿洲正黃旗人，費英東第七子。初隸鑲黃旗，後改正黃旗。天聰初，屢從征，皆有功。三年，從征明，善陷陣，以功授騎都尉世職。四年，從守永平，敗明兵。五年，從圍大淩河，降沙河堡。九年，略錦州，多俘獲。崇德三年，征明，克十一臺，征山東，拔三城。六年，圍錦州，攻塔山、杏山。八年，克中後所、前屯衛，以功累晉至三等子。順治元年，入關破賊，封三等公。征河南至孟津，率兵先渡，降沿河堡寨，薄潼關，掩賊殲之。二年，征江南，克揚州，敗黃得功兵，獲福王朱由崧，晉一等公。三年，征浙江，江横十餘里，圖賚從上游躍馬獨渡，没馬腹，諸軍隨之，大濟，敵將方國安等望之以爲神。進征福建，克仙霞關，拔浦城，遂獲唐王聿鍵，閩海底定。師旋，卒於軍。圖賚勇而善謀，能以寡覆衆，屢立奇功，未嘗挫衄。謚昭勳，配享太廟。雍正九年，加封號曰雄勇。

額爾德尼。滿洲正黄旗人，姓納喇。幼慧敏，通蒙古、漢文。賜號巴克什。凡師行，詔下諭降納款，軍中必曰額爾德尼。以功授男爵世職，任理事大臣。與噶蓋承命擬製國語文字，既成奏之，自是一切制詔章疏文書簿籍不復用蒙古言。卒年月不著，順治十一年，追謚文成。

準塔。滿洲正白旗人，扈爾漢第四子。天聰八年，授騎都尉世職。崇德二年，從征皮島，城中堅守不下，準塔、鼇拜抗然起，謂主將曰：「志不强、力不果、氣不鋭者，不下此城。準塔、鼇拜丈夫也，請旦而克之。」争出相先，冒矢石焉。拔其城，賜號巴圖魯，擢都統。七年，鎮錦州。順治元年，入關，破流寇於真定。二年，以左翼兵定山東，擊走明徐州屯兵，攻宿遷，破清河，戰淮安，皆捷，遂下廬州鳳陽，僞官降者百餘人，獲船隻馬駝器械十萬。三年，從征四川，下夔州、遵義，斬俘甚多。復征陝西賊黨武大定等，破之，川、陝悉平。四年，凱旋。卒，以功累晉至一等子。無子，以弟阿拉密襲。十二年，追謚襄毅。

阿爾津。滿洲正藍旗人，姓伊爾根覺羅。積功授二等輕車都尉世職。天聰九年，擒追喀爾喀諜間。崇德元年，征朝鮮。六年，攻松山，皆有功。順治元年入關，追破流賊。復以從征江南、四川功累晉至一等子，加一雲騎尉。九年，授定南將軍，勦湖廣流寇。十二年，守荆州，統兵破賊渠姚黄於夷陵，招撫蠻部洞酋。十五年，征雲南，卒於軍。贈太子太保，謚端果。

費雅思哈。滿洲正黄旗人，姓富察。初爲護軍校。天聰六年，畧朔州。崇德三年，從征明，入墻子嶺，敗密雲兵。五年，圍錦州，敗松山、杏山援兵，皆有功。順治初，從入關，勦李自成於武昌，屢戰皆捷。三年，從征四川。六年，從討叛鎮姜瓖，所向克捷。十三年，討孫可望於辰州，殲賊甚衆，以功累晉至三等男。康熙十一年卒，賜祭葬，謚僖恪。

莫洛渾。鑲黄旗人，覺羅拜山孫也。父固納岱，從入關破賊屢有功，又南征江浙，所向克捷。順治五年，討叛鎮金聲桓，進攻南昌，中礮殁，賜一等子。莫洛渾襲父職，任事勤慎，從安南將軍達素征福建海寇鄭成功，進攻厦門，奮勇力戰，殁於陣。贈三等伯，謚剛勇，碑文稱其「三世陣亡，世篤忠貞」云。

褚庫。滿洲正紅旗人，姓薩爾圖。年十七，從圍大淩河，擒其驍將徹濟格以歸。尋攻明萬全左衛，先登，被創力戰，破其城，授騎都尉世職，賜號巴圖魯。順治三年，從平四川。六年，從討叛鎮姜瓖，連敗其衆。九年，征叛酋多爾濟於賀蘭山，多俘獲。十三年，敗海賊鄭成功之衆於烏龍江及大江口。以功累晉世職至一等輕車都尉，致仕。康熙十四年卒。賜祭葬，謚襄壯。

額參。滿洲正黄旗人，姓吴雅。初任膳房總領，洊至内大臣。崇德元年，從征朝鮮，朝鮮遣人致書於明，額參見而射殺之。明年，同揚古利大破朝鮮兵。揚古利傷於賊，見有卒走山巔東去，或曰此即傷揚古利者，額參逐之，獲首以獻。三年，從征明，攻濟南、大同，皆有功，授世管佐領。雍正元年，追封一等公。

伊爾德。滿洲正黄旗人，揚古利從姪。天聰中，屢從征有功，授騎都尉世職。崇德五年，從圍錦州，敗明兵，復擊破援兵，多斬獲。順治元年，駐防錦州。二年，從征江南，追福王，敗黄得功軍。五年，從征江西，分定撫州、建昌，以功累晉至一等伯，緣事革。十二年，復命爲大將軍，統兵往勦浙江舟山賊。率師乘舟趨定海，分路進攻，擒斬僞將，浙江底定。十四年，復世爵，晉一等侯，兼一雲騎尉。十五年，統兵征雲南，自貴陽進盤江，屢破賊兵，遂克雲南。十八年，卒於軍，謚襄敏。

敦拜。滿洲正黄旗人，姓富察。父本科理以戰功管佐領事。敦拜襲其職。天命十一年，從征明有功。天聰八年，授騎都尉世職。崇德五年，擢護軍統領，從圍錦州。六年，復圍錦州，戰松山。八年，駐防錦州。順治元年，從入關追敗流賊，隨擊流賊於陝州，屢敗賊衆。從征江南，追福王朱由崧截江口。三年，從平福建。五年，討江西叛鎮金聲桓，屢敗賊兵，進下臨江，收降城邑。六年，勦撫河間土寇。十一年，征廣東，擊走逆渠李定國，克復廉、雷等郡，以功累進至一等子。尋乞休，特加太子太保，致仕。十四年，起爲都統，鎮守盛京。十七年卒，謚襄壯。

濟什哈。滿洲正黄旗人，姓富察。初任佐領。崇德五年，從征索倫部落，多俘獲。六年，敗明松山兵，擢副都統。八年，任工部參政。順治元年，從入關，追擊流賊有功，授騎都尉世職。從征浙江、福建，屢立戰功，旋升刑部尚書，累晉世職至三等男。十年，勦山東流寇，復移兵鎮守湖南。十四年，調都統，征貴州，破僞將李定國，收降賊衆，撫定郡邑。十七年，緣事降世職爲一等輕車都尉。十八年，授靖東將軍，勦山東土賊于七，平之。康熙元年，凱旋，卒。六十年，追謚勇壯。

吳拜。滿洲正白旗人，姓瓜爾佳。父武理堪，率衆來歸，摧鋒陷陣，屢建功績。吳拜其長子也。天命中，從滅葉赫，下遼陽，以功授騎都尉世職。天聰五年，略錦州，從征察哈爾部。八年，征大同。九年，戰大淩河，屢破敵兵。崇德元年，從征朝鮮，統兵前哨。二年，列議政大臣，任前鋒統領。三年，從征明，以八十人敗明兵於紅山口。八年，取中後所、前屯衛，改副都統。順治元年，從入關，破流賊，追至望都，授内大臣。三年，從征騰機思，平之。復征宣化，以功累晉至二等伯。八年，緣事革世職。十五年，復一等子世襲。康熙四年卒，謚果壯。

蘇拜。滿洲正白旗人，吳拜弟也。幼從征伐，擢侍衛，管佐領事。天聰九年，從收察哈爾部衆，敗明伏兵。崇德元年，從征朝鮮。三年，從征明。五年，圍錦州，擊敗松山、杏山兵，授騎都尉世職。六年，從圍錦州。七年，從征山東，克昌邑、樂安。順治元年，從入關，擊破流賊，追勦至延安，七戰皆捷。進征湖廣，又從平四川，以功累晉至一等子，任護軍統領。七年，緣事革世職。尋復任副都統，擢内大臣，復一等男世職。康熙三年卒，謚勤僖。

葉克舒。滿洲正紅旗人，姓輝和。國初從其父來歸，授佐領。天命六年，從征遼陽，奮勇破敵，授二等輕車都尉世職。沙嶺之役，以功晉三等男。天聰五年，擢兵部承政，任都統。八年，率兵入得勝堡，晉二等男。九年，入錦州，擊明兵，多俘獲。崇德元年，從征明，克延慶州，後緣事削職。二年，從征瓦爾喀部，遇朝鮮援兵，殺其將領，降其衆，大獲駝馬器械。三年，授兵部左參政。四年，征索倫部，至雅克薩城，俘獲無算。五年，復任都統，略明邊境，敗敵錦州。八年，復緣事削職。順治元年，起爲副都統，從入關，擊流賊，裹創力戰，大破賊衆。二年，征山東滿家洞土寇，大破之。三年，授總管，鎮守盛京，復以功累晉世職至三等男。十五年卒。長子道喇，屢著軍功，加太子少傅，卒謚勤襄。

碩詹。滿洲正紅旗人，姓富察。父舒穆嚕，任佐領。碩詹仍其任，尋兼參領。天聰五年，入明邊，擒哨長，俘獲而歸。八年，授騎都尉世職。崇德元年，從征朝鮮，克覺華島。三年，任刑部理事官，從征山東，攻禹城、平陰，先登。四年，任户部參政。五年，從圍錦州，多俘獲。七年，授副都統。順治元年，追擊流賊潼關，破其營。五年，從征湖南，平定衡州，以功累晉至一等男。康熙二年卒，謚明敏。

布丹。滿洲正紅旗人，姓富察。天命初，率屬來歸，仕前鋒參領。天聰八年，從攻萬全左衛，先登。九年，畧錦州。崇德元年，從入邊，攻涿州，戰居庸關，並克敵，多俘獲。五年，從圍錦州。六年，敗明松山援兵及杏山騎兵。順治元年，從入關，追敗流賊，累晉世職至一等輕車都尉，仕至副都統。十一年卒，謚毅勤。

噶達琿。滿洲正紅旗人，姓納喇。初任護軍參領。天聰八年，從征山西，破應州。崇德五年，畧中後所，從圍錦州，擊松山。順治元年，擢護軍統領，從入關，破流賊，皆有功，授騎都尉世職。二年，從征四川，屢破賊營，尋任户部侍郎。五年，轉吏部，率兵征叛鎮姜瓖，克代州，拔渾源，大破賊兵，克復郡邑。六年，任都統。八年，統兵征鄂爾多斯，殲其衆於賀蘭山，俘獲無算。以功累晉至一等男，官兵部尚書。十二年，討海賊鄭成功，克福州、泉州。十四年，凱旋。卒，贈太子太保，謚敏壯。

伊拜。滿洲正藍旗人，姓赫舍里。初任佐領。天聰八年，以功授雲騎尉世職。九年，擢都統。崇德六年，從圍錦州，擊破松山兵。順治元年，入關，追破流賊，招撫山西。二年，擊敗流賊於延安，進至武昌，連敗之。五年，從征湖南，克復衡州，以功累晉至三等男，授議政大臣。十五年卒，贈太子太保，謚勤直。

鄂莫克圖。滿洲正藍旗人，姓納喇。初以護軍校隨征。天聰三年，從圍保安州，先登，授三等輕車都尉世職，賜號巴圖魯。崇德三年，征明，畧地至山東濟南。六年，圍錦州，戰杏山，多斬獲。順治元年，從入關，擊破流寇，從定山西，至陝西，破延安。二年，從征湖廣流賊。三年，從征四川，皆有功，累晉至一等男，官副都統。卒，謚襄壯。

希爾根。滿洲正黄旗人，姓覺爾察。屢從征討有功，授騎都尉世職。崇德元年，征明，分克昌平諸城，擒明總兵巢丕昌，師還，獨以軍殿。二年，從克皮島。五年，從圍錦州，敗松山援兵。七年，入黄崖口，進圍薊州，敗明總兵白騰蛟軍。順治二年，從勦流賊於西安、湖廣。三年，勦張獻忠於四川。六年，討逆鎮姜瓖於山西，以功累晉至一等男，加太子太保、内大臣。康熙十八年卒，賜祭葬。

佟圖賴。初名盛年，漢軍正藍旗人。父養正，天命初來歸，以功授三等輕車都尉世職。圖賴襲職。天聰五年，從征大淩河有功。崇德三年，授兵部右參政。六年，取塔口。七年，克塔山、杏山，授都統。八年，取前屯衛、中後所。順治元年，師進山東，降四府、七州、三十二縣。七月，圍太原，降九府、二十七州、百四十一縣。二年，從定河南，征江南，拔揚州〔六〕。五年，授定南將軍〔七〕，征湖廣，克廣西全州，還駐衡州，指授諸將破平賊衆，以功累晉至三等子。十三年，乞休，特加太子太保致仕。十五年，卒，贈少保，謚勤襄。康熙十六年，贈一等公。子國綱襲，改隸滿洲。雍正元年，追封佟養正一等公，謚忠烈，與圖賴並贈太師，以養正殉節，祀昭忠祠，圖賴建祠致祭。

沙爾琥達。滿洲鑲藍旗人，姓瓜爾佳。國初從其父來歸。天命初，從征瓦爾喀部，以功授騎都尉世職。天聰元年，從征錦州。崇德元年，從征朝鮮，皆有功。三年，略歸化城，敗明兵於紅山口，斬獲甚衆。四年，略錦州。七年，率兵征呼爾哈部。順治元年，征庫爾喀部，擊流賊於潼關。二年，從征杭州。六年，勦平河間流寇，以功累晉至一等男。十年，擢都統。十五年，擊敗俄羅斯兵，俘其渠卒。十六年，卒，贈太子太保，謚襄壯。

伯勒赫圖。滿洲正白旗人，姓納喇。崇德中，從圍錦州，戰松山、杏山，皆有功。順治元年，擊敗流賊李自成之衆於一片石及安肅、望都等處，殲之潼關。二年，下江南，平福建。六年，平湖南，執明大學士何騰蛟。八年，勦山東土寇，馘其渠。十五年，平雲南，以功累晉至三等子。卒，賜祭葬，謚忠勇。

鄂羅塞臣。滿洲正藍旗人，額駙達爾漢子。屢立戰功。天聰五年，授二等輕車都尉世職。崇德元年，從征朝鮮。六年，從圍錦州。八年，征黑龍江等部，撫定其地。順治二年，追流賊至潼關，俘其渠卒。以功累晉世職至二等子，任都察院左都御史，鎮守荆州。康熙三年，卒，贈太子太保，謚果毅。

覺善。滿洲正紅旗人，姓李佳。父通果，任佐領。覺善襲職，從取瀋陽、遼陽，滅葉赫，皆有功，授騎都尉世職。天聰四年，守禦灤州，屢敗敵衆。五年，攻大淩河，破張春軍。崇德五年，任副都統。七年，圍錦州，戰松山，乘夜卻敵。八年，守錦州，屢敗敵兵。順治元年，從入關，破流賊，被創奮戰。尋從征湖廣，破賊於荆州，平山東土賊。五年，從討叛鎮金聲桓等，分下贛州、信豐，賜號巴圖魯。八年，遷都察院左都御史，以功累晉至三等子。康熙三年，卒，謚敏勇。

覺羅色埒。鑲黃旗人，武功郡王禮敦孫。天聰初，列十六大臣，授都統。五年，攻明大淩河。八年，入邊，攻赤城，皆有功。崇德二年，攻朝鮮江華島，飛舸登岸，破之，獲李倧妻子。授騎都尉世職。順治初，累晉封至二等子。卒，賜祭葬，謚勤慤。

布克沙。滿洲鑲黃旗人，姓瓜爾佳。初任護軍校，駐防牛莊（八）。崇德二年，從征皮島，先登，得優賚。五年，從圍錦州，擊杏山、松山，皆有功，授雲騎尉世職。六年，復從圍錦州，敗洪承疇三營步兵。七年，從征明，至山東，畧萊州，攻蒙陰、沂水，先登。順治二年，從征流賊於陝西，下綏德，破延安，復追敗流賊於武昌，轉九江，復東至池州，俱多克獲。三年，從追騰機思，擒賊於布爾哈圖山，又擊敗土謝圖汗及碩雷汗兵。以功累晉世職一等輕車都尉，官户部侍郎，卒。子貴復，從征雲南及征逆藩耿精忠，皆著戰功。

阿哈尼堪。滿洲鑲黃旗人，姓富察。天命初來歸，任佐領。崇德二年，從征朝鮮，取江華島。五年，征呼爾哈部，克雅克薩等城，以功授騎都尉世職。六年，從圍錦州，多俘獲。順治元年，入關，擊流賊，復從定河南、江南，攻揚州，先登。三年，從追騰機思，俘獲無算。四年，任兵部尚書。六年，從征湖廣，殲賊渠王進才等。師旋，調禮部，以功累晉至一等男，卒。

蘇訥（九）。滿洲正白旗人，姓納喇。當葉赫未滅時，棄其同族來歸，尚公主爲額駙。天命十年，以功擢都統。天聰元年，從征明錦州，率勁兵截塔山，路遇明援兵，擊敗之。三年，追察哈爾逃衆，收獲人口馬畜。五年，授護軍統領，擢兵部承政。從征大淩河，敗敵兵，授三等輕車都尉世職，任都統。崇德元年，攻鵰鶚、長安諸嶺及昌平等城，敗敵五十六次。後緣事革都統。順治五年，卒。子蘇克薩哈，以功授三等輕車都尉。尋又追復蘇訥原職，併襲三等男。

瓦爾喀珠瑪喇。滿洲正白旗人，姓那木都魯。世居瓦爾喀部，國初從其祖察哩來歸。珠瑪喇少從征，任佐領。時葉赫有同名者，賜稱瓦爾喀以別之。天聰八年，授騎都尉世職。崇德二年，從征額赫、庫倫諸路，多俘獲。四年，從征明，入邊，攻故城縣，先登，擊敗其兵。從畧錦州，徒步衝入，中創不退，明兵大潰。又從征索倫部，設伏兵大敗其衆。六年，從圍錦州，力戰松山，礮傷頷幾殆，三日復甦。防守錦州諸山寨，明兵來犯，擊斬其衆。順治元年，入關，追破流賊。三年，隨征四川。六年，從討叛鎮姜瓖，屢立戰功，累晉至一等男。十年，卒。弟伊瑪喇，亦著戰功。

藍拜。滿洲鑲藍旗人，姓佟佳。由佐領任護軍參領。天聰八年，畧錦州，多俘獲。崇德四年，從征索倫部，設伏敗其衆。拔雅克薩城，授騎都尉世職。六年，從圍錦州，戰松山，有功，擢兵部參政。又破洪承疇三營兵，調禮部參政。順治元年，入關，擊破流賊。三年，從征湖南，進兵長沙，復桂陽，拔道州，進拔沅州，屢著戰功，擢都統。八年，以都統兼工部尚書，轉刑部，以功累晉至二等男。十年，鎮守湖南，賊黨不敢犯。十三年〔二〇〕，加太子太保，致仕。康熙四年，卒。賜祭葬。

覺羅阿克善。滿洲正黃旗人，景祖翼皇帝兄索長阿之元孫。崇德六年，從征錦州，敗明總兵吳三桂及松山、杏山援兵。又連敗明總督洪承疇兵，授雲騎尉世職。八年，攻前屯衛，先登。順治七年，任副都統兼工部侍郎，尋轉兵部。再遇恩詔，累晉世職至一等輕車都尉。復緣事降世職爲騎都尉。十一年，從征湖南，敗賊於湘潭、常德、龍陽。十三年，從討海賊鄭成功，率師援羅源，遇賊力戰，陣亡。贈三等輕車都尉。

尼堪。滿洲鑲白旗人，姓納喇。國初率衆來歸，以説降科爾沁功，授騎都尉世職。天命十年，征呼爾哈部，獲五百餘户。天聰初，擢一等侍衛，從征錦州，有功。天聰九年，隨貝勒岳託守歸化城，獲喀爾喀約明間諜。崇德二年，征瓦爾喀部，出吉木海境，破朝鮮援兵。順治元年，從定河南，又從追騰機思，斬俘無算。以功累晉至二等子，卒。

英俄爾岱。滿洲正白旗人，姓他塔拉。國初從其祖岱圖庫哈哩來歸。天命四年，從征開原，斬明驍將阿布爾。六年，從克瀋陽、遼陽，授二等輕車都尉世職。天聰三年，從克遵化等城，遂留守遵化。五年，任户部承政。崇德元年，使朝鮮還，遇明皮島兵，擊敗之。二年，從征朝鮮，諭降李倧。六年，從圍錦州及松山、杏山。八年，晉三等子。順治元年，從入關，追擊流賊，敘功封三等公。四年，復以考滿，晉二等公，任户部尚書，卒。

葉臣。滿洲鑲紅旗人，姓完顏。天命四年，從征明，明以蒙古兵拒於鐵嶺，敗之。六年，從克遼陽，授三等輕車都尉世職。天聰初，列十六大臣，從征朝鮮，以八十人殲明偵卒，進克義州城，先登。尋戍蒙古，追斬逋逃。四年，從征明，攻永平，夜薄城破之。五年，從攻大淩河，殲祖大壽兵。七年，征旅順口，多斬獲。八年，入得勝堡，略大同。崇德元年，從征明，率偏師克安州及寶坻縣。是年從征朝鮮，率兵入其國都。二年，攻皮島，斬守島總兵沈世魁，以功累晉至一等子。四年，率師出太平寨，克明青山關。七年，駐防錦州。順治元年，統兵平定山西，降郡邑，招叛將，撫居民，山西底定，振旅凱旋。復平土賊於定州。二年，率師平定湖廣流寇。五年，卒。長子徹爾布，以戰功晉爵一等伯，兼一雲騎尉。

洪尼雅喀。滿洲鑲紅旗人，姓烏拉庫。世居噶哈里，爲烏拉所虜，棄之來歸，授佐領。天聰二年，從征明，薄錦州城，先登，毁堞傷足。其弟薩穆唐阿，以護兄死焉。八年，敘功授二等輕車都尉。尋卒。其弟薩蘇喀，任護軍參領。天聰三年，從征明北京，爲前哨，有俘獲。五年，從攻大淩河城，兩敗明兵。八年，略前屯衛，戰大同，並多斬獲，敘功授雲騎尉。尋任禮部參政。崇德五年，從圍錦州，分守穆魯河，擊卻錦州兵。六年，進圍松山，敗洪承疇兵。八年，取中後所、前屯衛，皆有功。順治元年，從入關破流賊，乘勝追擊，殁於陣，贈三等輕車都尉世職。

阿山。滿洲正藍旗人，姓伊爾根覺羅。天命六年，從征遼陽有功，授二等輕車都尉世職。天聰元年，列十六大臣，從征扎嚕特部，多俘獲。又從征朝鮮，克義州。三年，從征明，與圖魯什往偵明兵，獲諜還報，請乘其不虞擊之，遂斬明總兵滿桂等。四年，圍永平，以猛士二十四人登城，功最。五年，敗明兵於松山。九年，敗明副將劉應選等於大淩河。崇德二年，攻皮島先登。六年，攻錦州，從下山東，屢戰皆捷。順治元年，入關，追破流賊於平陽，以功累晉至三等公。復從定江南、浙江。三年，緣事削爵，旋授一等子。四年，卒。

楝阿賚。滿洲鑲白旗人，姓蒙郭。初任護軍參領。天聰八年，從征錦州，破敵於南岡。崇德三年，從入邊，敗明將吴阿衡兵。六年，圍錦州，破敵於松山北岡。八年，從征呼爾哈部及中前所、前屯衛，皆有功。順治元年，入關，追擊流賊，以功累晉騎都尉世職。三年，從征湖廣，敗賊黨李錦等於荆州。四年，駐防杭州，破孝豐柏山土賊。時海賊鄭彩寇擾福建，督右翼兵征之，驅出海。又進勦興化。六年，晉一等輕車都尉世職。

卓羅。滿洲正白旗人，巴篤禮第三子。襲父爵三等男。崇德中，從征明，下山東，畧錦州，戰松山，皆有功。順治四年，進勦湖南，自岳州趨長沙，屢戰皆捷。九年，以靖南將軍征廣東未定州縣。十三年，再征湖廣，敗賊於瀘溪。十八年，平雲南，以功累晉至二等伯。卒，賜祭葬，謚忠襄。

譚拜。滿洲正白旗人，姓他塔拉。父阿敦，官都統，從攻撫順，招降李永芳。譚拜初任佐領。天聰五年，從圍大淩河，敗明祖大壽兵。八年，授騎都尉世職。九年，從征察哈爾，還軍徇代州、忻州。崇德元年，從征明，敗敵於盧溝橋。二年，敗明兵於清河。四年，畧錦州，破敵於城南，敘功加一雲騎尉，擢兵部參政兼副都統。八年，破明總督趙光忭等兵。順治三年，擢兵部尚書，從征陝西、四川，敗叛鎮賀珍於雞頭關，復敗賊渠袁韜於涪江。及張獻忠滅，以功累晉至二等男。七年，卒。

薩弼圖。滿洲正白旗人，姓他塔拉。父沙津，率衆來歸。薩弼圖其長子也，幼從征伐。天聰八年，授騎都尉世職。崇德四年，從征呼爾哈部、索倫部，皆有功。六年，薄錦州城，破洪承疇兵。七年，入明邊，敗明總兵馬科兵。順治元年，從入關破流賊，招撫山西，下太原，移師陝西，破賊於延安，以功累晉至二等男。十八年，卒。弟博爾輝，亦著有戰功。

薩璧翰。滿洲正藍旗人，姓納喇。父三檀，國初率屬來歸，及卒，薩璧翰襲佐領職。天聰初，列十六大臣。五年，圍大淩河，有功。崇德六年，從攻錦州，明兵自松山挑戰，薩璧翰先驅陷陣，身被數創，戰益酣，大呼突圍出。嗣以創發，卒於軍。

哈寧阿。滿洲鑲白旗人，姓富察。從其父阿勒都山率衆來歸，授佐領。天聰二年，以功授護軍統領。三年，從征明，以戰廣渠門功授騎都尉世職。五年，從攻大淩河。八年，畧大同。崇德二年，擢議政大臣。三年，緣事革世職。六年，從圍錦州，攻松山，多所克獲。八年，征呼爾哈部，俘虜無算，得優賚。順治元年，從入關，擊破流賊。二年，敘功授三等輕車都尉世職，追敗賊寇於延安、綏德。又從征武昌賊。三年，從征四川，率偏師屢破賊營，晉一等輕車都尉。尋卒。

雅秦。滿洲正藍旗人，達海長子。襲父騎都尉世職。崇德三年，從征明，由董家口入，所向克捷。師還，出青山口，雅秦以步戰敗明兵。又從圍錦州，擊松山，屢立戰功，任吏部理事官。八年，調户部。順治元年，入關擊破流賊，尋擢吏部侍郎、國史院大學士，累晉至三等男。卒。康熙三十一年，遣官祭墓。

努山。滿洲正黄旗人，姓扎庫塔。以功授前鋒參領。天聰八年，從征大同，擒明哨卒。崇德三年，從征明，擊敗明總督吴阿衡兵。六年，偵喜峯口，從圍錦州，攻杏山，以功累晉世職二等輕車都尉。順治元年，追擊流寇至陝州，大捷。二年，從征江南。三年，從征浙江、福建。五年，征湖廣流賊，皆有功。六年，趨湘潭，擒何騰蛟，攻馬進忠，連戰皆捷，累晉至二等男，任内大臣。十五年，卒。

安達哩。滿洲正紅旗人，姓納喇。天命初，遣兵刈鐵嶺田禾，有降明之蒙古拒阻，安達哩擊走之。天聰中，戍牛莊，追斬逃兵。攻永平，同猛士冒礮先登，克其城，擢前鋒參領。尋率兵攻崞縣，拔其城。還伏忻口，敗敵兵，多虜獲。崇德元年，授騎都尉世職，任副都統。三年，由墻子嶺入攻，畧地至山東。五年，圍錦州，明兵自松山來犯，安達哩連戰皆捷。六年，復圍錦州，有功。七年，卒。子阿濟賚，以追破流賊，從征山西、湖南皆有功，晉世職至一等輕車都尉。

錫特庫。滿洲鑲藍旗人，姓佟佳。父努顔，國初率屬來歸，任佐領。錫特庫襲父職。天聰五年，擢前鋒參領，敗明兵之犯耀州者。從征大淩河。七年，殲降明蒙古兵百人於西喇穆倫河。崇德三年，攻真定，三敗敵兵於運河。六年，圍錦州，戰松山，敗其游兵。七年，克松山，追明兵於連山，多俘獲。復入邊，破明總兵白廣恩，授前鋒統領。順治元年，入關破流賊，從定山西。二年，從征湖廣，追賊至安陸，獲其戰艦。三年，從征騰機思，斬獲無算，以功累晉至一等男。康熙五年，卒。

舒里琿。滿洲正黄旗人，姓棟鄂。初任護軍校。天聰五年，從征大淩河。順治二年，從追流賊至延安，七戰皆捷。三年，從追騰機思，斬獲無算。六年，從討叛鎮姜瓖，擊敗賊衆。十五年，從征雲南，破賊將李成蛟營，多斬俘，以功累晉至三等男。官至副都統，卒。

岱松阿。滿洲正紅旗人，姓佟佳。初授佐領。天聰八年，以克副任使，授騎都尉世職。九年，從征黑龍江。崇德元年，從征明昌平，皆有功。二年，自蓋州躡敵蹤至旅順口，斬俘甚衆。六年，卒。子阿納海，順治初從征陝西、四川、山西，懋著戰功。十八年，從征山東土賊于七，中創卒，贈三等男。

宜永貴。遼陽人，隸正白旗漢軍。初任佐領兼參領。崇德五年，從圍錦州，以礮攻克凉馬山等處。六年，復圍錦州，戰松山，克高橋南三臺。七年，克塔山附近各臺及其城。順治元年，任兵部理事官，從征江南，進克揚州。六年，破土賊杜全等。九年，任都統，尋授倉場侍郎。十年，授南贛巡撫。十二年，調福建。會海寇鄭成功率衆猝薄城下，時官兵俱赴漳泉，城守單弱，永貴竭力拒守，乘間出城，斬俘無算，賊鋒頓挫，一月解圍。康熙四年，致仕，以功累晉世職至一等輕車都尉。卒，賜祭葬。

金世德。漢軍正黃旗人。父維城，任兵部侍郎。世德以廕生補内院博士。康熙初，累遷都察院左副都御史。尋授直隸巡撫。清白自矢，多惠政。十九年，卒，謚清惠。

王克寬。漢軍正白旗人。兼通滿、漢文。國初，選授尚陽堡四品官，凡以罪徙者皆隸焉。克寬除科派，濟貧苦，流人德之。及奉天建郡縣，流人俱赦爲民，克寬改授佐領，尤善其職。後子孫遂世襲佐領。

錫罕。滿洲正白旗人，姓棟鄂。隨征朝鮮，攻義州，先登取其城。後遇敵於三塔，力戰身亡，贈三等輕車都尉。子鄂碩，屢立戰功，晉三等伯。卒，贈侯，賜祭葬，謚剛毅。

勞翰。滿洲正藍旗人，姓他塔拉。在行間十四年，大小五十餘戰，攻拔數十城，皆獲全勝。天聰元年，圍義州久不下。值夜雲密布，城上寂無聲，勞翰乃潛迹緣城，將登，伏發，矢如雨下，重創而死，贈騎都尉。

達素。滿洲鑲黃旗人，姓章佳。初爲護軍校。天聰五年，從征明，擊敗明參政張春兵於長山，擢護軍參領。崇德中，從圍錦州者再，攻呼爾哈部，並有功。順治初，從定山西、湖廣、四川，屢破流賊。五年，從討叛鎮姜瓖，敗賊右衛。已而賊大至，達素直前搏戰，被重創，裹創奮呼而進，賊披靡。九年，討李定國等於湖廣。十六年，勦海賊鄭成功於福建，並著懋勳，以功累晉世職至一等輕車都尉。康熙初，卒。

額色赫。滿洲鑲白旗人，姓富察。初爲護軍校，以功授兵部理事官。天聰九年，從征黑龍江。崇德七年，大軍克錦州，祖大壽降，額色赫宣諭招撫其衆。八年，從征明，至山東，下兖州。順治九年，修太宗文皇帝實録，充總裁官。列議政大臣。累晉世職至一等輕車都尉，歷官至保和殿大學士，洊加少師兼太子太師。康熙十八年，卒，賜祭葬，謚文恪。

徐大貴。漢軍正白旗人。初任佐領。崇德五年，從圍錦州，屢敗松山、杏山兵，克高橋南三臺。七年，克塔山、杏山二城。八年，取中後所、前屯衛，皆有功。順治初，從定山西、河南、江南。九年，破海賊鄭成功於海澄。十三年，敗舟山賊，多斬獲，以功累晉至二等男，加太子少保。卒，賜祭葬，謚勤果。

金礪。遼東人，隸鑲紅旗漢軍。天命七年來歸。天聰五年，任兵部承政。以訓練有方，賜鞍馬。崇德八年，攻前屯衛、中後所，有功。順治元年，招撫山西，攻克太原。三年，從征湖廣，敗賊於武昌，進師衡州、長沙，皆奏捷。六年，授平南將軍，鎮守浙江。七年，破明魯王朱以海於舟山。九年，勦海賊於萬松關，七戰皆捷，以功累晉至一等男，兼一雲騎尉，加太子太保。卒，賜祭葬。

趙廷臣。漢軍鑲黄旗人。性至孝〔一二〕。由江南山陽令歷官至貴州巡撫，清幹廉直，多惠政，民間稱爲趙佛，晉雲貴總督。時兵燹初定，力救殘黎於湯火。康熙初，調浙閩總督，去之日，士民擁道攀號者萬人。及之浙，撫馭有方，海洋綏靖。八年，卒。賜祭葬，謚清獻。

馬國柱。遼陽人，隸正白旗漢軍。天聰八年，直内院。崇德三年，授都察院理事官。順治元年，巡撫山西，馘土賊閻汝龍等，境内悉平。四年，擢江南江西總督。歷勦江北諸巨寇，皆就擒，復勦叛鎮金聲桓賊黨，江西江北以次撫定。先是僞國公張名振奉明魯王朱以海竄舟山，僞侯吴凱據大蘭山助之。國柱招凱降之，名振勢遂孤。十一年，名振犯崇明等處，國柱檄水師擊敗之靖江。又湖廣賊賴龍等犯江西，國柱會祖澤遠搗其巢，斬之。加太子太保。卒，賜祭葬，祀名宦祠。

王國光。漢軍正紅旗人。初任佐領。崇德中，以副都統兼户部參政。八年，後克前屯衛、中後所二城。順治初，勦流賊孫守法等於西安，討平叛鎮姜瓖，擊敗李定國等於永州，破海賊於舟山，皆著戰功。十三年，授兩廣總督，加太子太保，爲政嚴明果斷。十八年，授鎮海將軍，駐防潮州。康熙三年，勦碣石叛將蘇利等，以功累晉至一等男。卒，賜祭葬，謚襄壯。子永譽，任提督，屢戰有功，祀河南名宦祠。

趙國祚。漢軍鑲紅旗人。崇德八年，從征黑龍江有功。順治初，從征江南，克江陰。十五年，總督浙江。十六年，勦海賊鄭成功於温州。尋以疏防罪，奪歲俸。康熙十三年，逆藩吴三桂反，以提督駐九江。會逆藩耿精忠叛應三桂，移師駐南昌。屢敗賊兵，及精忠降，轉勦三桂。十五年，連敗賊於長沙、寶慶、武岡。尋以創發卒，賜祭葬，謚敏壯。姪璡〔一一〕，亦著有軍功，卒謚襄勤。

車克。滿洲鑲白旗人，姓瓜爾佳。天聰八年，入大同，薄左衛城，敗明將曹文詔騎兵，畧地至代州、五臺山，還遇明將祖大弼兵，敗之。崇德六年，從圍錦州，破洪承疇三營兵。順治五年，隨勦逆鎮姜瓖，分兵援太原，有功。累官祕書院大學士。卒，賜祭葬，謚文端。

祝世昌。遼東人，隸鑲紅旗漢軍。天聰五年，從征大淩河。六年，以訓練有方，得優賞。順治五年，巡撫山西。時叛鎮姜瓖作亂，世昌力請殄滅，理餉數十萬，民不見擾。賊平，疏請豁逋賦，並省徭丁，晉民獲安。卒於官，百姓巷哭，贈兵部侍郎，賜祭葬，謚僖靖，祀名宦祠。

柯汝極。遼陽人，隸鑲紅旗漢軍。天命六年，克遼陽。有降人欲叛，汝極發其謀，獲間諜十四人。順治初，累晉世職一等輕車都尉，駐防杭州。卒。嗣子永蓁，以都統討明僞伯阮思等於衡水洋，定舟山，敘功晉三等男。從子永盛。崇德中從圍錦州，克杏山、塔山、前屯衛、中後所，皆有功。順治初，歷平山東、江西、湖廣諸巨寇，進師衡州，屢破賊。歷官膠州、南贛總兵，湖廣、山西提督。康熙五年，加左都督、太子少保。卒，賜祭葬。永盛弟永昇，康熙中巡撫湖廣，殉難。雍正中入祀昭忠祠。

察哈泰。滿洲鑲紅旗人，姓薩克達。天聰時，屢從征有功，授佐領。崇德元年，征朝鮮，敗敵於納穆山。三年，從攻明山東，下濟南。六年，圍錦州，敗洪承疇於松山。八年，從取前屯衛、中後所。順治初，入關破流賊，進師西安，從平福建、江西，皆有功。六年，勦獻縣、任丘諸賊，平之。尋征山東土賊于七，搗平賊巢。康熙初，加太子少保，進勦逆藩吴三桂。卒於軍，賜祭葬。

根特。滿洲鑲藍旗人，姓瓜爾佳。父尼努，國初率衆來歸，以功授雲騎尉世職。根特襲職。順治元年，從入關，敗賊將唐通於一片石，追勦至望都。六年，勦逆鎮姜瓖叛黨於山西，皆有功。十年，勦賊於寶慶、武岡。十三年，隨勦浙江舟山賊，復舟山，以功累晉至一等男。康熙三十二年卒，賜祭葬，謚襄壯。雍正十年，入祀賢良祠。

羅繡錦。奉天人，隸鑲藍旗漢軍。天聰時，爲國史院學士。順治元年，擢河南巡撫，有勦撫功。二年，總督四川、湖廣。時湖南諸寇叛服不常，繡錦疏請分寘諸降人於腹地，以防餘孽煽誘，詔嘉納其言。九年卒，賜祭葬，贈兵部尚書。

覺羅郎球。正黄旗人，景祖翼皇帝兄索長阿之曾孫。崇德六年，從圍錦州，設伏高橋，截擊明兵，追敗之塔山，殲其衆。順治二年，從征湖廣有功，累官禮部、户部尚書，加少保兼太子太保。康熙初卒，賜祭葬。

雷興。遼陽人，隸正黄旗漢軍。崇德間，由秘書院擢都察院理事官。順治元年，授天津巡撫，勦土賊李聯芳，平之，並請設戰船等於大沽口以備海防。二年，遷陝西巡撫。陝地甫經流賊擾亂後，興拊循綏緝，與民休息，得旨嘉奬，賜冠服裘馬。尋會肅親王破走叛鎮賀珍，請於隴洮鞏昌設鎮分屯，以防要害。十一年卒，賜祭葬，祀陝西名宦祠。

劉宏遇。遼東人，隸正藍旗漢軍。天命初，與弟奇遇來歸。崇德時，任弘文院副理事官。順治元年，任山西朔州道。二年，擢陝西藩司。四年，考績稱最。五年，擢安徽巡撫，勦英山等縣賊，平之。七年，巡撫山西，卹民救災，多惠政。卒，祀名宦祠。

李國英。奉天人，隸正紅旗漢軍。順治三年，從平四川，留鎮保順間，治兵閬中，爲政有體。勦賊黨譚洪等，平之。十四年，以兵部尚書總督川陝，興屯田之利。康熙初，會勦茅麓山賊，其渠李來亨授首，寇孽悉平。國英前後鎮蜀二十有一年，以勞卒於官。晉二等男，賜祭葬，謚勤襄。雍正十年，入祀賢良祠。

徐勇。遼東人。順治二年，以總兵鎮長沙。五年，流寇犯安仁，勇一鼓殲之。是冬，賊黨一隻虎等率衆薄長沙，勇勒兵與戰，賊益衆，乃嬰城堅守，賊攻不下，遁去。尋調辰常總兵，賊黨張光翠等犯辰州，勇與參將張鵬等力戰，城陷死之。妻曹氏、子祚泰，闔門三十九人遇害。事聞，贈太子太傅，爵一等男，謚忠節。乾隆三十二年，上念緑旗官弁致命疆場者，於世職襲滿時，特予恩騎尉，世襲罔替，徐勇與焉。

陳啓泰。蓋平人，隸鑲紅旗漢軍。任福建巡海道。值逆藩耿精忠叛，啓泰密與海澄公黄梧拒守。會梧病，事不可支，妻劉氏及女先自縊，婢妾二十餘口相繼死。啓泰從容引僚屬入視，皆相顧失色，啓泰慷慨陳義，無異平時，具朝服再拜，乃自盡。累贈至工部侍郎，謚忠毅。雍正中，入祀昭忠祠。乾隆十七年，特予恩騎尉世職。

李曰芃。遼東人，隸正藍旗漢軍。順治初，由永平府知府歷遷至操江。六年，攝安慶巡撫事。十年，勦平徽州等處巨盜。十一年，屢敗僞安西侯張名振兵，名振遁入海。累官兵部尚書、太子太保。十二年，卒，謚忠敏。

李懋祖。奉天人。順治初，官湖廣郴桂兵備道僉事，署廣西巡撫，駐永州。明何騰蛟兵逼之，城破，懋祖及其子廷賡殉難。

甘體垣。奉天人。順治初，守海澄縣，死鄭成功之難。又黄巖令劉登龍、甌寧令王紹基、曹縣教諭蔡廷棟、東平知州李芝桂，俱奉天人，以殉難著。

林中瑜。遼陽人。順治初，協鎮太平，奉檄勦撫麻姑巷口，兩建膚功。郡東小醜竊發，中瑜領兵搗賊，馬陷深塹死之。

郭之秀。瀋陽人。順治三年，任福建知縣。時寇方熾，之秀竭力禦撫，會明末餘寇聚衆焚掠，督兵與戰，爲流矢所中，死。

張必科。蓋平人，隸鑲黄旗漢軍。順治四年，知慶雲縣，甫兩月，宿弊盡革。遇寇至，即聚步騎親逐之，會寇猝集，勵衆戰且守，必科箭無虚發，忽弦斷手傷，擲其弓曰：「命矣。」提戈下城，至一書齋，自焚死。

李向禹。鐵嶺人，隸正黄旗漢軍。順治五年，任陵川令。姜瓖之亂，禹妻王氏謂禹曰：「君職守土，宜竭力報國，勿以家爲念。」禹出禦賊，王氏與二女先自縊，城破，禹死之。又兄向堯，任助馬路參將，合門盡節。兄向舜，官參領，攻揚州，中礮死。弟向日，官遊擊，征湖廣，罵賊死。又遼東人佟養昇，養馬大同，姜瓖之亂，巷戰死之。

王昌齡。遼陽人，官冀寧道。姜瓖之叛，殉於難。又寧武兵備道金光祥、潞安知府楊致祥、汾州知府黄廷柏、井坪參將佟國仕、臨縣令張耀祖、定襄令祝文光、垣曲令李榮宗、繁峙令崔尚賢、襄垣令佟學詩、屯留令陳思忠、河東鹽運同知鄭鴻圖，皆遼東人，俱殉姜瓖之難。

王來覲。遼東人。任河東分守道，降霍州知州。姜瓖之亂，以霍爲南北孔道，攻益力。來覲督兵以守，城陷，血戰死。又長子令李允升、文水令曹之賢、岢嵐兵備僉事徐淳，俱殉姜瓖之難。

宋賢都。奉天人。順治五年，知城武縣。時李化鯨變，賢都猝不及備，先以甘言怠其謀，化鯨遂攻曹縣。賢都募死士，夜薄其營。化鯨覺，還攻城武，賢都力戰死，闔門二十八人皆被屠戮。

朱衣助。遼東人。順治五年，知深州。時土寇未盡，被堅執鋭，爲士卒先，捍衛撫循，士民德之。歷任操江，爲海賊鄭成功兵所獲，不屈而死。

吴國用。遼東人。順治六年，知霍丘縣。時陳伯紹倡亂，擁衆入城，國用揮刀躍馬，率甲士巷戰，力盡自刎。

塗廓。遼東人。任河南河北兵巡道。順治六年，寇陷隆平，延及武安，廓親率勦捕，馬蹶陣亡。

王希舜。遼陽人。順治六年，任河西分巡道，寬簡愛民。王永彊作亂，不屈，死之。

李文學。奉天人。順治六年，知定陶縣。時李化鯨餘黨邢可觀猶負固榆園，文學莅任三月，遇賊於白塔坡，挺身與戰，身被數創而死。

唐士傑。遼東人。順治間除南漳縣。時土賊盤踞西山，出没無常，士傑每挺身勦戰，賊勢蜂擁，力不能支，自焚死。

徐大用。奉天人。歷任參議道，分守萊州。順治十年，膠州總兵官海時行嗾兵爲逆，逼勒大用同入海，不從，被害。

劉登科。奉天人。知黄巖縣。順治十四年，海寇陷城，脅降不從，遂縛投三江水中死。

文運亨。遼東人。順治十六年，任新田令。值猺賊犯城，運亨率兵拒守，賊衆大至，城陷被害。

范承謨。漢軍鑲黄旗人，文程次子。康熙七年，巡撫浙江，有惠政。十一年，總督福建。會耿精忠反，欲脅承謨降，承謨不屈，因之，罵不絶口，卒爲所殺。贈兵部尚書，加太子少保，謚忠貞。雍正中，入祀昭忠祠。承謨被幽時，有畫壁吟自述，人多傳之。

馬雄鎮。漢軍鑲紅旗人。由廕生任廣西巡撫。康熙十二年，逆藩吴三桂反，孫延齡叛應之。雄鎮密檄提督馬雄會勦，雄遷延不至，因蠟疏具狀，並遣其子世濟、世永間道入京乞師。後賊擁之脅降，罵不屈，闔門死賊者百餘人。贈太子太保、兵部尚書，謚文毅。雍正中，入祀昭忠祠。乾隆十六年，特予恩騎尉世襲。

甘文焜。遼東人，隸正藍旗漢軍。康熙八年，任雲貴總督，密陳吴三桂不法狀。十二年，三桂反，提督李本深以安順應之。文焜以省城不可守，馳赴鎮遠，思招集楚兵扼險。至，則守將江義先自從賊，各屬鄉應。文焜知不可爲，赴吉祥寺自刎。其子國城及筆帖式和善雅圖從死。贈兵部尚書，謚忠果。時按察使李興元、貴陽府同知楊應鶚皆以不屈死，皆遼東人。

李成功。遼東人。任參將，隸湖鎮劉進忠麾下。康熙十三年，耿精忠叛，密授進忠僞職。成功謀與于國璉共誅之〔一三〕，機泄被執，不屈死。

死之。

于國璉。遼東人。康熙十三年，授防禦職。與參將李成功謀誅叛鎮劉進忠，事泄，進忠擊璉，璉射進忠中臂，力戰三晝夜，死之。

魏萬侯。奉天人。武進士，任浙江温鎮左營遊擊。康熙甲寅夏，閩寇圍瑞安縣，萬侯率師援擊，至北湖嶺，斬馘甚衆。以後軍不至，退保慈湖，既而羣賊蜂集，勢不能支，力戰死之。長子棟，亦歿於陣。

廖有功。瀋陽人。官福州千總。康熙甲寅三月，耿逆會文武諸僚脅制府爲亂，有功不從，手刃十數賊，力盡死。

滕天成。漢軍正白旗人。承襲佐領。康熙十五年，征浙、閩，力戰海澄豬兒山，死之。

王忠孝。遼東人。康熙十五年，署左翼鎮總兵，進勦滇南，衝鋒破敵，身先士卒，引兵逼城，深入，陷陣死。

段應舉。遼陽人，隸鑲藍旗漢軍。以功累遷至福建提督。康熙十五年，從征耿精忠，克復全省，誓師戒殺，秋毫無犯。十六年，勦海賊鄭錦，屢著戰功。十七年，以失利退保海澄，調副都統。會賊衆併力犯之，食盡援絶，城陷，自縊死。入祀昭忠祠。

王之鼎。漢軍正紅旗人。康熙十九年，以定海將軍提督四川，恢復全蜀。提兵進援永寧，爲賊所困三閱月，糧盡援絶，猶率兵挑戰，士卒益奮。賊以火藥轟，城陷被執，拔刀自刎，未絶，舁至貴陽，賊黨百方勸脅，不屈，遂與總兵何成德等十二人同時遇害。贈太子少保，謚忠毅，廕其子三等伯世襲。雍正七年，入祀昭忠祠。

高天爵。鐵嶺人。初隸鑲白旗漢軍，後改鑲黄旗。知建昌府。耿精忠之變，出募丁壯，固繕城垣，躬擐甲胄，與賊戰被執，不屈死。贈太僕寺卿，謚忠烈。雍正四年，加禮部尚書銜。

喻三畏。遼東人。任建寧同知。耿精忠難作，與福州守王之儀、侯官令劉嘉猷同被害。

于成龍。奉天人。隸鑲紅旗漢軍。康熙初，知江寧府，興利除弊，知無不爲，斷獄尤明允。二十五年，巡撫直隸，政治嚴明，貴近有犯必懲，事不便於民者悉除之，遷河南總督去。三十七年，復以總督管直隸巡撫事。民聞其來，無不歡躍。成龍所至有聲，與永寧于公並稱於世。

繆鴻業。海城人。親歿廬墓。

鐵範金。承德人。康熙丁丑進士，官翰林院檢討。母疾篤，範金割腕肉以進，母立甦。

祁祖西。奉天正白旗人。素有孝行，母歿，廬墓三年。康熙年間旌。

王瓚。漢軍正白旗人。拔貢生。素行純篤。其母病歿，廬墓三年，哀毀盡禮。乾隆六年旌。

校勘記

〔一〕並取薩哈連部内十一寨　「連」，原作「達」，據上文及乾隆志卷四一奉天府人物（下同卷簡稱乾隆志）改。

〔二〕復從攻宣府大同　「宣府」，原作「宣武」。考史志，明清時地方設置無「宣武」之名。乾隆盛京通志卷六九國朝人物揚古利敘此作「從攻大同、宣府」，八旗通志卷一四七人物志同。「宣武」乃「宣府」之訛，據改。乾隆志此句作「復從攻宣、大」，即宣府、大同之省稱。

〔三〕駐防灤州　「州」，原作「洲」，據乾隆志及乾隆盛京通志卷六九國朝人物納穆泰改。

〔四〕太宗文皇帝曰　「太宗」，原作「太祖」，顯誤，據乾隆志改。

〔五〕八年　原作「十年」，顯誤，不應「十年」反在「九年」之前，據乾隆志改。

〔六〕拔揚州　「揚」，原作「陽」，據乾隆志及八旗通志卷一三五人物志佟圖賴改。

〔七〕五年授定南將軍 「五年」原作「六年」,「定南」原作「江南」,據乾隆志及八旗通志卷一三五人物志佟圖賴改。

〔八〕駐防牛莊 「牛莊」,原作「半莊」,據乾隆志改。

〔九〕蘇訥 「訥」,原作「納」,乾隆志及下注文皆作「訥」,從改。

〔一〇〕十三年 「十」,原闕,據乾隆志及上下文意補。

〔一一〕性至孝 「性」,原作「姓」,據乾隆志改。

〔一二〕姪璉 「璉」,原作「槤」,據乾隆志及乾隆盛京通志卷七九國朝人物趙國祚改。按,本志蓋避乾隆太子永璉諱改字。

〔一三〕成功謀與于國璉共誅之 「璉」,原作「連」,據乾隆志及乾隆盛京通志卷八六忠節李成功改。按,此避乾隆太子永璉諱改字也。下條于國璉原亦避諱作「連」,同回改。

大清一統志卷六十三

奉天府五

流寓

漢

逢萌。北海都昌人。王莽時，解冠挂東都城門歸，將家屬浮海，客遼東，因遂潛藏。光武即位，乃之琅邪勞山。

王烈。平原人。董卓亂，避地遼東。躬秉農器，布衣蔬食，不改其樂。遼人化之，强不陵弱，衆不暴寡，市不二價。丞相曹操累徵不起。卒於海表，年七十八。

邴原。北海朱虛人。少與管幼安俱以操尚稱。黄巾起，原將家屬入海，遂至遼東。遼東多虎，原之邑落獨無虎患。嘗行而得錢，拾以繫樹。此錢既不見取，而繫者愈多。問其故，答者謂之神樹。原惡其由己而成淫祀，乃辨之，於是里中遂斂其錢，以爲社供。在遼東一年中，往歸原居者數百家，游學之士、教授之聲不絶。

管幼安〔一〕。北海朱虛人。漢末大亂，避遼東。公孫度虛館以候之。幼安因山爲廬，鑿坏爲室，越海避難者皆來就之，居旬月而成邑。遂講詩、書，陳俎豆，飭威儀，明禮讓，非學者不見。由是度安其賢，民化其德。度子康，欲官幼安以自輔，終莫敢發言，其敬憚如此。幼安所居屯落，會井汲者或男女雜錯，或爭井鬬鬩。幼安患之，乃遂多買器，分置井旁，汲以待之，又使不知。來者得而怪之，問知幼安所爲，乃各相責，不復鬬訟。鄰有牛暴幼安田者，幼安爲牽牛著涼處，自爲飲食，過於牛主，牛主得牛大慚。以是禮讓移於海表。在遼東積三十七年乃歸。

涼茂。山陽昌邑人。獻帝時，爲樂浪太守。公孫度在遼東，擅留茂，不遣之官，然茂終不爲屈。

國淵。樂安蓋人。與邴原、管幼安等避亂遼東。淵篤學好古，常講學於山巖，士人多推慕之，由此知名。

太史慈。黄縣人。猿臂善射。少好學，爲郡奏曹史。因避仇之遼東，孔融聞其名，數餽其母。及融爲黄巾所圍，慈適從遼東還，爲融攻黄巾破之。

晉

高瞻。渤海蓨人。永嘉之亂，率數千家徙幽州。後隨崔毖如遼東。及毖敗，慕容廆署爲將軍，瞻稱疾不起。廆敬其姿品，數臨視之〔二〕，仍辭疾篤，廆不平之，遂以憂死。

唐

蔣儼。義興人。爲兵曹參軍。太宗伐高麗，募爲使者，人皆憚行，儼獨請往。及至，爲莫離支所困，不屈，納土室中。及高麗平，乃歸。帝奇其節，授朝散大夫。

明

王儼。湖廣人。由進士歷官侍郎，廉静謹恪。正德間，忤劉瑾，謫遼東。後赦歸。

胡永清。仁和人。官江西副使。論宸濠不法，謫瀋陽，學者宗之。後宸濠伏誅，起官至兵部尚書。

本朝

苗君稷。昌平人。明季諸生。遭時多難，隸籍黄冠。喜讀儒書，居盛京之三官廟。賦詩有隱者風，府丞姜希轍序而刻之。

郝浴。定州人。順治中，以御史巡按四川，爲吴三桂所搆，謫鐵嶺。讀書講學，無間寒暑。著易解，士人宗之。康熙十四年召還，留所居爲銀岡書院。

列女

遼

耶律珠展妻蕭氏。國舅博勒之女。年十八，歸耶律珠展。未幾珠展卒，既葬，謂所親曰：「夫婦之道，如陰陽表裏。無陽則陰不能立，無表則裏無所附。妾夫早歲登朝，有才不壽，天禍妾身，復何倚恃？死者可見，則相從地下；不可見，則當與俱逝。」遂自刃而死。「珠展」舊作「朮者」，「博勒」舊作「孛堇」，今皆改正。

耶律中妻蕭氏。韓國惠王四世孫。及笄，歸耶律中。天慶中，爲賊所執，氏置刃於履，誓不受汙，至夜，賊遁得免。久之，帝召中爲五院都監。中謂妻曰：「吾本無宦情，今不能免，當以死報國。女能從我乎？」氏曰：「謹奉教。」及金兵徇嶺西，中守節死，氏躍馬突至中所自殺。

元

耶律瑠格妻約囉氏。元太祖時，瑠格爲遼王，納款於元。瑠格卒，約囉氏入奏。會帝征西域，皇太弟承制，以約囉氏佩虎符，權領其衆者七年。丙戌帝還，約囉氏攜其子善格、特爾格、永安及從子托爾多、孫收國努，見帝於河西湫城。帝慰勞甚至，約囉氏奏瑠格既卒，官民之主，其長子色辰扈從有年，願以次子善格代之，使歸襲爵。帝曰：「色辰從朕征西域，已積功爲巴圖魯，不可遣。當令善格襲其父爵。」約囉氏拜且泣曰：「色辰者，瑠格前妻所出，嫡子宜立。善格者，婢子所出，若立之，是私己而滅天倫也。竊以爲不可。」帝歎其賢，遂以色辰襲爵，而留善格、托爾多於朝，遣其季子永安從約囉氏東歸。「瑠格」舊作「留哥」，「約囉」舊作「姚里」，「善格」舊作「善哥」，「特爾格」舊作「鐵哥」，「托爾多」舊作「塔塔兒」，「收國努」舊作「收國奴」，「色辰」舊作「薛闍」，今並改正。

李君進妻王氏。遼陽人。大德八年，君進卒，下葬將發引，親戚鄰里咸會，氏謂衆曰：「夫婦死同穴，義也。吾得從良人逝，不亦可乎！」因撫棺大慟，嘔血升餘而死。衆殮之，與夫連柩出葬，送者數百人，莫不灑泣。

趙洙妻許氏。集賢大學士有壬之姪女。至正十九年，紅巾賊陷遼陽，洙時爲儒學提舉，夫婦避亂匿資善寺。洙以叱賊見害，氏不知也。賊甘言誘氏，令指示金銀之處，氏大言曰：「吾詩書冠冕故家，不幸遇難，但知守節而死，他皆不知也。」賊以刃脅之，色不變。已而知其夫死，因痛哭仆地，駡聲不絶口，且曰：「吾母居武昌死於賊，吾女兄弟亦死於賊，今吾夫又死焉。使吾得報汝，當醢汝矣。」遂遇害。寺僧見氏死狀，哀其貞烈，賊退，與洙合葬之。

文宗信妾白氏。宗信爲遼陽行省丞，病篤，氏昏旦潛禱於神，至忘寢食。宗信語之曰：「汝年方二十，我死，汝當奈何？」氏應曰：「妾身草芥，賴夫子以存活。萬一不諱，妾不獨生。」宗信死，迨殮，氏盡出箱篋分給親戚，沐浴告別主母，遂自縊。親戚義之，與夫同葬。

明

巫氏。瀋陽衛農家婦。正德十年五月，夫在田耕耘，氏獨行饋餉，遇强暴持刃挾氏欲污之，氏堅執不從，遂爲所殺，死後手中猶握血漬破衣一片。巡撫立碑表其墓。

蕭士清妻丁氏。金州人。奉姑至孝。士清疾，飲食俱廢，祝天願以身代。士清殁，氏悲慟累日，遂自縊。正德間旌表。又張頃妻朱氏、張俊妻徐氏、錢海妻許氏，皆金州人，夫亡守節。又籍氏，金州軍餘之妻。夫死，守志四十餘年。又劉志才妻閔氏，能以禮自防。夫屬軍籍，戍金州，傭紝供衣食。夫亡無子，撫妾子如己出。

裴貴妻劉氏。三萬衛鎮撫劉呼喇圖女。幼聰慧，父母令女師授孝經、列女傳，咸成誦。年十六，適同郡裴貴，事舅姑以孝聞。既而貴有疾，氏潛刲股肉和糜以進，弗效，每夜禱天，祈以身代。夫疾革，乃囑曰：「吾危矣。汝幼，善事後人。」氏泣曰：「奈何以犬豕畜妾！當誓天效死，安用生爲？」遂入隱室而縊。家人覺，救之無及。越一日夫殁。事聞，旌之。「呼喇圖」舊作「忽魯充」，今改正。

高門五節婦。劉氏，光州固始人。夫高希鳳，戍遼東。爲亂軍所掠，拒而不服，軍怒，斷其腕，劉抱腕且哭且罵，遂被殺。希鳳弟蘗師努妻李氏，早寡，因亂攜子姪避難，始終保全。歸守夫墓，誓不再適。希鳳季弟巴延布哈爲仇家所殺，妻郭氏即自縊於馬櫪。希鳳從子塔實廷爲父仇訟陷而死，妻金氏、妾邢氏俱自縊。一門五節，事聞旌表。「巴延布哈」舊作「伯顔不花」，「塔實廷」舊作「塔失丁」，今並改正。

徐文中妻王氏。定遼後衛人，歸生員徐文中。嘉靖中，爲寇所執，强挾上馬，屢投地，大罵不從，遂斷其手，斫身數刃而去。氏一息尚存，見文中曰：「我名節無玷，死無憾矣。」遂瞑目。

王福妻臧氏。蓋州衛人。夫歿，守節自誓，事姑以孝聞。居數歲，里人聞其賢，欲娶之，知氏不可奪，乃謀氏兄，私納其聘，欲强之。氏向其姑泣曰：「本欲與夫同死，以姑缺養，故隱忍至此。自今不得侍姑矣。」是夜自縊。

高琰妻潘氏〔三〕。蓋州人。夫故無子，氏年十九，以紡織自養。守節三十五年。嘉靖間旌表。

高原昌妻金氏。遼陽人。原昌素疾，娶未逾月，病篤，母慰氏曰：「善視湯藥，莫辭勞苦。汝年少無出，自有名門擇配。」氏泣曰：「夫死不嫁，禮也。何出此言？」原昌卒，氏泣累日，遂自縊。同縣邵倫妻張氏、董欽妻劉氏、韓連妻吕氏、馬汝麟妻甯氏，俱夫亡自縊。

李門四節婦。李通妻程氏。通爲海州衛千户。生子芳，甫三歲，通卒。氏甘貧守節，育芳成人。襲職後，戍邊戰死，遺妻陳氏，年尚幼，守志事姑。通弟正與文亦早亡，正妻宋氏、文妻陳氏，俱守節不移。時稱「一門四節」。

蔡遇春妻陳氏。瀋陽人。遇春死，即欲自縊以殉，以年饑未葬，子幼無依而止。越三年卜葬，抱子痛哭，先一日縊死，竟與夫合葬。

顧澄妻楊氏。鐵嶺人。遺腹三月産一男，楊氏誓不貳適，甘貧撫孤。卒時七十九歲。

陸淳妻鄧氏。三萬衛人。淳死，氏年十九，哀毁不食，殯畢，即自縊。葬之日，送者無不隕涕。

趙雲妻于氏。三萬衛人。年二十餘，雲故，氏自縊櫬旁。

高門二節婦。高鳳妻蘇氏。鳳戍開原病故，蘇氏扶櫬歸葬，撫教二子。守節五十四載，卒年八十有三。鳳弟龍娶羅氏，龍故，遺腹四月生一男，羅氏守志撫孤。人稱「一門雙節」。

本朝

貝勒莽古爾泰次福晉納喇氏。貝勒卒，欲從殉，太宗文皇帝諭止之。福晉固請，遂至别室自盡，侍妾一人亦從死焉。

克勤郡王岳託福晉納喇氏。崇德四年，岳託薨，福晉殉。

李度妻趙氏。奉天鑲黄旗人。夫亡守節。又正紅旗清格妻瓜爾佳氏、阿克順妻趙氏、索斐妻索佳氏、阿哩尼妻托和囉氏、阿布尼妻納喇氏、阿克恕妻覺羅氏、雅爾遜妻赫舍哩氏、義思哈妻覺羅氏、鑲黄旗漢軍董國祥妻李氏、張明儒妻汪氏、正白旗漢軍王國勳妻汪氏、王國輔妻孫氏、劉得禄妻趙氏、劉廷印妻金氏、禮部壯丁金柏連妻李氏，均康熙年間旌。

劉氏女。遼陽正黄旗人。少失恃，依嫂以居。嫂與人通，恐女發其事，欲並污之。女抵死不從，遂爲所殺。康熙年間旌。

王命召妻滕氏。蓋平城守漢軍滕天成姊。嫁未期，命召從征廣東，後自京移家往。氏抵粤甫五日，命召病亡，乃號泣自縊。康熙年間旌。

康泰妻楊氏。遼陽人。拒暴被害。同州石函喻妻李氏，夫亡守節。均康熙五十二年旌。

薩穆哈妻關氏。永陵總管所屬鑲黄旗人。夫亡守節。又正黄旗三泰妻耿氏、正白旗蘇爾泰妻覺羅氏、朱光彩妻達氏、劉琪妻傅氏、鑲白旗科什妻趙氏、索奈妻何氏、正紅旗哲庫納妻曹氏、鑲紅旗海哈妻馬氏、正藍旗額岳納妻伊氏、松奇妻關氏、鑲藍旗衆神保妻關氏、阿爾泰妻徐氏、福陵總管所屬鑲黄旗費揚武妻傅氏、賽必哈妻蘇氏、法碩妻袁氏、穆陳妻王氏、正黄旗穆立泰妻趙氏、佟花芷妻趙氏、八十五妻何氏、依蘭太妻王氏、正白旗剛安泰妻趙氏、保住妻趙氏、蘇拉太妻趙氏、鑲藍旗莫禮宏妻孫氏，昭陵總管所屬鑲黄旗千丁高登舉妻謝氏、張成文妻金氏、胡登元妻祁氏、李天鳳妻李氏、晉良玉妻張氏、金儒奎妻孫氏、王天順妻汪氏、時永明妻洪氏、李有福妻董氏、金明玉妻劉氏、胡登雲妻李氏、羅聰妻黄氏、王玉龍妻陳氏、正黄旗竈保妻瓜爾佳氏、吴士英妻劉氏、七十八妻甯氏、薛自昌妻張氏、常柱妻石氏、正白旗郝尚智妻劉氏、鑲白旗伍達克妻蒙古索氏、正藍旗書魯木妻郎氏、費揚古妻赫舍哩氏、鑲藍旗烏何諾妻覺羅氏，均雍正年間旌。

滕文煥妻崔氏。奉天正白旗人。甫納聘，文煥歿，氏守貞三十餘年。雍正十年入祀節孝祠。

王守貴妻李氏。寧海正黃旗人。夫家近海，地多流寓，有欲强污之者，氏堅拒不從，被害。雍正年間旌。

古禮妻李氏。奉天鑲黃旗人。夫亡守節。同旗筆帖式福克山妻塔坦氏、李建龍妻盧氏、建龍姪澄妻劉氏、源妻李氏、騎都尉薩木哈妻色勒理氏、常禄妻赫舍哩氏、穆澄妻王氏、覺和托妻覺羅氏、杜兒妻田氏、伍柟妻陳氏、杜爾泰妻姚氏、趙拜妻瓜爾佳氏、伍爾妻陳氏、曾保妻閔氏、常禄保妻何氏、趙巴燕妻關氏、覺圖妻王氏、舍立泰妻趙氏、吴靈阿妻關氏、三雅圖妻顏氏、魯壽妻于氏、正黃旗西蘭泰妻王氏、那爾泰妻烏雅氏、瓦什妻扎拉氏、雅蘭泰妻李氏、伍勒妻高氏、沙賴妻黄氏、海蘭妻趙氏、正白旗滕文煜妻徐氏、賽達禮妻烏雅拉氏、達崇阿妻張氏、保住妻覺羅氏、沙賴妻納喇氏、那拉庫妻白氏、鑲白旗莽古爾賚妻瓜爾佳氏、鄂阿納妻高氏、阿金妻烏嚕特氏、正紅旗筆帖式諾敏妻鈕祜禄氏、關六格妻康氏、白蘇朗妻温察氏、達薩布妻韓氏、安圖妻高氏、巴延圖妻傅氏、温補妻王氏、白斯瑚郎妻温察氏、和善妻趙氏、長壽妻吴氏、松額托妻蘇氏、瑚西那妻劉氏、禪奇妻費氏、伊拉根妻趙氏、尼卜鈕妻吴氏、剛阿塔妻唐氏、鑲紅旗韓奇妻郎氏、奈信妻舒舒覺羅氏、薩蜜哈妻瓜爾佳氏、白圖妻吴氏、農生妻關氏、乃新妻獨獨覺羅氏、哈爾吉納妻瓜爾佳氏、莫和勒妻阿蘇特氏、扎爾呼妻巴雅喇氏、石頭妻圖默特氏、鈕什妻們綽克氏、那爾泰妻卓絡特氏、李芬芳妻孫氏、正藍旗固爾泰妻史氏、察穆布妻巴雅喇氏、保拜妻楊氏、渾奇妻瓜爾佳氏、麻色妻馬氏、馬揚阿妻楊氏、達蘭泰妻張氏、保住妻倉氏、法吉納妻趙氏、都伯盛妻傅氏、麻奈妻馬氏、西勒妻羅氏、布達哈妻關氏、黄自禮妻談氏、瓦子妻庫雅拉氏、鑲藍旗花薩里妻瓜爾佳氏、納楞額妻喀爾拉氏、薩那妻王氏、喀里岱妻關氏、多利妻甯氏、陶法哈妻孫氏、索色妻吴氏、希爾德妻烏嚕特氏、張圖賓妻楊氏，鑲黃旗漢軍徐得妻許氏、劉登科妻賈氏、李顯芝妻吴氏、楊朝臣妻任氏、楊門黄氏、段門汪氏、郭門陳氏、正黃旗漢軍朱有成妻沈氏、楊志裕妻王氏、張文孝妻何氏、傅達妻王氏、郭明玉妻張氏、高文倉妻石氏、李珊妻唐氏、正白旗漢軍張文明妻劉氏、孫珊妻于氏、楊玉林妻林氏、烏布恒妻莫氏、金達立妻白氏、王國相妻姜氏、康國禮妻盧氏、李有貴妻倪氏、陳嘉謨妻祝氏、董魁臣妻張氏、劉繼美妻姜氏、何門楊氏、陳門李氏、鑲白旗漢軍劉元輔妻吴氏、康鳳玉妻宋氏、康守玉妻朱氏、康懷玉妻金氏、朱自善妻佟氏、張元臣妻王氏、陳門龐氏、李門王氏、正紅旗漢軍何世秀妻徐氏、王世臣妻楊氏、張儁妻李氏、王綱妻李氏、趙世登妻皮氏、田宗德妻王氏、蘇門劉氏、胡門王氏、鑲紅旗漢軍武成功妻劉氏、董宏仁妻張氏、顧天榮妻謝氏、王鳳來妻詹氏、王鳳鳴妻王氏、正藍旗漢軍張榮妻田氏、董德英妻劉氏、鑲藍旗漢軍孫成鳳妻唐氏、朱門吕氏。以上漢軍所屬節婦十人，失載伊夫之名。鑲黃旗蒙古二格妻屠氏、亥色妻蘇氏、正黃旗蒙古古木吉妻鮑佳氏、達馬色妻珠爾克氏、正白旗蒙古瑪雅妻白氏、博囉妻吴氏、巴爾岱妻白氏、雅圖妻巴氏、鑲白旗蒙古納赫圖妻楊氏、巴通妻孟氏、正紅旗蒙古八十妻鄧氏、鑲紅旗蒙古莫泰妻白氏、吴雲妻安氏、正藍旗蒙古雲騎尉五格妻們楚克氏、防禦五格妻莫氏、莽色妻忙氏、馮保妻劉氏、敖勒奈妻吴氏、鑲藍旗蒙古邊最妻韓氏、朝岱妻韓氏、恩格參妻韓氏、祁淡妻吴氏、遼陽州鑲紅旗巴爾呼達妻覺羅氏、正藍旗監生吾爾禪妻覺羅氏、開原鑲黃旗索保妻克木楚特氏、鑲白旗穆成格妻鈕祜禄氏、熊岳鑲黃旗張隫妻闞氏、鳳凰城正白旗艾教民妻羅氏、漢軍夏璽妻扈氏、圖桑阿妻趙氏、闞元保妻趙氏、瑚勒格諾妻書氏、護軍蘇達豆妻趙氏、筆帖式宫色妻趙氏，以上六人未詳旗分，鑲藍旗穆哈連妻孟氏，均雍正年間旌。

畢國棟妻趙氏。承德人。夫亡，子方週歲，舅姑繼喪，氏撫孤成立，守節五十餘載。同縣劉連登妻曹氏、趙進啓妻馮氏，均雍正年間旌。

盧懋文妻王氏。遼陽人。夫亡守節。同州王育民妻唐氏、譚世榮妻王氏、吕翕如妻林氏、劉儒義妻温氏，均雍正年間旌。

陳樲妻段式。海城人。夫亡守節。同縣張仕妻章氏，均雍正年間旌。

武生江漢英妻張氏。蓋平人。夫故，遺子未週歲，氏孝事孀姑，撫養弱息，守節四十七年。雍正二年旌。

張雪兒妻唐氏。鐵嶺人。夫故，奉姑撫幼，曲盡孝慈。後值荒歉，有謀奪其志者，氏即欲自盡，奸謀遂息。同縣張士玉妻王氏、李四晒妻孟氏、張國良妻馬氏、孫二妻馮氏、鄧天榮妻秋氏、李廷棟妻劉氏、鞏尚友妻張氏、鞏尚己妻李氏，均雍正年間旌。

永明妻經佳氏。永陵總管所屬鑲黃旗人。夫亡守節。同旗閑散爾們妻舒穆嚕氏、正黃旗閑散德錫諾妻馬佳氏、四格妻張佳氏、正白旗閑散英壽妻索吉氏、含英妻碩佳氏、鑲白旗閑散興仁妻楊氏、正紅旗兵五十二妻伊爾根覺羅氏、四十九妻納喇氏、閑散阿勒圖妻伊爾根覺羅氏、保祿妻伊爾根覺羅氏、鑲藍旗兵松起妻佟佳氏，福陵總管所屬鑲黄旗壬丁趙廷臣妻劉氏、沈國相妻曹氏、陳正妻卜氏、祁有正妻趙氏、閑散羅漢保妻關氏、正白旗章京阿爾登阿妻趙氏、六格妻石氏、閑散達思哈妻廖氏、拜唐阿吴爾得妻郎氏、章京查爾太妻瓜爾佳氏、閑散阿爾太妻祝氏、壯丁徐連仲妻祝氏、李自孝妻石氏、閑散桑格妻張佳氏、保住妻李氏、兵太順妻趙氏、七雅圖妻白氏、伯哩格諾妻曹氏、德住妻韓氏、鑲白旗閑散格圖肯妻覺羅氏、壬丁聶士植妻費氏、趙英妻劉氏、王進禮妻蔡氏、郭雲禄妻王氏、王文舉妻秦氏、李成寵妻劉氏、曹讓妻楊氏、朱廷華妻李氏、劉守恩妻刁氏、兵化得妻趙氏、正紅旗兵宋朝宣妻于氏、閑散張進妻關氏、正藍旗閑散赫達爾妻趙氏、八十妻祝氏、鍾魁保妻關氏、鑲藍旗防禦和羅妻關氏、閑散和雅圖妻賈氏、拜唐阿巴圖哩妻趙氏、院丁劉環妻劉氏、閑散大小妻趙氏。鑲白旗圖那妻唐氏，夫亡視殮後，入室自縊。昭陵總管所屬鑲黄旗壯丁金四妻粱氏、劉成禮妻張氏、拜唐阿五格妻曾氏、閑散塔景泰妻徐氏、壬丁石娘娘保妻范氏、晉世貴妻王氏、胡國禮妻程氏、羅應弼妻丁氏、金文臣妻沈氏、李自貴妻趙氏、王忠妻金氏、杜茂妻耿氏、馮朝良妻張氏、閑散六十四妻蘇氏、五格妻黄氏、兵海親妻班氏、正黄旗兵那木色勒妻路氏、達達瑚妻王氏、兵六十九妻王氏、二格妻王氏、壬丁張萬舉妻張氏、張士魁妻王氏、黄五妻巴氏、于登雲妻楊氏、德保妻侯氏、閑散瑪爾寨妻王氏、司香人雍圖妻王氏、兵永壽妻包氏、閑散六格妻趙氏、章京常明妻劉氏、閑散那欽妻張氏、瑪爾賽妻王氏、常明妻關氏、正白旗閑散李保住妻傅氏、六兒妻傅氏、六十兒妻趙氏、鑲紅旗兵阿蘭太妻李氏、正藍旗閑散丑兒妻莫氏、那爾太妻楊氏、白達兒妻關氏、鑲藍旗兵佛保妻于氏、閑散烏爾敦妻瓜爾佳氏、兵明安圖妻吴氏、常明妻黄氏、合加保妻劉氏、閑散郎頭妻關氏、邁特妻李氏，均乾隆年間旌。

年芝妻高氏。内務府鑲黄旗人。夫亡守節。同旗壯丁陳七達兒妻王氏、正黄旗壯丁董雲輔妻温氏、李五狗妻朱氏、徐輔臣妻王氏、郭興妻劉氏、胡雲妻劉氏、官學生秦通妻趙氏、筆帖式孫運昌妻王氏、壯丁孫佺妻王氏、曹老各妻康氏、石三小子妻劉氏、正白旗兵那丹珠妻郭氏、壯丁王國瑞妻張氏、王高糧妻關氏、生員張文祥妻柏氏、蘇海妻佟氏、兵曹陞武妻陳氏。貞女鑲黄旗劉氏，許字巴小四子，未婚守志。均乾隆年間旌。

王興元妻李氏。奉天鑲黃旗人。夫亡守節。同旗兵桑社妻圖英齊氏、弼里克圖妻孟祖克氏、領催五藍太妻魏氏、包衣壯丁楊鳳妻康氏、蘇朝臣妻潘氏、劉邦興妻董氏、庫使高世傑妻敖氏、兵馬朝雲妻佟氏、阿林妻辛氏、筆帖式富克善妻唐氏、閑散四格妻趙氏、德忍妻何氏、兵西德保妻傅氏、諾哩特妻烏覺特氏、六格妻凝古圖氏、渾托烏拉妻哈達海氏、阿里順妻瓜爾佳氏、賴塔庫妻王氏、閑散田守克妻張氏、田守殷妻金氏、金永福妻姜氏、和尚妻齊氏、談德金妻元氏、劉國臣妻黃氏、韓有文妻吳氏、包衣班第妻博哩珠氏、合思明妻魏氏、張文昇妻孟氏、劉國臣妻曾氏、張文燦妻王氏、包衣王國華妻車氏、井世璽妻夏氏、兵丁文元妻閻氏、閑散蘇文昆妻杜氏、書堂阿妻高氏、覺羅拜思瑚蘭妻孟氏、巴彦圖妻舒舒覺羅氏、柏爾和圖妻烏扎拉氏、兵哈岱妻瓜爾佳氏、壯丁崔鳳鳴妻董氏、閑散王永安妻張氏、兵王玉妻譚氏、包衣張文昇妻張氏、趙進保妻周氏、兵希他那妻柏氏、閑散張會玉妻馬氏、張成孝妻田氏、那木圖哩妻孟氏、兵布達拉妻莫氏、赫英妻尚氏、蘇楞額妻徐氏、閑散穆丹妻赫舍哩氏、七格妻富察氏、多和倫妻瓜爾佳氏、廖自智妻萬氏、吳鳳鳴妻蘇氏、艾金妻范氏、領催皂保繼妻那氏、前鋒額爾登布妻關氏、常三太妻馬氏、兵金保住妻吳氏、三音布妻趙氏、英保妻蔡氏、閑散姜品妻張氏、陳六格妻馮氏、陳國士妻孟氏、阿爾太妻趙氏、三保妻傅氏、兵馮保妻孟氏、領催岳爾渾妻王氏、雅欽妻馬氏、兵李柱妻何氏、閑散富塔哈那妻段氏、孟格布妻閔氏、李榮妻吳氏、兵薩海妻孟氏、洪進功妻黃氏、五薩勒罕妻何氏、閑散巴魯妻吳氏、兵扎藍泰妻烏扎拉氏、領催姜誼妻馬氏、兵阿林保妻巴雅喇氏、那青阿妻瓜爾佳氏、閑散阿敏妻李氏、兵金珂妻董氏、德克精額妻劉氏、彦台妻張氏、漢軍閑散臧林妻李氏、李玉岐妻張氏、領催岱明妻伊爾根覺羅氏、依林太妻盧氏、閑散丁國棟妻張氏、楊自華妻劉氏、于寬妻陳氏、兵崔禮妻汪氏、閑散李國强妻趙氏、盧成桂妻扈氏、盧成龍妻教氏、李進福妻鍾氏、王兆禮妻李氏、兵田俊妻蘇氏、裴英阿妻赫葉哷氏、閑散盧成清妻李氏、劉利妻張氏、吳俊妻高氏、陳永信妻羅氏、正黃旗兵保兒妻布朱哩氏、閑散李七鳳妻于氏、李天柱妻萬氏、胡忠順妻宋氏、李登孝妻蕭氏、姚進龍妻吳氏、筆帖式常保妻烏扎拉氏、監生劉廷智妻羅氏、領催扎爾都里妻顧氏、兵桃保妻巴雅克氏、雅爾訥妻覺羅氏、雅海妻和佳氏、白登周妻王氏、李國琳妻陳氏、徐國弼妻李氏、秋鳳仕妻王氏、那木色勒妻盧氏、四格妻遜佳氏、楊登福妻夏氏、楊中俊妻鄭氏、哈爾太妻富察氏、閑散范八妻劉氏、楊文成妻祁氏、潘守相妻韓氏、包衣王國勳妻康氏、王國清妻鄧氏、金成住妻劉氏、王國福妻劉氏、鄭得魁妻崔氏、兵布彥妻瓜爾佳氏、閑散于輝龍妻李氏、卓大八妻舒穆嚕氏、善達哈妻馬佳氏、兵五十妻戴佳氏、福哩求妻赫勒氏、瑚希哩妻瓜爾佳氏、閑散岳俊彪妻楊氏、兵海青妻房氏、阿哩拉瑚妻扎薩拉氏、憨班妻覺羅氏、哈薩哩妻佟扎氏、閑散馬應紹妻常氏、趙玉文妻郭氏、佛保妻關氏、兵衆神保妻洪氏、額羅柰妻譚氏、三格妻曹氏、六品官巴海妻魏氏、閑散敖海妻關氏、趙洪基妻姜氏、保常妻張氏、兵青雲妻董音氏、唐九妻托克羅氏、閑散鄭世相妻袁氏、兵翁順妻吴氏、恒保妻侯佳氏、閑散老格妻張氏、李應第妻夏氏、于紹英妻孫氏、兵色克圖妻扎庫塔氏、六十三妻宋氏、領催白柒訥妻卓佳氏、閑散劉天瑞妻魏氏、兵賴岱妻馬氏、托克托和妻王氏、五雲保妻趙氏、閑散洪四妻楊氏、領催魯章阿妻王氏、閑散楊景妻夏氏、董林妻佟氏、領催馬起妻王氏、閑散七十九妻湯氏、兵三保妻劉氏、八六兒妻董氏、筆帖式五達里妻何氏、閑散莫吉妻關氏、兵六十六妻徐氏、閑散董鑾妻魏氏、蒙古兵伯雅爾圖妻韓氏、漢軍閑散李隆得妻金氏、兵扎爾九妻白佳氏、扎木倫妻高佳氏、馬力虎妻李氏、那丹珠妻趙佳氏、楊連妻畢氏、閑散胡開全妻董氏、沙力久妻瓜爾佳氏、黑達子妻趙氏、西淩阿妻金氏、張保妻吴氏、大黑子妻周氏、正白旗兵巴雅里妻烏扎拉氏、鍾起禄妻陳氏、額爾克妻覺羅氏、關東妻梅赫理氏、莽色妻默爾德勒氏、哈蘇勒妻巴雅喇氏、薩哈連妻李氏、杜爾拉妻吴氏、宋國福妻郭氏、達圖妻五扎拉氏、生員金景鳳妻李氏、閑散于正琨妻吴氏、吴用起妻羅氏、張文卿妻孫氏、吴進選妻牛氏、壯丁金國彥妻和氏、董朝訓妻秦氏、閑散富柏妻祖氏、黄尚璽妻羅氏、哪摩羅妻錫爾德特氏、杜爾巴妻張氏、郝爾赫妻陶氏、劉大妻李氏、郭得玉妻程氏、曾體信妻李氏、韓朝聘妻陳氏、楊綰妻張氏、領催索住妻哈爾佳氏、邁堪妻張氏、郝尚妻關氏、兵伊爾喀遜妻郭羅克氏、雅哈那妻舒穆嚕氏、張九思妻吴氏、李朝向妻張氏、薩太妻奚氏、花碩妻蔣氏、瑪爾賽妻托果羅氏、扎庫那妻王氏、閑散赫尚妻靳氏、包衣老格妻郭氏、阿藍太妻柏氏、閑散吴相佩妻宋氏、弓自清妻魏氏、張敬祖妻王氏、張登序妻王氏、陳廷有妻屈氏、和勒庫納妻馬佳氏、領催那木哩泰妻張氏、兵和多哩妻瓜爾佳氏、陳保妻格濟埒氏、班第妻關氏、領催阿藍太妻張氏、閑散瑚什太妻鄭氏、讓太妻孫氏、莽佳圖妻赫葉哷氏、郭義璽妻竇氏、永太妻佟氏、兵米色那妻柏氏、扎爾瑚妻林氏、包衣孔義妻張氏、哈達罕妻陳氏、閑散讓拜妻邴氏、賀必圖妻翁格勒氏、張文科妻張氏、王洪謨妻劉氏、楊士英妻趙氏、拉都妻關氏、黑格妻傅氏、三格妻陳氏、五十四妻吳氏、兵烏哩圖那思圖妻扎拉氏、德赫訥妻那木都魯氏、瑚什八妻温佳氏、閑散高達色妻趙佳氏、劉文彪妻石氏、陳雲佐妻劉氏、鍾國正妻劉氏、阿敦妻傅氏、領催班扎布妻韓氏、兵高維雄妻聶氏、查淩阿妻孟氏、圖爾賽妻柏氏、河出圖妻唐氏、色里特妻孟氏、常禄妻李氏、嘉里那妻傅氏、領催孫達里妻關氏、章京雅保妻白氏、兵瑪的妻韓氏、王保妻富氏、白中太妻石氏、常明妻趙氏、五同保妻洪氏、哈山妻吳氏、得壽妻白氏、五林保妻卓佳氏、圖拉太妻薩克達氏、穆爾太妻李氏、永壽妻佟氏、閑散傅昌阿妻杭阿塔氏、七達兒妻孫氏、喬住妻王氏、張佐臣妻傅氏、六兒妻趙氏、五十一妻孫氏、拉子妻彭氏、兵弼錫勒拉圖妻何氏、色勒妻石氏、陶班妻吳氏、閑散繆璘妻錫塔拉氏、和綳阿妻舒氏、伍哈妻胡氏、兵高士宣妻李氏、閑散高士燕妻周氏、柳成豹妻張氏、柳成仁妻孫氏、陳運祚妻劉氏、王思玉妻顧氏、王燕孔妻王氏、柳成林妻趙氏、兵康朝旺妻孫氏、郭文惠妻陸氏、色克勒妻楊氏、張文魁妻紀氏、王自學妻傅氏、劉福妻吳氏、閑散洪六金妻馮氏、邱士良妻唐氏、白文成妻葛氏、王自夢妻陳氏、賴岱妻關氏、杜舒妻屠氏、白哩格諾妻曹氏、兵烏拉什妻趙氏、七三保妻關氏、五達那妻白氏、吉思那妻劉氏、三音保妻葛氏、閑散李相臣妻劉氏、劉成章妻劉氏、郭四妻竇氏、兵克拉邱妻劉氏、阿爾吉泰妻莫氏、靈官保妻年氏、閑散馬保住妻馬氏、前鋒雅思那妻佟氏、生員德克精額妻郎氏、漢軍閑散李仲妻劉氏、閑散金得智妻王氏、黄玫妻趙氏、黄廷用妻杜氏、兵滿珠妻瓜爾佳氏、舒如柏妻劉氏、閑散李五八妻楊氏、班布力什妻張氏、張名著妻李氏、鄒自恭妻姚氏、王自剛妻趙氏、前鋒云敦妻關氏、閑散達桑阿妻馬氏、兵劉璋妻宋氏、噶力的妻吳氏、庫使魯庫妻程氏、閑散八十六妻郭氏、鑲白旗兵甕五綽妻馬氏、楊喜妻瓜爾佳氏、李文錦妻孫氏、薩穆保妻夏氏、閑散張傑妻徐氏、李國棟妻李氏、何起林妻張氏、姜文龍妻姜氏、吳守信妻應氏、吳忠斌妻盧氏、蔡文元妻趙氏、繆進忠妻高氏、萬國棟妻李氏、王二妻孫氏、兵索機妻額魯特氏、花什妻赫葉哷氏、福卡妻康阿禮氏、赫色妻卓羅氏、張文忠妻陳氏、德爾特妻納喇氏、雅蘭太妻富察氏、八十四妻王氏、墨哩賽妻劉氏、閑散陳太妻郭氏、張瑞妻鄭氏、朴本善妻張氏、鄭天璽妻曹氏、關東妻張氏、劉登科妻黄氏、劉剛妻陳氏、張文洪妻崔氏、吳繼功妻于氏、李明春妻汪佳氏、兵德緒妻蔣氏、四十一妻何氏、福哩拜妻卓佳氏、閑散赫色妻富察氏、兵覺和托妻趙氏、閑散常明妻胡氏、巴達瑪妻吳氏、六格妻張氏、瑚什太妻姜氏、三格妻王氏、三太妻南氏、筆帖式福達哩妻佟氏、兵佛保妻杜氏、更格勒克奇妻趙氏、格色爾圖妻吳氏、孟魁妻關氏、阿什圖妻扎爾佳拉氏、閑散和綳額妻赫葉呼氏、三佛保妻孫氏、張鳳臣妻楊氏、兵特穆特妻屠氏、八十六妻關氏、卜爾坦妻烏扎拉氏、柏守彩妻熊氏、四達色妻巴雅拉氏、閑散巴什妻烏扎拉氏、明禮妻納喇氏、那拉太妻卓佳氏、兵達扎妻張氏、雙德妻納喇氏、查拉太妻富察氏、常海妻趙氏、夏大小兒妻蔡氏、常保妻沈氏、赫倫太妻周氏、武達齊妻王氏、六十妻吳氏、閑散鄂巴什妻龔氏、法倫妻畢氏、卜彦奈妻胡氏、諾哩木妻温氏、珠哩哈岱妻馮氏、蘇素訥妻劉氏、楊士貴妻王氏、張文芳妻白氏、馮永禄妻吳氏、兵馬淵妻金氏、閑散洪文斌妻關氏、陳文貴妻韓氏、福保妻趙氏、杜國臣妻李氏、八十兒妻吳氏、兵倫德色楞妻符氏、閑散張明妻孫氏、陳進卿妻楊氏、李繼魁妻趙氏、篇圖妻胡氏、依希妻戴氏、兵五十七妻唐氏、布第雅妻那氏、金自成妻吳氏、閑散楊如穗妻孫氏、張文富妻侯氏、兵瑚什保妻孟氏、閑散西爾丹妻汪氏、四十九妻李氏、張文照妻邵氏、蘇成璽妻張氏、沈貴妻胡氏、侯進孝妻許氏、兵蘇奇英妻楊氏、朱維魁妻胡氏、閑散傅自信妻王氏、紀雲龍妻鄭氏、馬士達妻劉氏、兵潭色妻張氏、閑散王老各妻李氏、馬保妻李氏、海成妻李氏、大小妻瓜爾佳氏、存住妻白氏、何信妻王氏、高文妻江氏、張必榮妻沈氏、徐天有妻蘇氏、趙國元妻唐氏、正紅旗兵吉古太妻鄂氏、俄合圖妻瓜爾佳氏、監生舉會妻納喇氏、閑散馬榮官妻徐氏、待中魁妻姜氏、領催鞠國彦妻黄氏、閑散夏進英妻孫氏、張文遠妻張氏、張憲進妻郭氏、馬首魁妻何氏、易國梁妻姚氏、兵英岱妻赫舍哩氏、瑚什太妻薩克達氏、德特赫妻温氏、監生法保妻姜氏、官學生明泰妻趙氏、兵金州妻瓜爾佳氏、閑散三格妻劉氏、祁藍保妻烏扎拉氏、團頭妻董氏、前鋒拉哈禮妻烏扎拉氏、領催薩哈連妻王氏、閑散陳貴妻張氏、索住妻富察氏、兵雅圖妻賈氏、韓六妻高氏、張文亮妻楊氏、吳仲選妻高氏、薩達色妻周氏、德特赫妻赫舍哩氏、豐阿哈妻汪佳氏、五格妻瓜爾佳氏、阿古色妻納喇氏、擔巴妻羅氏、保住妻錢氏、正守科妻劉氏、閑散于成當妻刁氏、兵烏林保妻趙氏、閑散那顏太妻李氏、兵卓禮克圖妻布吉哩氏、閻仲文妻宋氏、閑散妞兒妻白氏、三格妻趙氏、李六妻姚氏、兵三格妻扎蘇瑚哩氏、托羅妻瓜爾佳氏、蘇英額妻納喇氏、得格妻吳氏、閑散音保妻關氏、阿色那妻西氏、赫楞額妻他塔拉氏、張進有妻李氏、周天錫妻金氏、兵布爾善妻李氏、舒如洪妻張氏、赫説色妻王氏、閑散噶其卡妻王氏、阿哩善妻何氏、兵阿哩哈木妻温氏、福禄妻趙氏、依丹圖妻康佳氏、領催得秀妻卓佳氏、閑散黑豹妻吳佳氏、福清額妻何氏、四格妻那氏、兵項起龍妻楊氏、常壽妻于氏、尼勒奇妻白氏、班的妻吳氏、達拉妻安氏、前鋒五哩布妻吳氏、閑散蕭服勤妻高氏、何達色妻李氏、閑散張自榮妻周氏、洪得貴妻侯氏、兵張廷貴妻薛氏、邢國琦妻汪氏、閑散何廷貴妻趙氏、劉八妻竇氏、前鋒巴淩阿妻朱氏、壯丁屈顯瑚妻葉氏、兵達色妻劉氏、白亮妻蘇氏、趙起亮妻王氏、閑散邢國佩妻趙氏、花得智妻何氏、兵楊明妻黃氏、伊林保妻烏扎拉氏、閑散五達色妻李氏、兵郎福妻李氏、閑散長春妻吴佳氏、扎木束妻皮氏、兵張秉正妻趙氏、壽保妻劉氏、韋陀保妻趙氏、劉天保妻張氏、五達庫妻衣拉力氏、王得妻楊氏、六十八妻趙氏、閑散六十九妻吴氏、德格妻鄭氏、兵達雅那妻白氏、閑散額爾得木圖妻楊氏、三因保妻烏扎拉氏、鑲紅旗兵國朝鳳妻富氏、李見龍妻魯氏、弼里克圖妻錫克德氏、國文信妻趙氏、王國斌妻蘇氏、張雲騰妻傅氏、烏什妻鈕祜禄氏、格德里妻瓜爾佳氏、巴雅勒圖妻楊佳氏、滿昌妻錫瑪拉氏、水八妻瓜爾佳氏、薩爾太妻戴佳氏、那木拉妻李氏、孟格圖妻戴氏、德爾瑚訥妻李氏、閑散沙琿妻覺羅氏、兵布倫太妻龍氏、柏瑚納妻扎哈拉氏、構色妻馬佳氏、兵劉保住妻穆爾德哩氏、恒太妻趙佳氏、金州妻馬佳氏、何自旺妻史氏、班第妻博哩珠氏、永保住妻舒穆嚕氏、領催巴爾喀善妻瓜爾佳氏、英舞妻關氏、盎起妻佟氏、閑散米國睿妻段氏、常永清妻金氏、徐國柱妻姚氏、蕭天福妻劉氏、陳國弼妻徐氏、李芝芳妻趙氏、顧鳳鳴妻徐氏、監生蕭天禄妻劉氏、筆帖式巴林妻穆禪氏、兵高禮妻瑞和氏、薩哈妻趙佳氏、閑散説色妻瑚爾哈哩氏、保岱妻覺羅氏、吴守榮妻陳氏、劉成得妻于氏、劉清妻劉氏、兵恩吉圖妻巴雅哩氏、閑散李洪妻常氏、李登妻劉氏、兆監妻覺羅氏、兵烏巴式妻都克赫勒氏、碩德妻烏吉雅哩氏、生保妻和爾特氏、金文相妻李氏、伊爾布妻宋氏、閑散千金保妻覺羅氏、圖拉妻傅氏、烏當妻徐氏、龍保妻富察氏、托經阿妻羅氏、喀齊哈哩妻關氏、鍾保妻楊佳氏、前鋒薩爾布妻瓜爾佳氏、閑散李元妻李氏、關進寶妻柏氏、四格妻傅氏、兵烏雲得妻裕齊訥氏、烏達圖妻關氏、桑格妻劉氏、陳守林妻陶氏、依爾賽妻鄭氏、花什妻佟氏、鍾世傑妻張氏、沖庫羅妻烏扎拉氏、兵常住妻巴爾佳氏、紀格妻卓佳氏、烏雅圖妻薩克達氏、六十三妻白氏、福興妻金氏、阿舒勒瑚妻關氏、牧長老格妻趙氏、阿哈那妻吴氏、西哩訥妻吴氏、德勒楞格妻吴氏、額爾德庫妻胡氏、托爾庫妻張氏、五雲得妻于氏、陳世勳妻陳氏、外郎張徵妻關氏、前鋒三新保妻劉氏、閑散劉永祥妻趙氏、閻熹妻李氏、閻國棟妻關氏、買思朝妻張氏、孫國保妻吴氏、李點住妻劉氏、六保妻卜氏、驍騎校哈雅拉圖妻那氏、領催永奇妻徐氏、兵依德布妻關氏、閑散朝朋妻佟氏、張君華妻張氏、圖當阿妻李氏、托林保妻陳氏、兵額昇額妻瓜爾佳氏、閑散李存義妻黃氏、金有章妻白氏、姜廷臣妻劉氏、前鋒安太妻烏扎拉氏、閑散李文明妻邵氏、兵烏什西納妻吴佳氏、赫成妻李氏、閑散巴英阿妻劉氏、漢軍閑散陳維璠妻郭氏、宋朝林妻柳氏、領催豐昇額妻烏扎拉氏、閑散房英妻王氏、富天保妻甯氏、兵明海妻關佳氏、白淩阿妻瓜爾佳氏、閑散吴先功妻劉氏、時運妻黄氏、高士敬妻孔氏、兵烏勒吉太妻吴扎拉氏、李文明妻郭氏、姚經相妻孫氏、閑散郭廷弼妻王氏、賈文秀妻范氏、劉國君妻蕭氏、正藍旗領催敏尊妻多庫洛氏、兵孔四妻覺羅氏、閑散劉文美妻齊氏、蘇瑪拉妻韋氏、衆神保妻完顔氏、義太妻斐莫氏、禪布妻瓜爾佳氏、常保妻洪鄂氏、佛保妻洪鄂氏、阿都什哈妻赫葉哷氏、王保住妻楊氏、陳萬魁妻褚氏、王進傑妻于氏、孫成彪妻李氏、孫成玉妻劉氏、額爾哲圖妻金氏、領催八十妻覺羅氏、兵劉克芳妻安氏、赫達色妻翁牛特氏、孟邦俊妻茅氏、張雲龍妻黄氏、莫機那妻覺羅氏、都達哩妻富察氏、擔岱妻薩克達氏、歸勒額妻蔡氏、筆帖式訥敏妻鈕祜禄氏、領催勾兒妻章佳氏、博哩善妻赫舍哩氏、閑散色林太妻宋佳氏、觀音保妻尚佳氏、查來妻瓜爾佳氏、二格妻趙氏、夏世妻胡氏、路九景妻徐氏、六十一妻扎蘇特氏、兵克什布妻富察氏、井萬禮妻周氏、閑散夏進章妻李氏、夏進華妻劉氏、金文高妻顧氏、王朝明妻安氏、王朝仕妻夏氏、愛布妻馮氏、六格妻富察氏、那思圖妻扎拉哩氏、領催德禮諾妻蒙古氏、兵古穆妻王氏、王有生妻石氏、閑散楊文龍妻張氏、任登仕妻田氏、高登炳妻劉氏、郭起聰妻任氏、領催傅哈達妻關氏、兵布爾哈圖妻烏扎拉氏、依林太妻柏氏、三格妻瓜爾佳氏、陳萬銀妻陳氏、秦有禄妻段氏、閑散高文金妻吴氏、王二格妻佟氏、舒布圖妻張氏、桑阿圖妻烏扎拉氏、潘洪智妻郭氏、滿芝妻關氏、兵王君佐妻姚氏、王朝輔妻戴氏、閑散額和哩妻喬氏、阿哩庫妻烏扎拉氏、五格妻薩克達氏、楊夏林妻孫氏、鍾廷琨妻王氏、五格妻郭氏、兵圖木路妻趙氏、音布妻趙氏、西白妻吴氏、瑚什那妻徐氏、雅圖妻烏扎拉氏、閑散拜什瑚朗妻傅氏、五格妻郭氏、達色妻趙氏、六十兒妻丁氏、額爾登額妻趙氏、兵白喜妻佟氏、達什妻趙氏、五十三妻周氏、來保妻張氏、扎拉芬妻吴氏、巴什妻王氏、雙頂妻富氏、七十一妻王氏、監生五達兒妻吴氏、閑散五林保妻王氏、四格妻于氏、三達子妻閻氏、石柱妻陳氏、高國賢妻張氏、王文相妻温氏、王朝如妻張氏、佟昇妻鄧氏、兵李荆妻索吉勒氏、百家保妻郭氏、彭章妻陳氏、閑散陳天福妻董氏、彭明妻富氏、佟用妻楊氏、佟國杭妻趙氏、文守禮妻劉氏、徐自福妻白氏、劉煥妻李氏、傻色妻楊氏、王永太妻王氏、兵劉天禄妻詹氏、譚台妻關氏、閑散陳臨妻鍾氏、王之功妻趙氏、孫虎妻祝氏、陶毓坤妻陳氏、噶爾薩妻關氏、張永明妻馮氏、托金太妻白氏、閑散珠爾噶岱妻王氏、郭進義妻吴氏、兵張志仁繼妻夏氏、漢軍閑散王保兒妻劉氏、閑散三保妻吴佳氏、赫尚妻李氏、楠金保妻烏扎拉氏、佟清妻黄氏、兵久玻妻夏氏、閑散常之學妻王氏、劉養壽妻袁氏、兵孫成得妻周氏、閑散柳世榮妻佟氏、李扶龍妻胡氏、張連妻金氏、張自榮妻項氏、奉恩將軍成岱妻吴氏、兵海得妻瓜爾佳氏、閑散七十三妻張氏、王六妻劉氏、周國昇妻王氏、李處善妻潘氏、鑲藍旗兵古良妻扎蘇理氏、閑散額登額妻于氏、五格妻郭氏、保住妻喀爾沁氏、秦達庫妻珠赫勒氏、法保妻富察氏、三格妻甯氏、劉天福妻石氏、黄進禄妻李氏、領催貝多妻趙氏、兵五哩妻吴氏、達蘭太妻蘇莫拉氏、巴彦圖妻邵氏、七嘉保妻馬佳氏、屈文高妻梁氏、富庫妻安氏、楊五兒妻陳氏、欽達布妻布拉克欽氏、七十圖妻托哩渾氏、五里妻巴林氏、明阿妻薩瑪哩氏、赫達色妻薩瑪哩氏、扎布圖妻赫葉哷氏、依里密妻巴雅喇氏、石圖妻汪佳氏、阿玉璽妻瓜爾佳氏、孫國柱妻趙氏、領催超海鼎妻李氏、閑散增壽妻趙氏、桑格妻邊氏、李應登妻林氏、侯世占妻吴氏、二格妻戴氏、博那妻汪佳氏、弼里克圖妻黄氏、王庭相妻傅氏、兵岳果達妻趙佳氏、赫尚妻趙氏、穆密諾妻兆氏、勒特庫妻富察氏、閑散桑格妻鄭氏、兵錫達瑪妻圖克蘇勒氏、魯岱妻瑪托氏、傅學仁妻張氏、徐邦俊妻侯氏、花色妻柏氏、閑散陳洪圖妻孫氏、俄色哩妻李氏、張鳳耀妻扎爾奇氏、王永佐妻吴氏、崔七文妻王氏、邁圖妻崔氏、兵黑格妻舒穆嚕氏、色克圖妻關氏、馬布妻白氏、閑散二格妻李氏、前鋒索住妻吴氏、兵塔蘭太妻陳氏、閑散索住妻高氏、書倫妻李氏、總佛保妻納喇氏、卓克所托妻郭勒吉氏、兵永太妻富察氏、孫維貴妻張氏、侯世俊妻閻氏、張廣仁妻丁氏、富喀吉妻關氏、鄂山妻齊氏、四格妻馮氏、諾木尹妻何氏、七格妻姚氏、薩吉妻吴氏、庫使常住妻張氏、領催得保妻關氏、瑚和哩妻關氏、前鋒索住妻吴氏、閑散張七兒妻王氏、張正妻白氏、張璜妻胡氏、耈兒妻關氏、邁圖妻張氏、閑散宗室書興住妻伊拉哩氏、兵阿哩斌妻趙氏、額得勒穆妻吴氏、塔守妻孟氏、額勒齊妻孟氏、常索妻何氏、七格妻姚氏、領催七聖保妻趙氏、閑散柏察庫妻于氏、杜侊妻王氏、王峥芝妻王氏、阿什妻繆氏、庫使郎唐妻邢氏、兵老格妻佟氏、柏淩阿妻孟氏、贊禮郎鄂山妻宋氏、閑散李國景妻郭氏、劉六妻陳氏、張黄妻胡氏、何義妻張氏、張繼勳妻舒穆嚕氏、漢軍閑散謝國桓妻李氏、羅廷斌妻曾氏、兵張士成妻陶氏、王得義妻袁氏、張林妻劉氏、波爾太妻王氏、閑散官音貴妻張氏、五十妻趙佳氏、李得成妻李氏、金相妻洪氏、劉毓馨妻張氏、兵得保住妻關佳氏、前鋒三音那妻富氏、撮保妻關氏、兵陶元明妻裴氏、閑散豐昇厄妻李氏、代明妻扈氏、兵阿木克東阿妻白氏、遼陽正黄旗領催三達色妻魯氏、兵卓那思圖妻瓜爾佳氏、兵薩賴妻瓜爾佳氏、監生沈榮妻瓜爾佳氏、鑲紅旗領催們清妻瓜爾佳氏、正藍旗閑散愛住妻戴佳氏、陸成妻章佳氏、牛莊正黄旗兵依昌阿妻李氏、閑散依堂阿妻李氏、鑲紅旗防禦李應祖妻關氏、閑散羅暇妻吴氏、莫羅青妻劉氏、兵阿什哈妻南氏、莊頭妻色氏、閑散噶里塞妻王氏、正藍旗兵法度妻柏氏、于紹忠妻徐氏、周思敬妻冷氏、邵吉貴妻張氏、孫達哈妻謝氏、閑散郭占花妻黄氏、唐阿哩妻馬氏、兵五哩布妻佟氏、依起鼐妻姜氏、鑲藍旗閑散尚從義妻喬氏、尚從凱妻李氏、開原鑲黄旗閑散圖思圖妻宋氏、常海妻白氏、明太妻王氏、得倫太妻曾氏、正黄旗兵阜保妻孫氏、卜第妻吴氏、噶布拉妻吴氏、常保妻鍾氏、閑散費揚武妻郭氏、兵赫達色妻關氏、閑散扎木素妻伊爾根覺羅氏、五淩阿妻富氏、吾云珠妻白氏、正白旗閑散阿金太妻吴氏、兵吉克塔妻胡氏、五達海妻那氏、閑散李保住妻孟氏、關得妻周氏、鑲白旗閑散保住妻徐氏、兵五達哈妻關氏、額林妻趙氏、閑散那倫太妻張氏、明登妻唐氏、兵圖明阿妻富察氏、正紅旗閑散劉奉起妻王氏、兵達春妻姜氏、五達圖妻何氏、額爾得尼妻何氏、合碩什妻王氏、車勒妻關氏、五十八妻白氏、永海妻張氏、常住妻張氏、武林太妻常氏、閑散貴良妻任氏、扎色克奇妻吴佳氏、得成厄妻裴氏、鑲紅旗兵拉巴妻柏氏、閑散喀布拉妻張氏、兵永太妻孟氏、閑散六十二妻董氏、花藍太妻康氏、兵明太妻高氏、六十六妻孟氏、閑散得金妻關氏、兵豐昇額妻關氏、正藍旗兵七林保妻易氏、常青妻張氏、鐵嶺鑲黄旗閑散尚明仁妻王氏、撫順正黄旗兵王六妻姜氏、鑲紅旗領催扎爾太妻劉氏、兵德保妻佟佳氏、鑲藍旗筆帖式英海妻李氏、熊岳鑲黄旗兵得壽妻李佳氏、閑散九格妻覺羅氏、薩瑪哈妻扎庫塔氏、兵楊壽妻安扎依氏、蒙古太妻烏扎拉氏、四格妻趙佳氏、什敏妻任氏、正黄旗兵新達順妻馬氏、七爾德妻布哩雲氏、領催博齊奈妻覺羅氏、那爾泰妻羅氏、閑散老格妻張氏、赫格妻吴氏、兵富海妻梅赫里氏、花連阿妻王佳氏、正白旗閑散錫特庫妻李氏、兵永福妻覺羅氏、那蘇圖妻覺羅氏、生員馬昌阿妻張氏、鑲白旗兵巴達拉妻趙氏、蘇勒妻吴氏、筆帖式沙全妻王氏、正紅旗閑散關世勇妻巴雅喇氏、希明妻果羅洛氏、閑散三格妻瓜爾佳氏、張國禄妻徐氏、兵七格妻吴氏、呢堪妻趙氏、衣豐阿妻富察氏、衣明阿妻趙佳氏、閑散銀太妻赫舍哩氏、鑲紅旗閑散四十五妻劉氏、五十七妻馮氏、兵七十四妻鄭氏、閑散珠隆阿妻伊爾根覺羅氏、監生芳禄妻赫色里氏、兵巴力賽妻韓氏、閑散郎福妻車氏、正藍旗兵鄂里和圖妻瓜爾佳氏、七十妻烏扎拉氏、閑散郭子妻伊爾根覺羅氏、英布妻伊拉力氏、鑲藍旗兵三達海妻薩克達氏、珠林太妻劉佳氏、多羅妻李佳氏、克孟額妻趙氏、阿克登妻石佳氏、富明妻李佳氏、蓋平鑲黄旗閑散范士輝妻李氏、范建漳妻楊氏、方朝相妻李氏、正白旗閑散馬進賢妻閔氏、楊國安妻黄氏、楊永祚妻夏氏、楊永懋妻金氏、正藍旗兵張自漢妻白氏、閑散張自侯妻劉氏、復州鑲黄旗領催麻碩妻富察氏、桑格妻那木他拉氏、閑散和吉哩妻格吉勒氏、兵巴里妻陶氏、閑散杜渾妻楊氏、正黄旗閑散海常阿妻周佳氏、領催久德妻瓜爾佳氏、兵來色妻温都氏、額爾登額妻關氏、温得亨妻趙氏、額興額妻富察氏、正白旗輕車都尉哈里妻舒穆嚕氏、兵賽哈那妻舒穆嚕氏、柏句妻段佳氏、閑散金紫妻岳氏、兵常海妻王氏、阿林妻烏扎拉氏、閑散白景妻王佳氏、鑲白旗兵七格妻東彦氏、那思起妻兆氏、閑散莫林住妻馬氏、八十妻吴氏、正紅旗兵巴達克圖妻瓜爾佳氏、阿拉哈木妻温氏、圖拉妻王佳氏、鑲紅旗兵保住妻陸佳氏、雅哩賽妻傅氏、諾哩賽妻王氏、巴塔妻郭氏、正藍旗兵諾林太妻扎思哈氏、領催五藍岱妻于氏、兵音布妻兆氏、額亦圖妻温氏、鑲藍旗兵薩哈哩妻鈕格哩氏、閑散瑚拉那妻鈕格哩氏、巴拉妻薩克達氏、瑚什奈妻瑚佳氏、兵達春妻洪氏、格拉圖妻韓氏、含渾太妻傅氏、閑散蘇談妻李氏、五林太妻兆氏、兵噶力圖妻伊爾根覺羅氏、閑散額爾登厄妻李札拉氏、寧海鑲黄旗領催麻色妻崔佳氏、閑散綏哈妻烏扎拉氏、郰蒯妻阿克占氏、薩起吉妻瓜爾佳氏、蘇長榮妻吴氏、金有玉妻石氏、閻俊妻范氏、壯丁張國義妻韓氏、車士英妻郭氏、金章妻韓氏、兵金繼英妻富氏、正黄旗兵王章妻王氏、閑散穆世榮妻王氏、兵洪國璠妻劉氏、文廷功妻穆氏、閑散穆斌妻周氏、劉家斌妻劉氏、薛文魁妻劉氏、兵張福魁妻韓氏、閑散穆瑚妻韓氏、兵閻有昌妻方氏、閑散明禄妻富氏、壯丁薛義妻閻氏、金希達妻閻氏、兵薛金妻金氏、潘國亮妻劉氏、金世貴妻張氏、正白旗兵李得方妻方氏、陳廷棟妻蘇氏、閑散李輝春妻劉氏、金有運妻倪氏、譚起祥妻雷氏、王國成妻雷氏、正紅旗兵啓郎務妻瓜爾佳氏、鑲紅旗兵得成妻蒼氏、鑲藍旗兵赫爾卜妻高氏、旅順水師營鑲黄旗兵沈榮妻塔塔拉氏、岫巖鑲黄旗兵七十妻納喇氏、閑散傻色妻張氏、綽和洛妻張氏、正黄旗閑散豐昇阿妻温氏、兵桑阿勒吉妻瓜爾佳氏、福保妻富察氏、那木太妻瓜爾佳氏、閑散立住妻羅氏、兵額勒金妻卓佳氏、正白旗兵鐵昌妻希他喇氏、胡班太妻汪佳氏、驍騎校俄昇額妻納喇氏、閑散松烏爾岱妻李氏、閔文讚妻趙氏、鑲白旗閑散五格妻曹氏、兵達勒罕妻石氏、石得妻楊氏、閑散色昇額妻瓜爾佳氏、五雲珠妻巴雅喇氏、正紅旗閑散沙哈亮妻楊阿哩氏、兵依勒爾圖妻寧古塔氏、六十二妻張氏、鑲紅旗兵哈蘭太妻王氏、凝德妻何氏、依德妻王氏、閑散雙頂妻胡氏、傻子妻張氏、正藍旗閑散宗室阿克禄妻納喇氏、鑲藍旗兵班吉妻格烏勒氏、瓦拉妻瓜爾佳氏、閑散進山妻張氏、鳳凰城鑲黄旗兵哈太妻吉額勒氏、赫森德妻祁穆勒氏、閑散海保妻鈕祜禄氏、達藍太妻陳氏、兵恰爾太妻李氏、蒙古兵四格妻關氏、漢軍閑散邱榮妻李氏、額爾登厄妻合舍勒氏、閑散額倫妻牛胡盧氏、兵六格妻孟氏、閑散二保妻卜佳氏、保住妻蔡佳氏、兵保成妻伊氏、正黄旗領催額爾博妻薩吉勒氏、驍騎校巴東太妻姜阿哩氏、兵參特赫妻曹佳氏、閑散啓他達妻關氏、兵八格妻瓜爾佳氏、烏綳額妻納喇氏、依常阿妻謝氏、正白旗生員八十一妻烏吉哩氏、領催艾圖妻烏爾赫齊氏、兵艾覺敏妻羅氏、閑散福太妻登額勒氏、噶達哩什妻温佳氏、兵四十九妻瓜爾佳氏、閑散二格妻魏氏、二格妻李氏、生員華昌妻他塔拉氏、兵瑪朗妻汪佳氏、閑散傅昇額妻扎庫塔氏、兵保鼐妻顧氏、松魁妻夏氏、窩和妻袁氏、閑散巴爾呼妻韓氏、官保妻劉氏、八格妻張氏、五格妻代氏、閑散何力布妻温佳氏、漢軍壯丁姜廷文妻范氏、鑲白旗閑散柏哩特妻扎哩德氏、閑散七林額妻董氏、八十一妻納喇氏、色倫太妻康氏、鳳城額妻張朮氏、兵克興額妻石塔拉氏、閑散阿林達妻瓜爾佳氏、保林太妻丁佳氏、海福妻孟佳氏、必倫太妻厄爾圖氏、富常阿妻張氏、正紅旗閑散多和妻舒穆嚕氏、兵伊常阿妻韓佳氏、閑散舍爾妻烏扎拉氏、鑲紅旗兵李翰柏妻閻氏、閑散阿三泰妻納喇氏、兵烏淩額妻希扎氏、閑散五爾泰妻巴雅喇氏、老格妻陳氏、楊圖妻烏扎拉氏、常額力妻趙氏、五十四妻胡氏、正藍旗兵朱常阿妻金佳氏、閑散盧進鳳妻曾氏、鑲藍旗閑散三格妻李氏、英莪邊門鑲黄旗臺丁辛宗堯妻于氏、生員穆克登妻富察氏、閑散索里密妻何佳氏、祥俊妻韓氏、和托妻圖木爾齊氏、漢軍閑散趙秉義妻潘氏、正紅旗蒙古閑散章齊妻盧氏、鑲紅旗漢軍閑散李繼亮妻王氏、正藍旗漢軍兵王士俊妻吴氏、鑲藍旗漢軍兵黄文寶妻吴氏、閑散曾焕妻康氏、小二格妻蘇氏、威遠堡邊門鑲黄旗臺丁任洪禮妻李氏、鍾朝臣妻張氏、田成妻王氏、圍場總管所屬領催富保妻張氏、兵薛保妻張氏、丙魁妻瓜爾佳氏、永太妻劉氏、兵部站丁楊明昇妻蘇氏、工部千丁徐邦全妻何氏、平定瑞妻李氏、黄邦恒妻賀氏、劉弼妻于氏、夏國官妻盛氏、夏銀妻田氏、王志鳳妻王氏、王文得妻楊氏、丁守喜妻傅氏。烈婦：鳳凰城正白旗武常阿妻吴氏，拒暴被害。烈女：奉天鑲白旗塔搭拉氏，許字代德，未娶，代德亡，氏自縊；旅順水師營韓氏，許字范宗道，未婚，拒暴被害。均乾隆年間旌。

陳士偉妻劉氏。承德人。夫亡守節，奉姑撫幼，孝慈兼著。同縣賈祥妻蕭氏、吴濤妻李氏、鐵季祖妻姜氏、高起龍妻劉氏、周紹錦妻朱氏、徐炯紀妻高氏、劉興祖妻關氏、魏廷昭妻楊氏、林益初妻袁氏、宣國棟妻孟氏、王介福妻宋氏、佟國棟妻李氏、張永率妻姜氏；貞女于氏，許字陳興魁，未婚守志；均乾隆年間旌。

侯畿妻劉氏。遼陽人。夫故守節。同州劉文善妻張氏、劉國梁妻劉氏、張鳳陽妻趙氏、王金妻劉氏、譚佩妻馬氏、郝士洪妻劉氏、監生王振基妻汪氏、張天榮妻劉氏、劉元瑞妻陳氏、王世爵妻劉氏、張義明妻王氏、王璽妻劉氏、洪訓妻趙氏、王龍章妻林氏、王茂翰妻蔡氏、王天署妻田氏，均乾隆年間旌。

王際亨妻白氏。海城人。夫亡守節。同縣袁鳳瑞妻王氏、李之俊妻林氏，均乾隆年間旌。

耿瑞妻王氏。蓋平人。夫亡守節。同縣韓勳妻趙氏、趙廷瑚妻田氏、魏蘭妻高氏；貞女韓氏，許字李天用，未婚守志；均乾隆年間旌。

范中舉妻傅氏。寧海人。夫亡守節。乾隆年間旌。

傅華妻許氏。開原人。夫亡守節，無子，撫姪珏成名。同縣馬顯圖妻宋氏、趙世禄妻董氏、王守良妻李氏、張宏器妻王氏、崔從麟妻鄭氏、屈自明妻王氏、楊進山妻李氏、孫有妻史氏，均乾隆年間旌。

趙琦妻韓氏。鐵嶺人。夫亡守節。同縣吏員温克勤妻楊氏、周萬榮妻郝氏、王維焕妻張氏、陳亮妻張氏、常成龍妻王氏、崔富榮妻劉氏；烈女李二格，拒暴被害；乾隆年間旌。

謝見性妻趙氏。復州人。夫亡守節。乾隆年間旌。

貞女林氏。岫巖人。未婚守志。乾隆四十年旌。

强勇妻倪氏。永陵總管所屬鑲黄旗人。夫亡守節。又同旗閑散七十一妻何氏、兵巴明阿妻化氏、額爾登布妻周氏、正黄旗兵伯達妻佟氏、閑散來禄妻耿氏、永安妻丁氏、王自秀妻朴氏、朴文明妻王氏、金良妻郭氏、正白旗閑散哈朗阿妻何氏、兵法都善妻侯氏、閑散七十七妻祝氏、哈爾妻吴氏、通衣納妻趙氏、鑲白旗閑散巴哈住妻柴氏、正紅旗閑散巴福妻楊氏、鑲紅旗閑散郭爾敏妻兆氏、正紅旗閑散成德妻張氏、圖拉妻耿氏、金得妻閻氏、額林妻祝氏、額勒金布妻兆氏、西來妻查氏、鑲藍旗兵雅保住妻徐氏，福陵總管所屬鑲黃旗防禦赫琛妻閻氏、閑散特含布妻劉氏、壯丁六爾妻王氏、閑散衣拉氣妻金氏、那順妻祁氏、正黃旗防禦薩淩阿妻佟氏、閑散蘇楞額妻孫氏、壯丁六狗妻金氏、正白旗兵兆俊妻富氏、依清得妻李氏、九成妻陶氏、閑散白英額妻富氏、閑得妻趙氏、元得妻趙氏、束成額妻馮氏、巴哈布妻關氏、孫得妻莫氏、鑲白旗閑散永福妻王氏、正紅旗兵扎朗阿妻唐氏、鑲紅旗兵哲英額妻祝氏、正藍旗閑散站住妻敖氏、得楞額妻葛氏、七十五妻趙氏、兵武金阿妻馬氏、閑散胖小妻徐氏、周世英妻蘇氏、李亮妻孫氏、丁九祥妻費氏、費玳妻張氏、袁弼妻胡氏、高世英妻戴氏、李智妻明氏，以上七人未詳旗分，昭陵總管所屬鑲黃旗閑散烏淩阿妻關氏、關洪亮妻劉氏、富得妻梁氏、方太妻潘氏、拜唐阿明海妻于氏、閑散富成妻張氏、定保妻高氏、尚膳壽山妻宗室氏、壯丁王永發妻宋氏、三小妻年氏、閑散五爾妻關氏、正黃旗閑散德楞額妻董氏、福星保妻呂氏、秦太妻廖氏、兵富清阿妻張氏、閑散定傑妻黃氏、福全妻康氏、正白旗閑散來喜妻張氏、生員德仲妻于氏、兵哈清阿妻吴氏、閑散窩昇額妻趙氏、得明阿妻趙氏、拜唐阿烏爾滾妻蔡氏、閑散三小妻陳氏、鑲白旗閑散雙頂妻林氏、正紅旗兵常福妻關氏、閑散伊隆保妻傅氏、鑲紅旗閑散常有妻趙氏、站住妻張氏、正藍旗閑散六十五妻鄭氏、依力哈妻楊氏、壯丁張光祖妻柳氏、陳讓妻趙氏、雷進孝妻張氏、李美義妻蔣氏、楊國弼妻張氏、房士臣妻王氏、王亮妻張氏、線明妻柏氏、馬徽妻王氏、李文恒妻閔氏、羅士發妻張氏，以上十一人未詳旗分，均嘉慶年間旌。

杜珣妻朱氏。內務府鑲黃旗人。夫亡守節。同旗壯丁金小八妻崔氏、兵李炳妻程氏、壯丁鄧璽妻黃氏、戴士敏妻陳氏、奚小五妻李氏、郭守鎮妻郭氏、鄭天錦妻張氏、正黃旗壯丁孫良茂妻康氏、蘇德妻崔氏、崔四九妻王氏、魏三小妻崔氏、官學生劉國俊妻路氏、壯丁柳佩林妻金氏、秦三小妻呂氏、胡劉住妻姚氏、官學生李振基妻郭氏、壯丁胡文明妻馬氏、高進業妻李氏、王文彩妻靳氏、李保妻侯氏、孫禄妻何氏、石錦妻張氏、王德妻王氏、正白旗閑散老各妻傘氏、壯丁王三臣妻李氏、李文學妻高氏、韓士錫妻金氏、陳文耀妻王氏、洪五兒妻王氏，均嘉慶年間旌。

五雲保妻赫葉哷氏。奉天鑲黃旗人。夫亡守節。同旗花神保妻咸氏、全福妻巴雅喇氏、閑散五什妻陳氏、烏參太妻瓜爾佳氏、張正全妻楊氏、李春興妻劉氏、李春仁妻王氏、三保妻關氏、牙子妻趙氏、千丁周世英妻蘇氏、兵厄爾登厄妻黃氏、三音布彥妻孟氏、閑散沙色妻韓氏、淩鶴妻趙氏、海住妻白氏、筆帖式安德布妻劉氏、生員烏爾滚妻趙氏、閑散福伶阿妻李氏、小牙妻富氏、金殿科妻羅氏、那海妻蘇氏、果財妻趙氏、兵烏當阿妻趙氏、圖明阿妻查氏、領催百堂阿妻何氏、壯丁劉相文妻陳氏、李美義妻蔣氏、閑散袁章妻艾氏、驍騎校馬滕妻潘氏、筆帖式嵩恒妻富氏、兵那東阿妻宛氏、倭生阿妻王氏、永哈那妻于氏、閑散邱文美妻吴氏、盧熼妻李氏、楊士義妻趙氏、劉玉妻李氏、筆帖式嵩奇繼妻楊氏、領催音登厄妻何氏、閑散姜得妻卜氏、李臣妻王氏、王國豹妻王氏、老各妻鄂氏、兵王國璽妻詹氏、海成妻白氏、筆帖式哈隆阿妻赫氏、閑散色合本妻富氏、張雲妻李氏、兵官禄妻杜氏、永得妻陳氏、巴哈妻趙氏、彌佗保妻劉氏、閑散巴冷妻白氏、福禄阿妻祁氏、常禄妻趙氏、劉佩妻宋氏、前鋒訥欽保妻卜氏、富亮妻關氏、官學生舒隆阿妻關氏、兵特克慎妻孫氏、常太妻姚氏、甕什庫妻吴氏、扎芬太妻趙氏、阿林保妻吴氏、箭匠巴彥圖妻關氏、官學生西伶阿妻趙氏、閑散五牛妻李氏、福住妻顧氏、吴信妻范氏、五達七妻關氏、兵西淩阿妻張氏、吴玉妻王氏、蒙古領催阿力薩朗妻白氏、兵達桑阿妻富氏、前鋒達參太妻郭氏、兵康進秀妻夏氏、布克唐阿妻吴氏、閑散金殿武妻鄭氏、金殿漢妻張氏、王文章妻徐氏、王俊妻金氏、劉錫嘏妻李氏、富得妻劉氏、存住妻田氏、李魁妻張氏、唐恒業妻張氏、三爾妻陳氏、蒙古兵音登厄妻張氏、巴彥倉妻張氏、雲騎尉六十一妻關氏、閑散李國良妻郭氏、唐番叩妻董氏、甯林妻孫氏、梁國興妻李氏、唐清儒妻佟氏、木滕額妻邵氏、李朝相妻王氏、蒙古閑散色克妻魏氏、額滕額妻關氏、兵禄明妻關氏、保住妻那氏、正黃旗閑散富得妻黃氏、狗子妻圖色哷氏、孔玉妻楊氏、五十七妻何氏、于和妻于氏、趙德妻劉氏、兵李根亨妻趙氏、四各妻何氏、閑散色冷特妻伊爾根覺羅氏、前鋒拉克的妻吴氏、閑散蘇楞厄妻孫氏、九得妻何氏、趕住妻白氏、兵五十三妻馬氏、閑散額興額妻白氏、楊魁妻邢氏、趙通妻柳氏、李詩妻穆氏、兵劉文彩妻劉氏、阿克東阿妻趙氏、三音保妻李氏、曾天立妻王氏、記名領催邵喜妻劉氏、閑散褚桐妻董氏、得成妻任氏、董川新妻金氏、王堂妻任氏、邵玉妻楊氏、劉士智妻孫氏、庫使他士哈妻伊氏、前鋒保山妻那氏、閑散花沙布妻關氏、老各妻何氏、趙文登妻宋氏、蔡明妻孫氏、卡爾其卡妻王氏、克興額妻楊氏、洪保妻鄭氏、劉彬妻馬氏、兵王起成妻劉氏、發吉那妻金氏、閑散劉榮倉妻謝氏、寇自明妻關氏、胡心亮妻徐氏、寇起林妻甄氏、王起雲妻龍氏、劉國信妻張氏、楊國妻梁氏、李洸妻李氏、王起佩妻趙氏、楊禮妻王氏、王德妻王氏、兵古木倉妻佟氏、曾添興妻趙氏、王起嚴妻徐氏、閑散車皋民妻靳氏、王倉妻孫氏、李景如妻佟氏、五索妻潘氏、胡雲禎妻趙氏、趙華妻林氏、劉遠妻李氏、車積遠妻李氏、兵徐廣先妻王氏、銀保妻闞氏、閑散三小妻陶氏、董國發妻金氏、董國瑞妻陳氏、楊福喜妻李氏、正白旗兵阿哈那妻劉氏、白有亮妻呂氏、阿永妻文都氏、劉桐妻陶氏、王志有妻郭氏、王志禮妻周氏、郭文孝妻車氏、七十八妻魏氏、閑散福平妻李氏、王坤妻李氏、張茂妻李氏、壯丁王集賢妻劉氏、兵姜佩玉妻隨氏、倭德妻張氏、束力太妻佟氏、閑散陳四妻白氏、鍾文傑妻劉氏、穆克登額妻李氏、兵金保妻蘇氏、沙色妻吳氏、閑散李和妻石氏、張牛子妻馮氏、哈明阿妻何氏、盧廷貴妻馬氏、兵依清德妻李氏、九成妻陶氏、德僧額妻石氏、閑散安洪妻胡氏、六十三妻高氏、劉銘妻張氏、兵劉敦行妻何氏、豐生厄妻胡氏、各圖肯妻李氏、閑散馬所妻陶氏、王國妻黄氏、張自檢妻趙氏、金德彦妻詹氏、委官何得妻舒氏、贊禮郎吉爾霑妻樊氏、兵周良浩妻張氏、閑散黑爾妻金氏、蒙古保妻丁氏、李俊妻邱氏、馮傑妻馬氏、巴福妻楊氏、兵額力德妻趙氏、扎藍太妻朱氏、趙林妻黄氏、閑散陳忠妻李氏、趙喜妻馬氏、張三小妻張氏、董得妻侯氏、巴力太妻金氏、兵尚仁妻趙氏、阿凌阿妻孔氏、領催得爾各理什妻孔氏、閑散倪鼎妻趙氏、戴永正妻傅氏、張昆妻孟氏、張得榮妻張氏、常海妻馮氏、德佩妻白氏、扎拉豐阿妻王氏、李九兒妻易氏、張自洪妻王氏、前鋒明泰妻吳氏、壯丁劉佩環妻谷氏、蓋得忠妻金氏、兵張亮妻李氏、閑散張三小妻郭氏、六狗妻楊氏、付勒合妻闞氏、錢得妻富氏、李福妻孫氏、陳守榮妻劉氏、孫永才妻沈氏、得亮妻佟氏、伯克得妻胡氏、兵佛保住妻闞氏、八十六妻富氏、閑散黄利妻盛氏、鄭有禮妻張氏、祝世隆妻高氏、劉白達妻楊氏、劉宰臣妻徐氏、李文岐妻王氏、驍騎校卡爾崇阿繼妻宛氏、兵王現龍妻崔氏、張天相妻張氏、張天寵妻盧氏、王國昇妻邵氏、閑散慶書妻張氏、代國亮妻崔氏、王國祥妻安氏、閻福林妻李氏、鑲白旗兵多爾吉訥妻鄂氏、閑散常青妻楊氏、官洪妻鮑氏、楊浩妻何氏、劉俊妻劉氏、張奇文妻鄭氏、兵刷尼圖妻趙氏、寗生厄妻蔣氏、五常保妻劉氏、閑散張奇昇妻劉氏、德色妻安氏、劉顯傑妻張氏、高天禄妻陳氏、張士保妻宋氏、常奚氏、兵烏里妻闞氏、領催聶世雍妻陳氏、閑散高芝雲妻劉氏、朱興耀妻王氏、沈清妻張氏、何文禄妻李氏、夏位國妻劉氏、前鋒常明妻姜氏、兵杜文妻劉氏、公卜扎卜妻何氏、閑散德住妻周氏、德清額妻吳氏、劉顯全妻盧氏、兵訥束肯妻陶氏、王得孔妻黄氏、閑散楊鈞妻黄氏、二達妻陳氏、吳俊臣妻魯氏、石忠妻劉氏、徐芳妻富氏、聶福照妻鄧氏、安福祥妻王氏、朱惠妻胡氏、克德妻馬氏、前鋒豐申妻吳氏、閑散張輝妻金氏、周福妻徐氏、正紅旗閑散阿爾什妻何氏、扎布妻瓜勒佳氏、兵蘇昌阿妻赫雅喇氏、閑散劉玥妻劉氏、十各妻趙氏、兵老格妻馬氏、閑散王文章妻谷氏、熊維章妻袁氏、李自富妻陶氏、庫使蓋中阿妻董氏、前鋒托京阿妻吴氏、閑散五十九妻王氏、閑散額力金諾妻富氏、兵三官保妻楊氏、李其沛妻胡氏、前鋒吾苦禄妻吴扎拉氏、雲布妻郎氏、兵懷他布妻黄氏、他達妻馮氏、壯丁李長寬妻周氏、于德福妻楊氏、洪士相妻高氏、佐領舒禄妻郎氏、候補筆帖式花沙布妻關氏、兵黄秉義妻王氏、閑散邢文珍妻吴氏、熊廷瓚妻孫氏、楊國安妻劉氏、劉自貴妻夏氏、壯丁張文昇妻唐氏、閑散張恒俊妻曹氏、劉文章妻郭氏、侯進通妻張氏、夏全昇妻韓氏、壯丁金廷舉妻晏氏、鄭國良妻郭氏、閑散牛永發妻張氏、薛勇妻張氏、兵全德妻羅氏、黄金鳳妻富氏、龔材妻何氏、壯丁劉士鳳妻孫氏、梁大勳妻易氏、閑散劉永明妻陳氏、劉珍妻于氏、壯丁洪士科妻于氏、周永聚妻金氏、兵鄭光林妻苗氏、鑲紅旗閑散王沛妻宋氏、兵依林保妻關氏、那什太妻陳氏、周成智妻佟氏、劉仁妻唐氏、領催吉郎阿妻文氏、閑散王進國妻吴氏、陸昭妻王氏、占其富妻蘇氏、達力馬妻關氏、劉榮妻王氏、王明妻于氏、李清健妻佘氏、李振妻尹氏、領催曹寬妻宛氏、兵張廣妻李氏、九成額妻郭氏、領催楊傑妻胡氏、閑散徐良貴妻尚氏、常履成妻張氏、滿昌妻朱氏、時尚純妻李氏、張道成妻劉氏、王功妻孟氏、王全妻楊氏、王成禮妻劉氏、姜文章妻劉氏、吴起禮妻邵氏、兵吴天福妻劉氏、佟貞妻柏氏、壯丁李國良妻吴氏、胡天有妻董氏、張守和妻王氏、楊振妻方氏、閑散魏文燦妻唐氏、賈世用妻洪氏、陳世棟妻馮氏、八十妻于氏、占磊妻曾氏、黄福妻袁氏、黄文續妻張氏、伊里布妻吴氏、閻臣喜妻周氏、壯丁馬君洪妻曹氏、李國祚妻屈氏、兵二達色妻張氏、閑散得喜妻胡氏、于仲君妻于氏、李國禎妻滿氏、雋得禄妻葉氏、穆臣妻白氏、普沙保妻李氏、壯丁胡國傑妻陳氏、兵扎拉豐阿妻關氏、沙哈連妻葛氏、閑散黄國瑞妻黄氏、三查哈妻吴氏、爾吉百妻關氏、楊照妻白氏、住子妻張氏、王士傑妻范氏、九十五妻張氏、王政民妻孫氏、李文亮妻林氏、王聚民妻蘇氏、王禄妻張氏、王用民妻張氏、姜海妻劉氏、壯丁佟煙妻蕭氏、閻廷棟妻孫氏、兵黑小妻吴氏、閑散他副那妻唐氏、李連茹妻曾氏、劉天藍妻趙氏、何綳額妻白氏、王沛妻李氏、扎拉芬妻趙氏、李亮妻吴氏、郭廷芳妻金氏、李文堯妻趙氏、占其躍妻王氏、閻起林妻徐氏、宋讃妻劉氏、壯丁杜林妻劉氏、領催佟保妻徐氏、壯丁白有醇妻劉氏、監生朱臣妻楊氏、閑散占玉佩妻艾氏、黄閏妻劉氏、郭璽妻朱氏、張國祥妻于氏、劉芳妻周氏、壯丁周成華妻劉氏、兵張國棟妻洪氏、正藍旗兵依欽保妻圖克素爾氏、閑散得壽妻佟佳氏、那爾太妻赫葉呼氏、八十三妻李氏、董士有妻范氏、劉洪甲妻梁氏、胡達善妻唐氏、佟澤訓妻初氏、原任筆帖式付通阿繼妻繆氏、閑散得力束妻徐氏、得青妻胡氏、兵拉住妻王氏、閑散柏淩阿妻李氏、高亮妻趙氏、趙國良妻魏氏、佟澤文妻王氏、成德妻張氏、兵賞保妻趙氏、閑散沙淩阿妻劉氏、兆德妻王氏、王興詩妻薛氏、劉耀妻李氏、王國智妻葉氏、五二妻馬氏、兵于存禮妻張氏、閑散吴起斌妻孫氏、李自奇妻代氏、崔榮妻侯氏、佟耀妻張氏、佐領穆克得諾妻卜氏、閑散顧德妻王氏、程洪起妻王氏、得福妻白氏、金二妻高氏、曹作智妻吴氏、候補筆帖式孫國蕃妻高氏、兵恩克妻趙氏、音登額妻王氏、扎拉芬妻關氏、閑散董得洪妻鄭氏、崔起鳳妻李氏、劉天僅妻羅氏、扎木束妻王氏、夏云滕妻劉氏、任廷珠妻高氏、六十妻姜氏、兵王玉貴妻巴氏、張繼武妻李氏、定束妻吴氏、閑散李自明妻倉氏、黄自重妻白氏、滿昌妻陳氏、金文昇妻吴氏、章京蘇章阿妻富氏、兵頂申妻吴氏、依力布妻徐氏、扎隆阿妻莽氏、五正額妻沈氏、官學生查阿妻吴氏、閑散月得妻陳氏、王進廒妻高氏、李自洪妻張氏、皇甫潤妻張氏、彭五小妻夏氏、佟德妻劉氏、兵李永太妻李氏、柴作林妻王氏、閑散八十五妻張氏、佟茂禄妻李氏、鑲藍旗兵杜如茂妻徐氏、閑散牙達力妻包氏、衣力□妻何氏、達色妻張氏、焦佩妻楊氏、官學生二達子妻官氏、閑散佟國棟妻徐氏、張繼宣妻李氏、兵韓玉振妻黄氏、周昌宗妻佟氏、閑散孫少增妻關氏、韓國秀妻劉氏、魏彪妻金氏、付凝阿妻張氏、兵劉國幹妻陳氏、花什布妻于氏、驍騎校德楞額妻張氏、生員胡圖理妻沈氏、閑散八十九妻蒼氏、衣力布妻官氏、馬天鳳妻吴氏、兵撮保妻高氏、閑散哲力太妻胡氏、王朝祥妻張氏、韓平妻楊氏、常保妻凝氏、劉得妻黄氏、劉永福妻施氏、黨朝先妻班氏、兵那凝阿妻徐氏、豐盛厄妻康氏、閑散張成亮妻趙氏、線存照妻陳氏、筆帖式富通妻常氏、兵韓希孔妻白氏、官學生厄金太妻富氏、閑散四十九妻白氏、王學賢妻張氏、大小子妻楊氏、七車布妻何氏、商俊妻姜氏、兵嘎爾罕妻吴氏、安崇阿妻胡氏、何得妻官氏、閑散永得妻張氏、衣力布妻韓氏、楊朝臣妻李氏、教榮春妻盧氏、兵七十六妻陳氏、達敏妻崔氏、巴得妻李氏、果興阿妻白氏、閑散蔡成妻邊氏、劉錦妻賈氏、巴哈妻蕭氏、朱德妻郭氏、五十二妻關氏、兵圖明阿妻何氏、李凱妻王氏、閑散韓芳妻甯氏、王化久妻潘氏、教二小妻盧氏、劉永鐸妻苑氏、遼陽正黄旗閑散黄英妻關氏、筆帖式西特洪阿妻關氏、兵達春妻馬氏、巴彦布妻韓氏、領催朱隆阿妻張氏、閑散烏林保妻關氏、正白旗領催雙喜妻艾氏、兵達春妻關氏、閑散官璽妻何氏、沙金妻李氏、鑲紅旗閑散關保住妻關氏、查哈□妻關氏、阿小妻屈氏、羊生阿妻開氏、正藍旗兵德克几布妻曹氏、鑲藍旗閑散二小妻色氏、兵雙頂妻李氏、閑散得成妻關氏、干朱力

妻張氏、兵厄力喜妻趙氏、淩保妻趙氏、閑散諾冷額妻趙氏、兵依通阿妻唐氏、托克托布妻年氏、得成妻金氏、閑散恩合莫妻關氏、
得喜妻吴氏、色可妻吴佳氏、鑲黄旗閑散音得布妻范氏、張劍妻周氏、呈祥妻王氏、范正忠妻郭氏、正黄旗委官倭和妻徐氏、正白旗
閑散吴明妻佟氏、開原鑲黄旗閑散九各妻李氏、阿揚阿妻何氏、兵吾力滚妻李氏、常青妻富氏、領催阿力哈木几妻付氏、閑散那達
妻朱氏、關扎木素妻何氏、辛得妻趙氏、葉普肯妻李氏、正白旗閑散撮色妻李氏、鑲白旗閑散五都勒氣妻何氏、秦七布妻吴氏、兵三
查哈妻陶氏、吞多妻柴氏、閑散二達色妻鄂氏、多隆吾妻羅氏、五各妻趙氏、正紅旗兵艾米粒洪妻關氏、妞妞妻吴氏、閑散巴力沙妻
吴氏、存住妻劉氏、兵蘇明阿妻蘇氏、鑲紅旗兵七十四妻康氏、王音保妻關氏、厄爾登布妻譚氏、閑散占住妻張氏、正藍旗兵得青妻
李氏、鑲藍旗兵萬得妻王氏、閑散蘇明阿妻田氏、兵慶保妻王氏、淩瑞妻趙氏、閑散沙克什布妻張氏、銀所住妻唐氏、張克志妻唐
氏、巴克唐阿妻王氏、得力諾妻唐氏、兵果興阿妻聶氏、蘇章阿妻關氏、噶各妻吴氏、撫順鑲藍旗兵張惠妻黄氏、張孝妻李氏、張廷
搏妻李氏、熊岳鑲黄旗閑散多火倫妻關氏、富永保妻李氏、兵保住妻王氏、倭生額妻姚氏、閑散永山妻張氏、正黄旗兵七十四妻王
氏、閑散富保妻郭氏、兵七林保妻趙氏、何金保妻高氏、連福妻伊氏、正白旗兵七車布妻何社力氏、鑲白旗兵倭興額妻董氏、也卜肯
妻張氏、烏爾衮布妻張氏、吉壽妻富氏、丁住妻狄氏、正紅旗閑散常山妻范氏、兵衣力布妻蘇氏、閑散得禄妻何氏、鑲紅旗兵常生妻
吴氏、正藍旗兵李順阿妻費莫氏、閑散花沙布妻杭阿他氏、兵富得妻那氏、英額妻崔氏、富申布妻靳氏、閑散安成妻王氏、鑲藍旗閑
散敦吉力妻温氏、兵富明阿妻許氏、胡什布妻李氏、胡申保妻吴氏、特合布妻楊氏、敦音布妻吴氏、得音布妻趙氏、閑散什勒妻馬
氏、雙得妻范氏、阿克敦妻郭氏、兵扎桑阿妻郭氏、閑散連得妻崔氏、蓋平鑲白旗雲騎尉索住妻伊氏、兵李國起妻王氏、鑲藍旗閑散
黄守太妻楊氏、兵法音妻董氏、閑散郭文炳妻孫氏、范正儒妻滕氏、復州鑲黄旗兵得成阿之妻關氏、閑散者色力妻關氏、正黄旗兵
巴特他妻温氏、五十三妻馬氏、閑散五十妻劉氏、何林布妻吴氏、兵富申太妻關氏、正白旗兵阿永阿妻温氏、得生額妻王氏、閑散海
冷厄妻趙氏、四十六妻李氏、九海妻薛氏、仲太妻吴氏、鑲白旗兵什各妻劉氏、閑散克孟厄妻唐氏、八各妻曹氏、阿查布妻趙氏、兵
索倫妻李氏、閑散厄爾錦妻那拉氏、海風阿妻李氏、長福妻奚氏、蒙起妻李氏、七十六妻吴氏、正紅旗兵厄爾登厄妻伊氏、台平那妻
富氏、領催巴凝阿妻吴氏、鑲紅旗兵蘇章阿妻楊氏、富林代妻吴氏、閑散特崩額妻張氏、常順妻吴氏、正藍旗閑散五合訥妻趙氏、九

各妻趙氏、得壽妻佟氏、衣生額妻高氏、富力京厄妻黄氏、兵蘇合訥妻包氏、鑲藍旗閑散常海妻趙氏、得成保妻張氏、八十九妻張氏、厄力京厄妻徐氏。寧海鑲黄旗閑散金連喜妻潘氏、周得仁妻崔氏、衣達木妻趙氏、壯丁唐仁妻王氏、兵韓培瑞妻王氏、壯丁陳喜妻于氏、葉成金妻郎氏、兵譚喜妻王氏、壯丁唐鉅妻王氏、閑散額勒各妻奚氏、壯丁葉成英妻孫氏、孫琛妻廣氏、運子妻于氏、閑散劉俊妻于氏、兵閻得昇妻曹氏、壯丁裴喜妻曹氏、富狗妻陳氏、金秉文妻張氏、閑散八十一妻夏氏、富音保妻趙氏、兵孫美妻惠氏、壯丁楊明妻劉氏、王殿妻汪氏、閑散達爾當阿妻夏氏、壯丁王安利妻李氏、謝黄禄妻孫氏、韓國鳳妻郭氏、兵陶忠法妻夏氏、方連妻夏氏、于明林妻劉氏、閑散官保妻陳氏、車美妻閻氏、陳見妻于氏、韓培幹妻崔氏、王守信妻劉氏、范加木妻孫氏、閻得瑄妻穆氏、閻得禄妻劉氏、裴恒妻周氏、穆文慶妻李氏、兵富昌妻李氏、阿爾三保妻王氏、閑散王天禄妻劉氏、五色妻趙氏、正黄旗驍騎校洪復俊妻李氏、壯丁張采妻韓氏、兵郭福妻孫氏、文廷功妻穆氏。壯丁王勝妻趙氏、薛善妻周氏、閑散雙壽妻白氏、兵王殿魁妻王氏、壯丁潘國棟妻郭氏、閑散達明阿妻安氏、宫維妻牛氏、兵王士端妻夏氏、壯丁范嘉斌妻裴氏、王世蘭妻韓氏、韓楊焕妻林氏、壯丁潘秀妻蘇氏、韓邦侯妻劉氏、穆士平妻劉氏、額爾其冷妻關氏、王士成妻王氏、王士琛妻廣氏、王士琦妻夏氏、王珩妻王氏、閑散張富妻黄氏、窩興額妻趙氏、壯丁侯成先妻周氏、正白旗壯丁吴文成妻李氏、兵蔣世業妻張氏、閑散張廷發妻高氏、壯丁金國良妻張氏、兵王克聰妻閻氏、壯丁劉之倖妻劉氏、劉士基妻文氏、王德興妻馬氏、王安相妻袁氏、兵蔣世光妻金氏、鑲白旗閑散夏廷蘭妻張氏、兵夏廷蒽妻方氏、閑散束胡爾妻田氏、阿林妻賈氏、正紅旗閑散坡臣得妻唐氏、鑲紅旗兵巴彦布妻關氏、壯丁陳瑋妻韓氏、正藍旗閑散劉寬妻關氏、三各妻邱氏、三各妻吴氏、五十七妻劉氏、八十四妻常氏、岫巖正白旗閑散衣奇得妻卓佳氏、堆奇妻趙氏、兵巴雅拉妻何氏、富得妻白氏、鑲白旗兵老各妻唐氏、閑散額爾登布妻趙氏、陶奇妻朱氏、常明妻關氏、安太妻楊氏、保明妻楊氏、保同妻羅氏、卓令阿妻白氏、官保妻趙氏、常得妻吴氏、兵巴令阿妻那氏、正藍旗兵馬林保妻孫氏、鑲藍旗兵德明妻王氏、閑散得福妻趙氏、鳳凰城鑲黄旗閑散諾爾布妻夏氏、三各妻劉氏、陶住妻王氏、兵巴彦突妻周氏、閑散法登阿妻祁氏、保明妻蔡氏、老各妻何氏、兵多隆武妻吴氏、閑散保安妻魏氏、福成額妻白氏、阿克敦妻蔡氏、七十四妻何氏、七各妻吴氏、兵音登額妻盧氏、閑散吉力章阿妻關氏、那音布妻徐氏、福爾登厄妻何氏、四各妻范氏、福壽妻王氏、正黄旗閑散老各妻關氏、七十九妻張氏、東明阿妻包氏、立住妻楊氏、正白旗閑散七十六妻陳氏、七十七妻趙氏、福鳳生妻楊氏、艾圖妻關氏、束楞額妻車氏、全德妻魯氏、鑲白旗五林太妻王氏、閑散達三太妻李氏、五十八妻金氏、兵特庫妻王氏、山牙土妻周氏、正紅旗兵九各妻白氏、鑲紅旗兵保山妻舒穆嚕氏、閑散申保妻關氏、雙隆妻安氏、正藍旗兵得太妻周氏、常住妻高氏、鑲藍旗閑散黑達色妻吳氏、圍場總管所屬兵阿林妻吕氏、西靈阿妻塔木察喇氏、閑散額爾伯得妻關氏、驍騎校伍爾圖妻駱氏、副驍騎校貴保妻石氏、兵富靈阿妻舒氏、五達色妻畢氏、托勒京阿妻瓜爾佳氏、舒猛妻吳氏、托克托霍妻巴魯持氏、閑散雙福妻王氏。烈婦奉天鑲紅旗漢軍劉自美妻李氏，捐軀明志。烈女寧海正黄旗夏氏，許字喬永亨，未婚殉節。貞女熊岳正藍旗沈氏，許字色克圖，未婚守志。孝女開原鑲藍旗戴氏，父殁，母老無倚，氏以女兼子職，奉養守貞。均嘉慶年間旌。

慈士惠妻常氏。承德人。夫亡守節。同縣郭天相妻方氏、陳黼廷妻張氏、劉漢妻柳氏、潘炳妻陳氏、茹履太妻陳氏、歸良鈺妻朱氏、張義妻劉氏、岳秀妻張氏、辛清妻魯氏、沈亦高妻舒氏、王陞妻趙氏、宿君幹妻佟氏、康得平妻關氏，均嘉慶年間旌。

常可發妻徐氏。遼陽人。夫亡守節。嘉慶六年旌。

姜起先妻李氏。海城人。守正捐軀。同縣烈女杜姐兒，拒暴被害。均嘉慶年間旌。

張堦妻楊氏。蓋平人。夫亡守節。同縣張連昇妻曹氏、孫廷球妻于氏、李逢春妻王氏，均嘉慶年間旌。

曲明德妻于氏。復州人。夫亡投繯死。同州烈婦柳國柱妻劉氏、劉五妻于氏、李安事妻林氏，皆拒暴捐軀。均嘉慶年間旌。

烈婦張黄氏。新民廳人。拒暴被害。嘉慶二十一年旌。

張説義妻劉氏。岫巖廳人。夫亡殉節。同廳孫玉成妻劉氏，均嘉慶年間旌。

仙釋

漢

丁令威。遼東鶴野人。學道於靈虚山，後化鶴歸遼，集城門華表柱。時有少年舉弓欲射之，鶴乃徘徊空中而言曰：「有鳥有鳥丁令威，去家千載今來歸。城郭如故人民非，何不學仙冢纍纍。」遂高上沖天。

帛和。遼東人。入地肺山，師事董奉。又到西城山事王君，王君語和大道訣曰：「往北山石室中熟視北壁，當見壁有文字，則得道矣。」和視壁三年，乃見文字，後入林慮山爲地仙。

明

黄花老人。天順中，居蓋州山寺，有道術，修煉數年。一日鶴來，因乘之以去。後人名其地爲伴仙山。

土産

五穀。穀有名「西番」者、「高麗」者，皆奉天府等處産焉。麥之蕎、穬及稗，以黑龍江種爲良。麻有三種，曰脂麻、蓖麻、火麻。火麻者，漚之爲線，内務府以收於官。其旗地民丁以黑豆爲賦云。乾隆四十三年，有御製盛京土産雜詠詩十二首：一五穀，二東珠，三人葠，四松花玉，五貂，六鹿，七熊羆，八堪達漢，九海東青，十鱏鰉魚，十一松子，十二温普。

玉。後漢書：挹婁出赤玉。太平御覽：挹婁出青玉。通志：今烏拉、寧古塔赤玉不多見也。凍青玉則間有之耳。

珠。出混同江及烏拉諸江河中。生於蚌蛤，大可半寸，小亦如菽。採珠者以四月往，八月歸。

松花玉。出混同江邊砥石山。玉色净緑，光潤細膩，品埒端、歙，可充硯材。

安石。出混同江北岸。榆、樺等木枯枝落水，年久成石，可以礪刃，土人珍之。

滑石。明統志：海州衛出。

鐵。各州縣皆有之。

鹽。濱海州縣出。明統志：鹽生樹枝上，亦有海鹽。會典：盛京沿海之地，皆民自煮鹽市易。凡鹽場二十，以州縣佐貳官司其場務，不榷不幾。

蜜。出奉天以東山林中。

蠟。産黄、白二種，皆可用。

靛。今内務府有靛莊。

蘑菰。諸山中有之，大而黄者佳。種類不一，生於榆者爲榆蘑，生於榛者爲榛蘑，而榆肉生榆樹窟中，味尤美，即古所謂樹雞也。

石耳。一名靈芝，諸山中有之。

龍鬚菜。出金州邊石上。叢生，狀如柳根，土人呼爲麒麟菜。又海中有鹿角菜。又海藻、海藴皆可登俎。

海絲菜。明統志：復州衛出。

松。山中最多。種類不一，土人以結子者爲果松，無子者爲沙松，脂多者爲油松。

柞。一名鑿子木。質堅實，可爲車輪。

樺。似山桃，皮有紫黑花，可裹弓及鞍鐙諸物。諸山中及嫩江、混同江之間最多。今吉林烏拉有樺皮屯，設丁壯採其皮進御。

香樹。叢生而直，開黄花。長白山中最多，土人取以爲香，祭神用之。

青剛柳。山中皆有之，可以爲弓。

暖木。明統志：海州衛出。通志：樹皮温厚，即黄蘗也。

六棱木。木身有六棱，最堅實。

梨。種類頗多，惟接梨、香水梨爲上，遼陽千山及廣寧有之，有羊奶、馬奶諸名，大者至半斤，取以進御。又有一種名酸梨，土人珍之。

松子。諸山中最多，率三歲之中一歲大收。

榛子。山中皆有之。

稠梨子。實黑而澀，屑爲麵，暑月調水服之可止瀉，土人珍之。

枸柰子。味酸，色紅，實小。

温普。形似樝，味甘而酢。

朱櫻。紅白相間者名玉櫻。

郁李。奉天等府收實多者，歲必大稔，二府之人常視爲占候焉。

人薓。盛京吉林烏拉諸山中産焉。邃谷深巖，薓株叢茁，歲生滋饒，上藥咸珍，皆由瑞氣鍾靈，敷榮萃秀，實爲億萬載靈長之徵云。按盛京地方，行放額爾敏、哈勒們薓票。乾隆三十八年，於盛京五部侍郎、府尹等官内欽派一員協同辦理，停派京員前往。每次年請放薓票，各將軍等於刨夫回山後察看多寡情形，定擬具奏。由部給薓票紅票，分水陸路給發，並給腰牌，於緊要隘口驗放。乾隆十九年，有御製詠人薓詩。

五味子。明統志：都司出。盛京通志：今奉、錦二府及吉林皆有之。

金線重樓。明統志：重樓金線，長白山出。通志：金線重樓，本草作蚤休，生於深山陰濕之地，亦名紫河車，亦名草甘遂，亦名三層草，處處有之，未有採者。

細辛。白附子。金史地理志：東京路産白附子。明統志：都司出。

紅根草。柔韌可爲繩。又黄根草，根類而色殊，土人採之。

如意草。治風瘡。

煙草。食之禦寒。出撫順者佳。

貓兒眼草。葉紋如貓睛。

熊膽。鹿茸。鹿筋。金史地理志：復州貢。

海螵蛸。膃肭臍。即海狗腎，出東海濱。

鵰。出奉天以東諸山中。其品不一，上等曰皁鵰，有花文者曰虎斑，翅黑白相接者曰接白，其最小者曰脂麻。取者於松枝上作繩套，名爲鵰手。其羽爲箭翎最貴，歲有貢，内務府鵰丁取之。

鷹。鴨。有三種，曰野鴨，曰紅鴨，曰蒲鴨。

雉。虎。豹。羆。諸山皆有。

麋鹿。唐書渤海傳：俗所貴者，扶餘之鹿。鹿大麋小，俱於夏至解角。盛京、吉林有麋而無鹿，見御製鹿角解詩後説。

馬鹿。形大如馬，山中極多，亦曰㕛鹿。

貂。後漢書：挹婁出好貂。通志：今烏拉諸山林多有之，以松子爲糧。捕者八月往，十二月回，皆於雪天尋其迹而捕之。每千丁一名，歲輸貂皮一張。所司第其等差，以供賞賚。

失利孫。俗作猞猁，亦作失利，一名曰土豹。烏拉諸山皆有之。

玄狐。或作黑狐。通志：出下江，色黑毛暖，最貴。又有青狐，亦名倭刀，毛色兼黄黑，貴重次玄狐。

火狐。通志：色赤而大。夜擊之，火星迸出。毛極温暖。

沙狐。通志：生沙磧中，身小色白。皮集爲裘，在腹下者名天馬皮，頦下者名烏雲豹，皆貴重。

銀鼠。金史地理志：東京路産白鼠皮。

青鼠。俗名灰鼠，山中皆有。

黄鼠。金史地理志：東京路産鼠毫。明統志：黄鼠，海州衛出。

兔。唐書渤海傳：俗所貴者，大白山之兔。

海豹。通志：獸身獸頭獸尾，後兩足短，出寧海及寧古塔海中。

獺。明統志：水獺皮，寧海州各衛出。

魴魚。爾雅「魴魾」注：「江東呼爲鯿。」疏：「遼東梁水魴特肥而厚，尤美，故其鄉語曰：『居就糧，梁水魴。』」通志：今俗呼爲鯿花。扁身細鱗，色青白而味肥美，出遼陽太子河者尤佳。太子河古東梁河，諺稱梁水魴者以此。

細鱗魚。通志：圓身細鱗，出太子河者尤佳。今有司貫以柳木炙之，以供祀典。

鱘鰉魚。即鱏魚。大者長二三丈，出混同江。每歲冬間進御。

秋生子魚。通志：蓋平縣出。

鯽魚。諸河中所出，大者至三四觔，味美不減灤河所出。

島子魚。肉嫩而美，諸河中有之。

八稍魚。寧海出。

石首魚。寧海出。

肋魚。明統志：金州衛出。

海參。東海出，較他處者勝。

鰒魚。俗名鮑魚，東海出。

蠣黄。寧海出。

海鮀。生海中，濛濛如沫，能運動，無耳目。鹽漬而食之。

校勘記

〔一〕管幼安　乾隆志卷四二奉天府流寓（下同卷簡稱乾隆志）作「管寧」。管寧字幼安，本志因避清宣宗諱，故稱字不稱名。本志此類甚夥，下不具舉。

〔二〕數臨視之　「臨」，原作「端」，據乾隆志及晉書卷一〇八慕容廆載記附高瞻傳改。

〔三〕高琰妻潘氏　「琰」，原作「剡」，據乾隆志及全遼志卷四貞淑志改。按，本志避清仁宗諱改字。

錦州府圖

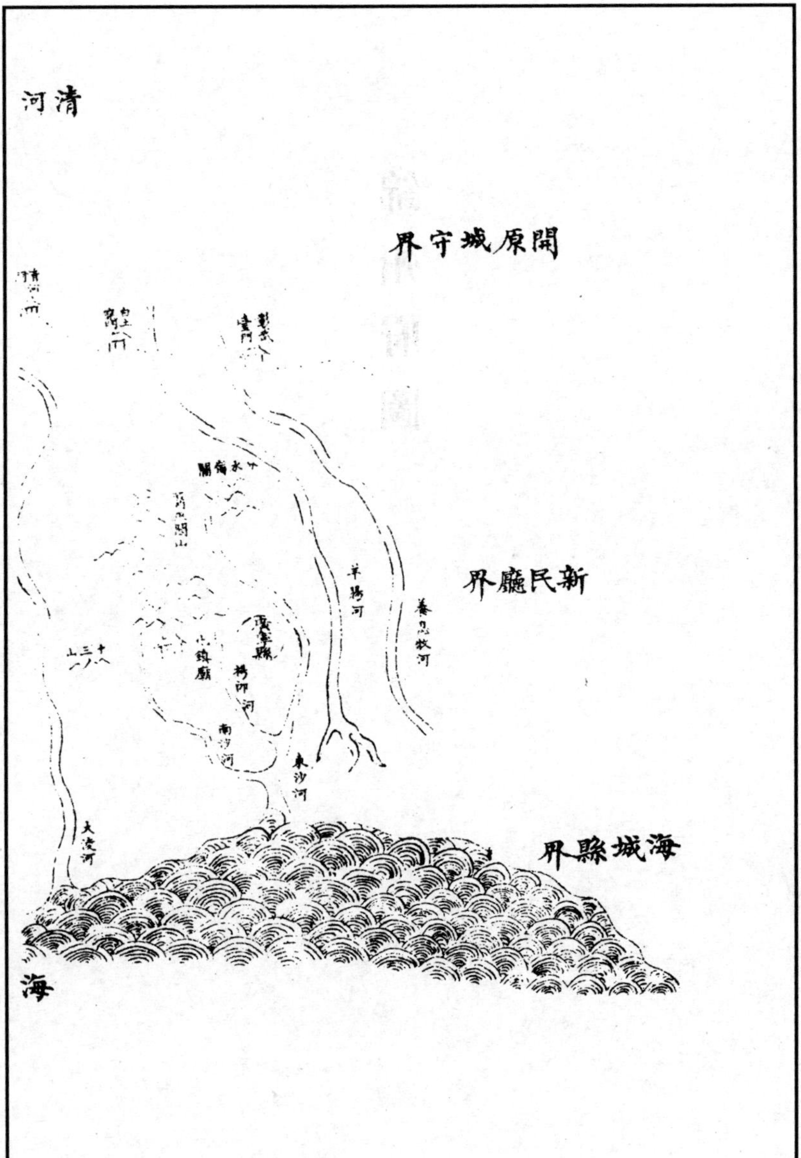
清河
開原城守界
新民廳界
羊腸河
養息牧河
廣寧縣
小鎮廟
南沙河
東沙河
大凌河
海城縣界
海

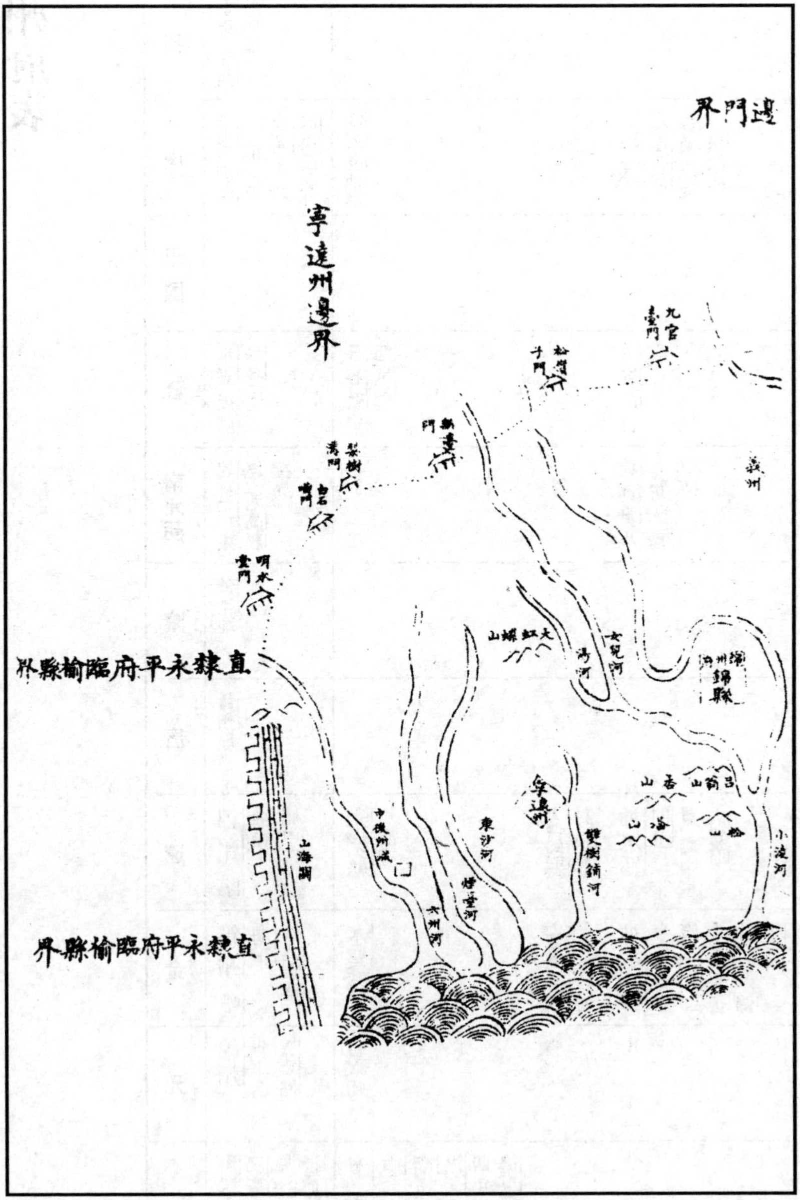
邊門界
寧遠州邊界
九官臺門
松嶺子門
新臺門
梨樹溝門
白石嘴門
明水堂門
義州
直隸永平府臨榆縣界
大虹螺山
湯河
女兒河
錦州
錦縣
寧遠州
呂翁山
杏山
塔山
松山
山海關
中後所城
東沙河
煙臺河
六州河
雙樹鋪河
小凌河
直隸永平府臨榆縣界

錦州府表

	錦州府	錦縣
秦	遼東、遼西二郡地。	
漢	遼東、遼西二郡地。後漢兼隸遼東屬國。	徒河縣地。 徒河縣屬遼西郡。後漢改屬遼東屬國。
三國		省。
晉	永嘉後屬慕容氏。	慕容皝置西樂縣。 慕容氏復置。
南北朝	魏營州東境，與高麗接界。	魏真君八年併入廣興縣。
隋	營州地。	
唐	營州地。	
遼	錦州臨海軍，屬中京道。	永樂縣，州治。 安昌縣，屬錦州。 神水縣，開泰二年置，屬中京大定府。
金	錦州臨海軍，屬北京路。	永樂縣 安昌縣 神水縣，皇統三年廢，大定二十九年復置，屬錦州。
元	錦州，省軍名，屬大寧路。	省入州。 省。 廢。
明	洪武中，置廣寧等衛，屬遼東都指揮使司。	廣寧中屯、左屯衛，洪武二十四年置，屬遼東都司。

續表

	寧遠州
	徒河縣地。
	柳城縣地。
	瑞州 貞觀十年置威州，後改名，治來遠縣。
	嚴州保肅軍 治興城縣，屬錦州。 來州歸德軍 太平九年置，治來賓縣，屬中京道。
	興城縣 皇統三年廢州，屬興中府。 瑞州歸德軍 天德三年改爲宗州。明昌六年改縣曰宗安。泰和六年復改名瑞州，又改縣曰瑞安，屬北京路。
	省。 瑞州 省瑞安縣入州，屬大寧路。 和州 初置屬大寧路，至元五年併入利州。
廣寧右屯衛 洪武二十六年置，屬遼東都司。	寧遠衛 宣德三年分廣寧前屯中屯二衛地置，屬遼東都司。 廣寧前屯衛 洪武中置，屬遼東都司。

	廣寧縣
	無慮縣屬遼東郡。後漢安帝時屬遼東屬國。 險瀆縣屬遼東郡。後漢屬遼東屬國。
	無慮縣 險瀆縣
	廢。 省。
	巫閭守捉城。
隰州平海軍聖宗置，治海濱縣，屬來州。	顯州奉先軍治奉先縣，兼領山東縣，屬東京道。 歸義縣屬顯州。
海濱縣皇統三年州廢，屬瑞州。	廣寧府天輔七年升府。天會八年改軍，曰鎮寧。後廢軍。大定二十九年改山東縣曰廣寧，屬北京路。 鍾秀縣遼奉先縣地。天會八年改置，屬廣寧府。 省。
省。	廣寧府初移治臨潢。至元六年降爲屬郡。十五年，復分爲路。 省入望平縣。
	廣寧衛洪武十三年置，又有廣寧中左右三衛，俱屬遼東都司。

續表

續表

房縣 屬遼東郡。後漢屬遼東屬國。	望平縣 屬遼東郡。	
房縣	望平縣	
省。	望平縣 屬玄菟郡，後廢。	
乾州廣德軍 治奉陵縣，屬東京道。		懿州寧昌軍 太平三年置慶懿軍，旋改廣順軍。清寧七年又改，領寧昌、順安二縣，屬東京道。
閭陽縣 天會八年廢州改縣名，屬廣寧府。	望平縣 大定二十九年復置，屬廣寧府。	懿州寧昌軍 初隸咸平府。泰和末改屬北京路，領順安、靈山二縣。
閭陽縣 初廢，後復置。	望平縣 至元十五年改爲千户所，後復爲縣。	懿州 初爲路，至元六年降爲東京支郡，並省所領州縣入州，屬遼陽路。
廢。		初置廣寧後屯衛於此。永樂八年徙義州。

義州
無慮縣地。
宜州崇義軍 興宗置，屬中京道。 弘政縣 州治。 海北州廣化軍 初隸宜州，治開義縣。後屬乾州。 成州興府軍 初曰長慶軍，屬上京。後更名，屬中京道，領同昌縣。 遼西州阜成軍 領長慶縣，屬顯州。
義州崇義軍 天德三年改名，屬北京路。 弘政縣 開義縣 皇統三年廢州，屬義州。 同昌縣 屬川州。大定六年屬懿州。承安二年復屬川州。泰和四年屬義州。 廢爲鎮。
義州 屬大寧路。 省入州。 廢。 廢。
義州衛 洪武二十二年置，屬遼東都司。

大清一統志卷六十四

錦州府一

在盛京西四百九十里。東西距五百三十里，南北距一百七十里。東至奉天府新民廳界二百四十里，西至山海關、直隸永平府臨榆縣界二百九十里，南至海三十里，北至清河邊門一百四十里，東南至奉天府海城縣界三百五十里，西南至直隸臨榆縣界三百里，東北至奉天府開原城守界三百八十里，西北至寧遠州邊界一百六十里。自府治至京師一千里。

分野

天文箕、尾分野，析木之次。

建置沿革

禹貢冀州之域。周爲幽州之域。秦、漢爲遼東、遼西二郡地。東北境屬遼東郡，西南境屬遼西郡。後漢安帝時增置遼東屬國都尉。晉永嘉中，慕容氏置西樂縣。後魏爲營州東境，與高麗接界。隋、唐皆爲營州東境。遼太祖置錦州臨海軍，屬中京道。按遼時中京大定府之神水、金源二縣，興中府之閭山、安德二縣，并宜、來二州，東京之顯、乾、遼三州，並在今府境内。金因之，屬北京路。按金時義、瑞二州，廣寧府及興中府所領之地，並在今府境内。元省軍、縣名，止曰錦州，屬大寧路。按元時又降興中府爲州，與義、瑞二州皆屬大寧。其廣寧府别爲一路，總隸遼東行省。明初改置廣寧中屯、左屯、右屯三衛，與廣寧衛，廣寧中、左、右三衛，廣寧前屯、後屯二衛，義州、寧遠二衛，並隸遼東都指揮使司。

本朝康熙三年，改置廣寧府，治廣寧縣。四年，裁廣寧府，設錦州府，移治錦縣，屬奉天府尹。

今領州二、縣二。

錦縣。附郭。東西距一百九十五里，南北距七十五里。東至廣寧縣界一百五里，西至邊界九十里，南至海三十里，北至義州界四十五里。東南至廣寧縣界八十里，西南至寧遠州界九十里，東北至義州界八十里，西北至松嶺邊門九十里。漢遼西郡徒河縣地。晉時慕容皝置西樂縣，後墟其地。遼置永樂縣，爲錦州治。金因之。元省縣入州，屬大寧路。明洪武二十四年，改置廣寧中、左二屯衛，隸遼東都指揮使司。本朝康熙三年，改設錦縣，屬廣寧府。四年，置錦州府，以縣爲府治。

寧遠州。在府西南一百十里，東西距二百一十里，南北距一百八里。東至錦縣界二十里，西至山海關界一百九十里，南至海十八里，北至邊界九十里。東南至海十五里，西南至山海關界一百九十里，東北至錦縣界六十里，西北至邊界一百九十里。漢徒河縣地。隋爲柳城縣地。唐爲營州及瑞州地。遼置嚴州興城縣，屬錦州，又於南境置來州。金廢嚴州，以興城屬興中府，改來州爲瑞州。元爲錦州及瑞州地。明初，置廣寧前屯衛。宣德三年，分前屯、中屯二衛地置寧遠衛，隸遼東都指揮使司。本朝康熙二年，東割塔山所地入錦縣，西盡併前屯衛地，改爲寧遠州，屬奉天府。三年，屬廣寧府。四年，改屬錦州府。

廣寧縣。在府東一百六十里，東西距一百五里，南北距一百四十里。東至新民廳界六十里，西至義州界四十五里，南至海九十里，北至邊界五十里。東南至海城縣界一百九十里，西南至錦縣界五十里，東北至新民廳界六十里，西北至義州界五十里。漢置無慮縣，屬遼東郡。後漢因之，安帝時分屬遼東屬國。晉廢。後魏爲營州東境。唐置巫閭守捉城，屬營州。遼世宗置顯州奉先軍，屬東京道。金天輔七年，升州爲廣寧府。天會八年，改軍曰鎮寧。天德二年，隸咸平。後廢軍。領廣寧、望平、閭陽、鍾秀四縣，屬北京路。元初移府治臨潢，立總管府。至元六年，降爲東京屬郡。十五年，復分爲廣寧路。明洪武十三年，改置廣寧衛。二十五年，封建遼王，改廣寧中護衛。明年，復改廣寧衛，又置中、左、右三衛，俱隸遼東都指揮使司。本朝康熙三年，改置廣寧縣，爲廣寧府治。四年，罷廣寧府，改屬錦州府。

義州。在府北九十里，東西距一百五十五里，南北距九十五里。東至廣寧縣界四十五里，西至邊界一百一十里，南至錦縣界四十五里，北至邊界五十里。東南至錦縣界八十里，西南至錦縣界一百三十里，東北至廣寧縣界九十里，西北至邊界三十里。漢無慮縣地。唐爲營州地。遼興宗置宜州崇義軍，又置弘政縣爲州治。金天德三年，改曰義州，屬北京路。元省縣入州，屬大寧路。明洪武二十三年，改置義州衛，隸遼東都指揮使司。本朝初以其地賜察哈爾。康熙十四年，察哈爾叛，討平之。十五年，設巡檢司，屬廣寧縣。十九年，設城守尉駐防。雍正二年，移錦州府通判駐此，移巡檢於天橋廠。十年，設同知管轄。十二年，改置義州，屬錦州府。

形勢

枕山襟海，内資屏翰，外控要荒。通志。山海要衝，邊關鎖鑰。寧遠州志。負閭山，憑渤海，據勝青、營，扼衝中外。廣寧縣志。

風俗

人性淳實，務農桑，習文禮。明統志。人多慷慨尚氣節，有墨胎氏之遺風。府志。

城池

錦州府城。周五里有奇，門四，濠廣三丈五尺。明洪武間修築。弘治間增築東關廂，周二里有奇，形勢若盤，俗謂之「盤城」。本朝乾隆四十三年修，嘉慶二十一年重修。

寧遠州城。周五里有奇，門四，濠周七里。明宣德三年築。外城周九里有奇，門四，明季增築。本朝乾隆四十三年修，嘉慶二十一年重修。

廣寧縣城。明洪武初，因故廣寧府舊址修築。周十里有奇，門六，濠廣二丈。永樂、弘治、正德間展築南關廂，周三里有奇，共周十四里有奇。本朝乾隆四十三年修，嘉慶二十二年重修。

義州城。周九里有奇，門四，濠廣三丈八尺。明洪武間修築。本朝乾隆四十三年修，嘉慶二十二年重修。

學校

錦州府學。在府治西。本明中左屯衛學，明正統元年建。後圮。本朝康熙五年重建。入學額數九名。

錦縣學。附府學内。入學額數七名。

寧遠州學。在州治東，明宣德五年建。本朝康熙三十六年修。入學額數五名。

廣寧縣學。在縣治鎮東堂右。明正統六年建，後毁。本朝康熙九年重建。入學額數三名。

義州學。在州治。本朝乾隆九年建。入學額數四名。

錦川書院。在府學宫内。本朝乾隆五十九年改義學建。

集寧書院。在寧遠州城内東南隅。本朝乾隆五十八年建。

聚星書院。在義州東門内。本朝嘉慶九年建。

户口

原額人丁二萬三千六百八十，今滋生男婦大小四十三萬四千一百二十六名口，計六萬一千三百六十一户。

田賦

民田七十八萬一百七十三畝有奇，額徵地丁銀二萬九千四十五兩四錢八分一釐，米一萬三千六百一十二石九斗六升二合。又退圈地七十五萬六千六百九十一畝有奇，額徵豆四萬九千三百七石七斗八升九合七勺。

山川

紫荆山。在錦縣東二十里。高三里許，周四十里，尊嚴高大，爲郡之主山，以産紫荆故名。

白雲山。在錦縣東二十八里。其上有聚仙寺，左井右泉，土人每以雲氣候陰晴。

十三山。在錦縣東七十五里。高一里餘，周二十里，峯有十三故名。五代史附録：胡嶠等東行，過一山，名十三山，云此西南去幽、燕二千里〔一〕。舊志：山在廣寧右屯衛北三十里。山下有金牛洞，上有池，峯巒羅列，大小相錯。出山海關即望見之，凝嵐積翠於大荒中，若遠若近，宛若圖畫，海山一奇觀也。本朝康熙二十一年，有御製十三山詩。乾隆八年，有御製閭陽驛望十三山詩。嘉慶二十三年，有御製十三山道中作詩。

望海山。在錦縣東南十五里。山高可望滄海。

乳峯山。在錦縣東南十六里。全遼志：在城西南七十里。中峯如蓋，東西十二麓，拱城北向，懸崖有竇，深可丈許，泉溜如乳，甘冽可飲。

卧龍山。在錦縣東南二十七里。坡陀盤曲，狀類牛眠，俗亦謂之卧牛山。

長山。在錦縣東南三十里。自此綿亘而南四五里，峯巒斷續，四山錯列，皆爲長山。

牤牛山。在錦縣東南三十里。山麓插海，小淩河經其陰。

平山。在錦縣東南五十里，一名團山。上有土城。明統志以此爲木葉山，云在廣寧中屯衛東三十里，上建契丹始祖廟。考遼史木葉山在永州潢水、土河合流處，今爲廣寧縣北邊外之地。明志誤。

吕翁山。在錦縣南十里，一名吕洪山。高二里許，周四十七里。山上有洞。本朝崇德六年，大破明兵十三萬於此山之下。康熙二十一年，有御製吕翁山詩。乾隆八年，有御製吕翁山詩。四十三年，有御製經吕翁山作詩。四十八年，有御製經吕翁山疊戊戌舊作韻詩。嘉慶十年，有御製經吕翁山作詩。二十三年，有御製經吕翁山疊前韻詩。

松山。在錦縣南十八里。山之西即舊松山所城。謹按實録，崇德四年春二月，太宗文皇帝統師征明松山，以礟攻城，盡毁其堞。明副將金國鳳乘夜以繩繫木，填之以土，比明已築固。我兵乃分三路穴地攻之，城中復有備，不能克，遂班師。五年春，命王、貝勒等更番率兵圍錦州。六年秋八月，睿郡王多爾衮等奏曰：「明國合各省兵來拒我師，實爲衆多。」太宗文皇帝諭曰：「敵人若來侵犯，王等可相機擊之；不來，切勿輕動。各當固守汛地。」時太宗文皇帝即欲親征，因患鼻衄，緩三日起行。戊午，渡遼河，太宗文皇帝鼻衄不止，承以碗，行三日方止。貝勒多鐸等請駕徐行，太宗文皇帝曰：「行軍制勝，利在神速。朕如有翼可飛，即當飛去。何可徐行也？」諸王、貝勒、大臣共議攻圍策，太宗文皇帝曰：「朕但恐敵人聞朕親至，將潛遁耳。倘蒙天眷佑，敵兵不逃，朕破此敵，如縱犬逐獸，必令爾等易於進取，不致勞苦也。朕所定攻戰機宜，慎勿違誤，勉力識之〔二〕！」壬戌，駐蹕戚家堡，遣大學士剛林往睿郡王營，傳諭曰：「朕當即至。可移兵先在高橋立營，俟朕至，合圍松山、杏山。」睿郡王即令剛林回奏：「聖駕親臨，臣等勇氣增倍，惟務進攻。但明兵甚衆，臣等圍錦州，屢經攻戰，微有損傷，如再速戰，恐力不及。頃奉命駐營高橋，倘敵約錦州、松山兵來攻，萬一有失，奈何？即欲至高橋，當俟勝負少分之後。」於是太宗文皇帝親駐營松山、杏山之間，諭衆曰：「如敵來犯，近則迎擊之；倘敵兵尚遠，先往迎戰，貽累於衆，即與敗陣無異。」是時敵人於松山城北乳峯山岡結寨，其步兵於乳峯山、松山城之間掘壕立七營，其騎兵列於松山東、西、北三面，合步騎共號十三萬。其領兵總督洪承疇、巡撫丘民仰、大同總兵王朴、宣府總兵李輔明、密雲總兵唐通、薊州總兵白廣恩、玉田總兵曹變蛟、山海總兵馬科、前屯衛總兵王廷臣、寧遠總兵吴三桂，及副將以下共二百餘員。癸亥，明總兵八員率兵犯我前鋒汛地，我前鋒軍擊敗之，又合鑲藍旗護軍追擊至塔山，獲筆架山積粟十二堆。甲子，敵犯鑲紅旗汛地，我軍擊卻之，旋復來戰，太宗文皇帝張黄蓋，指揮將士布陣，敵望見悉退。太宗文皇帝諭諸將曰：「今夜敵兵必遁。我左翼四旗護軍可至右翼汛地排立，右翼四旗護軍及騎兵蒙古兵前鋒兵俱比翼排列，直抵海邊，各固守汛地。敵兵有遁者，如百人則以百人追之，千人則以千人追之，如敵兵衆多則汝等協力追擊，直抵塔山。」是夜初更，明兵沿海潛遁，我諸將各遵上命，由汛地邀截，奮擊窮追，殺死及赴海死者不可勝計。乙丑，命睿郡王多爾衮、武英郡王阿濟格率兵圍塔山，以紅衣礮攻克四臺，斬守備二員、都司一員，生擒副將王希賢等。太宗文皇帝營松山，令環城掘壕困之。是夜明總兵曹變蛟率乳峯山馬步兵犯我鑲黄旗汛地者一次、正黄旗汛地者四次，且突至御營，並爲我軍擊卻。曹變蛟中創奔還松山，明總兵吴三桂、王朴乘間奔入杏山。己巳，吴三桂、王朴等自杏山出奔，將至寧遠。我前鋒兵見之，由杏山西追擊至高橋，貝勒多鐸等發伏掩殺，敵各路潰竄，自海邊至桑阿爾齋堡，並爲我分駐兵殲殪，吴三桂、王朴僅以身免。壬申，命大臣率兵設伏高橋。是時松山城中被我軍圍困不得出者，總督洪承疇、巡撫丘民仰及總兵王廷臣、曹變蛟、祖大樂等及士卒萬餘，欲戰則力不支，欲守則糧已絶，欲遁又未敢成隊而出。九月辛巳，太宗文皇帝自松山城西南移營城西北十里。越五日，駕還，留貝勒多鐸等圍松山，武英郡王等圍高橋。冬十月，命鎮國將軍阿拜率兵駐乳峯山。十一月，命肅郡王豪格、輔國公滿達海，率兵往同貝勒多鐸等圍松山。十二月，明兵六千出松山城，夜犯正紅旗護軍營、驍騎營及正黄旗蒙古營。我軍各守汛地，沿壕射敗敵兵，殲四百二十四人，餘衆遁。七年春二月丁巳，松山城中明副將夏成德遣人赴肅郡王軍，通款約爲内應，以其子夏舒爲質。是夜，王令左右翼前鋒攜雲梯二、八旗兵攜雲梯八，至城南面，即於夏成德守禦處樹梯登城。我軍畢登，敵始覺。我軍巡邏搜勦，令隨夏成德降者別聚一處，生擒總督洪承疇等，斬兵道一、副將十、遊擊以下官百餘員，兵三千有奇。太宗文皇帝命諸王斬丘民仰、王廷臣、曹變蛟，而以洪承疇、祖大樂諸人歸盛京贍養之，留兵毀松山城而還。康熙二十一年，有御製松山詩。乾隆八年，有御製松山詩。嘉慶十年、二十三年，俱有御製望杏山松山即目詩、重經松山杏山敬紀詩。

杏山。在錦縣西南四十里，舊有杏山驛。本朝崇德七年，取明杏山城，毁平之。詳見「松山」、「塔山」注。康熙二十一年，有御製杏山晚眺詩。世宗憲皇帝雍邸集有曉度杏山詩。乾隆八年，有御製雪後過杏山詩。四十三年，有御製杏山晚眺恭依皇祖原韻詩。四十八年，有御製杏山晚眺再依皇祖原韻詩。嘉慶十年、二十三年，俱有御製詩，詳見「松山」注。

紅土山。在錦縣西南五十七里，又名平土山。

大筆架山。在錦縣西南六十里。與小筆架俱峙海中，潮退有石如橋，廣八丈，長四里許。

小筆架山。在錦縣西南六十里。峙海中，狀如筆架。潮退有石如橋，廣三丈，長三里許。上有長元寺。寺西有一泉，味甘。山南有洞。

塔山。有二。一在錦縣西南六十里，明置塔山千户所於此。謹按實録崇德七年春三月，明總兵祖大壽以錦州降。太宗文皇帝命鄭親王濟爾哈朗、睿郡王多爾衮、肅郡王豪格等移師圍塔山、杏山。夏四月戊申，列紅衣礮於塔山城西，攻毁城垣二十餘丈，我兵悉登城，盡殲城内官兵七千，收軍駐高橋大路，齎敕招杏山城中將士降，不從。庚申，移礮於杏山城北面，先攻取其近城之臺。明日，以礮攻毁城垣二十五丈，我兵將欲登城，城中衆官開門出降。太宗文皇帝命以降順官屬兵丁攜歸贍養，編户士民安插蓋州，其塔山、杏山城垣悉毁平之。一在縣西九十里古安昌縣永和郝，其上有塔。

鷹窩山。在錦縣西三十五里。湯河發源於此。按鷹窩山有四：一在錦縣西，即此；一在寧遠州西；一在寧遠州西北；

一在廣寧縣北。

卧佛山。在錦縣西四十里。上有卧佛寺，有石卧佛長一丈四尺，故名。女兒河北流遶之。俗又呼龜山。

小虹螺山。在錦縣西六十里。周三十里。高橋河、七里河發源於此。

大虹螺山。在錦縣西七十五里。高五里許，周五十餘里，與小虹螺山對峙，東西延亘百餘里。連山河發源於此。女兒河環流其中。金時置虹螺寨，廢城舊址猶存。明時因山勢築城其上，以爲障塞，今廢。

涼水泉山。在錦縣西界。旁有泉。又涼水礶子山，在縣西九十里。下有池。

孤山。在錦縣西北二十里。又有孤山，在寧遠州西南一百二十里。

老虎闞山。在錦縣西北八十五里。又有東老虎闞山。又松嶺門山，在縣西北九十里。

翠幕山。在錦縣北十里。俗名哏馬山。

二郎洞山。在錦縣北十五里。上有五洞。洞東北一潭，深丈許。其東一泉。上有玉皇閣、彌陀閣、望海觀音閣，惟觀音閣最高，東見十三山，西見壺蘆島，南見大、小筆架山，下則錦水、淩川旋其左右。又牛山，在縣北十六里。有金牛洞。

牛心山。在錦縣北二十五里。山之西有巖浄寺，前後多桃、杏。

龍觜山。在錦縣北三十里。頭道河發源於此。

丫八石山。在錦縣北三十里。數峯插雲，峯後有澗，深不可測。山上有石柱九。相傳遼蕭太后梳妝樓故址。

梯子山。在錦縣北三十三里。相近又有亂石山。二道河發源於此。

龍頭山。在錦縣北三十五里。有二洞若眼，下有龍湫。

唐帽山。在錦縣東北三十里。相近有礀子山。又東北有窟籠、半壁等山。

望高山。在錦縣東北六十里。山前有老虎洞。

高黄山。在錦縣東北六十二里。義州破臺河發源於此。

三首山。在寧遠州東五里。三峯相峙，狀若人首。其上有泉，四時不竭。

望海山。在寧遠州東十餘里。下臨大海。

釣臺山。在寧遠州東南十五里。釣魚臺在山之東。

卧牛山。在寧遠州西南十五里。又石塔山，在州西南十八里，近海濱。

清涼山。在寧遠州西南二十八里，峙海濱。下有清涼寺。又有張家山，在州西南四十里；小海山，在州西南四十五里；俱峙海中。

碧霞山。在寧遠州西南七十七里。上有元君祠。俗名廟兒山。

望夫山。在寧遠州西南一百八十八里。上有姜女廟、望夫石，石上有亂杵蹤。相傳爲秦時貞婦孟姜望夫之處。

龍灣觜山。在寧遠州西十五里。曹莊河發源於此。

鐵帽山。在寧遠州西十八里。

大團山。在寧遠州西三十里。中高四下，可備守禦。

大頭山。在寧遠州西三十五里、舊中右所東。沙河發源於此。

偏山。在寧遠州西八十里、古城寨後。上有卧龍潭。偏山河發源於此。又東大石臺山，城西九十二里。馬家河發源於此。

茨兒山。在寧遠州西八十里。又西有刺榆陀山、石梯山。

小礶子山。在寧遠州西一百十三里。沙河站河發源於此。

官帽山。在寧遠州西一百十八里。涼水河發源於此。

萬松山。在寧遠州西一百三十六里。明統志：山在廣寧前屯衛西北十五里。東西延亘四百餘里，連山海、永平界。山多松，故名。通志：今州治北有松嶺，自此而西，又有松嶺臺山，斷續延亘，皆昔之萬松山也。土人因地立名，所呼不一。

五指山。在寧遠州西萬松山北。五峯秀拔，若手指然。急水河發源於此。

楊家山。在寧遠州西一百三十七里，萬松山之西。葉家墳河發源於此。

九門山。在寧遠州西一百五十里。

三山。在寧遠州西一百五十五里，舊前屯衛北二十里。高五里，周三十餘里。三峯並秀。遼志來州有三州山，即此。山頂有聖井，取水禱雨每驗。又有三山，在義州西北三十里。

長嶺山。在寧遠州西一百五十六里。

蛇山。在寧遠州西一百七十里。按蛇山有三：一在寧遠州西，即此；一在廣寧縣東，巖嶂稠疊，徑路崎嶇；一在廣寧縣東北，即遼志始平軍蛇山也。

將軍石山。在寧遠州西一百七十五里。高數百丈。上有石柱，亭亭獨上，高五十餘丈。明成化間，都督王鍇立石鐫「鎮遼將軍」字。

破山洞山。在寧遠州西一百八十里，中前所東。沙河發源於此。

大孤山。在寧遠州西一百八十二里。又東一里有小孤山。

松嶺臺山。在寧遠州西一百八十三里。相近有雞冠、馬鞍、糜子諸山。

漫頭山。在寧遠州西界。護城河發源於此。相近又有小三山、小黑山、雙山。

三道關山。在寧遠州西界。山之右有懸陽洞，孤峯峭拔，倒浸深潭，崖半有石如覆盎，可容數十人。荆條河發源於此。

角山。在寧遠州西界，山海關城北。山脈自居庸、古北、喜峯東來，延亘千餘里，至是雙峯聳峙，宛如角立，臨巨海，拱京畿，關城之主山也。其層巒疊嶂，直抵朔漠。

棗山。在寧遠州西北八里。其西有王寶山。

鎮山。在寧遠州西北二十里。

摩克托山。在寧遠州西北二十里。

九蓬山。在寧遠州西北二十五里，亦名高黄山。其東有鷹窩山。又磨盤山，在州西北三十里。長帽河發源於此。

雙山。在寧遠州西北四十里。

荆條山。在寧遠州西北四十七里。

榮家山。在寧遠州西北五十二里。女兒河發源於此。

毛家山。在寧遠州西北九十里。煙臺河發源於此。

煙籠山。在寧遠州西北一百六十八里。噶拉河發源於此。

火燒門山。在寧遠州北二十二里。舊設邊門，名火燒門。兩山東西相峙，湯山河發源於此。又寨兒山，在州北二十里。寨兒山河發源於此。

礶子山。在寧遠州東北十五里。首山河自山南發源，乾柴嶺河自山東南發源，雙樹鋪河自山東發源。

鞍山。在寧遠州東北二十三里。

萬紫山。在廣寧縣城内西北隅。一名萬翠山，又名萬字山。

大黑山。在廣寧縣東界。相近有小黑山。又有黑山，在縣東北。上有洞。

駝房山。在廣寧縣東南六里。又寶珠山，在縣東南十里；盤山，在縣東南十一里。

醫巫閭山。在廣寧縣西十里。高十餘里，周二百四十里。舜封十二山，以此山爲幽州之鎮。周禮職方氏：東北曰幽州，其山鎮曰醫巫閭。隋開皇十四年，詔以醫巫閭爲北鎮。自後因之。其山掩抱六重，亦名六山。遼人皇王托雲愛其奇秀，購書數萬卷置山之絶頂，築堂曰望海。及卒，遂葬於此。通志：山下爲北鎮廟。廟東北有仙人巖，孤石峭拔，上鐫吕仙像，又名吕公巖。廟西有翠雲屏，一石方廣丈餘，下有竇，南北相通，明巡撫張學顔刻「補天石」三字於上。又有桃花洞、飛瀑巖，懸泉下瀉，雖冬不冰。其麓屹立兩石如門，煙霧出壑，縈繞重巒，名勝莫可殫述。其形勢恢特窅奥，雄峙遼河之右，與長白山相爲夾輔者也。本朝康熙二十一年，有御製過廣寧望醫巫閭山詩。世宗憲皇帝雍邸集有望醫巫閭山詩。乾隆八年，有御製過廣寧望醫巫閭山恭依聖祖元韻詩。十九年，有御製杪秋游醫巫閭山得五言三十韻詩及游醫巫閭翠雲屏道隱谷聖水盆曠觀亭雜詠。四十三年，有御製望醫巫閭山再依皇祖元韻詠醫巫閭四景詩。四十八年，有御製望醫巫閭山三依皇祖元韻題醫巫閭四景詩。嘉慶十年，有御製恭依皇考望醫巫閭山三依皇祖元韻元韻詩。「托雲」舊作「圖欲」，今改正。

韓口山。在廣寧縣西北五十里。又鳳頭山，在縣西北界。

古城山。在廣寧縣北十里。

分中山。在廣寧縣北十里。其北有分水北山。又團山，在縣北二十里。

鎮北山。在廣寧縣北二十五里。

三尖山。在廣寧縣北三十五里。又鷹窩山，在縣北四十里。

鎮邊堡山。在廣寧縣北四十里。其北有白土山。

狼虎山。在廣寧縣東北二十里。

羊腸河山。在廣寧縣東北四十五里。

衮諾爾山。在廣寧縣東北界。山下有泉，南北長三十步，闊十八步，四時不竭。相近有貴子山。

白雲山。舊志：在廣寧縣東北界。

杵頭山。在義州東二十里。

青山。在義州東三十里。又小耔粒山，在州東四十里；雲霧山，在州東界。

碌礴山。在義州東南五十五里。

聖水山。在義州東南五十七里。山半有聖水寺，寺旁有水，滴巖下石坎中，不乾不溢，故名。五臺河發源於此。

香爐山。在義州東南六十二里。狀似香爐。三臺西河發源於此。

灰山。在義州東南六十二里。王巨河發源於此。

金剛山。在義州東南六十五里。陡絶不可上，下有黄安洞、黄安寺。迤東曰駝鞍山，上有駝鞍寺，殿前古松二株，大數抱。

寨子山。在義州東南六十五里。險甚，下有寨子寺。

寶林山。在義州東南六十八里。上有寶林寺，寺前有扳倒井，相傳爲唐太宗征遼遺迹。

斑石山。在義州南三十八里。七里河發源於此。

出山。在義州西南十五里。

八塔山。在義州西南二十二里。上有八塔。

牛心山。在義州西南二十五里。

石廠山。在義州西南三十五里。石河發源於此。

大安堡山。在義州西南四十里，亦名紅石礶子山。大安堡河發源於此。又長山，在州西南四十五里。帽兒山，在州西南六十里。楊樹溝河發源於此。又州西二十七里有鷹窩山。

萬佛山。在義州西北十二里，亦名福山。又石門山，在州西北二十里。

嘉福山。在義州西北三十里。舊有龍潭，禱雨輒應。

九官臺山。在義州西北界。九官臺邊門在山北。

駱駝山。在義州北四十五里。

白臺山。在義州東北四十二里。又中路山，在州東北五十里。

隘口山。在義州東北五十五里。

十三站嶺。在錦縣東六十九里。

駱駝嶺。在錦縣西四十里。

長嶺。在錦縣西六十七里。稠柳河發源於此。西南有小山相接，俗呼長嶺山。又有長嶺，在寧遠州西北三十三里。

松嶺。在錦縣西北九十里，松嶺門東南。又有松嶺，在寧遠州西北三十五里。

乾柴嶺。在錦縣東北與義州接界處，閭陽驛西。頭臺河、三臺東河俱發源於此。

歡喜嶺。在寧遠州西界，山海關東三里許。驛路所經，上有威遠臺。

牽馬嶺。在義州東南五十五里。山脈與醫巫閭相接，勢極險峻，過者必下馬攀援乃可上，故名。明置驛於此。今土人分爲二，曰大牽馬嶺、小牽馬嶺。太祖高皇帝壬戌年征明，收降其地。

魏家嶺。在義州東北九十里。馬市河發源於此。

背陰嶂。在寧遠州西北五十八里〔三〕。

千家峪。在錦縣西八十五里。五里河發源於此。

觀音洞。在錦縣北十八里普陀寺後。雄秀奥折。東西二洞，西洞甚高廣，有大士閣；東北巖下有龍湫，四時不涸。

金牛洞。在義州東南五十五里，又名金女洞。上有三洞，洞前有泉，挹以小瓢則不竭，以大器取之則立涸。

壺蘆島。在錦縣西南九十里。又有小壺蘆島，在縣西南六十里。

覺華島。在寧遠州南十二里海中。上有海雲、龍宫二寺。謹按實録天命十一年春正月戊午，太祖高皇帝率諸貝勒大臣統兵征明。庚申，次東昌堡。辛酉，渡遼河。軍分左右翼，排列曠野，南至海岸，北至廣寧大路。前鋒至西平堡，獲明諜者訊之，知明右屯衛兵千人、大凌河兵五百、錦州城兵三千，此外人民隨地散處。大軍兼程而進，將至右屯衛，其城守參將周守廉已率軍民遁，明舟運之糧積貯海岸。太祖高皇帝留將八人，率步卒四萬，移其糧於右屯衛，大軍前進。明錦州城守游擊蕭昇、中軍張賢、都司呂忠，松山參將左輔，中軍毛鳳翼及大淩河、小淩河、杏山、連山、塔山七城守將，聞我軍至，皆焚其廬舍糧儲而遁。丁卯，大軍至寧遠，越城五里，橫截山海關大路駐營。是時寧遠城南十六里外海有覺華島，爲山海關外明兵糧運所貯。太祖高皇帝命武訥格率八旗蒙古，更益滿洲兵八百，往征覺華島，見明防守糧儲參將姚撫民、胡一寧〔四〕、金觀、游擊李善〔五〕、吳玉、張國青統兵四萬營於冰上，鑿冰十五里爲壕，衛以車楯。我兵從未鑿處進擊，敗其兵，盡殲之。又二營列於島上，我軍衝入，亦盡殲之，焚其船二千餘及糧草千堆，乃還。嘉慶二十三年，有御製覺華島詠事詩。

桃花島。在寧遠州南十五里海中。金史地理志興城縣有桃花島，即此。明初海運泊船於此。

海。在錦縣南三十里。迤西南去寧遠州東南僅十五里，東連寧海，西抵山海關，南通天津、登、萊。明時海運商船皆於寧遠登岸。縣南海防五城，即貯糧之所也。

小淩河。在錦縣東。明統志：源出大寧，自廣寧左屯衛西入境，合女兒河及哈喇河，南流入海。又錦川，在錦州西，亦曰錦水。州以此名。通志：在城東十五里。源出邊外土默特明安喀喇山，名水疊河。東南流，由松嶺門西五里入邊，爲小淩河。遶府城西，又名錦川。南流五十餘里，至唐家臺西入海。按錦川即小淩河。此河從西北遶城西而南，復折而北，經城之東，又轉南流，迴旋如錦，故名。明統志分爲二，誤。又舊有城，本朝康熙初分兵駐防。二十一年，有御製憩小淩河詩。乾隆八年，有御製小淩河詩。嘉慶十年，有御製小淩河養息牧詩。二十三年，有御製觀養息牧詩。

大淩河。在錦縣東。明統志：源出大寧，自義州西六十里入境，南流經廣寧左右屯衛入海。通志：在縣東四十里。源出邊外喀喇沁威蘇圖山，名鄂穆楞河。東流自義州西九官臺門東入邊，爲大淩河。遶義州城北，東南流經杵頭山，入錦縣界。流九十三里，至團山東。又六十五里，至鮎魚塘入海。又有枯淩河，在城東南四十里，即大淩河故道。分流至柴火溝東入海。旱則水乾，故名。本朝天聰初，取大淩河城，克捷於此。戰蹟始末，恭載「大淩河城」注。康熙二十一年，有御製駐蹕大淩河詩。三十七年，有御製所過松山杏山大淩河皆聖祖用武之地有述詩。乾隆八年，有御製大淩河詩。四十三年，有御製觀大淩河養息牧、大淩河詠事、過大淩河恭依皇祖原韻詩。四十八年，有御製過大淩河再依皇祖元韻、大淩河詠事、觀大淩河養息牧馬羣詩。嘉慶十年、二十三年，有御製過大淩河詩。

七里河。在錦縣西南四十里。源出小虹螺山，東南流，又折西南入海。又高橋河，在縣西南四十七里。源亦出小虹螺山，東南流入七里河。

連山河。在錦縣西南八十里。源出大虹螺山，東南流，遶連山城東，至壺蘆島入海。又稠柳河，在縣西南七十里，源出長嶺；飲馬河，在縣西南六十里，源出老鸛堡；俱東南流入海。

五里河。在錦縣西南八十五里。源出千家峪，東南流至剌兒山東入海。又長嶺河，在縣西南界。源出寧遠州礮子山，東南流經連山城，西會五里河。

女兒河。在錦縣西十八里。派出邊外土默特界，名烏馨河。東流由新臺門北六十里入境，爲女兒河。又東繞吕翁山，合小淩河。又湯河，在縣西三十里。源出鷹窩山，南流入女兒河。水温，嚴冬不冰。

小哈喇河。在錦縣東北十二里。源出郭家臺，東南流，有頭道河、二道河流入焉，又南入小淩河。

冷泉河。在錦縣東北四十五里。源出義州斑石山，曰七里河。東南流入錦縣界，爲冷泉河。又東南有大哈喇河，源出錦縣東北三十里櫻桃園。東南流入焉。又東南入大淩河。

大定河。在錦縣東北五十五里。源出義州石厰山，曰石河。東南至錦縣界入大淩河。

湯沙河。在寧遠州東一里餘，俗名姜女河。源出火燒門山，南流入寧遠河。

首山河。在寧遠州東五里。源出礮子山，南流入湯沙河。

乾柴嶺河。在寧遠州東五里。源出礶子山，南流入海。

寨兒山河。在寧遠州東十八里。源出寨兒山，南流入湯沙河。

雙樹鋪河。在寧遠州東十八里。源出礶子山，東南流入海。

曹莊河。在寧遠州西南十二里。源出龍灣觜山，東南流經曹莊驛城西，南流入海。

中右所東沙河。在寧遠州西南三十里。源出大頭山，經舊中右所城，東南流入海。

煙臺河。在寧遠州西南四十里。源出毛家山，東南流入海。又曲尺河，在州西南四十八里。源出鷹窩山，南流入海。又東關驛河，在州西南六十里。源出鷹窩山，分爲二，遶東關驛城東、西，合流而南，散漫荒甸。

六州河。在寧遠州西南。明統志：大寧、建州等六州之水合流，自廣寧前屯衛東北七十里入境。南流至蛇山務入海。通志：在州西南七十九里，俗呼六股河。源出邊外，蒙古名遂濟河。自高臺堡東十里入境，爲六州河。又南遶中後所城，東南流入海。

馬家河。在寧遠州西南八十七里。源出東大石臺山，南流入海。又沙河站河，在州西南一百里，源出小礶子山；葉家墳河，在州西南一百十里，源出楊家山，俱東南流入海。

高兒河。在寧遠州西南一百十五里。源出邊外，自高臺堡門西入邊，東南流入海。

涼水河。在寧遠州西南一百二十里。源出官帽山，遶涼水河站，東南流入海。

石子河。在寧遠州西南一百三十三里。源出邊外，自高臺堡門西入邊，遶舊前屯衛城西入海。又王寶河，在州西南一百四十五里。源出桃園屯泉，東南流入石子河。

中前所河。在寧遠州西南一百六十五里，亦名東沙河。源出破山洞山，東南流經中前所城，東入海。

急水河。在寧遠州西南。明統志：源出萬松山，南流經前屯衛西五十里入海。通志：在州西南一百八十里。源出五指山，東南流入海，俗名老軍屯河。又荆條河，在州西南一百八十五里。源出三道關山，南流入海，俗亦名姜女河。

漫水河〔六〕。在寧遠州西南一百九十里，俗名窑河，源出吴家山；又西南有護城河，源出漫頭山，俱西南流，至山海關南水門，會石子河入海。本朝乾隆八年，御製錦州道中詩，御注云：「急水河發源五指山，南流與漫水河通。建州諸水，合流爲一者也。」謹按：五指山，即在萬松山北。

寧遠河。在寧遠州西一里。明統志：源出寧遠衛西北山谷間，南流至城西，分爲二派，環抱城郭，復合爲一。南流入海。册説亦名女兒河，又名三女河，源出榮家山，東南流至州城西，又南會湯沙河入海。通志：寧遠河，源出新臺門山，分而爲二，東爲湯沙河，西爲女兒河，環城復合爲一，入海。又長帽河，在州西十八里。源出磨盤山，東南流入寧遠河。

黑水河。在寧遠州西一百二十里〔七〕。源出邊外喀喇沁左翼界内，名額類河。南流自寬邦門西入邊，爲黑水河。會六州河。又噶拉河，在州西八十里，源出煙籠山；偏山河，在州西南七十五里，源出偏山，俱流入六州河。

羊腸河。在廣寧縣東。遼史地理志：遼州有羊腸河。方輿紀要有路河，在衛東四十里。其上流爲羊腸河，源出白雲山，經鎮武堡、高橋鋪，入鐮刀湖，又東合潮河〔八〕，流入三岔河。中間有沙嶺，地形高阜多沙，河易淤。自盤山驛以東，每霖雨，河水泛溢，人馬常虞艱阻。明正統中，於沿河築隄，長二百里，河水通行。自海運廢，河道遂阻。路河蓋以沿路濬河而名也。通志：羊腸河在縣東四十五里。源出邊外白石道溝，由白土廠邊門東入境，東南流七十里至蛇山下，平野散漫。

板橋河。在廣寧縣東南。明統志：出醫巫閭山，源有二，其一經廣寧城北，其一流經城南，俱至城東南合盧溝及雙峯河入海。通志：東沙河，源出醫巫閭山，東南流遶城北而南，經縣東一里，至縣城東南會南沙河。又南沙河，源亦出醫巫閭山，東南流經城南十二里，會流入海。又楊郎河，在縣西一里，源出縣西北；又分水關河，源出縣東北，俱南流入東沙河。

三汊河。在廣寧縣東南一百九十里，遼河、渾河、太子河合流處。河之東爲海城縣界。又哈喇河，在縣東界，即遼河分流，曲折三百里，入三汊河。

雙峯河。在廣寧縣西南二十里。源出醫巫閭山背陰寺，東南流，會泥河。又泥河，在縣西南三十四里。源出醫巫閭山青巖寺山澗，東南流經北鎮堡，合流而南，曰西沙河。又南散漫。

馬市河。在廣寧縣北二十五里。源出魏家嶺，東南流至中安堡城東南散漫。又石佛寺河，在縣北十三里。源出醫巫閭山，東南流入馬市河。

珠子河。在廣寧縣東北四十里。明統志：源出廣寧衛東北一百里白雲山，南流入遼河。通志：今白土廠東惟羊腸河從邊外來，珠子河故道湮没。詢之土人，云山水盛時有河，旱則水涸，或呼爲錐子河。遼史遼州有錐子河，疑即此。

養息牧河。在廣寧縣東北，亦作楊檉木河。源出邊外察罕和碩岡，流二百十里，由彰武臺邊門西入境，東南流，分爲五道，流三十里，仍合爲一，又東南入遼河。

遼河。在廣寧縣東北。詳見奉天府卷。

破臺河。在義州東南五十二里。源出錦縣高黄山，東北流至破臺西，又東南流入海。又五臺河，在州東南五十二里。源出聖水山，東南流，散漫荒甸。

三臺河。在義州東南五十五里。有東西二河，西河源出香鑪山，東河源出乾柴嶺，東南流會爲一，又南入海。又頭臺河，在州東南五十六里。源出乾柴嶺，東流，又南流散漫荒甸。

泥河。在義州南七里。源出大安堡北，東北流入大淩河。又王巨河，在州南十五里。源出灰山，東北流入泥河。又石河，在州南三十里。源出石廠山齊家堡。又七里河，在州南四十五里。源出斑石山。

大安堡河。在義州西南三十里。源出大安堡山，北流遶大康堡，西入大淩河。

楊樹溝河。在義州西南六十里。源出帽兒山，西南流入小淩河。又湯泉河，在州西南七十里。源出湯泉，南流入楊樹溝河。

柳河川河。在義州西二十九里。源出邊外土默特神應山，名衮齊老河。由九官臺邊門西南二里入境，爲柳河川河，東流入大淩河。

東沙河。在義州東北十六里。源出大寧堡，西南流入大淩河。又西沙河，在州東北十五里，東南流入東沙河。

細河。在義州東北。方輿紀要：在廣寧城西六十里。源出衛西北百里響山，南流合大淩河。通志：今在義州東北六十五里。源出邊外土默特邁達哩山，名依瑪圖河。西南流，由清河邊門東入境，爲細河，又東南流入大淩河。又清河，在州北五十六里。源出邊外，由清河邊門西入境，東南流入細河。

西湖。在寧遠州西十五里。舊有藕芡魚鰕之利，今湮。

莽獐湖。在廣寧縣東界。又陡坎湖，在縣東界；高橋湖，在縣東南四十里；蓮子湖，在縣東北九十里。

龍潭。在寧遠州南八里龍宫寺西。舊傳其深莫測，禱雨輒應。今湮。

瑞潭。在寧遠州西南，舊前屯城北五十里。三泉迸出，相去丈餘，水色白，香美異常。

温泉。在寧遠州東南四里。其泉如沸，明都指揮韓斌構亭其上，旁爲堂，引水於中，以爲澡雪之所。垣外有隕星石。

桃園泉。在寧遠州西南一百四十五里。王寶河發源於此。

香水泉。在寧遠州西一百十里。其水清洌甘香。

湯泉。在廣寧縣西南七十里。湯泉河發源於此。

古老無名泉。在廣寧縣城東北角。一泉涌出，其水四時不竭，南流百步，入東沙河。

聖井。在寧遠州西南，舊前屯城北百里鶴山下。其井涸，每遇旱，鄉人禱雨，納瓶取水，傾之視瓶水多寡，而雨隨之，其應如響。

滿井。在廣寧縣西北三里。水味甘美，雖旱不竭。

校勘記

〔一〕云此西南去幽燕二千里　「幽燕」，乾隆志卷四三錦州府山川（下同卷簡稱乾隆志）同，新五代史卷七三四夷附録作「幽州」。

〔二〕勉力識之　「識」，乾隆志及乾隆盛京通志卷二六山川俱作「爲」。

〔三〕在寧遠州西北五十八里　「五十八里」，乾隆志作「一百八十五里」。考馮昌奕纂寧遠州志卷二城池有背陰嶂堡，云在城西一百四十八里，與乾隆志相近。本志所言里距與二志相差太遠，疑有誤。

〔四〕胡一寧　「寧」，原作「凝」，據乾隆志及乾隆盛京通志卷二六山川改。按，本志避清宣宗諱改字也。

〔五〕游擊李善　「李善」，乾隆盛京通志卷二六山川同，乾隆志作「季善」。

〔六〕漫水河　「漫」，乾隆盛京通志卷二六山川同，乾隆志及明一統志卷二五遼東都指揮使司山川作「慢」。

〔七〕在寧遠州西一百二十里　「一百二十里」，乾隆志作「一百五十里」。

〔八〕又東合潮河　「又」，原作「入」，據乾隆志及讀史方輿紀要卷三七山東路河條改。

大清一統志卷六十五

錦州府二

古蹟

徒河舊城。在錦縣西北。相傳虞舜時已有此城。劉恕外紀：周惠王三十三年，齊桓公救燕，破屠河。即徒河也。漢置縣，屬遼西郡。後漢安帝時，改屬遼東屬國都尉。魏、晉省入昌黎郡界。後慕容氏復置。太康十年，慕容廆遷於徒河之青山。元康四年，移居棘城。魏書地形志：真君八年，併徒河屬廣興縣。通典：徒河青山，在營州郡城東一百九十里。明統志：徒河城在廣寧中屯衛境内。

瑞州舊城。在寧遠州西南一百三十里。唐貞觀十年，以烏突汗達罕部落置威州於營州境。後改瑞州，又置來遠縣爲州治。後廢。遼太平元年，於來遠縣地置來州歸德軍，治來賓縣，屬中京道。金天德三年，改爲宗州。明昌六年，改來賓縣曰宗安。泰和六年，以避諱謂本唐瑞州地，復改宗州爲瑞州，宗安縣曰瑞安，屬北京路。元省縣入州，屬大寧路。洪武二十二年，改置廣寧前屯衛，西至山海關六十里，南至海二十里，北至邊二十五里，西北至大寧衛三百七十里。城周五里有奇，門三。本朝康熙二年，併入寧遠州。

無慮舊城。今廣寧縣治。漢置縣，屬遼東郡，爲西部都尉治。後漢屬遼東屬國。元初二年，遼東鮮卑圍無慮。又陽嘉初，鮮卑寇遼東屬國，耿季遇屯無慮城以拒之。晉省。唐置巫閭守捉城。遼置顯州奉先軍，以奉顯陵，治奉先縣，兼領山東縣。金大定二十九年，改山東縣曰廣寧，爲廣寧府治。元省縣入廣寧府。明置衛。按金史廣寧府本遼顯州，不言遷置。然金志謂所治之廣寧縣本遼山東縣。又御寨行程録言自廣寧府東行三十里至顯州〔一〕。蓋今縣城即遼山東縣，金爲廣寧府及廣寧縣，其顯州奉先縣當在今縣東南。又考渤海顯德府在渤海上京之南、吉林南境，遼史謂顯州本顯德府地，誤。

險瀆舊城。在廣寧縣東南。漢置縣，屬遼東郡。應劭曰：「縣依水險，故曰險瀆。」後漢屬遼東屬國。晉省。按遼史以集州爲漢險瀆縣，非是。以後漢書考之，當在今廣寧東南濱海之地。

房縣舊城。在廣寧縣東南。漢置縣，屬遼東郡。後漢屬遼東屬國。晉省。按水經：「大遼水自襄平縣又東南，過房縣西。」今考後漢分置遼東屬國，別領六城，其昌黎、賓從、徒河三縣皆舊屬遼西，無慮雖屬遼東，亦在遼水之西，不應房縣獨在遼水之東；如果在遼水之東，則去遼東郡治甚近，且與安市、平郭接壤，何以獨析隸屬國耶？蓋房與險瀆皆遼水西濱河海之地，水經「西」字乃「東」字之譌。舊志以房縣入海城古蹟，恐誤。

鍾秀舊城。在廣寧縣西南。遼奉先縣地。金天會八年，改置鍾秀縣，屬廣寧府。後廢，尋復置。元至元六年，省入望平縣。明統志：鍾秀城在廣寧衛西南五里，本遼奉先縣，金置。元省入閭陽縣，後置千户所。通志：鍾秀城在廣寧城西南三里，周二里有奇。按明統志謂元省鍾秀入閭陽，與元史省入望平之文互異。以道里揆之，望平遠而閭陽近，似閭陽爲是。第志説無確據，且此城去廣寧僅三五里，既非倚郭，不當如此逼近。疑金鍾秀本在廣寧之東，故元時併入望平。此城乃後人傳譌，非故縣也。

閭陽舊城。在廣寧縣西南五十里。遼統和三年，置乾州廣德軍以奉乾陵，又置奉陵縣爲州治。金天會八年，廢州，更縣名曰閭陽，屬廣寧府。元初廢縣，立千户所。至元十五年，以户口繁夥復立行千户所。後復爲閭陽縣。明初縣廢，置閭陽驛於此。明統志：閭陽城在廣寧衛西南五十五里。

望平舊縣。在廣寧縣東北。漢置縣，屬遼東郡。後漢因之。晉屬玄菟郡，後廢。金大定二十九年，復升梁漁務置縣，屬廣寧府。元至元十五年，改爲望平軍民千户所。後復爲縣。明初廢。明統志：望平廢縣，在廣寧衛東北一百五十里。按水經注：「大遼水自塞外東流，直遼東之望平縣西。」漢縣蓋在遼河之東，故晉初改屬玄菟郡。金縣在河西，非漢故縣也。遼、金二志又謂山東縣本漢望平，亦誤。

永樂舊縣。今錦縣治。遼置，爲錦州治。地理志云本慕容西樂縣地。金因之。元省縣入州。

安昌舊縣。在錦縣西。遼置，屬錦州。金因之。元省。今城西九十里有古安昌縣之永和邨。城基東有一塔，塔下有金大定間碑，即其故址。

神水舊縣。在錦縣西北。遼史地理志：本漢徒河縣地。開泰二年，置神水縣，屬中京大定府。金屬錦州。皇統三年，廢爲鎮。大定二十九年，復置。元廢。舊志：城北有溜石山堡。金末，元將穆呼哩鎮北京大定府，降將張致據錦州以叛，穆呼哩以致地險兵精，欲設奇取之，遣兵急攻溜石山堡，而使别將屯永德西十里。致馳救溜石，永德軍遣騎斷其歸路，穆呼哩馳至神水，與致遇，永德軍亦至，致敗走，錦州遂下。

興城舊縣。在寧遠州南。遼聖宗置嚴州保肅軍，治興城縣，屬錦州。金皇統三年，州廢，以縣屬興中府。元省。全遼志：興城縣在寧遠城南四十里海中覺華島。通志：在今州南十五里桃花島上，故址猶存。按遼志謂本漢海陽縣地。今考漢海陽，唐爲馬城縣，遼改置望都縣，在今直隸永平府界，遼志誤。

海濱舊縣。在寧遠州西南前屯衛城西。本慕容皝所置集寧縣地。遼聖宗置隰州平海軍，又置海濱縣爲州治，屬來州。金初封遼主天祚爲海濱侯。皇統三年，州廢，以縣屬瑞州。元省。明初置山海關東遞運所。明統志：海濱廢縣在廣寧前屯衛西八十里。

歸義舊縣。在廣寧縣東北，遼置，屬顯州。金省。

弘政舊縣。今義州治。遼興宗以定州俘户置宜州崇義軍，世宗置弘政縣爲州治，在今州東北二十五里。金改名義州，移今治。元省縣入州。明洪武二十二年，置義州衛及廣寧後屯衛於此。按遼史以宜州本漢遼西絫縣地，新舊志並從之。今考水經注：濡水至絫縣碣石山入海。文穎曰：碣石在遼西絫縣，并屬臨渝。濡水即今灤河，臨渝，古渝關也。漢絫縣應在今灤州樂亭間，當灤河入海處，不在宜州也。又按遼史：「上京慶州富義縣，本義州。太宗遷渤海義州民於此。重熙元年，降義豐縣，後更名。」既云遷義州民於此，又云本義州，誤矣。合遼、金兩史考之，似渤海義州之民移徙他邑，故地已空，興宗時以定州俘户實之，遂以「義」爲「宜」。「宜」與「義」音同字異，金時改正，以明渤海之舊，正非漫然耳。

開義舊縣。在義州南四十里。遼世宗置海北州廣化軍，治開義縣，初隸宜州，後屬乾州。金皇統三年，廢州，以縣屬義州。元廢。

同昌舊縣。在義州北。遼置，初曰長慶軍，隸上京。後改成州興化軍，領同昌一縣，隸中京。金州廢，縣屬川州。大定六年，以縣屬懿州。承安二年，復屬川州。泰和四年，改屬義州。遼史地理志：在宜州北一百六十里。

舊和州。在寧遠州北。元初置和州，屬大寧路。至元五年，併入利州，爲永和鄉。利州在今邊口外。

舊懿州。在廣寧縣東北境外。遼太平三年置，曰慶懿軍，更爲廣順軍，隸上京。清寧七年，改爲寧昌軍，領寧昌、順安二縣，屬東京道。金初，隸咸平府。泰和末，改屬北京路，領順安、靈山二縣。元初，爲懿州路。至元六年，降爲東京支郡，并省所領之縣入州，屬遼陽路。明初，置廣寧後屯衛於此。永樂八年，徙衛治義州，遂廢爲界外站道。遼志：在顯州東北二百里，西北至上京八百里。明統志：廢懿州，在廣寧衛北二百二十里。又寧昌廢縣，在懿州北二十里。遼置爲懿州治。金徙州治，以寧昌併入順安。又靈山廢縣，在懿州西。金置，元省。

舊閭州。在廣寧縣東北。遼史地理志：州近醫巫閭山，在遼州西一百三十里，西北至上京九百五十里。又有順州，在顯州東北一百二十里，西北至上京九百里。皆遼置，金皆廢。按遼志謂順州本遼隊縣地，誤。

舊壕州。在廣寧縣東北，遼置。遼史地理志：在顯州東北二百二十里，西北至上京七百二十里。又渭州高陽軍，在顯州東北二百五十里；原州，在東北三百里。皆遼置，金皆廢。按遼志謂壕州本漢西安平縣，原州本漢北安平縣，皆誤。

舊遼西州。在義州東。遼史地理志：本漢遼西郡地。世宗置遼西州阜成軍，領長慶縣，屬顯州。金廢爲遼西鎮，屬鍾秀縣。全遼志：遼西鎮在義州城東四十里。

古大人城。在府治東。唐太宗征高麗，儲粟於此。又有唐壘，在廣寧縣東南；有高城，在閭陽西；俱太宗征高麗屯兵處。

古安昌永和邨城。在府治西九十里。遼置，金因之，元廢。通志：城毁。其遺址周二里一百一十九步，門四。

大棘城。在義州西北。古顓頊之墟。慕容廆曾都此。

古通定鎮。在廣寧縣東。舊志：高麗於遼水西置軍，以警察渡遼者，謂之武厲邏。隋大業八年，伐高麗，得武厲邏之地，置遼東郡及通定鎮。九年，詔修遼東古城，以貯軍糧。即所置遼東郡城，以仍舊名，故曰古城也。唐貞觀十九年，伐高麗，李世勣自通定濟遼水趨玄菟，即此。

古饒慶鎮。在義州西。金置。按元方輿勝覽云：金崇義軍，弘政、開義、饒慶三縣。是金又改鎮爲縣也。

舊廣寧中屯衛。即錦州府治。明洪武二十四年，改州置衛，初治東關驛。二十五年，移置於此。本朝康熙四年，改置錦州府。又廣寧左屯衛，在府治西，亦洪武二十四年置。各領五千户所。謹按實録天聰五年，大淩河之圍，明總兵祖大壽降，太宗文皇帝縱還錦州。九年，命貝勒多鐸等率兵駐廣寧，大臣阿山、石廷柱等以兵四百攻錦州。大壽令其副將劉應選率兵迎禦，而自勒步騎出城五里立營。我軍至大淩河西遇劉應選兵，阿山以敵衆我寡，遣人馳告貝勒多鐸，多鐸即移師馳赴。明兵驚潰，我軍陣斬劉應選，殲其兵五百，大壽退入城。崇德四年春，我軍圍松山，分兵駐錦州西北烏欣河口。大壽時在寧遠，令副將楊震、祖克勇等率騎兵六百趨錦州，經烏欣河口，我軍擊敗之，擒楊震。太宗文皇帝自松山馳至錦州，分兵搜勦山寨，斬徐昌永，擒祖克勇以還。五年春三月，命鄭親王濟爾哈朗等率兵修義州城，駐劄屯田，更番圍錦州，使民人不得耕種。五月，太宗文皇帝親往閱視，有杏山城西五里臺之蒙古蘇班岱等欲攜三十餘户來歸。我兵往衛以行，明兵七千躡追，我兵還擊卻之，擒其副將楊倫等。六年春，我兵環錦州城鑿長壕，立營城郛。蒙古諾木齊等使人持書縋而下，約獻東關，爲祖大壽所覺，欲擒衆蒙古，諾木齊率衆與戰，聲聞關外。我軍薄城下，蒙古縋繩援以上，夾擊祖大壽，追入内城，環兵守之。諾木齊率衆來歸。郛内户口及器物悉移義州城。時明總督洪承疇以錦州危困，集兵十三萬赴援。太宗文皇帝親統師擊卻入松山城，重圍以困之。七年春，城破，擒洪承疇及祖大壽之弟總兵祖大樂、遊擊祖大名、祖大成等。縱祖大成入錦州與祖大壽相見。時錦州城中糧盡，人相食，祖大壽聞松山已失，度錦州不能守，遣人赴鄭親王濟爾哈朗、睿郡王多爾衮營，言若得見祖大樂，即出降。兩王令祖大樂與使者見。三月丙子，祖大壽遣人請盟，兩王叱之曰：「我軍圍困此城，旦夕可取，有何顧慮，乃與爾盟誓乎？欲降則降，不降則已，誰强爾降也！」祖大壽乃遣其兄之子祖澤遠同其中軍官高勳乞宥罪，明日詣軍門降，獻錦州城。太宗文皇帝命諸王留兵駐防，凡祖大壽族黨及部衆悉生全贍養之。康熙二十一年，有御製錦州道上詩。乾隆八年，有御製錦州道中得詩二首。十九年，有御製錦州道中詩。四十三年，有御製錦州道上恭依皇祖詩韻、過錦州詠祖大壽事、錦州道中書事詩。四十八年，有御製過錦州六韻、錦州道上再依皇祖詩韻、過錦州疊戊戌詩韻詩。嘉慶十年，有御製過錦州即事恭依皇考詩韻詩。二十三年，有御製策馬過錦州詠事恭依皇考詩韻詩。

舊廣寧右屯衛。

在錦縣東南七十里。俗謂爲牛頭衛，本元閭陽縣之臨海鄉。明洪武二十六年，置廣寧右屯衛於十三山堡，明年移此，葺公主寨故址以爲衛治。永樂中，築城周四里有奇，門三。本朝併入錦縣。

舊寧遠衛。

在寧遠州城内。明宣德三年置。全遼志：衛與古瑞州、錦州接境，本廣寧前屯、中屯二衛地。永樂初，利州之墟，荆條之陽，戎馬馳驅，歲相抄掠。總兵巫凱、都御史包懷德上狀，乃割二州之地，於曹莊湯池之北建衛治，賜名寧遠，統五千户所。又於城東五十里置中左千户所，於城西四十里小沙河置中右千户所屬焉。又舊廣寧前屯衛，在寧遠州西南，明洪武二十五年置。

謹按實録天聰元年夏五月辛未，太宗文皇帝聞明人於錦州大淩河、小淩河築城屯田，親率諸貝勒大臣由上榆林征明。甲戌，至廣寧舊邊，命貝勒德格類、濟爾哈朗、阿濟格、岳託、薩哈璘、豪格率精鋭爲前隊，令諸將率棉甲軍攜雲梯、挨牌爲後隊。乙亥，入白土場邊，乘夜進發。前隊兵執明哨卒至，知右屯衛有兵防守，小淩河、大淩河修城未竣，亦以兵駐防，錦州城繕修已畢，馬步兵凡三萬。丙子，太宗文皇帝率兩黄旗、兩白旗兵直趨大淩河，明守城兵棄城遁。大貝勒代善、貝勒阿敏、碩託率正紅、鑲紅、鑲藍旗兵直趨錦州，遂圍其城。貝勒莽古爾泰率正藍旗兵直趨右屯衛。丁丑，攻錦州城西隅，垂克，明三面守兵並力合拒。辛巳，明巡撫袁崇焕自寧遠遣二人齎書赴錦州，與太監紀用爲我哨卒所獲。書中有調集水師援兵六七萬將至山海關等語。貝勒莽古爾泰、濟爾哈朗等率偏師往衛塔山運糧士卒，前軍八十人與明兵二萬人遇，擊卻之。丁亥，額駙蘇納率蒙古兵往截塔山西路，遇明兵二千，進擊敗之。壬辰，太宗文皇帝率代善、阿敏、莽古爾泰、濟爾哈朗等，率兵三千迎擊明援兵。癸巳，至寧遠城北關，明遊擊二員率步兵千二百餘掘壕，以車爲營，列火器守禦。我兵面城列陣，攻其步卒，不移時盡殲之。明總兵滿桂之兵及密雲兵於城東二里列陣，沿城環列槍礮。太宗文皇帝諭諸貝勒曰：「此地逼近城垣，若即進攻，難以盡力縱擊。可稍退以觀動静。」於是退軍，踰山岡，既而環視明兵，仍堅壘不動。太宗文皇帝欲進擊，阿濟格請從。代善、阿敏、莽古爾泰皆以距城近不可攻，勸阻甚力。太宗文皇帝命近御諸將及侍衛等皆冠兜鍪，諭曰：「若遇此野戰之兵尚不能勝，其何以張我國威耶？」遂親率阿濟格與諸將侍衛等疾馳進擊。明前隊騎兵不能當，敗走城下，盡殪之。諸貝勒皆愧奮，不及胄，亦馳而進，明兵大敗。是日，我軍還駐雙樹堡。六月己亥，攻錦州城南隅。因時值溽暑，太宗文皇帝憫念士卒勞苦，遂班師。康熙二十一年，有御製曉過寧遠詩。乾隆八年，有御製寧遠道中作詩。十九年，有御製題寧遠祖氏石坊詩。四十三年，有御製寧遠道中作歌、寧遠祖氏石坊疊舊作韻二首詩。四十八年，有御製寧遠道中作、寧遠祖氏石坊再疊舊作韻二首詩。嘉慶十年、二十三年，有御製寧遠道中詩。

舊廣寧衛。在廣寧縣城内，即元廣寧路舊址。明洪武十三年置。又廣寧中衛，在城西門内；廣寧左衛，在城内東北隅；廣寧右衛，在城内西北隅，以上三衛，俱明洪武二十七年置，初治大淩河。永樂元年，徙治於此。今皆廢。　謹按實録天命七年春正月，太祖高皇帝留族弟鐸弼、貝和齊及額駙蘇巴海統兵守遼陽，親率貝勒大臣統師征明。乙卯，次遼河之東昌堡。丙辰，渡遼河。明防河兵見我軍勢不可當，遂遁走，我軍前隊精鋭追擊二十里外，至西平堡乃止。申刻，大軍繼至，圍之。丁巳，招其城守副將羅一貴降，不從，布梯楯攻其城，四面兵皆潰，克之，一貴及兵萬人俱殲焉。尚未收軍，偵者馳告廣寧城兵至，我軍迎擊，未及成列，明總兵劉渠、祁秉忠、李秉誠，副將劉徵、鮑承先、參將黑雲鶴、祖大壽等引兵三萬乘機急戰。我兵不暇布陣，即飛馳突入，奮射衝擊，明兵力不能支，我軍乘勝追擊，斬殺無算，至平洋橋堡，劉渠、祁秉忠及劉徵、黑雲鶴等皆戰死，全軍盡没，惟李秉誠、鮑承先、祖大壽等遁去。會暮還軍，太祖高皇帝駐蹕西平堡。明敗兵入廣寧城，明經略熊廷弼、巡撫王化貞知西平堡已失，援兵盡殪，遂與監軍道高出等棄城入山海關。其廣寧守門遊擊孫得功等遣七人來乞降，賜以銀及信牌，遣還。戊午，西興堡備禦朱世勳遣中軍王志高乞降，亦賜以銀及信牌，遣還。是日論諸將士功，以所俘獲分別賞賚，餘者給散衆軍。己未，大軍起行赴廣寧。有我國人石天柱者前投明爲千總，至是偕秀才郭肇基出迎，曰：「守城官吏皆遁，吾等已守禁門矣。」賜以所乘鞍馬及令旗一。又正安堡千總來降，賜以信牌，並遣還。庚申，大軍行至廣寧城東三里許之望昌岡，城中比户焚香，紳士庶民備乘輿，設鼓樂，執旗張蓋，俯伏迎謁。未刻，入城駐蹕。明遊擊羅萬言前逃入山，至是來降。其平洋橋守堡閔雲龍、西興堡備禦朱世勳、錦州都司陳尚智、鐵場守堡俞鴻漸、大淩河遊擊何世延、錦安守堡鄭登、右屯衛備禦黄宗魯、團山守堡崔盡忠〔二〕、鎮寧守堡李詩、鎮遠守堡徐鎮静、鎮安守堡鄭維翰、鎮静堡參將劉世勳、守堡臧國祚、鎮邊守堡周元勳、大清堡遊擊閻印、大康守堡王國泰、鎮武堡都司金礪、劉式章、李維龍、王有功及閭陽驛、十三山、小淩河、松山、杏山、牽馬嶺、正安、錦昌、中安、大寧、太平、大安、大定、大茂、大勝、大興、盤山驛四十餘城之官，各率所屬兵民來降。太祖高皇帝駐軍十日，從廣寧城移軍向山海關。明經略熊廷弼盡焚沿途郵堡廬舍而走。大軍至中左所，乃還。太宗文皇帝時爲四貝勒，與大貝勒代善率兵往義州移其户，至則閉門以拒，招諭不從，遂攻克之，斬其駐守兵三千。太祖高皇帝還駐廣寧。二月癸未，駕還遼陽，留諸貝勒統兵守廣寧城，以河西歸降各城堡官民移之河東。時有西平堡遁去副將鮑承先亦來歸。康熙三十七年，有御製廣寧道中詩。乾隆八年、十九年、四十三年，俱有御製廣寧道中詩。四十八年，有御製廣寧道中及廣寧詠熊廷弼王化貞事詩。嘉慶十年，有御製廣寧道中詩。二十三年，有御製廣寧道中恭依皇考詩韻詩。

舊廣寧後屯衛。在義州城内。明洪武二十五年置，初治舊懿州。永樂八年，徙治於此。

故義州衛。在義州城内。明洪武二十三年，設衛於十三山，尋移治義州。本朝爲城守尉治。乾隆四十八年，有御製過義州詩。

古虹螺山寨。在府治西五十里。按遼、金、元三史地理志俱無此寨名，唐書亦不載其名，土人相傳，疑渤海時建。通志：其遺墟周二里三百三十四步，有門三。今圮。

和龍宫。在錦縣西。慕容皝時，有二龍各在一山，交首嬉翔，皝見之大悦，改所築宫曰和龍宫。

白雀園。慕容盛時，有雀素身緑首，棲於東園，因改其園曰白雀園以表瑞。又景雲山、逍遥宫、甘露殿、曲光海、清涼池，皆慕容熙所造。

遼王府。在廣寧縣城内西北隅。明洪武二十五年，封遼王於此。永樂初，徙封荆州。府久廢。

鎮東堂。在廣寧縣城内。明巡撫王翺建。

覽秀亭。在醫巫閭山西麓。其地高爽，可以登覽山河之秀，故名。

誓臺。在廣寧縣東三十里。明統志：唐太宗征高麗，築此臺以誓師。

釣魚臺。在義州北門外。明給事中賀欽築。

鮮卑故庭。在義州。魏武帝征遼，嘗涉其地。

城堡

大凌河城。在錦縣東四十里。明宣德三年，置中左千户所於此，屬廣寧左屯衛。城周三里有奇，門一。本朝順治初，城址尚存。

謹按實録天聰五年秋七月癸巳，太宗文皇帝聞明總兵祖大壽等率山海關外八城兵及夫役築大凌河城，欲乘我兵未至告竣。己亥，太宗文皇帝統大軍西發。八月丁未，抵大凌河，進圍其城。命大臣楞額禮率正黃旗兵圍北面之西，額駙達爾漢率鑲黄旗兵圍北面之東，貝勒阿巴泰率護軍在後策應，覺羅色埒率正藍旗兵圍正南面，貝勒莽古爾泰、德格類率護軍在後策應，宗室芬古率鑲藍旗兵圍南面之西，貝勒濟爾哈朗率護軍在後策應，大臣武納格率左翼蒙古兵圍南面之東〔三〕，喀克都哩率正白旗兵圍東面之北，貝勒多鐸率護軍在後策應，大臣伊爾登率鑲白旗兵圍東面之南，貝勒多爾衮率護軍在後策應，額駙和碩圖率正紅旗兵圍西面之北，大貝勒代善率護軍在後策應，大臣鄂穆岱率右翼蒙古兵圍正西面，葉臣率鑲紅旗兵圍西面之南，貝勒岳託率護軍在後策應；蒙古貝勒、明安等各率所部兵於空隙處列營，額駙佟養性率舊漢兵載紅衣礮當錦州大道而營。太宗文皇帝諭曰：「攻城恐士卒被傷，不若掘壕築牆以困之。彼兵若出，我則與戰；外援若至，我則迎擊。」於是諸將分赴汛地，環城四面掘壕。太宗文皇帝臨城南山岡閲視，有騎兵百餘出城逐我採樵者，命侍衛率護軍擊之，擒其都司王延祚。庚戌，明騎兵百餘出城，布顔圖、譚拜率護軍擊之，斬三十餘人。辛亥，明步騎兵約五百出城，額駙達爾漢率八十人擊敗之，追至城壕而還。復有出城刈禾者，布顔圖率護軍四十人擊之，斬三十人，貝勒莽古爾泰、德格類所轄護軍斬十八人，總兵官馬光遠招降城南一臺，遊擊范文程招降城西一臺。癸丑，命大臣揚善、翁阿岱、蘇達拉率護軍列壕邊，遇敵人過壕乃接戰；圖賚、南楚哈、克薩哈等列兩黄旗間，見敵人逐我樵採者乃邀擊之。諸將甫至汛地，明兵出城誘戰，圖賚即率兵往擊，額駙達爾漢率鑲黄旗兵繼進，四面軍士見之，亦各進戰。兩藍旗兵徑抵城壕，舍騎步戰，逼明兵入壕，明兵入壕死者百餘人。是日額駙佟養性督舊漢兵以紅衣礮攻城西南隅一臺，穿其雉堞，臺兵驚懼，遂降。我兵列車楯於臺下，以礮攻城之南面，壞其雉堞四、敵樓一。又攻毁城東一臺，臺兵乘夜遁，我兵追及，盡殲之。先是，命阿山、勞薩、圖嚕什往錦州偵敵，擒明兵十一人。又設伏路旁，獲七人。丁巳，明援兵自松山來，阿山、勞薩、圖嚕什率兵三百擊敗之，斬百餘人，獲其纛二。甲子，命貝勒阿濟格、碩託率領纛大臣每旗一員、精兵五百、蒙古兵五百，往松山遮擊明援兵。太宗文皇帝親往指示立營瞭哨之地而還。越一日，明錦州副將二員，參將遊擊十員，率兵六千至。時大霧，人覿面不相識，我軍列陣以待。忽有青氣自天衝入敵營，霧開如門，頃之即霽。阿濟格、碩託遂率兵進擊，大敗之，追殺至錦州城，生擒遊擊一員。辛未，祖大壽遣兵出城奪我軍已得之臺，甫樹梯，和碩圖、葉臣等各率兵出營，偕敖漢、柰曼蒙古兵齊進攻擊，大敗之，明兵奔入城，追擊至城壕乃止。九月乙亥，命譚布率護軍一百五十人邀擊明兵出城樵採者，斬三人，生擒二人。庚辰，我軍攻克大淩河西五里外一臺，盡殲其衆。癸未，偵知明兵來援錦州，太宗文皇帝以貝勒阿濟格兵寡，命額駙揚古利率八旗護軍之半往益之。丁亥，命貝勒多鐸率護軍二百、營兵一千五百，額駙佟養性率舊漢兵五百，攜車楯往擊。太宗文皇帝見錦州城南塵起，遣圖嚕什、勞薩往覘；親率護軍二百，與多鐸同往，緣山前行。頃之，明兵七千逐圖嚕什等至小淩河岸，太宗文皇帝見之，遂擐甲渡河，直衝而入。敵兵七千悉潰遁，追擊至錦州城，敵墮壕死者甚衆。城中復出步兵，列車楯大礮於城外，以騎兵隨其後，距我軍里許。太宗文皇帝督兵擊敗之，斬副將一，生擒把總一，乃收軍，以兵留付阿濟格而還。庚寅，命營卒執旗幟，離大淩河城十里馳騁揚塵，聲礮不絶，爲錦州援兵狀。祖大壽遂率兵出城，攻西南隅我兵已得之臺，樹梯將登。我鑲藍旗、鑲紅旗、右翼蒙古、烏嚕特蒙古四營兵齊出奮戰，太宗文皇帝豫率護軍伏山内，突馳進擊，敵知墮計，奔入城，陣斬臺下者十七人，中創死者百餘人。自是祖大壽閉城不敢復出。乙未，明太僕寺卿監軍道張春與總兵吴襄等率兵四萬餘來援，過小淩河駐營，掘壕列車楯槍礮。我哨兵馳告，太宗文皇帝親率行營兵之半往視，諭諸將曰：「敵壁壘嚴整，不宜輕戰，致傷我衆。俟彼起營前進，乘隙擊之。」遂引軍還。戊戌，明兵四更起行，距大淩河城十五里，太宗文皇帝與大貝勒代善率兵二萬往擊，至則敵已列陣。太宗文皇帝密遣精鋭設伏扼敵歸路，以行營兵推戰車近敵，護軍及蒙古兵繼列，先令騎兵衝敵陣，敵槍礮齊發，我騎兵縱横馳突，飛矢如雨，敵敗卻。我右翼兵悉衝入敵陣，先殺其步兵，四面追擊其騎兵；左翼兵避敵槍礮，踵右翼兵而進。敵營未盡破，仍復拒戰，額駙佟養性奉命率所部兵屯於敵營東，發大礮火箭攻之。時有黑雲起，風從西至，敵乘風縱火，勢甚熾，將逼我軍。天忽雨反風，敵營燬，其兵焚死者甚衆。我兵復合攻之，敵潰遁，截殺大半，追奔四十里。其先爲右翼兵追擊者，遇我伏兵發，悉殲之，陣斬副將張吉甫等，盡獲其駝馬車牛甲冑器械，生擒監軍道張春等。是日祖大壽聞槍礮聲，謂仍是設計誘之，不復遣一人出。冬十月丁未，太宗文皇帝以書三函予祖大壽及副將何可綱、張存仁，並命陣獲文武官二十三員各以己意爲招降書，令千總姜桂齎往。祖大壽率衆官出城見之，與之食，謂曰：「爾不必再來。我即死於此城，不降也。」己酉，遣官八員率兵五百，盡出舊漢兵載紅衣礮，攻魚子嶂臺。是臺峙立邊界，垣牆甚固。攻三日，擊壞臺垛，敵中礮死者五十七人。壬子，參將王景等來降，遠近百餘臺聞風惴恐，或降或逃。王景既朝見，太宗文皇帝賜以貂裘、貂帽。於是翟家堡、陳興堡百總來降。甲寅，遣陣獲參將姜新往招祖大壽等。時大淩河城内糧絶薪盡，我兵修築壕塹益堅，軍容整暇。祖大壽等謀突圍而出，偵我軍防守嚴密，一人不能逸，而援兵自外至者又敗潰，窮蹙無計，乃出城與姜新揖見，令遊擊韓棟隨至。既朝見，太宗文皇帝命巴克什達海、庫爾禪與姜新送之入城。韓棟始來時，由正黄旗大臣楞額禮所守之門入，軍士俱戎服執戟，林立門内外。及達海、庫爾禪送韓棟入城，楞額禮亦不容遽過，令遠立，詢問姓名，詳察面貌，一一驗畢，然後令行。韓棟目擊我軍紀律及堵守嚴密狀，料一人不能潛脱，還白大壽，大壽降志始決。其義子祖澤潤以書繫於矢自城内射出，請遣副將石廷柱往。丙寅，石廷柱、達海、庫爾禪、隆什、甯完我往城南臺下，大壽令韓棟送其子可法赴我軍爲質，邀石廷柱過壕相見，言當先定攻取錦州之策，乃舉城歸順。石廷柱還奏，太宗文皇帝命達海往諭曰：「我既招降爾等，復攻錦州，恐我兵過勞。爾等降後，錦州或以力攻，或以計取，任爾等爲之。不然，爾等坐守城中，我仍駐兵困爾等矣。」戊辰，大淩河城内各官皆與祖大壽同謀歸降，獨何可綱不從，祖大壽令二人掖出城外，於我諸將前殺之，遂遣副將四員、遊擊二員來誓。及暮，大壽至，命入幄坐於左，設饌宴之。大壽密陳取錦州之策，仍入城。己巳，命貝勒阿巴泰、德格類、多爾衮、岳託率副將八員、官四十員、兵四千人，俱作漢裝，偕祖大壽率所屬兵三百五十人，作潰奔狀，襲取錦州。是夜二更起行，礮聲不絶，錦州城中聞之，以爲大淩河城中人得脱，分路應援，並爲我軍擊敗。會大霧，人覿面不相識，軍皆失隊伍，乃收兵還。十一月庚午，太宗文皇帝令縱祖大壽還錦州。是日毁大淩河至廣寧一路墩臺，乃還。

小凌河城。在錦縣東南十八里。本朝康熙二十九年，設佐領驍騎校駐防。城周一里餘，門二。

中後所城。在寧遠州西南八十里。明宣德三年，置前屯衛中後千户所於此。本朝康熙二十九年，設佐領、驍騎校，官兵駐防。乾隆四十一年，設巡檢司。城周三里有奇，門四。乾隆四十三年修。謹按實録崇德八年秋九月，世祖章皇帝初嗣位，遣鄭親王濟爾哈朗、武英郡王阿濟格統師征明。壬寅，載紅衣礮及諸火器西發。甲寅，抵中後所。乙卯薄暮，移軍城北，填平壕塹，以紅衣礮攻城。丙辰，城頽，拔其城，擒斬遊擊吴良弼等二十餘員及馬步兵四千五百人，俘四千餘人。分兵略前屯衛中前所等處，俘四百人。己未，由寧遠衛進發。庚申，抵前屯衛，立營柵，運挨牌、雲梯、紅衣礮於城西，自亥時發礮攻城。明日午時，城破，斬其總兵李輔明、袁尚仁及副將以下官三十餘員，兵四千餘，俘二千餘人。又分兵至中前所，明總兵黄色棄城遁，遂拔中前所，俘千餘人。

沙河所城。在寧遠州西南一百里。城周一里二百二十六步，南一門。今圮。本朝乾隆四十三年，有御製仍駐沙河所詩。

中前所城。在寧遠州西南一百六十五里。明宣德三年，置前屯衛中前千户所於此。本朝康熙二十九年，設佐領、驍騎校駐防。乾隆四十三年修。又有中右所城，在州西南三十里，周三里，亦明宣德三年置。今廢。本朝乾隆十九年，有御製過中前衛詩；四十八年，有御製過中後所中前所詩。嘉慶十年、二十三年，有御製過中前所中後所詩。

天橋場巡司。在錦縣西南五十里，有城，周一里，爲控扼海口之地。本朝雍正元年，設巡檢司。

松山堡。在錦縣南十八里。明宣德三年，置中屯千户所，屬廣寧中屯衛，城周三里有奇。本朝崇德六年，大軍圍松山，克捷於此。詳見前「松山」注下。又杏山堡，在縣西南三十里，周二里餘。

塔山堡。在錦縣西南六十里。明宣德三年，置寧遠中左千户所於此，城周三里餘。本朝崇德七年，取塔山堡。詳見前「塔山」注下。又高山堡，在縣東南二十五里；團山堡，在縣東南五十里；大興堡，在縣西南四十里；椴木衝堡，在縣西南五十里；長寧堡〔四〕，在縣西南七十里；沙河堡，在縣西南八十里；連山堡，在縣西南八十里；俱有城。

錦昌堡。在錦縣西二十里。又西十里有鷹手堡。

大茂堡。在錦縣北三十五里。相近有大勝堡。又流水堡，在縣東北二十里，周二里有奇。營城子堡，在縣東北三十里。石家、臧家二堡，俱在縣東北四十里。齊家堡，在縣東北四十五里。開州堡，在縣東北五十里。

雙樹堡。在寧遠州東十八里，周二里。又有海防城，自州南二里至九里，共五城，相去各二里許。明時貯海運糧石之所。

鹽場堡。在寧遠州西南二十五里。又曲尺河堡，在州西南四十八里。又高兒鋪堡，在州西南一百十五里。

楊安堡。在寧遠州西十二里。又團山堡，在州西三十里。又西十里有仙靈寺堡，又十里有黑莊窠堡，又十五里有錦川堡，又五里有劉彦章堡，又十五里有三道溝堡、高臺堡。

瑞昌堡。在寧遠州西二百五里。又平川營堡，在州西一百二十里；三山營堡，在州西一百三十七里；背陰嶂堡，在州西一百四十里。

興水縣堡。在寧遠州西北十八里。又正安堡〔五〕，在州西北二十里；鎮邊堡，在州北一十八里；灰山堡，在州東北二十里。

中安堡。在廣寧縣東三十里。又東三里有高麗坂堡，又東十餘里有羊腸河堡，皆有城。

小黑山堡。在廣寧縣東六十里，今設站於此。本朝康熙二十九年，設佐領、驍騎校駐防。東十里有大黑山堡，俱周二里餘。

白旗堡。在廣寧縣東界。本朝康熙二十九年，設佐領、驍騎校駐防。

高平堡。在廣寧縣東南九十里。又平洋橋堡、傅家莊堡，俱在縣東南一百二十里；沙嶺堡，在縣東南一百五十里；鐵場堡，在縣東南一百六十里。

北鎮堡。在廣寧縣西三十里。又馬市堡，在縣北二十里；鎮東堡，在縣北四十里；長永堡，在縣北五十里；鎮安堡，在縣北五十里；巨流河堡，在縣東北二百三十里。本朝康熙二十九年，設佐領、驍騎校駐防。

永寧堡。在義州東二十里，周二里餘。又東十里有土堡子，又東十里有新站堡。東南二十里有景家堡，四十里有石佛堡。

八塔堡。在義州西南二十五里。又團山堡、大安堡、孫淩堡，俱在州西南三十里；大定堡，在州西南四十里。

得勝堡。在義州西十五里，周一里。又大康堡、太平堡，俱在州西二十里。

營城堡。在義州東北二十里，周一里。又大寧堡，在州東北三十里；大清堡，在州東北五十里；大静堡，在城東北六十里；瓦子峪堡，在城東北六十五里。

鎮彝堡。在義州東北六十里，周三里餘，接廣寧縣界。

關隘

分水嶺關。在廣寧縣北八里。又魏家嶺關，在縣西北，今廢。

松嶺子邊門。在錦縣西北九十里。東北至義州九官臺邊門一百十里，西南至寧遠州新臺邊門一百二十里。

長嶺山邊門。在錦縣西南九十里，舊設邊於此。本朝康熙三十六年，展邊，門廢。

高臺邊門。在寧遠州西，山海關東北一百二十里。今廢。

黑山口邊門。在寧遠州西一百十里。今廢。

新臺邊門。在寧遠州西北七十里。舊設於芹菜溝，在州西北四十里。本朝康熙三十六年，展邊移置於此，有章京駐防。

梨樹溝邊門。在寧遠州西北一百里。舊有碾盤溝門，在州西北七十里。本朝康熙三十六年，展邊移此。乾隆五年，改章京駐防。

平川營邊門。在寧遠州西北一百十里。舊設門於此，今廢。

白石觜邊門。在寧遠州西北一百二十里，舊接高臺邊門。本朝康熙二十五年，展邊移於州西北一百里，名寬邦門。三十六年，又移置於此，改今名。有章京駐防，兼轄明水堂邊門。

明水堂邊門。在寧遠州西北一百六十里，西至山海關邊城界四十里。

彰武臺邊門。在廣寧縣北，東至開原縣發庫門一百二十里，西至白土廠邊門一百六十二里。有章京駐防。

九官臺邊門。在義州西北三十里，東至清河邊界十九里，西南至松嶺子邊門一百十里。有章京駐防。

清河邊門。在義州東北五十六里，東至白土廠邊門八十三里，西至九官臺邊界六十五里。有章京駐防。

白土廠邊門。在義州東北。本朝乾隆五年，設章京駐防。

閭陽驛。在錦縣東北與義州接界處，距廣寧縣西南五十里，有城，周二里有奇。本朝康熙二十九年，設佐領、驍騎校駐防。

曹莊驛。在寧遠州西南十二里。又高嶺驛，在州西南一百五十里。俱有城。

盤山驛。在廣寧縣東南五十里。

馬嶺驛。在義州東四十五里。以上諸驛皆明置，今省。

十三山站。在錦縣東七十里，有城，周一里有奇。又東八十里至廣寧站，在廣寧縣南二十里。又七十里至小黑山站，在廣寧縣東六十里。又五十里至二道井站，在縣東一百十里。又五十里至白旗堡站，在縣東一百六十里。又七十里至承德縣巨流河站，入奉天府界。又錦縣西至山海關站道，自十三山站西五十四里至小淩河站，在錦縣東南十八里。又五十四里至高橋站，在縣西南二十五里，有城，周一里有奇。又六十二里至寧遠站，在寧遠州城内。又六十二里至東關站，在州西南六十里，有城，周一里餘。又六十三里至涼水河站，在州西南一百二十三里。又七十五里至山海關。以上各站，皆盛京兵部所轄。詳見興京關隘卷。

津梁

雙楊店橋。在錦縣東二十里。

十三山石橋。在錦縣東八十五里。

利涉橋。在錦縣東南三十里。通志：在星聚屯。本朝康熙十六年建。

高橋。在錦縣西五十里。又縣北十八里有葛王碑橋。

五里橋。在寧遠州西南二十五里。

中右所石橋。在寧遠州西南三十里，舊中右所南門外。又中前所石橋，在州西南舊中前所東二十里。

羊腸河橋。在廣寧縣東三十五里。又縣東有柳河溝橋，本朝雍正九年建。又縣東有平遠橋、平洋橋，縣東南有廣濟橋，縣南有四塔橋。

淩河橋。在義州北門外。又閱武橋，在州南門外。

大淩河渡。在錦縣東四十里。

小淩河渡。在錦縣東十五里。

陵墓

秦

姜女墳。在寧遠州西南老軍屯南，入海一里許。

遼

顯陵。在廣寧縣醫巫閭山，即遼太祖長子人皇王耶律倍墓。世宗時，謚讓國皇帝，尊爲顯陵。

乾陵。在廣寧縣醫巫閭山，遼景宗葬此。

豫王墓。在廣寧縣醫巫閭山。遼天祚帝入金，降封豫王，葬乾陵旁。

平王墓。遼人皇王子隆先，封平王，葬醫巫閭山之道隱谷。以上四陵墓，今皆堙。

元

穆呼哩墓。明統志：在廣寧左屯衛東北二十里。按通志載揭奚斯撰碑，可據。遼志以爲穆呼哩孫巴圖魯墓，非是。「穆呼哩」舊作「木華黎」，「巴圖魯」舊作「霸突魯」，今俱改正。

王珣墓。在義州西四十里。

王榮祖墓。在義州南四十里。

明

楊維藩墓。在寧遠州前屯衛。

賀欽墓。在廣寧縣醫巫閭山。

本朝

尹泰墓。在錦縣東北二十里。

范文程墓。在錦縣西虹螺山。

祠廟

周將軍祠。在錦縣城西，祀明左都督周遇吉。本朝康熙十二年，知府金文淳建。又王將軍祠，在錦縣南門外，明季大淩河死難，失其名，祠有「精忠報國」額。

曾公祠。在寧遠州城内，祀明巡按御史曾銑，今有碑存。

姜女祠。在寧遠州西南中前所城西二十五里，祀秦貞婦孟姜。祠之側，有本朝御軒三楹、船舫三楹、平臺三楹、執事朝房十二楹。康熙二十一年，有御製姜女祠詩。乾隆八年，有御書額曰「芳流遼水」。又八年、四十三年、四十八年，俱有御製姜女祠詩。十九年，有御製題望夫石詩，序云：姜女祠前有石，名曰「望夫」，或云即姜女墓。事雖不經，而有關風化，故詠之。嘉慶十年、二十三年，俱有御製姜女祠詩。

馬葉二公祠。在義州城東南一里，祀明洪武中都督僉事馬雲、葉旺。今有坊存。

釣魚臺祠。在義州北門外。明賀欽常游憩於此，及殁，鄉人即其地建祠。

北鎮廟。在廣寧縣西醫巫閭山之陽，去山五里餘，距城三里餘。舜封醫巫閭山以鎮幽州。周禮夏官職方氏：「東北曰幽州，其山鎮曰醫巫閭。」隋開皇十四年，詔就山立祠。唐開元中，封廣寧公。遼、金加王號。元大德二年，封貞德廣寧王。明改稱北鎮醫巫閭山之神。本朝因之。舊廟毁於元季，明永樂十九年敕建，成化間重修。本朝康熙四十一年，聖祖仁皇帝御書「鬱葱佳氣」扁額，恭懸香殿。四十五年，敕發帑金修理。四十七年，告成，御製碑文。雍正元年，奉旨重修。七年，告成，並勒御製碑文於廟中。乾隆十九年，有御書額曰「乾始神區」，御製祭北鎮醫巫閭山及晝松詩。四十三年，有御製祭北鎮醫巫閭山詩。四十八年，有御製祭北鎮廟禮成述事詩。嘉慶十年，有御製祭北鎮醫巫閭山恭依皇考元韻詩。二十三年，有御製祭北鎮廟禮成恭依皇考元韻、北鎮廟拈香敬述詩。又觀音閣，在北鎮廟之西北。乾隆四十三年、四十八年，俱有御製觀音閣即景詩。嘉慶十年，有御製觀音閣歌。二十三年，有御製觀音閣歌疊前韻詩。

寺觀

大廣濟寺。在府城内，唐時建。内有白塔，遼道宗建。金高漣有記。又府城内有大佛寺，寺前有塔，周四十餘丈，高約百丈。相傳建於唐時。

大望海寺。在錦縣南松山南，唐建，名法華寺，後更。明弘治間有重修碑。

普陀寺。在錦縣西四十里北山上，明正統中建。山有洞，洞左有泉，甚甘洌，中列石佛百餘，樓閣参差，泉流縈繞，因擬落伽之勝，故名。或稱觀音洞。

仙靈寺。在寧遠州西南三十餘里。内有石佛三，相傳明萬曆三十二年出自海中。

青巖寺。在廣寧縣西南五十里。峭壁插天，中有洞，可容數十人。洞外東西及山頂有泉，縈洄環注。有望海觀音閣，洞前刻「虚無真境」四字。每遇晴明，海洋在目，遼左諸山，歷歷可數。障鷹臺在其上。

清安寺。在廣寧縣西十二里醫巫閭山中，内爲觀音閣。奇峯插雲，陰崖懸瀑，右擁層巒，左觀溟海。

崇興寺。在廣寧縣城東北隅，唐建。今存雙塔。

奉國寺。在義州城内，遼開泰中建。殿高七丈，佛像七，高如之，一名七佛寺。元、明相繼修。

校勘記

〔一〕又御寨行程録言自廣寧府東行三十里至顯州　「寨」，原作「塞」，據乾隆志（卷四三錦州府古蹟（下同卷簡稱乾隆志）改。按，御寨行程爲宋趙彦衛所著雲麓漫鈔卷八内容。

〔二〕團山守堡崔盡忠　「崔盡忠」，乾隆盛京通志卷三〇城池同，乾隆志及清史稿卷二三一列傳作「崔進忠」。

〔三〕大臣武納格率左翼蒙古兵圍南面之東　「武納格」，乾隆志卷四四錦州府城堡（下同卷簡稱乾隆志）作「武訥格」。

〔四〕長寧堡　「長寧」，原作「長安」，據乾隆志及乾隆盛京通志卷三〇城池改。按，本志避清宣宗諱改。下文「永寧堡」、「大寧堡」原亦避諱作「永安堡」，同據以改回。

〔五〕又正安堡　「正安」，乾隆盛京通志卷三〇城池同，乾隆志作「鎮安」。

大清一統志卷六十六

錦州府三

名宦

遼

劉伸。宛平人。重熙中，累遷南京副留守，改崇義軍節度使。政務簡静，民用不擾，致烏鵲同巢之異，優詔褒之。

韓德凝。玉田人。開泰中，累遷崇義軍節度使。移鎮廣德，秩滿，部民請留，從之。

韓慶民。宜州節度使。金人克宜州，慶民死之。

金

程寀。析津人。太祖時，授錦州安昌令。潔己愛民，興利除弊。其殁也，邑人祀之。

伯特德哩布。奚五王族人。初授濱州刺史，廉入優等，累遷崇義軍節度使。爲人孝謹，爲政簡静，不積財貨，凡調官，行李止車一乘，臧獲數人而已。「伯特德哩布」舊作「伯德特离布」，今改正。

高楨。遼陽人。天會六年，以尚書左僕射判廣寧尹。在鎮八年，政令肅清，吏畏而人安之。

李完。朔州馬邑人。明昌中，同知廣寧府。長於吏治，所至姦惡屏迹，民皆便之。

盧孝儉。宣德州人。大定中，遷同知廣寧尹。歲大饑，民多流亡失業，乃借僧粟，留其一歲之用，使平其價市與貧民，既以救民，僧亦獲利。

持嘉暉。萊州人。爲歸德軍節度使。宗州舊無學，持嘉暉爲營建學舍，勸督生徒，肄業者復其身，人競趨之。「持嘉暉」舊作「赤盞暉」，今改正。

伊喇温。遼橫帳人。世宗時，歷崇義軍節度使，移臨海軍。州治近水，秋雨水潦，暴至城下，城頗決，百姓惶駭，不知所爲。温躬督夫役繕完之，雖臨不測無所避，僚屬或止温，温曰：「爲政疵癘，水泛溢爲災，守臣之罪也。當以此身謝百姓，雖死不恨。」尋移鎮武定。「伊喇」，改見前。

馬惠迪。漷陰人。同知崇義軍節度使事，廉能稱職。

大懷貞。遼陽人。大定中，爲興中尹。錦州富民蕭鶴壽途中殺人，匿府少尹家，有司捕不得。懷貞以計取之，置於法。

布薩揆。上京人。明昌中，同知崇義軍節度使事，有惠政。「布薩」舊作「僕散」，今改正。

伊喇富森。東北路烏爾呼河明安人。大安初，同知興中府事，繕城浚濠，賊至卻退。改廣寧，被牒如鄰郡。元兵薄城，其子通華善率家奴拒戰，城賴以完。富森還，悉放奴爲良，終不言子之功，識者多之。「伊喇富森」、「烏爾呼河明安」，改俱見前。「通華善」舊作「銅和尚」，今改正。

元

胡秉彝。霸州人。爲錦州知州，初州民不業耕織，秉彝編伊尹、武侯耕田遺制及苗司農栽桑圖徧行都部，又於城東築濟民園種桑，聽民移植，雖蔬菜果蓏，栽植有方。小民效法，衣食饒足。至元中，民苦轉輸，秉彝令蓄積者聽自輸官，民輦運赴倉，侵漁遂息。

劉敏中。章丘人。大德中，以宣撫使巡行遼東，錦州雨水爲災，輒發廩賑之。

王居禮。河東人。知錦州，勸學興農，一以清心省事爲本。歲凶發倉賑濟，全活甚衆。有訟田不決者，以情理開喻之，其人相讓而退。

王伯勝。文安人。仁宗時，爲遼陽行省平章政事。遼陽省治懿州，州弊陋，民不知學。伯勝始至，增郡學弟子員，擇賢師以教之。使客至，無所舍，皆館於民，民苦之。伯勝乃擇隙地爲館廨，度閒田百頃募民耕種，以廩餼之。歲大旱，伯勝齋戒以禱，禱畢即雨，人謂之「平章雨」。

郭嘉。濮陽人。順帝時，歷官廣寧路總管，兼諸鄂囉勸農防禦。時民苦和糴，嘉設法計户口，第甲乙，民甚便之。有詔團結義兵，嘉集民數千，教以坐作進退，號令齊一，賞罰明信。故東方諸郡，錢糧之富，甲兵之精，稱嘉爲最。後寇陷遼陽，孤城無援，嘉力戰以死。「鄂囉」舊作「奥魯」，今改正。

明

曹鳳。臨淮人。洪武時，爲廣寧中屯衛指揮同知，築城池，創衛治，撫恤士卒，官至都指揮同知。

劉斌。崇明人。以靖難功授指揮使，進都指揮僉事。備禦寧遠，築城建衛，時值歲儉，外禦邊陲，内撫軍士，政理民安，甚有能聲。

王祥。固始人。以都指揮僉事任廣寧開府僉書。修築寧遠、蒲河等城，掌遼東事，恤下興學，頗多善政。

施聚。順天通州人。宣德中，進都指揮使〔一〕，守備義州，以勇敢稱。

文廣。江都人。正統間，以署都指揮僉事備禦寧遠。諸延犯邊，廣率兵窮追，遇伏中流矢死。贈鎮國將軍。

李榮。江都人。寧遠衛指揮使。正統間，守備塔山，追敵至利州，大戰於長坡，自午至暮不少挫，敵不能支，棄所掠而奔。

趙忠。遼陽人。廣寧右衛指揮僉事，守鎮静堡。正統十四年，敵圍堡甚急，忠乘城力戰。歸語其妻曰：「若城破，吾不苟活，汝母子當自裁。」敵攻益急，訛言城陷，妻女皆縊死。攻圍凡兩晝夜，以堡堅解去。守臣上忠全城功，升指揮同知，賜金爲妻女營葬，表其門曰「忠節」。

李英。其先盧龍人，遷義州。成化間，爲廣寧中屯衛指揮，歷左軍都督僉事，充右參將，分守錦、義二城。講武恤士，訓練之暇，以書史自娱。敦尚古禮，建祠宇，謹祭祀，一以朱子爲法。在任七年，百度具舉。

王銘。錦州人。成化中，守備寧遠，講武練軍，重修二城廟學。甲辰，有寇警，銘率精騎捲甲直趨百餘里，遏其歸路，盡獲所失人畜而還。自是數年無犯境者。

馮時泰。山西汾州人。任廣寧道兵備參議，守正不阿，築大定老軍臺堡數十處，區畫有方。及邊隅告警，主帥失機，時泰奉旨勘實，有忤當事，遂被逮。遼民無不稱冤。

高邦佐。襄陵人。天啓元年，遼陽破，以邦佐爲布政使參政，分守廣寧。邦佐知邊事不可爲，乞歸，方報允而王化貞棄城逃，衆謂邦佐既請告，可入關。邦佐叱之曰：「吾一日未去，則一日封疆臣也。」夜作書訣母，策騎趨右屯謁熊廷弼，言：「城中雖亂，外間未知。亟提兵入城，斬一二人，人心自定。公即不行，請授邦佐兵赴難。」廷弼不聽，偕化貞并走。邦佐仰天歎泣曰：「經略、巡撫俱逃，事去矣。松山吾守地，當死此。」遂西向拜闕，復拜母，解印綬自經官舍。僕高永曰：「主人死，安可無從者。」亦自經於側。事聞，再贈太僕卿，謚忠節。同時顧頤，以右參政分守遼海，亦以力屈自經，贈太僕少卿。本朝乾隆四十一年，賜高邦佐、顧頤俱謚節愍。

袁崇焕。東莞人。天啓二年，駐守關外。以哈剌愼侵關內地，始入守關，安置遼人。時十三山難民十餘萬，久困不得出，崇焕將五千兵駐寧遠以壯聲援，別遣驍將救之。三年，督修寧遠城工成，爲關外重鎮。崇焕在職勤慎，善撫將士，由是流移駢集，商旅輻輳，遠近望爲樂土。本朝乾隆四十八年，特旨録其裔孫袁炳授縣丞。

何可綱〔二〕。遼東人。天啓中，累遷署寧遠副將事。崇禎初，袁崇焕請令可綱專防寧遠，且言可綱仁而有勇，不破公錢，不納私餽，敝衣糲食，不異士卒，事至善謀，才可大用。詔加都督僉事，進右都督。已而錦州圍急，督諸將赴援，與祖大壽監築大凌河城。工甫竣，大兵圍之，糧盡援絶，大壽及諸將皆欲降，以可綱不從，掖出城外殺之。可綱顔色不變，亦不出一言，含笑而死。本朝乾隆四十一年，賜謚忠節。

曹變蛟。大同人，文詔從子也。才勇冠時。初隸文詔軍中，破山西、湖廣、陝西、四川諸流寇，大小數十戰，斬馘無算，積功最多，賊咸畏大、小曹將軍。歷官至援遼總兵。崇禎十四年，從洪承疇以十三萬衆救錦州。時錦州圍急，變蛟營松山北乳峯山，列七營於兩山間，環以長壕。及戰軍潰，還保松山，大兵圍之。明年二月，副將夏成德爲內應，松山遂破，被執不屈，死之。本朝乾隆四十一年，賜謚忠烈。

楊倫。前屯衛副總兵，明季陣亡。又前屯衛總兵李鳴鳳、副總兵羅文耀，寧遠總兵王定宸，皆同時殉節。本朝乾隆四十一年，賜楊倫謚烈愍，李鳴鳳等俱謚節愍。

本朝

劉文亮。漢軍鑲黄旗人。以佐領兼知錦縣。招徠民人，爲之度邑居，給牛種，課勤惰而勸相之。又設義學延師以教，文風遂振。

人物

南北朝　魏

屈遵。徒河人。博學多才藝，爲慕容垂博陵令。後歸趙。太武素聞其名，任以文誥，拜中書令，賜爵下蔡子。

屈恒。遵孫。太武時，以破平涼功賜爵濟北公，委以大政。車駕出征，常居中留鎮。卒贈征西大將軍，謚曰成。

盧魯元。徒河人。明元時，以忠謹給侍東宫。太武即位，爲中書侍郎。性多容納，累遷中書監領秘書事，賜爵襄城公。後遷太保，録尚書事。卒贈襄城王，謚曰孝。

盧醜。徒河人，魯元之族。太武爲監國，醜以篤學博聞，入授太武經。後賜爵濟陰公，位尚書，加散騎常侍。卒官河内太守。

周

豆盧永安。徒河人。驍果善射。魏永安中，從爾朱天光破萬俟醜奴，賜爵靈壽男。周文時來歸，從擒竇泰，破稽胡，與東魏戰於芒山，皆有功，進范陽郡公。初，永安無子，養弟永恩子勣，及生子讚，親族皆請讚爲嗣。永安曰：「兄弟之子，猶子也。」終不易，時以此多之。

隋

豆盧勣。永安姪。初，周明帝時，嗣永安爵授左武伯中大夫。自以經業未通，請解職遊露門學，帝嘉之，敕以本官就學。丁父艱，哀毁過禮。武帝嗣位，起復爲渭州刺史，有惠政。隋開皇中拜夏州總管，以其家世貴盛，勳效克彰，甚重之。子毓，英果有氣節，漢王諒鎮并州，爲王府主簿。諒謀作亂，毓與司馬皇甫誕合謀，閉城拒諒。諒襲擊之，毓兵敗，遂遇害。

唐

李楷洛。柳城人，本契丹渠帥。中宗時，累官左羽林大將軍，封薊郡公。吐蕃寇河源，楷洛擊走之。師還，卒於道，謚忠烈。

李光弼。楷洛子。襲父封，以功進雲麾將軍。安禄山反，郭子儀薦其能，詔加魏郡太守、河北採訪使。光弼以朔方兵五千東救常山，降思義。又卻賊於饒陽。會郭子儀守雲中，詔悉衆出井陘，與光弼合擊史思明於九門西，大敗之。至德二載，思明等將兵十萬攻光弼於太原。時麾下兵不滿萬，光弼徹屋爲擂石車，石所擊輒傷賊。思明爲飛樓，障以木幔，築土山臨城。光弼遣人穴地頽之，又時遣突騎出乘賊，俘斬萬計，思明乃遁去。乾元初，九節度師潰於相州。光弼整衆還太原，未幾，爲天下兵馬副元帥。賊方闚洛，光弼悉軍趨河陽，擒安太清於懷州。廣德元年，擒浙東賊袁晁，賜鐵券，圖形淩煙閣〔三〕。光弼善用人，謀定後戰，能以少覆衆，初與郭子儀齊名，而戰功推中興第一。卒贈太保，謚武穆。子彙，有志操，爲宿州刺史，治行頗著。

李惠登。柳城人。爲平盧軍裨將。安禄山亂，從董秦泛海，略定滄、棣等州。史思明反，惠登陷賊中，以計得脱，依來瑱。及李希烈反，以兵二千使屯隋州，惠登挈州歸朝，即拜隋州刺史。居二十年，興利去害，田闢户增，人歌舞之。節度使于頔上其績，詔加御史大夫。

遼

耶律良。生於乾州，讀書醫巫閭山。學既博，將入南山肄業，友人止之，曰：「爾馳驅千里，縱聞見過人，年亦垂暮。今若即仕，已有餘地。」良曰：「窮通，命也，非爾所知。」不聽，留數年而歸。清寧中，遷知制誥，兼知部署司事。奏請編御製詩文，目曰清寧集。上命良詩爲慶會集，親製其序。咸雍初，同知南院樞密使事，出知中京留守事。卒，追封遼西郡王，謚忠成。

馬人望。高祖爲石晉青州刺史。太祖徙其族於醫巫閭山，因家焉。人望穎悟，幼孤，長以才學稱。咸雍中，第進士。累擢南京三司度支判官，公私兼裕。遷警巡使，剖決獄訟無一冤者。爲保静軍節度使，時諸處饑乏，惟人望所治粒食不闕。遷中京度支使，始至，府廩皆空，視事半歲，積粟十五萬斛，錢二十萬鏹。拜南院樞密使，人不敢干以私，所推薦皆爲名臣。以守司徒兼侍中致仕。卒謚文獻。

姚景行。興中縣人。累官翰林院學士。道宗即位，爲北府宰相。後告歸，道聞重元亂，收集行旅三百餘騎勤王。比至，賊已平。道宗嘉其忠。咸雍元年，出爲武定軍節度使。減徭役，疏冤滯，廣儲蓄，勤校閲，郡民宜之。卒封柳城郡王，謚文憲〔四〕。

竇景庸。中京人。清寧中進士。累官武定軍節度使，招流亡，戢姦滑，決冤獄，輕重大小，務愜人心。後拜中京留守。卒謚肅憲。

張寶。錦州人。四世同居，道宗嘉之，令其子爲三班祗候。

金

李三錫。錦州安昌人。遼季，盜攻錦州，州人推三錫主兵事，設機應變，城賴以完。後歸金，歷官河北西路轉運使，致仕。三錫政事强明，所至稱治。世宗舊聞其名，大定初，起爲北京路都轉運使。制下，而三錫已卒。

梁肅。奉聖州人。幼篤志好學。天眷二年，擢進士第，調平遥主簿，遷絳縣令。以廉，入爲尚書省令史。遷定海軍節度副使。營治汴宫，肅分護役事。攝大名少尹。正隆末，境内盜起，百姓陷賊中不能自辨者數千人，皆繫大名獄。肅至官，廉得其情，讞出者十八九。大定四年，通檢東平、大名兩路户籍物力，稱其平允。他使者所至皆以苛刻增益爲功，百姓訴苦之。朝廷敕諸路咸以東平、大名通檢爲凖，於是始定。七年，河决李固，詔肅視之，遂奏：「决河水六分，舊河水四分。今塞决河，復故道爲一，再决而南則南京憂，再決而北則山東、河北皆可憂。不若止於李固南築隄，使兩河分流以殺水勢。」世宗從之。十四年，充宋國詳問使，稱旨，遷濟南尹。召拜參知政事，肅知無不言。致仕，卒謚正憲。

鄧儼。懿州宜民人。天德三年進士。大定中，有司奏使宋者，世宗命選漢官一人，梁肅以王脩、張大節、鄧儼對。世宗曰：「脩、大節苦無資歷，與左右司官辛苦不同，其命儼往。」累遷吏部侍郎。明昌初，爲户部尚書。上命尚書集百官議，如何使民棄末務本以廣儲蓄。儼言：「今之風俗競爲侈靡，莫若定制度，使貴賤上下、衣冠車馬、室宇器用各有等差，裁抑婚姻喪葬過度之禮，罷去鄉社追逐無名之費，用度有節，則蓄積日廣矣。」後出知歸德府，致仕。

張九思。錦州人。以亳州防禦使副劉仲延，受宋歲貢於泗州。往歲受貢者，每以幣物不精責宋使者，宋使者私饋銀幣各直數百千以爲常，九思獨不肯受，仲延從之，私饋遂絶。累遷工部尚書。

張景仁。遼西人。累官翰林待制。大定二年，與宋議和，往復凡七書，皆景仁爲之。世宗嘗稱之曰：「今之文章，如張景仁與宋人往復書，指事達意，辨而裁，真能文之士也。」累遷御史大夫。平章政事烏庫哩元忠擅決六品官，景仁劾之，朝廷肅然。「烏庫哩」，改見前。

孫德淵。興中人。大定十六年進士，調淶水丞，察廉，遷沙河令。剛正幹能，及去官，民爲刻石祠之。貞祐二年，拜工部尚書。會乏兵食，有司請鬻恩例舉人，居喪者亦許納穀就試。德淵奏此大傷名教，事遂寢。及致仕，御史許古論德淵忠亮明敏，可大用。宣宗嘉納，未及用而卒。

舒穆嚕元。懿州路人。七歲喪父，號泣不食者數日。十三居母喪，如成人。嘗爲擊鞠戲，馬踣，歎曰：「生無兄弟而數乘此險，設有不測，奈何？」由是終身不復爲之。補樞密院尚書省譯史，遷監察御史，同知淄川軍州事。歷知濟南府，卒。生平寡言笑，尚節儉，居官自守，不交權要，人以是稱之。「舒穆嚕」，改見前。

耶律履。遼東丹王七世孫，家廣寧。方五歲，卧廡下，見微雲往來天際，忽謂乳母曰：「此所謂『卧看青天行白雲』者耶？」及長博學多藝，善屬文。初舉進士，惡搜檢煩瑣，去之。廕補承奉班祗候。累官禮部尚書，兼翰林院直學士，至尚書右丞。卒謚文獻。履秀峙通悟，精曆算書繪事。初族父德元未有子，以履爲後，既而生子震，德元殁，盡推家資與之。子辨材、善材、楚材，皆有名。

耶律辨材。履子，家義州。天姿倜儻，軀幹雄偉，以志節自負。爲中京兵馬副都指揮使。宣宗問軍政利弊，辨材言將相多非其材，遂忤權貴，出爲許州兵馬鈐轄。

李經。錦州人。作詩極刻苦，喜出奇語，不襲前人。李純甫見其詩曰：「真今世太白也。」再舉不第，拂衣去。南渡後其鄉帥有表至，朝廷士大夫識之曰：「此經筆也。」朝議以武功就命倅其州，竟去。

元

耶律楚材。履子。少孤，母楊氏教之學。博極羣書，旁通天文、地理、律曆、術數及釋、老、醫、卜之説。下筆爲文，若宿構者。金末爲開州同知。完顔復興留守燕，辟左右司員外郎。太祖定燕，召見，處之左右，每征伐必命之卜，謂太宗曰：「此人天賜我家，爾後軍國庶政，當悉委之。」甲申，帝至東印度，駐鐵門關。有一角獸形如鹿而馬尾，其色緑，作人言謂侍衛曰：「汝主宜早還。」帝問楚材，對曰：「此瑞獸也，其名角端，能爲四方語，好生惡殺。天降符以告陛下，願承天心以全民命。」帝即日班師。太宗即位，楚材奏諸州縣長吏專理民事，萬户府專總軍政，課税專掌錢穀，各不相統攝，著爲令。權貴不得志，遂爲舒穆嚕軒達布等搆陷，而太宗獨察其誣。及軒達布獲罪，命楚材鞫治，楚材請寬之。太宗謂近侍曰：「不較私讐，真長者。汝曹宜效之。」後拜中書令，事無鉅細，悉以委之。汴梁將下，大將蘇布特言金人抗拒，宜屠之。楚材馳諫，帝從之，得避兵居汴者百四十七萬人。又求得孔子五十一代孫元措，奏襲封衍聖公，付以林廟地。命收太常禮樂生，及召名儒梁涉等，使進講東宫。置編修經籍所，由是文治興焉。定天下賦税，奏用儒臣，皆從其計。陳時務十策，悉施行之。卒贈太師，謚文正。「蘇布特」舊作「速不臺」，今改正。

石天應。興中永德人。以功遷兵馬都元帥，移軍河中。金軍潛師由中條來攻，天應力戰死。

耶律鑄。楚材子。幼聰敏，善屬文。領中書省事，採歷代德政合於時宜者以進。從憲宗征蜀，屢出奇計。中統二年，拜中書左丞相。至元初，奏定法令三十七章，吏民便之。初清廟雅樂止有登歌，詔鑄制宫縣八佾之舞，樂成，賜名大成。十年，遷平章軍國重事，監修國史。朝廷有大事，必諮訪焉。卒贈太師，謚文忠。

李守賢。義州人。金末，與兄庭植歸太祖，授錦州臨海軍節度觀察使。遷河東南路兵馬都總管，既至，人皆曰：「吾等可恃以生矣。」知平陽府事，有惠政。時河中未下，守賢請自北面鑿城先登，城果下。明年，大破趙雄兵於芮城。時金兵十餘萬保少室山太平寨，守賢以三千兵破之。不兩旬，諸寨望風俱下，守賢未嘗妄殺一人。攻河南，降其渠魁，關東、洛西遂定。子瑴，從征有功，授河東道行軍萬户，兼總管。摧鋒陷陣，所至克捷。中統三年，改河東路總管，移京兆路。

李伯温。守賢從兄，伯通弟。伯通擊張致，戰殁於錦州城北。伯温行平陽元帥府事，金兵來攻，李成開水門導敵入，伯温謂左右曰：「吾受方面之寄，今不幸失律，當以死報國，不可辱。汝等宜逃生。」士卒皆猶豫不忍去，伯温即拔劍殺家屬投井中，以刃植柱，刺心而死。金人見伯温抱柱如生，無不嗟歎。弟守正、守忠。守正爲平陽守，以功授河東南路兵馬都元帥，與金人戰殁。守忠代守平陽爲都元帥。嘗攻益都北還，軍將彭智據義州叛，守忠力戰復之。後爲金人所執，大駡不屈而死。

王珣。本姓耶律，金末避難遼西，更姓王，遂爲義州開義人。武力絶人，善騎射。穆呼哩畧地奚霫，珣率衆出迎，以珣爲元帥，兼領義、川二州事。後平張致，賜金虎符，加金紫光禄大夫，充兵馬都元帥，鎮遼東，便宜行事，兼義、川等州節度使。珣爲政簡易，賞罰明信，誅强扶弱，毫髮無徇。「穆呼哩」，改見前。

劉世英。其先范陽人，後遷遼陽川州。初穆呼哩經畧遼東，世英隸麾下，以功充行軍副總管。其時平陽諸郡被兵之餘，民物空竭，世英言於穆呼哩曰：「自古建國，以民爲本。今河東殺掠殆盡，異日我師復來，孰給轉輸？收存恤亡，此其時也。」穆呼哩善之，奏授絳州節度使。卒，命弟亨安領其衆，賜金虎符，行元帥府事。攻金伐宋，出奇制勝，戰功居多。所獲金帛，悉與將佐，故士卒樂爲用焉。「穆呼哩」，改見前。

王榮祖。珣長子。性沈厚，勇力絶人。襲崇義軍節度使。入朝，帝聞其勇，選三力士與搏，皆應手而倒。討金平章政事葛布格，所至有功。授北京等路征行萬户，换金虎符。伐高麗，圍王京，高麗奉表入貢。擒布希萬努。再伐高麗，破十餘城，降天龍諸堡。移鎮高麗，募民屯戍，闢地千里。中統元年，詣闕，授沿邊招討使，兼北京等路征行萬户。還鎮卒。「葛布格」舊作「葛不哥」，今改正。「布希萬努」，改見前。

耶律希亮。鑄子。少跋涉西土，羈旅困苦。武宗時，官翰林學士承旨。爲人性至孝，困厄遐方，家貲散亡，僅藏祖考畫像，四時致奠，盡誠盡敬。雖疾病不廢書史，或中夜起坐，取燭以書。著《愫軒集》三十卷。後追封淶水郡公，謚忠嘉。

明

畢恭。前屯衛籍。其先山東濟寧人。恭有文武才，正統間以巡撫王翺薦授百户，歷指揮僉事。圖上方畧，開設迤西邊堡墻壕，增置烽堠，兵威大振。進署都指揮僉事，守備寧前等衛，在任五年，邊鄙安謐。進掌都司，撫士卒，革姦弊，廣屯田，興學校，政平訟理，軍民咸稱之。

賀欽。其先浙江定海人，以戍邊籍義州。少好學，讀近思録有悟。成化二年登進士，授户科給事中。已而師事陳獻章，既歸，肖其像事之。弘治改元，用閣臣薦，起爲陜西參議。未至而母死，乃上疏懇辭，且陳四事。一資真儒以講聖學，二薦賢才以輔治道，三遵祖制以處内官，四興禮樂以化天下。疏凡數萬言，奏入，報聞。正德四年，太監劉瑾括遼東田，東人震恐，義州守又貪横，民變，聚衆劫掠，相戒曰：「毋驚賀黄門。」欽聞之，急諭禍福，以身任之，亂遂定。欽學不務博涉，專讀四書、六經、小學，期於反身實踐。謂學不必求之高遠，在主敬以收放心而已。隱居醫巫閭山下，别號醫閭。有集四卷。

史璠。廣寧人。性至孝，母病，朝夕侍立；病篤，益勤苦，夜不就枕。及母卒，居倚廬中門，絶酒肉，遠帷薄，三年不出。賀欽爲作倚廬記以表之。

陳壽。其先新淦人。祖志弘，代兄戍遼東，遂籍寧遠衛。壽少貧甚，得遺金，坐至夜分還其主。從鄉人賀欽學，登成化八年進士，授户科給事中。言時政無隱，彈劾不避權要。弘治十三年，以右僉都御史巡撫延綏，軍聲大振。尋遷右副都御史，掌南院。正德初，劉瑾矯詔逮南京科道戴銑等，壽抗章論救，瑾怒罷其官。九年，復起巡撫陜西。尋拜南京兵部侍郎，陜人呼號擁輿，移日不得行。進刑部尚書，致仕。壽廉，歷官四十年，無家可歸，寓南都，所居不蔽風雨。其卒也，尚書李充嗣、府尹寇天敘爲之殮。

賀士諮。欽子。性通敏，博極羣書。領弘治壬子鄉薦。抱道自娱，絶意仕進。都御史張文錦薦其材，應詔陳務實學、存敬慎、謹細微、親賢遠邪等十二事，不報。即辭歸，隱居終身。

傅鑰。遼東廣寧人。正德間進士，授給事中。嘗論邊事，會宣大將領失利，亡卒甚多，廷議遣鑰覆視。上曰：「是嘗言邊事者，稱是選矣。」鑰至鎮，考治甄别，不隨不苟，得實以報。嘉靖間，累升山西按察使，用法平恕〔五〕，兼得大體。富民某，殺人當死，以貨免，鑰收鞫之，寘於法。知縣某、主簿某，皆良吏，爲姦人所搆，事下按察使，或謂鑰曰：「是當道所欲入也。」鑰以法如此，不可枉徇，竟白之。終河南巡撫。

趙國忠。錦州衛人。嗣指揮職。嘉靖初，舉武會試，進都指揮僉事。擢錦義右參將，連破敵，進署都督僉事，爲遼東總兵官。有功，進都督同知。已代趙卿鎮宣府，命部將逆擊諳達於大滹沱，敗之，寇盡走。及諳達薄京師，國忠趨入衛，移護諸陵，寇見國忠陣紅門，不敢入。三十一年，再鎮遼東，禦却小王子數萬騎。明年，逐敵出塞，多斬獲，進秩一等。國忠善戰，射穿札，爲將有威嚴。歷兩鎮，繕亭障，練士馬，邊防賴之。「諳達」舊作「俺答」，今改正。

趙傾葵。廣寧衛人。嘉靖中，爲蘇鎮參將。三十四年，寇犯馬蘭峪，傾葵往禦，與指揮褚文明等俱力戰死，贈都督同知，謚忠壯。

賈冕。廣寧衛人。世職指揮。尋舉武會試，進署都指揮僉事，爲中路遊擊將軍。嘉靖三十八年，寇犯遼陽，南抵海州，冕督軍往禦，死焉。贈都督僉事，謚忠壯。

黑春。其先建州人。世職廣寧指揮使，以功進署都指揮僉事，歷遼陽副總兵。嘉靖四十一年，王果導寇分入，春禦之，身自搏戰，殺數十人，敵棄資仗遁。詔進三秩。頃之，寇掠陽站堡，春逆擊，乘勢逐之，陷伏中，寇知其驍將，圍之數重。春與把總田耕等力戰二晝夜，援師不至，死之。贈都督僉事，謚忠壯。

楊照。前屯衛人。都督鎮之孫，嗣世職爲前屯衛指揮使。嘉靖中，以功累遷遼東總兵官，屢立戰功。嚴嵩怒照不輸賄，解職。嵩敗，朝廷以宿望起之。四十二年，蒙古深入金海諸衛，總兵官吴瑛不能禦，詔罷瑛以照代。其秋，又聚衆廣寧塞外，謀大入。照率諸將由鎮夷堡分道掩之，夜失道，去塞六十里，遂爲敵所圍，力戰中矢死。照忠勇負氣，撫士有恩，嘗涅「盡忠報國」四字於背，誓以死自効。起官數月間，屢戰皆捷，竟殞於陣。贈少保、左都督，謚忠壯。

楊維藩。照叔父。結髮從父都督鎮於行間，屢効首功，積官指揮僉事，擢廣寧鎮武營遊擊。痛照陣亡，誓滅敵雪恥。嘉靖四十四年，蒙古萬餘騎攻鎮武，維藩兵不滿千，迎之於境内蓮子湖臺，與衆誓曰：「此死地也。血戰或生！」遂進戰，殺敵幾半，手刃數十人，力竭，死之。詔贈都督僉事，與線補衮並立祠祭祀。子襲職，贈三秩。

線補衮。世職寧遠衛指揮。由廣寧遊擊進寧遠參將。嘉靖四十四年，敵攻小團山，補衮擊卻之，追至黄土臺，敵大至，圍之數重。補衮與廣寧遊擊楊維藩鏖戰良久，補衮手殺數人，面中二矢，鏃出腦後，突圍還營。數日而殞，詔贈都督僉事。

王治道。錦州衛人。嘉靖間，由世廕歷薊州參將。四十五年，擢遼東副總兵，進署都督僉事，充總兵官。隆慶初，以累立戰功，進署都督同知。時遼土荒殘，武備積廢，治道與巡撫魏學曾修築沿邊墻堡，自廣寧迄瀋陽。隆慶四年，實該巴雅呼等犯錦州大勝堡，治道與參將郎得功上馬追逐，獨十餘騎從。時敵伏兵齊家山，治道等誤入其中，殊死戰，敵稍却，知無援，遂圍之。矢且盡，盡鋭奪圍出，馬忽蹶，敵攢射之，遂死。事聞，贈少保左都督，謚忠愍，立祠賜祭。「實該巴雅呼」舊作「辛愛卜言兀」，今改正。

郎得功。廣寧衛人。世職指揮僉事，進參將，與總兵王治道同時戰死，贈都督同知。得功父傑禦敵花兒營，力戰死。二弟賓、寶，諸子得臣、得君、得恩及羣從數人皆戰死，其妻並守節不嫁，得功復死王事，時論多之。

程鎮。廣寧衛人，太學生。母病，日侍湯藥，夜不解衣。母轉病痢，鎮因醫者言，嘗糞而甘，知不救，悲號幾死。母卒，值鄰家失火，風急勢迫，鎮撫棺號曰：「萬一不虞，與母俱焚耳。」忽焉風反火滅，人以爲孝感所致。

宫守禮。前屯衛人。爲諸生，性端謹，好古執禮。父思問病篤，守禮衣不解帶，藥必親嘗，及卒，哀號累日，廬墓三年，有白雀巢於廬上。事繼母尤謹，朝夕率其妻問安。母初有他志，感其純孝，遂已。與鄉人飲，守禮在座，少長莫敢諠譁，其風動流俗如此。嘉靖間，守臣奏旌其門。

楊振。義州衛人。世職本衛指揮使。天啓二年，河東失守，歸路梗，其母自縊，振偕父及弟晝伏夜行，渡鴨緑江抵朝鮮，入皮島爲千總。崇禎初，以功累擢副總兵。十二年，松山被圍，巡撫議救援，諸將莫前，振獨請往。至吕翁山遇伏，全軍盡殁，振被執，令至松山説降。未至城里許，南向坐於地，命從官李禄告城中人曰：「諸將援軍即至。」城中人聞之，益堅守。振、禄皆被殺。

楊國柱。遼東義州人。精騎射，以功佩將軍印，總宣鎮兵。引兵救錦州，先至松山，陷伏中，大兵四面呼降，國柱太息語其下曰：「此吾兄子昔年殉難處也。吾獨爲降將軍乎！」突圍中矢墮馬死。建祠歲祀，額曰「旌烈」。本朝乾隆四十一年，賜謚烈愍。

朱文德。義州衛人，後家錦州。崇禎時，積戰功至松山副將，忤監視中官高起潛，斥罷。十一年，起故官。及城被圍，文德率前鋒拒守甚力。城破，不屈死。本朝乾隆四十一年，賜謚烈愍。

周遇吉。錦州衛人。少有勇力，好射生。後入行伍，戰輒先登，積功至前鋒營副將。崇禎十年，從討賊河南，戰光山、固始，皆大捷。後復討破胡可受於淅川，降其全部。出師襄陽，守槐樹關，張獻忠遂不敢犯。與諸將大破羅汝才於豐邑坪，屢加太子少保、左都督，代許定國爲山西總兵官。李自成犯山西，平陽守將説遇吉降，遇吉立斬之，憑城固守，潛出兵奮擊，殺賊無算。會食盡援絶，退保寧武，賊踵至，遇吉四面發大礮，殺賊萬人。火藥盡，外圍轉急，於是設伏城内，出弱卒誘賊入城，亟下閘，殺數千人。賊用礮攻，城圮復完者再，傷其四驍將。自成懼欲退，賊將獻計，前隊死，後復繼。官軍力盡，城遂陷。遇吉巷戰，馬蹶，徒步跳蕩，手格殺數十人，身被矢如蝟，竟爲賊執，大罵不屈，賊懸之高竿，叢射殺之，復臠其肉。城中士民感遇吉忠義，咸巷戰，死亡畧盡。遇吉死，京師遂不守。賊每語人曰：「他鎮復有一周總兵，吾安得至此？」當遇吉死時，其妻劉氏率婦女射賊，殺數百人。賊縱火焚之，闔門皆死於難。本朝乾隆四十一年，賜謚忠武。

李慶。錦州人。官百户〔六〕。四世百口同居，慶年百餘歲，咸重其齒德。

張寶。錦州人。四世同居。

本朝

吴景道。廣寧人，隸正黄旗漢軍。天聰時，擢吏部啓心郎。順治初，擢河南巡撫。歷平大河南北巨寇，以功累晉兵部尚書。卒贈太子太保，謚懿僖，賜祭葬，祀名宦祠。

李棲鳳。廣寧人，隸鑲紅旗漢軍。天聰時，授内院副理事官。順治初，擢安徽巡撫，平土寇有功。六年，調撫粤，平定南、韶、雷、廉等處，並破李定國之衆。撫粤八載，治蹟懋著，以兵部尚書總督兩廣，加太子少保。卒祀名宦祠。

陳錦。錦州人，隸正藍旗漢軍。天聰時，授騎都尉。順治初，任登萊巡撫，歷平山東土寇。尋由操江總督調浙閩，屢敗海賊於舟山。與鄭成功戰江東橋，次同安，夜爲賊所刺，卒。贈兵部尚書，賜祭葬。

蔡士英。錦州人，隸正白旗漢軍。順治元年從入關，勦撫山東及山西太原等處，皆有功，又從定浙江、福建。九年，巡撫江西，討平土賊楊文等，疏免逋賦浮糧，民甚德之。晉漕運總督。卒謚襄敏，賜祭葬。

郎廷佐。廣寧人，隸鑲黄旗漢軍。順治二年，官國史院侍讀。三年，從定四川。六年，從勦叛鎮姜瓖。尋擢江西巡撫，晉兩江總督，多惠政。十六年，破海賊鄭成功，擒其將甘輝等。康熙時，從康親王傑書駐浙之金華，討逆藩耿精忠，卒於軍。賜祭葬，祀名宦祠。

郎永清。廣寧人，隸鑲黄旗漢軍。順治初，由知府累擢至湖南布政使，有惠政。卒祀名宦祠。長子廷樞，任粤東按察使，有清望。次子廷極，歷任漕運總督，卒謚温勤。

徐廷印。廣寧人。順治初，累官神木副使。高有才之變，死之。贈按察使。

秦宗堯。義州人。順治初，歷知華州，有政績，擢知寧國府。時召天下賢守令十六人，各賜衣一襲，宗堯與焉。

董璘。廣寧人。知沙縣，時縣境初闢，璘悉心撫字，始有更生之樂。順治四年，土寇攻城，糧盡待援不至，死之。又海城令甘體垣，不受僞命死。光澤令柯永新，值變不食死。

張鳳儀。錦州人，隸正藍旗漢軍。知江西廣信府，當兵燹之後，實心撫循。順治初，分巡嶺北，叛鎮金聲桓圍贛，城中糧匱，諸將言老弱徒糜軍食，不若殺之，併力固守。鳳儀正色曰：「王者之師，攻城且不妄殺，况守城而屠我民乎？」未幾援至，一郡獲全。

于時躍。廣寧人，隸正白旗漢軍。順治間，由合肥知縣歷陝西按察使。聽斷明允，遷山西布政使。十二年，巡撫廣西，時桂林初復，李定國尚據六郡。時躍調兵轉餉，甚著勞績，擢總督。卒賜祭葬，祀名宦祠。

劉浩。錦州人，隸鑲紅旗漢軍。父武元，積軍功至一等輕車都尉。浩由治中擢知潯州。康熙十三年，孫延齡以桂林叛，浩攖城拒賊。副將蔣秉鑑内應，執浩送賊營，父子五人，抗節不屈，闔門百餘人皆被害。康熙二十二年，贈太僕寺卿。雍正三年，入祀昭忠祠。

王應奎。錦州人，隸鑲藍旗漢軍。知南豐縣，時逆藩耿精忠叛，應奎率家衆與鎮兵分守縣城，及城陷，應奎死之。

王之儀。廣寧人，隸正藍旗漢軍。爲福州知府。耿精忠之變，罵賊而死。

郎廷相。廣寧人，廷佐弟。康熙初，累遷四川布政使，招撫流移，四方至者甚衆。擢河南巡撫，再遷福建總督。時耿精忠初平，餘黨紀朝佐、張八等尚連營抗拒，廷相勦撫兼施，旬月間次第悉平。二十七年，卒於閩。

流寓

五代

馬允卿。青州刺史。遼兵至，堅守不降。城破被執，太祖義釋之。徙家於醫巫閭。

列女

遼

韓慶民妻。不知其姓氏。慶民爲宜州節度使，金人破宜州，慶民不屈死，以其妻配將士，其妻誓死不從，遂自殺。金世宗讀太宗實録，見慶民夫婦事，歎曰：「如此節操，可謂難矣。」

元

李袁氏。瑞州人。夫歿，氏年十九，誓不再嫁，以養舅姑。有王成者挾勢欲娶之，氏曰：「吾聞烈女不更二夫。」遂往夫墓痛哭，縊死樹下。

明

楊氏妙真。浙江鄞縣人。父原道，戍廣寧。妙真年十八，適廣寧後屯衛總旗賀昇，事舅姑以孝聞。昇隨征歿於山海關，氏往扶柩歸葬。子祥甫一歲，撫育成立，孀居四十九年。成化間旌之。

劉晏妻朱氏。義州衛人。早寡，弘治間，遇寇驅之行，氏仆地誓死，賊怒，以刃斷其吭而去。

侯爵妻汪氏。廣寧中屯衛總旗汪勝女，年十八歸生員侯爵。爵死，家甚貧，鬻奩以殯殮〔七〕。翁姑繼殁，氏經營喪葬盡禮。守節終身。正德間旌表。

王清妻曹氏。廣寧中屯衛人。夫殁，遺腹六月生男。父母欲奪其志，氏以死自誓，親黨憚之，不敢復言。子成立，家業復興。

熊宗義妻鄔氏。宗義爲廣寧中屯衛軍餘。嘉靖四年，敵侵雙堡，宗義被殺，挾氏上馬，自墜於地者再三，併殺之。

朱國楨妻劉氏。寧遠人。國楨官指揮，性至孝，父殁廬墓，哀毁死。劉方少，撫孤成立。年逾八十，視聽不衰。一門節孝並著。

鄭貞女。廣寧衛指揮雄女。幼敏慧，勤女紅。年及笄，許嫁遼陽孫棣。未幾棣殀，女誓不更適，縞衣杜門。舅姑遠在數百里，時以女紅問安，殷勤備至。既三年，父母以棣未奠雁，欲醮之，女聞而流涕，終日不飲食，父母乃不復言。年未老而容瘁齒落。卒之前一夕，羣鶴飛翔屋上。嘉靖十八年，詔旌其門。

莊大全妻白氏。義州衛人。年十八適大全。生子未一歲，大全死。求娶者甚衆，氏度不能免，遂自縊，與夫同葬。

臧鉞妻孫氏。廣寧人。守節二十五年，教子仲學舉於鄉，官表其閭。又趙忠妻，失其姓氏。忠任廣寧右衛指揮僉事，守鎮静堡。正統間，敵圍堡，忠乘城拒戰。有訛言城陷者，忠妻與女皆自縊。事聞，賜金爲忠妻女營葬，旌其門。又耿秩妻張氏。秩戰死平頂山，張氏年十九，痛欲自盡。姑與母勸之曰：「汝不貳志，節也。何忍捨父母與姑乎？」張氏遵命守節至四十年。詔旌之。

本朝

柴有庫妻吴氏。錦縣人。夫亡守節。同縣仲孝妻傅氏，均雍正年間旌。

王登雲妻郭氏。錦縣人。夫亡守節，姑病，紡績以備藥資〔八〕，茹苦食貧數十年。同縣李增榮妻楊氏、趙宏仁妻郭氏、法懷正妻王氏、張文福妻李氏、韓世英妻李氏、李彬妻谷氏、蔣自貴妻邱氏、袁擢妻姜氏，均雍正三年旌。

才烈女。錦縣武舉才柱才之女。年十七，父他出，豪鄰張某逼之，不從，自縊。雍正六年旌。

劉毓琦妻趙氏。錦縣人。夫早亡，家貧，事姑甘旨無缺，課子俱成名，守節四十九年。雍正七年旌。

谷薦馨妻田氏。寧遠人。夫亡守節。同州趙世禄妻董氏，夫亡家貧，奉姑甚孝。守節數十年。吴來尹妻趙氏，夫亡，事祖姑及姑以孝著。又王守良妻李氏、温成祥妻王氏、王六妻楊氏、王進才妻孫氏、趙廷弼妻張氏、劉成業妻馬氏，均雍正年間旌。

劉鳴鳳妻杜氏。廣寧人。少寡，撫孤守節。子殀，撫孫成立。同縣包學聖妻王氏、包毓珍妻秦氏、趙起雲妻蕭氏、包一禄妻趙氏、黄廷樑妻姜氏、李鳳鳴妻王氏、李振英妻李氏、李天植妻周氏、張星曜妻趙氏、闞士英妻王氏、劉起鳳妻齊氏，均雍正年間旌。

禪保妻馬佳氏。錦州鑲黄旗人。夫亡守節。同旗閑散額楞額妻瓜爾佳氏、那欽妻瓜爾佳氏、蘇林太妻吴氏、俊碩妻瓜爾佳氏、兵五格妻舒舒覺羅氏、庫爾圖妻鄂哩氏、正黄旗兵肖格妻覺羅氏、努爾穆妻謝氏、閑散考三妻徐氏、菩關保妻韓氏、兵珠哩諾妻劉氏、朱成保妻伊爾根覺羅氏、珠爾杭阿妻瓜爾佳氏、正白旗兵春太妻納喇氏、正紅旗兵達昂妻托果羅氏、陳四妻納喇氏、閑散吴賓妻楊氏、兵七車布妻噶吉勒氏、鑲紅旗兵常海妻張氏、趙渾岱妻李氏、閑散音保妻烏扎拉氏、石雅圖妻敖氏、正藍旗生員阿臨太妻覺羅氏、牧丁瑪清阿妻烏扎拉氏、閑散德楞妻瓜爾佳氏、兵富小妻瓜爾佳氏、鑲藍旗兵費揚大妻納喇氏、六十三妻托果羅氏，小淩河鑲黄旗兵三格妻覺羅氏、阿瑚拉妻覺羅氏、高明妻祁氏、閑散佟文璽妻周氏，寧遠正白旗閑散李榮藩妻王氏、兵邁圖妻韓氏、正紅旗閑散李國保妻于氏、王成妻白氏、兵應昇妻馮氏、鑲紅旗兵劉思明妻黄氏，中前所正藍旗閑散賽庫妻王佳氏、鑲藍旗閑散曾自亮妻王氏，中後所鑲白旗閑散張世功妻郭氏、張贊興妻劉氏、張臘妻王氏、鑲紅旗閑散李國椿妻曹氏、劉朝臣妻韓氏，廣寧正黄旗閑散劉佳妻董氏、吾巴什妻龐氏、正白旗佐領敖拜妻劉氏、領催和爾侯妻柏氏、兵卓和羅妻馬氏、岳屯妻柏氏、閑散馮良起妻金氏、七雅圖妻白氏、鑲藍旗閑散杜六妻趙氏、兵馬林太妻竇氏，巨流河鑲黄旗閑散劉起才妻謝氏、兵高從艷妻鄭氏、正黄旗兵阿那圖妻諾密勒氏、五格妻杜氏、萬都勒妻艾氏、鑲紅旗閑散黄國彰妻楊氏、黄國清妻李氏，白旗堡正白旗兵于耀臣妻孫氏、閑散湯臣妻蘇氏、正紅旗閑散劉璽武妻楊氏、張洪妻宋氏、張克用妻李氏、兵姚克久妻崔氏，小黑山鑲白旗兵布彦達賚妻五格勒錫氏、閑散王運安妻陳氏、侯文定妻高氏，閭陽驛正藍旗領催王永聲妻苻氏、兵李强妻王氏、閑散金用妻劉氏、田之秀妻朱氏、劉成國妻劉氏、唐四妻朱氏、鑲藍旗閑散莫爾吉妻和氏、兵元蛟妻李氏，義州鑲黄旗領催達爾達哈妻托克洛氏、兵徐用芳妻李氏、阿德拉瑚妻瓜爾佳氏、伊起克妻瓜爾佳氏、閑散顧光玉妻張氏、薛良卿妻王氏、程起雲妻門氏、范彦淩妻孫氏、范玉妻顧氏、兵喀拉妻孔氏、顧天雲妻王氏、閑散三格妻郭氏、誠美妻李氏、副貢生那郎阿妻高氏、兵于紹焕妻徐氏、阿音布妻李氏、閑散袁得利妻王氏、正黄旗閑散公額妻葉穆氏、貢生富有繼妻謝氏、閑散衣勒們繼妻孔氏、正白旗兵聶國恒妻閻氏、西凌阿妻魏氏、閑散周永壽妻王氏、鑲藍旗牧長齊東阿妻赫葉呼氏、閑散得壽妻關氏，松嶺邊門正紅旗兵察弼妻富察氏，新臺邊門鑲紅旗兵張八兒妻金氏、閑散尚得妻閻氏，彰武臺邊門正白旗兵羅世有妻潘氏、牛應士妻李氏，清河邊門鑲黄旗兵孫邦彦妻池氏，烈女義州鑲黄旗顧四兒，均乾隆年間旌。

朱學誠妻王氏。錦縣人。夫亡守節。同縣劉德鳳妻周氏、田玉妻陸氏、田爽妻胡氏、李天富妻王氏、梁維恭妻安氏、田尚信妻杜氏、楊爾第妻趙氏、傅芳明妻趙氏、趙三妻劉氏、任玉秀妻才氏、張大妻劉氏、翟廷秀妻劉氏、秦宏業妻冷氏、才瓚妻李氏、趙廷珍妻鄧氏、孟三强妻谷氏、張汝焯妻張氏、閻殿魁妻齊氏、高起雲妻安氏、趙崇禮妻李氏、畢九官妻高氏、江起雲妻陳氏、何保全妻宋氏、劉文登妻李氏、薛聯臣妻陸氏、陳芝荷妻許氏、孫文科妻李氏、史金元妻李氏、王文傑妻陳氏、王愉妻趙氏、趙師德妻劉氏、費有明妻白氏、魏臺妻史氏、陸天街妻張氏、李有文妻史氏、李經妻傅氏、金策勳妻周氏、劉祺昌妻柳氏、王瑋妻齊氏、楊世宏妻王氏、楊世寵妻李氏、郭文達妻趙氏、趙國治妻王氏、梅鎮妻丁氏、李嘉會妻劉氏、劉義華妻王氏、劉漢佩妻王氏、劉賓妻皮氏、王守敬妻楊氏、王國棟妻常氏、常明聰妻潘氏、侯嘉玉妻趙氏、申玉明妻紀氏、蕭大臣妻王氏、徐守貴妻王氏、賈景瞻妻温氏，烈婦張科舉妻王氏，均乾隆年間旌。

劉天禄妻崔氏。寧遠人。夫亡守節。同州李進孝妻馬氏、李義妻李氏、杜爲禮妻楊氏、温自選妻王氏、梁維屏妻張氏、崔崇妻陳氏、趙仲金妻張氏、辛朝選妻李氏、趙連茹妻張氏、郭洪基妻王氏、李進富妻王氏、許大成妻曹氏、楊守富妻温氏、宋九思妻劉氏、吕萬魁妻趙氏、劉天榮妻張氏、許碧妻周氏、劉登舉妻潘氏、常思明妻黄氏、石越凡妻楊氏、龔俊妻李氏、張景龍妻劉氏、邱萬倉妻李氏、倪華兆妻姚氏、趙大用妻馮氏、甯景武妻左氏，烈婦劉國清妻劉氏，均乾隆年間旌。

劉玉科妻沈氏。廣寧人。夫亡守節。同縣張玉利妻苻氏、趙璧妻胡氏、周玉規妻閔氏、趙宏智妻張氏、王之成妻朱氏、劉進朝妻王氏、何如琳妻王氏、朱顯宗妻崔氏、趙顯榮妻張氏、苻鴻澤妻常氏、馬四妻高氏、劉璇妻沈氏、朱永祥妻宋氏，烈婦王廷實妻李氏，烈女黄焕兒，均乾隆年間旌。

王玉珍妻于氏。義州人。夫早亡，矢志守節，孝事其姑。同州李得興妻謝氏、王得榮妻曹氏、杜盡良妻何氏、董明印妻李氏、賈尚節妻李氏、李國柱妻耿氏、劉起雲妻胡氏、劉有德妻白氏、李文登妻馮氏、劉國棟妻王氏、朱守榮妻曹氏、趙浮妻畢氏，烈婦張德明妻梁氏，貞女崔氏，均乾隆年間旌。

色哈那妻顧氏。錦州鑲黄旗人。夫亡守節。同旗兵巴明阿妻扎蘇魯氏、六十五妻伊爾根覺羅氏、閑散德林妻李氏、窪里及布妻張氏，正黄旗兵伯啓布妻敖撮力氏、淩保妻吴扎拉氏、閑散富明妻瓜爾佳氏、兵德住妻庫木圖氏、閑散德禄妻李氏、兵得倴妻那他氏，正白旗閑散千束妻圖色里氏、兵萬保妻馬氏，鑲白旗兵烏爾衮太妻伊爾根覺羅氏、兵莫淩額妻張佳氏、閑散高廷芳妻孫氏、高廷雲妻顧氏、阿力布妻楊氏、五達色妻賀氏、淩官保妻周氏、兵及拉布妻闞氏，正紅旗閑散鄭廷發妻朱氏，鑲紅旗閑散三各妻李氏、兵王弼妻劉氏，正藍旗兵海清亮妻田氏，鑲藍旗閑散科興額妻那塔氏、五德妻瓜爾佳氏、都令額妻李氏，寧遠正紅旗閑散三達子妻張氏、兵訥秦妻赫舍里氏、金澄妻李氏、劉宏鴻妻王氏、閑散孔祥妻祖氏，中後所鑲黄旗領催巴雅拉妻卜氏，廣寧壯丁何丞祖妻陳氏、閑散于昇妻甯氏，正黄旗閑散溝布里妻趙氏，鑲紅旗兵羅倓妻史氏，正藍旗兵烏雲保妻郭氏、閑散陳自亮妻齊氏、黄悅妻路氏、領催福良妻趙氏、兵倭伸布妻金氏、中底妻佟氏、福隆阿妻王氏、閑散那音布妻吴氏，巨流河鑲黄旗閑散温國保妻吴氏、單令得妻藍氏、邢懷信妻王氏、林玉捷妻程氏、楊宗江妻胡氏、兵巴成亮妻蘇氏、閑散馬永妻崔氏、邢培妻劉氏、兵楊乾妻高氏、傅奎妻顧氏、楊士羽妻范氏、正黄旗閑散劉奇高妻王氏，白旗堡正白旗閑散崔文美妻唐氏、路珍妻鄢氏、兵查渾妻何氏、張太妻賈氏、佛保妻陳氏、閑散崔文秀妻王氏、慶福妻吴氏、兵金存太妻張氏、閑散崔應周妻蘇氏、孟科妻卜氏、正紅旗閑散四達子妻郭氏、趙貴妻李氏、兵張懷玉妻吴氏，小黑山鑲白旗兵福珠禄妻張氏、高和妻郭氏、閑散李芸妻徐氏、鑲紅旗兵蕭廷茂妻張氏、閑散羅佩基妻李氏、兵達藍太妻陳氏、蔣義妻鈕氏、閑散何生額妻高氏、張潤妻李氏、馬國照妻陳氏、蕭清焕妻張氏、陶氣妻陳氏，義州鑲黄旗閑散常青妻謝氏、李應禄妻郭氏、閻得安妻常氏、李永福妻張氏、領催色清阿妻高氏、兵德音太妻范氏、多倫太妻宋氏、牧丁佛隆額妻李氏、閑散高廷太妻岳氏、李悦妻張氏、李德妻李氏、趙天經妻李氏、張文才妻闞氏、兵圖明阿妻高氏、窩京額妻冷氏、閑散楊興妻闞氏、金恒成妻李氏、兵德布肯太妻張氏，正黄旗閑散夫倫太妻伊爾根覺羅氏、兵烏凌阿妻李氏、領催明阿妻唐氏、兵永德妻狄氏、閑散石岱妻岳氏、馬芝妻紀氏、兵夫禪太妻王氏、色金保妻温氏，正白旗閑散占太妻鄭氏、領催沙凌阿妻佟氏、閑散周國瑞妻薛氏、石永現妻張氏、李倌妻楊氏、周祥妻張氏、苗貴妻高氏、兵木常阿妻于氏、牧丁達藍太妻安氏、閑散宋成妻李氏、烏力各奇妻闞氏、敖布達妻楊氏、兵達朗阿妻陳氏，正藍旗閑散郭黑達妻江氏、生員伯凌阿妻趙氏，彰武臺邊門正白旗閑散馮虎妻姚氏、馮大倫妻羅氏，鑲紅旗閑散劉文郁妻沈氏，烈婦義州正白旗趙存妻吴氏、義州旗屬顧勇保妻金氏，均嘉慶年間旌。

李天寶妻于氏。錦縣人。夫亡守節。同縣王文德妻楊氏，均嘉慶年間旌。

王家興妻萬氏。寧遠人。夫亡守節。同州王勤妻温氏、劉步蟾妻單氏、趙應時妻王氏、白士聰妻張氏、馬甄妻劉氏，貞女姚法珠聘妻賈氏，均嘉慶年間旌。

薛名盛妻李氏。廣寧人。夫亡守節。同縣商廷惠妻張氏，貞女王益臨聘妻車氏，烈女留住兒，均嘉慶年間旌。

貞女姜氏。義州人。許字王楨，未婚守志。同縣節婦趙存妻吴氏，烈婦顧永保妻金氏，均嘉慶年間旌。

仙釋

明

張三丰。懿州人。名全，一名君寶，三丰其號也。以其不飭邊幅，又號張邋遢。頎而偉，龜形鶴背，耳大目圓，鬚髯如戟。寒暑唯一衲一笠，所啖升斗輒盡，或數月不食。讀書經目不忘。或處窮山，或游市井，能一日千里，嬉笑詼諧，旁若無人。明初入武當，結草廬居之。已而舍去，行游四方。太祖聞其名，遣使徧覓之，不遇。成祖時亦遣使徧訪名山，終不獲。後不知所終。

土産

鹽。濱海出。

鉛。通志：出錦州。

蒼术。通志：出廣寧者佳。

香梨。出醫巫閭山。

桃。出廣寧者佳。

錦荔枝。一名癩葡萄，深黄色。棄皮取瓤，可充果，與他處異。

黄羊。出錦州邊外。

八稍魚。寧遠州出。

螆。寧遠州出。

校勘記

〔一〕宣德中進都指揮使　「宣德」，原作「寧德」，據乾隆志卷四四錦州府名宦（下同卷簡稱乾隆志）及明史卷一七四施聚傳改。

〔二〕何可綱　「綱」，原作「剛」，據明史卷二七一何可綱傳及乾隆盛京通志卷五六名宦改。本志卷六一奉天府人物亦有其人傳，字亦作「綱」。下文同改。

〔三〕圖形淩煙閣　「煙」，原作「雲」，據乾隆志及新唐書卷一三六李光弼傳改。

〔四〕謚文憲　「文憲」，原作「文獻」，乾隆志同，據遼史卷九六姚景行傳及乾隆盛京通志卷五九歷朝人物改。

〔五〕用法平恕　「恕」，原作「怒」，據乾隆志及乾隆盛京通志卷六四歷朝人物改。

〔六〕官百户　「官」，原作「宫」，據乾隆志改。

〔七〕鬻奩以殯殮　「殯」，原作「嬪」，顯誤，據乾隆志改。

〔八〕紡績以備藥資　「備」，原作「僅」，據乾隆志改。

吉林圖

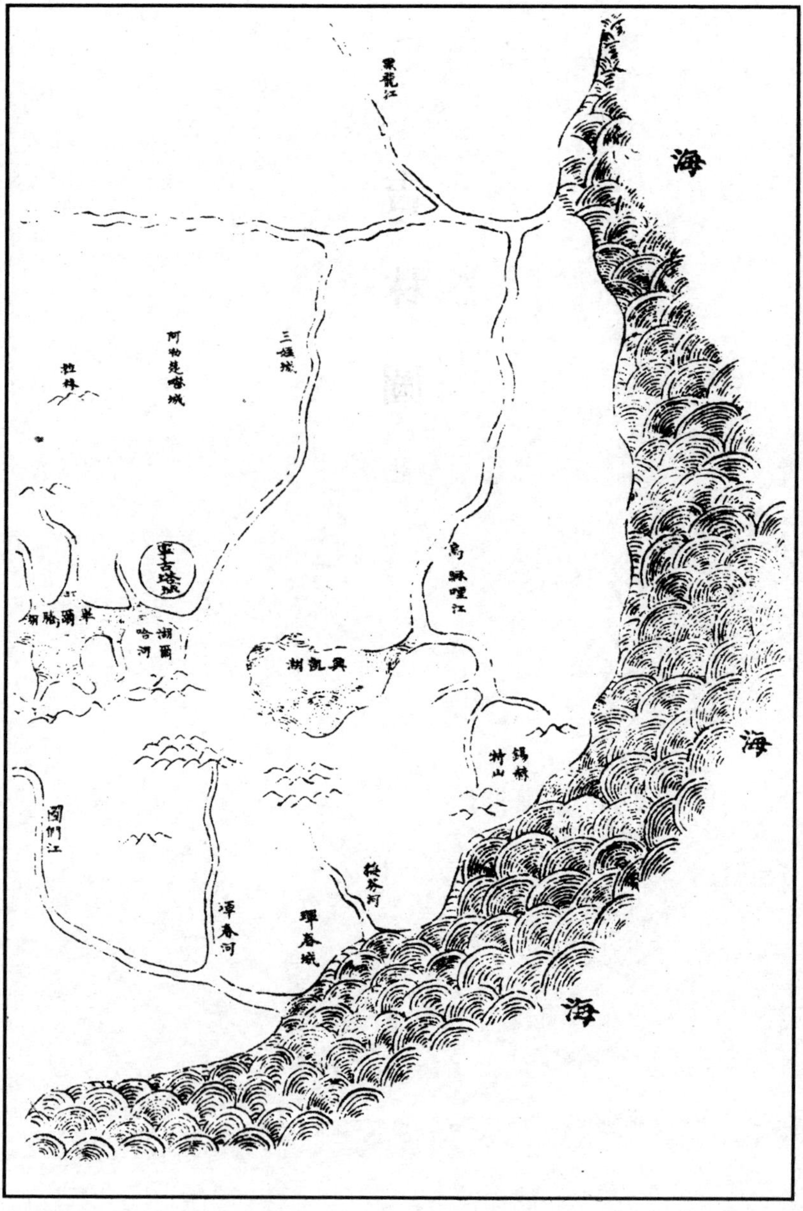
黑龍江
海
三姓城
阿勒楚喀城
拉林
寧古塔城
畢爾騰湖
湖爾哈河
烏蘇哩江
興凱湖
海
錫赫特山
圖們江
琿春河
琿春城
綏芬河
海

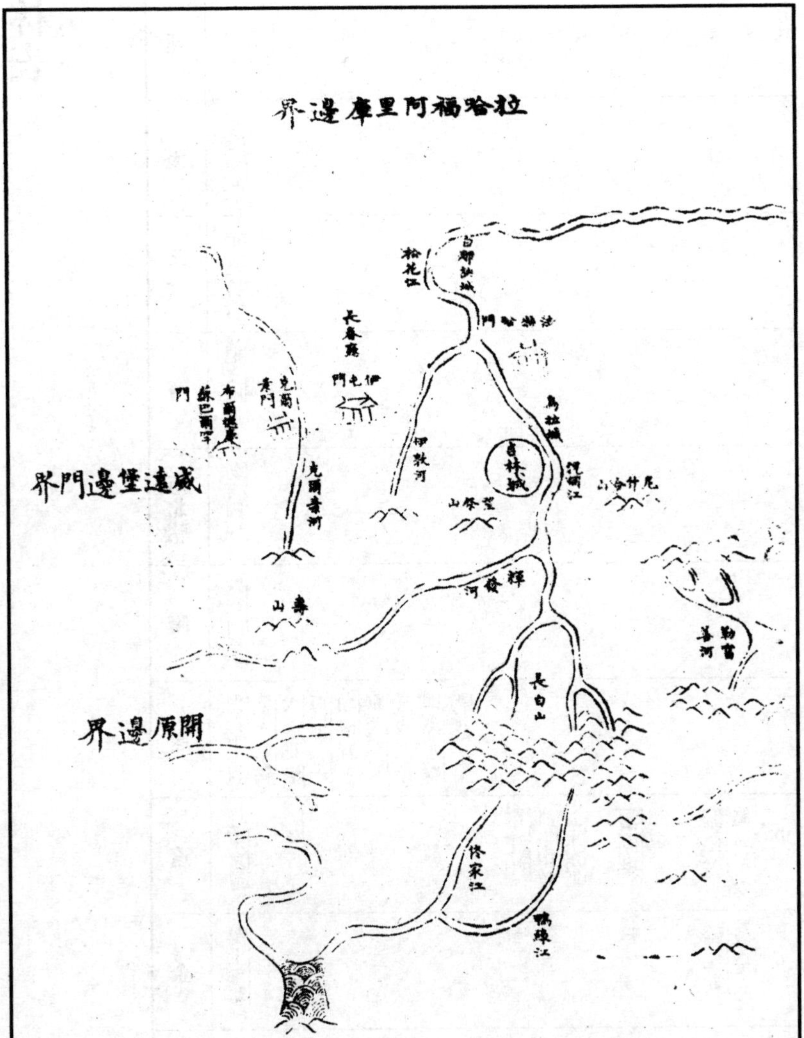
拉哈福阿里庫邊界
白都訥城
松花江
法特哈門
長春廳
伊屯門
克爾素門
布爾德庫蘇巴爾罕門
烏拉城
吉林城
尼什哈山
威遠堡邊門界
伊敦河
克爾素河
輝發河
壽山
勒富善河
長白山
開原邊界
佟家江
鴨綠江
朝鮮界

吉林表

秦				
漢	挹婁國地。			
三國	挹婁國地。			
晉	挹婁國地。			
南北朝	勿吉國地。			
隋	靺鞨國地。			
唐	先天中，封粟末靺鞨大氏爲渤海郡王。渤海置上京龍泉府。其東北境即黑水靺鞨地。			
遼	屬東京道。	寧江州清寧中置，屬東京道。	混同縣州治。	歸仁縣屬通州安遠軍。
金	屬上京路。	廢。	廢。	歸仁縣屬咸平府。
元	屬開元路。			廢。
明	初設都司，領衛一百八十四，所二十。後皆屬本朝。			

續表

上京會寧府 初建都。天眷元年，號上京。貞元二年，遷都於燕，稱會寧府。大定十三年，復故。	
會寧縣 府治。	
曲江縣 大定七年，置鎮東縣，屬會寧府。十三年，改名。	廢。
宜春縣 大定七年置，屬會寧府。	廢。

續表

賓州懷化軍 統和十七年置州，尋置軍。
肇州 天會八年置。承安三年改置武興軍。後軍廢。貞祐二年復置。 始興縣 州治。 廢。 海蘭路 屬上京。 率賓路 本遼率賓府。天會二年移扎蘭路於此，屬上京。
海蘭府 碩達勒達等路 領桃屯、呼爾哈、鄂托哩、托郭琳、布固江軍民萬户府五。

續表

	呼爾哈路 初置萬户，海陵改置節度，屬上京。								

大清一統志卷六十七

吉林一

在盛京東北八百二十餘里。東西距三千五百九十餘里,南北距一千五百九十餘里。東至海三千餘里,西至威遠堡邊門五百九十五里,南至鴨緑江朝鮮界九百九十餘里,北至拉哈福阿里庫邊界六百餘里,東南至海二千三百餘里,西南至奉天府開原邊界五百八十餘里,東北至海三千餘里,西北至克爾素邊門四百五十餘里。自吉林至京師二千三百里。

分野

天文尾箕分野,析木之次。

建置沿革

古肅慎國地。漢、晉爲挹婁國地。後魏謂之勿吉。隋曰靺鞨。唐先天中,封粟末靺鞨大氏爲渤海郡王。後渤海置上京龍泉府,其東北爲黑水靺鞨地。遼統和、清寧間,置賓州、寧江州,屬東京道。其東北爲女直部，後建國曰金，置上京會寧府及肇州，海蘭、率賓、呼爾哈等路。元爲開元路之北境，兼置海蘭府碩達勒達等路，寧古塔境。「海蘭」、「率賓」、「呼爾哈」、「碩達勒達」，改俱見前。設軍民萬户府五，曰桃屯，曰呼爾哈，曰鄂托哩，曰托郭琳，曰布固江，「桃屯」舊作「桃温」，「鄂托哩」舊作「斡朵憐」，「托郭琳」舊作「脱斡憐」，「布固」舊作「孛古」，今並改正。「呼爾哈」，改見前。分領混同江南北之地。明初設都司，領衛一百八十四、所二十。

後屬本朝。順治十年，於寧古塔設昂邦章京及副都統鎮守。康熙元年，改鎮守寧古塔等處將軍。十年，副都統移往吉林。十五年，移寧古塔將軍鎮守吉林烏拉，復移副都統鎮守寧古塔。是年吉林添設副都統。三十一年，移吉林副都統駐白都訥。雍正三年，復設吉林副都統。五年，於吉林置永吉州，寧古塔置泰寧縣，白都訥置長寧縣，均屬奉天府。七年，省泰寧縣，設三姓副都統。乾隆元年，省長寧縣。九年，設拉林副都統。十二年，省永吉州，改設吉林理事同知，屬將軍統轄。二十一年，添設阿勒楚喀副都統。三十四年，裁拉林副都統。嘉慶五年，設長春廳。凡寧古塔、琿春、白都訥、打牲烏拉、阿勒楚喀、三姓、長春廳皆所轄也。

形勢

東濱大海，西接邊牆，南峙白山，北踰黑水，土地曠遠，山川環絡。

風俗

舊風純直。其祭天地，敬親戚，尊耆老，接賓客，信朋友，禮意款曲，皆出自然。金史。俗無市井，以射獵爲業。元史地理志。精騎射，重誠信，尚詩書。通志：本朝乾隆十九年，有御製吉林土風詩十二首：一威呼，二呼蘭，三法喇，四斐蘭，五賽斐，六額林，七施函，八拉哈，九霞綳，十豁山，十一羅丹，十二周斐。

城池

吉林城。周一千四百五十一丈，高一丈。南臨混同江。門五，西一門，東、北各二門。本朝康熙十二年建，乾隆七年修。又今城之東南五百八十里勒富善河西岸有鄂多理城，周一里一百步有奇，門三，四圍有濠。子城周百步有奇，南一門。本朝初定三姓之亂，國號滿洲，即肇居於此，實爲億萬世發祥重地。乾隆十九年，高宗純皇帝東巡，駐蹕於此，有御製車駕至吉林得七言排律十二韻、駐蹕吉林將軍署、吉林覽古雜詠詩，並賜「天江鎖鑰」扁額。「吉林」原名「船廠」，今改(二)。「鄂多理」，改見前。

學校

吉林學。乾隆七年建。入學額數四名。嘉慶五年，吉林增設滿、合二號，五六人酌進一名，未經定額。又吉林有左右翼官學，於康熙三十二年建。寧古塔、白都訥、三姓均有左右翼官學，於雍正年間建。又蒙古八旗、打牲烏拉、鄂摩和索羅、琿春、阿勒楚喀、拉林均有官學。

户口

原額人丁十三萬一千九百二十七，今滋生男婦大小共五十六萬六千五百七十四名口，計十一萬一千八百四十七户。

田賦

吉林官莊五十處，壯丁三百四十六名。原壯丁五百名，交糧一萬五千石。嘉慶二十一年，奏准現丁三百四十六名，承種地一萬五千二百四十八晌三畝，歲交糧一萬一千一百九十七石四斗五升。寧古塔官莊十三處，壯丁一百三十名，承種地一千五百六十晌，歲交糧三千九百石。白都訥官莊六處，壯丁六十名，承種地七百二十晌，歲交糧一千八百石。三姓官莊十五處，壯丁一百五十名，承種地一千八百晌，歲交糧四千五百石。阿勒楚喀官莊三處，壯丁三十名，承種地三百六十晌，歲交糧九百石。拉林官莊三處，壯丁三十名，承種地三百六十晌，歲交糧九百石。民人承種地畝共一百四十三萬九千五百五十七畝有奇，額徵地米銀共七萬八千九百一十六兩一錢三分零，額徵丁銀六千六百六十二兩一錢，各項雜税徵銀八千四百一十五兩四錢五分八釐。

山川

長白山。在吉林城東稍南六百里，即果勒敏珊延阿林。横亘千餘里，東自寧古塔，西至奉天府諸山，皆發脈於此。山巔有潭，爲鴨緑、混同、圖們三江之源。古名不咸山，亦名太白山，亦名白山。山海經：大荒之中，有山名不咸，有肅慎氏之國。晉書：肅慎氏在不咸山北。魏書：勿吉國有徒太山，魏言太白。有虎豹羆狼不害人。人不得山上溲汙，行徑山者，皆以物盛去。金史世紀：其在北者，有混同江、長白山，混同江亦號黑龍江，所謂白山黑水是也。又禮志：大定十二年，封長白山神爲興國靈應王，即其山北地建廟宇，有司致祭如岳鎮故事。明昌四年，復册爲開天弘聖帝。葉隆禮遼志：長白山在冷山東南千餘里。其内禽獸皆白，人不敢入，恐穢其間，以致蛇虺之害。明統志：在三萬衛東北千餘里，舊會寧府南六十里。横亘千里，高二百里。其巔有潭，周八十里，淵深莫測，南流爲鴨緑江，北流爲混同江，東流爲阿雅噶河。今考西南流入海者爲鴨緑江，東南流入海者爲圖們江，北流入海者爲混同江，並無「阿雅噶河」之名，古今稱名之異也。金時廟毀。本朝考正祀典，尊爲長白山之神，在城西南九里温德亨山望祭。春秋兩祭，吉林將軍、副都統主之，盛京禮部遣官隨祭。國家大典，遣大臣祭告如嶽鎮儀。康熙十七年，奉旨遣大臣覺羅武穆納等登山相視，見山麓一所，四周密林叢翳，其中圜平，草木不生，出林里許，香樹行列，黄花紛郁，山半雲垂霧冪，不可仰睇。諸大臣跪宣旨畢，雲霧倏廓，山形瞭然。有徑可登，其半有石砌臺，坦平宜四望，山巔作圜形，積雪皚然。及陟其上，五峯環峙如府，南一峯稍下如門，中潭窈杳，距岸五十丈許，周四十餘里。山之四周，百泉奔注，即三大江所發源。康熙二十三年，復遣駐防協領勒輒等周圍相山形勢，廣袤延亘，略如明統志所云。其巔不生他樹，草多白花。南麓蜿蜒磅礴，分爲兩幹。其一西南指者，東界鴨緑江，西界佟家江，麓盡處兩江會焉。其一遶山之西而北，亘數百里，以其爲衆水所分，舊志總謂之分水嶺。今則西至興京邊，茂樹深林，幕天翳日者，土人呼爲納嚕窩集。從此西入興京門，遂爲啓運山。自納嚕窩集而北，一岡袤四十餘里者，土人呼爲果勒敏珠敦，復西指入英莪邊門，遂爲天柱、隆業二山，迴旋盤曲，虎踞龍蟠。其間因地立名，爲山爲嶺者不一，要皆此山之支裔也。山之靈異，自昔稱名，而神聖發祥，於此爲盛，萬禩鴻基，與山無極矣。長白山南有歪頭磖子山，其山之東曰紅石磖子山。謹考實録，長白山之東有布庫哩山，其下有池，曰布勒瑚哩。相傳有三天女浴於池，神鵲銜朱果置季女衣，季女含口中，忽已入腹，遂有身。尋産一男，生而能言，體貌奇異。及長，母告以吞朱果之故，因錫之姓爲愛新覺羅，名之曰布庫哩雍順，與小舠乘之，母遂淩空去。舠順流至河步，登岸，折柳及蒿爲坐具，端坐其上。其地有三姓，争爲雄長，日搆兵仇殺。有取水河步者，見而異之，歸語人曰：「汝等勿争，吾取水河步，見一男子，察其貌，非常人也。天不虚生此人。」衆往觀，皆以爲異，因詰所由來。答曰：「我天女所生，天生我以定汝等之亂者。」且告以姓名。衆曰：「此天生聖人也，不可使之徒行。」乃交手爲舁，迎至家，三姓者議推爲國主，以女妻之，奉爲貝勒，其亂乃定，遂居長白山東鄂多理城，號曰滿洲。是爲開基之始。越數世，遭寇亂，宗族多遇害。有幼子遁於荒野，賊追之，會有神鵲止其首，追者遥望鵲棲處，疑爲枯木，中道而返，乃得免，隱其身以終焉。其後傳至肇祖原皇帝。是此山實爲我皇清億萬年發祥重地。康熙二十一年，有御製望祀長白山詩。雍正十一年，建望祭殿於温德亨山，歲時致祀。乾隆八年，有御製駐蹕吉林境望叩長白山詩；十七年，有御製長白山瑞樹歌；十九年，有御製望祭長白山作詩。「阿雅噶」舊作「阿也苦」，今改正。

尼什哈山。在城東十二里。周十里，高三百步。其上有城，周二里。城西一井，木一其中。旁有鯽魚池三，石砌。本朝乾隆十九年，高宗純皇帝東巡，有御製尼什哈山詩。注云：吉林將軍凡祈雨晴，皆於是山。

伊蘭茂山。在城東南七里，混同江東。其上有伊蘭茂城。

伊努山。在城東南一百七十里。高五里，周三十里。

額敦山。在城東南三百里。高六十里，周八十里。富勒呼河、飛虎河俱發源於此。

佛爾們山。在城南四十五里。高四里，周十里。

佛斯亨山。在城南四百里。高十里，周五十里。「佛斯亨」舊作「佛斯衡」，今改正。

費德哩山。在城南五百里。高二十里，周四百餘里。

南坶克山。在城南六百五十里。高五里，周十五里。

望祭山。在城西南九里，即温德亨山。高一百五十步，周五里。每歲春秋，於此望祭長白山之神。雍正十一年，建望祭殿。

和托蘇山。在城西南三百餘里。山北有小堡。

科齊克山。在城西南四百里。通志：在葉赫城北，上有蒐登堡。

伊蘭穆哈連山。在城西南四百里。三峯並峙，拉新河發源於此。

壽山。在城西南四百二十里，即查拉芬阿林。本朝康熙二十一年，聖祖仁皇帝祭告山陵，大蒐，駐蹕於此。值萬壽聖節，因賜名壽山。乾隆十九年，聖駕駐蹕於此，亦值萬壽聖節，於幔城行慶賀禮，有御製八月十三日作詩。

白石山。在城西南四百三十里，即珊延沃赫。通志：白石山有二，一近葉赫城，一近邊，均在吉林西南。

烏魯哩山。在城西南四百七十里。高三里，周三十里。烏魯哩河發源於此。

愛新山。在城西南四百九十里。周五十里。

庫斡蘭山。在城西南四百餘里。通志：上有石砌小城，周五十餘步，西一門。

黑嘴山。在城西南四百餘里，即薩哈連洪科。周百餘里。

半截塔山。在城西南五百里。通志：在葉赫城。上有半截塔，故名。

達喜穆魯山。在城西南五百十里。周四十餘里。通志：山南爲瞻河，北爲葉赫。

古城山。在城西南五百十里。

勒富山。在城西南五百四十里。周二十里。

扎克丹山。在城西南五百五十四里。周十里。

德克山。在城西南五百餘里。山前一泉，流入哈達河。

察庫蘭山。在城西南五百餘里。通志：山北有石人一。

納爾琿山。在城西南五百餘里。通志：有二，一近葉赫城，一近瞻河。

尼瑪瑚山。在城西南五百餘里。高二百步，周三里。太祖高皇帝壬子征烏拉，築木城於此。

嘉石山〔二〕。在城西南五百餘里，近邊。開原縣華家溝河發源於此。

烏珠山。在城西南五百餘里，近英莪邊門。

威遠堡山。在城西南五百六十六里。

納嚕山。在城西南界。

達揚阿山。在城西南界。周二十里。其山之南，即穆赫納音布瞻。

烏拉山。在城西南界〔三〕。

阿嚕山。在城西南界〔四〕。

薩穆禪山。在城西南界〔五〕。太子河發源於此。按明統志，太子河一名東梁水，源發幹羅山。與此不同。

三股泉山。在城西南界〔六〕。

和倫呼遜山。在城西南界〔七〕。「和倫呼遜」舊作「活洛惶孫」，今改正。

費葉稜烏山。在城西南界〔八〕。「費葉稜烏」，改見前。

瑪察山。在城西南界〔九〕。

俊團山。在長白山西南〔一〇〕，近岫巖廳所轄鳳凰城邊外之宣城，即和齊寬穆哈連山也。

安巴和羅山。在城西南界〔一一〕。

樓房山。在城西南界〔一二〕。

雅爾呼達山。在城西二十里。周四十餘里。

阿勒坦額默勒山。在城西三百四十里。通志：明統志阿爾千山即此。「阿勒坦額默勒」舊作「阿爾坦額默爾」，今改正。

葉赫山。在城西三百九十里。

克爾素山。在城西四百里，近克爾素河。

雅克薩山。在城西五百四十七里。山之西舊有青陽鋪城，即明時開原舊邊也。

蒲泊山。在城西五百八十里，亦名鄂克濟哈鄂摩山。下有泊，中多產蒲。
羅羅山。在城西北一百二十里。周十五里。
馬鞍山。在城西北一百二十里，即恩額穆山。周四里。
呼蘭山。有二。一在城西北一百四十里，周十里；一在阿勒楚喀城東南八十里。
薩爾都山。在城西北一百五十里。周十里。
額赫烏蘭山。在城西北一百九十里。周三十里。
博屯山。在城西北二百里。周三十里。山北有小山，上有金羅索墓。「羅索」，改見前。
拉克山。在城西北四百十二里。周百餘里。
布爾德庫蘇巴爾罕山。在城西北邊界。其西北有邊門。
巴延鄂佛羅山。在城北一百八十里。
伊罕山。在城東北三十里。上有城。
塞赫哩山。在城東北一百二十里。周十里。
拉林山。在城東北二百四十五里。周二十里。拉林河發源於此。
摩琳山。在城東北二百五十里。周三十里。
扎松阿山。在城東北三百里。高十四里，周五十五里。
穆克阿哩哈山。在寧古塔城東南五百里。又錫木納山，在城東南五百四十五里；笊籬山，在城東南五百八十里。

烏爾琿山。在寧古塔城東南六百二十里；又喜彰山，在城東南六百三十里，琿綽渾河、珠倫河發源於此；俱高五里，周三十里。

通肯山。在寧古塔東南七百里。琿春河發源於此。

錫赫特山。在寧古塔城東南一千五百七十里。高三十里，周一百里。烏蘇哩江、伊津河、奇嚕河俱發源於此。其南即大海。

碧奇山。在寧古塔城東南界〔一三〕。

希扎山。在寧古塔城南四百四十五里。

鄂摩和昂阿山。在寧古塔城西南一百里。又西南有布拉山。

堪達山。在寧古塔城西北三百里。

小白山。在寧古塔城西北四百里。高士奇扈從録：小白山巖岫嶔巇，冰雪夏積。

呼勒山。在寧古塔城東北三百里，瑚爾哈河之南。高六里，周圍三十里。

畢朗吉山。在寧古塔城東北九百里，混同江南岸。高五里，周七十里。

額爾古呼山。在寧古塔城東北一千里，混同江之南。高四里，周六十里。

穆哩罕山。在寧古塔城東北一千六百五十里。

哈勒琿山。在寧古塔城東北一千八百里。

烏槍山。在寧古塔城東北二千一百九十里。

卓哩奇山。在寧古塔城東北二千五百六十八里。

哲勒肯山。在寧古塔城東北二千五百八十五里。

孟額山。在寧古塔城東北二千六百四十四里。

殿山。在寧古塔城東北二千七百二十一里。上有二碑。

庫勒克山。在寧古塔城東北二千八百餘里。

陽山。在寧古塔城東北二千九百二十二里。

庫勒布山。在寧古塔城東北界〔一四〕。又揚古岱山、九文山、楚察馨山、瑪呼山、鄂錫克塔山、寧聶哩神山、庫穆訥神山、廟灣山、額爾奇埒山、穆丹山、白庫山、催馬山，俱在寧古塔城東北界。「寧聶哩神」舊作「尼英尼葉哩神」，今改正。

蘭陵山。在白都訥城東〔一五〕。又康山，亦在城東〔一六〕。

和勒托和山。在白都訥城東，阿勒楚喀城北〔一七〕。周三十里。

哈爾噶山。在阿勒楚喀城東二百里。

索克托庫山。在阿勒楚喀城南八十三里。又城南有索多和山。

錫勒們山。在阿勒楚喀城西界〔一八〕。「錫勒們」舊作「西爾們」，今改正。

阿勒楚喀山。在琿春城東五里。又喀爾岱山，在城東八十餘里。

團山。在打牲烏拉城東二十三里，小西浪河之北。高五十四丈。

牛山。在打牲烏拉城東南。高三十丈。起脈於佛門峯，高一百七十二丈。

佛赫庫山。在打牲烏拉城西北。高二百三十二丈。又薩爾達山，亦在城西北。

巴彦吉魯山。在長春廳西三十五里。

拉發峯。在吉林城東一百五十二里。高五里，周二十里。峯前有洞，人不能至。

尼雅勒瑪峯。在城東南四百里。高一百五十步，周五里有餘。

聖音吉林峯。在城南三百七十里。上有輝發城。

阿呼峯。在城西南十五里。

額赫峯。在城西南三百六十七里。

吉林峯。在城西南四百餘里。高一里，周二十餘里，又名雞冠山。上有五泉，北流分爲五道，合爲依巴丹河，匯雅吉善河。

呼蘭峯。在城西南四百餘里。通志：在葉赫城東北，周十里。

伊徹峯。在城西南五百里。峯西南有哈達新城，下有石城。

昂阿西峯。在城西南五百里。高五里，周四十里。峯北有烏蘇哩堡。

安巴和托峯。在城西南五百里。周五十里。峯下有小石城，四圍密林叢翳，峯頂草木不生。瞻河、富勒哈等河俱發源於此。又有阿濟格和托峯，在城西南五百餘里，周四十餘里。

烏勒間峯。在城西南五百餘里。又相近有貴勒赫峯。「烏勒間」，改見前。

珠嚕穆克善峯。在城西南界〔一九〕。長白山南有二峯，即是長白山南麓及西南指者，山名各異，而峯巒相續。其東爲鴨緑江，其西即佟家江，山盡處兩江合流入海。

珠嚕穆哈連峯。在城西一百六十里。有東西兩峯。

塞赫勒峯。在城西北九十里。周十里。其東南二里許即驢子峯，周二十五里。

發實蘭峯。在城西北一百十七里。周十里。奇塔穆河發源於此。

珊延峯。有二。一在城北一百三十里，周二十五里；一在寧古塔西南一百二十里畢爾騰湖中，即白巖也。

發烏勒呼瑪峯。在城東北九十五里。周十里。

輝和羅峯。在寧古塔城東南一千四百里。高五里，周十五里。

烏赫濟峯。在寧古塔城東南一千五百里。高四里，周十里。

呼克圖峯〔二〇〕。在寧古塔城西南一百六十七里。

察哈爾峯。在寧古塔城北八十里。高三里，周三十里。

錦住峯。在打牲烏拉城東。高七十五丈。又城東南有發實蘭峯，高二百十二丈。

黑林嶺。在吉林城南八百七里，亦名分水嶺，即長白山南麓一幹延亘曲折西北指者也。嶺有三泉，從谷中涌出，即爲佟家江之源。

黑嶺。在城南九百七十里。

青嶺。在城南一千七十里。

長嶺子。在城西南五百里，土名果勒敏珠敦。南接納嚕窩集，北接庫勒訥窩集，自長白山南一嶺環繞至此，延亘不絶。爲衆水分流之地，東北流爲雅吉善、輝發等河，入混同江；西北流爲英莪、瞻河、哈達、葉赫、克爾素等河，入邊。

香嶺。在城西南五百餘里。呼嚕河、瞻河發源於此。又相近有鈕赫嶺。

達揚阿嶺。在城西南五百餘里，長嶺子北。

呼倫嶺。在城西北界，興京門東。其東又有康薩嶺。

喀巴嶺。在城西南界，長白山西南。通志：呼倫嶺、康薩嶺、喀巴嶺俱長白山南分水嶺之支嶺也。

屯齊嶺。在城西二十里。

烏珠嶺〔一一〕。在城西二百六十七里。

噶哈嶺。在城西四百三十餘里。其下即英莪布瞻，太祖高皇帝甲申年征渾河部，鑿道於此。

勒富善岡。在吉林城東南六百里。

阿布達哩岡。在城西南界。天命四年，太祖高皇帝殲明兵於此。

蘇斡延岡。在城西一百六十九里。周百餘里。

珠嚕喀勒畢庫岡。有二。一在城西三百四十三里；一在城西三百四十六里，瀕伊屯河東、西岸，高三十餘里。

固拉庫崖。在吉林城西南界。太祖高皇帝己未年攻降朝鮮兵於此。

紅字崖。在舊會寧城西八百里〔一二〕。崖高數千丈，其上赤紋如朱書古篆。

蒙古峪。在吉林城西南五百里，葉赫城西南四十里。

納穆窩集。在吉林城東八十里。高三里餘。城東南諸河多發源於此。凡山多林木者曰窩集。謹考聖祖仁皇帝御製文集云：窩集東至海邊，接連烏喇黑龍江一帶，西至俄羅斯，或寬或窄，叢林密樹，鱗次櫛比，陽景罕曜。如松柏及各種大樹，皆以類相從，不雜他木，林中落葉，常積數尺許，泉水雨水，至此皆不能流，盡爲泥滓，人行甚難。有熊及野豕、貂鼠、黑白灰鼠等物，皆資松子、橡實以爲食。又産人蓡及各種藥料，人多不能辨，識者謂與南方湖廣、四川相類。康熙三十七年，有御製閱窩集詩并序。又御製詩序云：「烏喇山嶼間，古木灌莽，澤潦徧野，即黄龍府之地也。今人未暇詳考，賦詩二首。」乾隆十九年，有御製窩集行。

塞齊窩集。在城東二百十二里。高五里，周十里。城東諸河及寧古塔諸河多發源於此。

納秦窩集。在城南七百三十里，長白山之北。崇岡疊嶂，茂樹深林百餘里。城南諸河多發源於此。

庫勒訥窩集。在城西南一百四十里。其南即長嶺子。城西諸河多發源於此。本朝乾隆十九年，有御製駐蹕庫勒訥窩集口詩。

納嚕窩集。在城西南五百四十九里，長嶺子之南，即分水嶺林木叢密處。周圍數十里。城西南及興京界内諸河多發源於此。

錫蘭窩集。在城東北一百九十五里。又和倫窩集，在城東北二百五十三里。

珊延畢爾罕窩集。在寧古塔城東五十里。又花蘭窩集，在城東五十五里。「珊延畢爾罕」舊作「善延畢爾罕」，今改正。

阿庫密窩集。在寧古塔城東一千四百二十里。又尼滿窩集，在城東一千六百里；畢歆窩集，在城東北一千七百里；僧庫勒窩集，在城東二千一百十四里；畢楞窩集，在城東二千二百十六里；克埒穆窩集，在城東二千三百三里；畢埒根窩集，在城東二千六百五十九里。

塔克通阿窩集。在寧古塔城東南五十八里。又呼錫哈哩窩集，在城東南七十里；尼葉赫窩集，在城東南九十里；特林窩集，在城東南一百二十里；穆稜窩集，在城東南二百里；歡托和窩集，在城東南五百十里；呼蘭窩集，在城東南六百里。

佛楞窩集。在寧古塔城南八十七里。又索爾和綽窩集，在城南一百里；瑪爾呼哩窩集，在城南一百五十里。

瑪展窩集。在寧古塔城西北一百二十里。通志：有二，一在城東南六百六十里。

海蘭窩集。在寧古塔城西北二百里。西接畢爾罕窩集，東接瑪展窩集，綿亘數百里。

畢爾罕窩集。在寧古塔城西北二百二十里。西接塞齊、和倫等窩集。

扎穆圖窩集。在寧古塔城東北一百三十里。又舍赫窩集，在城東北一百三十里，瑪展窩集之東。

富達密窩集。在寧古塔城東北一百三十里，扎穆圖窩集之東。又薩爾布窩集，在城東北一百六十里；舒蘭窩集，在城東北二百九十里；阿穆蘭窩集，在城東北三百二十里；安巴畢喇窩集，在城東北三百八十里；諾羅窩集，在城東北四百里；阿斯罕畢喇窩集，在城東北四百二十里。

阿勒哈窩集。在寧古塔城東北六百三十里。

巴蘭窩集。在寧古塔城東北六百五十里，混同江之北。又屯窩集，在城東北八百里；温登窩集，在城東北一千一百里；俱在混同江北。

喀穆尼窩集。在寧古塔城東北一千四百五十里，黑龍江東。又和羅窩集，在城東北一千七百里；庫嚕窩集，在城東北一千八百里；明噶哩窩集，在城東北一千八百五十七里；莊藹窩集，在城東北二千二百五十九里；庫勒克窩集，在城東北二千六百六十四里。

舒圖島。在寧古塔城東南五百九十三里。又勒富島，在城東南八百八十四里。

德林石。在寧古塔城西九十里。通志：自鄂摩和湖東遶沙蘭站之南，抵瑚爾哈河，有大石，廣二十餘里，袤百餘里。孔洞大小不可數計，或圓或方，或六隅八隅，如井如盆如池，或口如盂而中如洞，深或丈許，或數尺，中有泉，澄然凝碧，或潛鱗游泳，或中生樺榆等木，夏無蚊蝱，麋鹿羣聚於中，名曰德林石。其名義不可解。按金史烏春傳，世祖擒拉必，獻於遼主，并言烏春助兵之狀。遼主使人問狀，烏春曰：「未嘗與拉必爲助也。德林石之北，姑里甸之民，所管不及此。」所謂德林石即此。「拉必」舊作「臘醅」，今改正。

石頭甸子。在寧古塔城西一百二十里。闊數里，長不可極。下有水，其深不可測，石縫中魚常躍出。人馬行其上，如聞空洞之聲。

海。吉林城東南至錫赫特山南海岸，約二千三百餘里；城東北至赫哲費雅喀濱海處，約三千餘里。

混同江。在吉林城東，今名松花江。源出長白山，北流會嫩江、黑龍江等江入海，即古粟末水也。魏書：勿吉國有大水，闊三里餘，名速末水。唐書：粟末靺鞨依粟末水以居。水源於太白山，至北注沱漏河。遼史：聖宗太平四年，詔改鴨子河曰混同江。金史：太祖收國元年，親征黄龍府，次混同江，無舟，上使一人導前，乘赭白馬徑涉，曰：「視吾鞭所指而行。」諸軍隨之，水及馬腹。後使舟人測其渡處，不得其底。大定二十五年，封江神爲興國應聖公，致祭如長白山儀。地理志：上京路有混同江、宋瓦江、鴨子河。通志：混同江即松阿哩江也，一名鴨子河，一名粟末江，一名宋瓦江，一名松花江。明統志云：混同江在開原城北一千五百里，源出長白山，舊名粟末江，俗呼宋瓦江，北流經金舊會寧府，下達五國頭城，東入於海。又曰：松花江在開原東北一千里，源出長白山，北流經金故東京城，合輝發江、混同江東流入海云。是以松花、混同爲二江也。今按長白山爲諸水發源之地，小者爲河，大者爲江。江有三。西南流爲鴨緑，東南流爲圖們。山之北百泉奔湊，自吉林東南北流出邊，受嫩江，折而東北，受黑龍江，南受烏蘇哩江，遂東注入海者，混同江也。遼太平四年，詔改鴨子河爲混同江。混同之名始見於此，而土人呼爲松阿哩江。金志有宋瓦江，則松阿哩音之譌也。明統志「松花江」即「宋瓦」字之變也。金史帝紀有云混同江一名黑龍江，蓋指其下流兩江交會之處言之。而或以此江名松花，而以薩哈連烏拉爲混同，誤也。按金世宗册封江神文曰「江源出於長白」，則此江稱混同無疑。宋瓦、松花皆隨音取字，不可爲準。按江有東西二源。東源出長白山巔之潭，激湍奔注，瀑布千尋，俗名圖拉庫。二派分流，東曰安巴圖拉庫河，西曰阿濟格圖拉庫河，行數十里會流。其東又有尼雅穆尼雅庫河、赫通額河，皆自山東發源，北流入焉。西源亦有二脈。東曰額赫額音河，西曰三音額音河，皆自長白山西發源，北流與東派諸泉會爲一，又北流匯諸河，遶城之東南，北流出邊。折而西北，遶白都訥城西，又北流會嫩江之水。復轉東北，遶阿勒楚喀城、三姓城北，會南來之瑚爾哈河，又東北六百餘里，黑龍江自西北來會。又二百餘里，會南來之烏蘇哩江。又稍折北流，遶奇勒爾、赫哲費雅喀諸部地，入東海。自發源至入海處，凡三千五百餘里。自遼、金以來，名號不一，記載多舛。如松漠記聞、契丹國志、大金國志則云黑水，其水掬之微黑，契丹目爲混同江。又云長白山，黑水發源於此，舊名粟末江，契丹改爲混同江。是誤以混同江爲黑龍江也。明統志既載松花江矣，復云混同江在開原城北一千五百里，經金舊會寧府，下達五國頭城。是誤以吉林城東之瑚爾哈河爲混同江也。遼史：太平四年，改鴨子河曰混同江。金史世紀云混同江一名黑龍江。是合鴨子、混同、黑龍爲一江矣。而地理志肇州始興縣有鴨子河、黑龍江，上京路有混同江、鴨子河、宋瓦江。則又分混同、鴨子、黑龍爲三，并析宋瓦而爲四，前後互異如此。至如金史混同一名黑龍之説，此猶其顯然難信者。舊志曲爲之解曰指兩江下流交會處言之，不知史所指者在金上京之地，近長白山，皆今松花江上流，非兩江交會處也。遼太平四年改名混同江，後或稱混同江，或復稱鴨子河，錯見帝紀，如天祚帝天慶二年正月書如鴨子河，二月書幸混同江。地理志賓州在鴨子、混同二水之間。又金史上京路總記有混同江、鴨子河，分記會寧縣有混同江，宜春縣有鴨子河。則又截然分屬兩處。遼史營衛志云鴨子河濼東西二十里，南北三十里，在長春州東北三十五里。蓋其先大小皆名鴨子河，及改爲混同江之後，其小水自仍舊名，惟匯流處稱混同耳。舊志於此水頗加考正，猶有未盡。今爲發祥重地，山川鍾靈，混同爲大，故詳辨之。本朝康熙二十一年，有御製松花江放船歌、江中雨望詩；三十七年，有御製松花江網魚、泛松花江詩。乾隆十九年，有御製松花江放船恭依皇祖詩韻詩、松花江詩、松花江捕魚詩。乾隆四十三年，奉旨於江邊擇地建立江神廟，歲時致祭。

佟家江。在城南八百二里，亦名通吉雅江。南流會鴨緑江，即古鹽難水也。漢書地理志：馬訾水西北入鹽難水。唐書高麗傳：鴨緑水西與鹽難水合。通志：佟家江源出長白山南分水嶺，有三泉自谷中出，會爲一，西南流，受哈勒們等諸河，鴨緑江自東來會，南入於海。明統志有大蟲江，在都司城東南四百里，源出龍鳳山，南流入鴨緑江。今鳳凰城界内不聞有大蟲江，疑即佟家江也。

鴨緑江。在城南九百七十七里。源出長白山，西南流，與朝鮮分界，至鳳凰城東南入海，即古馬訾水也。漢書地理志：玄菟郡西蓋馬縣馬訾水，西北入鹽難水，西南至西安平入海。過郡二，行千一百里。通典：馬訾水一名鴨緑江，源出靺鞨白山，水色似鴨頭，故名。去遼東五百里，經國内城南，又西與一水合，即鹽難水也。二水合流，西南至安平城入海。高麗之中，此水最大，波瀾清澈，所經津濟，皆貯大船，其國恃此以爲天塹。水闊三百步，在平壤西北四百五十里，遼水東南四百八十里。明統志：鴨緑江在都司城東五百六十里。全遼志：在遼陽城東五百三十里。源出長白山，由夾州城西南流，與屯魯江合流，至艾州與豬婆江同流，入於海。通志：一名益州江，或呼靉江。長白山南諸泉南注，匯爲大江，西南流與佟家江會，行五百里，繞鳳凰城之東南，入於海。江之東南爲朝鮮界。

嫩江。在城西北。源出北興安嶺伊拉古爾山，由黑龍江界流入松花江。通志：在法特哈邊門之北。明統志：腦温江即此。

烏蘇哩江。在寧古塔城東一千餘里。源出錫赫特山，北流會諸河爲一，又北受興凱湖流出之松阿察河，流經千餘里，會混同江，東北流入海，即古呼爾哈江也。元史地理志：呼爾哈萬户府有呼爾哈江，流并混同江。明統志：呼爾哈江，源出建州東南山下，東北匯爲鏡泊，又北入混同江。初金置萬户府於此，後改府爲路。按金史呼爾哈路西至上京六百三十里，今考其地，正與烏蘇哩江相近。是此江即呼爾哈。金、元二志顯有可證。舊本通志仍據明志，以今瑚爾哈河爲呼爾哈江，而烏蘇哩江全無所考，不知明志所云鏡泊即今興凱湖也。當時未知此江之别有上源，故以鏡泊當之，其所指之水猶未誤也。今之瑚爾哈河乃明志之呼爾海河，土名猶在，特當時不能確指其即唐之呼爾罕、金之愛新耳。通志漫以畢爾騰湖爲鏡泊，遂以瑚爾哈爲呼爾哈，而烏蘇哩江之巨川幾爲從古無名之小水，誤矣。「呼爾海」舊作「忽兒海」，「呼爾罕」舊作「忽汗」，「愛新」舊作「按出虎」，今並改正。「呼爾哈」，改見前。

圖們江。在寧古塔城南六百餘里。源出長白山，東北流，繞朝鮮北界，又東南折，會諸水入於海。通志云：明統志有阿雅噶河，源出長白山，東流入海。今長白山之水，東流者有圖們江，無阿雅噶河名。按金史坶克傳：坶克，統門、琿春水合流之地烏庫哩部人。今琿春河南流與圖們江合，「統門」即「圖們」音之轉也。又明志有徒門河，流經建州衛東南一千里入於海。此即徒門河也，與阿雅噶河當是一水耳。「坶克」舊作「留可」，今改正。「阿雅噶」、「烏庫哩」，改見前。

黑龍江。在寧古塔城東北一千二百里。自黑龍江將軍界流入，至此與混同江會流入海。詳見黑龍江。

拉發河。在吉林城東南九十六里。源出納穆窩集，西南流，合額伊呼、噶嚕等河，入混同江。又額伊呼河，在城東一百四十里。源出納穆窩集，南流入拉發河。噶嚕河，在城東一百七十二里。相近又有依什、伯辰二河，源俱出塞齊窩集，西南流合爲一，入拉發河。

色勒河。在城東南四百十六里。又薩穆什河，在城東南四百四十里；穆陳河，在城東南三百十里；農額勒海蘭河，在城東南五百八十七里；庚吉音河，在城東南八百二十七里。源皆出塞齊窩集。又飛虎河，在城東南二百四十四里，源出額敦山。額赫茂河，在城東南六十里；佛多和河，在城東南一百十里；雅們河，在城東南九十八里；源出納穆窩集。俱西流入混同江。

勒富善河。在城東南五百八十里。源出勒富善岡，東北流逕寧古塔境，入畢爾騰湖。又堪濟哈河，在城東南四百三十里；珠嚕多觀河，在城東二百九十里；山壁河，在城東三百七里；汗察罕河，在城東南四百三十里；源俱出塞齊窩集，南流合爲安達爾琦河。又南入勒富善河，皆瑚爾哈河之上源也。

塞珠倫河。在城東南九百九十五里。源出納秦窩集，北流入混同江。又哈瞻河，在城東南九百六十七里；永安錫庫河，在城東南九百三十七里；達呼河，在城東南六百七十里；吉朗吉海蘭河，在城東南六百三十一里；五里河，在城東南七百七十里；俱發源納秦窩集，北注混同江。

赫通額河。在城東南一千四十五里。源出勒富善岡，西北流，會富勒呼河，入混同江。又富勒呼河，在城東南一千一百二十五里。源出額敦山，南流入赫通額河。

瑪延河。在城南一百七十里。又佛爾們河，在城南四十三里；海蘭河，在城南七十里。源俱出庫勒訥窩集，東流入混同江。

輝發河。在城南三百二十里。源出納嚕窩集，曰雅吉善河，東北流，會圖們、三屯諸水爲輝發河，入混同江。明統志有輝發江，源出瀋陽衛廢貴德州東北山中，東北流入松花江，西去開原城三百五十里。即此。

奇爾薩河。在城南四百二十五里。又得佛河，在城南七十五里；坦頻河，在城南四百七十里。源俱出庫勒訥窩集，東南流入輝發河。

布爾堪河。在城南四百七十里。源出庫勒訥窩集，東南流，有坦頻河南流入焉。又東南入輝發河。

圖們河。在城南五百里。又三屯河，在城南四百八十里。源俱出納嚕窩集，東北流，會雅吉善河爲輝發河。又托津河，在城南四百八十五里，其東又有覺哈河、索勒和河，俱發源佛斯亨山，北流入輝發河。「佛斯亨」，改見前。

斡穆呼河。在城南五百三十七里。又發河，在城南六百六十四里。源俱出納秦窩集，北流會三音額音、額赫額音河，入混同江。

納爾琿河。在城南五百六十二里。源出佛斯亨山，東南流，會三音、額赫二額音河，入混同江。「佛斯亨」，改見前。

扎倫果河。在城南六百七里。又奇雅庫河，在城南六百五十四里；理河，在城南六百七十里；扎哈河，在城南七百十五里；舍哩河，在城南七百四十里。俱東流匯三音、額赫二額音河，入混同江。

摩克托舍哩河。在城南八百二十里。又尼堪河，在城南八百七十二里。源出納秦窩集，西流入額赫額音河。

石河。在城南九百里。源出黑嶺，南流入鴨綠江。又和倫呼遜河，在城西南，源出和倫呼遜山。又破城子河、白馬朗河，亦在城西南界。俱南流入鴨綠江。「和倫呼遜」，改見前。

温德亨河。在城西南五里。齊努琿河，在城西南五十里，東入温德亨河。俱源出庫勒訥窩集，東北流入混同江。

雅吉善河。在城西南五百三十里。源出納嚕窩集，合圖們、三屯即爲輝發河。

呼嚕河。在城西南五百六十里，源出香嶺。又有一，在城東南一千一百八十里。又有尼什哈河，源出塞赫哩山；庫斡蘭河，源出安巴雅哈東山；俱在城西南五百里。科多河，在城西南五百六十里，源出阿濟格雅哈東山。下流俱入克爾素河。

瞻河。在城西南五百七十餘里。源有二，一出香嶺，一出安巴和托峯，北流合爲一河，西南流入威遠堡邊門爲扣河，入清河。

蘇克素護河。在城西南五百七十五里。源出邊外納嚕窩集，西南流入邊門，距奉天府一百七十里，入渾河。

哈達河。在城西南界。源出達揚阿嶺，西流入英莪邊門，北入開原縣界爲清河。又十八里河、阿嚕河，在城西南五百餘里。源出安巴和托峯，西南流入哈達河。又呼濟河、覺羅河，亦在城西南五百餘里。源出穆哈連布瞻，南流入哈達河。

噶桑阿河。在城西南界。又納嚕河，亦在城西南界。俱源出納嚕窩集，入英莪邊門，會爲渾河。

珠敦河。在城西南界。源出長嶺子，東北流入雅吉善河。又巴延河、安巴美赫河，在城西南五百餘里，源俱出達揚阿嶺；富爾哈河，在城西南五百餘里，源出安巴和托峯；俱東流入雅吉善河。

嘉琿河。在城西南界。源出薩穆當阿山，南流。有薩穆當阿河，發源納嚕山，西南流注之，又東南入佟家江。又呼勒河、伊木遜河，俱出康薩嶺，西南流，會薩穆當阿河。旺城河，源出納嚕山，東南流入嘉琿河。「嘉琿」舊作「吉雅渾」，今改正。

哈勒們河。在城西南界。源出分水嶺，西南流入佟家江。又額勒敏河，亦在城西南界。源出喀巴嶺，南流入哈勒們河。又有嘉勒圖河，亦在城西南界。源出分水嶺，南流入佟家江。

葦苫河。在城西南界。源出瑪察山，相近有烏勒間河流合焉。又有瑪察河，亦出瑪察山，俱北流入佟家江。「烏勒間」，改見前。

章京河。在城西南界。相近有尼瑪蘭河、瑪嘉河、哈當阿河，俱發源納嚕窩集，西流入興京界，會爲蘇子河。又城西南界有通錫庫河，源出納嚕窩集；金木新河，源出王鑾子嶺；拉嘉河，源出盤嶺；嘉哈河，源出偏嶺；俱流注於蘇子河。

阿什罕河。在城西南界。源出背磴山，東南流入佟家江。

瓦爾喀什河。在城西南界。源出托和羅山，東南流入佟家江。又理雅達河，亦在城西南界。源出理雅達山，東北流入瓦爾喀什河。

安巴雅勒呼河。在城西南界。源出薩穆禪山，東流。其北有棟鄂河，源出鈕勒們山，東南流入焉。又東入佟家江。又相近有阿濟格雅勒呼河，源亦出薩穆禪山，東入佟家江。

大鼓河。在城西南界。源出白磖子山，東南入佟家江。其北又有小鼓河，源出半磖嶺，東南流入大鼓河。

温水河。在城西南界。通志：即哈勒琿穆克河。相近又有錫勒們河、哲松額河，源俱出納嚕窩集，東流入三音額音河。「錫勒們」，改見前。

和齊寬穆哈連河。在城西南界。源出哈克薩嶺，東南流入鴨緑江。又南有安巴和羅河，源出樓房山，東南流入海。二河皆近鳳凰城邊界。

綏哈河。在城西四十里。又菟登河，在城西八十三里；伊拉齊河，在城西九十里。俱發源庫勒訥窩集，北流會爲鄂河，又北注混同江。

伊勒們河。在城西一百四十五里。源出庫勒訥窩集。其東有薩喇河，西北流注之。西有勒富、都岱二河，俱北流注之。又北流出邊，會伊敦河入混同江。金史：温屯噶布拉思居長白山阿卜薩河〔一三〕，徙隆州額勒敏河。額勒敏即伊勒們音之轉也。又明統志有伊密河，在開原城北四百里。源出艾河北山，北流合伊圖河入松花江。即此。「伊敦」舊作「一禿」，「阿卜薩」舊作「阿不辛」，「温屯噶布拉思」舊作「温敦姑蒲剌史」，「額勒敏」舊作「移里閔」，「伊密」舊作「一迷」，今並改正。

伊敦河。在城西二百九十二里。源出額赫峯，北流出邊，東北折會伊勒們河，又東北入混同江。伊屯們在河之西。明統志伊敦河北流入松花江。即此。又蘇斡延河，在城西二百四十里。源出珠嚕穆哈連峯，西北流會依巴丹河。依巴丹河，在城西二百六十七里。源出吉林峯，五泉涌出，合爲一，北流入伊敦河。「伊敦」，改見前。

安巴雅哈河。在城西三百四十二里。又阿濟格雅哈河，在城西三百二十餘里。源俱出庫勒訥窩集，合流而西，北入克爾素河。

克爾素河。在城西四百餘里。源出庫勒訥窩集，北流入邊，即遼河上流也。本朝乾隆八年，有御製至克爾素河奉天官兵來接詩。

葉赫河。在城西四百八十餘里。源出噶哈嶺，入瞻河。

察興阿河。在城北八十里。源出塞赫勒峯。又奇塔穆河，在城北一百里。源出發實蘭峯，東流入混同江。

伊罕河。在城東北二十五里。源出納穆窩集，西流入混同江。

錫蘭河。在城東北九十五里。源出錫蘭窩集，西北流入混同江。又扎爾固齊河，在城東北七十五里。源出塞赫哩山，西北流入錫蘭河。

拉林河。在城東北二百二十五里。源出拉林山，西北流，會和倫、摩琳、喀薩哩三水，經阿勒楚喀城西一百二十里，至城西北二百五十里入混同江。又和倫河，在城東北二百三十里，源出和倫窩集；摩琳河，在城東北二百四十里，源出摩琳山；喀薩哩河，在城北二百十五里，源出錫蘭窩集；俱西北流入拉林河。

阿勒楚喀河。在城東北九百里。源出扎松阿山，西北流經阿勒楚喀城東二里，至城西北七十里入混同江。又有海勾河、岳喜河，源俱出扎松阿山，西北流入阿勒楚喀河。

珊延河。在寧古塔城東四里，源出珊延畢爾罕窩集。又花蘭河，在城東五里，源出花蘭窩集。俱西北流入瑚爾哈河。「珊延畢爾罕」，改見前。

穆稜河。在寧古塔城東四百里。源出穆稜窩集，東北流會數水，凡五百餘里入烏蘇哩江。金史拉必據慕稜水，保固險阻。即此。「拉必」，改見前。

諾壘河。在寧古塔城東五百里。源出城東四百里無名山，東南會數水，入烏蘇哩江。

阿庫密河。在寧古塔城東一千三百八十里，源出阿庫密窩集。又北曰尼滿河，在城東一千三百五十里，源出尼滿窩集。又北曰畢歆河，在城東一千五百餘里，源出畢歆窩集。又北曰和羅河，在城東一千五百餘里，源出和羅窩集。俱西北流入烏蘇哩江。

岳塞河。在寧古塔城東二千五百里，源出阿爾哈峯。又鄂倫河，在城東二千五十八里，源出薩哈連窩集。俱東流入海。

僧庫勒河。在寧古塔城東二千一百十四里，源出僧庫勒窩集，東流入海。

畢楞河。在寧古塔城東二千三百六十里，源出畢楞窩集。又克埒穆河，在城東二千三百六十九里，源出克埒穆窩集。俱東流入海。

托穆津河。在寧古塔城東二千八百五十九里，源出畢呼根窩集，東南流入海。

瑚爾哈河。在寧古塔城東南。上流自勒富善河北流折東，會諸水爲一，又折東北，會畢爾騰湖，又自湖之發庫東流，經舊會寧城北，又九十餘里，繞寧古塔城南，復折而北，流七百餘里，入混同江。唐時謂之呼爾罕河，渤海大氏置呼爾罕州，以此水爲名。新唐書渤海王城臨呼爾罕海是也。金時又名金水。俗謂「金」爲「愛新」，以水源於此，謂之金源，因建國號曰金。明時又謂之呼爾海河。明統志：呼爾海河，在開原城東北一千里。源出潭州城東諸山，北流入松花江。即此。按舊本通志以此河爲呼爾哈江。今考金史，上京在愛新水之旁。今此河近繞古會寧城，亭榭遺址猶在水側。唐時渤海上京在呼爾罕河東，以道里計之，亦在今寧古塔。且呼爾罕與瑚爾哈音相近，此河即唐時呼爾罕河、金時愛新水無疑。其呼爾哈江乃今之烏蘇哩江，非此水也。明統志於呼爾海河外又載呼爾罕河與金水河，亦誤。方輿紀要又謂金水河西北流，與來流水合。來流水源出三衛馬盂山，東流至黄龍府東，又東南流入女直境，會金水河，東北入混同江。今考馬盂山在大寧衛，去寧古塔甚遠，其水何緣合流？蓋以遼、金二志皆有來流河，爲此無稽之説，不足辨也。「呼爾海」、「呼爾罕」、「呼爾哈」、「愛新」，改俱見前。

塔克通阿河。在寧古塔城東南四里。源出塔克通阿窩集，北流入瑚爾哈河。

綏芬河。在寧古塔城東南四百四十里。源出穆稜窩集，東南流，會十餘水入海。又鄂勒歡綏芬河，在城東南三百六十里。源出城東五百里小山，東南流入綏芬河。又舒藩河，在城東南五百餘里。源出東南荒山，東南流入綏芬河。富爾丹河，在城東南六百五十里。源出荒山，西南流入綏芬河。「綏芬」舊作「遂分」，「鄂勒歡」舊作「額爾古温」，今並改正。

琿春河。在寧古塔城東南六百里。源出通肯山，會諸水西南流入圖們江。金史世紀有琿春水，與統門水合流。即此。又勒塔河，在城東南四百十三里，源出笊籬山；諳達河，在城東南六百二十里，源出烏爾琿山；俱西流會琿春河。又英愛河，在城東南六百里琿春河東，源出笊籬山。又馬瞻河，在城東南四百五十里，源出城南無名山，俱南流入圖們江。

琿綽渾河。在寧古塔城東南六百六十里，源出嘉彰山。又延楚河，在城東南四百六十三里；濟秦河，在城東南四百七十三里；源俱出歡托和窩集。哈濟密河，在城東南五百三十里；伊濟密河，在城東南五百二十里；源俱出錫伯窩集。蒙古河，在城東南五百七十一里，源出阿藩山。珠倫河，在城東南六百四十里，源出嘉彰山。以上諸河，皆在綏芬河西南流入海。「綏芬」，改見前。

勒富河。在寧古塔城東南七百九十里，源出扎哈哩岡，西北流，折東北入興凱湖。其西曰們河，在城東南五百五里；又西曰蘇扎哈河，在城東南五百十五里；源俱出蘇扎哈窩集，南流入興凱湖。又勒富河之東曰都特赫河，又東北曰塞勒默河，俱西北流入興凱湖。

松阿察河。在寧古塔城東南九百里，即興凱湖東北流出之水也。又東北匯於烏蘇哩江。

伊津河。在寧古塔城東南一千五百里，源出錫赫特山之北，東北流入烏蘇哩江。又額圖密河、額伊呼河，俱在城東南一千四百里，源出東南無名窩集，西北流入烏蘇哩江。法勒圖河，在城東南一千三百里，源出無名山，東北流入烏蘇哩江。福齊河，亦在城東南一千三百里，西北流入烏蘇哩江。瑚葉河，在城東九百十里，源出城東南一千里無名山，東北流入烏蘇哩江。諸水皆在烏蘇哩江之上源。「額伊呼」舊作「愛呼」，「法勒圖」舊作「藩圖」，「瑚葉」舊作「呼雅」，今並改正。

奇嚕河。在寧古塔城東南界。源出錫特赫山南，南流入海。

噶哈哩河。在寧古塔城南一百五十里。源有二，一出瑪爾呼哩窩集，一出尼葉赫窩集，南流會布爾哈圖河入圖們江。又呼濟河，在城南三百里，其北又有愛密達河，俱出城南無名山，東流入噶哈哩河。又噶順哈河，俱出城東南無名山，西流入噶哈哩河。

布爾哈圖河。在寧古塔城南四百里。源出城東南無名山，東流合英莪河、赫圖河、圖們河，會海蘭河入噶哈哩河。

海蘭河。有二。一在寧古塔城南四百十里，源有三，俱出西南五百餘里無名山，東流入布爾哈圖河。元史地理志：呼爾哈有海蘭河，流入於海。即此。一在城西北四十里，源出海蘭窩集，東流入瑚爾哈河。又城北有扎穆圖河，源出扎穆圖窩集；舍赫河，源出舍赫窩集；鄂克托河，源出城北無名山；俱南流會海蘭河。

阿布河。在寧古塔城西南六十五里。又瑪爾呼哩河，在城西南五十里。「呼爾哈」，改見前。源俱出瑪爾呼哩窩集，北流入瑚爾哈河。

松吉河。在寧古塔城西南一百里。源出瑪爾呼哩窩集，北流入畢爾騰湖。

富爾吉哈河。在寧古塔城西南三百里。源出城西南無名山，西北流，會勒富善河。

沙蘭河。在寧古塔城西八十里。發源城西北一百里無名小山，東南流入瑚爾哈河。

畢爾罕河。在寧古塔城西一百四十里。源出畢爾罕窩集，東南流，會愛呼河，入畢爾騰湖。

珠克騰河。在寧古塔城西一百六十里。又西十里有阿拉河，又十里有搭拉河，俱發源畢爾罕窩集，南流會爲一，入畢爾騰湖。

佛多和河。在寧古塔城西二百三十里。源出塞齊窩集，南流。其東有都林谷河流會焉。又南會勒富善河，入畢爾騰湖。

富達密河。在寧古塔城北一百二十里，源出富達密窩集。又薩爾布河，在城北一百五十里，源出薩爾布窩集；舒蘭河，在城北二百五十里，源出舒蘭窩集；阿穆蘭河，在城北三百里，源出阿穆蘭窩集；安巴河，在城北三百五十里，源出安巴畢喇窩集；阿斯罕河，在城北四百里，源出阿斯罕畢喇窩集。俱東流入瑚爾哈河。

呼錫哈哩河。在寧古塔城東北五十五里，源出呼錫哈哩窩集。又尼葉赫河，在城東北六十里，源出尼葉赫窩集；又特林河，在城東北七十里，源出特林窩集。齊克騰河，在城東北九十里；穆哈連河，在城東北一百十里；武斯琿河，在城東北四百八十里；俱出城東北無名山。俱西北流入瑚爾哈河。

翁錦河。在寧古塔城東北六百餘里。源出阿勒哈窩集，西北流入混同江。

巴蘭河。在寧古塔城東北六百餘里。源出巴蘭窩集，南流入混同江。

屯河。在寧古塔城東北七百里。源出屯窩集，東南流會十餘水，入混同江。又温登河，在城東北九百餘里，源出温登窩集；都爾河，在城東北一千一百餘里，源出都爾窩集：俱南流入混同江。

畢瞻河。在寧古塔城東北一千一百四十里。源出穆哩罕山，西南流入黑龍江。

庫嚕河。在寧古塔城東北一千五百餘里。源出庫嚕窩集，東南流入混同江。

敦敦河。在寧古塔城東北一千九百五十七里。源出明噶哩窩集，西北流入混同江。

扎克蒐爾河。在寧古塔城東北二千五十八里。源出莊藹窩集，西北流入混同江。

格楞河。在寧古塔城東北二千一百二十九里，源出哲勒肯山，東流會數水，匯爲克音湖，入混同江。又托索密河，在城東北二千四百九十八里，源出卓哩奇山，東南流入格楞河。

畢勒哩河。在寧古塔城東北二千三百十二里。源出莊藹窩集，西北流入混同江。

畢津河。在寧古塔城東北二千六百七里。源出揚古岱山，東南流入混同江。

喜雅哩河。在寧古塔城東北二千六百四十四里。源出孟額山，西北流入混同江。

興衮河。在寧古塔城東北二千七百三十四里，源出卓哩奇山，東南流會諸小水，入混同江。當混同江入海之處，此水亦甚大。又達拉哈河，在城東北二千七百八十里，源出庫勒布山；薩穆尼河，在城東北三千餘里，源出九文山：俱南流入興衮河。又伊穆河，在城東北三千餘里，源出揚古岱山，東北流入興衮河。魯庫河，在城東北三千餘里，源出楚察馨山，南流入興衮河。

額密勒河。在寧古塔城東北界，源出寧聶哩神山，東南流入興衮河。又噶勒畢河，在城東北界，源出鄂錫克塔山，東北流入額密勒河。阿穆爾河，在城東北界，源出瑪呼山，西流入額密勒河。「寧聶哩神」，改見前。

圖呼勒河。在寧古塔城東北界混同江口之北。源出東北無名山，東南流，會鈕斡哩、阿爾薩尼等河，折東北入於海。

鈕斡哩河。在寧古塔城東北界。源出庫穆訥神山，東流入圖呼勒河。又塔林河，在城東北界，源出廟灣山；又穆尼克河、密密勒河，源俱出穆丹山；額赫勒肯河，源出催馬山：俱東流入圖呼勒河。

費克圖河。在阿勒楚喀城東界。源出扎松阿山，西北流至城東北八十里，入混同江。

扎巴蘭河。在阿勒楚喀城東界。源出扎松阿山，北流入混同江。

瑪延河。在阿勒楚喀城東北二百里。源出瑪展窩集，北流入混同江。

覺爾和河。在琿春城北界。北流入混同江。

木石河。在長春廳東一百九十里。源出吉林。

霧海河。在長春廳北九十里。源出吉林。

頭道溝。在吉林城南九百里。源出黑嶺，東南流入鴨綠江。其南有二道、三道二溝，俱源出黑嶺。又南有四道、五道至十二道共八溝，俱源出青嶺。皆入鴨綠江。

荔子溝。在城南九百七十二里。源出帽兒山，西南流入鴨綠江。

興凱湖。在寧古塔城東南七百里，周圍數百里。湖之南，諸山中流出之們河、蘇扎哈河、勒富河、都特赫等河，俱會於此湖。又自湖東北流出爲松阿察河，東北流注於烏蘇哩江。湖之西岸，一山臨水，名穆克阿哩哈山。按此湖即明統志之鏡泊也。但明統志謂即呼爾哈江之上源，今烏蘇哩江源出錫赫特山，會諸水北流，此湖流出之松阿察河自西會之，其水始大耳。「呼爾哈」，改見前。

達巴庫湖。在寧古塔城東南七百里，興凱湖之北，周圍三十里。

畢爾騰湖。在寧古塔城西南一百里，即瑚爾哈河之上流也。城西南諸水俱匯於此，廣五六里，袤七十里許，土人名曰畢爾騰。中有三山，名鄂摩和昂阿山、阿克善山、牛彔山。阿克善、牛彔兩山之間有巖曰白巖。湖之西南，瑚爾哈河自湖東流之處，有一崖曰呼克圖崖。湖水東注，飛瀑跳空，奔浪雷吼，聲聞數十里，土人名曰發庫。自此東流繞舊會寧城，歷九十餘里，經境南而東北流爲瑚爾哈河。按新唐志渤海王城臨呼爾罕海，即此。舊通志以此爲即明志之鏡泊，非是。「呼爾罕」，改見前。

鄂摩和湖。在寧古塔城西一百四十里。源出畢爾罕窩集，南流入畢爾騰湖。

克音湖。在寧古塔城東北二千四百二十八里，周圍一百五十三里，即格楞河之所匯也。

海眼。在寧古塔城西石頭甸子西十餘里。萬山中有池，周八十餘里，每日三潮，與海水相應。仲夏日初出時，恒有巨魚涌出，高三丈許，長十餘里，飛鳥不敢過其上，至巳、午時始没。其出時，衆魚隨之，皆浮水面。漁者因其出而網焉，必大獲之。

温泉。有二。一在吉林城東南一千九百八十里長白山東，熱如沸湯，暖氣上蒸如霧，西北流入安巴圖拉庫河。一在城南八百十七里訥音河岸。

費雅達池。在寧古塔城東南六百四十里，周圍二里，南流入海。

蓮花池。在寧古塔城西南八十里。通志：在金上京西二十里。相傳爲金時塞外之曲江。

達都洲。在寧古塔城東南五百八里。又塔陽古洲，在城東南五百八十里。媽媽洲，在城東南六百十八里。

大洲。在寧古塔城東北三千餘里混同江口之東大海中。南北二千餘里，東西數百里，距西岸近處僅百里許。有山曰圖克蘇護，其長竟洲，林木深翳，有小水數十，東西分流入海。

繙譯語解附

呼爾哈。蒙古語，願也。
碩達勒達。國語。碩，直也；勒達，遮蔽也。
屯。國語，水中島也。
鄂托哩。國語，圍兩頭也。
托郭琳。蒙古語，周圍也。
布固。蒙古語，鹿也。
尼什哈。國語，小魚也。
雅爾呼達。國語，導引也。
阿勒坦額默勒。蒙古語。阿勒坦，金也；額默勒，鞍也。
克爾素。國語，海邊鹽池所生草也。
雅克薩。國語，刷坍河灣也。
鄂克濟哈。國語，菖蒲也。
鄂摩。國語，池也。
佛斯亨。國語，甑子也。
埒克。國語，磨刀石也。

巴延鄂佛囉。國語。巴延，富也；鄂佛囉，鼻也。
伊蘭茂。國語。伊蘭，三數也；茂，樹也。
伊努。國語，甚是也。
額敦。國語，風也。
温德亨。國語，板也。
科齊克。國語，鴿子也。
穆哈連。國語，彈丸也。
查拉芬。國語，壽也。
烏嚕哩。國語，羊棗也。
愛新。國語，金也。
庫斡蘭。國語，營盤也。
薩哈連洪科。國語。薩哈連，黑也；洪科，碓嘴也。
達喜穆魯。國語。達喜，重疊也；穆魯，房脊也。
勒富。國語，熊也。
扎克丹。國語，松也。
德克。國語，高射也。

察庫蘭。國語，檀木也。
納爾琿。國語，細也。
烏珠。國語，頭也。
達揚阿。國語，歸附也。
烏拉。國語，江也。
阿嚕。蒙古語，山陽也。
和倫呼遜。國語。和倫，威也；呼遜，力也。
費葉稜烏。國語，樹鷄也。
瑪察。國語，野菜也。
和濟寬。國語，美好也。
安巴和羅。國語。安巴，大也；和羅，谷也。
伊罕。國語，牛也。
塞赫哩。國語，山高大貌也。
拉林。國語，人爽快也。
摩琳。國語，馬也。
羅羅。國語，豬背骨也。

呼蘭。國語，烟筒也。
額赫烏蘭。國語。額赫，不善也；烏蘭，溝也。
蘇巴爾罕。國語，塔也。
希扎。國語，罏也。
穆克阿哩哈。國語。穆克，水也；阿哩哈，承當之謂。
錫木納。國語，考試也。
烏爾琿。國語，一指也，又半寸也。
通肯。國語，鼓也。
錫赫特。國語，牲畜短少之謂也。
昂阿。國語，口也。
額爾古呼。國語，遞也。
穆哩罕。國語，轉灣處也。
哈勒琿。國語，温煖也。
卓哩奇。國語，贖取也。
哲勒肯。國語，香鼠也。
孟額。國語，煮物發柴也。

庫勒布。國語，偏頭箭也。
瑪呼。國語，鬼臉也。
寧聶哩。國語，春也。
額爾奇埒。國語，令用强也。
穆丹。國語，聲音也。
堪達。國語，牛項下皮也。
和勒托和。國語，誑言也。
哈爾噶。國語，韡幫也。
錫勒們。國語，鷂也。
索克托庫。國語，酒徒也。
珠嚕。國語，雙也。
聖音。國語，山崖也。
珊延。國語，白色也。
尼雅勒瑪。國語，人也。
阿呼。蒙古語，有也。
伊巴丹。國語，樞梨木也。

額赫。國語，不善也。

和托。國語，頭童也。

阿濟格。國語，小也。

烏勒間。國語，豬也。

貴勒赫。國語，杏也。

穆克善。國語，挺也。

發烏勒呼瑪。國語。發，窗也；烏勒呼瑪，雉雞也。

塞赫勒。國語，巍峯之謂也。

發實蘭。國語，旁岔也。

呼圖克。國語，厚棉袍也。

屯齊。蒙古語，存水之謂。

瑚珠。國語，槽也。

噶哈。國語，烏雅也。

果勒敏珠敦。國語。果勒敏，長也；珠敦，山梁也。

鈕赫。國語，狼也。

呼倫。蒙古語，葫蘆也。

康薩。國語，刮去皮上毛也。
喀巴。國語，雙生也。
蘇斡延。國語，黄色也。
喀勒畢庫。國語，快箭也。
納穆。國語，生菜也。
塞齊。國語，劃破之謂。
納秦。國語，海青也。
庫勒訥。國語，艾虎也。
錫蘭。國語，相連也。
畢爾罕。國語，小河也。
花蘭。國語，鐵銼也。
阿庫密。國語，魚皮衣也。
尼滿。蒙古語，山羊也。
僧庫勒。國語，韭菜也。
畢楞。國語，母虎也。
克勒穆。國語，城垛也。

畢埒根。國語，柳條邊也。
尼葉赫。國語，鴨也。
歡托和。國語，半也。
穆稜。蒙古語，江也。
烏爾欽。國語，聲勢也。
富達密。國語，嘔吐也。
扎穆圖。蒙古語，有路也。
阿穆蘭。國語，嗜好也。
畢喇。國語，河也。
阿斯罕。國語，旁也。
阿勒哈。國語，花斑也。
巴蘭。國語，形勢也。
温登。國語，女鼓手也。
喀穆尼。國語，隘也。
庫嚕。國語，奶餅也。
瑪展。國語，大披箭也。

海蘭。國語，榆樹也。
圖門。國語，萬數也。
伊拉齊。國語，第三也。
綏哈。國語，艾也。
伊敦。國語，粗澀也。
雅哈。國語，火也。
瑪延。國語，肘也。
奇爾薩。國語，沙狐狸也。
得佛。國語，緞幅也。
坦頻。國語，瓶也。
托津。國語，孔雀也。
覺哈。國語，乞化也。
索爾和。國語，即朝鮮也。
奇雅庫。國語，魚名。
扎哈。蒙古語，疆界也。
摩克托舍哩。國語。摩克托，形秃之謂；舍哩，泉也。

尼堪。國語，漢人也。
察興阿。國語，庚也。
噶魯。國語，天鵞也。
伊什。國語，羅漢松也。
伯辰。國語，争鬭之謂。
塞勒。國語，鐵也。
薩穆什。國語，散也。
穆陳。國語，釜也。
農額埒。國語，椴木也。
庚吉音。國語，明也。
佛多和。國語，柳樹也。
堪濟哈。國語，紅嘴白頭雁也，又眼下純白牛也。
多觀。國語，渡口也。
漢察罕。蒙古語。漢，君長也；察罕，白色也。
塞珠倫。國語，滑葉菜也。
哈瞻。國語，木柵欄也。

永安錫庫。國語。永安，砂也；錫庫，撒袋内襯格也。

達呼。國語，端罩也。

吉朗吉。國語，骨也。

富勒呼。國語，口袋也。

齊努琿。國語，銀硃也。

呼嚕。國語，平背也，又龜殼也。

科多。國語，花肚也。

瞻。國語，哨箭也。

蘇克素護。國語，魚鷹也。

哈達。國語，山峯也。

富勒哈。國語，楊樹也。

噶桑阿。國語，哀怨也。

嘉琿。國語，鷹也。

呼勒。國語，斛也。

哈勒們。國語，車頭也。

額勒敏。國語，未備鞍馬駒也。

嘉勒圖。國語，白帶魚也。
章京。國語，司員也。
哈當阿。國語，山峯也。
嘉哈。國語，削之也。
阿什罕。國語，年輕也。
瑪奇。國語，纛纓也。
尼瑪蘭。國語，桑也。
雅勒呼。國語，槽盆也。
扎爾固齊。蒙古語，理事官也。
岳喜。國語，「全部」之「部」也。
畢歆。國語，鞍轡飾件也。
岳塞。國語，鎖也。
珠克騰。國語，祭祀也。
阿拉。國語，平岡也。
塔拉。國語，野外也。
噶哈哩。國語，衫也。

呼濟。國語，趕虎起之謂也。
噶順。蒙古語，苦也。
布爾哈圖。蒙古語，有柳樹之謂。
英莪。國語，母駝也。
赫圖。國語，横也。
鄂勒歡。國語，乾也。
舒藩。國語，縐文也。
富爾丹。國語，關也。
珠倫。國語，鼠穴也。
們。蒙古語，是也。
都特赫。國語，窗楞也。
伊津。國語，「經緯」之「經」也。
額圖密。國語，穿戴也。
阿布。國語，適纔之意也。
富爾吉哈。國語，壅沙地也。
齊克騰。國語，幹也。

翁錦。國語，凡物安柄之孔也。
敦敦。國語，小蝶也。
畢勒哩。國語，籥也。
格楞。國語，衆也。
托索密。國語，預備也。
達拉哈。國語，領頭也。
魯庫。國語，林茂草密也。
額密勒。國語，雌也。
噶勒畢。國語，耳聰也。
阿穆爾。蒙古語，平安也。
圖呼勒。蒙古語，牛犢也。
鈕斡哩。國語，緑色也。
額勒赫肯。國語，緩也。
鄂克托。國語，藥也。
費克圖。國語，間隙也。
畢爾騰。國語，水淀也。

達都。國語，熟瘤也。

綏芬。國語，錐子也。

伊濟密。國語，梳頭也，又紡織也。

奇嚕。國語，小旗也。

安巴善赫。國語，安巴，大也；善赫，蛇也。

山壁。國語，涼水投物也。

校勘記

〔一〕吉林原名船廠今改　「今改」，原無，據乾隆志卷四五吉林城池（下同卷簡稱乾隆志）及本志書例補。

〔二〕嘉石山　乾隆盛京通志卷二七山川同，乾隆志作「嘉色山」。

〔三〕烏拉山在城西南界　按，乾隆志及盛京通志皆謂烏拉山在城西南六百六十里。

〔四〕阿嚕山在城西南界　按，乾隆志及盛京通志皆謂阿嚕山在城西南六百七十里。

〔五〕薩穆禪山在城西南界　按，乾隆志及盛京通志皆謂薩穆禪山在城西南七百九十里。

〔六〕三股泉山在城西南界　按，乾隆志及盛京通志皆謂三股泉山在城西南七百九十五里。

〔七〕和倫呼遜山在城西南界　按，乾隆志及盛京通志皆謂和倫呼遜山在城西南八百二十里。

〔八〕費葉稜烏山在城西南界　按，乾隆志及盛京通志皆謂費葉稜烏山在城西南八百二十四里。

〔九〕瑪察山在城西南界　按，乾隆志及盛京通志皆謂瑪察山在城西南八百八十里。

〔一〇〕俊團山在長白山西南　乾隆志同，盛京通志謂俊團山在城西南八百三十里。

〔一一〕安巴和羅山在城西南界　按，乾隆志及盛京通志皆謂安巴和羅山在城西南一千一百五十七里。

〔一二〕樓房山在城西南界　按，乾隆志及盛京通志皆謂樓房山在城西南一千一百七十里。

〔一三〕碧奇山在寧古塔城東南界　按，乾隆志及盛京通志皆謂碧奇山在寧古塔城東南一千六百十三里。

〔一四〕庫勒布山在寧古塔城東北界　按，乾隆志及盛京通志皆謂庫勒布山在寧古塔城東北三千五十八里。

〔一五〕蘭陵山在白都訥城東　按，乾隆志及盛京通志皆謂蘭陵山在白都訥城東四百三十里。

〔一六〕又康山亦在城東　按，盛京通志謂康山在城東五百餘里。「康山」，乾隆志作「荒山」，疑誤。

〔一七〕和勒托和山在白都訥城東阿勒楚喀城北　按，乾隆志謂和勒托和山在阿勒楚喀城北二百餘里，盛京通志謂在白都訥城東四百三十一里。

〔一八〕錫勒們山在阿勒楚喀城西界　按，乾隆志及盛京通志皆謂錫勒們山在阿勒楚喀城西二百餘里。

〔一九〕珠嚕穆克善峯在城西南界　按，乾隆志及盛京通志皆謂珠嚕穆克善峯在城西南七百五十里。

〔二〇〕呼克圖峯　「呼克圖」，盛京通志同，并注云：「國語呼克圖，厚棉襖也。」乾隆志作「呼圖克」，與本卷末附繙譯語解合。

〔二一〕烏珠嶺　盛京通志同。乾隆志作「瑚珠嶺」，與卷末附繙譯語解合。

〔二二〕在舊會寧城西八百里　「八百里」，乾隆志作「百餘里」。

〔二三〕温屯噶布拉思居長白山阿卜薩河　「温屯噶布拉思」，乾隆志及盛京通志同，皆誤。下文云「温屯噶布拉思」舊作「温敦姑蒲剌史」，是謂金史原作「温敦姑蒲剌史」。查金史卷六七温敦蒲剌傳，此句作「温敦蒲剌始居長白山阿不辛河」，則三志衍「姑」字，又誤「始」作「史」，遂以「史」入人名。蓋乾隆志及盛京通志所據金史爲誤本，本志未察，相承未改。

大清一統志卷六十八

吉林二

古蹟

顯德故城。在吉林城東南。唐書渤海傳：上京南爲中京，曰顯德府，領盧、顯、鐵、湯、榮、興六州。地理志：自鴨緑江口舟行百餘里，乃小舫泝流東北三十里，至泊汋口，得渤海之境。又泝流五百里，至丸都縣城〔一〕，故高麗王都。又東北泝流二百里，至神州。又陸行四百里，至顯州。天寶中王所都。按顯州即顯德府。唐先天二年，賜名呼爾罕州是也。遼史謂即平壤城。又以遼置東京之顯州爲本顯德府地。皆誤。「呼爾罕」舊作「忽汗」，今改正。

渤海上京城。在寧古塔城西南。唐書：渤海本粟末靺鞨附高麗者，姓大氏。高麗滅，率衆保挹婁之東牟山。萬歲通天中，契丹盡忠反，有舍利齊齊克仲象者，度遼水，保太白山之東北〔二〕，阻鄂掄河自固，武后封爲震國公〔三〕。其子祚榮建國，自號震國王，地方五千里，盡得扶餘、沃沮、弁韓、朝鮮海北諸國。先天中，拜爲渤海郡王，以所統爲呼爾罕州。自是始去「靺鞨」號，專稱渤海。子武義直大圖宇〔四〕，私改年號。天寶末，徙上京，直舊國三百里呼爾罕海之東，建五京十五府六十二州。此爲肅慎故城，曰上京龍泉府。賈耽曰：自安東都護府東北經故蓋牟、新城，又經渤海長嶺府，千五百里至渤海王城，城臨呼爾罕海，其西南三十里有古肅慎城，其北經德里鎮，至南黑水靺鞨千里。又曰：自神州陸行四百里，至顯州。又正北如東六百里，至渤海王城。

按通志謂渤海上京在烏拉境内。今以唐書考之，當在寧古塔西南境，與金上京相近。明統志云金滅遼，設都於渤海上京是也。「齊齊克仲象」原作「乞乞仲象」，「鄂掄」原作「奥婁」，「武義直大圖宇」原作「武藝斥大土宇」，今並改正。

肇州故城。在白都訥城南，舊名珠赫店。宋政和四年，女直取寧江州，遼人使其將蕭嗣先等發兵屯珠赫店。金太祖禦之，至混同江，遼兵方壞陵道，太祖擊走之，遂率衆進登岸，大破遼兵於此。天會八年，以太祖肇基王迹於此，置肇州，治始興縣。承安八年，又置武興軍。金末廢。按元時亦有肇州。元志附於廣寧府路，下注云：「按哈喇巴圖魯傳：至元三十年，世祖謂哈喇巴圖魯曰〔五〕：『諸延故地曰阿巴拉呼者產魚，吾今立城，而以烏蘇、哈喇哈納斯、奇爾濟蘇三部人居之，名其城曰肇州，汝往爲宣慰使。』既至，定市里，安民居。得魚九尾，皆千斤，來獻。又成宗紀元貞元年，立肇州屯田萬户府，以遼陽行省左丞額森領其事焉。而元統志與經世大典皆不載此州，不知其所屬所領之詳。今以廣寧爲諸延分地，故附注於廣寧之下。」元之肇州，明初已不知所在。今考博多歡傳太祖分封東諸侯，以二十爲率，諸延得其九五。則其地自大，不但廣寧而已。又伊實特穆爾傳云：諸延之遺孽哈丹托壘復叛，伊實特穆爾過黑龍江，搗其巢穴。可知黑龍江左右亦諸延故地，疑元之肇州即仍金舊，且近混同、黑龍二江，故產大魚耳。今白都訥城東南，阿勒楚喀河西岸，有古城周二十里，内有子城，南距吉林城三百四十里，東去舊會寧城六百里，與金史道里相合，疑即肇州遺址也。「哈喇巴圖魯」原作「哈喇八都魯」，「諸延」原作「乃顔」，「阿巴拉呼」原作「阿八喇忽」，「烏蘇」、「哈喇哈納斯」、「奇爾濟蘇」原作「兀速」、「憨哈納思」、「乞里吉思」，「額森」原作「阿山」，「博多歡」原作「博都歡」，「伊實特穆爾」原作「玉昔帖木兒」，「哈丹托壘」原作「哈丹禿魯干」，今並改正。

寧江州舊城。在吉林城北境，混同江東岸。遼清寧中置，亦曰混同軍，領混同縣。金廢。按遼、金二史，金太祖起兵，先攻寧江州。遼守將耶律烏納戰敗，棄城渡混同江而西。是州在江以東矣。高士奇扈從録云：大烏拉去船廠八十餘里，即遼之寧江州也。又金太祖攻寧江州，師次寥晦城。又得勝陀，金太祖誓師處。

會寧舊城。在寧古塔城西南。金史地理志：「上京路即海古勒之地，金之舊土也。國初稱爲内地。天眷元年，號上京。

海陵貞元二年，遷都於燕，削『上京』之號，止稱會寧府。大定十三年，復爲上京。會寧府初爲會寧州，太宗以建都，升爲府，治會寧縣。東至呼爾哈六百三十里，西至肇州五百五十里，北至扶餘路七百里，東南至率賓路一千六百里，至海蘭路一千八百里。」高士奇扈從録：「沙林東南十五里曰火茸城，金之上京會寧府也。廣四十餘里，中間禁城可里餘，三殿基址皆在，碎碧瓦碁布其上。禁城外有大石佛高可三丈許，蓮花承之。前有石塔，向東小欹。出大城而西，則芰荷彌渚，逶迤茫渺，莫窮其際，渚間有亭榭遺迹。自沙林而東八十里，爲寧古塔。」通志：寧古塔西南六十里，瑚爾哈河之南，有古大城，周三十里，四面七門，内城周五里，東、西、南各一門，内有宫殿舊基，即會寧府之遺址也。

歸仁廢縣。舊志：在開原縣東北吉林界。遼史地理志：通州安遠軍，本扶餘國王城，渤海號扶餘。太祖改龍州，聖宗更今名。統通遠、安遠、歸仁、漁谷四縣。金州廢，以三縣併入歸仁，屬咸平府。元初廢。全遼志：開原北陸路第三站曰歸仁站，即故縣也。又玉山廢縣，亦在縣東吉林烏拉界。金承安三年，以穆蘇珠巴郭勒河之間相去六百里之地置縣，屬咸平府。貞祐二年，升爲州。後廢。「穆蘇珠巴郭勒」原作「瑪速集平郭林」，今改正。

曲江廢縣。在舊會寧城東北。金大定七年，置鎮東縣，屬會寧府。十三年，改曰曲江。又有宜春縣，亦大定七年置，屬會寧府。元初與府俱廢。按曲江初名鎮東，以在會寧之東也。以其當水曲之地，故改名曲江。今寧古塔城正當瑚爾哈河灣曲處，疑即曲江縣地也。

廢賓州。在阿勒楚喀境。本渤海城。遼統和十七年，置州於鴨子、混同二水之間，尋曰懷化軍。金初，敗遼軍於沃稜濼，東取賓、祥、威三州，進薄益州是也。後廢。又廢祥州，在賓州西南。遼置祥州瑞聖軍，統懷德縣，屬黄龍府。又廢威州，在賓州南，遼置，亦曰武寧軍，屬黄龍府。金俱廢。「沃稜」原作「斡鄰」，今改正。

那丹佛哷城。在吉林城南二百六十里。周三里三百步有奇，門四，外有重濠。内有小城，周二里餘，門二。

輝發城。有三。一在吉林城南三百七十里吉林峯上。一在輝發峯西北，周四里，二門。一在輝發河邊岡上。謹按實録：輝發之先，本姓伊克得哩，黑龍江岸尼瑪察部人。有星古禮者，自黑龍江遷於扎魯居焉。因呼倫國之噶揚阿、圖謨圖二人居於璋地，姓納喇，欲附其姓，殺七牛祭天，改姓納喇，是爲輝發始祖。生子備臣，備臣生納靈阿，納靈阿生拉哈都督，拉哈都督生噶哈禪都督，噶哈禪都督生齊訥根達爾漢，齊訥根達爾漢生旺吉努，招服附近諸部，築城於輝發河邊呼爾奇山，號輝發國。時蒙古察哈爾國扎薩克圖圖們汗自將圍其城，不克而還。旺吉努卒，孫拜音達哩自爲貝勒。癸巳年，拜音達哩爲葉赫貝勒布齋等所誘，四國合兵劫我瑚布察寨，尋又九國合兵來侵。太祖擊敗之古呼山。拜音達哩見布齋爲我兵所殺，驚懼逃歸。乙未年，太祖率兵敗其多璧城，斬城守克充額、蘇蒙額二人而還。丁酉年，遣使來乞盟。既而拜音達哩族衆叛歸葉赫，其部下又欲叛，拜音達哩聞之，以其臣七人之子來質，乞援兵。太祖發兵千人助之。葉赫貝勒納林布禄搆拜音達哩曰：「爾若索還爾質子，吾即反爾叛族。」拜音達哩信之，乃曰：「吾其中立於滿洲、葉赫二國之間乎。」遂取回七臣之子，以己子與納林布禄爲質，而納林布禄竟不歸其叛族。拜音達哩遣其臣來告曰：「吾前者誤爲納林布禄所誑，今欲乞恩賜我婚。」太祖允之。後拜音達哩背約不娶，太祖遣使謂曰：「汝昔助葉赫二次來侵，我宥爾罪，復許爾婚。今背約不娶，何也？」拜音達哩紿曰：「俟吾葉赫質子歸，乃娶耳。」旋築城三層以自固。後太祖復遣使謂曰：「爾質子既歸，今將何如？」拜音達哩以堅城足恃，遂負約。丁未年秋九月，太祖率兵圍其城，克之，誅拜音達哩及其子，招降其衆，乃班師。康熙三十七年，有御製行圍所經輝發葉赫哈達諸地皆我祖宗之所開并遺迹存焉賦詩二首。乾隆十九年，有御製輝發古城懷古及登輝發城再賦詩。

葉赫城。在吉林城西四百九十五里。周四里，東、西二門。又有葉赫山城，在葉赫城西北三里。周四里，門二；内有子城，周二里。明時於其地置鎮北關，爲互市，亦曰北關。又有葉赫珊延府城，距葉赫城里許。相傳皆葉赫築。謹按實録：葉赫之先，蒙古國人，姓土默特。滅呼倫國所居璋地之納喇部，遂據其地，因姓納喇。後遷於葉赫河岸，號葉赫國。其始祖星根達爾罕，生錫爾克明安圖，錫爾克明安圖生齊爾噶尼，齊爾噶尼生楚孔額，楚孔額生台楚。台楚生二子，長清嘉努，次揚吉努，兄弟各居一城，綏服附近諸部，哈達國人多歸之，遂皆稱貝勒。太祖初如葉赫，其貝勒揚吉努識爲非常人，曰：「我有幼女，俟其長當奉侍。」

太祖因以禮聘焉。甲申年，明寧遠伯李成梁聽哈達國讒搆，誘清嘉努、揚吉努兩貝勒至開原，并從兵三百皆殺之。清嘉努子布齋、揚吉努子納林布祿各繼其父爲貝勒。李成梁率兵圍攻納林布祿所居東城，不克而歸，乃與和好焉。戊子年，納林布祿送妹來歸，是爲孝慈皇后。辛卯年，納林布祿遣使伊勒當阿、拜斯翰來告曰：「爾國人衆，我國人寡，可將額勒敏、扎庫穆二地以一與我。」太祖諭曰：「我爲滿洲，爾乃呼倫。爾國雖大，我豈肯取？我國既廣，爾豈得分？且土地非牛馬比，豈可割裂分給與爾？爾等皆執政之臣，不能各諫爾主，奈何靦顔來告耶？」既而葉赫、哈達、輝發三國貝勒復各遣使來，太祖宴之。葉赫使者圖爾德起請曰：「我主有言，欲相告，恐觸怒見責。奈何？」太祖曰：「爾不過述爾主之言耳。所言善，吾聽之。出惡言，吾亦遣人以惡言報之。吾豈爾責乎？」圖爾德曰：「我主云：欲分爾地，爾不與。欲令爾歸附，又不從。儻兩國興兵，我能入爾境，爾安能蹈我地耶？」太祖聞言大怒，引佩刀斷案，諭曰：「爾葉赫諸舅何嘗親臨陣前，馬首相交，破胄裂甲，經一大戰耶？昔哈達國蒙格布祿與其兄之子岱善自相擾亂，故爾等得以掩襲之。何視我若彼之易也？況爾地豈盡設關隘？吾視蹈爾地如入無人之境，晝即未至，夜亦可來，爾其奈何？昔吾以先人之故問罪於明，明歸我喪，歲輸金幣。汝父見殺於明，曾未得收其骸骨，徒肆大言於我，何爲也？」遂作書，命巴克什阿林察持往。布齋使人迎見，阿林察出書誦之，布齋曰：「吾既見書，不必會吾弟也。」阿林察曰：「我主有命，此書不令俱見，勿歸。」布齋曰：「吾弟言辭不遜，汝主怒之良是。但吾弟見書，又恐有傷於汝耳。」阿林察乃還。未幾，長白山珠舍哩部長裕楞額、訥殷部長蒐恩色克什同引葉赫兵劫我東界洞寨。羣臣入告，太祖曰：「任彼劫之可也。此不過我同國之人遠附葉赫，劫掠我寨耳。水豈能越山而流，火豈能踰河而然乎？」蓋水必下流，火必上然。珠舍哩、訥殷二路終當爲我有也。癸巳年夏六月，布齋、納林布祿與哈達、烏拉、輝發合兵劫我瑚布察寨，太祖率兵擊之而遁。秋九月，布齋、納林布祿復糾哈達、烏拉、輝發、科爾沁、錫伯、卦勒察、珠舍哩、訥殷諸部兵，分三路來侵。太祖命烏哩堪由東路往偵。烏哩堪行百里許度嶺，羣鴉競噪，若阻其行者，欲還，鴉乃散。再行，鴉復噪，飛鳴撲面，幾不能前。烏哩堪異之，馳歸以告。太祖命由扎喀路向渾河部偵之。烏哩堪復馳往，見敵兵營渾河北岸，方夜爨，火密如星，欲俟飯畢，乘夜度沙濟嶺而來。烏哩堪偵實奔告，時夜已過半，太祖曰：「日者聞葉赫兵來，今果然。我軍昏夜出，恐驚國人。傳語諸將，期旦日啓行。」遂就寢甚酣。妃富察氏呼上覺，謂曰：「九國兵來攻，何反酣寢耶！豈方寸亂耶，抑懼之甚耶？」太祖曰：「人有所懼，雖寢不成寐。吾果懼，安能酣寢？前聞葉赫引兵三路來侵，因無期，時以爲念。既至，吾心定矣。吾若有負於葉赫，天必厭之，安得不懼？今我順天命，守疆土。彼不我悦，糾九國之兵，以戕害無咎之人，知天必不佑也。」安寢如故。及旦，太祖率諸貝勒大臣詣堂子再拜，祝曰：「皇天后土，上下神祇：某與葉赫本無釁端，守境安居。彼來搆怨，糾合兵衆，侵陵無辜。天其鑒之。」又拜祝曰：「願敵人垂首，我軍奮揚，人不遺鞭，馬無顛躓。惟祈默佑，助我戎行。」遂引兵至托克索渡口，誡軍士曰：「解爾蔽手，去爾護項。或項、臂傷，亦惟天命。不然，身先拘縶，難以奮擊。我兵輕便，破敵必矣。」衆皆如上命。行至扎喀之野，扎喀城城守鼐護、繖坦二人來告曰：「敵兵辰時已至，攻城不克，退攻赫濟格城。敵兵甚衆，奈何？」衆聞之色變，有朗塔哩者後至，呼曰：「上安在？我兵幾何？」言訖，遂登山望之，還告曰：「若以敵兵爲多，我兵亦豈少耶？我國之人，驍勇敢戰，必破敵兵。如不勝，我甘軍法！」衆心乃定。太祖使人往偵，諭曰：「敵若還軍，乘夜擊之。否則旦日接戰。」時敵兵運糧芻，立營壘，偵者以告，太祖遂駐軍。是夕，葉赫營有一人來降者，言葉赫兵萬人，哈達、烏拉兵萬人，蒙古科爾沁及錫伯、卦勒察兵萬人。我兵聞之，復變色。太祖曰：「爾等無憂，吾必不疲爾力，俾爾苦戰。惟壁於險隘，誘之使來。若來，我兵迎擊之。否則四面列陣，以步軍徐進。彼部長甚多，兵皆烏合，勢將觀望不前，其争先督戰者必其貝勒。我以逸待勞，傷其貝勒一二人，彼衆自潰。我兵雖少，奮力一戰，固可必勝耳。」遂於旦日進兵。初，葉赫兵攻赫濟格城不克，及是復攻。太祖至古哷山，對赫濟格城據險結陣，命大臣額亦都率兵百人挑戰。葉赫兵見之，罷攻城，引兵來戰。我兵迎擊，敗之，斬九人，敵稍卻。葉赫貝勒布齋、錦台什及科爾沁貝勒翁阿岱、莽古斯、明安復并力合戰。布齋先衆突前，所乘馬觸木而踣，我兵名烏坦者趨前踞其身刺殺之，敵兵遂亂。哈達貝勒蒙格布禄〔六〕、輝發貝勒拜音達哩等皆膽落潰奔，科爾沁貝勒明安馬被陷，遂棄鞍裸身，騎驏馬走。太祖縱兵掩擊，積尸滿溝壑，追奔至哈達國柴河寨之南，時已暮，結繩截路，邀殺敗兵甚衆。是役也，斬級四千，獲馬三千匹、鎧冑千副，以整以暇，而破九部三萬之衆，軍威大震，遠邇懾服。冬十月，太祖遣兵征珠舍哩部，獲其部長裕楞額。閏十一月，命大臣額亦都、安費揚古、噶蓋率兵千人征訥殷部，攻克佛多和山寨，斬其部長蒐恩色克什。明年，科爾沁貝勒明安遣使通好，自是蒙古諸部長通使不絶。丁酉年，納林布禄、錦台什及布齋之子布揚古遣使來告曰：「吾等兵敗名辱，自今以後，願復締前好，重以婚媾。」布揚古請納妹以和，錦台什復請以女歸貝勒代善，太祖許焉，遂請盟。太祖諭曰：「爾等踐盟則已，有渝盟者，待三年不悛，吾乃征之。」未幾，納林布祿背盟，有穆哈連者引陣獲蒙古馬四十匹來歸我國，納林布祿奪其馬，執送穆哈連於蒙古。又以錦台什所許我國貝勒代善之女適蒙古喀爾喀部貝勒齋賽。癸卯年秋九月，孝慈皇后疾篤，思見母，太祖遣使至葉赫迎之，納林布祿不許，止令僕人南泰來視。太祖曰：「汝葉赫諸舅無故掠我瑚布察寨，又率九國之兵侵我，自悔起兵開釁之罪，刑馬歃血，祭天盟誓，願聯姻通好。旋即背盟，以既許歸我之女改適蒙古。今我國妃病篤，欲與母訣，又不許，是終絶我好也。既如此，兩國當復相讎，我將問罪汝邦，築城汝地矣。」甲辰年春正月，太祖率兵征葉赫，攻克璋城及阿齊蘭城，取其七寨，俘二千餘人而還。癸丑年春正月，太祖滅烏拉國，布占泰逃奔葉赫。時納林布祿已卒，太祖遣使諭錦台什、布揚古曰：「昔我陣擒布占泰，赦其死罪而贍養之，又妻以三女。輒敢以恩爲讎，是以問罪往征，削平其國。今投汝，汝其執之以獻。」使者凡三往，錦台什、布揚古不從。秋九月，太祖率兵四萬征之。有逃卒至葉赫洩軍期，葉赫遂盡收散處居民。其烏蘇城以痘疫未收，我兵圍之，太祖諭城中人曰：「降則贍養之，不降則進攻。」城中人曰：「大國兵衆，豈我等所能禦。苟撫我，我曷爲不降？」其城長瑚什穆織坦遂開門降。太祖酌金巵飲之，各賜冠服。葉赫所屬璋城、吉當阿城、雅哈城、克爾素城、和敦城、喀布齊賚城、鄂吉岱城及屯寨凡十九處盡焚之，收烏蘇城降衆三百户而還。錦台什、布揚古使人愬於明曰：「哈達、輝發、烏拉三國，滿洲已盡取之，今復侵我葉赫，其意欲削平諸國，即取遼東以建國都，將使開原、鐵嶺爲牧馬之場矣。」明人乃遣遊擊馬時楠、周大岐率練習火器者千人守衛葉赫東西二城。太祖聞之，欲致書於明，遂躬詣撫順所城，遊擊李永芳出城三里外迎，太祖以禮接之，永芳迎入教場。太祖以書與永芳曰：「昔葉赫、哈達、烏拉、輝發、蒙古、錫伯、卦勒察、珠舍哩、訥殷九國，於癸巳歲合兵侵我，我是以興師禦之。天厭其辜，我師大捷，斬葉赫貝勒布齋，生擒烏拉貝勒布占泰以歸。逮丁酉歲，刑馬歃血以盟，通婚媾，無忘舊好。詎意葉赫渝棄前盟，將已字之女悔而不與。至布占泰，我所恩養者也，反以德爲讎，故伐之而殲其兵，取其國。布占泰孑然一身奔於葉赫，我索取之，又不我與。此我所以征討葉赫也。我與汝國何嫌何怨，欲相侵耶？」太祖既與書永芳，遂還。乙卯年，貝勒大臣等聞葉赫欲以布揚古所許我國之妹適喀爾喀部貝勒巴哈達爾罕之子莽果勒岱，皆憤怒，請曰：「葉赫女既爲上所聘，又將以適蒙古，無禮莫甚焉。宜乘其許而未行，急發兵攻其城而取之。」太祖諭曰：「征討，國之大事。若以負婚之故怒而興師，則未爲可也。蓋此女之生，釁所由起，實非偶然。哈達、輝發、烏拉三國，皆因此女興兵搆怨，相繼滅亡。是此女之召釁亡國，已有明驗。今明又助葉赫，天殆欲亡葉赫，以激怒我而啓大釁也。若奮力征之，縱得其女，徒至不祥。即歸他人，亦不永年。吾知此女流禍已盡，死期將至矣。」諸貝勒大臣仍欲興師，堅請，太祖曰：「使吾因此發怒，興師征討，汝等猶當諫止。吾早已洞徹事機，釋然於中，置諸度外，汝等何反堅請不已耶？吾無憾，汝等何憾焉？吾斷不以汝等言勞師動衆也。」尋葉赫以此女嫁蒙古，未一年果亡。諸貝勒大臣請興師征明，曰：「此女年已三十有三，受我國之聘垂二十年，因明國興兵衛助葉赫，錦台什、布揚古恃其勢，遂與蒙古。今征明宜也。」太祖曰：「明恃勢橫行，抗違天意。使我今日仗義伐明，天必佑之，天佑我，可以克敵。但我國儲積未充，縱得其人民，其何以養之？恐我國人民反致損耗。惟及是時撫輯我國，固疆圉，修邊備，重農積穀，爲先務耳。」天命四年春正月，太祖命大貝勒代善率大臣十六人、兵五千，往守扎喀關以防明兵，親統軍征葉赫，深入其界，自克伊特城、尼雅罕寨，距葉赫城東十里，克大小屯寨二十餘，其逃入城者盡追擒之。又取葉赫所屬蒙古遊牧畜產，整兵而還，離葉赫城六十里駐營，翼日班師。先是，錦台什、布揚古聞我兵往征，遣使向明開原總兵馬林告急。馬林率兵出葉赫城四十里，見我國兵勢强盛，不敢戰而退。三月，明兵四路來侵，錦台什、布揚古欲助明，引兵至開原中固城，聞明兵大敗，乃還。秋八月，太祖統軍征之。時太祖已取明開原、鐵嶺，葉赫貝勒錦台什居東城，布揚古居西城。我軍先馳向西城，布揚古偕其弟布爾杭古率兵出城西門，陟岡鳴角鼓噪，望見我軍旌旗劍戟如林，隊伍整肅，前後絡繹，自度弗能禦，倉皇入城。諸貝勒遂督兵圍之。太祖統軍圍東城，先破其郭，軍士薄城布列梯楯，呼錦台什出降。錦台什不從，答曰：「我非明兵比，等丈夫也，肯束手歸乎？與其降汝，寧戰而死耳。」太祖遂督兵攻城，兩軍拒戰，矢如雨雹，城上發火器，擲巨石滚木，我軍冒矢石穴其城，城墮，遂入城，敵衆皆敗潰。太祖遣人執幟約禁軍士毋得妄殺，又使人持上黃蓋傳諭城中：「降者免死。」於是城中兵民俱降。錦台什攜妻及幼子登高臺，我兵圍之，呼曰：「汝降速下，否則進攻。」錦台什曰：「吾戰不能勝，城破，困於家。縱再戰，豈能勝乎？汝皇子四貝勒，吾妹所生也。得相見，聞其盟言，吾乃下。」時四貝勒攻西城，太祖召之至，命曰：「爾舅有言，待汝至乃下。汝往，彼下則已，不下，以兵毁其臺。」四貝勒既至，錦台什曰：「吾與甥未識面，真僞烏能辨？」我國大臣費英東、額駙達爾漢曰：「汝視常人中有如我四貝勒魁梧奇偉者乎？汝國使者必嘗語汝，何難識別耶？若仍不信，曩者我國議和之時，曾以媪往，媪乳汝子德勒格爾，今尚在，盍令視之？」錦台什曰：「何用媪爲也？觀此子辭色，似未承父命善遇我也，特誘我下臺而見殺耳。吾石城鐵門既失，困守此臺，縱戰不能勝，但我祖父世居斯土，我生於斯，長於斯，則死於斯而已。」四貝勒曰：「汝疲勞百姓，至於數年，所築重城，今皆摧破，獨據此臺何爲也？汝欲誘人至此，與汝并命，孰肯如汝之意耶？汝如何曰得我活汝盟言，汝方下也。豈戰不能擒汝而與汝盟歟？吾已在此，汝下，引汝往見父皇，生殺惟父皇命。且汝當日之意，將欲翦滅親戚，我屢欲和好，遣二三十人至汝國，汝輕視我國，謂懼而求和，殺我使臣，或羈留焉，致有今日傾覆之禍。若父皇念汝惡，則戮汝；儻不念汝惡，以吾之故貸汝，汝生矣。」凡勸諭者再三，錦台什仍執前言不下。四貝勒曰：「舅言吾來即下，吾乃來。若下速下，引見父皇。否則吾往矣。」錦台什曰：「姑勿往，吾先令親臣阿爾塔什往見上，察言觀色而回，吾乃下。」汝遂令阿爾塔什來見，太祖諭責之曰：「離間諸舅與我爲難，致明人舉兵四十萬來，非汝耶？念此宜誅汝。事既往，不汝咎耳。汝還，語貝勒與偕來。」阿爾塔什還勸，錦台什不從，曰：「聞吾子德勒格爾被創在家，召之來，吾與相見，乃下。」四貝勒召德勒格爾至，與之見，德勒格爾謂其父曰：「我等戰既不勝，城又破，今居此臺欲何爲。盍下臺，生死聽之。」勸諫再四，錦台什終不從。四貝勒欲縛德勒格爾，德勒格爾曰：「吾年三十六，乃於今日死耶。殺之可也，何縛焉？」四貝勒以其言奏，太祖曰：「子勸父降而不從，父之罪也。父當誅，勿殺其子。」引德勒格爾見，太祖以所食賜，四貝勒與同食，諭曰：「此爾之兄也，善遇之。」錦台什妻因其夫不下，攜幼子趨下。錦台什引弓，從者復擐甲以待。我兵持斧毁其臺，錦台什縱火焚屋宇盡燬，我諸將謂錦台什已死，令毁臺之兵退還，火燎中錦台什身自下，爲我兵所執，縊死之。時諸貝勒圍西城，招降不從，會東城已破，布揚古、布爾杭古大懼，使人來告願降，以懷疑不敢出。大貝勒曰：「始令汝降，汝不從。大兵至此，豈舍汝去乎？吾以汝爲外兄弟，愛而欲生之，故令汝降。若戰，則汝等盡死於我之小卒手。降則生矣，果願降，恐兄弟偕來或被殺，盍令汝母先來。汝母吾外姑也，豈執婦人而殺之乎？」布揚古、布爾杭古復使人約盟，且欲仍居此城。大貝勒怒曰：「何復爲此言也！既破東城，豈力不能拔西城，聽汝等居此而去乎？速降則已，否則父皇至，必攻克爾城。克城之後，汝等駢首戮矣。」布揚古、布爾杭古乃令其母來，大貝勒以禮接見，其母曰：「汝無盟言，故吾二子懷疑而懼耳。」大貝勒乃以刀劃酒誓曰：「若汝等降而我殺之，殃及我。若既誓而汝仍不降，殃及汝等。汝等不降，破汝城，必殺無赦。」乃執酒飲其半，分其半送布揚古、布爾杭古飲之，遂開門降。大貝勒引布揚古見上，布揚古復勒馬立，大貝勒挽其轡曰：「爾殆非丈夫耶？言既定，又立此躊躇，何爲也？」乃來見。布揚古跪不恭，僅屈一膝，不拜而起。太祖親以金巵賜之酒，不恭如初，屈一膝偏向，酒不竟飲，沾脣而已，又不拜而起。太祖諭大貝勒曰：「引而婦兄去，回彼西城。」是日，太祖深念久之，謂：「吾既不念舊惡，欲留而豢養之，貸其死，予以生全，未見有喜色，仍讎怨，且拜跪亦不少屈。此人可豢養耶？」是夜，命縊死之。其弟布爾杭古以大貝勒故，宥其死。助葉赫防守之明遊擊馬時楠及兵一千，盡殺之。葉赫所屬各城俱降。康熙二十一年，有御製經葉赫廢城詩。乾隆八年，有御製望葉赫舊墟詩。

棟鄂城。

在城西南五百二十里。周九里，門四。通志：舊爲棟鄂部長魯克索所居〔七〕。謹按實録：初，我國六祖寶實次子阿哈納，往聘薩克達路長巴斯翰之妹爲妻。巴斯翰謂阿哈納家貧，不許，旋以妻棟鄂部長克徹巴顏之子額勒吉。後額勒吉往巴斯翰所，還至阿布達哩岡，爲額圖阿嚕部下九賊所殺。克徹巴顏曰：「往者寧古塔阿哈納欲聘之女，吾子娶之，故被殺也。」時哈達萬汗遣人告克徹巴顏曰：「爾子乃額圖阿嚕部下九賊殺之。我擒以與爾，復爾讎，爾歸附我。」克徹巴顏曰：「吾子被殺，奈何又欲降我？此必寧古塔人以額圖阿嚕地遠，故爲飾詞以委謝耳。吾等乃比鄰兄弟，若直在寧古塔人，可令饋哈達金帛，執九賊與我面質。」九賊詞服，果非寧古塔人所殺，則所饋哈達金帛，吾倍償之。」三祖索長阿聞其語，潛遣人紿之曰：「爾子乃我部下人所殺。爾以金帛與我，我當爲爾殺此讎人。」克徹巴顏曰：「哈達萬汗言額圖阿嚕部下九賊殺吾子，今云爾部下人殺吾子，皆爾寧古塔人誑我也。」遂成讎怨，引兵侵掠寧古塔東南二路。諸貝勒幾不能支，與景祖議曰：「我等同祖所生，分居十二處，勢渙散。當聚族而居，共相保守。」既定議，三祖索長阿次子烏泰不從，曰：「一處何可居也？將不爲孳息畜産計乎？今不必聚居，借兵於哈達萬汗便。」哈達萬汗，烏泰婦翁也。於是借兵攻棟鄂部者再，獲其數寨。初，寧古塔諸貝勒與哈達萬汗互爲婚媾，聲勢相埒，自借兵後乃示弱焉。及我太祖討尼堪外蘭，既攻克圖倫城，長祖德世庫、二祖留闡、三祖索長阿、六祖寶實之子孫忌太祖英武，同謀加害，弗遂。六祖寶實長子康嘉借兵哈達萬汗，以渾河部兆嘉城長理岱爲嚮導，劫我瑚濟寨而去，分所獲於中途。太祖部將安費揚古率十二人追及之，奮勇突衝入，敗哈達兵，斬四十餘人，盡獲所掠而還。甲申年春正月，太祖率兵征兆嘉城，途遇大雪，至噶哈嶺，路險峻難登，諸叔暨諸兄弟勸勿進兵，太祖曰：「理岱我同姓兄弟，乃自相戕害，反爲哈達嚮導，豈可恕耶？」遂鑿山爲磴，軍士鱗次立，以繩束馬，曳之踰嶺，至兆嘉城下。三祖索長阿第四子龍敦豫使人潛告理岱，理岱鳴角集兵，登城以待。衆復請曰：「彼有備，未易攻，姑旋師。」太祖曰：「吾固知其有備而來，何遽還耶？」遂督衆圍城，攻克之，擒理岱，宥其死而贍養之。先是，棟鄂部諸貝勒聞我國擊敗哈達兵，因集議曰：「昔寧古塔貝勒借哈達兵攻我，取我數寨，今彼與哈達國相讎，吾等宜乘機攻之，用蟒毒淬箭爲攻具。」適其部内亂，太祖聞之，與衆計曰：「棟鄂部内亂，宜往攻。」衆諫曰：「兵未可輕入其境。幸而勝，誠善；倘有失，奈何？」太祖曰：「我不乘機先發，儻彼復和好，必加兵我矣。」衆皆曰：「善。」秋九月，太祖率兵五百征之。其貝勒阿海巴顔聚兵四百於所居齊吉達城，閉城以守。我兵至，圍攻其城，縱火焚城樓及村中廬舍。城垂陷，會大雪罷攻。太祖命衆先還，留十二人以從，伏濃煙中。城内人謂兵已退，引衆出，太祖邀擊之，斬四人，獲甲二副。會完顔部之遜扎沁廣衮來請曰：「翁鄂洛，吾讎也，曾爲所縛。乞以一旅助我破之。」太祖念既興兵至此，宜乘此勘定一方，遂率兵夜馳赴之。遜扎沁廣衮有兄子岱度墨爾根，密使人通於翁鄂洛城，故豫知我軍至，收其兵衆入城。我軍亦縱火焚城樓及村中廬舍。太祖乘屋顛射城中，城中鄂爾果尼潛射太祖，傷首貫胄。太祖拔箭，見敵趨過，即以所拔之箭從煙突隙處迎射之，貫其股，應弦而踣。太祖被創，流血至足，猶鏖戰不已。敵復有羅科者乘煙焰中潛逼，突發一矢，中太祖項，砉然有聲，穿鎖子甲護項，鏃捲如鈎，拔之血肉並落。衆競趨而前，欲登屋扶掖，諭止之曰：「爾勿來，恐爲敵窺。吾當徐下。」時項下血涌如注，以一手捫創，一手拄弓而下，二人掖而行，忽迷仆。諸臣皆大驚，相怨咎。少甦裹創，迷而復甦者數四，甦輒飲水，凡一晝夜血猶不止，裹創厚寸餘，至次日未時血始止。於是棄垂下之城而還。太祖創愈，復率兵攻克翁鄂洛城，獲鄂爾果尼及羅科，諸臣請誅之。太祖曰：「兩敵交鋒，志在取勝。彼爲其主，乃射我。今爲我用，不又將爲我射敵耶？如此勇敢之人，若臨陣死於鋒鏑，猶將惜之，奈何以射我故而殺之乎？」遂授鄂爾果尼、羅科官，各轄三百人，諸臣皆頌上大度云。戊子年夏四月，棟鄂部長克徹巴顔之孫何和里率本部軍民來歸，太祖以長女妻之，授爲一等大臣。

哈達城。在城西南五百三十里伊徹峯上。相近又有哈達石城，初哈達貝勒自舊城遷居於此，稱新城。其舊城在開原縣東六十五里，明置廣順關於此，爲市易處，亦曰南關。　謹按實録：哈達之先本呼倫國，姓納喇。其始祖名納齊布禄，生尚延多爾和齊，尚延多爾和齊生嘉瑪喀碩珠古，嘉瑪喀碩珠古生綏屯，綏屯生都勒喜，都勒喜生克什訥都督，克什訥都督生子二，長徹徹穆，次旺濟外蘭。克什訥都督爲族人巴岱達爾罕所害，徹徹穆之子萬奔錫伯部相近之綏哈城，旺濟外蘭奔哈達，主其部，後被害。其子博勒寬沙津殺父仇，至綏哈城迎兄萬至哈達爲部主。萬攻取附近諸部，遠者又招徠之，其勢乃盛，葉赫、烏拉、輝發及渾河部俱屬之，遂稱爲汗。既而黷貨無厭，民不堪命，多叛投葉赫，先附諸部亦皆攜貳。萬汗卒，子瑚爾罕繼之，甫八月卒。弟康古嚕繼之，尋亦卒。弟蒙格布禄繼之。癸巳年夏六月，蒙格布禄爲葉赫貝勒布齋等所誘，合兵劫我瑚布察寨。太祖率兵追之，設伏於途，少引兵，亦略哈達國富勒嘉齊寨。其兵來戰，太祖欲引敵至伏兵處，令我兵前行，獨殿後誘之。俄而敵兵三人聯騎揮刀追逼，又一人揮刀迎擊於前，太祖念兵刃自後至，猶可避；自前至，恐傷面目及手，遂引弓射前至者。其人在右，發矢未便，因回身從馬項上射之，中馬腹，遂逸去。其三人乘發矢時掩至，太祖乘馬驚躍幾墜，賴右足據鞍得復乘，遂射蒙格布禄馬仆地，其從者易馬以乘之，遁歸。太祖率騎兵三人、步卒二十人追擊，斬十二人，獲甲六副、馬十八匹，乃還。秋九月，蒙格布禄復爲布齋等所誘，九國合兵來侵，太祖擊敗之古哷山。蒙格布禄見布齋爲我兵所殺，驚懼逃歸。丁酉年，遣使來乞盟，願復修前好。戊戌年，哈達城北溪中流血。己亥年，蒙格布禄與葉赫搆兵，力不能敵，以三子來質，乞援。太祖命大臣費英東、噶蓋率兵二千助哈達，駐防其地。葉赫貝勒納林布禄聞之，搆明開原通事代爲齎書，誘蒙格布禄曰：「爾若執滿洲來援二將，索還所質三子，盡殺其兵二千，我妻汝以所求之女，修前好焉。」蒙格布禄惑其言，約於開原城定議。太祖聞之，遂率兵征哈達，貝勒舒爾哈齊請爲先鋒自試，太祖命統兵一千爲前隊。既至，敵兵出拒，舒爾哈齊按兵不動，告曰：「彼兵出矣。」太祖曰：「豈謂此城無兵而來耶？」遂督兵進擊。時舒爾哈齊兵填擁於前，太祖麾之使開，路塞不能入，乃沿城而行，城上矢石雨下，軍士多被傷者。太祖督兵攻克其城，大將揚古利生擒貝勒蒙格布禄馳告，太祖命勿殺，賜以所御貂帽及豹裘贍養之。盡招服哈達屬城，器械財物無所取，室家子女完聚如故，悉編入户籍，遷之以歸。

辛丑年春正月，太祖以女妻蒙格布禄之子烏爾古岱。明國遣使來言曰：「爾何故伐哈達而取其國耶？其復烏爾古岱國。」太祖從其言，命烏爾古岱同公主率所部人民以歸。後葉赫貝勒納林布禄糾蒙古兵數侵掠哈達，太祖遣使告於明曰：「吾令烏爾古岱還國，今葉赫屢侵之。奈何以吾所得之國，爲葉赫所據耶？」明人置弗答。時哈達饑，國人乏食，至明開原城乞糧，不與，各鬻妻子奴僕牛馬，易粟食之。太祖惻然曰：「此吾所撫之赤子也，何忍聽彼流離？」遂仍收哈達國人贍養之，分隸八旗。

圖倫城。在城西南五百六十里，其門濠莫考。謹按實録：初，圖倫城有尼堪外蘭者，陰搆明寧遠伯李成梁，引兵攻古呼城主阿泰及沙濟城主阿亥。成梁授尼堪外蘭兵符，率遼陽、廣寧兵二路進。成梁與遼陽副將分攻兩城，尋克沙濟城，殺阿亥，復合兵攻古呼城。阿泰之妻乃景祖長子禮敦之女，景祖聞古呼城兵警，恐女孫被陷，偕顯祖往救。既至，見成梁兵方接戰，令顯祖俟於城外，獨入城，欲攜女孫歸，阿泰不從。顯祖俟良久，亦入城探之。古呼城守禦甚堅，成梁攻之不能克，因責尼堪外蘭起釁敗軍之罪，尼堪外蘭懼，至城下大呼，紿城中士卒殺阿泰以降。成梁盡誘城中人出而屠之。尼堪外蘭復搆明兵害景祖、顯祖。我太祖聞之大慟，旋勃然震怒，諭明邊吏曰：「我祖、父何故被害？汝等乃我不共戴天之讎也。」明遣使謝曰：「非有意也，誤耳。」乃歸二祖喪。太祖謂使臣曰：「害我祖、父者，尼堪外蘭所搆也。必執以與我乃已。」明使不從。尼堪外蘭旋又迫太祖往附，太祖曰：「爾吾父部下人也，搆明兵，害吾祖、父，恨不能手刃汝，豈反從汝偷生？」自是恨益深。適蘇克素護河部薩爾滸城主諾密納之兄卦喇爲尼堪外蘭所譖，明撫順所守吏責治之，諾密納與同部嘉穆瑚寨主噶哈善哈斯瑚、沾河寨主常舒及弟揚舒俱忿恚，相議曰：「與其倚賴此等人，何如投附聰睿貝勒也？」議定，遂來通款，太祖椎牛祭天，與之盟，遣還。太祖日夜思復讎，以顯祖遺甲十三副，謀伐尼堪外蘭。歲癸未，明神宗十一年也，太祖年二十五。夏五月，起兵攻尼堪外蘭於圖倫城，尼堪外蘭豫知之，攜妻子遁，太祖攻克其城而還。丙戌年秋七月，太祖知尼堪外蘭居鄂勒歡城，復率兵往征。時城外有四十餘人欲避兵，挾弓矢走，前行一人戴氈笠，被青棉甲。太祖望見，疑即尼堪外蘭，奮身往追，爲四十人所環逼，衆矢交發，太祖身中三十餘創，貫胄及肩，猶鏖戰不退，射殪八人，斬一人，餘皆竄遁。攻克鄂勒歡城，索尼堪外蘭弗獲，斬城内漢人十九人，又執中矢者六人，深入其矢，使傳諭明之邊吏執送尼堪外蘭，否即興兵征明。明邊吏遣人復曰：「尼堪外蘭既歸我，未便執送，自來殺之可也。」太祖命齋薩率四十人往，尼堪外蘭聞我兵至，欲登臺避匿，明人不容登臺，去其梯，齋薩遂斬尼堪外蘭，取其首來獻。

佛勒和城。在城北三十三里。周三里，東一門，舊佛索諾貝勒所居。

古城。有三。一在城北八十四里，周一里，門一。一在城西南五十里，周三百六十步，門四。一在城西南五百餘里，周八十步，門一。俗皆稱爲古城，建自何代俱無考。又寧古塔有二古城，一在城東南五百八十五里，周五里，門十一，内有子城，周一里，門五；一在城東北六百里，周三里，門二。又白都訥城東南有古城，周二十里，内有子城，周四里。又西古城，在寧古塔西二十五里，周一里，門二。

五國頭城。在寧古塔城東北。契丹國志：女直東北與五國爲鄰。五國之東，接大海，出名鷹，自海東來者，謂之「海東青」，遼人酷愛，歲歲求之。女直至五國戰鬭而後得，不勝其擾。大金國志：天會八年，宋二帝自韓州如五國城。城在金國所都之東北千里。明統志：自此而東，分爲五國，故名。舊傳宋徽宗葬於此。高士奇扈從録：自寧古塔東行六百里，曰章圖哩噶善，松花、黑龍二江合流於此。有大土城，或云五國城。「章圖哩噶善」原作「羌突里噶尚」，今改正。

蘇克素護河諸部。俱在吉林城西南五百里外。謹按實録：乙酉年秋九月，太祖率兵攻蘇克素護河部之安圖瓜爾佳城，斬其城主諾謨歡。丙戌年夏五月，攻克渾河部之貝琿寨。秋七月，攻哲陳部之托摩和城，遇雷雨旋師。越數日，太祖往招撫之，其衆俱降。丁亥年夏六月，攻克哲陳部山寨，擒寨主阿爾泰斬之。秋八月，太祖遣巴圖魯額亦都率兵征巴勒達城。既至渾河，水漲不能涉，令以繩聯軍士，魚貫而渡。先率精鋭數人乘夜攻巴勒達城，樹梯而上，城中人迎拒，額亦都跨城堞而戰，身中五十創猶死戰不退，城中人皆潰，遂克其城。太祖復自率兵攻洞城，克之，降其城主扎海以還。戊子年秋九月，太祖率兵夜過東星阿地，天隕一星，大如斗，有光，士馬皆驚。太祖知爲克敵之象，遂進攻完顏城，克之，斬其城主岱圖墨爾根。己丑年春正月，太祖率兵征兆嘉城，伏兵城下。城主凝固沁遣兵百人出戰，我伏兵不即擊，引弓射之，敵兵衝突上前，四面環繞，太祖獨立百人中，手刃九人，擊敗其衆，悉潰走。圍城四日，將破之，我兵遂弛備，分取所俘獲，聚而譁。太祖解甲，授侍臣鼐護被之，諭曰：「我兵諠譁，恐致爭奪，爾往禁止。」鼐護既往，諠益甚，太祖又以棉甲授侍臣巴爾泰被之，諭曰：「敵將遁，速取吾甲。」巴爾泰往，因諠譁未息，不即來。忽敵兵十人出遁，太祖族弟旺善爲敵兵撲仆地，踞其身欲刺，太祖未及甲，奮身直前，發矢中敵兵額，應弦而踣，援旺善起。衆兵乃至，攻克其城，斬城主凝固沁而還。

東海窩集部。在琿春城東南。凡沿海林木叢茂處，皆曰窩集。謹按實録：丁未年夏五月，太祖命貝勒巴雅喇、大臣額亦都、費英東、侍衛扈爾漢率兵千人往征東海窩集部，取赫濟赫、鄂摩和索囉、佛訥赫三路屯寨，俘二千人而還。己酉年冬十二月，命扈爾漢率兵千人征窩集部之瑚葉路，取之，收二千户而還。賜扈爾漢甲冑馬匹，號爲達爾漢。嗣有歸附我國之窩集部綏芬路長圖楞爲窩集部之雅蘭路人所掠。庚戌年冬十一月，命額亦都率兵千人征雅蘭路。額亦都先往窩集部之那木都魯、綏芬、寧古塔、尼瑪察四路，招其路長康果禮、喀克都哩、昂古、明安圖、烏嚕喀、僧額、尼喀哩、瑭松阿、葉克舒等，令其攜家口前行。旋師至雅蘭路，遂擊取之，俘萬餘人而還。辛亥年秋七月，命台吉阿巴泰、大臣費英東、安費揚古率兵千人征窩集部之烏勒固宸、穆稜二路，取之。尋有窩集部之扎庫塔人來附，太祖賜甲三十副，遣之還。其人以甲送黑龍江濱窩集部人，被於樹以試射。又貪烏拉國布匹，受貝勒布占泰招撫。冬十二月，命額駙何和里同額亦都、扈爾漢率兵二千往征扎庫塔城。圍三日，招之不下，遂攻克其城，斬首千餘，俘二千餘人。並招降環近各路，收五百户，令圖勒伸、額勒伸二人衛之來歸。甲寅年冬十一月，太祖遣兵五百征窩集部之雅蘭、西林二路，收降民二百户，俘千人而還。乙卯年冬十一月，太祖遣兵二千征窩集部東額赫庫楞。先是，額赫庫楞人寄語我國曰：「人謂爾國驍勇，可來與我等決一戰。」至是八旗兵分兩路進，招之不服，遂布陣鳴螺，越濠三層，毁其柵，攻克其城，陣斬八百人，俘獲萬人，收撫其居民，編户口五百，乃班師。

廢海蘭路。在吉林城東南。金置。金史地理志：西北至上京一千八百里，東南至高麗界五百里。

廢率賓路。在城東南。金史地理志：率賓路，遼時爲率賓府，本率賓故地。天會二年，以扎蘭路都貝勒所居地瘠，遂遷於此。海陵置節度使。大定十一年，以扎蘭、率賓相去千里，既居率賓，不可忘本，遂命名親管明安曰「扎蘭明安」。西北至上京一千五百七十里，東北至呼爾哈一千一百里，西南至海蘭路一千二百里，北至邊界斡罕阿林千户二千里。元廢。「率賓」原作「恤品」，又作「速頻」，「海蘭」原作「哈懶」，「扎蘭」原作「耶懶」，「明安」原作「猛安」，「貝勒」原作「孛堇」，「斡罕阿林」原作「斡可阿隣」，今並改正。

廢呼爾哈路。在寧古塔城東。金史地理志：呼爾哈路，初置萬户。海陵改置節度使。承安三年，置節度副使。西至上京六百三十里，北至邊界哈喇巴圖千户一千五百里。元置呼爾哈軍民萬户府。元志：距上都四千二百里，大都三千八百里。又有屯路，距上都四千里。「哈喇巴圖千户」原作「合里賓忒千户」，今改正。

乾元殿。在舊會寧府城内，金天會三年建。通志：金於海古勒地置會寧府，號爲上京，因建此殿。又建東華殿、西清殿、龍壽殿、奎文殿、薰風殿。又有慶元宫、五雲樓。

皇武殿。在舊會寧府城内。金世宗打毬校射之所。大定間，世宗謂羣臣曰：「上京風物，朕自樂之。祖宗舊邦，不忍舍去。」後數日，宴宗室於皇武殿，曰：「朕尋常不飲酒，今日甚欲沈醉，此樂亦不易得也。」宗室故老以次起舞進酒，金主曰：「吾來數月，未有一人歌本曲者，吾爲汝等歌之。」命宗室弟子：「皆坐殿上，聽朕自歌其辭。」羣臣宗戚皆稱萬歲。

雲錦亭。在舊會寧府城内。又有臨漪亭，並金世宗建，爲籠鷹之所。金史地理志：在愛新水側。正隆時，海陵平其址。大定時，世宗修復之。

歐孝子里。在寧古塔城東。通志：明監生歐某家有妖狐爲患，有善治者燻死數狐，老狐益引黨類作祟，已魅殺臧獲十餘人，復聲言將殺歐某之母，屢至危殆。歐某割股以進，俄聞狐語曰：「此人割股孝親，天已增其母壽十年矣。」遂去，不復爲患。後十年，母以壽終。

嘉蔭侯廟。金大定中，册上京諸林爲嘉蔭侯，立廟。後廢。今其地大木欉然，皆數百年物也。

城堡

寧古塔城。在吉林城東南五百四十餘里，瑚爾哈河北岸。植木爲牆，高二丈餘，周二里半，東、西、南三門。外城周十里，門四，西南濱瑚爾哈河。本朝康熙五年，自舊城遷建於此。其舊城在今城西北五十里海蘭河南，石城周一里餘，外城周五里餘，國初建。東至東海三千餘里，西至吉林二百五十里，南至圖們江朝鮮界六百里，北至混同江黑龍江將軍所轄界六百里，東南至海一千五百七十里，西南至勒富善河五百里，東北至海三千餘里，西北至阿爾楚喀城七百餘里。順治十年，設昂邦章京及副都統鎮守。康熙元年，改鎮守寧古塔等處將軍。十年，移副都統於吉林。十五年，移將軍於吉林城，移副都統鎮守於此。雍正五年，增置泰寧縣，屬奉天府。七年，罷。謹按寧古塔境内，舊城甚多。其中塞址猶存者，如城東三里瑚爾哈河之北有覺羅城，周五十八步，門一；城西二十五里有西古城，周一里，東、西門各一；城西三十里有穆當阿城，周一里餘，南、北門各一；城南邊牆内有舊覺羅城，周一百步；城南二十里有噶斯哈城，周一里餘，門一；城北四十五里海蘭河南岸有薩勒瑚城，周一百步，門一；城東南五百八十里有英愛城，周一里，東、南門各一；城東南五百八十里有費雅城，周三里，門五；城東南六百五十里有富爾丹二城，一周三里，門四，一周二里餘，門三；城東南六百七十里有富勒堅城，周七十步，門一；城東北五十餘里有克音城，周三里，門一；城東北三百五十里有安巴畢喇城，亦名大河城，周六里，門四；城東北九百里混同江之南有斡里城，周三里，門二；城西北五十里海蘭河南岸有布爾哈圖城，周二里，門二；城西北五十二里有布爾哈圖西古城，周一里，門二。又吉林城東十二里有尼什哈城，在尼什哈山上，周二里，門三。其城之西有一井，木生其中，旁有鯽魚池三，石砌。城北七十里有薩爾巴禪城，周一里，門一。城北八十七里有錫蘭城，周二里，門一。城北一百十里有蘇斡延城，周二里，門一。城北一百十一里混同江中有島，名蘇斡延島，上有城，周一里，門一。城東南七里伊蘭茂山上有伊蘭茂城，周二里餘，門二。其外有郭，周二里，門一。城西南五百二十五里有呼嚕城，周二百四十步，門二。城西南五百餘里有錫伯城，周一百二十步，門二。又城西南五百四十里有富勒哈城，周八十步，門一。城西南五百五十里有邦塞城，周八十步，門一。城西南五百六十里有呼濟城，周一百步，門一。又城西南伊徹峯之西有石城一，周二百四十步，門一。又城西南五百二十里安巴和托峯下有小城，周八十步，門一。又城東北三十里伊罕山上有伊罕山城，周一里，門一。城東北三十二里有鄂謨城，周二里，門一。城西北五百五十餘里有善延府城，周一百六十步，門一。城西北五百五十五里有索勒和城，周八十步，門一。又城東北混同江中有哈勒費延島，島上有城，土人即謂之哈勒費延城，周二里，門一。以上諸城，俱無創建年月，亦未詳建自何人何代。附識於此，以備參考。「薩勒瑚」舊作「賽爾瑚」，「英愛」舊作「英䆱」，「富勒堅」舊作「富爾嘉」，「克音」舊作「刻印」，「斡里」舊作「瓦利」，「蘇斡延」舊作「蘇瓦延」，「富勒哈」舊作「富爾哈」，「伊徹」舊作「依車」，「索勒和」舊作「索爾和」，「哈勒費延」舊作「哈爾費延」，今並改正。

打牲烏拉城。在吉林城北七十里混同江東。東至團山子二十三里，西至恩沛口二十四里，南至三家村四十里，北至康家屯六十八里。遼時寧江州故址，其先烏拉布占泰貝勒居此城。周十五里，門四。內有小城，周二里，東、西二門。有土臺高八尺，周一百步。本朝康熙四十二年，因舊城有水患，於哈思呼貝勒城東移建新城，周八里，門四。設協領等官駐防，有居民九百餘户。

謹按實録：烏拉之先，以呼倫爲國號，姓納喇。其始祖名納齊布禄，四傳至都勒喜，生子二，長克什訥都督，次古對珠顔。古對珠顔生泰蘭，泰蘭生布延。布延收服附近諸部，築城於烏拉河岸洪尼地，國號烏拉，衆稱爲貝勒。生子二，長布罕，次博克多。布延卒，子布罕繼之。布罕卒，子滿泰繼之。癸巳年夏六月，滿泰爲葉赫貝勒等所誘，合兵劫我瑚布察寨，太祖率兵擊之，遂遁去。秋九月，滿泰之弟布占泰隨葉赫、哈達貝勒等九國合兵來侵，太祖擊之於古呼山下，九國兵皆敗遁，葉赫貝勒布齋爲我兵所殺。明日，有卒擒一人至，告曰：「吾獲一人將殺之，彼大呼勿殺，願自贖，因縛之來見。」太祖問曰：「爾何人也？」對曰：「烏拉貝勒滿泰之弟布占泰也。恐見殺，未敢明言，生死惟命耳。」遂叩首。太祖曰：「汝等九部會兵侵害無辜，天厭汝等。昨已擒斬布齋，彼時獲爾，亦必殺矣。今既見汝，何忍殺？語曰：『生人之名，勝於殺人。與人之名，勝於取人。』」遂解其縛，賜猞猁猻裘，贍養之。丙申年秋七月，太祖遣大臣圖勒坤黄占、博勒寬斐揚占送之歸。時烏拉貝勒滿泰與其子往所屬蘇斡延、錫蘭地，並以淫部民妻被殺。及布占泰至，滿泰之叔興尼雅欲殺之，因我國衛送二大臣嚴爲防護，不能害，興尼雅奔葉赫。圖勒坤黄占等立布占泰爲烏拉國主，乃還。布占泰遣使乞盟，感我太祖再生恩，事如父。未幾布占泰背盟，以我國所屬瓦爾喀部之安楚拉庫、訥河二路衆所推服之三人送葉赫貝勒納林布禄，并引其使招誘安楚拉庫、訥河二路。戊戌年春正月，太祖命貝勒褚英、巴雅喇、大臣費英東、噶蓋率兵一千征安楚拉庫路，取屯寨二十餘，盡招徠其人民而還。太祖乃賜褚英號洪巴圖魯、巴雅喇號卓哩克圖。丁未年春正月，瓦爾喀部斐優城長策穆特赫來朝，告曰：「吾等因地方遥阻，遂附烏拉，不得已也。今烏拉貝勒布占泰遇吾等虐甚，乞移家來附。」太祖命貝勒舒爾哈齊、褚英、代善、大臣費英東、侍衛扈爾漢率兵三千至斐優城徙之。時夜陰晦，軍中大纛之上有光，衆以爲異，捫視無有，復樹之，光如初。舒爾哈齊曰：「吾自幼從上征討，所歷之地多矣，未見此異，其非吉兆耶。」欲還兵。褚英、代善曰：「或吉或凶，兆已先定。吾等何所見而遽還，將何以還報上命耶？」遂決意前進。至斐優城，盡收環城屯寨凡五百户，令扈爾漢率兵三百護之先行。布占泰發兵萬人邀諸路，扈爾漢見之，令五百户結寨山巔，以兵百人衛之，使人馳告後隊諸貝勒。是夕烏拉兵萬人，而我國扈爾漢兵僅二百人，各據山一面，結營相持。翼日，烏拉以萬人攻我二百兵，我國大將揚古利馳至，先衆奮擊，斬烏拉兵七人，我兵止傷一人。烏拉兵退，渡河登山，畏懼不敢前，兩軍相向駐營。日過午，我國後隊諸貝勒兵悉至，見烏拉兵衆，褚英、代善策馬而前，諭衆曰：「皇父每有征伐，無不摧堅陷敵。今日雖未親履行間，而我等奉上命來此，爾衆何憂？昔布占泰來侵我國，我國擒而縛之，皇父宥其死，復豢養之，歸主其國，爲時未久。人猶是人，曾從吾手而釋，非有天幸得脱也。今豈不能再縛之耶？彼兵雖多，我國荷天眷，仗天威，皇父威名夙著，破敵兵必也。」衆軍士皆曰願效力，遂渡河。褚英、代善各率兵五百，分二路緣山奮擊，烏拉兵大敗，代善追及烏拉統兵貝勒博克多，從馬上左手攫其胄而斬之。時天氣晴明，忽陰晦，大雪寒冽，被傷敵兵棄甲逃者僵仆甚衆。是役也，陣斬博克多及其子，生擒貝勒常住與貝勒瑚哩布，斬三千級，獲馬五千匹、甲三千副。師還，太祖賜舒爾哈齊號達爾漢巴圖魯，以褚英遇大敵率先敗其衆，特賜號阿爾哈圖圖們，以代善陣斬博克多，又與兄並進克敵，特賜號古英巴圖魯。戊申年春三月，太祖命貝勒褚英、阿敏率兵五千征烏拉國，圍其伊罕山城，克之，斬千人，獲甲三百，俘其衆以歸。時烏拉貝勒布占泰與科爾沁貝勒翁阿岱合兵出烏拉城二十里，遥望我軍，知不可敵，遂相約而還。布占泰因失伊罕山城，大懼，始遣使修好乞盟，執葉赫貝勒納林布禄屬下五十人送我使臣殺之。尋又背盟，侵我國所屬窩集部之瑚爾哈路者再。壬子年秋九月癸丑，太祖率兵征之。庚申，師至烏拉，太祖張黄蓋，鳴鉦鼓，沿烏拉河而行。布占泰率兵迎戰，至河濱，見我兵甲胄鮮明，士馬精强，軍勢甚盛，烏拉兵人人惴恐無闘志。太祖遂沿河岸而下，克其臨河五城，又取金州城駐師焉。其城在布占泰所居大城河岸之西，距城西門二里許。冬十月辛酉朔，太祖以太牢告天祭纛，駐兵三日。布占泰晝則率兵出城，相持河岸，夜則入城休息。諸貝勒請渡河擊之，太祖曰：「毋作此浮面取水議也，當爲探原之論耳。譬伐大木，豈能遽摧，必以斧斤斲而小之，然後可折。今以勢均力敵之大國，欲一舉而取之，能盡如吾願乎？我且削其所屬外城，獨留所居大城，外城盡下，則無僕何以爲主，無民何以爲君乎？」遂率師毁其六城，焚其廬舍糗糧，移駐於富勒哈河渡口。布占泰使人來告曰：「上乘怒興兵至此，今上怒已息，乞留一言而歸。」又親率其臣六人乘舟至河中，跽而乞曰：「烏拉國即上之國也，幸勿盡焚糗糧。」叩首哀籲不已。太祖擐甲乘馬率貝勒大臣出衆軍前，立馬河中，水及馬腹，乃諭責布占泰曰：「我昔擒汝於陣，貸汝死，贍養汝，俾主烏拉國，以三女妻汝，許汝盟誓者七。汝藐忽天地，屢背誓言，再侵吾所屬瑚爾哈路，欲奪吾所聘葉赫女。又以鳴鏑射吾女，吾以女歸汝異國，義當尊爲國妃，何得陵暴至此？我愛新覺羅氏由上天降生，事事順天命，循天理，數世以來，遠近欽服，從不被辱於人。汝即不知百世以前事，豈十世以來之事亦不知耶？若我女有過，汝宜告我。無故被辱，他國且不受，况我國乎？古人云：『寧損其骨，無損其名。』我非樂有此舉，乃汝負恩悖亂，是以聲罪致討耳。」布占泰對曰：「此必有人離間。吾與上恩同父子，今之不睦，其語皆爲傳布者誤也。」布占泰之臣拉布泰從旁率爾進言曰：「上既因此而怒，何不遣使來問？」太祖責拉布泰曰：「我部下豈少汝輩人耶？尚謂辱吾女爲誣，奪吾所聘女爲妄言乎？凡事未實則須問，既實矣，又何問焉？此河無不冰之日，吾兵無不再來之理。汝口雖利，能齒吾刃乎？」布占泰大懼，止拉布泰勿言。布占泰弟貝勒喀爾喀瑪請曰：「乞上寬宥，賜一言而行。」太祖曰：「汝果無此事，以汝子及大臣子爲質，始鑒汝誠。不然，吾不信也。」遂回營。駐烏拉國五日，還兵至烏拉河邊伊瑪呼山岡，以木爲城，留兵千人守之。癸丑年春正月，太祖聞布占泰以其子綽啓鼐及十七臣之子送葉赫爲質，知其終不知悛改，太祖乃親率大兵往征之。時布占泰期於正月丙子送其子質葉赫，而我兵先一日至，攻取烏拉之遜扎塔克城，督兵進克郭多、鄂謨二城。時布占泰率兵三萬越富勒哈城列營。我統兵貝勒大臣皆欲戰，太祖止之曰：「征伐大國，豈能使之遽無孑遺乎？」仍以前言敕諭諸貝勒大臣。時貝勒代善、阿敏，大臣費英東、額亦都、安費揚古、揚古利、何和里、侍衛扈爾漢及諸將皆奮然曰：「我士飽馬騰，利在速戰，所慮者布占泰不出耳。今彼兵既出，平原曠野，可一鼓擒也。」太祖曰：「我仰荷天眷，自用兵以來，雖遇勁敵，無不單騎突陣，斬將搴旗。今日之役，何難率爾等身先搏戰，但恐貝勒諸大臣或有一二被傷，實深惜之，故欲計出萬全，非有所懼而緩之也。爾衆志既孚，即可決戰。」因命取鎧胄被之，貝勒大臣及諸將聞太祖言，皆踴躍，傳令軍士盡甲。太祖遂定策，諭軍士曰：「儻蒙天眷佑，破敵衆，即乘勢奪門克其城，毋使復入！」於是我軍前進。布占泰率兵三萬由富勒哈城而來，令軍士步行，列陣以待，兩軍距百步許。我兵亦下馬步戰，矢交發如雨，呼聲動天。太祖奮然挺身而入，諸貝勒、大臣率軍士鼓勇縱擊，大敗烏拉兵，十損其六七，餘皆棄甲逃竄，遂乘勢奪其門。太祖登城西門樓坐，城上悉樹我軍旗幟。布占泰率敗兵不滿百人急還城下，見我軍旗幟，大驚而奔。復遇貝勒代善率精兵邀擊之，布占泰勢不能敵，遂遁，又損兵過半，餘皆潰走。布占泰僅以身免，投葉赫國而去。我軍獲馬匹甲冑器械無算，盡收撫其所屬城邑。駐軍十日，大賚有功將士。烏拉敗兵來歸者，遂還其妻子僕從，編户萬家。其餘俘獲分給衆軍，乃班師。布延之族裔及滿泰、布占泰之子孫，授官職者甚衆。後太祖遣使往葉赫，令獻布占泰，葉赫錦台什等不與，太祖乃興師滅之。詳見「葉赫城」注。康熙三十七年，有御製入烏拉境詩。

阿勒楚喀城。在吉林城東北四百五十里。舊城周二里，南、北二門，爲寧古塔邊界。雍正三年，設協領、佐領、防禦官兵駐此。七年，改建新城，周三里。乾隆二十一年，增設副都統鎮守。東至三姓界二百九十餘里，西至白都訥界一百餘里，南至吉林界六百七十里，北至松花江北岸蒙古郭爾羅斯界一百餘里。又城之南四里有古城，城內有小城，尚餘宮殿舊址，不知建自何代。

白都訥城。在吉林城西北五百二十五里，舊名納爾渾，又曰新城。本朝康熙三十二年建。高一丈二尺，周七里，門四。東至阿勒楚喀界一百五十餘里，西至松花江蒙古郭爾羅斯界二里，南至吉林界三百餘里，北至松花江蒙古郭爾羅斯界七十里。康熙三十一年，移吉林副都統駐此鎮守。雍正五年，設長寧縣，屬奉天府。乾隆二年，改設州同。十二年裁。嘉慶十五年，設同知、巡檢等官。

琿春城。在吉林城東南一千一百里琿春河東岸。南與朝鮮接界，皆庫雅拉等所居。城周一里，門四。康熙五十三年修，設協領等官駐防。東至海二百八十里，西至圖們江二十里，南至海一百十里，北至佛斯亨山一百二十里。

三姓城。在吉林城東北九百三十六里。東西數百里，皆滿洲所居。康熙五十三年，編置佐領。五十四年，築城，周五里，濠深七尺，設協領、防禦管轄。雍正七年，增設副都統鎮守。東至東海四千餘里，西至阿勒楚喀界三百餘里，南至吉林界三百里，北至黑龍江界一百餘里。又城西一百五十里瑚爾哈河西岸有西古城，城南六十里瑚爾哈河東岸有東古城，城北三里有北古城，其基址半存，皆莫詳創建何代。

長春廳。原係蒙古郭爾羅斯扎薩克公地方。嘉慶五年，添設通判、巡檢管理。東至木石河一百九十里，與松花江接界；西至巴彦吉魯克山四十里，與喀爾沁達爾罕王接界；南至伊屯邊門八里，與吉林接界；北至紀家窩鋪一百七十二里，與郭爾羅斯扎薩克公接界。廳治無城。又寬城子，在廳北五十里，設、廢年無考。

海蘭河屯。在寧古塔西北六十里海蘭河北岸。有城周三里，門四。乾隆十九年，有御製海蘭河屯詩。

博爾濟堡。在吉林城北八十里。周一百步，門一。

二十家堡。在吉林城北一百十里。通志：城周一里，南門一。

雙城堡。在阿勒楚喀境内。嘉慶十九年，設委協領等官駐防。

關郵

法特哈邊門。在吉林城北一百七十里，一名巴延鄂佛羅，由吉林至白都訥、黑龍江之道也。東北以額塞哩河爲界，自此設邊而西，邊外皆蒙古所居。

伊屯邊門。在吉林城西北二百八十里。東距法特哈邊門一百七十七里。舊設有官兵駐防，雍正六年，復增設佐領。乾隆十九年，有御製入伊屯邊門詩。

克爾素邊門。在吉林城西北四百里。東距伊屯邊門一百八十四里。

布爾德庫蘇巴爾罕邊門。在吉林城西北五百里。東距克爾素邊門一百五十里，西至開原縣威遠堡邊界一百七十八里。以上四邊門，皆統於吉林將軍所轄，東起吉林烏拉北，西抵開原縣威遠堡邊門外，遮羅奉天北境，即所謂新邊也。每門設防禦、筆帖式各一員，兵二十名。

額赫茂站。在吉林城東南九十里。又東南八十里至拉發站即額音楚站，又東南六十五里至圖依屯站即安巴多觀站，過此八十里有伊克蘇小站，又東南四十里至鄂摩和索羅站，過此八十里有搭拉小站，又東南六十里至畢爾罕畢喇站，又東南六十里至沙蘭站，又東南八十里至寧古塔。以上七站，自吉林東南至寧古塔站道。

尼什哈站。即烏拉站，在吉林城西南十里。又西南七十里至蒐登站，又西南七十里至伊勒們站，又西南五十五里至蘇斡延站即雙楊站，又西南六十里至伊巴丹站即驛馬站，又西南六十里至阿勒坦額墨勒站即大孤山站，又西南六十里至克爾素站，又西南八十里至葉赫站，又西南五十五里至蒙古和羅站即棉花街站，又西南五十五里至開原威遠堡。以上九站，自吉林西南至奉天站道。

金州鄂佛羅站。亦名哲松站，在吉林城西北五十里。又西北六十里至舒蘭河站，又西北五十里至法特哈站，又西北五十里至騰額爾哲庫站，又西北五十里至蒙古站，又西北五十里至圖賴昭站，又西北五十里至遜扎布站即五家子站，又西北三十五里至蒿子站，又西北六十里至舍哩站，又西北八十里至白都訥站。以上十站，自吉林西北至白都訥站道。

蒙古喀倫站。在吉林城東北。自騰額爾哲庫站分道東北三十里，又東北七十里至拉林多觀站，又東北七十里至薩庫哩站，又東北六十五里至費克圖站，又東北八十二里至塞勒佛特庫站，又東北六十一里至佛斯亨站，又東北七十三里至富爾琿站，又東北七十里至崇古爾庫站，又東北七十二里至鄂爾多穆遜站，又東北六十八里至廟屯站，又東北五里至三姓城。以上十站，自吉林東北至三姓站道。按吉林三十六站，統於吉林將軍所轄，有六品官二員管理驛站事務，每站設筆帖式一員。

津梁

遵法橋。在吉林城内將軍署之南。又板橋，在城小東門外。

珠嚕多觀河橋。在吉林城東二百九十里。現今坍廢。

石甸子橋。在寧古塔城西一百餘里黑石甸子石空處。

松花江渡。在吉林城東南。康熙三十三年設。

烏拉渡。在吉林城西。康熙十一年設。

嫩江渡。在吉林城西北。康熙三十三年設。

阿勒楚喀渡。在阿勒楚喀城東北。雍正二年自松花江移設。以上諸渡，俱額設水手船隻，皆水師營管轄。又西南至開原交界處有葉河渡，隸開原驛丞管轄。又佛斯亨、妙嘎善渡口二處，乾隆二十五年設。

陵墓

金

輝陵。永陵。定陵。喬陵。通志：皆金先世尊爲陵者。在寧古塔境。

完顔希尹墓。通志：金章宗時以其始造國書，立廟上京，歲祀之。墓在寧古塔境内。

羅索墓。在吉林城西二百里博屯山。有金源郡王廟，殘碑彷彿可辨。「羅索」舊作「婁室」，今改。

海古勒城古冢。通志：在寧古塔境内，本金上京地。國初其冢忽陷，地宫中多殉葬之物。考金史，金太祖初葬於海古勒城西，其後王公貴人多葬其地。惜銘志無可辨耳。

古賢者墓。在三姓地。碑鐫「古賢者墓」，未詳何人。

祠廟

望祭殿。在温德亨山。本朝雍正十一年建，望祭長白山神。

吉林都城隍廟。在城内將軍署之東。雍正六年建。

文廟。在城内東南隅。乾隆七年，永吉州知州魏士敏捐建。

八蜡廟。在城内東南隅。

崇禮龍王廟。在小東門外江北岸。乾隆二十五年重修。

松花江神廟。在城小東門外江北岸。乾隆四十五年敕建。

火神廟。在城西門外。雍正十年建。

靈佑廟。在城西三百里小孤山上。俗稱爲九天玄女廟。

關帝廟。在城北門外北山上。建置年月未詳。乾隆十九年，御書額曰「靈著幽岐」。

馬神廟。在寧古塔城東門外。康熙四年建。又白都訥城内亦有馬神廟，土人每以正月卜年歲豐稔於此，俱有靈應。

昭忠祠。在吉林城内城隍廟西。嘉慶八年添建。其在寧古塔、阿勒楚喀、白都訥、三姓城者，均嘉慶九年添建。

寺觀

觀音寺。在吉林城東門外十二里尼什哈山上。乾隆十九年，御書額曰「福佑大東」。

地藏寺。在吉林城東門外。乾隆五十二年建。

石佛寺。在寧古塔城西南六十五里舊城内。相傳金時慈聖太后建。石佛高二丈餘，後石首墜地，有石工人欲鑿爲碾，甫舉錘，頭涔涔痛，遂置之。是夕土人同感異夢，於是舉石首湊法像，冶鐵固之，即故址建寺。

古佛寺。在寧古塔城西門外。乾隆三年建。

校勘記

〔一〕至丸都縣城　「丸」，原作「九」，據乾隆志卷四六吉林二古蹟（下同卷省稱乾隆志）及新唐書卷四三下地理志改。

〔二〕保太白山之東北　「太」，原作「大」，據乾隆志及新唐書卷二一九渤海傳改。

〔三〕武后封爲震國公　「震」，原作「鎮」，乾隆志同，據新唐書卷二一九渤海傳改。

〔四〕子武義直大圖宇　「直大圖宇」，乾隆志同。按，新唐書卷二一九北狄傳作「斥大土宇」，謂擴大版圖也，乾隆志與本志皆誤以四字爲渤海王之子名，故改譯也，殊謬。

〔五〕世祖謂哈喇巴圖魯曰　「圖魯」，原倒作「魯圖」，據乾隆志及上文乙正。

〔六〕哈達貝勒蒙格布禄　「蒙格布禄」，原作「蒙古布禄」，據乾隆志及本卷下文哈達城條改。

〔七〕舊爲棟鄂部長魯克素所居　「魯克素」，乾隆志作「嚕克素」，乾隆盛京通志卷三一城池作「魯克素」。

大清一統志卷六十九

吉林三

名宦

金

諾延温都烏達。阿卜薩水人。世宗時，由咸平尹改會寧尹、北邊行軍都統。時斡罕初定，烏達爲治寬簡，多備禦，謹斥堠，邊境以安。「諾延温都烏達」，改見前。

赫舍哩德。真定路珊沁明安人。明昌進士。宣宗貞祐二年，官肇州武興軍節度使。時肇州圍急，食且盡，有糧三百船在鴨子河，去州五里不能至。德浚濠增陴，築渠導濠水屬之河，鑿陷馬穽，伏甲其傍以拒守，一日兵數接，士殊死戰。渠成，船至城下，食足圍解。「赫舍哩」舊作「紇石烈」，「珊沁」舊作「山春」，今並改正。「明安」，改見前。

本朝

巴海。姓瓜爾佳，滿洲鑲藍旗人。順治十六年，爲寧古塔總管。十七年，俄羅斯犯邊境，巴海督兵擊之，賊敗走，追斬六十餘級，獲其船及槍礮軍器，因招降費雅喀百二十餘户。康熙元年，改總管爲將軍。十年，巴海奏遷扎祭喀、布克托等各姓户口於所屬境内〔二〕，設佐領四十，以扎祭喀等分轄其衆，號爲新滿洲。十七年，奉聖祖仁皇帝諭，巴海實心任事，撫輯新滿洲户口咸令得所，下部議敘。

人物

金

罕都。完顏部人。事四君，出入四十年，征伐之際，遇敵則先戰，廣廷大議，多用其謀。世祖嘗曰：「吾有罕都，則何事不成？」肅宗時，委任冠於近僚。穆宗嗣位，凡圖遼事，皆專委之。康宗以爲父叔舊人，尤加敬禮，多所補益。天會十五年，贈代國公。明昌五年，贈開府儀同三司，謚忠敏。「罕都」舊作「歡都」，今改正。

伊克。系出景祖，居舍音水完顏部，爲其部貝勒，率其同部俱來歸。金之爲國，自此益大。與罕都常在世祖左右，居則與謀議，出則莅行陣。明昌中贈特進，謚忠濟，與罕都配享世祖廟庭。子阿里布，多智略，勇於戰，平河南功爲最。皇統中，爲歸德軍節度使，累階儀同三司。歷官有惠愛，得民心。「伊克」舊作「冶訶」，「舍音」舊作「神隱」，「阿里布」舊作「阿魯補」，今並改正。「貝勒」，改見前。

希卜蘇。昭祖孫，烏肯徹次子。健捷能左右射。太祖伐遼珠赫店之役，惟希卜蘇之策與太祖合，卒破十萬之師。收國元年，爲愛滿貝勒。太祖每伐遼，輒命希卜蘇與太宗居守，倚任與薩哈比。大定三年，封金源郡王，配享太祖廟庭，謚忠毅。「希卜蘇」舊作「習不失」，又作「辭不失」；「烏肯徹」舊作「烏骨出」；「愛滿」舊作「阿買」；「薩哈」舊作「撒改」，今並改正。「貝勒」，改見前。

阿里罕。景祖第八子。健捷善戰。太祖謀伐遼，阿里罕實贊成之。後屢戰有功。與宗翰等勸進，太祖即位，以耕具九爲獻，祝曰：「使陛下毋忘稼穡之艱難。」爲古倫英實貝勒。爲人聰敏辯給，凡一聞見，終身不忘。始未有文字，祖宗族屬時事並能默記，與色格同修本朝譜牒。見人舊未嘗識，聞其祖父名，即能道其部族世次。積年舊事人或遺忘，輒一一辨析言之。臨卒，使其子代爲奏事。太宗聞之曰：「臨終不亂，念及國家事，真賢臣也。」熙宗時，追封隋國王。大定間，配享太祖廟庭，謚剛憲。「阿里罕」舊作「阿离合懣」；「古倫英實」舊作「國論乙室」；「色格」舊作「斜葛」，今並改正。「貝勒」，改見前。

完顔杲。本名舍音，世祖第五子，太祖母弟。天輔五年，爲烏赫哩貝勒，都統内外諸軍，克中京。六年，遼耶律聶呼自立於燕京，移書請和。杲復書責之，遣使請太祖臨軍，定燕京。太宗即位，爲按班貝勒，同宗幹治國政。天會三年，伐宋，領都元帥，居京師。皇統三年，追封遼越國王。天德二年，配享太祖廟庭。大定十五年〔二〕，謚智烈。「舍音」舊作「斜也」，即「斜野」；「烏赫哩」舊作「忽魯」；「聶呼」舊作「捏里」；「按班」舊作「諳班」，今並改正。「貝勒」，改見前。

棟摩。世祖子。爲咸州路副統。攻上京、中京、西京，俱克之。又克南京。爲都統，伐宋，克汴州，下河間，爲元帥左都監。熙宗時追封吴國王。天德二年，配享太祖廟庭。大定二年，徙封魯王，謚莊襄。子宗敘，本名德壽，累官參知政事。世宗謂宰臣曰：「宗敘勤勞國家，他人不能及也。」明昌五年，配享世宗廟庭。「棟摩」，改見前。

薩哈。景祖長孫，韓國公和卓長子。穆宗命爲國相。太祖伐遼，贊成大計實自薩哈啓之。太祖正位號凡半歲，與太宗同封拜，加爲古倫烏赫哩貝勒。天輔五年卒。薩哈爲人敦厚多智，長於用人，家居純儉，好稼穡。自始爲國相，能馴服諸部，訟獄得其情，當時有言：「不見國相，事從何決？」每以宗臣爲内外倚重，不以戰多爲其功也。大定三年，贈金源郡王，配享太祖廟庭，謚忠毅。「和卓」舊作「劾者」；「古倫烏赫哩貝勒」、「薩哈」，改俱見前。

斡魯。薩哈弟。收國二年，詔統諸軍伐高永昌，大破之，永昌遁，其下遂執以獻，於是遼之南路係籍女直及東京州縣盡降。

遼主在陰山、青冢之間，斡魯爲西南路都統，往襲之，奏捷曰：「賴陛下威靈，屢敗敵兵，遼主無歸，勢必來降。」皇統五年，追封鄭國王。天德二年，配享太祖廟庭。「薩哈」，改見前。

普嘉努。又名昱，景祖孫，鄭國公噶順子。太祖自草濼追遼帝，普嘉努爲前鋒，晝夜兼行，追及於石輦鐸，遼帝遁去，兵潰，所殺甚衆。烏琿叛，討平之。天會間，爲司空，封王。天德初，配享太祖廟庭。「普嘉努」舊作「蒲家奴」，「噶順」舊作「劾孫」，「烏琿」舊作「烏虎」，今並改正。

完顏勖。本名烏頁，穆宗第五子。好學問，國人呼爲秀才。宗翰、宗望定汴州，太宗使勖勞軍。宗翰等問其所欲，曰：「好書耳。」載數車而還。天會六年，詔書求訪祖宗遺事，以備國史，命勖掌之，採摭始祖以下十帝，綜爲三卷，咸得其實。光懿皇后忌辰，熙宗將出獵，勖諫而止。上日與近臣酣飲，勖上疏諫，乃爲止酒。拜左丞相。八年，奏太祖實録二十卷。出領行臺尚書省事，拜太保，封魯國王。海陵方用事，朝臣多附之。一日大臣會議，海陵後至，勖面責之。九年，拜太師，進封漢國王。海陵篡位，請老，不許。遂稱疾篤不言，表請愈切，從之，進封周宋國王。「烏頁」舊作「烏野」，今改正。

宗雄。本名摩囉歡，康宗長子。善談辯，多智略，孝敬謙謹，人愛敬之。從太祖伐遼，力戰功多。遼帝以七十萬衆至，宗雄獨言不足畏，率衆直前，大敗之。西京既降復叛，議欲罷攻，亦以宗雄言，再克之。卒年四十，太祖哭之慟。宗雄好學嗜書，嘗從上獵，誤中流矢，神色不變，恐罪及射者。既拔去其矢，託疾歸家，卧兩月，因學契丹大小字，盡通之。凡金國立法定制，皆與宗幹建白行焉。而材武蹻捷，挽强射遠幾二百步。大定二年，追封楚王，謚威敏，配享太祖廟庭。「摩囉歡」舊作「謀良虎」，今改正。

宗翰。本名尼瑪哈，薩哈之長子。年十七，軍中服其勇。及議伐遼，與太祖意合。太祖敗遼師於境上，薩哈使宗翰來賀捷。宗翰與阿爾罕等勸進，太祖意乃決。用其策取中京。宗翰聞遼主在山西猶事畋獵，即以精兵六千襲遼主，遼主遁去。撫定西路州縣部族，遂從取燕京。太祖以宗翰爲都統。太宗即位，宋人來請割諸郡，太宗欲許之，宗翰持勿割，請伐宋。以宗翰爲左副元帥，降定諸縣，克太原，執宋經略使張孝純等。自太原趨汴，與宗望會兵克汴州，以宋二主北還。賜鐵券。定議立熙宗。熙宗即位，拜太保、尚書令，領三省事，封晉國王。大定間，改贈秦王，謚桓忠，配享太祖廟庭。「尼瑪哈」舊作「粘没喝」，今改正。「薩哈」、「阿爾罕」，改俱見前。

實圖美。扎蘭路完顔部人，世爲其部長。勇敢善戰，質直孝友，彊記辯捷，臨事決斷。招諭諸部，使附於世祖。後以本部兵從太祖擊高麗。及伐遼，功尤多。正隆二年，封金源郡王。子實實，與羅索俱獲遼帝於伊都谷。宗翰伐宋，以懷、孟控制險要，使實實統十二明安軍鎮撫之，四境以安。卒，謚威敏。大定中，圖像衍慶宫。「實圖美」舊作「石土們」，「實實」舊作「習失」，「伊都」舊作「余睹」，今並改正。「扎蘭」、「羅索」，改見前。

完顔忠。本名都古嚕訥，實圖美弟。太祖器重之，將伐遼，就謀之，都古嚕訥曰：「以王公英武〔三〕，士衆樂爲用。遼帝荒於畋獵，政令無常，易與也。」後代其兄爲扎蘭路達貝勒。熙宗即位，累加同中書門下平章事。天德二年，配享太祖廟庭。大定二年，追封金源郡王。「都古嚕訥」舊作「迪古乃」，「達貝勒」舊作「都勃堇」，今並改正。「實圖美」、「扎蘭」，改見前。

華沙布。完顔部人。從太祖戰有功。高永昌請僞降於斡魯，使華沙布往報，永昌執之，神色自若，駡不絶口，遂見殺。天會中，贈遥鎮節度使。「華沙布」舊作「胡沙補」，今改正。

宗幹。本名幹布，太祖庶長子。太宗即位，爲古倫貝勒，輔政。始議禮制度，正官名，定服色，興庠序，設選舉，治曆明時，皆宗幹啓之。熙宗即位，拜太傅，進太師，封梁宋國王，入朝不拜，策杖上殿。監修國史，又賜輦輿上殿，制詔不名。疾亟，上及后同往視，后親與饋食。既薨，輟朝七日。大臣死輟朝，自宗幹始。世宗時，追贈忠烈。明昌四年，配享太祖廟庭。「幹布」舊作「幹本」，今改正。「古倫貝勒」，改見前。

宗望。本名斡喇布，太祖第二子。太祖自將襲遼，宗望爲前鋒。燕京平，爲副都統，襲遼主，俘其族屬。遼主率兵決戰，又擊敗之，獲其子趙王及傳國璽。討張覺，覺遁，平南京。奏請伐宋，自燕山路進，破郭藥師兵於白河，降之，取燕山府，州縣悉平。天會四年八月，取天威軍，克真定，遂趨汴。分遣諸將破宋援兵，克汴州，宋少帝詣軍前降。師還，卒。追封魏王。天德二年，加遼燕國王，配享太祖廟庭。大定三年，改封宋王，謚桓肅。「斡喇布」舊作「斡魯補」，今改正。

宗弼。本名烏珠，太祖第四子。從宗望伐宋，以三千騎薄汴州，宋上皇出奔。敗鄭宗孟兵數萬，遂克青州。復取臨朐。詔再伐宋，攻破濮州、大名，河北平。宋主自揚州奔江南，宗弼進兵，自和州渡江，追襲宋主，克杭州，宋主入海。遂分兵攻明州，而自引兵取秀與平江，由鎮江泝流西上。宋韓世忠襲之，將至黄天蕩，宗弼因老鸛河故道開三十里通秦淮，一日夜而成，乃至江寧。將渡江而北，又偕伊喇古與世忠戰，以火箭射之，殲其舟軍。北還，定陝西。爲右副元帥，封瀋王。入朝，進拜都元帥，誅達蘭。再平河南，克廬州，渡淮，與宋畫淮水爲界。皇統三年，爲太師。大定中，謚忠烈，配享太宗廟庭。世宗嘗曰：「宗翰之後，惟宗弼一人。」「烏珠」舊作「兀术」，「達蘭」舊作「撻懶」，今並改正。「伊喇」，改見前。

完顔希尹。本名古新，罕都之子。從征伐有功。太祖命撰本國字，乃依漢人楷字，因契丹字制度，合本國語，製女直字。天輔三年，字書成，命頒行之。其後熙宗亦製女直字，謂之小字，希尹所撰謂之女直大字。宗翰襲遼帝於五院司，希尹爲前驅，所將纔八騎，與遼主戰，一日三敗之。及大舉伐宋，希尹爲元帥右監軍。師還，賜鐵券。熙宗時爲左丞相，有大政，皆身先執咎。以譖死。天德三年，追封豫王。大定中，謚貞憲。「古新」舊作「谷神」，今改正。「罕都」，改見前。

尼楚赫。宗室子。與實古納使遼還，具以遼政事人情告太祖。太祖決意伐遼，自尼楚赫等發之。太祖與耶律鄂爾多戰於達嚕噶城，遼兵二十萬，尼楚赫與羅索率衆衝其中堅，凡九陷陣，輒戰而出，大敗遼軍。從都統杲克中京。遼主西奔，尼楚赫以兵絶其後，遂見獲。太宗時，累破宋軍，歷遷中書令，封蜀王。以正隆例贈金源郡王，謚武襄，配享太宗廟庭。「尼楚赫」舊作「銀术可」，「實古納」舊作「習古迺」，「耶律鄂爾多」舊作「耶律訛里朵」，「達嚕噶」舊作「達魯古」，今並改正。

羅索。字斡里雅，完顔部人。太宗命爲萬户，守黄龍府。進都統，追遼主於白水濼，獲其内庫寶物，遂攻破西京。後破朔州，復襲遼帝於伊都谷，獲之。賜鐵券。又連敗宋軍，克河中府，降絳、磁、隰、石等州。又取陝西諸州。睿宗總陝西征伐時，羅索有疾，左翼軍已卻，羅索以右翼軍力戰，遂敗張浚軍。睿宗曰：「力疾鏖戰，以徇王事，破巨敵，雖古名將無以加也。」皇統元年，追封莘王。以正隆例改贈金源郡王，配享太宗廟庭，謚莊義。子和尼，以功封廣平郡王，卒謚貞濟。「斡里雅」舊作「斡里衍」，「和尼」舊作「活女」，今並改正。

宗賢。本名阿嚕。太宗監國，選侍左右，甚見親信。爲歸德軍節度使，政寬簡，境内大治。及改武定軍，百姓泣送數十里始去。後改永定軍。天德初，授世襲穆昆，馳驛召之。老幼填門，三日乃得去。歷官廣寧尹，封廣平郡王。以正隆例奪王爵。大定初，封景國公。爲博索路兵馬都總管，致仕。「阿嚕」舊作「阿魯」，今改正。「穆昆」、「博索」，改俱見前。

薩里罕。亦名杲，安帝六代孫。雄偉有才略。從平陝西，所降下城最多。睿宗留兵屯衝要，使薩里罕總之。請收劍外十三州，連破吴玠軍，盡下諸砦。天會十四年，爲元帥右監軍。宋兵九萬會於涇州，薩里罕以輕騎敗之，取涇州。爲右副元帥。皇統四年，封應國公。海陵時，以久握兵忌之，以爲行臺左丞相兼左副元帥，陽尊以殊禮，使托卜嘉圖之。令史約索希旨誣以謀反。子宗安被掠，不服而死。殺薩里罕於汴。大定三年，追封金源郡王，謚莊襄，配享太宗廟庭。「薩哩罕」舊作「撒离喝」，「約索」舊作「遥設」，今並改正。「托卜嘉」，改見前。

色哩。亦名宗賢，希卜蘇之孫。皇統中，拜太保、左丞相，兼都元帥。自護衛未十年，位兼將相，常感激思自效。於悼后爲母黨，后專政，未嘗附之，海陵因與后力排之。初，胙王常勝死，熙宗納其妻，將以爲后。及海陵弑熙宗，詭以熙宗將議立后，召諸王大臣，色哩信以爲然，將入宫，謂人曰：「上必欲立常勝妻，我當力争。」及被執，猶以爲熙宗將立后而先殺之也，曰：「我死固不足惜，獨念上左右無助爾。」「色哩」舊作「賽里」，今改正。「希卜蘇」，改見前。

宗憲。本名阿蘭，薩哈次子。年十六，選入學。太宗令誦所習女直字書，語音清亮，兼通契丹、漢字。從破汴京，人争取府庫財物，宗憲獨載圖書以歸。時制度多仍遼舊，宗憲以爲：「當遠引前古，因時制宜，成一代之法。何乃近取遼人制度哉？」達蘭、宗雋倡議以齊地與宋，宗憲廷争折之。累官尚書左丞，攝門下侍郎。皇統五年，將肆赦，議覃恩止及女直人，宗憲曰：「莫非王臣，慶幸豈可有間？」遂使均被。世宗時，累拜平章政事，進右丞相。「阿蘭」舊作「阿懶」，今改正。「薩哈」，改見前。

温特赫伊蘇瑪勒。率賓屯茂赫辰人。徙上京。兄卓諾，國初有功。伊蘇瑪勒性忠直强毅，善騎射，膂力過人。皇統初，襲其兄穆昆，積戰功爲洮州刺史。謂人曰：「穆昆，兄職也。兄子烏楞古今已長矣。」遂讓還之。以功遷臨潢尹。斡罕反，來攻臨潢，伊蘇瑪勒領六百人邀擊斡罕，勦殺甚衆，所乘馬仆，爲賊所執，脅之使招城中，伊蘇瑪勒怒罵不從，被害。時其妻子官屬將士皆登城臨望，伊蘇瑪勒厲聲曰：「我恨軍少不能殺賊。汝輩勿降！賊無能爲也。」賊怒殺之。城中人皆爲感激，乘城固守，賊不能攻而去。「温特赫」、「穆昆」、「斡罕」、「率賓」，改俱見前。「伊蘇瑪勒」舊作「移室懣」，「茂赫辰」舊作「懣歡春」，「卓諾」舊作「术輦」，「烏楞古」舊作「斡魯古」，今並改正。

圖克坦喀齊喀。上京速素海水人。膂力過人，一經見聞，終身不忘。世宗初，爲陝西路統軍使，改元帥右都監，轉左都監。敗宋兵，克復臨洮，鞏、秦、河、隴、蘭、會、原、洮、積石、鎮戎、德順、商、虢、環、華等十六州府，陝西平。入爲樞密副使。大定九年，爲平章政事，封定國公。泰和元年，配享世宗廟庭。「圖克坦喀齊喀」，改見前。「速素海」舊作「速蘇海」，今改正。

赫舍哩薩哈連。上京和坦人。沈毅有大略，娶梁王宗弼女，宗弼最愛之。海陵時，爲西北面副統。世宗即位，副布薩忠義討斡罕，大敗之，盡獲其輜重，部族皆降。斡罕走奚中，薩哈連獲賊將朔和琢，釋弗殺，縱之歸，約以捕斡罕自效，朔和琢竟執斡罕以獻，逆黨平。入朝爲左副元帥。經略宋事，駐軍睢陽。時宿州陷於宋，薩哈連以精兵萬人趨宿州，戰敗宋將李世輔，遂渡淮，宋人懼，乃請和。召至京師，拜平章政事。又拜樞密使。世宗以女下嫁薩哈連子，以婦禮謁見，薩哈連夫婦坐而受之。拜右丞相，封金源郡王。卒，謚武定。明昌五年，配享世宗廟庭。「赫舍哩」、「布薩」、「斡罕」，改俱見前。「薩哈連」舊作「撒曷輦」，「和坦」舊作「胡塔安」，「朔和琢」舊作「稍合住」，今並改正。

布薩忠義。本名烏哲，上京博勒和河人，宣獻皇后姪，元妃之兄。魁偉有大略，累戰功爲明安。皇統四年，除博州防禦使，郡中翕然稱治。世宗立，拜尚書右丞。伊喇斡罕僭號，兵久不決。忠義請效死力除之，世宗大悅，即拜平章政事，兼右副元帥。追賊及於陷泉，時昏霾四塞，忠義禱曰：「天不助惡，當爲開霽。」奠已，昏霧廓然。及戰，大敗之。賊望風潰遁，斡罕入奚中，其黨執以降，契丹平。朝京師，拜尚書右丞相，封沂國公。時宋侵掠邊郡，詔忠義以丞相總戎事，居南京節制諸將。遂大捷，移軍壓淮境，卒定和議。拜左丞相，兼都元帥。大定六年卒，謚武莊。忠義動由禮義，謙以接下，善御將士，能得其死力。及爲宰輔，知無不言。泰和元年，配享世宗廟庭。「布薩」、「伊喇斡罕」，改俱見前。「烏哲」舊作「烏者」、「博勒和河」舊作「拔盧古河」，今並改正。

思敬。本名薩哈，扎蘭河人，實實弟也。純直有才幹。從其兄攻太原，從完顔和尼下洛陽、圍汴，皆有功。大定九年，拜樞密使，上疏論五事：其一，女直人可依漢人以文理選試；其二，契丹可分隸女直明安；其三，鹽濼官可罷去；其四，與明安同勾當副千户官亦可罷；其五，親王府官屬以文資官擬注，教以女直語言文字。皆從之。世宗欲修熙宗實録，謂思敬曰：「卿嘗爲侍從，必能記其事蹟。」對曰：「熙宗時内外得人，風雨時，年穀豐，盜賊息，百姓安，此其大概也。何必餘事。」世宗喜立事，故微諫如此。「薩哈」、「扎蘭」、「實實」、「明安」，改俱見前。

宗尹。宗室子。襲穆昆，歷樞密副使，加太子太保。世宗以其性行淳厚，拜平章政事，封代國公，兼太子太傅。時民間錢幣不通，上問宗尹，對曰：「積於上者滯於下。海陵軍興，爲一切之賦，有菜園、房税、養馬錢。大定初，軍事未息，因仍不改。今天下無事，府庫充積，悉宜罷去。」從之。以疾致仕。「穆昆」，改見前。

芬徹。自上京密齊顯河徙屯天德。初爲元帥府章京，使於四方稱職。皇統間，除同知開遠軍節度，斥堠嚴整，邊境無事。大定初，歷博索路兵馬都總管、西北路招討使，卒。芬徹性廉潔忠直，臨事能斷，凡被任使，無不稱云。「芬徹」舊作「蒲查」、「密齊顯」舊作「梅堅」、「章京」舊作「扎也」，今並改正。「博索」，改見前。

實古納。亦名仲，羅索第三子。通女直、契丹、漢字。斡魯愛其才，遇事輒問之，嘆以爲令器。天德初，攝其兄和尼濟州萬户，部内稱治。累遷西南路招討使。政尚忠信，決獄公平，藩部不敢寇邊。召爲左副都點檢，宿衛嚴謹，每事有規矩，後來者守其法，莫能易也。世宗嘗曰：「實古納入直，朕寢益安。」終北京留守。「實古納」、「羅索」、「和尼」，改俱見前。

宗浩。昭祖四世孫。世宗朝，初命充符寶祗候，歷同知陝州防禦使事，察廉能第一等。累拜參知政事。章宗即位，出爲北京留守。北方有警，命宗浩佩金虎符駐泰州，便宜從事。北部多乞内屬，拜樞密使，封榮國公。累進左丞相。會伐宋，命兼都元帥，往督進討。宋遣張巖以書乞和，宗浩以詞旨未順卻之。巖復遣方信孺齎書至，宗浩囚之以聞，仍遣之使歸，復書於巖。宋竟改叔爲伯，增歲幣，備犒軍銀，函韓侂胄、蘇師旦首以獻。卒，謚通敏。

完顏襄。本名安，昭祖五世孫。大定初，契丹斡罕就擒，論功襄爲第一。宋人侵南鄙，襄爲潁壽都統，擊敗之，復克清流關。左丞相赫舍哩薩哈連薦襄有經世才，他人莫及。在外任，治有異效，既進尚書左丞，朝廷褒賞廉吏，猶詔天下列其名，以示獎勵。後拜右丞相。世宗不豫，襄同受顧命。明昌中，留守西京。屬邊事急，代左丞相瓜爾佳清臣將，降其部長。赴闕，拜左丞相。出屯北京，會契丹叛，衆號數十萬，遠近震駭。廷臣議罷郊祀，上遣使問之，對曰：「大禮不可輕廢，臣乞於祀前滅賊。」既而賊破，果如所料。進封南陽郡王。復討契丹諸部，相率送款，北陲遂定。進拜司空，領左丞相事。在政府二十年，明練故事，簡重能斷，器局尤寬大，用人各得所長，爲當時名將相。卒，謚武昭。大安間，配享章宗廟庭。「安」舊作「唵」，今改正。「赫舍哩薩哈連」、「瓜爾佳」，改俱見前。

完顏守道。本名實訥埒。以祖古新功，擢應奉翰林文字。歷獻、祁、濱、薊四州刺史。世宗幸中都，過薊，父老遮道請留再任。歷左諫議大夫。世宗録扈從將士之勞，欲行賞賚，而帑藏空竭，議貸民財。守道曰：「人罹虐政，方喜更生，而徵斂遽出，如羣望何？宜出宫中所有，無取於民。」遂從其言。右副元帥默音將兵討賊，不即擊，守道力言於朝，詔遣布薩忠義、赫舍哩薩哈連往代之，東方以平。累遷尚書左丞。嘗從獵近郊，有虎傷獵夫，帝欲親射之，叩馬極諫，乃止。位至尚書左丞相。卒，謚簡靖。「實訥埒」舊作「習尼列」，「默音」舊作「謀衍」，今改正。「布薩」、「赫舍哩薩哈連」，改俱見前。

富察鼎壽。上京和碩河人。賦性沈厚，有明鑒，長於吏事，歷官皆有惠政，百姓刻石紀之。改河間尹，郡内大治。卒贈太尉、越國公。鼎壽以皇后父世聯貴戚，寵遇特異，未嘗以富貴驕人，當時以爲外戚之冠。「和碩」舊作「曷速」，今改正。

珠勒根彦忠。本名斡克刪，哈斯罕人。好學，通吏事。選充兵部孔目官。海陵時，歷禮部侍郎。凡有所疑，使彦忠裁決，彦忠據法以對。間有不合，則召讓之，彦忠執奏如前，終無阿屈。大定中，累遷刑部尚書。詔規措北邊户口及泰州、臨潢境，度宜安置堡戍，經畫芻糧。還朝，卒。彦忠性孝友，嘗使宋，所得金帛，盡分兄弟親友。「珠勒根」舊作「阿勒根」，「斡克删」舊作「窊合山」，今並改正。「哈斯罕」，改見前。

烏雅扎拉。率賓路錫馨河人，後改隸海蘭路。父普霞努，昌武軍節度使，以善撫綏再任，終慶陽尹。扎拉勇果無敵，手持兩大鐵簡，號「鐵簡萬户」。契丹瓜里陷韓州，圍信州，扎拉擊敗之。世宗時，爲驍騎副指揮使，領萬户。平斡罕。歷興中尹，改博索路總管。高麗憚其威名，凡以事至博索者，望見而跪之。終興平軍節度使。扎拉貞慤寡言，平居極和易，及臨戰奮勇，見者無不辟易，雖重圍萬衆，出入若無人之境云。「烏雅扎拉」舊作「烏延查剌」，「錫馨河」舊作「星顯河」，「普霞努」舊作「蒲轄奴」，今並改正。「率賓路」、「海蘭」、「瓜里」、「博索」，改俱見前。

完顔安國。本名棟摩。其先占籍上京，世襲哈濟穆昆。明昌元年，大石部長乞修歲貢，詔安國往。既還，以奉使稱旨，升武衛軍都指揮使。六年，左丞相瓜爾佳清臣出兵，安國爲前鋒都統。適臨潢、泰州屬部叛，先討定之。再進臨潢等兩路都統，追敵降其部長。承安三年，以營邊堡功，詔拜樞密院事。進副使。致仕，封道國公。卒，贈特進。安國在軍旅十五年，號令嚴明，指揮士卒如左右手，戰必身先士卒，故所向輒克，甚爲鄰國所畏服。「哈濟」舊作「合扎」，今改正。「棟摩」、「穆昆」、「瓜爾佳」，改俱見前。

完顔守貞。希尹孫。世宗愛其剛直。累遷同知西京留守事，治有善狀。明昌四年，拜平章政事，封蕭國公。守貞讀書通法律，明習故事。時金有國七十年，禮樂刑政，雜亂無貫，章宗乃更定修正，爲一代法。其儀式條約，多守貞裁訂，故明昌之治，號稱清明。又喜推轂善類，接援後進。出知濟南府。卒謚曰肅。守貞於朝廷議論及上有所問，皆傳經以對。上嘗與泛論人材，守貞臧否無少隱，爲胥持國輩所忌，竟以直罷。後趙秉文上書，言：「願陛下進君子遠小人。」上問爲誰，秉文對：「君子故相完顔守貞，小人今參知政事胥持國。」其爲天下推重如此。

完顔永成。本名哈雅，又曰羅索，世宗子。博學，善屬文。世宗愛重之。始封瀋王。十一年，進封吴。尋進封兖，判太原府事。誕日，上親爲詩以賜，有「美譽自應輝玉牒，忠誠不待啓金縢」之句，當世榮之。承安改元，封豫王。薨，謚忠獻。永成自幼喜讀書，晚年所學益醇，每暇日引文士相與切磋，接之以禮，未嘗見驕色。自號樂善居士，有文集行於世。「哈雅」舊作「鶴野」，今改正。「羅索」，改見前。

完顔琮。本名承慶，顯宗子。性寬厚好學，輕財好施，無愠色，善吟詠，不喜聞人過，至於騎射、繪塑之藝，皆造精妙。大定十八年，封道國公。章宗即位，封鄆王。薨，謚莊靖，改莊惠。

完顔瓌。本名罕都，琮之同母弟。重厚寡言，内行修飭，工詩，精騎射、書藝。大定二十二年，封崇國公。進封瀛王。章宗稱其性忠孝，嘗令在左右。卒，謚文敬。「罕都」舊作「桓篤」，今改正。

完顔衷。本名綽哈，中都司屬司人，世祖曾孫。累官寧海、蠡州刺史，除順義軍節度使，移鎮鎮西。泰和六年，致仕。衷孝弟貞謹，深悉時制婚禮，皇族婚嫁，每令衷相之。治復有能稱，在寧海、蠡州平賦役，不苛擾，民立石頌遺愛。「綽哈」舊作「醜漢」，今改正。

完顔齊。本名蘇赫，穆宗曾孫。大定中，累遷刑部員外郎。上諭曰：「本朝未嘗有内族爲六部郎官者。以卿歷職廉能，故授之。」出爲磁州刺史，治以寬簡，未嘗留獄。明昌三年，始議置諸王傅，頗難其選，乃以齊傅兖王，王府家奴無敢犯者。六年，移利涉軍節度使，留守上京。齊明法識治體，所至有聲，内族中與丞相承暉並稱云。「蘇赫」舊作「掃合」，今改正。

烏庫哩元忠。本名額哩頁，其先上京特卜庫人。世宗在潛邸，以長女妻之。大定十八年，拜右丞相。上欲甃上京城，元忠諫止。駕東幸，久之未還，元忠奏曰：「鑾輿駐此已閲歲，倉儲日少，市買漸貴，禁衛暨諸局署多逃者，有司捕寘諸法，恐傷陛下仁愛。」世宗嘉納之。出爲北京留守。後左丞張汝弼奏事，世宗惡其阿順，語左右曰：「卿等每事依違苟避，不肯進言。如烏庫哩元忠爲相，剛直敢言，義不顧身，誠可尚也。」「烏庫哩」，改見前。「額哩頁」舊作「訛里也」，「特卜庫」舊作「獨拔古」，今並改正。

圖克坦鎰。本名安春，上京路蘇蘇保子明安人。穎悟絶倫，通女直、契丹字及漢字，該習經史。大定中，初立女直進士科，鎰居首。累遷翰林待制。世宗曰：「不設此科，安得此人？」承安五年，拜平章政事。淑妃李氏擅寵，兄弟恣横，鎰因變異上疏，皆切時弊。大安初，拜尚書右丞相。呼沙呼難作，意在不測，以鎰人望，詣問之，鎰決策立宣宗。進拜左丞相，封廣平郡王。鎰明敏方正，學問該貫，一時名士皆出其門，多至卿相。嘗歎文士委頓，雖巧拙不同，要以仁義道德爲本，乃著學之急、道之要二篇。有弘道集六卷。「圖克坦」、「明安」，改俱見前。「安春」舊作「按出」，「蘇蘇保子」舊作「速遂保子」，「呼沙呼」舊作「胡沙虎」，今並改正。

特嘉烏新(四)。上京人。明昌五年，策論進士第。元光初，爲户部尚書。尋拜參知政事。宣宗論近臣曰：「烏新資稟純質，事可倚任，且其性孝，今相之，國家必有望。汝輩當效之。」正大初，拜尚書右丞。哀宗欲修宫室，烏新極諫，以卧薪嘗膽爲言，上悚然。又言薩哈連姦諛，在天子左右非社稷福。上悟，出爲中京留守，時論快之。五年，致仕，居汴中。崔立之變明日，召家人付以後事，望睢陽慟哭，以弓弦自縊死。「特嘉」、「薩哈連」，改俱見前。「烏新」舊作「尉忻」，今改正。

納塔謀嘉。上京路雅達拉明安人。貞祐初，累遷翰林待制。中都危急，宣宗議遷都，謀嘉曰：「不可。河南地狹土薄，他日宋、夏交侵，河北非吾有矣。當選諸王分鎮遼東、河南，中都不可去也。」不聽。興定元年，遷河南統軍使，上書諫伐宋。終翰林侍讀學士。「納塔」舊作「納坦」，「雅達拉」舊作「雅塔懶」，今並改正。「明安」，改見前。

布薩揆。本名臨喜，左丞相忠義之子。以戰功遷西北路副招討，升西南路招討。累拜平章政事，封濟國公。泰和六年，宋人來侵，揆爲右副元帥，遣將禦之，敵悉遁出境。復詔揆總大軍南伐，江表震恐。次下蔡，遇疾卒，謚武肅。揆體剛内和，與物無忤，臨民有惠政。爲將，軍門鎮静，賞罰必行，所至因糧於敵，無饋運之勞，未嘗輕士卒，而與之同甘苦，人亦樂爲用，南征北伐，爲一代名將。「布薩揆」，改見前。

珊延。宗室子。爲符寶祗候。赫舍哩執中作亂，入自通玄門。是日變起倉猝，中外不知所爲，珊延與護衛長完顔實古納往天王寺召大漢軍五百人赴難，與執中戰於東華門外。執中揚言曰：「大漢軍反矣，殺一人者賞銀一錠。」執中兵衆，大漢軍少，二人不勝而死。詔贈珊延宣武將軍、完顔實古納鎮國上將軍。「珊延」舊作「鄯陽」，今改正。「實古納」、「赫舍哩」，改俱見前。

完顔蘇呼。一名翼。貞祐初，累遷應奉翰林文字，權監察御史。宣宗遷汴，召至近侍局，給紙劄令書所欲言，蘇呼言伯特文格之叛，皆高琪縱之。又言：「琪妬賢樹黨，竊弄國權，内外臣庶，莫不切齒。惟陛下斷然行之，社稷之福也。」上稱善。爲金安軍節度使，兼同華安撫使。召還，被圍。亡奔行在，道中遇害。進言多有補益。居父喪不飲酒，廬墓三年。「蘇呼」舊作「素蘭」，「伯特文格」舊作「伯德文哥」，今並改正。

完顔璹。本名壽孫，世宗孫，越王永功子。資質簡重，博學有俊才，喜爲詩，工真草書。累封密國公。奉朝請四十年，日以講誦吟詠爲事。與文士趙秉文、楊雲翼、雷淵、元好問、李汾、王飛伯輩交善。天興初，已卧疾，時曹王出質，璹請副之，哀宗憐而止之。平生所著詩文甚多，自删其詩，存三百首，樂府一百首，號如菴小稿。

烏克遜鄂屯。上京路人。大定末，襲明安。明昌中，以功歷唐州刺史。泰和六年，宋皇甫斌步騎萬人來侵，鄂屯兵甚少，令軍事判官以精兵百人繞宋兵營後掩擊之，宋兵遁去。五月，復數萬來攻，鄂屯設伏以待。宋兵陷於淖，伏兵中發，衝宋兵爲二，追奔至湖陽，斬首萬餘級。累遷爲副元帥完顔匡右翼都統，匡遣襲神馬坡，宋兵五萬人夾水陣，鄂屯分兵奪其三橋，自辰至午連拔十三柵，遂取之。歷北京留守。貞祐元年，以兵入衛中都，詔守武興，軍敗，鄂屯戰殁。「烏克遜鄂屯」舊作「烏古孫兀屯」，今改正。

完顔玖珠。宗室子。爲武州刺史。貞祐二年，元兵取玖珠子姪抵城下，謂之曰：「苟不降，且殺之。」玖珠曰：「當以死報國，遑恤家爲！」城破，力戰而死。詔贈臨海軍節度使，加驃騎衛上將軍。「玖珠」舊作「九住」，今改正。

完顔思烈。襄子。自五六歲入宫，充奉御。宣宗入承大統，呼沙呼跋扈，思烈尚在齠齔，泣涕曰：「願早誅權臣，以靖王室。」帝急掩其口，自是甚器重之。哀宗時，以權參知政事，守中京。元兵圍中京未能下，崔立遣人監思烈子於中京城下，招之使降。思烈不顧，令軍士射之。既而知崔立已以汴京歸元，病數日而死。「呼沙呼」，改見前。

完顔薩布。始祖弟博和哩之後。沈厚有大略。貞祐中，知鳳翔府。俄爲元帥右都監，擊走夏兵。興定元年，詔薩布伐宋，屢敗宋兵。正大元年，拜平章政事。吏部郎中楊居仁上封事，言宰相宜擇人。上怒。左丞延扎舒嚕素嫉居仁，亦以爲僭。薩布徐進曰：「天下有道，庶人猶得獻言，況在郎官？」上是之。尋致仕。哀宗時，詔行尚書省於徐州。賊黨以州降元，薩布自縊於州第。「薩布」、「博和哩」，改俱見前。「延扎舒嚕」舊作「顔盞世魯」，今改正。

珠嘉托羅海。上京人。幼襲爵。宣宗遷汴，率本部扈從。大軍南伐，以功遥授武昌軍節度使。哀宗即位，行户、工部尚書。二年，傳言宋人將入侵，農司令民先期刈禾，托羅海曰：「夫民所恃以仰事俯育及供億國家者，秋成而已。今使秋無所獲，國何以仰，民何以給？」遂遣軍巡邏，聽民待熟而刈，宋人卒不入寇。九年春，從行省參政圖克坦烏登將潼關兵入援，至商山遇雪，元兵邀擊之，士卒饑凍不能戰而潰。托羅海被執不屈，拔佩刀自殺。「珠嘉托羅海」舊作「术甲脱魯灰」，「烏登」舊作「吾典」，今並改正。「圖克坦」，改見前。

完顔仲德。本名呼沙呼，海蘭路人。少穎悟不羣，讀書習策論，有文武才。登泰和三年進士第。哀宗時，行尚書省事於陝州。會徵諸道兵入援，惟仲德提孤軍千人，間關百死至汴，適上東遷。妻子在京師五年矣，仲德不入其家，趨見上於東門，知欲北渡，力諫不從。車駕至歸德，以仲德行尚書省於徐州。尋詔趨行在，及遷蔡，領省院。元兵入城，仲德率兵巷戰。及聞哀宗自縊，赴汝水死。於是參政富珠哩羅索等及軍士五百餘人，皆從死焉。仲德狀貌不踰常人，平生喜怒未嘗妄發，聞人過，嘗護諱之。雖在軍旅，亦不釋卷，門生故吏每以名分教之。家素貧，敝衣糲食，終身晏如。好薦舉人材。其掌軍務，賞罰明信，號令嚴整，故所至軍民爲用，至危急之際，無一士有異志者。南渡以後，將相文武忠亮，始終無瑕，仲德一人耳。「呼沙呼」舊作「忽斜虎」，「富珠哩」舊作「孛术魯」，今並改正。「海蘭」、「羅索」，改見前。

完顔彝。豐州人，系出蕭王，小字陳和尚。哀宗時，提控忠孝軍。正大五年，以四百騎破元兵八千於太昌原。八年，敗元兵於倒回谷。九年，鈞州城破，彝縱軍巷戰。被執，斫足折脛不爲屈，割口吻至耳，噀血而呼，至死不絶。自言：「我忠孝軍總領陳和尚也。若死亂軍中，人將謂我負國家。今日明白死，天下必有知我者。」元將義之，酹以馬潼，祝曰：「好男子！」時年四十一。詔贈鎮南軍節度使，立像褒忠廟。

完顔經實。系出始祖，爲哀宗奉御。蔡城破，哀宗自縊於幽蘭軒，命經實焚之。火方熾，元兵突入，近侍左右皆走避，獨經實留不去，爲兵所執，問之，經實曰：「吾君終於是，吾候火滅灰寒，收瘞其骨耳。」兵告其帥，帥曰：「此奇男子也。」許之。經實乃掇其餘燼，裹以敝衾，瘞於汝水之旁，再拜號哭，將赴汝水死，軍士救之得免，後不知所終。「經實」舊作「絳山」，今改正。

本朝

額勒登保。打牲烏拉正黄旗人。出師緬甸、金川、台灣等處，屢著戰功。又平定苗疆及川、陜、楚省教匪，授經略，以功累晉三等公，加太子太保，賜雙眼翎、紫韁。

富珠禄。吉林鑲紅旗人。任協領，從征四川陣亡，入祀昭忠祠。又佐領賡音保，吉林鑲紅旗人；防禦委署參領倭新保，琿春鑲黄旗人；藍翎侍衛常安，吉林正白旗人；驍騎校委署參領忠保，寧古塔正黄旗人；驍騎校委署防禦阿克棟阿，吉林鑲黄旗漢軍人；驍騎校巴彦保，吉林鑲黄旗人；富禄慎，阿勒楚喀正黄旗人；依克唐阿，打牲烏拉正黄旗人；額外驍騎校烏金保，吉林鑲紅旗人；前鋒委署防禦烏爾恭額，吉林正藍旗人；前鋒委署驍騎校和泰，寧古塔正紅旗人；前鋒委官額勒精額，吉林正藍旗人；領催委署防禦烏沖額，三姓鑲黄旗人；領催委官委署驍騎校吉勒彰阿，寧古塔正藍旗人；領催明安，吉林鑲紅旗人；俄勒精額，白都訥鑲藍旗人；委署筆帖式開清保，吉林正藍旗人；六十六，白都訥鑲紅旗人；均以從征四川陣亡，入祀昭忠祠。又三等侍衛德楞額，由披甲以功洊升三等侍衛，從征四川，在湖北房縣勦賊病故，照陣亡例，入祀昭忠祠。

王瑁。吉林遜扎布站人。六世同居，一門六十餘口，每食必共，無或先或後者。曾祖鴻信，於嘉慶元年恩賜頂帶。

流寓

宋

洪皓。鄱陽人。使金不屈，將殺之，後流於冷山，又遷之，離會寧府二百里。金陳王烏舍知皓賢，延使教子。凡留金十五年，和議成，乃南歸。初皓留金時，以教授自給，因無紙，則取樺葉寫論語、孟子、大學、中庸傳之，時謂之「樺葉四書」。

張邵。烏江人。登宣和上第。詔求可使北者，邵慨然請行。金拘之燕山，復徙之會寧府，邵卒不屈節。和議成，乃還。

校勘記

〔一〕巴海奏遷扎帑喀布克托等各姓户口於所屬境内「扎帑喀」，乾隆盛京通志卷五七名宦巴海傳及欽定八旗通志卷一五〇人物志安珠瑚傳作「扎努喀」，疑「帑」字誤。

〔二〕大定十五年　「十」，原脱，乾隆志卷四七吉林人物（下同卷簡稱乾隆志）同，據金史卷七六完顔杲傳補。

〔三〕以王公英武　「王公」，乾隆志及盛京通志卷六〇歷朝人物完顔忠傳同，金史卷七〇完顔忠傳作「主公」。

〔四〕特嘉烏新　乾隆志譯作「持嘉烏新」，盛京通志卷四七選舉譯作「持嘉烏紳」。按金史卷一一五其人本傳作「赤盞尉忻」，「赤」、「持」音近，「特」、「赤」音遠，疑本志「特」爲「持」字形訛。

大清一統志卷七十

吉林四

列女

金

阿林妻薩勒扎。金源郡王尼楚赫之妹。天輔六年，黄龍府叛卒攻鈔旁近部族，是時阿林從軍，薩勒扎糾集附近居民，得男女五百人，樹營栅爲保守計。賊千餘來攻，薩勒扎以氈爲甲，以裳爲旗，男夫授甲，婦女鼓譟，薩勒扎仗劍督戰，凡三日賊去。皇統二年，論功封金源郡夫人。大定間，以其孫藥師爲穆昆。「薩勒扎」舊作「沙里質」，今改正。「阿林」、「尼楚赫」，改俱見前。

瓜爾佳瑚山妻阿爾占。宗室承充之女。夫亡寡居，有衆千餘。興定元年，上京行省太平執承充應布希萬努。阿爾占治廢壘，修器械，積芻糧以自守。萬努使人招之，不從，乃射承充書入城，阿爾占得而碎之，曰：「此詐也。」萬努兵急攻之，阿爾占衣男子服，與其子富德督衆力戰，殺數百人，生擒十餘人，萬努兵乃解去。後復遣將擊萬努兵，獲其將十人。詔封郡公夫人，子富德視功遷賞。「瑚山」舊作「胡山」，「阿爾占」舊作「阿魯真」，「富德」舊作「蒲帶」，今並改正。「瓜爾佳」、「布希萬努」，改俱見前。

薩哈連妻通吉氏。平章政事遷嘉努之女。自幼動有禮法，及適内族薩哈連，閨門肅如。薩哈連爲中京留守，元兵圍之，薩哈連疽發背，不能軍，通吉氏度城必破，謂薩哈連曰：「公受國家恩最厚，不幸病不能戰禦。設若城破，當率精鋭奪門而出，攜一子走京師。不能則戰而死，猶可報國，幸無以我爲慮。」薩哈連出巡城，通吉氏悉取資貨散之家人，戒女使曰：「我死則扶至榻上，以衾覆面，四圍舉火焚之，無使兵見吾面。」言訖，閉門自經而死。薩哈連從外至，家人告以夫人之死，薩哈連撫榻曰：「夫人不辱我，我肯辱朝廷乎？」因命焚之。年三十有六。少頃城破，薩哈連率死士欲奪門出，不果，投濠水死。「薩哈連」，改見前。「遷嘉努」舊作「千家奴」，「通吉」舊作「獨吉」，今並改正。

完顏長樂妻富察氏。鄜州帥納新之女，適長樂。哀宗遷歸德，以長樂爲總領，將兵扈從。將行，屬富察氏曰：「無他言，夫人慎無辱此身。」富察氏曰：「君第致身事上，無以妾爲念，妾必不辱。」長樂一子在幼，出妻柴氏所生也，富察氏撫育如己出。崔立之變，驅從官妻子於省中，俱親閲之。富察氏聞，以幼子付婢僕，且與之金幣，親具衣棺祭物，與家人訣曰：「崔立不道，强人妻子，兵在城下，吾何所逃？惟一死不負吾夫耳。汝等其善養幼子。」遂自縊死，時年二十七。「富察」，改見前。「納新」舊作「訥申」，今改正。

圖門和摶妻烏庫哩氏。伯祥之妹，適臨洮總管圖門和摶。伯祥朝貴中聲譽籍甚，圖門和摶死王事。崔立之變，衣冠家婦女多爲所汙。烏庫哩氏謂家人曰：「吾夫不辱朝廷，我敢辱我兄及吾夫乎？」即自縊。一婢從。「圖門和摶」原作「陀滿胡土門」〔二〕，今改正。「烏庫哩」，改見前。

完顏蘇呼妻。亡其姓氏。崔立之變，謂所親曰：「吾夫有天下重名，吾肯隨衆陷身乎？今日一死固當，但不可離吾家而死。」即自縊於室。「蘇呼」，改見前。

完顏莽格妻温特赫氏。莽格以功世襲穆昆，收充奉御。及崔立之變，莽格義不受辱，與其妻訣。妻曰：「君能爲國家死，我不能爲君死乎？」二婢曰：「主死，婢將安歸？」是日夫婦以一繩同縊，婢從之。「莽格」舊作「忙哥」，今改正。「温特赫」、

「穆昆」，改俱見前。

完顏珠爾妻尹氏。珠爾系出蕭王。天興二年，從哀宗爲南面元帥，戰死黃陵岡。氏聞，聚家資焚之，遂自縊，年三十一。「珠爾」舊作「豬兒」，今改正。

完顏仲德妻。不知其族氏。崔立之變，妻自毀其容服，攜妾及二子紿以採蔬，自汴走蔡。蔡被圍，丁男皆乘城拒守，謂仲德曰：「事勢若此，丈夫能爲國出力，婦人獨不能耶？」率諸命婦自作一軍，親運矢石於城下，城中婦女争出繼之。城破自盡。

本朝

襄塔妻瓜爾佳氏。吉林鑲黃旗人。襄塔爲筆帖式，早亡。氏守節數十年。同旗兵古木納妻彥古氏、阿那布妻瓜爾佳氏、額爾秋妻覺羅氏、瓦拉布妻布爾哈拉氏、那什妻扎庫塔氏、錫佛訥妻朱氏、金文亮妻王氏、龐德妻烏蘇氏、科伯索和妻富察氏、正黃旗兵武克都訥妻顏扎氏、卓拜妻納喇氏、莽第妻默爾哲勒氏、瑚什塔妻瓜爾佳氏、喀鈕妻尼瑪察氏、阿克三妻翁古拉氏、阿蘭妻扎拉氏、鈕漢妻烏蘇氏、正白旗協領哈爾薩妻瓜爾佳氏、驍騎校伊布格訥妻巴雅喇氏、鼐景阿妻阿穆拉氏、兵益克訥妻古瑚拉氏、武尚阿妻托果羅氏、阿啓妻覺羅氏、畢爾琿妻鄂蘇絡氏、鑲白旗驍騎校綽洛妻錫克濟拉氏、筆帖式官保妻索綽勒氏、彥保妻烏蘇氏、兵雅克薩妻默爾德勒氏、薩哈連妻瓜爾佳氏、烏庫拉妻瓜爾佳氏、那爾玖妻索綽勒氏、雅色那妻瓜爾佳氏、正紅旗防禦瑚鈕妻佛鄂摩氏、兵阿爾瑚妻尼瑪奇氏、雅圖妻覺羅氏、什圖妻瓜爾佳氏、温拜妻瓜爾佳氏、桂勒和妻特羅勒氏、白什妻扎庫塔氏、邁圖妻瓜爾佳氏、松阿拉妻瓜爾佳氏、白爾德妻瓜爾佳氏、敦達禮妻富察氏、鑲紅旗佐領莫爾泰妻納喇氏、驍騎校曠紫妻瓜爾佳氏、兵巴布岱妻瓜爾佳氏、薩泰妻蒙古氏、雅爾那妻瓜爾佳氏、正藍旗佐領格爾都妻瓜爾佳氏、兵多和起妻覺羅氏、那松阿妻蒙古氏、瑚什圖妻扎絡特氏、爵和托妻奇默德氏、都瓦喀妻托科氏、阿爾賽妻扎拉爾氏、鑲藍旗兵愛東阿妻舒穆嚕氏、阿米那妻富察氏、富他那妻瓜爾佳氏、米哈達妻富察氏、錫特庫妻烏扎拉氏、喀拜妻覺羅氏、漢軍高品極妻管氏、寧古塔驍騎校愛東阿妻和雅氏、鑲黃旗兵尼雅訥妻尼哈拉氏、達米那妻瓜爾佳氏、碩色妻烏扎拉氏、正黃旗兵托囉妻瓜爾佳氏、温都妻富察氏、正白旗兵馬泰妻瓜爾佳氏、依拉奇妻烏蘇氏、鑲白旗兵長生妻寧古塔氏、阿敦妻扎庫塔氏、正紅旗兵雅圖妻瑪他拉氏、和布納妻瓜爾佳氏、鑲紅旗兵佛岳洛妻張氏、正藍旗兵長格妻庫雅拉氏、鑲藍旗兵納和妻富察氏、百録妻和雅氏、喀爾布妻和雅氏、伯都訥正黃旗兵托和特妻烏扎拉氏、奚佛納妻覺羅氏、哲克特妻奇塔喇氏、鑲白旗兵斗特妻錫特額勒氏、正紅旗兵扎素妻塔巴氏、烏思哈妻扎思瑚理氏、鑲紅旗兵伊思哈妻扎拉勒氏、正藍旗兵素格妻扎拉爾氏，於康熙、雍正年間先後旌。

海清妻瓜爾佳氏。吉林鑲黃旗人。夫爲領催，早亡，氏斷髮勵節。同旗兵尼雅勒德妻蒙鄂索氏、伊發那妻托和囉氏、額爾德勒妻瓜爾佳氏、閑散阿賽妻富察氏、和上妻李氏、那朗阿妻楊氏、薩爾太妻伍氏、陳索妻胡氏、韓延祚妻紀氏、常禄妻張氏、兵長德妻郭氏、閑散佟海妻崔氏、兵談太妻富察氏、莽阿那妻富察氏、巴思圖妻伊爾根覺羅氏、温塔妻薛氏、噶卜勒妻錫墨勒氏、閑散汪阿那妻莫爾得哩氏、兵寧古岱妻富察氏、五魁妻胡氏、石柱妻王氏、保佑妻王氏、閑散石爾妻王氏、七十九妻王氏、額森特妻庫雅拉氏、烏三泰妻瓜爾佳氏、閑散五雅圖妻徐氏、前鋒那爾善妻瓜爾佳氏、閑散佳木庫妻烏扎拉氏、盧良臣妻任氏、兵馬斯木妻盧氏、同壽妻李氏、巴爾和妻納喇氏、奚三泰妻富察氏、羅格妻李氏、喀木尼哈妻默爾哲勒氏、五十六妻瓜爾佳氏、那爾賽妻寧古塔氏、三德勒妻烏哩氏、多古妻鄂爾綽倫氏、瓦爾圖妻伊爾根覺羅氏、雲騎尉孫塔妻富察氏、兵艾達妻鈕祜禄氏、巴爾虎妻薩克達氏、七十妻伊爾根覺羅氏、瑪爾達妻扎拉爾氏、閑散金光妻烏蘇氏、雅思哈妻格吉勒氏、弓匠四十妻張氏、兵富海妻瓜爾佳氏、色森泰妻烏舍氏、漢軍閑散墨鈎妻扎克達氏、巴里善妻託果羅氏、阿爾素蘭妻噶齊塔氏、噶爾都妻李氏、晉昌保妻曹氏、五十妻王氏、前鋒色克圖妻扎爾都氏、閑散巴延保妻薩克達氏、蒙古兵額爾特妻格齊勒氏、佐領阿納泰繼妻默爾哲勒氏、閑散阿爾善妻庫雅拉氏、漢軍雅爾泰妻徐氏、兵蒙古泰妻伊爾根覺羅氏、兵富鼐妻闞氏、喀爾富妻富察氏、前鋒寶珠妻薩克達氏、保住妻薩克塔氏、閑散喀勒福妻富察氏、兵阿布妻梅和勒氏、閑散德音保妻巴蘭多氏、兵三泰妻烏扎拉氏、驍騎校西三太妻富察氏、漢軍佛保妻陳氏、兵台格妻伊爾根覺羅氏、阿爾松阿妻瓜勒佳氏、德智妻瓜勒佳氏、塔勒瑪善妻瓜勒佳氏、富勒呼訥妻巴爾塔氏、領催伍屯保妻托闊囉氏、兵來青妻温都氏、黑勒妻梅和勒氏、正黄旗兵瑪爾圖妻他塔喇氏、希佛訥妻富察氏、巴銀達里妻舒穆嚕氏、佛格妻墨赫勒氏、秀柱妻富察氏、博爾索妻富察氏、艾格德妻尼瑪察氏、雅思哈妻阿蘇氏、德色勒妻那木達拉氏、阿林塔妻伊爾根覺羅氏、保忠妻伊爾根覺羅氏、托起妻富察氏、哲庫納妻瓜爾佳氏、阿林保妻舒穆嚕氏、木成格妻張氏、保永妻伊爾根覺羅氏、劉尚禮妻達氏、托齊妻富察氏、淩保妻伊爾根覺羅氏、蘇沖額妻劉氏、阿木唐阿妻富察氏、閑散八十妻尼瑪察氏、阿吉那妻葉赫氏、兵長博妻舒穆嚕氏、閑散額楞特妻富察氏、森泰妻和哩德氏、驍騎校坑色妻顔扎氏、兵呼什塔妻莫爾吉勒氏、領催雙里妻赫西勒氏、閑散阿清阿妻瓜爾佳氏、西森泰妻瓜爾佳氏、穆克登保妻伊瑚嚕氏、兵烏里布妻墨勒德哩氏、達敏妻孫氏、前鋒精保妻託果羅氏、兵倭星額妻瓜爾佳氏、閑散薩森泰妻富察氏、伍什妻扎爾呼達氏、三等侍衛額爾登額妻伊爾根覺羅氏、兵江保妻富察氏、烏拉特妻濟布察氏、前鋒德齊布妻瓜爾佳氏、閑散伊常阿妻瓜爾佳氏、領催納爾泰妻瓜爾佳氏、蒙古兵進福妻布爾吉和特奇克氏、閑散遜德布妻李氏、巴達色妻瑚葉氏、蘇齊木保妻扎庫塔氏、閑散阿哈納妻喜塔喇氏、噶斯哈妻寧古塔氏、托囉妻王氏、沙𡃤泰妻都嚕氏、兵依親保妻延吉氏、阿明阿妻伊爾根覺羅氏、鄂親保妻瓜勒佳氏、領催延東阿妻薩克達氏、阿爾蘇蘭妻伊爾根覺羅氏、閑散尼倫保妻瓜勒佳氏、前鋒豐保妻伊爾根覺羅氏、蒙古兵伯勒果妻蒙古索氏、正白旗驍騎校齊克妻扎庫塔氏、筆帖式圖山妻寧古塔氏、閑散扎爾泰妻哈爾氏、達拉妻李氏、温進魁妻劉氏、領催聶國柱妻楊氏、兵蕭託和妻葉赫氏、瑪喀那妻扎庫塔氏、拉哈妻富察氏、薩哈連妻穆爾察氏、扎哈爾圖妻瓜爾佳氏、韓爾特妻瓜爾佳氏、拜唐阿倪馬齊妻顔扎氏、兵當色妻伊爾根覺羅氏、閑散塔思太妻伊爾根覺羅氏、兵賽圖妻瓜爾佳氏、驍騎校阿玉璽妻彦濟氏、前鋒索多樂妻特勒勒氏、兵阿伯金妻彦濟氏、佛瑪妻烏碩氏、納言泰妻富察氏、英保妻扎拉哩氏、領催額森泰妻瓜爾佳氏、伊太蘭妻扎庫塔氏、那書拉妻扎庫塔氏、兵那斯他妻伊爾根覺羅氏、烏巴里妻莫爾德呼氏、伊爾色妻王氏、庫爾哈妻尼瑪齊氏、閑散托洛妻託果羅氏、兵薩爾泰妻阿卜哈爾氏、聶克都妻葉爾固勒氏、佳思泰妻喜塔喇氏、明德妻科齊勒氏、閑散阿勒妻瓜爾佳氏、領催少碩妻博楞果特氏、兵佛爾經額妻瓜爾佳氏、漢軍閑散張克傑妻邊氏、兵阿士泰妻楊氏、八達子妻富察氏、郎圖妻奚氏、五倫泰妻科齊拉氏、卓多保妻博楞果特氏、蘭枝貴妻范氏、閑散遜塔妻扎庫塔氏、盧自明妻孫氏、兵甕格立妻託果羅氏、阿善保妻瓜爾佳氏、閑散西保住妻庫雅拉氏、穆齊納妻伊爾根覺羅氏、墨稜泰妻烏蘇氏、兵烏精額妻墨勒德哩氏、開勒保妻尼瑪察氏、閑散喀魯妻綽勒果羅氏、漢軍巴善妻温氏、兵烏理穆布妻沖阿拉氏、烏理木保妻默爾哲勒氏、萬達妻託果羅氏、漢軍領催賴柱妻李氏、閑散哲璘妻王氏、漢軍閑散曉色妻康氏、瑪爾賽妻瓜爾佳氏、七十妻赫舍勒氏、兵尼楚克妻察哈拉氏、漢軍閑散郝尚妻張氏、霍尚妻張氏、兵奇格妻鈕呼魯氏、漢軍焦聰妻張氏、達色妻陳氏、閑散六森泰妻格吉勒氏、和森泰妻薩圖嚕氏、兵阿爾達妻徐氏、常保妻塔塔拉氏、漢軍莫爾根妻孫氏、閑散老各妻瓜勒佳氏、二兒妻王氏、佐領岳倫泰妻烏扎霍氏、漢軍賽薩那妻王氏、額隆額妻程氏、閑散烏勒呼訥妻瓜勒佳氏、兵楊保妻扎呼台氏、鑲白旗領催巴達拉妻瓜爾佳氏、兵色爾特妻富察氏、番都妻扎拉爾氏、瑚爾吉那妻尼瑪察氏、五十六妻舒穆嚕氏、西三太妻尼瑪齊氏、哈斯克妻布庫哩氏、伊爾薩妻尼瑪齊氏、長保妻扎庫扎氏、葉布蘇妻富察氏、木齊納妻寧古塔氏、雙頂妻鈕祜禄氏、兵哲禄深妻瓜爾佳氏、烏三泰妻薩克達氏、保住妻伊爾根覺羅氏、永陞妻尼氏、張文秀妻龍氏、白永昇妻倪氏、王見仁妻張氏、華善妻烏什氏、哲庫納妻瓜爾佳氏、阿爾泰妻瓜爾佳氏、烏雲卜妻錫特烏哩氏、虎士巴妻禮佳氏、佳呼士妻西扎氏、巴彦泰妻和勒氏、閑散楊耀妻陳氏、蒙古額親保妻克特瑚特氏、兵常在妻瓜爾佳氏、二等侍衛巴斯哈妻尼瑪察氏、前鋒色楞泰妻伊爾根覺羅氏、兵永保妻瓜爾佳氏、烏靈阿妻瓜爾佳氏、楚色妻尼瑪齊氏、驍騎校阿蘭泰妻扎庫塔氏、兵烏達齊妻伊爾根覺羅氏、七隆妻伊拉理氏、尼西塔妻瓜爾佳氏、閑散黄保妻瓜勒佳氏、阿尼雅哈妻扎庫塔氏、兵那朗阿妻富察氏、八十六妻孫氏、和佛訥妻延扎氏、色楞泰妻厄瑪齊氏、格綳額妻富察氏、蒙古綽普托妻普奇努特氏、兵那爾呼善妻延扎氏、拉敦保妻瓜勒佳氏、幼丁巴勒都妻巴林氏、蘇魯那妻倭海氏、閑散阿林保妻瓜勒佳氏、付德妻扎庫塔氏、馬甲富常妻延扎氏、富常保妻烏扎拉氏、正紅旗防禦岱圖妻瓜爾佳氏、驍騎校達虎妻布拉雅圖氏、兵扎蘭太妻他塔喇氏、布拉達妻尼瑪齊氏、張文太妻瓜爾佳氏、博爾屯妻烏色氏、領催僧格勒妻額伊克勒氏、兵圖立那妻珠沙爾氏、索新妻西色勒氏、前鋒達柯妻瓜爾佳氏、法林太妻莫爾德哩氏、兵鄧柱妻喜塔喇氏、薩爾圖妻果絡羅氏、瑚什巴妻庫雅拉氏、伊靈阿妻瓜爾佳氏、前鋒同格妻阿蘇氏、阿蘭泰妻齊特克勒氏、丹特妻瓜爾佳氏、兵烏爾岱妻瓜爾佳氏、領催阿泰妻富察氏、兵楊上辛妻王氏、哈爾賽妻伊爾根覺羅氏、邁圖妻巴雅喇氏、楊尚信妻王氏、領催恩泰妻富察氏、兵安楚拉妻富察氏、朱魯爾德妻墨爾希勒氏、領催永善妻布雅木齊氏、兵博爾托妻吉普扎氏、官保住妻瓜爾佳氏、法賴妻舒穆嚕氏、筆帖式博里妻瓜爾佳氏、閑散愛書妻李氏、五爾布士妻伊爾根覺羅氏、漢軍邢自福妻王氏、兵五遼妻烏拉氏、五保妻瓜爾佳氏、文壽妻果爾洛氏、福色保妻尼瑪齊氏、納爾賽妻伊爾根覺羅氏、保福妻胡佳氏、扎蘭泰妻瓜爾佳氏、鄂斯泰妻尼瑪齊氏、領催烏爾瑚瑪妻穆氏、兵德伊木布妻瓜爾佳氏、木魯訥妻富察氏、漢軍閑散田永凱妻趙氏、兵陳通妻田氏、拜哈塔妻尼瑪齊氏、蒙古兵綽多博妻額穆呼努特氏、閑散珠音妻王氏、阿蘭泰妻貝庫哩氏、呼拉保妻楚爾古爾氏、蒙古兵哈拉妻克勒特氏、哈林妻奇爾倫氏、愛色妻庫雅拉氏、閑散賚莫色妻瓜勒佳氏、桑格妻烏扎拉氏、阿囒泰妻莽都氏、倭新保妻薩克達氏、領催拜西哈拉妻富察氏、兵德奇那妻富察氏、兵阿林妻烏扎拉氏、馮三保妻瓜勒佳氏、蒙古兵阿圖妻額魯倫氏、官德妻瓜勒佳氏、依林保妻扎呼台氏、鑲黃旗兵瑪爾賽妻瓜爾佳氏、防禦三太妻顔扎氏、兵查爾齊妻丁氏、南春妻他塔喇氏、尼堪妻瓜爾佳氏、五十八妻喜塔喇氏、瑪色那妻錫墨勒氏、巴彦泰妻錫墨勒氏、英格訥妻伊爾根覺羅氏、綽克託勒妻舒穆嚕氏、齊塔特妻博爾濟克氏、阿林圖堪妻烏什拉氏、閑散賁拜妻瓜爾佳氏、兵達蘭泰妻富察氏、哈拉妻瓜爾佳氏、阿蘭那妻瓜爾佳氏、閑散莽格妻鈕祜禄氏、兵丁勾妻富察氏、長泰妻佟佳氏、閑散岱子妻富察氏、五格妻綽爾和洛氏、兵達爾薩拉妻瓜爾佳氏、閑散巴爾虎妻瓜爾佳氏、頗廉妻瓜爾佳氏、楞保妻奚卜嚕氏、塔克善妻顔扎氏、監生甘春妻尼瑪察氏、閑散劉竟元妻張氏、漢軍閑散孫芳妻賈氏、王國柱妻范氏、驍騎校額克圖妻楊佳氏、兵德陞額妻富察氏、閑散滿批善妻扎庫塔氏、兵和楞額妻瓜勒佳氏、閑散靈官保妻烏蘇氏、蒙古領催八達色妻烏扎拉氏、兵德斯呼哩妻李氏、蒙古兵托克托霍妻喀爾沁氏、閑散武德妻莫勒德哩氏、兵阿爾善妻瓜勒佳氏、阿勒呼善妻尼瑪察氏、蘇章阿妻吴氏、正藍旗護軍特尼勒妻闞氏、領催庫古訥妻託果羅氏、兵錫特庫妻楊氏、圖墨訥妻尼瑪察氏、錫和勒妻塔楚拉氏、布拉達妻索綽絡氏、阿爾賽妻博爾晉氏、佐領山濟思哈妻顔扎氏、兵珠爾賽妻瓜爾佳氏、閑散色爾虎德妻伊爾根覺羅氏、領催巴秀妻默爾哲勒氏、兵花色妻薩克達氏、班金太妻佟佳氏、安泰妻格岳樂氏、伊色妻瓜爾佳氏、留保妻佟佳氏、阿蘭泰妻瓜爾佳氏、卦那妻烏色氏、前鋒都楞額妻伊爾根覺羅氏、兵烏三泰妻庫雅拉氏、哲何德妻扎庫拉氏、蘇那喀妻亨奇勒氏、領催色爾呼德妻瓜爾佳氏、年昌阿妻鈕嚕氏、兵奚特烏諾妻佛穆齊氏、王家妻吉齊羅氏、哲赫德妻扎庫塔氏、素那喀妻亨奇勒氏、古斯泰妻陳氏、前鋒三官保妻翁鄂吉氏、兵五十妻他塔喇氏、彦太妻舒穆嚕氏、驍騎校丹達勒妻扎拉爾氏、兵薩爾泰妻託果羅氏、劉萬金妻劉氏、閑散保格妻佟佳氏、領催穆克登額妻富氏、兵索達子妻伊爾根覺羅氏、察米妻巴瑪齊氏、閑散阿林保妻雷氏、兵加薩達妻薩克達氏、驍騎校道善妻陳氏、兵劉吉妻尼瑪察氏、閑散尼祿訥妻李氏、七十妻伊爾根覺羅氏、兵尹其顯妻尼瑪齊氏、閑散德德妻姚氏、漢軍徐瓚妻劉氏、兵登特妻裕爾庫勒氏、閑散德保妻富察氏、愛西木保妻扎庫塔氏、兵達敏妻賀奇勒氏、漢軍閑散王傑妻徐氏、巴爾呼妻韓氏、兵齊里木保妻尼瑪齊氏、齊林保妻尼瑪齊氏、閑散奇達妻富察氏、噶都善妻西穆嚕氏、阿泰妻伊爾根覺羅氏、兵烏爾哈哈鼐妻唐氏、閑散金保妻沙哲哩氏、博淩阿妻薩克達氏、兵富全保妻塔塔拉氏、閑散倭西佈妻瓜勒佳氏、阿克占妻瓜勒佳氏、兵都保妻富察氏、卓爾多妻烏扎拉氏、領催喜常妻王氏、前鋒瑪森保妻誇庫嚕氏，鑲藍旗前鋒五顏泰妻富察氏、兵吉爾達妻伊爾庫勒氏、錫特庫妻瓜爾佳氏、閑散布蘭太妻他塔喇氏、筆帖式舒書妻烏舍哩氏、閑散孫桂爾妻瓜爾佳氏、領催楊壽妻尼瑪齊氏、兵薩林保妻格岳樂氏、布金泰妻瓜爾佳氏、阿爾薩妻伊爾庫勒氏、達帶妻富察氏、麻禮妻布雅穆齊氏、傅爾泰妻杜氏、魯舒妻詹氏、五三泰妻烏扎拉氏、得爾蘇勒妻薩克齊哩氏、二保妻瓜爾佳氏、六格妻薩克達氏、卡巴妻佟佳氏、哈布山妻瓜爾佳氏、張保妻額赫勒氏、英額妻伊爾根覺羅氏、書祿妻伊爾根覺羅氏、羅柱妻錫尼雅氏、驍騎校巴雅拉妻瓜爾佳氏、兵蘇爾吉納妻庫齊哩氏、海齊妻錫特哩氏、碩瑚妻薩克塔氏、柏岱妻納喇氏、畢三泰妻烏扎拉氏、佛吉妻阿穆魯氏、劉兆妻李氏、莽格勒妻佟佳氏、齊蘭保妻特魯爾氏、伊蘇德妻瓜爾佳氏、護軍何楞阿妻烏哲勒氏、兵班第妻扎思瑚哩氏、義齊納妻默爾哲勒氏、黑達色妻舒穆嚕氏、沙爾虎達妻尼瑪察氏、那柱妻關氏、五彥泰妻都魯氏、領催多爾吉那妻託果羅氏、兵三喜保妻庫雅拉氏、閑散巴彥泰妻託果羅氏、漢軍許文秀妻劉氏、閑散五保妻瓜爾佳氏、果住妻瓜爾佳氏、九達色妻瓜爾佳氏、蓋住妻瓜爾佳氏、卓爾托妻布扎氏、漢軍閑散段緒妻鄭氏、防禦瑪哩尼妻瓜爾佳氏、兵瑪喇妻富察氏、班達爾善妻楊氏、閑散車稜妻杭阿塔氏、烏什泰妻西穆哩氏、兵烏里木保妻烏蘇氏、福祿妻濟拉喇氏、忠安保妻默勒德哩氏、驍騎校德勒圖妻默爾哲勒氏、兵色克遜妻都勒氏、閑散巴三泰妻瓜爾佳氏、漢軍蕭勇妻劉氏、驍騎校郭爾泰妻瓜爾佳氏、閑散尼瑪勒庫妻伊爾根覺羅氏、瑪爾吉妻伊爾根覺羅氏、丁劉昆妻竇氏、張文妻張氏、兵色森泰妻瓜勒佳氏、閑散色爾琿德妻烏蘇氏、兵威恨泰繼妻倭霍托特氏、伊親保妻伊爾根覺羅氏、閑散烏林保妻巴雅拉氏、章色妻瓜勒佳氏、領催六十妻塔塔拉氏、閑散多爾吉妻薩克達氏、兵罕泰妻瓜勒佳氏、領催和勒泰妻蒙潤索氏、閑散祿升妻扎庫塔氏、那爾善妻宋氏、領催章保妻瓜勒佳氏、兵托音保妻莽努圖氏、愛新泰妻盛氏、扎朗阿妻格吉勒氏、那蘇拉妻徐氏，烏槍營鑲黃旗蘇乘美妻王氏、王有彬妻謝氏、閑散温國棟妻王氏、石宣妻聶氏、蘇成章妻孫氏、閑散邢義林妻黄氏、李俊妻劉氏、正黄旗兵劉上禮妻大氏、侯連坊妻周氏、正白旗閑散趙强妻楊氏、魏大有妻李氏、鑲白旗兵楊海山妻姜氏、閑散魚剛妻雷氏、正紅旗兵趙世華妻郭氏、趙文良妻高氏、聶桃妻趙氏、田永禄妻范氏、趙瑄妻陳氏、閑散李進芳妻李氏、李金芳妻李氏、趙官妻陳氏、鑲紅旗兵馬從儒妻雷氏、四達色妻尚氏、高聘妻朴氏、于金禮妻張氏、王永肇妻王氏、鑲藍旗兵周作祥妻黄氏、謝三義妻王氏、鄭宗賢妻張氏、閻惠昇妻李氏、水手魯朝宗妻馮氏、韓周仁妻王氏、蕭海壽妻劉氏、楊惠恩妻張氏、石茂勳妻張氏、皂保妻楊氏、李之英妻尹氏、朱繼相妻范氏、羅李俊妻張氏、閑散張舒妻魏氏、黄從禮妻梁氏、役丁郭兹正妻林氏、郭兹忠妻潘氏、曾克什妻曹氏、正丁張明富妻王氏、李惠妻楊氏、沈天祥妻胡氏、巡檢沈澤寬妻黎氏、額丁張士奇妻侯氏、幫丁五十三妻李氏、水手柴雲鳳妻袁氏、許國章妻董氏、劉起鳳妻李氏、董率妻劉氏、王世英妻白氏、王增妻李氏、高懷志妻于氏、劉國榮妻張氏、張英起妻王氏、張三兒妻李氏、沈琢妻楊氏、阿永吴妻何氏、王秉義妻李氏，官莊壯丁那木起妻周氏、苟子妻李氏、杜賽妻孫氏、對哈那妻佟氏、徐士元妻林氏、郭登魁妻王氏、施進忠妻王氏、莊金妻李氏、劉西安妻金氏、王懷仁妻裴氏、鄭爲國妻賢氏、吕文甲妻尚氏、金三保妻楊氏、李雅德妻趙氏、韓國泰妻李氏、錢爲正妻王氏、張連魁妻陳氏、楊宗義妻李氏、佛羅妻伊爾根覺羅氏、格出妻瓜爾佳氏、劉文進妻沈氏、張善妻李氏、馬進忠妻馬氏、播振宏妻胡氏、劉士貴妻尚氏、張國選妻耿氏、三舍妻王氏、張望天妻田氏、李文方妻孫氏、阿福妻耿氏、韓成妻吴氏、張孝四妻李氏、劉老格妻喻氏、蔡文倉妻張氏、王仁清妻徐氏、楊南柱妻張氏、楊放心妻郭氏、王兆良妻劉氏、蔡官柱妻董氏、皮文采妻劉氏、彭思俊妻郭氏、鄭旺妻李氏、李連坊妻趙氏、王登科妻王氏、徐世達妻曹氏、白應魁妻楊氏、徐德化妻夏氏、陳義妻王氏、張全義妻楊氏、周廷魁妻林氏、李登明妻卞氏、李登貴妻張氏、李如芝妻閔氏、吴宗秀妻劉氏、祖積秀妻鍾氏、金珠珩妻張氏、金珩妻張氏、劉全福妻劉氏、張國起妻王氏、宗元妻陳氏、站丁孫雲龍妻謝氏、蔡自新妻王氏、李華妻薛氏、王益良妻包氏、孫戴先妻宋氏、王輪妻雷氏、李牌遠妻韓氏、牛國保妻李氏、張宗魁妻沙氏、張俊妻周氏、孫國成妻劉氏、雷雲名妻温氏、張興邦妻鄭氏、李文瑞妻陳氏、劉瑞林妻姜氏、姜文相妻吴氏、賈勳妻馬氏、王文學妻鄭氏、温朝彬妻徐氏、田洪法妻李氏、金鳳林妻王氏、王良俊妻金氏、張宗保妻李氏、蔡慎妻周氏、劉書紳妻王氏、徐文煥妻蘇氏、王國卿妻靳氏、徐士煥妻王氏、李世亮妻何氏、黄國倉妻厲氏、張希文妻吴氏、李朝賓妻李氏、李朝臣妻李氏、萬世禄妻徐氏、江繼堯妻楊氏、王明貴妻王氏、孔印妻黄氏、鈕天運妻高氏、鈕天玉妻雷氏、沙福善妻張氏、雷起春妻黄氏、張尚忠妻鄒氏、李思敬妻李氏、張斌妻郭氏、張宗孔妻曹氏、趙之會妻馬氏、吴鳳妻李氏、王芳妻王氏、于茂妻孫氏、包起彦妻徐氏、高永昇妻王氏、吴洪烈妻賈氏、滿喜夢妻李氏、王喜信妻馬氏、王瑞妻孫氏、龔建訓妻李氏、吴旺妻楊氏、劉剛妻于氏、王英明妻李氏、李永泰妻王氏、李桐妻劉氏、邊門臺丁魯英選妻塔氏、李士文妻王氏、劉貴昇妻張氏、王宗顔妻陳氏、李文賓妻王氏、楊自富妻董氏、范宏道妻李氏、陳先文妻牛氏、楊忠妻楊氏、李環妻王氏、王玉妻范氏、任士浩妻井氏、白文美妻范氏、牛俊佐妻張氏、李義妻郭氏、陳剛妻馬氏、趙有貴妻楊氏、邢來鳳妻馬氏、塔文照妻劉氏、田宗妻岳氏、李世禄妻王氏、田永增妻楊氏、王瑚妻王氏、李才妻陳氏、李文金妻楊氏、王國良妻范氏、邢緒妻李氏、張韋妻范氏、尹棟妻金氏、孫自美妻王氏、藍美春妻臧氏、范德功妻郭氏、李國清妻李氏、王國寬妻張氏、詹文英妻李氏、田琥妻鄭氏、范得公妻郭氏、田好妻鄭氏、强焕美妻梁氏、田景順妻宋氏、裴賜明妻陳氏、邢自俊妻范氏、朱朝斌妻王氏、趙有柱妻林氏、謝林妻塔氏，寧古塔鑲黄旗兵烏木拜妻瓜爾佳氏、薩爾圖妻舒穆嚕氏、前鋒塔庫那妻富察氏、兵達成妻齊特哩氏、巴爾虎太妻烏蘇氏、三保妻烏蘇氏、吉成妻薩克達氏、那岱妻瓜爾佳氏、穆里布妻烏蘇氏、前鋒德爾善妻薩克達氏、兵烏善妻瓜爾佳氏、諾爾圖妻阿蘇塔氏、八十一妻烏蘇氏、富爾吉納妻薩克達氏、六格妻烏蘇氏、佛保妻寧古塔氏、拉思泰妻寧古塔氏、五秋妻岳氏、武球妻姚氏、領催烏察拉妻富察氏、閑散巴伊勒妻李氏、六十一妻顔濟氏、兵瑪里善妻舒穆嚕氏、閑散八十六妻舒穆嚕氏、額依泰妻薩克達氏、付淩阿妻烏蘇氏、兵付住妻寧古塔氏、富貴妻姚氏、閑散海常妻瓜勒佳氏、兵巴揚阿妻西克德勒氏、正黄旗閑散德舒妻富察氏、白達色妻劉氏、領催木舒妻瓜爾佳氏、兵京凱妻瓜爾佳氏、音保妻果爾羅氏、閑散呼爾布善妻伊爾根覺羅氏、兵索住妻薩克達氏、墨爾布妻扎庫塔氏、昂素拉妻孟氏、色克圖妻莫勒哲勒氏、美西妻郭洛囉氏、豐保妻托闊氏、閑散法林保妻趙氏、五十七妻伊爾根覺羅氏、兵楊福保妻尼瑪察氏、正白旗兵瑚希那妻扎庫塔氏、五太妻烏蘇氏、貝都妻烏蘇氏、南住虎妻瓜爾佳氏、蘇延太妻默爾哲勒氏、阿哈那妻烏蘇氏、領催五格妻岳氏、兵吴保妻富察氏、阿爾布善妻瓜爾佳氏、烏倫泰妻烏扎拉氏、閑散富貴妻富察氏、常山妻富察氏、閑散拉喀納妻烏蘇氏、吉林保妻托闊囉氏、烏巴哈妻舒穆嚕氏、達森保妻富察氏、鑲白旗兵福壽妻舒穆嚕氏、蘇萬妻郭氏、郭新妻閻氏、南太妻尹氏、保住妻伊爾根覺羅氏、布魯奈妻孟氏、吉爾泰妻都爾勒氏、五十六妻烏扎拉氏、按泰妻馮氏、愛那妻依爾根覺羅氏、倫序妻富察氏、巴格妻富察氏、領催罕住妻薩克達氏、兵伊庫里妻梁氏、岱都妻薩克達氏、德思太妻富察氏、閑散登奇奈妻哩齊拉氏、兵西蘭泰妻姜氏、閑散吉保住妻烏扎拉氏、八十七妻韓氏、玻里雅勒妻朱氏、兵納蘭泰妻瓜爾佳氏、閑散巴雅木保妻伊拉喇氏、伯都訥妻林氏、兵霍紳泰妻烏扎拉氏、巴爾蘇妻孟佳氏、哈金泰妻富察氏、閑散五十九妻富察氏、常德妻西克德勒氏、兵英昇額妻烏蘇氏、正紅旗兵滕特妻瓜爾佳氏、筆帖式罕岱妻庫雅拉氏、兵卓爾多妻瓜爾佳氏、呼錫塔妻尼瑪察氏、索住妻尼瑪察氏、威沙哩妻舒穆嚕氏、汪色妻劉氏、旺阿哩妻託果羅氏、常齡妻伊爾根覺羅氏、法林保妻富察氏、祿蘇妻伊爾根覺羅氏、特穆西勒妻扎拉哩氏、閑散色勒呼岱妻扎庫塔氏、兵額勒德善妻和葉氏、鑲紅旗兵那蘭太妻瓜爾佳氏、巴爾呼善妻富察氏、領催伊都里妻烏蘇氏、兵塔思太妻富察氏、滿珠納妻尼瑪察氏、赫本泰妻尼瑪察氏、佛保妻富察氏、貝森保妻布雅穆吉氏、六格妻伊爾根覺羅氏、閑散永山妻莫勒哲勒氏、兵烏爾格什妻尼瑪察氏、成德妻瓜勒佳氏、閑散登吉奈妻富察氏、兵瑚德妻富察氏、伊林保妻瓜勒佳氏、領催富興保妻舒穆嚕氏、兵曾福妻富察氏、達呼佈妻王佳氏、蘇隆額妻瓜勒佳氏、正藍旗領催董造妻葉爾庫勒氏、兵七十六妻伊爾根覺羅氏、博倫托妻赫哲氏、奈其保妻默爾哲勒氏、綽闊諾妻瓜勒佳氏、德奇博妻李氏、依精阿妻舒穆嚕氏、官全妻烏蘇氏、鑲藍旗兵舒渾太妻尼瑪察氏、索莫那妻默爾哲勒氏、那爾呼善妻默爾哲勒氏、領催塔思太妻託果羅氏、閑散克爾圖妻舒穆嚕氏、兵瑪爾太妻默爾哲勒氏、雅克舒妻格吉勒氏、拉巴妻墨哲哷氏、兵提雅木保妻託果羅氏、英額妻托闊囉氏、嘉呼善妻莫勒哲勒氏、白都訥鑲黃旗兵墨呼哩妻錫特烏哩氏、額勒登保妻瓜爾佳氏、巴雅勒塔里妻扎思瑚哩氏、多古妻鄂爾綽倫氏、達圖妻扎思瑚哩氏、沙達奇妻扎思瑚哩氏、閑散鄂克索諾妻烏扎拉氏、兵阿蘭泰妻瓜爾佳氏、蘇勒妻扎思瑚哩氏、同保妻扎思瑚哩氏、閑散瑪爾塔妻錫克特理氏、領催察班泰妻烏扎拉氏、前鋒依三保妻西特瑚哩氏、兵索倫泰妻烏扎拉氏、正黃旗兵喀格妻烏扎拉氏、閑散遜塔妻扎思瑚哩氏、達海妻鄂羅特氏、兵發琿妻烏扎拉氏、文戴妻穆楚特氏、穆爾泰妻庫齊哈哩氏、喀拉妻寧古塔氏、聶古妻齊氏、興科妻烏扎拉氏、色楞泰妻烏扎拉氏、前鋒勒保妻富察氏、兵班第妻錫特瑚哩氏、諾木達拉妻瑚錫喀爾氏、托霍妻瑚西哈哩氏、正白旗蒙古閑散查琿妻喀爾喀勒勒氏、兵昂阿妻喀爾喀勒勒氏、巴達瑪妻穆舒圖氏、鄂勒博妻扎喀哩氏、閑散格色妻烏雅拉氏、兵碧罕妻果洛特氏、圖古都妻富察氏、閑散拉木達妻瑚錫哈哩氏、兵扎瑪爾奇妻烏扎拉氏、瑪拉里妻錫特烏哩氏、領催艾吉圖妻布吉格爾氏、蒙古領催旺吉圖妻布齊格爾氏、兵奇成武妻徐氏、璋顧妻富察氏、特納克妻瑚勒珠爾氏、西林保妻佈爾珠特氏、閑散鄂勒吉拜妻佈爾珠特氏、兵沙蘭泰妻奚氏、閑散烏楞德妻西特瑚哩氏、兵雅克西那妻佟佳氏、前鋒班第妻瓜勒佳氏、蒙古兵額爾特善妻哈庫哩氏、額爾克妻烏扎拉氏、哈林泰妻寧古台氏、鑲白旗兵雅魯妻錫特烏哩氏、安圖妻扎思瑚哩氏、圖墨勒妻錫特烏哩氏、烏雲布妻錫特烏哩氏、奇哩妻果爾羅特氏、領催托奇爾圖妻扎思瑚哩氏、迪三保妻瑚錫哈哩氏、蘇進泰妻烏色氏、官柱妻扎庫塔氏、扎爾布善妻扎思瑚哩氏、正紅旗兵烏色訥妻富察氏、撥底妻果洛特氏、閻達爾甘妻富察氏、扎爾塔哈妻烏爾喀達氏、李天壽妻李氏、閑散扎木妻錫克特理氏、兵齊保妻白格氏、那森泰妻烏扎拉氏、富西布妻烏扎拉氏、扎克蘇妻察庫氏、納散泰妻佛岳謨氏、納堂阿妻烏扎拉氏、七十四妻瑪希氏、蘇三塔妻錫特烏哩氏、都林保妻瑚西喀哩氏、烏林泰妻都嚕氏、克精額妻色賀勒氏、佟德妻瑚西哈哩氏、鄂孫保妻西克特哩氏、富蘭保妻烏扎拉氏、驍騎校巴爾瑚妻舒穆嚕氏、牧長依孔妻扎思瑚哩氏、兵莫倫妻烏扎拉氏、領催霍爾吉庫妻烏扎拉氏、兵烏沙木保妻烏扎拉氏、烏山泰妻舒穆嚕氏、前鋒烏林保妻恒克勒氏、霍松武妻寧古台氏、正藍旗領催綽里妻博爾濟克氏、兵達米圖妻烏扎拉氏、色木特庫妻錫特烏哩氏、查思塔妻烏扎拉氏、喜楞特妻瓜爾佳氏、閑散喜佛訥妻舒穆嚕氏、薩哈連妻巴雅喇氏、牧長梅格妻錫克特哩氏、領催芬特妻扎思瑚哩氏、兵阿哈尼雅那妻錫特烏哩氏、瑪哩哈妻烏扎拉氏、額西赫訥妻錫特烏哩氏、達色妻扎思瑚哩氏、閑散吴達圖妻錫特烏哩氏、阿里琿妻烏扎拉氏、兵巴哈里妻扎思瑚哩氏、哈色妻喜塔喇氏、華色妻扎思瑚哩氏、領催塔忻塔妻扎哈齊氏、兵雅斯哈妻富察氏、華色木保妻默爾哲勒氏、閑散班達爾善妻烏扎拉氏、驍騎校升授正白旗防禦達西圖妻扎斯瑚哩氏、領催額楞保妻扎斯瑚哩氏、兵察巴那妻瓜勒佳氏、都森保妻西克特哩氏、加蘇妻色勒哩氏、鑲藍旗兵勒庫妻瑚錫哈哩氏、閑散吉囊額妻錫特烏哩氏、康塔那妻烏扎拉氏、崇庫妻伊爾根覺羅氏、阿蘭塔妻巴雅喇氏、兵吴金泰妻尼瑪察氏、卓諾瑪勒妻錫特烏哩氏、領催霍索莫妻布魯特氏、班第妻扎思瑚哩氏、兵扎穆爾圖妻果羅特氏、鄂爾託妻烏扎拉氏、福保妻瓜爾佳氏、閑散墨達色妻郝氏、瑪轄色妻扎思瑚哩氏、班第妻寧古塔氏、兵蘇喀布妻西穆哩氏、阿爾善妻烏扎拉氏、孟庫妻托囉特氏、蘇訥妻西特瑚哩氏、依三保妻烏扎拉氏，三姓鑲黄旗兵墨斗妻格伊克哩氏、充古妻劉氏、鄂克濟哈妻王氏、阿爾佈善妻伊爾根覺羅氏、正黄旗前鋒傅保妻努哲勒氏、那木里妻舒穆嚕氏、色爾圖妻赫哲勒氏、領催景才保妻瓜爾佳氏、兵雅斯哈妻弼蘭齊氏、雅庫妻穆哩雅林氏、前鋒伍三泰妻李氏、領催烏爾洪額妻格克勒氏、兵田喜妻陳氏、雅爾杭阿妻富察氏、閑散富勒洪阿妻努葉勒氏、正白旗前鋒富貴妻格伊克哩氏、兵額木瑚妻瓜爾佳氏、前鋒色爾特妻努葉勒氏、兵烏爾恭保妻洛依克勒氏、舒米楞妻努葉勒氏、瓦林保妻尼瑪察氏、鑲白旗閑散巴哩喀妻劉氏、兵雅木保妻富察氏、黑達色妻格克勒氏、領催扎爾泰妻穆里雅連氏、兵阿森保妻烏蘇氏、依淩額妻康氏、正紅旗兵德爾瑚妻舒穆嚕氏、圖三泰妻格伊克哩氏、領催福珠哩妻格伊克哩氏、兵穆克登額妻努葉勒氏、德盛妻瓜勒佳氏、鑲紅旗兵和爾固納妻烏爾貢克呼氏、閑散納思泰繼妻鈕祜禄氏、兵法里木保妻伊爾根覺羅氏、烏盛保妻瓜勒佳氏、依金泰妻格伊克勒氏、哈斯海妻努葉勒氏、蘇雅嚕妻努葉勒氏、正藍旗兵瑪魯納妻閻氏、密葉柯妻萬氏、敦保妻格依克勒氏、額楞仔勒妻佈葉勒氏、鑲藍旗兵博和勒達妻赫哲勒氏、薩木保妻烏蘇氏、查木佈妻奇雅喀拉氏、官莊壯丁二小子妻潘氏、王文耀妻金氏、幼丁裴文煥妻趙氏，阿勒楚喀鑲黄旗護軍蒙達那妻葛氏、闓聖保妻倪氏、兵老格妻馬氏、阿爾布達妻瓜爾佳氏、福禄妻黄氏、瑚圖哩妻烏扎拉氏、固固泰妻伊爾根覺羅氏、閑散靈保妻伊爾根覺羅氏、兵富官保妻富察氏、富昌妻顔扎氏、閑散七十七妻孫氏、領催達音保妻瓜勒佳氏、兵色奇訥妻烏色氏、閑散興保妻瓜勒佳氏、領催全德妻烏色氏、幼丁德色哩妻鈕瑚哩氏、兵巴彦保妻富察氏、正黄旗兵雅塔妻吴氏、齊林保妻瓜爾佳氏、領催鄂爾庫繼妻伊爾根覺羅氏、正白旗兵三格妻井氏、六十五妻瑚西哈哩氏、閑散菩薩保妻富察氏、兵淩保妻伊爾根覺羅氏、鑲白旗閑散伊達妻胡氏、生員德昌妻趙氏、鄉長豐保妻江氏、戛善達鳳保妻張氏、兵鼎鈕妻烏色氏、正紅旗兵薩思太妻敖氏、薩爾泰妻瑚錫哈哩氏、領催嘎爾瑪妻扎庫塔氏、鑲紅旗領催台興阿妻瓜爾佳氏、正藍旗兵瓦喀那妻巴氏、護軍赫楞額妻赫哲勒氏、兵富奇保妻烏蘇氏、達蘭泰妻富察氏、那爾善妻伊爾根覺羅氏、佐領舍爾泰妻烏蘇氏、閑散博林泰妻瓜爾佳氏、兵阿爾蘇琿妻莫勒哲額氏、興保妻西特瑚哩氏、鑲藍旗護軍達靈阿妻賈氏、兵遂甘妻趙氏、那音泰妻瓜爾佳氏、色楞泰妻西特瑚哩氏、靈官保妻齊塔拉氏，打牲烏拉鑲黄旗兵巴爾虎妻納喇氏、閑散博爾特妻伊爾根覺羅氏、富成妻伊爾根覺羅氏、打牲丁松國托妻伊爾根覺羅氏、兵福普泰妻胡氏、打牲丁玉達妻富察氏、筆帖式哈達妻富察氏、打牲丁桃子妻張氏、閑散六色妻錫克特哩氏、打牲丁六十五妻懷氏、花苟妻喜塔喇氏、打牲丁莽喀妻佟氏、楊朝武妻趙氏、布善妻鄂齊哩氏、打牲丁烏岱妻李氏、兵那署妻韓氏、打牲丁鄂爾奈妻韓氏、閑散瑪爾賽妻趙氏、穆都訥妻趙氏、梅勒瑪爾吉妻郭氏、打牲丁瑪色那妻趙氏、花爾泰妻納喇氏、達爾賽妻花氏、興海妻寧古塔氏、瑪思泰妻唐氏、楊玉妻趙氏、三達色妻吳氏、阿爾奈妻王氏、赫成額妻趙氏、兵八十一妻伊爾根覺羅氏、打牲丁瑪爾布妻瓜爾佳氏、舒得功妻韓氏、艾齊妻錫克特哩氏、六達色妻周氏、三小妻趙氏、李天培妻張氏、閑散雅奇那妻王氏、梅勒額勒德妻瓜爾佳氏、打牲丁巴格妻盧氏、桑格妻瑪希氏、來茂資妻瓜爾佳氏、老格妻趙氏、鋪副蘇爾鼐妻盧氏、閑散裕倫泰妻瓜爾佳氏、兵德富妻瓜勒佳氏、閑散額勒登保妻伊爾根覺羅氏、兵依勒達穆妻劉氏、幼丁伍格妻伊爾根覺羅氏、正黃旗珠軒達西柱妻富察氏、驍騎校希碩色妻瓜爾佳氏、閑散扎密達妻瓜爾佳氏、梅勒色爾泰妻韓氏、打牲丁老千子妻李氏、梅勒海青妻錫克特哩氏、鄂三妻張氏、希爾那妻李氏、那思泰妻李氏、圖爾泰妻趙氏、額爾泰妻趙氏、劉秀妻陳氏、何德妻納喇氏、那恒妻張氏、伊爾訥妻王氏、馬思泰妻趙氏、巴楊阿妻李氏、馬起妻周氏、闞保妻舒氏、閑散額英額妻徐氏、打牲丁佛保妻高氏、寧古台妻李氏、希爾泰妻王氏、梅勒德勇妻劉氏、兵扎爾賽妻尼瑪齊氏、打牲丁訥爾賽妻張氏、延泰妻郎氏、九兒妻瓜爾佳氏、王永妻韓氏、珠軒達赫達色妻張氏、兵古斯泰繼妻孫氏、南珠拉妻穆車氏、防禦闞成繼妻瓜爾佳氏、兵闞泰妻伊爾根覺羅氏、富隆阿妻齊塔拉氏、閑散德壽妻李佳氏、正白旗兵馬爾賽妻舒穆嚕氏、李傑妻康氏、舍立妻曾氏、打牲丁瑪爾太妻舒穆嚕氏、殷太妻顏扎氏、德希奈妻王氏、烏三泰妻高氏、佛保妻趙氏、阿思泰妻趙氏、尤宗孟妻王氏、哈哩妻瓜爾佳氏、穆珠琥妻舒穆嚕氏、馬爾妻常氏、法爾那妻西氏、雅爾賽妻趙氏、川岱妻常氏、烏拉妻劉氏、驍騎校花色妻錫克特哩氏、閑散蘇柱妻石氏、邵蘇柱妻趙氏、打牲丁六十妻彥扎氏、閑散莽齊妻唐氏、兵雙頂妻富察氏、打牲丁圖色妻夏氏、拜色妻謝氏、委署驍騎校巴喀那妻瓜爾佳氏、閑散威騰保妻顏扎氏、梅勒九達妻瑪奇氏、打牲丁德希那妻塔喇氏、瑪訥都妻張氏、拉子妻巴雅喇氏、瑪楊阿妻趙氏、鄭子剛妻劉氏、兵穆雅訥妻伊爾根覺羅氏、打牲丁隆保妻趙氏、兵伍達妻烏扎拉氏、幼丁德成妻伊爾根覺羅氏、鑲白旗閑散額普特妻錫特勒氏、打牲丁雅布薩妻趙氏、梅勒娘娘保妻劉氏、閑散六雅圖妻李氏、打牲丁噶爾薩妻富察氏、穆吉妻夏氏、兵那思泰妻宋佳氏、閑散博蘭泰妻伊爾根覺羅氏、添壽妻趙氏、幼丁扎爾泰妻鄂齊達氏、兵德豐妻梅赫哩氏、烏里木保妻陳佳氏、佟泰妻瓜勒佳氏、富寧保妻佟佳氏、閑散桃柱妻瓜勒佳氏、正紅旗打牲丁朱蘭太妻瓜爾佳氏、噶喀達妻李氏、金古妻王氏、丁德爾賽妻李氏、閑散豐盛阿妻富察氏、打牲丁庫查妻烏扎拉氏、兵呼木保妻尼瑪齊氏、打牲丁希佛奈妻趙氏、那爾泰妻索氏、梅勒七格爾妻王氏、兵杭柱妻劉佳氏、打牲丁瑪斯泰妻郎氏、閑散二達色妻吴氏、兵阿揚阿妻舒佳氏、閑散佛林泰妻伊爾根覺羅氏、兵德青妻剛佳氏、鑲紅旗打牲丁迪揚阿妻瓜爾佳氏、領催烏三泰妻尼瑪齊氏、筆帖式翁色妻錫克特哩氏、兵苗生妻常佳氏、打牲丁哈西那妻趙氏、兵楊福妻韓佳氏、梅勒博壽妻瓜爾佳氏、梅勒噶米妻瓜爾佳氏、領催八十妻伊爾根覺羅氏、閑散綽和那妻沈氏、兵巴淩阿妻瓜勒佳氏、全德妻瓜勒佳氏、幼丁雅爾瑚奇妻常佳氏、正藍旗打牲丁阿奇那妻伊爾根覺羅氏、章良妻張氏、閑散楊色妻白氏、西楞泰妻錫克特哩氏、扎思泰妻常氏、色楞泰妻趙氏、敦吉妻馬氏、珠軒達佛爾赫納妻瓜爾佳氏、兵塔納保妻伊爾根覺羅氏、祥保妻伊爾根覺羅氏、幼丁瓜勒青山妻瓜勒佳氏、保兒妻郭佳氏、兵莫色那妻伊爾根覺羅氏、鑲藍旗梅勒德爾太妻瓜爾佳氏、打牲丁阿岱妻宋氏、瑪奇妻張氏、兵雅克薩妻富察氏、打牲丁赫善妻趙氏、希佛訥妻舒氏、閑散阿李妻奚氏、烏勒巴妻瓜爾佳氏、六十四妻趙氏、兵興保妻王佳氏、打牲丁瑪爾妻侯氏、梅勒達爾賽妻富察氏、珠軒達來岱妻王氏、珠軒達科色訥妻譚氏、珠保妻常佳氏、梅勒瑪爾泰妻韓氏、打牲丁薩哈齊妻屈氏、三達色妻趙氏、幼丁賴保妻伊爾根覺羅氏、打牲丁鄂克托妻王氏、閑散白達妻瓜爾佳氏、打牲丁長保妻董氏、幼丁戴英妻顧氏、老格妻陳氏、伊晉泰妻瓜爾佳氏、兵福斯庫妻伊爾根覺羅氏、烏彦保妻張佳氏、九十五妻甕佳氏，伊屯鑲黄旗德色妻瓜勒佳氏、兵花山保妻巴雅拉氏、阿金泰妻巴雅拉氏、德林保妻格吉勒氏、領催三格妻尤布嚕氏、閑散古三泰妻舒穆嚕氏、兵僧保妻尼瑪齊氏、温奇和訥妻扎庫塔氏、閑散索住妻富察氏、兵塔林保妻喬氏、正黄旗閑散賽畢圖妻吉普察氏、兵吉林保妻吉普察氏、八十五妻富察氏、海保妻尼瑪齊氏、閑散和爾泰妻舒穆嚕氏、領催七星保妻林氏、薩拉那妻張氏、兵富善妻伊爾根覺羅氏、佟泰妻趙氏、額勒登保妻尼瑪察氏、鑲白旗領催雙頂妻伊爾根覺羅氏、兵明保妻西克特哩氏、富忠阿妻瓜勒佳氏、正紅旗閑散德克登保妻楊氏、兵西林保妻富察氏、閑散歪庫妻塔塔佳氏、兵富倫妻尼瑪察氏、鑲紅旗兵阿格里妻烏色氏、諾爾佈妻專塔氏、閑散索海妻尼瑪察氏、正藍旗兵伍禄善妻富察氏，鄂摩和索囉正白旗兵官喜妻和奢里氏、烏三泰妻阿蘇氏、伯奇西妻格吉勒氏，琿春鑲黄旗教習官登保妻鈕瑚特氏、兵阿靈阿妻泰楚勒氏、驍騎校安精阿妻烏扎拉氏、兵奈東阿妻鈕祜禄氏、閑散愛綳阿妻鈕瑚嚕氏、兵喜道妻和社勒氏、岱佈沙妻鈕瑚嚕氏、付穆保妻鈕瑚嚕氏、護軍哲楞保妻瓜勒佳氏、兵瑪楊阿妻俄哲圖氏、正黄旗兵費雅佳妻尼瑪察氏、瑪爾蘇妻鈕瑚特氏、馬哩素妻鈕祜禄氏、閑散哈西呼里妻額哲騰氏、兵五十九妻布雅穆齊氏、額吉赫納妻赫舍勒氏、賽能阿妻鈕瑚嚕氏、正白旗兵泰穆妻莫勒哲勒氏、那蘭保妻富察氏、瑪音保妻鈕瑚嚕氏，拉林鑲黄旗護軍們岱妻額吉勒氏、官神保妻尼瑪察氏、兵雅那妻烏扎拉氏、閑散西林阿妻穆勒德哩氏、三格妻塔塔拉氏、正黄旗兵富格妻瓜爾佳氏、閑散烏賚妻黄氏、烏靈阿妻瓜爾佳氏、德楞額妻烏扎拉氏、那音阿妻哈巴氏、兵塔金保妻海佳氏、正白旗閑散小爾妻瓜爾佳氏、霄勒妻瓜爾佳氏、德楞泰妻烏扎拉氏、福格妻玉庫嚕氏、闢德妻塔塔拉氏、兵扎隆阿妻瑚西哈哩氏、鑲白旗閑散敦敏妻伊爾根覺羅氏、兵安楚妻寧古塔氏、正紅旗兵屯頭妻成佳氏、閑散額爾登布妻希薩哩氏、七十三妻陳氏、托雲布妻井氏、兵瑪木弼圖妻瓜爾佳氏、珠三保妻扎斯瑚哩氏、鑲紅旗兵南楚妻薩克扎拉氏、閑散保福妻富察氏、額勒格妻瓜勒佳氏、保林妻伊爾根覺羅氏、正藍旗領催穆克登額妻傅氏、閑散吉格妻姜佳氏、哈勒吉木保妻烏色氏、明柱妻伊爾根覺羅氏、鑲藍旗閑散京古埒妻熊氏、雅住妻和輝吉氏、敦住妻楊氏、兵穆特布妻納喇氏、閑散額盛妻張氏、海永妻高吉哩氏、明善妻蒙烏索氏，烈婦吉林正黄旗伊達色妻郭氏、三姓正藍旗雅克舒妻吴氏、伊屯鑲黄旗西青阿妻林氏（皆以拒暴被害），均乾隆年間旌。

金德保妻孔庫塔氏。吉林鑲黄旗人。夫亡守節。同旗德克精額妻尼瑪察氏、漢軍阿音泰妻劉氏、閑散張四妻富察氏、兵額勒什保妻富察氏、漢軍閑散田福妻王氏、領催達爾善妻劉氏、兵永保妻莫勒德哩氏、閑散忠德妻伊爾根覺羅氏、漢軍閑散劉索住妻楊氏、西佛訥妻烏扎拉氏、閑散德克精額妻任氏、奇勒達勒妻范氏、德親保妻烏扎拉氏、漢軍薩林保妻李氏、兵色爾瑚德妻舒穆嚕氏、閑散瑪欽保妻延扎氏、兵阿克楝阿妻富察氏、領催烏爾霍妻尼瑪察氏、閑散穆崇阿妻圖哩氏、富英阿妻伊爾根覺羅氏、漢軍閑散常保妻賈氏、雅欽泰妻吕氏、尼瑪什妻尼瑪齊氏、兵蘇勒圖哩妻劉氏、閑散依德妻楊氏、索勒霍妻尼瑪齊氏、壽德妻西克特哩氏、漢軍閑散五十七妻勒佳氏、蓮薩哈妻白氏、領催德森保妻劉氏、漢軍閑散扎隆阿妻王氏、蒙古筆帖式依常阿妻吴扎胡氏、閑散淩官保妻巴勒杜氏、正黄旗兵珠爾干那妻瓜勒佳氏、蘇當阿妻扎拉拉氏、阿法哈妻背瑚嚕氏、閑散烏爾古善妻尼瑪齊氏、兵巴克妻烏蘇氏、葉酬妻王氏、愛新保妻塔塔拉氏、莫爾色妻瓜勒佳氏、富爾善妻都嚕氏、靈保妻依庫禄氏、老格妻伊爾根覺羅氏、穆新保妻烏扎拉氏、閑散瑪爾泰妻伍扎瑚氏、兵扎拉芬妻博瑚勒泰氏、巴山妻富察氏、法里善妻鈕瑚嚕氏、索金保妻延扎氏、閑散僧保妻富察氏、依三妻和葉氏、沙金泰妻富察氏、西特庫妻佈雅穆吉氏、佐領費雅森保妻瓜勒佳氏、兵德克精額妻崇阿拉氏、付海妻闊奇拉氏、閑散愛興阿妻烏扎拉氏、常安妻瓜勒佳氏、兵德林保妻張氏、佐領章庫妻瓜勒佳氏、閑散布庫妻瓜勒佳氏、兵忠明妻那拉氏、閑散富陞妻圖莫特氏、兵西林泰妻貝庫哷氏、托延保妻扎庫塔氏、蒙古領催喀奇蘭妻擠努特氏、閑散烏淩額妻傅察氏、川德妻瓜勒佳氏、正白旗兵蘇扎那妻烏蘇氏、依林保妻瓜勒佳氏、閑散珠囒泰妻扎庫塔氏、漢軍西楞泰妻延扎氏、蒙古前鋒努穆奇妻和圖哩氏、閑散芬珠勒妻巴雅拉氏、兵那爾善妻佟佳氏、漢軍閑散巴淩阿妻張氏、雙喜妻伊爾根覺羅氏、兵塔勒畢善妻齊塔拉氏、西林保妻郭氏、圖克善妻瓜勒佳氏、漢軍閑散阿克敦妻陳氏、德伸保妻察哈拉氏、佛保妻烏扎拉氏、漢軍阿楊阿妻張佳氏、閑散佟德妻烏扎拉氏、白青阿妻富察氏、倉官蘇林保妻富察氏、閑散和森泰妻瓜勒佳氏、興海妻李氏、兵社林泰妻王氏、閑散額勒精額妻李氏、依保妻桃佈氏、登保妻亨奇勒氏、兵庫克金保妻索卓囉氏、漢軍七十三妻熊氏、閑散德寧妻謝氏、蒙古兵什住妻博爾錦氏、閑散伊三保妻墨勒德哩氏、富林泰妻王氏、漢軍閑散定保善妻徐氏、兵鄂倫泰妻烏扎拉氏、閑散倭興額妻尼何哩氏、漢軍兵安禄妻鄭氏、蒙古兵巴淩阿妻科哩德氏、莫森泰妻徹科哩氏、托林保妻瓜勒佳氏、領催依王妻舒穆嚕氏、漢軍閑散廣通妻秋氏、定柱妻曹氏、前鋒德新保妻格吉勒氏、兵色楞泰妻瓜勒佳氏、鑲白旗兵色克親保妻朱氏、額林保妻察哈拉氏、羅林泰妻瓜勒佳氏、閑散萬壽妻伊爾根覺羅氏、三奇喀妻和圖哩氏、兵南泰妻舒嚕穆氏、穆和德妻瓜勒佳氏、蒙古領催常西保妻克勒特氏、閑散常明妻莫勒德哩氏、武成妻格吉勒氏、兵那金泰妻金氏、依常阿妻焦察氏、閑散富勒和妻瓜勒佳氏、官德妻扎庫塔氏、多蘭保妻噶吉塔氏、桃奇勒妻烏扎拉氏、兵德保妻庫特氏、付保妻烏雅氏、閑散伍祥保妻瓜勒佳氏、佛保妻尼瑪察氏、英保妻富察氏、雅爾泰妻佈爾精氏、兵富青阿妻劉氏、蒙古兵雅欽保妻劉氏、達林保妻瓜勒佳氏、班金保妻布雅穆吉氏、閑散蘇章阿妻傅察氏、蒙古兵穆克登保妻博爾津氏、領催那米達妻恰那喇氏、閑散富林保妻傅察氏、兵阿爾奔妻伊爾根覺羅氏、閑散胡欽保妻伊爾根覺羅氏、正紅旗兵色爾古德妻庫德氏、巴彥圖妻圖莫特氏、英善妻扎克丹氏、佈勒他琿妻瓜勒佳氏、阿林保妻鈕瑚哩氏、領催阿林保妻巴爾都氏、兵弼三泰妻依拉哩氏、西林保妻瓜勒佳氏、閑散扎拉芬妻佟佳氏、德盛保妻瓜勒佳氏、兵奇克滕額妻庫雅拉氏、閑散索住妻尼瑪齊氏、韓保妻延扎氏、那孫保妻瓜勒佳氏、兵吉朗阿妻博里果特氏、閑散喀塔妻孫氏、淩保妻佛岳木齊氏、色興額妻尼瑪察氏、兵訥森保妻傅察氏、吉倫保妻李氏、阿克津保妻張氏、阿哈那妻布雅木吉氏、鑲紅旗前鋒靈官保妻蒙古索氏、阿林保妻伊爾根覺羅氏、兵瑚新保妻瓜勒佳氏、閑散巴海妻瓜勒佳氏、三等侍衛穆克登保妻烏蘇氏、兵泰保妻佈雅穆吉氏、圖桑阿妻扎拉拉氏、伍爾奇楞妻和奢勒氏、依常阿妻富察氏、賽秉阿妻伊爾根覺羅氏、閑散阿里善妻薩克達氏、明阿妻姚氏、兵巴彥泰妻郭氏、阿克占保妻葉爾庫勒氏、閑散倭爾泰妻韓氏、古爾泰妻瓜勒佳氏、領催察明阿妻博里果特氏、都京護軍參領花連保妻瓜勒佳氏、兵西隆阿妻墨勒德哩氏、凱欽妻尼瑪察氏、閑散阿勒吉善妻瓜勒佳氏、富德妻巴勒搭拉氏、兵尼瑪西妻烏蘇氏、烏爾恭阿妻瓜勒佳氏、雲騎尉富升妻伊爾根覺羅氏、閑散林保妻尼瑪齊氏、惠保妻富察氏、依蘭保妻布雅木吉氏、正藍旗兵伯都訥妻亨奇勒氏、楊壽妻奇他拉氏、閑散德亮妻那拉氏、色爾佈妻瓜勒佳氏、巴圖魯妻崇阿拉氏、兵塔申泰妻烏扎拉氏、忠新保妻那拉氏、塔林保妻瓜勒佳氏、閑散富德妻扎庫塔氏、騎都尉穆滕額妻富察氏、兵四福妻瓜勒佳氏、閑散俊格妻登達拉氏、德楞額妻覺羅氏、蒙古閑散綳海妻俄哲德氏、兵德克登妻富察氏、閑散烏雲珠妻鄂鈕扎氏、依林保妻葉爾庫勒氏、孫柱妻烏色氏、付成妻遲氏、富永妻王氏、雅哈那妻莫勒德勒氏、達沖阿妻烏蘇氏、都京護軍副參領都淩阿妻伊爾根覺羅氏、兵珠勒根泰妻瓜勒佳氏、蒙古領催阿森保妻延扎氏、閑散德平妻瓜勒佳氏、富德妻庫德氏、德克吉佈妻烏蘇氏、蒙古閑散常安保妻盛氏、色稜額妻扎庫塔氏、淩德妻徐氏、兵花沙布妻傅察氏、花淩阿妻扎哩氏、鑲藍旗兵額勒金保妻闞氏、蒙古兵德爾圖妻俄木根努特氏、額森保妻富察氏、依三保妻瓜勒佳氏、雲騎尉松山妻莫勒德哩氏、閑散那蘇拉妻烏蘇氏、兵塔金泰妻富察氏、達音保妻烏扎拉氏、閑散萬達妻莫勒德哩氏、瑪彥保妻扎拉拉氏、兵四十八妻那里氏、保住妻奇他拉氏、閑散莽泰妻瓜勒佳氏、兵烏里善妻富察氏、台保妻瓜勒佳氏、蒙古兵哈爾秋妻和爾烏特氏、閑散達林保妻張氏、托精阿妻富察氏、阿淩阿妻瓜勒佳氏、額勒登保妻富察氏、閑散塔吉妻白氏、蒙古閑散英保妻玻爾津氏、領催愛金保妻扎拉拉氏、閑散二德妻瓜勒佳氏、兵賽秉阿妻巴雅拉氏、前鋒依淩阿妻塔齊哩氏、兵富三妻莫勒德哩氏、領催七十五妻舒穆嚕氏、那爾胡善妻薩克達氏、閑散西海妻蔡氏、兵富升額妻瓜勒佳氏、舒敏妻格吉勒氏、德克精額妻扎庫塔氏，烏鎗營鑲黃旗閑散張榮賢妻孫氏、吳發妻張氏、徐佩妻沙氏、馮壽禮妻趙氏、徐懷慶妻温氏、兵牛大有妻高氏、閑散張普妻李氏、楊愷衡妻祝氏、正黃旗閑散屈德榮妻劉氏、張亮永妻王氏、曹尚信妻劉氏、張文盛妻張氏、烏爾公阿妻杜氏、兵謝昇龍妻王氏、兵吴寬妻韓氏、正白旗朱孝順妻王氏、蘇彬妻張氏、張永達妻于氏、閑散劉發妻鄭氏、李良棟妻張氏、劉世通妻楊氏、閻成妻李氏、兵周士保妻熊氏、閑散徐江妻于氏、魏明妻于氏、鑲白旗張柱妻洪氏、兵吴文儒妻姚氏、閑散白金妻韓氏、姜元斌妻王氏、白俊聰妻吴氏、王文珍妻賈氏、正紅旗閑散吕寬妻張氏、巴海妻趙氏、趙連妻周氏、張天儒妻黨氏、李俊妻陳氏、吕占元妻楊氏、郭德昇妻孫氏、趙永亮妻陳氏、張雲良妻高氏、田作妻郭氏、李英妻劉氏、吴佩妻張氏、鑲紅旗張秉妻金氏、閑散何連棟妻李氏、龔永妻王氏、宋國泰妻魯氏、王紹禄妻李氏、王朝祚妻于氏、魯英妻孫氏、兵徐坤妻王氏、閑散張圖柱妻王氏、兵王照妻范氏、王文漢妻滕氏、閑散馬添旺妻王氏、正藍旗閑散史旺妻黄氏、張賢德妻張氏、盛傑妻韓氏、張明喜妻孫氏、鑲藍旗劉起公妻李氏、閑散趙連舉妻牛氏、劉興泰妻周氏、王榮妻高氏、水師營水手張德成妻李氏、闞德妻耿氏、王連魁妻郭氏、張玉妻吕氏、徐三兒妻姚氏、沈志祥妻龔氏、郭永明妻金氏、管永福妻何氏、王得營妻吕氏、李正最妻戴氏、劉禮妻高氏、鄭文妻李氏、沈承善妻吴氏、左榮富妻他塔拉氏、官莊壯丁沈廷弼妻崔氏、謝金禄妻姜氏、楊猛妻胡氏、周文才妻夏氏、王耀先妻張氏、周文廣妻彭氏、鄧天福妻楊氏、馬正良妻杜氏、何義妻李氏、站丁于尚秀妻王氏、王連妻龍氏、薛秉愷妻王氏、陳位妻魯氏、王蒲妻施氏、王儒標妻趙氏、領催王國禄妻李氏、李肇祥妻劉氏、朱糾明妻陳氏、韓連妻郭氏、張謙王妻張氏、徐才德妻李氏、王萬魁妻黄氏、班文傑妻趙氏、田景山妻范氏、宋輝漢妻魯氏、劉珍妻穆氏、龔訓妻白氏、趙起官妻尚氏、王雲公妻張氏、朱起妻李氏、常永盛妻徐氏、包起鵬妻張氏、徐文樊妻李氏、王永富妻雷氏、李文瑍妻雷氏、張倫妻王氏、劉國亮妻黄氏、陳剛妻謝氏、孫祥妻尚氏、邱美妻閻氏、胡兆寬妻吴氏、劉國禄妻張氏、李懷志妻孫氏、王正妻孫氏、梁廷妻藍氏、張照妻吴氏、吴俊妻李氏、鮑和妻貢氏、王永華妻白氏、邊門臺丁程焕妻李氏、李忠顯妻王氏、趙文奎妻常氏、郭發德妻温氏、强儒妻宋氏、强俊妻翟氏、趙佩達妻姜氏、牛元才妻陳氏、領催謝廷魁妻朱氏、楊琨妻王氏、楊成亮妻劉氏、趙薰妻馬氏、趙文盛妻趙氏、張義妻楊氏、黄高妻苗氏、郭發保妻宋氏、石柱妻劉氏、李朝元妻李氏、張世明妻閻氏、范同功妻霍氏、王恒住妻孫氏、李國璧妻張氏、焦永寬妻閻氏、劉國太妻李氏、張倫妻劉氏，寧古塔鑲黄旗閑散付成慎妻孫氏、哈爾吉那妻扎拉哩氏、兵富楊妻伊爾根覺羅氏、永泰妻庫雅拉氏、閑散富鼐妻施氏、付昇阿妻李格哩氏、德盛妻富察氏、達勒當阿妻孟氏、永寧阿妻扎拉氏、盧明妻色科氏、閑散德音保妻楊氏、額爾登額妻瓜勒佳氏、常昇妻吴氏、滿洲筆帖式成太妻伊爾根覺羅氏、閑散富爾當阿妻烏蘇氏、李柱妻蘇氏、兵巴克通額妻庫雅拉氏、正黄旗前鋒倭興額妻瓜勒佳氏、兵塔興保妻扎克達氏、前鋒保泰妻烏扎拉氏、閑散德克精額妻和社勒氏、依林保妻富察氏、兵德楞額妻富察氏、閑散賞阿妻和葉氏、筆帖式七十一妻舒穆嚕氏、閑散富明山妻富察氏、兵豐德妻莫勒哲勒氏、蘇隆阿妻瓜勒佳氏、薩林保妻瓜勒佳氏、閑散温德妻張氏、老格妻李氏、德保妻王氏、富楊妻伊爾根覺羅氏、明喜妻霍囉氏、老格妻李氏、額勒景額妻寧古台氏、有明妻寧古台氏、老格妻賀葉氏、烏淩阿妻瓜勒佳氏、正白旗閑散額勒登額妻托闊囉氏、兵阿里善妻扎庫塔氏、閑散珠倫泰妻富察氏、托興額妻劉氏、兵六十五妻瓜勒佳氏、閑散永喜妻伊爾根覺羅氏、四十七妻薩克達氏、書隆阿妻扎克塔氏、九十妻舒穆嚕氏、伊哈納妻扎闊囉氏、鑲白旗閑散那倫泰妻莫勒哲勒氏、尚阿妻扎克達氏、依奇那妻瓜勒佳氏、温德妻佈雅穆吉氏、兵德青妻伊爾根覺羅氏、閑散德通阿妻托闊囉氏、金梁妻閻氏、綽哈奈妻蘇氏、哲爾奈妻闞氏、七十八妻白氏、佈林圖妻瓜勒佳氏、兵烏林泰妻莫勒哲勒氏、西林泰妻黄氏、閑散春昇妻馬氏、固山泰妻瓜勒佳氏、兵合通阿妻伊爾根覺羅氏、閑散薩爾綳阿妻傅察氏、正紅旗兵富明德妻薩克達氏、徐德保妻富察氏、烏勒登額妻尼瑪察氏、額勒金保妻托闊囉氏、努章阿妻和葉氏、閑散魯琿泰妻瓜勒佳氏、防禦英額妻舒穆嚕氏、閑散棟阿哩妻烏蘇氏、福壽妻舒穆嚕氏、富成保妻布延木吉氏、鑲紅旗兵七保妻寧古台氏、烏爾滚妻伊爾根覺羅氏、騎都尉兼雲騎尉色金保妻塔塔拉氏、閑散岳順保妻葉和勒氏、依成額妻托闊囉氏、額勒德穆妻富察氏、六十五妻格濟哷氏、陳永妻吴氏、正藍旗兵瑪新保妻和葉氏、愛新特妻莫勒哲勒氏、阿克敦妻富察氏、閑散扎爾蘇蘭妻瓜勒佳氏、孫吉佛妻都禄嚕氏、兵孫智妻李氏、托克通阿妻傅察氏、鑲藍旗兵依勒圖妻尼瑪察氏、滿成妻托闊囉氏、閑散二小兒妻庫雅拉氏、達淩阿妻徐氏、拉保妻烏蘇氏、兵寧安妻高氏、明善妻徐氏、白都訥鑲黄旗前鋒雅爾塔妻烏扎拉氏、兵噶達妻謝氏、穆克登額妻西特賀爾氏、依克圖妻舒穆嚕氏、三西保妻富察氏、西林泰妻烏扎拉氏、領催法林保妻瑚西哈哩氏、兵依常阿妻穆爾察氏、閑散富克精額妻西克特哩氏、正黄旗閑散岱敏妻扎斯瑚哩氏、兵田福妻烏扎拉氏、領催淩福妻西特瑚爾氏、兵全保妻瓜勒佳氏、彦桑妻張氏、圖親保妻果爾佳氏、正白旗兵德克那妻瓜勒佳氏、塔斌塔妻舒穆嚕氏、滿圖妻西特瑚爾氏、蒙古領催拉佈吉妻瓜勒佳氏、閑散根登妻烏扎拉氏、兵拉克奇妻闊爾綽特氏、閑散托爾奇圖妻莫綽特氏、兵色楞妻哈爾哈欽氏、塔林泰妻圖爾奇勒氏、蒙古音楚妻察哈爾氏、穆爾古穆勒妻肖都氏、閑散巴達妻肖都氏、滿圖妻西克特哩氏、常寧保妻吉台氏、龍塔妻瑛綽特氏、前鋒烏勒集妻陳氏、兵布談妻布爾珠特氏、富新保妻扎薩瑚哩氏、鑲白旗前鋒那森保妻西克特哩氏、兵索吉妻張氏、閑散珠林泰妻瓜勒佳氏、前鋒諾霍濟妻紅武奇氏、舒嚕奇奈海妻烏扎拉氏、前鋒明保妻扎斯瑚哩氏、兵匡色保妻舒穆嚕氏、三泰妻扎斯瑚哩氏、前鋒扎隆阿妻黃國氏、兵愛新保妻瑚西哈哩氏、正紅旗兵珠森特妻扎哈齊氏、色克金保妻扎斯瑚哩氏、閑散烏爾塔妻富察氏、鄂洛遜妻富察氏、延圖蘭妻瑚哩氏、兵托津泰妻科綽禮氏、領催富陞妻李氏、閑散哲楞泰妻郭囉特氏、鑲紅旗兵沙蘭保妻舒穆嚕氏、田保妻瓜勒佳氏、正藍旗兵尼噶嚕妻烏扎拉氏、吉爾哈拉妻扎斯珂哩氏、奇雅蘭保妻烏扎拉氏、領催額楞保妻富察氏、莫遜保妻寧古台氏、閑散阿爾賽妻烏扎拉氏、雙保妻鄂爾奇勒氏、春柱勒妻舒穆嚕氏、兵奈禮勒圖妻邢氏、連保妻圖爾奇勒氏、諾霍妻扎斯瑚哩氏、巴彥保妻西特瑚哩氏、峯頌妻額珠德氏、富明保妻西特瑚哩氏、領催額勒集善妻扎嚕特氏、鑲藍旗領催台碧那妻齊特賀哩氏、兵阿里善妻西特瑚爾氏、閑散博森保妻楊氏、領催保山妻烏扎拉氏、兵德起妻特瑚爾氏、福壽妻哈斯瑚哩氏、米拉妻特賀爾氏、閑散富森保妻西特賀爾氏、達爾扎妻鄂奇爾氏、兵圖瑚勒德妻西特賀爾氏、三齊喀妻西特瑚哩氏、閑散瑚克杜訥妻瓜勒佳氏、兵色淩阿妻西特瑚哩氏、安達爾圖妻扎庫塔氏，三姓鑲黃旗兵隆保妻烏蘇氏、闊勒托庫妻西努拉庫氏、雅森保妻努葉勒氏、齊庫拉妻努葉勒氏、前鋒法爾富善妻格依克勒氏、兵德陞額妻格依克勒氏、領催珠爾遜保妻畢氏、兵烏保妻伊爾根覺羅氏、領催雅隆阿妻格依克勒氏、兵巴三繼妻瓜勒佳氏、閑散達保妻鬲克哷氏、兵奇布僧額妻延扎氏、前鋒喀琅阿妻王氏、兵芮僧額妻李氏、正黃旗領催扎爾蘇妻格依克勒氏、兵察琿繼妻王氏、淩保繼妻那木都禄氏、索爾松阿妻努葉勒氏、前鋒花尚阿妻王氏、兵富尼音保妻努葉勒氏、常敦保妻努葉勒氏、達琅阿妻鬲克哷氏、巴丹木保妻努葉勒氏、果爾景阿妻徐氏、正白旗兵扎克當阿妻格依克勒氏、薩爾佈和德妻烏蘇哩氏、貴蘭保妻馬氏、閑散裴姚霍妻格依克勒氏、兵圖瓦奇延保妻吳氏、前鋒巴楊阿妻傅察氏、兵色克通阿妻汪佳氏、德克集佈妻哈喀拉氏、淩保妻魯氏、閑散扎淩阿妻鬲克哷氏、鑲白旗兵阿色佈妻霍爾托闊勒氏、前鋒常保妻格依克勒氏、兵傅集訥妻努葉勒氏、三津保妻曾氏、烏勒德妻寧古塔氏、正紅旗前鋒常明妻莫勒哲勒氏、楚勒漢保妻盛氏、兵欽道妻格依克勒氏、唐保妻張氏、阿那佈妻張氏、和特木保妻陳氏、驍騎校楊尚阿繼妻努葉勒氏、富勒恨保妻努葉勒氏、領催穆特佈妻鬲克哷氏、兵穆特佈妻格克哷氏、沙林保妻穆都魯氏、扎勒豐阿妻鬲克哷氏、鑲紅旗兵闞保妻舒穆嚕氏、保色妻瑚西哈哩氏、和寧保妻王氏、瑚圖哩妻李氏、前鋒富明德妻董氏、兵鄂勒霍巴妻努葉勒氏、德淩額妻努葉勒氏、額林保妻托闊囉氏、領催巴克唐阿妻鬲克呼氏、雅爾瑚善妻瑚西喀哩氏、正藍旗兵圖勒候妻瓜勒佳氏、教習官富新保繼妻伊爾根覺羅氏、兵富音保妻薛氏、三達妻謝氏、哈音保妻烏色氏、鑲藍旗兵瑚保妻格依克勒氏、莫爾琿妻瓜勒佳氏、穆勝額妻努葉勒氏、和繃阿妻傅察氏、愛新保妻鬲克勒氏、音德恩保妻鬲克呼氏、沙屯保妻哈喀拉氏、阿金保妻鬲克呼氏、官莊壯丁王倫妻李氏、趙紳妻池氏、劉青山妻葛氏、周元化妻李氏、幼丁張保林妻張氏、張輝妻焦氏、吕士俊妻王氏、劉永茂妻李氏、幫丁黄恩重妻陳氏、吴朝梁妻劉氏、周逢士妻徐氏、阿勒楚喀鑲黄旗閑散皂保妻瓜勒佳氏、阿蘭保妻烏蘇氏、德林保妻莫勒德哩氏、兵七十妻西特瑚哩氏、富滕額妻鈕瑚哩氏、張古山妻鈕瑚哩氏、閑散倭克精額妻和吉哩氏、三和妻張佳氏、幼丁德克精額妻瑚西哈哩氏、正黄旗兵和精額妻瓜勒佳氏、常壽妻鈕瑚嚕氏、那音保妻烏扎拉氏、閑散富林德妻付依穆氏、幼丁丁和泰妻延扎氏、安常妻傅察氏、正白旗幼丁扎爾庫泰妻烏扎拉氏、閑散九十妻尚佳氏、兵阿爾丹保妻西特瑚哩氏、閑散法淩阿妻鈕瑚哩氏、鑲白旗閑散闞尚妻伊爾根覺羅氏、兵巴英阿妻瓜勒佳氏、七十一妻瓜勒佳氏、閑散賽福妻烏蘇氏、四金保妻富察氏、德明額妻伊爾根覺羅氏、兵富常阿妻伊爾根覺羅氏、正紅旗閑散烏雲保妻扎庫塔氏、哈豐阿妻伊計哩氏、德順妻謨勒哲哩氏、五十五妻馬佳氏、博淩妻伊爾根覺羅氏、兵陞保妻瓜勒佳氏、巴圖隆阿即額淩阿妻尼瑪察氏、鑲紅旗領催那進泰妻瓜勒佳氏、閑散富那拉妻富察氏、兵額勒登保妻尼瑪察氏、領催丹達哩妻伊爾根覺羅氏、閑散巴格妻王佳氏、領催安楚拉妻鈕瑚嚕氏、閑散索住妻李計哩氏、兵琢多保妻佈雅木起氏、閑散海鴻阿妻常佳氏、幼丁舒淩阿妻瓜勒佳氏、兵五十三妻馬佳氏、嘎林吐妻薩克西哩氏、正藍旗兵三泰妻瑚西哈哩氏、閑散齊鈞勒妻寧古塔氏、白達色妻綽莫特氏、兵班達爾山妻瑚西哈哩氏、閑散保安妻玉福哩氏、幼丁雙喜妻瓜勒佳氏、鑲藍旗閑散富善妻尹氏、九兒妻伊爾根覺羅氏、富成柱妻伊爾根覺羅氏、岱明阿妻佟佳氏、中林妻傅察氏、薩炳阿妻伊爾根覺羅氏、薩淩阿妻伊爾根覺羅氏、打牲烏拉鑲黄旗幼丁德魯妻那拉氏、博勒滚妻佟佳氏、兵阿圖里妻康佳氏、哈金泰妻烏色氏、兵伊圖軲妻伊拉哩氏、蘇克精額妻韓佳氏、閑散德申保妻烏扎拉氏、正黄旗幼丁三德妻富察氏、德色訥妻富察氏、德明善妻穆察氏、七十五妻瓜勒佳氏、音德穆保妻魯佳氏、錢保妻郭佳氏、兵勒穆坡訥妻延扎氏、驍騎校和繃額妻鄭佳氏、幼丁石柱妻吴佳氏、正白旗幼丁蘇克精額妻舒穆嚕氏、精山妻鄂爾霍楚克氏、兵德淩妻劉佳氏、英德妻瓜勒佳氏、幼丁富德妻瓜勒佳氏、閑散色克精阿妻納喇氏、赫特妻納喇氏、鑲白旗兵富德妻謝佳氏、幼丁全尚妻陳佳氏、兵德盛妻陳佳氏、幼丁三達色妻張佳氏、兵富建保妻瓜勒佳氏、雙孝妻姜佳氏、正紅旗領催托囉妻富察氏、兵佟保住妻瓜勒佳氏、幼丁常福妻張佳氏、兵永福妻伊爾根覺羅氏、永德妻康佳氏、幼丁額興額妻劉佳氏、領催無品級筆帖式富永妻高佳氏、幼丁五小妻伊爾根覺羅氏、鑲紅旗幼丁瑚成妻侯佳氏、兵七十一妻那拉氏、領催富金泰妻烏色氏、兵扎穆妻瓜勒佳氏、西成額妻常佳氏、幼丁巴德妻劉佳氏、領催富爾慶阿妻伊爾根覺羅氏、幼丁雅爾佈善妻傅察氏、珠德妻劉佳氏、兵德集妻王佳氏、賽興阿妻韓佳氏、正藍旗幼丁烏蘇里妻曾佳氏、英富妻富察氏、興山妻瓜勒佳氏、永都哩妻夏佳氏、蘇勒常阿妻王佳氏、格琫額妻伊爾根覺羅氏、兵舒隆額妻盧佳氏、鑲藍旗幼丁珠哩奇妻韓佳氏、忠保妻高佳氏、章老妻劉佳氏、兵欽保妻烏色氏、幼丁烏兆妻舒穆嚕氏、西勒當阿妻瓜勒佳氏、兵五十四妻瓜勒佳氏、西林德妻伊爾根覺羅氏、幼丁烏星阿妻伊爾根覺羅氏、兵德青妻傅察氏、和成阿妻延扎氏，伊屯鑲黄旗兵鄂隆阿妻瓜勒佳氏、珠森保妻薩克達氏、閑散卓琿保妻富察氏、六金德妻延扎氏、未保妻那拉氏、正黄旗閑散德爾善妻伊爾根覺羅氏、巴保妻莫克吉勒氏、淩阿妻白氏、兵白瑚妻瓜勒佳氏、拜色妻瓜勒佳氏、花山保妻瓜勒佳氏、閑散舒林保妻瓜勒佳氏、達林泰妻奇塔拉氏、兵瑚新保妻秀莫哩氏、西清阿妻徐穆嚕氏、閑散常明妻富察氏、扎拉芬妻寧古台氏、索倫泰妻何杜哷氏、兵圖親保妻那拉氏、鄂摩和索囉正白旗兵西金保妻莫勒德哩氏、閑散和保妻伊爾根覺羅氏、兵沙保妻扎庫塔氏、巴爾哈那妻趙氏、順海妻傅氏，琿春鑲黄旗兵和新特依妻伊爾根覺羅氏、依根泰妻扎拉哩氏、藍翎侍衛哲楞保妻扎拉哩氏、兵勒新保妻鈕瑚嚕氏、依勒習訥妻何葉氏、閑散德克德妻額拉圖氏、兵薩淩阿妻瓜勒佳氏、扎朗阿妻庫雅拉氏、正黄旗閑散訥青額妻薩克達氏、兵沙金泰妻台楚勒氏、閑散岱盛額妻色勒哩氏、倭爾霍諾妻佈察氏、兵依勒當阿妻薩克達氏、蘇楞額妻鈕瑚嚕氏、閑散德楞保妻鈕瑚嚕氏、兵託京阿妻庫雅拉氏、閑散阿淩阿妻鈕瑚嚕氏、兵德克登保妻鈕瑚嚕氏、范德妻阿舍哷氏、葉根保妻鈕瑚嚕氏、正白旗兵達新保妻舒穆嚕氏、色音保妻和葉氏、筆帖式岳順妻烏蘇氏、閑散丹岱妻和社哩氏、額勒登保妻穆爾察氏、兵書倫保妻鈕瑚嚕氏、閑散德明德妻鈕瑚嚕氏、兵海平阿妻色勒哩氏，拉林鑲黄旗閑散七十九妻和哲哩氏、凱常阿妻郭爾羅斯氏、兵勒科妻張氏、閑散四兒妻莫勒哲哷氏、兵穆金泰妻伊爾根覺羅氏、賽尚阿妻那木都哩氏、正黄旗兵默爾根保妻蒙古索氏、閑散富通阿妻烏扎拉氏、正白旗閑散烏常阿妻瓜勒佳氏、兵川保妻烏扎拉氏、幼丁吉元妻伊爾根覺羅氏、鑲白旗兵興保妻舒穆嚕氏、正紅旗閑散德克興額妻伊爾根覺羅氏、兵富森佈妻富察氏、齊興保繼妻寧古塔氏、海西那妻瓜勒佳氏、鑲紅旗幼丁富德保妻段氏、兵全德妻瓜勒佳氏、正藍旗閑散齊德妻那拉氏、阿林保妻巴岳爾氏、幼丁永慶妻濟斯圖氏、青泰妻伊爾根覺羅氏、兵哈敷納妻烏扎拉氏、閑散穆克德木保妻瓜勒佳氏、鑲藍旗閑散門福妻王佳氏、奈新保妻富察氏、代親保妻西特呼哩氏、幼丁雙歡妻那拉氏。烈婦：吉林鑲白旗蘇拉景連妻伊爾根覺羅氏，烈女：寧古塔官莊壯丁孫秉女，皆以拒暴被害。貞女：吉林鑲白旗漢軍龍氏，許字王士煥，琿春正黄旗延扎氏，許字三等侍衛芮松額爲繼室，皆未婚守志。均嘉慶年間旌。

烈婦劉桂妻馬氏。吉林理事廳民人，拒暴被害。同廳民人田起發妻劉氏，捐軀明志；劉起妻王氏、高世仲妻車氏、長春廳民紀永壽妻李氏，皆以拒暴被害；貞女張氏，許字理事廳民人李本業，未婚守志。均嘉慶年間旌。

土產

珠。出混同江諸處。詳奉天府卷内。

青玉。通志：出寧古塔。

松花石。可爲硯材。詳見奉天府卷内。

鹽。通志：寧古塔有土鹽。

松。松枝葉如蒿，名黄蒿松，生石甸子，他處所無。

柞。樺。榛子。伊爾哈穆克。通志：出寧古塔。生於草莖，色紅味甘，置器中少刻成水，亦名桃花水。
法佛哈。通志：一名紅櫻，即白桜子也。
密孫烏什哈。通志：出寧古塔。形類櫻桃，味微甘酸。
人葠。吉林烏拉諸山林有之。並詳奉天府卷注内。按吉林地方行放烏蘇哩、綏芬、英莪嶺、東山、羅拉密、瑪延等處葠票。
熊膽。鹿茸。鵰。鷹。通志：白鷹尤爲鷙猛，寧古塔諸山中有之。
海東青。元史地理志：海蘭府碩達勒達等路，有俊禽曰海東青，由海外飛來，土人羅之以爲土貢。明統志：五國城東出，小而健，能擒天鵝，爪白者尤異。
虎。豹。熊羆。麋鹿。駝鹿。通志：今出黑龍江、烏蘇哩江左右。「海蘭」、「碩達勒達」，改俱見前。
貂。後漢書：挹婁出好貂。通志：出烏蘇哩江。一名堪達漢，形類駝，角扁闊而瑩潔，可爲箭括。今烏拉諸山林多有之，以松子爲糧。捕者八月往，十二月回，正月進御，皆於雪天尋其跡而捕之。
貂熊。通志：大如狗，紫色，出寧古塔。
猞猁孫。銀鼠。灰鼠。密狗。通志：出烏拉山中。如狗，尾黑，可用爲纓。
海狗。通志：出寧古塔。土人跳冰取之。
海豹。江獺。鱘鰉魚。出混同江。金史地理志：上京歲貢秦王魚。即此。
哲緑魚。通志：出寧古塔。似鱸而黑，味美不腥。

達發哈魚。寧古塔諸江河有之。秋八月自海入江，充積河渠，驅之不去，土人有履魚背而渡者。

烏庫哩魚。四五月時，自海入江。

校勘記

〔一〕圖門和摶原作陀滿胡土門　「陀滿胡土門」，原脱「門」字，據金史卷一三〇列女傳烏古論氏補。

黑龍江圖

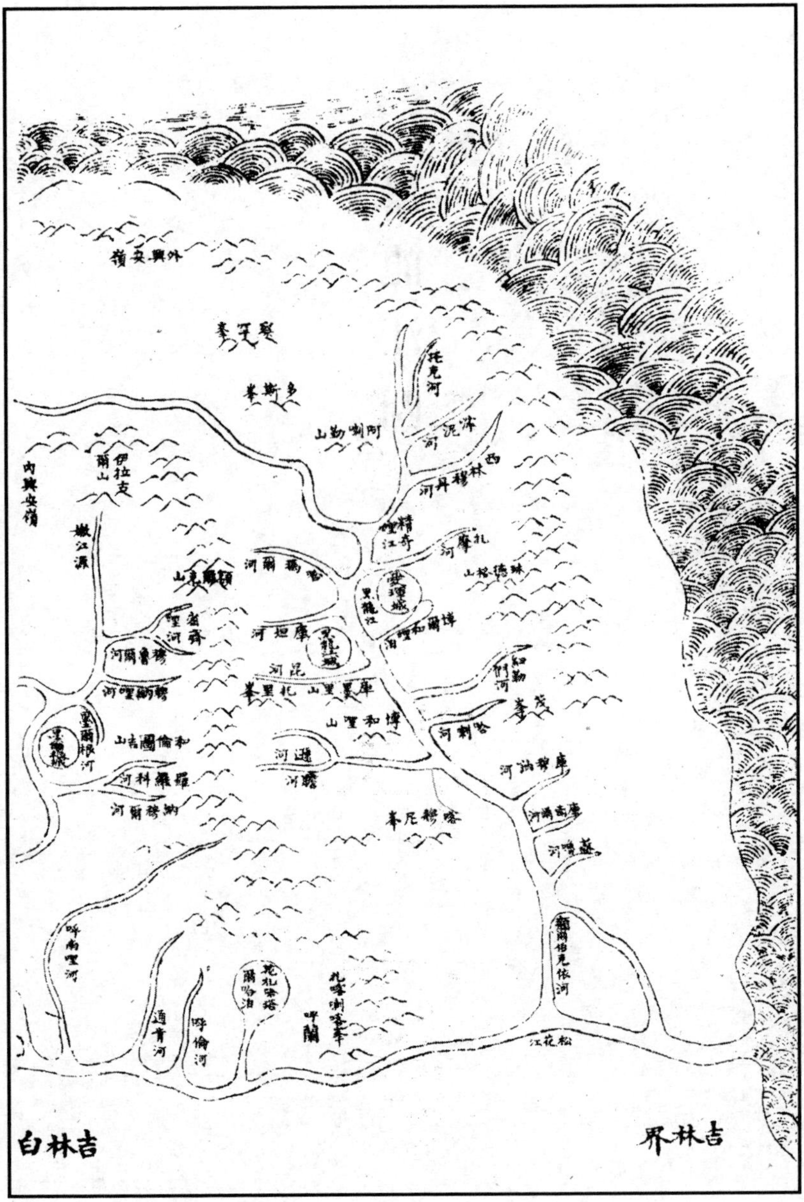
外興安嶺
內興安嶺
嫩江源
黑龍江
松花江
吉林界

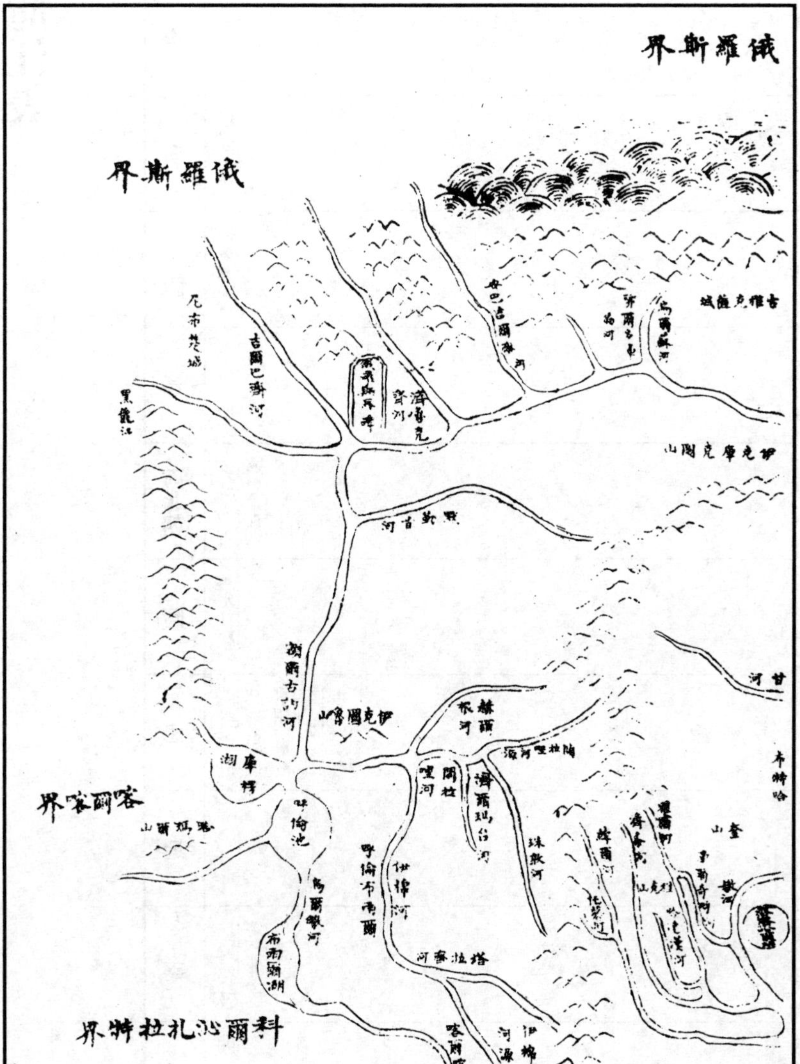
俄羅斯界
俄羅斯界
喀爾喀界
科爾沁扎拉特界
都訥界
呼倫池
甘河

黑龍江表

	黑龍江
秦	
漢	挹婁國地。
三國	挹婁國地。
晉	挹婁國地。
南北朝	後魏勿吉國黑水部。
隋	黑水靺鞨。
唐	開元中以其地爲黑水州，尋置黑水府。後屬渤海。
遼	
金	扶餘路及肇州北境。
元	開元路地。
明	

大清一統志卷七十一

黑龍江

將軍駐劄齊齊哈爾城，在盛京東北一千八百餘里。東西距三千五百三十五里，南北距四千里。東至吉林界二千三百里，西至喀爾喀界一千二百三十五里，南至吉林界五百里，北至俄羅斯界三千五百里。東南至吉林界一千七百里，西南至科爾沁扎拉特界一百二十里，東北至吉林界三千六百里，西北至俄羅斯界二千里。自本城至京師三千三百餘里。

分野

天文尾箕分野，析木之次。

建置沿革

古肅慎氏地。漢、晉爲挹婁國地。後魏時始有黑水部，爲勿吉國七部之一。隋曰黑水靺鞨。唐時黑水又分十六部，以南北爲棚，南接渤海，西接室韋。今黑龍江西北境，皆唐時室韋地。開元中，以其地爲黑水州。尋又置黑水府，以部長爲都督。後渤海盛，皆役屬之。遼平渤海，黑水復擅其地，其在南者繫籍於遼，在北者皆不屬籍。金時爲扶餘路及肇州之北境。金史地理志：金之壤地封疆，東極濟喇敏烏哩改諸野人境，北自扶餘路之北三千餘里和羅和摶穆昆地爲邊。「扶餘」，改見前。「濟喇敏烏哩改」舊作「吉里迷兀的改」，「和羅和摶」舊作「火魯火疃」，今並改正。「穆昆」，改見前。元隸開元路。明爲黑龍江，設都司統領之。國初有索倫、達呼哩二部，居額爾古訥河及精奇哩江之地，並歸服於太宗文皇帝。繼因羅刹即俄羅斯國人。築城雅克薩地，侵擾索倫、達呼哩，崇德四年移駐嫩江。後羅刹復來侵擾，康熙二十三年，設將軍及副都統二員於黑龍江，築城鎮守。二十五年，發兵進剿羅刹，克其城。二十八年，於吉爾巴齊河旁立石爲界，於是索倫、達呼哩仍居舊地，咸安業焉。二十九年，移黑龍江將軍及副都統一員駐墨爾根。三十七年，移墨爾根副都統駐齊齊哈爾。三十八年，將軍亦自墨爾根移駐齊齊哈爾。四十九年，於墨爾根復設副都統，凡黑龍江、墨爾根、呼蘭、呼倫布雨爾、布特哈，皆所轄也。

形勢

襟帶黑龍巨浸，藩翰興安雄山。

風俗

性質樸果決，好騎射弋獵，兼習禮義，務農敦本。

城池

齊齊哈爾城。亦曰奇察哈哩。内城植木爲垣，中實以土。門四，周一千步有奇。城外有郭，周十里。環城有重濠，廣一丈五尺。本嫩江南伯克伊莊地。本朝康熙三十年建城，取嫩江北達呼哩等所居之莊爲名。三十七年，墨爾根副都統移此。次年，將軍亦自墨爾根移駐於此。外城於雍正十年修，乾隆五十七年重修。邊門五座。内城於雍正九年修，乾隆四十五年重修。

學校

齊齊哈爾官學。在東門内。共四十佐領，每佐領學生一名。

墨爾根官學。在公署後。共十七佐領，每佐領學生一名。

黑龍江官學。在公署南。共二十六佐領，每佐領學生一名。

户口

原編無。今滋生人丁十六萬七千六百一十六名口，計二萬八千四百六十五户。

田賦

齊齊哈爾官屯耕田九萬七千九百零三晌，官屯三十處，額丁三百名，耕種公田養育兵水手三百四十名。墨爾根官屯耕田三萬九千六百二十晌，官屯十五處，額丁一百五十名，耕種公田養育兵一百八十名。黑龍江官屯耕田四萬九千一百二十九晌，官屯四十處，額丁四百名，耕種公田養育兵水手二百八十五名。呼蘭官屯耕田二萬六百六十晌，官屯五十一處，額丁五百一十名。以上每名歲交倉谷二十二石。打牲處旗丁耕田四萬四千二百三十六晌，各城征收租税共銀三千七百九十五兩零。

山川

哈勒噶圖山。在齊齊哈爾城東三百五十里。

超哈爾山。在齊齊哈爾城西一百八十里。
雅克山。在齊齊哈爾城西三百五十里。
穆固圖爾山。在齊齊哈爾城西，與呼倫布雨爾接界。
奎山。在齊齊哈爾城西北一百五十里。
額古埒山。在齊齊哈爾城西北三百五十里。
圖古勒山。在齊齊哈爾城北四百里。
烏圖哩山。在墨爾根城東南一百八十里。
和倫圖吉山。在墨爾根城東南二百里。
扎克達齊山。在墨爾根城西北二百三十里。
伊克庫克圖山。在墨爾根城西北九百里。
望安山。在墨爾根城北二百五十里。
額爾克山。在墨爾根城東北六百里。
伊拉古爾山。在墨爾根城東北一千三百十五里，嫩江發源於此。
博和哩山。在黑龍江城南七十五里。
庫墨里山。在黑龍江城西南一百五十里。
珠德格山。在黑龍江城東北一百二十里。

圖呼哩山。在黑龍江城東北二百里。

阿喇勒山。在黑龍江城東北二百七十里。

蘇克都哩奇山。在黑龍江城東北一千里。

達爾梯斯山。在黑龍江城東北一千一百里。

碩隆山。在呼倫布雨爾東二百五十里。

成格勒圖山。在呼倫布雨爾東二百六十里。

哈瑪爾山。在呼倫布雨爾西，與喀爾喀接界。

伊克圖嚕山。在呼倫布雨爾北一百五十里。

庫魯爾山。在呼倫布雨爾北二百二十里。

扎喀喇喀峯。在齊齊哈爾城東南九百里。

特爾庫呼峯。在齊齊哈爾城西北三百里。

茂峯。在黑龍江城東南九百里。

托里峯。在黑龍江城南六十里。

喀穆尼峯。在黑龍江城南界。

多斯峯。在黑龍江城西北五百里。

察罕峯。在黑龍江城北九百里。穴竅中嘗晝吐焰，晚出火，經年不熄。近嗅之，氣如煤燼，黄白色。其石撚之即碎。

興安嶺。在黑龍江城東二千五百里爲外興安嶺，又内興安嶺在城西一百五十里。謹按實録：察哈爾林丹汗，元裔車臣汗之孫也。當太祖高皇帝天命四年，遣使賫書來，自稱「統四十萬衆蒙古國主、巴圖魯、青吉斯汗」。太宗文皇帝天聰二年九月，親統師征之，擊敗其衆於錫爾哈、錫伯圖、英湯圖諸處，追擊逃衆至興安嶺，俘獲無算。五年十一月，林丹汗率衆侵阿魯蒙古駐牧之錫拉穆稜地，太宗文皇帝命大臣圖魯什、勞薩率兵一百往覘，獲其所棄甲仗馬駝，追過興安嶺，不及而還。六年夏四月，太宗文皇帝親統師往征，次遼河，值河水泛漲，乘舟以渡，繼渡輜重，人馬涉水而行，兩晝夜始竟。既過興安嶺，至達勒鄂謨。其地延袤約八十里，東西三河環流灌注，水鹵不可飲，東距盛京一千三百里。察哈爾聞我師至，舉國驚恐無措。林丹汗見人心惶擾，知國勢不可爲，率部衆西奔，遣人赴歸化城，盡徙其户口牲畜渡黃河。有一人逃來，言已奔庫克得呼素地，離達勒鄂謨約一月程。太宗文皇帝諭貝勒大臣曰：「察哈爾知我整旅而來，必不敢攖我軍鋒，追愈急，則彼遁愈遠。我馬疲糧竭，不如且赴歸化城暫駐。」五月庚申，師次穆魯哈喇克沁地，命貝勒濟爾哈朗、岳託、德格類、薩哈璘、多爾袞、多鐸、豪格率兵三萬，征歸化城；大臣徹爾格、察哈喇克率兵五百，往黃河取備船艘。甲子，駐蹕歸化城。前行諸將俘獲林丹汗所徙户口以千計。其近明界者，逃入沙河堡。六月丁卯朔，命大臣揚善率兵六十人，偕察哈爾通事往索歸蒙古男婦三百二十人及牲畜綢緞布帛等物。八年正月，聞察哈爾部衆流散於錫爾哈、錫伯圖地，命大臣塔布囊、布哈塔等往征，斬七十三人，獲男子九十人、婦女幼丁二百三十餘口、駝馬五十餘。六月，太宗文皇帝統師駐錫喇烏蘇河之南山平岡。前鋒將努三錫特庫擒一人，言自察哈爾逃來。其欲來降者俱在中途。太宗文皇帝命貝勒德格類、大臣武訥格、阿三等率兵往收之。先是，林丹汗西渡黃河奔土默特部，其臣民素苦其暴虐，中途逗留者十之七八，其牲畜多斃，食盡殺人以食，自相攻奪潰散。林丹汗欲奔塘古部，時未至，病痘，殂於錫拉回古爾之打草灘地。太宗文皇帝自征明應州而還，道遇察哈爾宰桑等率衆來降，先後以數萬計，其執政大國戚并奉林丹汗嫡妃、庶妃、女弟等來歸。林丹汗子額哲率所遺人衆留托里圖地。九年春，太宗文皇帝命貝勒多爾袞、岳託、薩哈璘、豪格、大臣圖爾格、納木泰等率兵一萬往征，遂招之來降，並於額哲母妃處得元朝傳國璽，其文乃漢篆「制誥之寶」四字，二交龍爲紐。自元順帝攜入沙漠，後失去，越二百餘年，有牧羊山麓者見羊不食草，但以蹄掘地，發之得璽，以歸元裔博碩克圖汗，後爲林丹汗所得。至是諸貝勒攜歸以獻，衆皆稱賀，太宗文皇帝焚香告天受之。以察哈爾降衆分隸八旗，授額哲王爵，命奉其母居遜島錫爾哈地。先是，諸貝勒大臣以上功德隆盛，屢請上尊號，太宗文皇帝固辭不允。至是，偕外藩蒙古貝勒等復以察哈爾舉國來歸，且得歷代傳國璽，當上應天心，下洽衆志，再三陳請。乃躬親告祭郊廟，受寬温仁聖皇帝尊號，建國號曰大清，以是年爲崇德元年。

嫩江。在齊齊哈爾城西五里，古名難水，亦曰那河，明時曰腦温江，又名呼喇温江。源出伊拉古爾山，南流會諸小水，繞墨爾根城西。又南經齊齊哈爾城西，凡西來之諸敏、綽爾、雅爾諸河皆會入焉。又轉東南，經杜爾伯特、果爾羅思二旗地，受西來之托囉河，折而東，與混同江會。按唐書黑水靺鞨傳：「粟末水西北注他漏河。」又云：「那河或曰他漏河，東北流入黑水。」蓋以那河、他漏爲一水也。然北史勿吉國傳云：「自洛瓌水北行十五日，至太岳魯水，又東北行十八日到其國。」又云：「太和初貢馬，乙力支稱初發其國，乘船泝難河西上，至太涂河，南出陸行，渡洛孤水。」以今考之，那河即難河，今之嫩江也。太岳魯、太涂即他漏河，今之托囉河也。古今名雖屢易，其音自通。後魏時勿吉入貢，由難河入太涂河而南陸行，自是兩水。其水道曲折，與今輿圖悉合。唐時疑爲一水，當時但據傳聞。然他漏小而那河大，不可以小水概大水也。

黑龍江。在黑龍江城東，古名黑水，亦曰完水，又名室建河，亦名斡難河。源出喀爾喀北界墾特山，土人謂之鄂倫河，會諸小水東北流，經尼布楚城南入內地。又東，有庫楞湖流出之額爾古訥河自西南來會。流至雅克薩城南，折而東南流，至黑龍江城北九十里，有精奇哩江之水自北流入，繞黑龍江城東南流。又南，受北來之紐勒們河。又東流，與混同江會，自此合流。又東，烏蘇哩江自南流入。又折東北，受格林、洪袞諸河入海。凡會四江水、數大河，其餘小水無數。北史烏洛侯國傳：其國西北有完水，東北流合於難水。舊唐書室韋傳：大山之北有大室韋部落，其部落傍室建河居。其河源出突厥東北界俱輪泊，屈曲東流，經西室韋界，又東經大室韋界，又東經蒙烏室韋之北，落俎室韋之南，又東流與那河、呼爾罕河合，又東經南黑水靺鞨之北、北黑水靺鞨之南，東流注於海。金史地理志：肇州始興縣有黑龍江。元史太祖紀：元年，太祖即皇帝位於斡難河之源。明統志：黑龍江在開元城北二千五百里，源出北山，黑水靺鞨舊居此。南流入松花江。按黑水之名，始於南北朝。黑龍江之名，見於金史。其上源，則北史之完水、舊唐書之室建河也。舊唐書言室建河源出俱輪泊。俱輪泊，即今庫楞湖。今黑龍江之源，自有鄂倫河。庫楞湖上流爲克勒倫河，舊名臚朐河，其源亦與鄂倫河相近，而流較遠，但俱滙於庫楞湖。又從湖東北流出爲吉爾巴齊河，以入黑龍江。湖盈則溢，淺則瀦，自當以鄂倫河爲正源。鄂倫即元史斡難音之轉也。謹按實録：天命元年秋七月，太祖高皇帝命大臣安費揚古、扈爾漢率兵二千征東海薩哈連部。二臣行至烏勒簡河，刳舟二百，水陸並進，取薩哈連沿江南北三十六寨。八月丁巳，駐營黑龍江岸。江水常以九月始冰，是日衆見他處未冰，獨我營近地距對岸二里許結冰如橋，約廣六十步，皆以爲異。安費揚古、扈爾漢曰：「觀此冰橋，天佑我國也。」遂引兵以渡，取薩哈連部十一寨。及兵還，舊所過冰橋已解。其西偏復如前結冰一道，我兵既渡，冰盡解。後至九月仍應時而冰，遂又招服使犬路、諾壘路、錫拉忻路諸路長〔一〕，乃班師。

精奇哩江。在黑龍江城北九十里。源出北興安嶺，南流會東來之納爾哈蘇喜、阿爾奇諸水，又南會東來之欽都、濘泥諸河，又南會東來之西林穆丹河，轉西南流入黑龍江。

呼雨哩河。在齊齊哈爾城東七十里。源出東北興安嶺，南流經杜爾伯特、果爾羅斯兩旗界，入混同江。

呼倫河。在齊齊哈爾城東六百里。源出東興安嶺，南流五百餘里，入混同江。又通肯河，在城東四百五十里，東南流入呼倫河。又東有納敏河、額葉赫河、呼拉庫河，南入呼倫河。

巴蘭河。在齊齊哈爾城東七百五十里。源出東興安嶺，東南流入混同江。

薩琳河。在齊齊哈爾城東南七百二十里。源出東興安嶺，南流入混同江。

額爾伯克依河。在齊齊哈爾城東南二千二百七十里。即黑龍江支流，南流分爲二，俱入混同江。

托囉河。在齊齊哈爾城南四百里。發源喀爾喀境内，東南流千餘里，會十餘小水入嫩江，即古他漏河也。舊志：廢肇州西有洮兒河，流入開原西北境，合腦温江入松花江。亦即此。

雅爾河。在齊齊哈爾城西北四百二十里〔二〕。源出西興安嶺，東南流六百餘里入嫩江。又濟秦河，在城西北四百四十里〔三〕，源出西興安嶺；哈達漢河，在城西三百四十里〔四〕，源出雅克山；俱東流會雅爾河。又庫爾奇呼河，在城西八十里，即雅爾河分流，東南入嫩江。

綽爾河。在齊齊哈爾城西北四百八十里〔五〕。源出興安嶺，東南流經扎賴特旗地，流六百餘里入嫩江。又托馨河，在城西五百里〔六〕，東流會綽爾河。

喀爾喀河。在齊齊哈爾城西，與呼倫布雨爾接界。源出穆固圖爾山，西北流五百餘里，會數水入布雨爾湖。又自布雨爾湖之北流出，曰烏爾繖河。北流會於庫楞湖。又有納默爾河，在城北二百七十餘里〔七〕。源出興安嶺，入嫩江〔八〕。

開拉哩河。在齊齊哈爾城西北，與呼倫布雨爾接界。源出西北興安嶺，西流會額爾古訥河。

金河。在齊齊哈爾城西北，與呼倫布雨爾接界。又特勒古爾河、赫爾根河、尼約河、伊瑪河，在城西北，與呼倫布雨爾接界。漠河，在城西，與呼倫布雨爾接界。俱出西北興安嶺，西流入額爾古訥河。

阿里瑪河。在齊齊哈爾城北五十里。源出西北興安嶺，東南流入嫩江。

墨爾根河。在墨爾根城東里許。源出城東南平野，西北流入嫩江。

納穆爾河。在墨爾根城南一百六十里〔九〕。源出東南興安嶺，西流入嫩江。又烏登河，在城東南一百五十里，源出烏圖哩山；羅羅科河，在城南八十里，源出平野；俱流入納穆爾河。

納都爾河。在墨爾根城北三百四十五里。又多博和哩河，在城北二百三十五里；鄂欽河，在城北一百九十五里；源俱出北興安嶺，東南流入嫩江。

哈魯哩河。在墨爾根城北八百里〔一〇〕。又古魯肯河、鄂敦河，並在城北四百五十五里。源俱出東北興安嶺，西南流入嫩江。

冬果爾河。在墨爾根城北九百九十五里。又納裕爾河，在城北七百九十里；喀納河，在城北六百五十里。源俱出北興安嶺，南流入嫩江。

赫楞河。在墨爾根城東北四十里。源出東興安嶺，西北流入嫩江。又穆納里河，在城東七十五里，西流會赫楞河。

穆魯爾河。在墨爾根城東北四百一十里〔一一〕。源出東北興安嶺，西流入嫩江。又密齊哩河，在城東北五百九十里。源出額爾克山，南流會穆魯爾河。

墨爾敏河。在黑龍江城東六十里。源出珠德格山，南流入黑龍江。又博屯河，在城東一百里。源出圖呼哩山，南流入黑龍江。

哈喇河。在黑龍江城東南八百二十里〔一二〕。又庫穆訥河，在城東南一千二百二十里〔一三〕；珠春河，在城東南一千三百五十里〔一四〕；庫雨爾河，在城東南一千四百六十里〔一五〕；蘇嚕河，在城東南一千五百三十里〔一六〕；俱在黑龍江北，南流入江。又東南二百餘里，即黑龍、混同交會處也。

紐勒們河。在黑龍江城東南三百六十里。源出東北興安嶺，西南流會烏爾罕、鄂朗奇、韓實勒們等河，入黑龍江，在諸河中爲獨大。又鄂朗奇河，在城東北一千四百五十里；烏爾罕河，在城東北一千三百里；俱南入紐勒們河。韓實勒們河，在城東北五百里，西南入紐勒們河。

烏延河。在黑龍江城東南五百三十里〔一七〕。又嘉拉河，在城東南一千一百里〔一八〕；福河，在城東南一千二百二十里〔一九〕；又東南有寨河；皆在黑龍江南，東北入黑龍江。

昆河。在黑龍江城南二十二里。源出西北興安嶺，東南流入黑龍江。

遜河。在黑龍江城西南二百二十里〔二〇〕。源出西興安嶺，東南流入黑龍江。又瞻河，在城西南三百五十里〔二一〕。源出西南興安嶺，東北會遜河。

哈勒費延河。在黑龍江城西南四百六十里〔二二〕。源出西南興安嶺，東北流入黑龍江。

博囉穆丹河。在黑龍江城西北四百里〔二三〕。又額赫河，在城西北一千三百一十里〔二四〕；巴爾坦河，在城西北一千三百里〔二五〕；俱出西北興安嶺。博囉穆丹、巴爾坦二河會額赫河〔二六〕，南流入黑龍江。

哈瑪爾河。在黑龍江城西北七百二十里〔二七〕。源出北興安嶺，東南流八百餘里入黑龍江。又塔哈河，在城西北六百九十里；庫爾喀河，在城西北四百五十里〔二八〕；俱南流入哈瑪爾河。又烏呼格河，在城北六百七十里，東流入庫爾喀河。

額默勒河。在黑龍江城西北一千三百二十里〔二九〕。又平庫河，在城西北一千二百里〔三〇〕。俱出興安嶺，北流入黑龍江。

濟嚕克齊河。在黑龍江城西北一千七百里〔三一〕。又安巴吉爾齊河，在城西北一千六百七十里〔三二〕；額哩河，在城西北一千五百七十里〔三三〕；鄂爾多庫勒河，在城西北一千五百五十里〔三四〕；烏爾蘇河，在城西北一千五百三十里〔三五〕。俱出西北興安嶺，東南流入黑龍江。

吉爾巴齊河。在黑龍江城西北一千七百三十里〔三六〕。源出西北興安嶺，南流入黑龍江。分界石碑在河之東。

和羅爾河。在黑龍江城北二百三里。即黑龍江分流，東流仍入黑龍江。又庫坦河，在城北一百九十里，東南流入黑龍江。

舒林河。在黑龍江城北六百里。源出無名山，西南流入黑龍江。

阿爾奇河。在黑龍江城北一千四百七十里。源出北興安嶺，西南流入精奇哩江。又額哩赫河，在城北一千九百里；烏納河在城北一千七百六十里；烏爾罕河，在城北一千六百三十里；俱西南流入阿爾奇河。

托摩河。在黑龍江城東北七百餘里〔三七〕，西南流入精奇哩江。

西林穆丹河。在黑龍江城東北七百二十里。源出北興安嶺，南流會諸小水，轉西南凡千餘里，會精奇哩江。其大與精奇哩江等。

鄂爾謨拉庫河。在黑龍江城東北一千八十里。源出東北興安嶺，西南流會西林穆丹河。又穆敏河，在城東北一千九十里；翁額河，在城東八百里；俱西南流入西林穆丹河。

濘泥河。在黑龍江城東北一千二百五十里〔三八〕。源出北興安嶺，南流入精奇哩江。又欽都河，在城東北一千三百七十里〔三九〕；鐵牛河，在城東北九百八十里〔四〇〕。

英克河。在黑龍江城東北一千五百里。又碧山河，在城東北一千四百里。納喇河，在城東北一千二百里。俱出東北興安嶺，南流入西林穆丹河。

托克河。在黑龍江城東北一千六百二十里。源出北興安嶺，南流入精奇哩江。

濟爾瑪台河。在呼倫布雨爾東七十餘里，源出東南庫克齊爾摩多。又相近有伊棉河。又珠敦河，在呼倫布雨爾東一百三十里。又嘉蘭河，在呼倫布雨爾東二百餘里。又摩該圖河，在呼倫布雨爾東二百六十餘里。又袞諾爾河，在呼倫布雨爾東二百七十餘里。又鄂爾奇齊河，在呼倫布雨爾東二百八十餘里。又克庫河，在呼倫布雨爾東二百九十餘里。又庫勒德爾河，在呼倫布雨爾東二百一十里。又墨爾根河，在呼倫布雨爾北六十餘里。又特訥克河，在呼倫布雨爾東北九十餘里。以上諸河，源俱出興安嶺，入開拉哩河。

烏蘭布爾噶蘇台河。在呼倫布雨爾東一百七十餘里，源出南庫克齊爾摩多。又愷河，在呼倫布雨爾東二百四十里；喬河，在呼倫布雨爾東二百四十五里；烏諾爾河、烏瑪喇河，在呼倫布雨爾東南二百二十里。源俱出興安嶺，入珠敦河。

瑪爾敦河。在呼倫布雨爾東南二百四十里。又相近有和羅奇河，源俱出興安嶺，入烏諾爾河。

輝河。在呼倫布雨爾南三十里。源出東南興安嶺，西北流察罕托羅海界，東折入伊棉河。又錫爾格河，在呼倫布雨爾南五十里，源出東南庫克齊爾摩多。又孔果爾津河，在呼倫布雨爾南一百二十里，源出西南平野。又烏特格河，在呼倫布雨爾南一百餘里。又相近有烏納河。又塔拉齊河，在呼倫布雨爾南三百五十里。源俱出興安嶺，入伊棉河。

烏爾繖河。在呼倫布雨爾西二百八十餘里。源出布雨爾湖，北入呼倫池。又克勒倫河，不知其源，從西車臣汗界墨爾根哈瑪爾下口流二百二十餘里，入呼倫池。

額爾古訥河。在呼倫布雨爾西北二百五十里。源出庫楞湖，北流八百餘里，會東來之數水，入黑龍江。河之北岸即俄羅斯界。

默勒肯河。一作墨爾墾河，在呼倫布雨爾北五百十餘里。源出東北興安嶺，西流入額爾古訥河。

諾敏河。在布特哈西北四百六十里。源出北興安嶺，東南流五百餘里，入嫩江。又畢楞河，在布特哈西北五百二十里；特尼河，在布特哈西北四百四十里；俱東南流，會諾敏河。

甘河。在布特哈西北五百二十里。源出西北興安嶺，東南流入嫩江。

布雨爾湖。在呼倫布雨爾西界，舊名捕魚兒海。喀爾喀河西北流至此，匯爲大湖，又北流爲烏爾繖河。

庫楞湖。在呼倫布雨爾西北界，古名俱輪泊，明時爲闊欒海子。自西北境外墾特山南發源，東流爲臚朐河，今曰克勒倫河，流經千餘里至此。及西界布雨爾湖流出之烏爾繖河二水交會，匯爲一大湖〔四二〕，周圍數百里。又從湖東北流出爲額爾古訥河，會黑龍江。唐書：室韋最西有烏素固部，與回紇接，當俱輪泊之西。金幼孜北征録：闊灤海子有山如長隄以限水，遥望如高山，但見白浪隱隱。此水周圍千餘里，斡難、臚朐凡七河注其中。皆即此也。

花扎哈塔爾哈泊。在齊齊哈爾城東南八百里，南流入混同江。

額能泊。在齊齊哈爾城西四百二十里。

錫訥肯庫濟泊。在齊齊哈爾城西北，與呼倫布雨爾接界。又哈喇呼濟爾泊，亦在城西北，與呼倫布雨爾接界。

德勒瓌泊。在齊齊哈爾城北四百里。

伊克齊哩克齊泊。在墨爾根城北六百四十里。

額音古哩泊。在黑龍江城北一千四百八十里。

博爾和哩泊。在黑龍江城東北六十里。

烏蘭布拉克泉。在呼倫布雨爾西三百三十餘里。源出平野，東流入烏爾織河。

呼倫池。在呼倫布雨爾西二百五十餘里。

烏嚕蘇穆丹灣。在黑龍江城北三百二十里，即黑龍江中流迴環之灣也。

古蹟

故黑水府。在黑龍江境内。唐書黑水靺鞨傳：開元十年，其部長來朝，拜勃利州刺史。於是置黑水府，以部長爲都督，領黑水經略使。其地南距渤海，東北皆際海，西抵室韋，南北袤二千里，東西千里。地理志：黑水州都督府，開元十四年置。

故扶餘路。在齊齊哈爾城東南。金史地理志：扶餘路初置萬户，海陵改置節度使。承安三年，設節度副使。南至上京六百里，東南至呼爾哈一千四百里，北至邊界和羅和摶穆昆三千里。元廢。「扶餘」、「呼爾哈」、「和羅和摶穆昆」，改俱見前。

龍眉宫。遼太祖初興，以金鼊箭射葦甸地卜基築宫，謂之龍眉。神册三年，築城曰皇都。天顯十三年，號臨潢府。按遼上京臨潢府，當在今呼倫布雨爾、車臣汗之間。遼志所謂涞流河，自西北南流繞京三面，則今烏爾瓛河也。東入曲江，則入於松花江也。志有大神淀、興國惠民湖及涼淀，則今呼倫池、布雨爾湖、庫楞湖也。所云潢水，則自布雨爾湖流出之奎河也。其穆固圖爾山則昔之木葉山也。木葉山近接潢水，今穆固圖爾山亦切傍奎河。遼之臨潢府，可按籍而得。

西樓。東樓。南樓。通志：皆遼太祖建。西樓秋獵之所，東樓爲春時行帳所駐，南樓冬月牙帳多駐此。

冷陘。唐書：契丹兵敗，阻冷陘以自固。其後爲避暑處，五月上陘，八月下陘。宋時，金人流洪皓於冷山，即此。

城堡

墨爾根城。在齊齊哈爾城東北四百三十五里。城周一千三十步，門四。外有郭，周十里，東、西、南各一門。本朝康熙二十九年築。外城於雍正十年修，乾隆元年重修。内城於乾隆八年修，五十五年重修。東至内興安嶺一百七十里，西至諾敏河源三百里，南至納穆爾河一百六十里，北至伊拉古爾山一千三百一十里。康熙二十九年，移黑龍江將軍及副都統一員駐此。三十七年，副都統移駐齊齊哈爾。三十八年，將軍亦移駐齊齊哈爾。四十九年，復設副都統等官駐防。又納延城，在齊齊哈爾城東北三百六十里，土城周六百步。又魯爾城，在齊齊哈爾城西南。

黑龍江城。在齊齊哈爾城東北八百餘里，墨爾根東北四百餘里。城周一千三十步，門四。西、南、北三面植木爲郭，南一門，西、北各二門。本朝康熙三十七年築，乾隆七年修，五十二年重修。東至外興安嶺興安河二千六百里，西至内興安嶺一百五十里，南至内興安嶺喀穆尼峯七百里，北至外興安嶺二千五百里。康熙二十三年，設將軍及副都統二員鎮守。後移將軍及副都統一員駐墨爾根。

愛琿城。在黑龍江城東北十二里。周九百四十步，門五。不知何國所築。本朝康熙二十三年，設黑龍江將軍，修築此城。通志：黑龍江城東有濟噶蘇城、徹赫特城，東南有德勒德尼城，西北有洞城、衆安城、尼布楚城，俱未詳何代置。

呼蘭。在齊齊哈爾城東南八百餘里，未建城。本朝雍正十二年，設城守尉等員駐防。

呼倫布雨爾。在齊齊哈爾城西北八百餘里伊棉河西岸札克丹地方，未建城。東至内興安嶺哲爾格山三百五十餘里，西至哈瑪爾山四百七十里，南至穆固圖爾山四百四十餘里，北至安河七百七十餘里。本朝雍正十年，設總管等員駐防。

布特哈。在齊齊哈爾城東北三百餘里，未建城。本朝康熙三十年，設總管等員駐防。

關隘

分界石碑。在齊齊哈爾城西北二千五百里，黑龍江城西北一千七百三十里(四二)，吉爾巴齊河口東岸。本朝康熙二十八年，遣大臣與俄羅斯議定邊界，立石以垂久遠，勒滿、漢字及俄羅斯、拉梯諾、蒙古字於上。每年四、五月間，由將軍派官兵分水陸三路於所定疆界處巡查。雍正六年，議定則例十一條。乾隆三十三年，將原定之例第十條復經更定，其餘各條仍前遵行，刊示兩界。

黑龍江各城所屬共七十九臺。各臺有駐防官兵，按期更換。

布克衣站。在齊齊哈爾城内。又南五十五里至特穆德赫站，又七十里至温托琿站，又七十五里至多鼐站，又七十五里至塔勒哈站，又六十五里至古魯站，又五十五里至烏蘭諾爾站，又四十五里至墨馨站，又南至吉林白都訥界。又齊齊哈爾東北至墨爾根、黑龍江站道，六十里至塔拉爾站，又東北七十五里至安年站，又八十五里至拉哈站，入墨爾根城界，又六十里至博爾多站，又四十三里至喀穆尼站，又四十二里至伊拉喀站，又七十里至墨爾根城站，又七十六里至科洛爾站，又七十六里至喀爾喀圖站，又八十五里至庫穆楞站，又三十三里至額葉爾站，又七十八里至黑龍江站，又二十二里至黑龍江城。以上各站，設管理驛站官二員、關防筆帖式二員，驛站筆帖式二十員。

津梁

嫩江渡。一在齊齊哈爾城西五里(四三)，崇德四年移軍駐劄處。一在墨爾根城西北一里。

塔拉爾河渡。在齊齊哈爾城東北六十里。

納穆爾河渡。在墨爾根城南一百六十里。

黑龍江渡。在黑龍江城東。

祠廟

昭忠祠。在齊齊哈爾城南門外。本朝嘉慶八年建。墨爾根、黑龍江、呼蘭、呼倫布雨爾、布特哈各處同時並建。

文昌廟。在齊齊哈爾城內。

城隍廟。在齊齊哈爾城內西南隅。又墨爾根城、黑龍江城均有城隍廟。

關帝廟。在齊齊哈爾城外西南。又墨爾根城外、黑龍江城外、呼蘭城守尉署東、呼倫布雨爾總管署西北均有關帝廟。

寺觀

大佛寺。在黑龍江城外西南里許。

凝福寺。在呼倫布雨爾地方。本朝乾隆五十年建。

壽安寺。在呼倫布雨爾地方。本朝乾隆五十年建。

普光寺。在呼倫布雨爾地方。本朝嘉慶七年建。

廣覺寺。在呼倫布雨爾地方。本朝嘉慶七年建。

名宦

本朝

薩布素。滿洲鑲黄旗人，姓富察。康熙二十二年，任黑龍江將軍。在任年久，經理地方事務悉得軍民之心。其平羅刹及建興黑龍江學，時稱其有文武幹濟之才。

人物

本朝

阿蘭保。齊齊哈爾正白旗人。官至鑲藍旗蒙古都統，歷著戰功。卒，賜謚壯勇。

克喜保。齊齊哈爾正紅旗副都統銜協領。嘉慶二年，從征四川陣亡，入祀昭忠祠。又總管兼騎都尉厄滕吉、巴圖魯勤巴圖、正白旗協領穿得、鑲黄旗騎都尉花沙布、正黄旗佐領嘎三保、正藍旗佐領嘎塔保、鑲黄旗驍騎校多托爾、巴圖魯伊爾更阿、正黄旗驍騎校多常阿、正白旗驍騎校烏爾衮保、正藍旗驍騎校克興額、鑲藍旗驍騎校千森保、正白旗筆帖式蘇圖，墨爾根鑲黄旗佐領碧勒吞察，黑龍江正紅旗佐領扎拉豐阿、正藍旗佐領顧葉訥、鑲藍旗佐領張國保，呼倫布雨爾鑲紅旗雲騎尉瑪達奈，呼蘭正黄旗驍騎校額森保、鑲藍旗驍騎校赦通阿，布特哈鑲黃旗佐領兼騎都尉忠福、正黃旗二等輕車都尉兼佐領科爾察、巴圖魯阿勒唐果爾、鑲黃旗驍騎校富勒得恩、正黃旗驍騎校諾掄保、正白旗驍騎校富初那吐哩保，均於嘉慶年間從征四川陣亡，入祀昭忠祠。

崔昭安。齊齊哈爾城人。任火器營參領。五世同堂，嘉慶年間旌。

列女

本朝

王永隆妻梁氏。齊齊哈爾鑲黃旗人。夫亡守節。又正黃旗兵翁鄂托妻瓜爾佳氏、正白旗閑散巴雅爾圖妻伊蘇氏、阿爾瑭圭妻巴薩氏、兵圖特呼妻尼瑪雅氏、孔果羅妻托科哩氏、鑲白旗兵音太妻温都氏、正紅旗兵趙三妻田氏、鑲紅旗兵巴當阿妻瓜爾佳氏、科爾岱妻烏扎拉氏、正藍旗兵邁賽妻烏哩蘇氏、閑散噶拉瑪妻烏哩蘇氏、鑲藍旗兵音圖妻他塔拉氏，墨爾根鑲黃旗兵錫布魯妻赫舍哷氏、善岱妻尼瑪察氏、納親妻富察氏、崇圭妻科布爾氏、閑散誇楚妻多爾果氏、正黃旗兵阿奇納妻寧古塔氏、伯賴妻鄂爾和諾氏、閑散張多愷妻墨爾吉氏、水手崔綸妻寇氏、崔善妻洪氏、正白旗兵噶勒弼妻舒舒覺羅氏、達喀塔妻莽果特氏、鑲白旗兵僧額能妻庫雅拉氏、赫都哩妻富察氏、閑散巴爾齊妻伊堪氏、愛達妻瑚錫爾氏、鑲紅旗兵禪岱妻蒙鄂索氏、德克圖妻富察氏、正藍旗兵哈桑阿妻蒙鄂索氏、蘇伯德妻舒舒覺羅氏、烏玉齊妻薩克達氏、閑散海薩妻瓜爾佳氏、鑲藍旗兵瑪實妻扎哩特氏、穆哈廉妻納喇氏、都拉庫妻富察氏、閑散達賴妻瑭古哩氏，蘇爾克布妻克音氏，黑龍江鑲黃旗阿雅爾圖妻烏拉氏、正黃旗兵恩克伊妻瓜爾佳氏、江赳妻烏扎拉氏、正紅旗兵雅克呼妻扎庫塔氏、鑲紅旗領催星奇納妻鈕祜禄氏、塔麟圖妻索多理氏，均康熙年間旌。

伊都良妻傅氏。齊齊哈爾鑲黃旗人。夫亡守節。同旗兵班齊爾妻碩布齊氏、尼和爾德伊妻錫伯氏、班齊妻額蘇爾氏、伊西邁妻鄂諾恩氏、長保妻孫氏、閑散莫哈奈妻烏哩蘇氏、正黃旗領催五十八妻孟氏、兵定柱妻沙氏、賽資妻陳氏、遜塔妻鈕祜禄氏、武岱妻烏蘇氏、巴延達哩妻瓜爾佳氏、領催雅爾呼哩妻瓜爾佳氏、正白旗兵德和訥伊妻布第克氏、鑲白旗兵哈塔妻那木都嚕氏、阿什岱妻鄂蘭氏、殷太妻温都氏、正紅旗兵烏三泰妻富察氏、扎勒都妻尼瑪察氏、雅爾赫尼妻二格氏、甘岱妻烏爾瑚氏、伊爾奇訥妻烏哩蘇氏、蘇延妻墨勒達哷氏、那喀勒圖妻蒙古爾濟氏、蘇特克妻莫爾珠魯氏、納爾圖妻布達克氏、筆帖式伊蘭太妻覺羅氏、伊爾圖妻鄂諾恩氏、閑散趙師正妻李氏、鑲紅旗兵喀哩妻瓜爾佳氏、齊和達妻亨吉勒氏、德勒住妻額哩蘇氏、德勒杼妻郭瑚爾氏、領催篤什巴妻夏氏、兵烏勒海妻瓜爾佳氏、圖墨爾德伊妻蒙古氏、訥爾惠妻烏哩蘇氏、羅薩妻敦卓爾氏、正藍旗兵卓特伊妻都爾塔爾氏、鑲藍旗兵海三妻瓜爾佳氏、新德伊妻阿哩沁氏、瑚什塔妻莫爾達拉氏，墨爾根正黃旗兵哲爾孔碩妻特敦珠氏、正白旗領催索爾和諾妻齊赫勒氏、鑲藍旗兵禄尼拉爾圖妻雅博堪珠氏、領催布拉伊妻納喇氏，黑龍江鑲黃旗兵蘇賽英額妻默爾哲勒氏、阿錫圖妻薩克達氏、佛爾奇妻默爾哲勒氏、尼勒爾特妻果和爾氏、定柱妻烏蘇氏、正黃旗兵納斯瑚妻格濟勒氏、召賚妻鈕祜禄氏、氏、正白旗兵國錫鼐妻多爾塔爾氏、領催武什哈納妻姚氏、兵李成龍妻張氏、阿顏保妻佛齊貞吉氏、鑲白旗兵哈濟納妻覺羅察氏、布穆卜申妻多科氏、正紅旗領催瑪克壽妻夏氏、兵武喀墨訥妻哲柏氏、阿三妻舒舒覺羅氏、瑚什巴妻寧古塔氏、碩瑚德妻扎庫塔氏、驍騎校德碩瑚爾妻拉果沁氏、鑲紅旗伊哈達妻默爾哲勒氏、古訥岱妻庫倫氏、兵訥特瑚爾妻果和爾氏、卓哩畢圖妻納喇氏、鑲藍旗兵范來妻果和爾氏、班齊爾妻達瑚哩氏，布特哈佐領希瑚訥妻烏德恩格哩氏、布和德妻固倫氏、打牲丁花瑭阿妻巴爾丹氏、阿爾哈圖妻拉爾親氏、羅林泰妻烏顏氏、博爾齊岱妻德恩德克氏、錫瑚訥妻烏德倫吉爾氏、綽巴雅鼐妻雅拉氏、達爾金妻納蘭氏、索倫布雷妻噶布喀氏、棣木格訥妻阿蘭氏、碩赫訥妻格倫氏、西穆都爾妻鄂諾氏、烈婦墨爾根正藍旗署前鋒鄂爾奇瑪妻奇穆晋氏，均雍正年間旌。

哈圖妻尼瑪齊氏。齊齊哈爾鑲黃旗人。夫亡守節。同旗兵們德妻默爾德氏、壯丁常明妻郭古爾氏、兵阿哈齊妻瓜爾佳氏、巴哩爾圖妻阿喇氏、驍騎校額爾圖妻蘇都理氏、壯丁伊爾莽泰妻阿喇氏、閑散德壽妻劉氏、桑格妻呂氏、兵雅薩那妻尼赫哩氏、閑散南泰妻良氏、老格妻寇氏、兵海貴妻巴雅喇氏、薩爾泰妻富察氏、佐領博爾托妻都拉爾氏、兵巴爾圖妻喀喇氏、雅欽妻富查氏、富森保妻格吉爾氏、閑散七林保妻陳氏、瓦克善妻戴氏、佐領卓爾岱妻伊爾根覺羅氏、幼丁咯爾善妻烏爾古吉氏、倉官武音保妻舒穆嚕氏、領催伊載妻和碩哩氏、正黃旗兵發爾求妻羅氏、達芝妻察庫塔氏、賽哈妻察庫塔氏、閑散華尚妻周氏、哈達妻多赫恩氏、都里梅妻鄂諾氏、察哈爾圖妻鄂諾恩氏、彌住妻雅拉氏、武莫特妻鄂諾恩氏、兵烏賴妻音特氏、特穆德爾妻多忻氏、國齊爾圖妻蘇都理氏、閑散長保妻崔氏、兵官保妻趙氏、夢魁妻鄂諾氏、雅爾岱妻王氏、阿進泰妻崔氏、赫紳保妻王氏、幼丁遂哈納妻閔氏、奕常阿妻周氏、漢軍閑散常明妻郭氏、兵胡保妻莫勒折哷氏、監生衮布妻粱氏、兵岳森保妻扎庫他氏、領催鍾新保妻戚氏、兵西三泰妻恒奇勒氏、正白旗壯丁阿必達妻多和察氏、兵章禄妻伊爾根覺羅氏、福喀妻格濟勒氏、曾應顯妻江氏、領催布薩里妻倫和氏、防禦卓爾瑚妻烏哲氏、閑散鄂莫妻佛勒氏、兵俞文良妻連氏、巴庫拉妻科布爾氏、領催喀爾喀圖妻科布爾氏、三索妻特西氏、前鋒伊三泰妻噶齊勒氏、巴思泰妻公輔氏、兵徐正明妻王氏、富舒妻劉氏、烏什妻格吉勒氏、木吉妻瓜勒嘉氏、孫住兒妻西莫哩氏、瑪爾泰妻胡氏、鑲白旗兵綽啓雅妻托羅氏、達莽阿妻額勒穆齊氏、阿爾畢圖妻達費庫氏、阿爾賽妻呂氏、法爾薩妻瓜爾佳氏、那爾和妻富察氏、閑散魯芳遠妻李氏、兵塔三妻和尼氏、閑散盧章妻崔氏、兵烏勒得妻郭氏、閑散盧士美妻巴雅喇氏、伕保妻王氏、六西五妻伊爾根覺羅氏、幼丁馬益德妻吴色氏、兵馬朝俊妻張氏、伊普查爾妻舒穆哩氏、發依達那妻扎嚕特氏、陳國旺妻陳氏、西幾保妻民覺羅氏、愛西勒岱妻瓜勒嘉氏、正紅旗珠爾蘇妻瓜爾佳氏、佐領烏達禪妻瓜爾佳氏、武丹察妻瓜爾佳氏、護軍桑科妻巴雅喇氏、兵穆勒訥妻寧古塔氏、達爾楚妻扎庫塔氏、奇瓦爾圖妻伊林氏、領催八十八妻富察氏、兵拉西圖妻果烏爾氏、瓦郎阿妻果烏爾氏、鄂林妻果烏爾氏、壯丁弼爾圖鼐妻阿拉爾氏、喀密爾圖妻鄂蘭氏、趙齊聖妻張氏、馬屯妻西穆勒氏、兵阿必妻富察氏、博赫妻烏舍氏、閑散布音武妻圖拉爾氏、兵阿爾泰妻舒穆嚕氏、六德妻瓜爾佳氏、武兆盛妻趙氏、伊克索妻布德哩氏、常壽妻瓜爾佳氏、保住妻崔氏、吉璘保妻王氏、們都妻劉氏、莫爾格慎妻舒穆嚕氏、托金保妻恒奇勒氏、鑲紅旗顏圖妻都烏齊氏、羅進三妻王氏、閑散當沙妻錫伯哩氏、巴岱妻和勒氏、副總管霍洛齊繼妻瓜爾佳氏、閑散伊楞爾圖妻博古爾氏、兵納爾妻德亨氏、西林保妻噶爾達氏、岱敏妻克勒克氏、錫三泰妻克勒克氏、占保妻託林氏、勒穆貝妻納喇氏、領催安武齊妻扎庫塔氏、兵巴罕泰妻烏色氏、布坤妻瓜勒嘉氏、前鋒許吉永妻張氏、閑散陳佳智妻袁氏、正藍旗兵鄂進妻鄂里穆蘇氏、魁蘇圖妻阿爾富氏、閑散塔魯岱妻德都爾氏、兵圖禮克妻默爾哲勒氏、金布訥妻烏勒氏、杜都倫妻佛倫氏、壯丁劉七妻李氏、兵張保妻富察氏、阿爾庫妻烏蘭氏、克福訥妻格哲勒氏、尼瑪善妻吳扎拉氏、德克精額妻瓜勒嘉氏、明阿那妻蘇氏、蘇金泰妻奇他雅氏、舒夏達妻扎拉哩氏、鑲藍旗兵四格妻覺羅氏、阿斯哈妻薩克達氏、閑散瑪喜妻尼瑪齊氏、齋賽妻烏爾呼圖氏、愛三妻富察氏、阿爾吉納妻鈕祜禄氏、科奇洛妻海嚕氏、兵阿三妻鈕祜禄氏、閑散老格妻瓜爾佳氏、那穆昭妻瓜爾佳氏、安佈妻伊爾根覺羅氏、筆帖式平機禄妻崔氏、防禦瑪音普妻瓜勒嘉氏、金山保妻烏扎拉氏、領催瑪勒岱妻庫雅拉氏、閑散清保妻恒奇勒氏、兵胡西那妻瓜勒嘉氏、聖巴妻烏扎拉氏、幼丁達音保妻瓜勒嘉氏、筆帖式他色妻瓜勒嘉氏、兵圖爾西妻瓜勒嘉氏、維西那妻莫勒哲哷氏、水師營壯丁劉元齊妻孫氏、陳德貴妻陳氏、王起鳳妻牛氏、林朝住妻陳氏、兵新德壽妻蕭氏、朱文賓妻王氏、張長明妻楊氏、瑪達芝妻何氏、徐廣岳妻張氏、水手李自興妻張氏、二小妻陳氏、陳興玉妻王氏、閑散張成德妻瓜勒嘉氏、官莊壯丁王永貴妻吴氏、倉爾妻卜氏、七十一妻劉氏、孫幾貴妻郭氏、郝有禄妻羅氏、胡明興妻李氏、幼丁何良玉妻李氏、站丁史良臣妻邵氏、余永福妻馬氏、陳宏信妻金氏、海潮妻梁氏、劉光明妻劉氏、徐思俊妻范氏、王永升妻蓋氏、李誠時妻王氏、和濟穆妻施氏、秦俊祥妻孫氏、二達色妻李氏、錦保妻張氏、王遵仁妻閻氏、三達色妻司氏、張登雲妻伯爾吉格特氏、尚受斌妻趙氏、尚喜妻陳氏、李世番妻王氏、李文露妻張氏、澤站閑散閔長索妻郭氏，墨爾根鑲黄旗兵阿爾善妻烏魯蘇氏、領催額勒保妻阿喇氏、兵瓜哈妻莫爾丹氏、伊瓦漢妻鄂諾氏、努倫保妻圖克敏氏、琦托岱妻鄂拉氏、阿斐圖妻阿哩蘇氏、郭科第妻鄂拉氏、薩潭保妻鄂拉氏、桂音德爾妻納哩氏、博岳爾圖妻都拉爾氏、阿丹保妻果拉喜拉氏、五格妻巴雅赫勒氏、卓敦妻鄂拉氏、壯丁博爾圖妻都拉爾氏、卓和多爾妻都拉爾氏、正黄旗領催三達圖妻多新氏、兵鄂春達爾妻鄂倫氏、壯丁喀穆什爾圖妻鄂羅氏、領催富拉塔妻王氏、兵楚敦保妻諾爾丹氏、雲察哈爾妻烏勒氏、凝多妻果博爾氏、存住妻徐氏、伊哩爾圖妻阿特拉氏、正白旗佐領扎禄克薩妻果博爾氏、領催托凝保妻噶布喀氏、伯爾他繼妻德都爾氏、兵科爾奇洛妻鄂諾氏、講武阿妻薩穆希爾氏、扎哩鼐妻德都爾氏、多爾布爾哈妻和勒氏、卓洛圖妻瓦爾喀氏、比塔妻果布爾氏、阿什保妻果莽爾氏、烏爾德鼐妻精奇哩氏、西拉察妻摩託氏、扎爾善妻都拉爾氏、壯丁莽喀爾妻瓦爾喀氏、鑲白旗領催巴齊爾圖繼妻巴雅吉爾氏、兵阿哩音妻圖克敦氏、正紅旗侍衛特因策妻布坤車氏、驍騎校凝古策妻祜禄赫爾氏、兵精奇爾圖妻瑪克丹察氏、翁武題妻杜爾莽氏、畢蘭保妻都拉爾氏、壯丁博英武妻穆爾哲氏、奇爾噶察妻達布圖氏、鑲紅旗兵婁素伍爾妻薩木錫爾氏、喀爾察哈妻都拉爾氏、壯丁德爾謨爾圖妻達布圖氏、正藍旗李天隆妻臧氏、閑散李子興妻謝氏、七十一妻王氏、萬進妻博爾扎喜勒氏、英那岱妻和寧氏、第丹車妻喀喀拉氏、鑲藍旗領催瑚爾登額妻鄂諾氏、額勒克慎妻布拉穆氏、閑散張萬良妻李氏、科爾科託妻鄂諾氏、兵塔庫哩妻羅氏、雅爾泰妻陳氏，黑龍江鑲黄旗閑散馬青妻額蘇氏、兵魁素爾圖妻鄂倫氏、伊爾格勒圖妻精奇哩氏、布爾塔哈拉妻鄂蘭氏、訥思泰妻巴雅喇氏、集雅布繼妻都沁氏、伊爾薩妻周氏、勒坡妻果和爾氏、吴起麟繼妻夏氏、正黄旗佐領密濟爾繼妻鄂蘭氏、筆帖式伍扎鼐妻鄂蘭氏、兵呼畢圖妻素都理氏、花爾巴哈哩繼妻素都理氏、科穆畢圖妻鄂蘭氏、伊哈拉妻赫爾丹氏、坦托妻墨爾丹氏、正白旗兵阿錫圖妻多爾塔勒氏、哈爾圖妻瓦爾喀氏、五吉圖繼妻都拉爾氏、卓錫爾圖妻達普圖氏、鑲白旗兵坦泰妻托科洛氏、正紅旗護軍瑪達庫妻圖克德勒氏、筆帖式穆成額妻哈塔氏、鑲紅旗兵姚光耀妻江氏、姚廷秀妻王氏、漢軍劉應鳳妻安氏、正藍旗佐領齊爾噶爾圖妻都拉爾氏、領催鄂爾塔岱妻呼歡勒氏、翁庫圖妻喀喀拉氏、兵瑚里巴妻諾爾德哩氏、鑲藍旗兵覺碩訥妻圖穆圖氏、壯丁七十三妻靳氏、二凝妻姚氏，呼蘭鑲黄旗管官莊七品官烏斯哈繼妻烏舍氏，布特哈鑲黄旗打牲丁常明妻固倫氏、閑散陳威妻程氏、打牲丁小座兒妻王氏、鳳連保妻趙氏、德保妻劉氏、希佛訥妻王氏、華色妻徐氏、正黄旗打牲丁愛吐妻郭氏、常德妻沈氏、老格妻沈氏、烏勒訥妻趙氏、哈達妻趙氏、納住妻江氏、閑散七十妻韓氏、正白旗打牲丁條達兒妻劉氏、老格妻傅氏、法保妻李氏、索爾太繼妻傅氏、長在妻于氏、齊魁妻李氏、閑散巴延太妻楊氏、五達色妻王氏、鑲白旗閑散趙隆妻趙氏、穆爾薩妻彭氏、正紅旗打牲丁賚保妻王氏、八苟兒妻楊氏、老格妻關氏、德璘妻閆氏、哲庫哩妻佟氏、幼丁佟保妻關氏、閑散蘇清額妻胡氏、德綬妻趙氏、鑲紅旗打牲丁六十八妻陳氏、四達色妻李氏、幼丁五小兒妻魏氏、閑散李保妻傅氏、正藍旗打牲丁達喀納妻傅氏、凝古太妻傅氏、吐爾柰妻楊氏、邵文錢妻于氏、幼丁李三妻趙氏、鑲藍旗閑散愛吐妻王氏、黄保住妻趙氏、三小妻趙氏、默爾柰妻趙氏、七十九妻王氏、陳明妻趙氏，烈女齊哈爾鑲黄旗西納穆保女長姐，均乾隆年間旌。

六保妻李氏。齊齊哈爾鑲黃旗人。夫亡守節。同旗兵格森泰妻富查氏、富克精阿妻崔氏、閑散吐西穆爾妻王氏、妞箇妻曹氏、幼丁慶得妻尼麻齊氏、佐領伯精額妻瓜勒嘉氏、兵果添福妻崔氏、閑散索住妻崔氏、全得妻瓜勒嘉氏、幼丁松瓜禄妻富察氏、哈西那妻瓜勒嘉氏、閑散素得妻李氏、兵烏什妻塔他拉氏、幼丁李倉妻黄氏、兵格特木保妻烏克冬吉氏、前鋒清保妻馬氏、幼丁哈勒吉那妻瓜勒嘉氏、兵吕老格妻趙氏、烏勒登額妻崔氏、筆帖式莫爾更額妻瓜勒嘉氏、幼丁强官妻瓜勒嘉氏、勒幅妻趙氏、閑散索掄保妻托科囉氏、幼丁李幅勝妻梁氏、倭西勒岱妻梁氏、閑散奇車布妻瓜勒嘉氏、兵七十九妻巴雅喇氏、幼丁王廣亮妻劉氏、穆克得木保妻趙氏、陣亡騎都尉花沙布妻崔氏、兵伊常阿妻尼瑪期氏、官音保妻妞呼嚕氏、幼丁得春妻王氏、同春妻崔氏、閑散色臣保妻烏扎拉氏、兵凌岱妻喜察氏、陣亡兵色爾呼慎妻烏素氏、舒隆額妻烏扎虎氏、打牲丁錢保妻趙氏、德明妻王氏、二小妻關氏、閑散郭興阿妻趙氏、打牲丁永德妻王氏、五達兒妻張氏、幼丁德福妻馬氏、四小妻王氏、老小兒妻常氏、打牲丁有福妻常氏、德柱妻王氏、幼丁三小妻劉氏、曹德妻馬氏、德成妻錢氏、打牲丁額勒登額妻李氏、幼丁三小妻張氏、八達色妻陳氏、長福妻康氏、六十八妻常氏、穆清額妻郭氏、閑散三達兒妻劉氏、正黄旗兵沙金妻瓜勒嘉氏、孟果勒岱妻朱氏、領催哈嚨阿妻舒穆嚕氏、閑散巴西那妻王氏、幼丁明受妻李氏、兵富勒琿妻富察氏、全保妻東氏、閑散阿勒達那妻烏扎拉氏、兵紗蘭太妻尼瑪期氏、祥保妻寧古塔氏幼丁那清額妻景氏、兵色克吞妻格哲勒氏、訥稜保妻托和囉氏、幼丁富明妻崔氏、六小兒妻瓜勒嘉氏、閑散善太妻莫勒哲哷氏、幼丁金住妻王氏、齊格妻王氏、碩托庫妻謝氏、閑散萬林保妻舒穆嚕氏、幼丁富保妻李氏、常得妻果氏、兵扎普沾繼妻伊爾庫勒氏、台平妻烏色氏、幼丁烏得妻吴氏、厄爾得尼妻瓜勒嘉氏、陣亡兵常興妻周氏、幼丁徐玉住兒繼妻果氏、打牲丁德清妻關氏、德保妻劉氏、吉勒通阿妻關氏、閑散海青妻舒氏、凌保妻楊氏、壯丁劉表妻胡氏、打牲丁五十七妻趙氏、費清額妻張氏、平安妻楊氏、烏爾滚保妻趙氏、幼丁烏林保妻趙氏、張海妻伊氏、壯丁張福妻田氏、打牲丁德壽妻韓氏、保山妻劉氏、幼丁進良妻佟氏、筆帖式全福妻關氏、打牲丁八達兒妻楊氏、存亮妻張氏、富成妻王氏、幼丁來鳳妻張氏、佗克拖霍妻趙氏、巴洋阿妻趙氏、德福妻高氏、正白旗兵沈吐妻舒穆嚕氏、薩隆武妻舒穆嚕氏、艾住哈妻瓜勒嘉氏、倭和妻瓜勒嘉氏、阿林保妻恒奇勒氏、七心保妻巴雅喇氏、閑散石伊兒妻瓜勒嘉氏、小肖妻陳氏、兵登金太妻陳氏、合金保妻尼瑪期氏、閑散徐超舉繼妻徐氏、兵哲森保妻富察氏、打牲丁哈勒瑪哩妻趙氏、陳住兒妻高氏、烏集保妻趙氏、劉德妻閻氏、六福兒妻石氏、鐵頭妻梅氏、蘇布賀妻吴氏、福勒當阿妻姚氏、德海妻韓氏、葉佈肯妻關氏、五德妻奚氏、穆克登保妻任氏、順德妻傅氏、白福妻楊氏、滿成妻宋氏、伊勒登保妻常氏、奇成阿妻鄭氏、羅漢保妻劉氏、三達兒妻盧氏、幼丁雙福妻王氏、富慧妻趙氏、何住兒妻王氏、滿壽妻楊氏、鑲白旗兵烏布勒岱妻扎庫他氏、雅胡岱妻扎嚕特氏、阿爾蘇拉妻尼麻齊氏、馬永妻王氏、閑散徐如貴妻吕氏、李祥妻王氏、領催穆爾太妻尼瑪期氏、兵鄂諾保妻民覺羅氏、伊金太妻格哲勒氏、幼丁巴爾虎妻王氏、牛士勇妻崔氏、閑散托啰武妻巴璘氏、幼丁牛色妻金氏、二小妻秦氏、康老格妻吴氏、李瑞妻康氏、金保妻范氏、兵布特恨妻翟氏、拜善妻朱氏、阿都期妻西特呼哩氏、陣亡兵馬保妻李氏、打牲丁額璘親妻常氏、海住妻趙氏、閑散德保妻趙氏、額勒登保妻趙氏、幼丁烏達納妻趙氏、麻來妻奚氏、巴克貪佈妻李氏、海福妻張氏、正紅旗領催富林泰妻杜哩氏、閑散范亭林妻王氏、幼丁齊得華妻周氏、兵明德妻畢氏、連保妻舒穆嚕氏、幼丁陳索兒妻范氏、成貞妻瓜勒嘉氏、兵集良妻周氏、幼丁干生妻潘氏、胡志邦妻關氏、兵伊里布妻瓜勒嘉氏、陣亡兵厄勒進保妻巴爾都氏、打牲丁永福妻趙氏、官音保妻劉氏、白福兒妻郎氏、幼丁馬彤妻佟氏、鑲紅旗領催王成虎妻臧氏、幼丁德克精額妻瓜勒嘉氏、兵倭星額妻朱舒氏、烏勒齊特妻西特胡哩氏、閑散李節妻司氏、夏冲功妻何氏、李幅妻徐氏、車庭云妻吴氏、何金奎妻吐素爾氏、兵倭克精額妻高氏、打牲丁永福妻關氏、閑散九十一妻董氏、長僧妻駱氏、薩林保妻關氏、崇格妻趙氏、七進保妻聞氏、幼丁大小兒妻江氏、小兒妻白氏、四達兒妻徐氏、正藍旗驍騎校孫保妻瓜勒嘉氏、兵扎薩他妻西特胡哩氏、前鋒烏蘭泰妻和多思氏、兵六仲妻富察氏、車呼幅妻烏扎拉氏、閑散小兒妻何氏、兵富凌阿妻張氏、鄂克遜保妻徐氏、七十六妻穆氏、閑散色克精額妻富察氏、兵維保妻烏扎拉氏、昭得妻巴嚕岱氏、陣亡兵得楞額妻富察氏、打牲丁唐住妻奚氏、達翰塞妻敖氏、玉柱兒妻唐氏、圈子妻陳氏、喜成妻趙氏、富勇妻趙氏、閑散阿斯呼哩妻康氏、幼丁白老格妻趙氏、伊勒吐妻關氏、黑老格妻錢氏、八達兒妻趙氏、卧爾洪阿妻趙氏、鑲藍旗兵思信保妻舒穆嚕氏、愛金保妻吐莫圖氏、前鋒阿音保妻吴色氏、兵達畢勒得妻扎斯胡哩氏、多爾几妻巴雅喇氏、常在妻瓜勒嘉氏、前鋒瑪英阿妻崔氏、閑散雙成妻扎庫他氏、兵堯七保妻尼瑪車氏、珠沙妻妞呼嚕氏、色勒恩特依妻瓜勒嘉氏、幼丁厄勒得妻烏呼氏、常勝妻劉氏、閑散七幾兒妻任氏、頭等輕車都尉富勒合繼妻崔氏、閑散西凌妻那喇氏、兵富克金妻薩克達氏、綽和岱妻李氏、幼丁常保妻宛氏、閑散酆得西妻李氏、陣亡兵雙喜妻馬氏、打牲丁塞稜泰繼妻傅氏、强德妻高氏、黄鶯妻趙氏、閑散德齊柰妻吴氏、犇圖妻奚氏、三伸保妻趙氏、幼丁額勒登額妻趙氏、四小兒妻趙氏、明福妻奚氏、水師營水手王仲妻李氏、施丙壬妻劉氏、清明妻徐氏、王大魁妻石氏、徐友仁妻李氏、全保住妻烏色氏、劉成喜妻徐氏、幼丁魯旺妻陳氏、潘士起妻堯氏、潘全妻朱氏、陳保住妻宛氏、閑散潘宗堯妻王氏、楊星成妻元氏、石太悦妻范氏、官莊壯丁何七達子妻伯爾几箇特氏、胡俊貴妻林氏、徐仁虎妻劉氏、鍾加保妻劉氏、魏明妻何氏、幼丁孫期妻朱氏、張七十妻李氏、任義貞妻吴氏、錢志妻何氏、李豐學妻閻氏、何玉林妻趙氏、李士表妻劉氏、丁三保兒妻元氏、蕭兵妻陳氏、吴文元妻石氏、李玉弼妻林氏、酆果臣妻黄氏、張功禮妻張氏、吕八什妻楊氏、滄三小妻孫氏、莊頭滄興云妻潘氏、驛站領催郭友期妻景氏、站丁秦俊虎妻張氏、秦岳妻史氏、金喜相妻王氏、陳智達妻張氏、段連登妻金氏、秦鳳妻柏氏、唐登受妻王氏、徐心妻葛氏、豪祥妻趙氏、秋廣斌妻徐氏、幼丁江懷仁妻東氏、石勇清妻王氏、白志連妻朱氏、唐登林妻李氏、尚六達子妻陳氏、驛站閑散盧吉州妻張氏、曾禄妻徐氏、孫七亮妻石氏、劉幗景妻劉氏、劉連妻果氏、范美妻陳氏、蓋良畢妻曾氏、李榮照妻馬氏、三西妻虞氏、白英榮妻曾氏、劉超郡妻馬氏、卡路兵楊宗孔妻李氏、葛添有妻陳氏、張志榮妻陳氏，貞女索倫都拉爾氏，均嘉慶年間旌。

土産

蕎麥。穬麥。稗。秔稗。通志：蕎麥等出黑龍江者良。

楛矢。石砮。明統志：黑龍江口出，名水花石，堅利入鐵，可作矢鏃。土人將取之，必先祈神。

貂。晉書肅慎傳：貢貂皮。今索倫、達呼哩諸人以捕貂爲業。又有猞猁猻，出索倫者佳。

海青。通志：最大者力捕麞鹿。今多出黑龍江烏蘇哩江。

鮎魚。通志：混同、黑龍兩江中出，大者或百餘斤，取皮製衣，柔韌可服。其餘所産，與吉林寧古塔略同。

菓松。甌梨。

鶴。鶻。雀。烏雉。盤角鹿。天馬。跳兔。灰鼠。花鰐魚。鰟頭魚。白魚。白駿魚。木變石。

人葠。由吉林將軍領票挖採。

東珠。由打牲烏拉派委員弁採取。

繙譯語解附

哈勒噶圖。蒙古語，有門之謂也。

超哈爾。蒙古語，粃子也。

雅克。蒙古語，結實也。

穆固圖爾。蒙古語，無角乳牛也。

奎。蒙古語，鄉黨之黨也。

額古哷。蒙古語，雲也。

圖古勒。蒙古語，牛犢也。

烏圖哩。國語，尾鬣也。

和倫圖吉。國語，威雲也。
伊克庫克圖。蒙古語。伊克，大也；庫克圖，青色也。
額爾克。蒙古語，權也。
博和哩。國語，豌豆也。
庫墨里。蒙古語，鷺花菜也。
珠德格。蒙古語，令其習勞也。
圖呼哩。國語，外面也。
阿喇勒。蒙古語，島也。
碩隆。蒙古語，直尖物也。
成格勒圖。蒙古語，喜樂也。
哈瑪爾。蒙古語，行圍前引人也。
伊克圖嚕。蒙古語，大頭也。
扎喀喇喀。國語，裂開也。
特爾庫呼。蒙古語，猶言彼兵隊也。
茂。國語，樹木也。
托里。國語，神鏡也。

喀穆尼。國語，闢隘也。
察罕。蒙古語，白色也。
通肯。國語，鼓也。
額葉赫。國語，已流之謂也。
巴蘭。國語，形勢也。
薩琳。國語，筵席也。
額爾伯克伊。蒙古語，蝴蝶也。
托囉。國語，桃也。
濟秦。國語，河岸也。
哈達罕。國語，樁子也。
庫爾奇吗。蒙古語，瀑布也。
綽爾。蒙古語，笳也。
托馨。國語，紋桿也。
喀爾喀。國語，籐牌也。
納默爾。蒙古語，增添也。
開拉哩。國語，益母草也。

特勒古爾。蒙古語，織機之轂棍也。
赫爾根。國語，字也。
尼約。國語，青苔也。
伊瑪。蒙古語，山羊也。
阿里瑪。蒙古語，梨也。
墨爾根。國語，精能也。
納穆爾。蒙古語，秋也。
烏登。國語，腰站也。
納都爾。蒙古語，於我之謂也。
多博和哩。蒙古語。多博，陵也；和哩，二十數也。
鄂欽。蒙古語，女子也。
哈魯哩。蒙古語，溜邊走也。
古魯肯。國語，略樸實之謂也。
鄂敦。蒙古語，星也。
赫楞。國語，馬棚也。
穆魯爾。蒙古語，凡物磨圓之謂也。

哈喇。蒙古語，黑色也。
珠春。國語，戲也。
蘇嚕。國語，白馬也。
紐勒們。國語，青苔也。
烏爾罕。國語，套馬桿也。
鄂朗奇。蒙古語，多也。
轄實勒們。國語，柏雄鷹也。
烏延。國語，柔軟也。
嘉拉。國語，間隔也。
福。國語，牆也。
寨。蒙古語，方繞也，又土之青色也。
昆。蒙古語，人也。
遜。國語，奶漿也。
瞻。國語，哨箭也。
哈勒費延。國語，扁也。
博囉穆丹。國語。博囉，涼帽也；穆丹，聲音也。

巴爾坦。蒙古語，有虎之謂也。
塔哈。蒙古語，鐵掌也。
烏呼格。蒙古語，令留也。
額默勒。蒙古語，馬鞍也。
濟嚕克齊。蒙古語，畫工也。
吉爾齊。蒙古語，志向頹惰人也。
額哩。國語，掃也。
鄂爾多庫勒。蒙古語。鄂爾多，亭也；庫勒，腿也。
烏爾蘇。國語，層次也。
吉爾巴齊。蒙古語，執長纛人也。
和羅爾。國語，鈴聲也。
庫坦。國語，淘河鳥也。
阿爾奇。國語，燒酒也。
烏納。國語，枸杞也。
托摩。國語，令其棲止也。
西林穆丹。國語。西林，精鋭兵也；穆丹，見前。

穆敏。國語，淵深也。
翁額。國語，細野葱也。
納喇。蒙古語，日也。
托克。蒙古語，定也。
濟爾瑪台。蒙古語，有小魚也。
伊棉。國語，聚集也。
珠敦。國語，山梁也。
嘉蘭。國語，間隔也。
摩該圖。蒙古語，有蛇也。
袞諾爾。蒙古語，深泡水也。
鄂爾奇濟。蒙古語，丢擲也。
克庫。國語，重舌也。
特訥克。蒙古語，愚也。
和羅奇。國語，老蒼也。
輝。蒙古語，羊也。
錫爾格。國語，絲也。

烏特格。蒙古語，熊也。

搭拉齊。蒙古語，管野外人也。

烏爾繖。國語，根芽也。

額爾古訥。蒙古語，舉起也。

默勒肯。國語，地之陽氣也。

烏蘭布爾噶蘇台。蒙古語，紅柳也。

烏瑪喇。蒙古語，北方也。

烏諾爾。蒙古語，誠也。

諾敏。國語，青金石也。

畢楞。國語，母虎也。

特尼。國語，剛纔也。

甘。國語，鋼也。

庫楞。蒙古語，牆圈也。

花札哈。國語，破也。

塔爾哈。國語，祭祀時小兒肩上所釘方綢片也。

額能。國語，後嗣也。

錫訥肯。蒙古語，新也。
庫濟。蒙古語，香也。
哈喇呼濟爾。蒙古語，黑色鰜也。
德勒瑣。國語，帽沿也。
伊克齊哩克齊。蒙古語，大兵也。
古哩。國語，移徙也。
烏蘭布拉克。蒙古語，紅泉也。
烏魯蘇。蒙古語，蘆葦也。
古魯。國語，純也，又樸素也。
伊拉喀。國語，花開也。

校勘記

〔一〕遂又招服使犬路諸壘路錫拉忻路諸路長　「諸壘路」，原作「諸疊路」，據乾隆志卷四八黑龍江山川（下同卷簡稱乾隆志）改。按，清太祖實録「天命元年八月」條作「諸洛路」，盛京通志或作「諸洛路」，或作「諾羅（囉）路」，均爲「諾雷」之音轉。欽定滿洲源流考卷八曰：「住呼爾哈松花江兩岸者曰諾雷。」乾隆志作「諾壘」，與此音同，可從，因據改。

〔二〕在齊齊哈爾城西北四百二十里　按，乾隆志謂雅爾河在齊齊哈爾城西南一百二十里，乾隆盛京通志卷二八山川（下簡稱盛京通志）謂在齊齊哈爾城西一百二十里，與本志異。

〔三〕又濟秦河在城西北四百四十里　按，乾隆志謂濟秦河在齊齊哈爾城西二百里，盛京通志同，皆與本志異。

〔四〕哈達漢河在城西三百四十里　按，乾隆志謂哈達漢河在城西一百三十里，盛京通志同，皆與本志異。

〔五〕綽爾河在齊齊哈爾城西北四百八十里　按，乾隆志謂綽爾河在城西三百八十里，盛京通志同，與本志異。

〔六〕又托馨河在城西五百里　「五百里」，盛京通志同，乾隆志作「四百里」。

〔七〕又有納默爾河在城北二百七十餘里　盛京通志同，乾隆志「納」作「訥」，「城北二百七十餘里」作「城西八百五十里」。

〔八〕入嫩江　盛京通志同，乾隆志作「北流入喀爾喀河」。

〔九〕在墨爾根城南一百六十里　「六」，乾隆志及盛京通志作「七」。

〔一〇〕在墨爾根城北八百里　「八百里」，乾隆志及盛京通志作「六百二十五里」。

〔一一〕在墨爾根城東北四百一十里　「東北四百一十里」，乾隆志及盛京通志作「北一百五里」。

〔一二〕在黑龍江城東南八百二十里　「東南八百二十里」，乾隆志及盛京通志作「東三百九十里」。

〔一三〕又庫穆訥河在城東南一千二百二十里　「一千二百二十里」，乾隆志及盛京通志作「九百二十里」。

〔一四〕珠春河在城東南一千三百五十里　「一千三百五十里」，乾隆志及盛京通志作「一千一百里」

〔一五〕庫雨爾河在城東南一千四百六十里　「四」，乾隆志及盛京通志作「二」。

〔一六〕蘇嚕河在城東南一千五百三十里　「五」，乾隆志及盛京通志作「二」。

〔一七〕在黑龍江城東南五百三十里　「東南五百三十里」，乾隆志及盛京通志作「南四百三十五里」。

〔一八〕又嘉拉河在城東南一千一百里　「一千一百里」，乾隆志作「五百六里」，盛京通志作「五百六十里」。

〔一九〕福河在城東南一千二百二十里　「一千二百二十里」，乾隆志及盛京通志作「六百里」。
〔二〇〕在黑龍江城西南二百二十里　「西南二百二十里」，乾隆志及盛京通志作「南一百八十里」。
〔二一〕又瞻河在城西南三百五十里　「西南三百五十里」，乾隆志及盛京通志作「南二百里」。
〔二二〕在黑龍江城西南四百六十里　「西南四百六十里」，乾隆志及盛京通志作「南三百六十里」。
〔二三〕在黑龍江城西北四百里　「四百里」，乾隆志作「一千四百三十里」，盛京通志作「一千四百六十里」。
〔二四〕又額赫河在城西北一千三百一十里　「一千三百一十里」，乾隆志及盛京通志作「一千二百四十里」。
〔二五〕巴爾坦河在城西北一千三百里　「一千三百里」，乾隆志及盛京通志作「一千一百九十里」。
〔二六〕博囉穆丹巴爾坦二河會額赫河　「巴爾坦」，原作「巴勒坦」，據上文改。
〔二七〕在黑龍江城西北七百二十里　「西北七百二十里」，乾隆志及盛京通志作「北六百二十里」。
〔二八〕庫爾喀河在城西北四百五十里　「西北四百五十里」，乾隆志及盛京通志作「北六百五十里」。
〔二九〕在黑龍江城西北一千三百二十里　「一千三百二十里」，乾隆志及盛京通志作「一千五百二十里」。
〔三〇〕又平庫河在城西北一千二百里　「一千二百里」，乾隆志及盛京通志作「一千四百七十里」。
〔三一〕在黑龍江城西北一千七百里　「一千七百里」，乾隆志及盛京通志作「一千七百三十里」。
〔三二〕又安巴吉爾齊河在城西北一千六百七十里　「一千六百七十里」，盛京通志同，乾隆志作「一千七百九十里」。
〔三三〕額哩河在城西北一千五百七十里　「一千五百七十里」，乾隆志作「一千六百七十里」，盛京通志作「一千七百七十里」。
〔三四〕鄂爾多庫勒河在城西北一千五百五十里　「一千五百五十里」，乾隆志及盛京通志作「一千六百四十里」。
〔三五〕烏爾蘇河在城西北一千五百三十里　「一千五百三十里」，乾隆志及盛京通志作「一千六百三十里」。
〔三六〕在黑龍江城西北一千七百三十里　「一千七百三十里」，盛京通志作「一千九百九十里」。
〔三七〕在黑龍江城東北七百餘里　「七百餘里」，乾隆志及盛京通志作「三百七十里」。

〔三八〕在黑龍江城東北一千二百五十里　「一千二百五十里」，乾隆志及盛京通志作「一千里」。

〔三九〕又欽都河在城東北一千三百七十里　「一千三百七十里」，乾隆志及盛京通志作「一千二百七十里」。

〔四〇〕鐵牛河在城東北九百八十里　「九百八十里」，乾隆志及盛京通志作「一千一百五十里」。

〔四一〕匯爲一大湖　「湖」，原作「河」，據乾隆志及盛京通志改。

〔四二〕黑龍江城西北一千七百三十里　「三」，乾隆志作「九」。

〔四三〕一在齊齊哈爾城西五里　「五」，乾隆志作「八」。